让 我 们 一 起 追 寻

ARENDT-HANDBUCH
LEBEN-WERK-WIRKUNG

〔德〕沃尔夫冈·霍尔（Wolfgang Heuer）

〔德〕贝恩德·海特尔（Bernd Heiter）

〔德〕斯特凡妮·罗森穆勒（Stefanie Rosenmüller） 主编

王旭（Xu Wang-Hehenberger） 寇瑛 译

Original German language edition: Wolfgang Heuer, Bernd Heiter, Stefanie Rosenmuller:

Arendt-Hanbuch：Leben-Werk-Wirkung

(ISBN:978-3-476-02255-4) published by J.B. Metzler'sche Verlagsbuchhandlung und Carl Ernst Poeschel Verlag GmbH Stuttgart, Germany. Copyright © 2011

The translation of this work was financed by the Goethe-Institut China
本书获得歌德学院（中国）全额翻译资助

阿伦特手册

生平·著作·影响

歌德学院（中国）
翻译资助计划

社会科学文献出版社
SOCIAL SCIENCES ACADEMIC PRESS (CHINA)

目　　录

序　言 ··· 001

第1章　生平 ·· 001

第2章　著作及其分类 ·· 016
　　导　言 ·· 016
　　第1节　早期著作：《奥古斯丁爱的理念》 ············· 032
　　第2节　犹太人的生存状况 ································· 035
　　第3节　欧洲、巴勒斯坦和美国 ··························· 045
　　第4节　极权主义的表现形式 ······························ 056
　　第5节　一种政治理论的思路 ······························ 071
　　第6节　政治与责任 ·· 145
　　第7节　共和国危机 ·· 184
　　第8节　晚期著作 ··· 201
　　第9节　《思想日记》 ·· 222
　　第10节　信件往来 ·· 235

第3章　总体境况 ·· 305
　　第1节　对古典和近现代思想家的解读和评判 ········· 305
　　第2节　与当代思想家的关系：交织与分歧 ············ 414

第4章　概念和构思 ··· 452
　　第1节　竞争 ·· 452
　　第2节　反犹太人主义 ·· 454
　　第3节　劳动、生产和行动 ·································· 456
　　第4节　同化 ·· 462
　　第5节　权威 ·· 464
　　第6节　邪恶 ·· 467

阿伦特手册
目　录

第 7 节　官僚体制 ……………………………………………………… 469

第 8 节　人类生存条件 ………………………………………………… 472

第 9 节　思想 …………………………………………………………… 475

第 10 节　逃亡者、少数族裔和无国籍人士 ………………………… 479

第 11 节　自由 ………………………………………………………… 482

第 12 节　友谊 ………………………………………………………… 484

第 13 节　历史 ………………………………………………………… 486

第 14 节　社会 ………………………………………………………… 488

第 15 节　良心和道德 ………………………………………………… 492

第 16 节　意识形态 …………………………………………………… 495

第 17 节　文化 ………………………………………………………… 498

第 18 节　集中营 ……………………………………………………… 500

第 19 节　生存和自然 ………………………………………………… 502

第 20 节　爱情 ………………………………………………………… 507

第 21 节　权力、暴力和统治 ………………………………………… 510

第 22 节　人权 ………………………………………………………… 517

第 23 节　出生和开端 ………………………………………………… 519

第 24 节　近代与现代 ………………………………………………… 521

第 25 节　私人性和公共性 …………………………………………… 525

第 26 节　贱民和新贵 ………………………………………………… 528

第 27 节　个人 ………………………………………………………… 531

第 28 节　多元性和自发性 …………………………………………… 533

第 29 节　政治 ………………………………………………………… 535

第 30 节　政治空间和"中间状态" …………………………………… 538

第 31 节　宗教 ………………………………………………………… 543

第 32 节　共和国和民族国家 ………………………………………… 545

第 33 节　革命 ………………………………………………………… 549

第 34 节　罪过 ………………………………………………………… 550

第 35 节　主权 ………………………………………………………… 553

第 36 节　极权主义 …………………………………………………… 555

第 37 节　传统 ………………………………………………………… 558

第 38 节　美德 ………………………………………………………… 561

第 39 节　判断力和想象力 ……………………………………… 563

第 40 节　责任 …………………………………………………… 567

第 41 节　承诺 …………………………………………………… 571

第 42 节　理解 …………………………………………………… 572

第 43 节　宽恕 …………………………………………………… 576

第 44 节　真理、意见和谎言 …………………………………… 578

第 45 节　世界和世界异化 ……………………………………… 581

第 46 节　意志 …………………………………………………… 585

第 47 节　犹太复国主义 ………………………………………… 587

第 48 节　公民抗命 ……………………………………………… 590

第 5 章　话语解读和评价 ………………………………………… 593

第 1 节　竞争 …………………………………………………… 593

第 2 节　民主和政治事件 ……………………………………… 604

第 3 节　文学创作与叙事性 …………………………………… 612

第 4 节　排斥性 ………………………………………………… 621

第 5 节　女权主义和妇女问题 ………………………………… 625

第 6 节　全球化 ………………………………………………… 632

第 7 节　以色列 – 巴勒斯坦冲突 ……………………………… 637

第 8 节　犹太人问题 …………………………………………… 643

第 9 节　人权 …………………………………………………… 647

第 10 节　共和主义 ……………………………………………… 652

第 11 节　极权主义 ……………………………………………… 660

第 6 章　附录 ……………………………………………………… 666

第 1 节　大事年表 ……………………………………………… 666

第 2 节　著作目录 ……………………………………………… 669

第 3 节　文档和研究机构 ……………………………………… 688

第 4 节　本书作者介绍 ………………………………………… 692

第 5 节　人名一览表 …………………………………………… 699

序　言

手册特点

使用这本《阿伦特手册》的方便之处不仅在于读者能够便捷地获取阿伦特著作的相关信息，而且还有助于在其涉猎广泛的领域中找到准确的定位。但这并不意味着可以放弃阅读阿伦特的原著，因为它们可以不断激发令人称奇或引发质疑的思考。同时，读者也不必担心该手册可能会因其自身的系统性影响对阿伦特著作原本开放、文思横溢的对话式思维与著述方式等的理解。该手册所收录的论文足以体现各类阿伦特研究者的丰富视角及其广泛的代表性。

坦率地讲，该手册的研究尚未达到哲学家们长期以来所确立的研究水平。但它不仅是对当代阿伦特研究的系统盘点，同时还汇集了诸多作者在各自所涉猎领域中的大量探索性论文。

自 20 世纪 80 年代以来，阿伦特的一系列著作在其去世后首次被从英文翻译成德语，如《身处黑暗时代的人们》（1989），或以阿伦特遗稿的形式发表，如《何谓政治?》（1993）、《政治的承诺》（2005）、《思想日记》（2002）和《论邪恶》（2005），或以论文集的形式出版，如《在过去与未来之间》（1994）、《在当代》（*In der Gegengwart*，2000）和《犹太文集》（2007）等。此外，阿伦特还有数量可观的遗作有待继续被研究和发表。

为了能够清晰呈现阿伦特思想的发展脉络，该手册的编排和标题主要以经她本人授权的出版物为参照。本书希望避免因严格按照时间顺序编辑可能会引起的尴尬，如作者早期著作和后期的重要论文之间的不一致。该手册没有收录阿伦特那些尚未发表和必须经过重新编排和审评的文章、手稿和讲义；同样，一些未经发表的书信等也没有在考虑之列。阿伦特逃离德国，流亡法国和美国，以及后来在美国开启新生活的经历都使她不仅需要在另一种语境中求生存，而且还必须直面迥异的哲学和政治学理论

阿伦特手册

传统。这些都成为她著作中理性批判的组成部分（见本书第 1 章）。这种"跨大西洋的经历"（Schulz 2006）反映在她的著作上就是一种双语性特点。这远远超出简单的字面转译，达到的是一种游离于德语和英语传统与思维之间的思考和写作境界（见本书第 2 章导言）。因此，该手册中阿伦特著作的标题都是英、德双语的。尤其是对阿伦特的《人类生存条件》、《积极生活》和《论革命》（见本书第 2 章第 5 节第 5、7 部分）① 等双语著作的显著差异本手册将会进行详尽阐述。

阿伦特与众多不同历史时期作者的争论均收录在"总体境况"一章（见本书第 3 章）。作为本雅明意义上的"深海采珠人"，阿伦特并未从字面上接受，而是以对话和解读的方式取用他们有用的思想（MZ 229，见本书第 3 章第 2 节第 4 部分；Hahn 2005）。本书的这一章还述及她与赫尔曼·梅尔维尔（Herman Melville）、J. 康拉德（Joseph Conrad）、M. 普鲁斯特（Marcel Proust）、威廉·福克纳（William Faulkner）、W. H. 奥登（Wystan H. Auden）等作家之间的关系。他们——有些人后来成为阿伦特的朋友——都曾经在阿伦特的生活和著作中占据特殊地位。他们的作用无法单独罗列，只能尽可能地在著作的铺陈中穿插与融入（见本书第 2 章第 4 节、第 6 节第 3 部分）。对阿伦特的著作而言，诗体与叙事性的重要性在其关于里尔克（Rilke）、卡夫卡（Kafka）和布莱希特（Brecht）的文字中，以及与布洛赫（Broch）和约翰逊（Johnson）的往来书信中均有迹可循（见本书第 3 章第 1 节第 18 部分、第 1 节第 19 部分及第 2 节第 5 部分）。其诗体效果详见"话语解读和评价"一章（见本书第 5 章第 3 节）。

为了表达经验、思维和判断，阿伦特的思想离不开"继承下来的词语"（IWV 98）、语言和概念。正所谓"文字是思想的媒介"（LG I，18）。另外，她还毫不吝啬地质疑、解构并（IWV 98）重新定义它们，以竭力探索自由判断与行动的可能性。因此，本书第 4 章介绍了她本人讨论过的、最重要的概念和构思。

阿伦特著作非常鲜明的特点是，它们虽然至今并未形成所谓的学术派别，但是她

---

① 此处原文有误。——译者注

阿伦特手册

序　言

思想中的众多方面至今仍影响着学术界。例如，她有关"拥有权利的权利"的著名论断就在人们讨论人权问题时屡被引用。在本书第 5 章（"话语解读和评价"）中就对这些讨论中最重要的议题分别进行了更进一步的阐述。

研究的缺陷

阿伦特 1975 年去世。在此之前，她就认可玛格丽特·卡诺凡（Margaret Canovan）著作中对她已发表著作中观点的诠释（Canovan 1974），并且与"朋友们"一道参加了在多伦多举行的关于她著作的学术会议（Hill 1979）。阿伦特的学生伊丽莎白·杨 - 布吕尔（Elisabeth Young – Bruehl）在前者的传记中（1986；见本书第 1 章）揭示了其发表著作中如下迥异议题背后内在的关联性，如犹太女性拉埃尔·瓦恩哈根的生活、极权统治的要素与起源、现代劳动社会、现代革命的基础以及独立判断的前提等。在德国，这位不属于任何哲学学派和政治阵营的女思想家的著作较晚才为人所知。在欧洲分裂的意识形态时代结束之时，人们对阿伦特的兴趣才开始增加，对其遗作的出版也随之增多（接受的历史篇，比较 Heuer 2005）。

最近几年，人们对阿伦特问题的研究转向以前学术界较少关注的领域，如阿伦特思想中诗体的方法论及其意义（Hahn/Knott 2007；Heuer/von der Lühe 2007；Knott 2011；Spiegel 2011）、阿伦特与德国作家的关系（Wild 2009）、阿伦特著作中判断的系统地位（Meints 2011）、政治组织与机构的重要性（Foerster 2009）、权利的角色（Geulen u. a. 2008；Volk 2010；Rosenmüller 2011）以及 20 世纪思想史的分类（Heinrich – Boell – Stiftung 2007）等问题。

这种研究状况显然是不充分的。比方说，就缺少对克尔凯郭尔（Kierkegaard）、胡塞尔（Husserl）、舍勒（Scheller）、普勒斯纳（Plessner）、梅洛 – 庞蒂（Merleau – Ponty）等人的学术地位的进一步研究（Krueger 2007 年的第一次考虑）；也未曾涉及阿伦特现象学，以及苏格兰和英格兰哲学常识与伦理观念的可能影响，例如哲学家沙夫茨伯里（Shaftesburys）；还缺乏列奥·施特劳斯（Leo Strauss）对阿伦特在霍布斯（Hobbes）和斯宾诺莎（Spinoza）问题上研究的广泛影响、阿伦特对社会契约理论的拒绝以及她对卡尔·施米特（Carl Schmitt）的研究。

阿伦特手册

无凭借地思考

缺乏的还有对阿伦特思想方法的研究。芭芭拉·哈恩（Barbara Hahn）和英格博格·诺德曼等人的主要贡献在于，他们阐明了阿伦特开放的思想和碎片、解构性研究工作给人们带来的启迪（Hahn 2005；Nordmann 2007a，2007b）。这关涉一种思想，其极端性可能使传统哲学和政治理论冒风险，这一点学术界和公共社会却几乎没有人意识到。阿伦特对人与人之间行为和判断的价值、关键场合通过透着智慧的谚语等所表达的诗意的画面（"所有的担心都是可以承受的，只要人们将它放在一个故事中或故事就是关于它的"，MZ 124），以及她的政治理论视角的无拘束性都会使这种极端性不易显现出来。因此，对此的相应批评并不缺乏（Benhabib 1998；Elon 2006；Jahanbegloo 1992；Laqueur 2001；Pitkin 1998）。

人们有必要考察阿伦特独特思维的表达方式，并且关注开放的思维与行动和判断的多元性，后者是在对古典哲学和政治理论的传统状况批判中发展起来的。

这种被阿伦特称为"无凭借地思考"的开放思维源于经验。像所有思想一样，它是一种批评，并且总是"反对什么"。它不同于亚里士多德意义上的政治现象（权力之于暴力，行动之于劳动和生产，思维之于判断），并且放弃了"最后的原则"（IWV 88）。阿伦特总是一再追溯到经验，如当她在极权主义中谈及人类的"基本经验"或者像布莱希特、本雅明或丁尼生（Dinesen）那样论及人类的经验世界。真理是起点，而非思维的结果（DT 489）；真正的理解总是与过程的、日常的理解有关（VZ 113）；那种人与人之间联系的纽带不是理智，而是想象力（DT 570）。所有上述这些观点都使行动领域变得清晰，阿伦特在海德格尔、康德和一种对多元的真实性之间，负责任地扮演行动和判断着的人的角色。

阿伦特认为，行动和判断的多元性是世界团结的保证，并且让新时代的主观主义（自我中心，Subjektivismus）与主体间性对抗。以此为出发点，她定义了诸如自由、权威和权力以及思维、判断和意志等以及它们分别与人类之间的关系。阿伦特观察问题的视角也在变，在《人类生存条件》或《积极生活》中行动是她的主要研究对象，后来在《精神生活》中她又考察了思维与判断，这是一种从行动者到旁观者的转变。

阿伦特手册

序　言

在阿伦特对传统思想的批判及"解构"（LG1，207ff）过程中，她最终将海德格尔式的、对经典的重读和本雅明的片段式的新观察相结合。从本雅明那里，她联想到的"并非是好的旧物，而是不好的新物"（MZ 236），她还践行了卡夫卡的"保存与解构意愿的两面性"（MZ 232）。

此外，针对阿伦特的方法也许有必要补充一些关键词，如对下列想象画面的使用："沙漠"、"绿洲"和隐喻或一种行文方式，它被雅斯贝尔斯称为通过读者继续书写的方式（BwJa 310 f.；Hahn 2005，50）。可以说，该手册中所阐述的著作思路以及概念和构思的编排并不存在线性的逻辑顺序，而总是会考虑到观点的交叉和著作与概念的相互作用。

索引方式

迄今为止阿伦特的著作还没有一个统一的缩写索引。这也难怪，因为没有阿伦特著作完全版，也就没有统一的索引方式。本书中我们选择了如今可以获得的最好的版本。最常被引用的著作缩写索引集中在该手册的第六章第 2 节第 2 部分。编辑情况介绍详见乌尔苏拉·卢茨（Ursula Ludz，2005）的概要（见本书第 4 章第 2 节第 1 部分）。

最后，我们不仅要感谢芭芭拉·哈恩、玛丽·路易·克诺特（Marie Luise Knott）、乌尔苏拉·卢茨、英格博格·诺德曼（Ingeborg Nordmann）、托马斯·维尔德（Thomas Wild）以及 T. 比尔迈尔（Thilo Billmeier）等为我们提供的富有建设性的建议和意见，还要感谢麦兹勒出版社（J. B. Metzler）的 U. 黑希特费舍尔（Ute Hechtfische）和 F. 雷麦卡（Franziska Remeika），是他们给予我们及拖延时间的作者以耐心的指导与咨询。我们想特别感谢因健康原因最终不得不退出的贝恩德·海特尔，他对该手册的形成和构建作出了关键性的贡献。

沃尔夫冈·霍尔

斯特凡妮·罗森穆勒

2011 年 9 月

参考文献

Benhabib, Seyla: *Hannah Arendt – Die melancholische Denkerin der Moderne.* Hamburg 1998.

Canovan, Margaret: *The Political Thought of Hannah Arendt.* London 1974.

Elon, Amos: »The Excommunication of Hannah Arendt«. In: *World Policy Journal* 23, 4 (2006), 93–97.

Förster, Jürgen: *Die Sorge um die Welt und die Freiheit des Handelns. Zur institutionellen Verfassung der Freiheit im politischen Denken Hannah Arendts.* Würzburg 2009.

Geulen, Eva/Kauffmann, Kai/Mein, Georg (Hg.): *Hannah Arendt und Giorgio Agamben. Parallelen, Perspektiven, Kontroversen.* Paderborn/München 2008.

Hahn, Barbara: *Hannah Arendt – Leidenschaften, Menschen und Bücher.* Berlin 2005.

– /Marie Luise Knott: *Hannah Arendt – Von den Dichtern erwarten wir Wahrheit.* Berlin 2007.

Heinrich-Böll-Stiftung (Hg.): *Hannah Arendt: Verborgene Tradition – Unzeitgemäße Aktualität?* Berlin 2007.

Herberg-Rothe, Andreas: »Hannah Arendt und Carl Schmitt. ›Vermittlung‹ von Freund und Feind«. In: *Der Staat* 43, 1 (2004), 35–56.

Heuer, Wolfgang: »›Ich selber wirken?‹ Eine Synopse der deutschen und internationalen, akademischen und nicht-akademischen Wirkungsgeschichte Hannah Arendts«. In: Heinz L. Arnold (Hg.): *Hannah Arendt.* Text+Kritik 166/167. München 2005, 174–182.

– /von der Lühe, Irmela (Hg.): *Dichterisch denken. Hannah Arendt und die Künste.* Göttingen 2007.

Hill, Melvyn A. (Hg.): *Hannah Arendt: The Recovery of the Public World.* New York 1979.

Jahanbegloo, Ramin: *Conversations with Isaiah Berlin.* London 1992, 81–85.

Kalyvas, Andreas: »From the Act to the Decision. Hannah Arendt and the Question of Decisionism«. In: *Political Theory* 32, 3 (2004), 320–346.

Knott, Marie Luise: *Verlernen. Denkwege bei Hannah Arendt.* Berlin 2011.

Kolk, Philipp zum: *Hannah Arendt und Carl Schmitt: Ausnahme und Normalität – Staat und Politik.* Frankfurt a. M. 2009.

Krüger, Hans Peter: »Die condition humaine des Abendlandes. Philosophische Anthropologie in Hannah Arendts Spätwerk«. In: *Deutsche Zeitschrift für Philosophie* 55, 4 (2007), 605–626.

Laqueur, Walter: »The Arendt Cult: Hannah Arendt as Political Commentator«. In: Steven E. Aschheim (Hg.): *Hannah Arendt in Jerusalem.* London 2001.

Ludz, Ursula: »Bibliographie. Zusammenstellung aller deutsch- und englischsprachigen Veröffentlichun-gen«. In: *Hannah Arendt. Ich will verstehen. Selbst-auskünfte zu Leben und Werk.* München 2005, 257–341.

Meints, Waltraud: *Partei ergreifen im Interesse der Welt. Eine Studie zur politischen Urteilskraft im Denken Hannah Arendts.* Bielefeld 2011.

Nordmann, Ingeborg: »Gedankenexperiment und Zitatmontage«. In: Heuer/von der Lühe 2007, 162–186 [2007a].

– : »Die Vita activa ist mehr als nur praktische Philosophie«. In: Heinrich-Böll-Stiftung 2007, 199–214 [2007b].

Pitkin, Hannah Fenichel: *The Attack of the Blob: Hannah Arendt's Concept of the Social.* Chicago 1998.

Rosenmüller, Stefanie: *Der Ort des Rechts. Gemeinsinn und richterliches Urteilen nach Hannah Arendt.* Berlin 2011 (im Erscheinen).

Schulz, Daniel: »Hannah Arendt und die transatlantische Erfahrung«. In: Amalia Barboza/ Christoph Henning (Hg.): *Deutsch-jüdische Wissenschaftsschicksale.* Studien über Identitätskonstruktionen in der Sozialwissenschaft. Bielefeld 2006, 135–151.

Sluga, Hans: »The Pluralism of the Political: From Carl Schmitt to Hannah Arendt«. In: *Telos* 142 (2008), 91–109

Spiegel, Irina: *Die Urteilskraft bei Hannah Arendt*. Ber-lin/Münster 2011.

Volk, Christian: *Die Ordnung der Freiheit. Recht und Politik im Denken Hannah Arendts*. Baden-Baden 2010.

Wild, Thomas: *Nach dem Geschichtsbruch. Deutsche Schriftsteller um Hannah Arendt*. Berlin 2009.

Young-Bruehl, Elisabeth: *Hannah Arendt. Leben, Werk und Zeit*. Frankfurt a. M. 1986.

第1章 生平

儿童与青少年时期

1906 年 10 月 14 日，阿伦特出生于德国汉诺威市。她的父亲是保尔·阿伦特，母亲是玛尔塔·阿伦特。其父是工程师，来自康德故乡哥尼斯堡。她的父母均出自殷实的犹太商人家庭，并且是 19 世纪沙皇迫害犹太人期间从俄罗斯移民至东普鲁士家庭的后裔。阿伦特出生几年后，他们一家从汉诺威迁回哥尼斯堡。在那里，保尔·阿伦特因患梅毒不得不被送进医院治疗。他死于 1913 年，临终前他的病情一再恶化，以至于不能辨识自己的亲人。同年，祖父马科斯·阿伦特去世，他在儿子生病期间承担起了阿伦特父亲应该承担的责任。后来当俄罗斯军队在第一次世界大战期间入侵东普鲁士之时，母亲玛尔塔·阿伦特携女儿临时逃到了比较安全的柏林。阿伦特小学阶段的生活笼罩在战争和失去亲人的悲痛氛围之中。

阿伦特是一个早熟的孩子，在上幼儿园之前就已经能够阅读了。她的母亲曾是开放、进步的女性，并且还是积极的社会民主主义者。她把自己的女儿送入哥尼斯堡的一家女子学校就读。她始终站在女儿一边，即便在阿伦特因被指违反露易丝学校校规而必须独立继续学业的那段时间。反犹主义并没有对这个已经同化了的犹太商人家庭的生活造成过多的影响。但当阿伦特在学校遇到此类事情时，她的母亲会支持她去反抗，并给校方写抗议信。

1920 年，阿伦特的母亲改嫁给马丁·贝尔瓦尔德（Martin Beerwald）。这位离异商人带着两个女儿：克拉拉（Clara）和爱娃（Eva），她们也同样青春年少。对阿伦特来讲，贝尔瓦尔德的家很快成了有志青年的中心，其中就有后来成为她最好的、一直没有远离她的朋友安娜·门德尔松，以及年长她 5 岁的恩斯特·格鲁马赫（Ernst Grumach）。他们在希腊语阅读圈相识相知。1922 ~ 1924 年，阿伦特为高中毕业考试做准备，这个成绩同时也决定她能否进入和进入什么样的大学就读。她在家里与一位

阿伦特手册

私人助教备考，并且作为旁听生在大学选听了一些课程。在那里她结识了神学家罗马诺·瓜尔蒂尼（Romano Guardini），一个正在钻研克尔凯郭尔的"基督教存在主义"的人。阿伦特的主要兴趣集中在哲学上，她痴迷于涌现出来的、以雅斯贝尔斯和海德格尔为代表的批评性思潮。她以合格的成绩进入马尔堡这所海德格尔执教的大学，开始了她的大学生涯。海德格尔的讨论课吸引着那些梦想成为德国哲学界精英的年轻人。然而这却是些流亡的精英，因为他们中的很多人都曾是犹太人。

大学时期

当 1924 年阿伦特来到马尔堡时，1933 年爆发的政治风暴已经在发酵。对她来讲，这一年却是她个人发展的转型、定位之年。她必须在学习希腊语和师从鲁道夫·布尔特曼（Rudolf Bultmann）学习《新约》神学之间进行决断。这位 18 岁女孩的兴趣瞄准了海德格尔，同时海德格尔在她身上的兴趣也渐增。这种关系演变成师生恋，这段暧昧关系只有她的学友汉斯·约纳斯（Hans Jonas）知道，大家都小心谨慎地隐瞒着海德格尔的妻子和孩子们。这段恋情仅仅被记录在阿伦特收到的情书（尤其是海德格尔的）中，这些 1925 ~ 1975 年（BwH，s. Kap. II. 10. 4）的信函在两位当事人去世后的约 25 年后才公开发表。

公开发表的信件内容表明，这段浪漫史持续到阿伦特离开马尔堡的 1926 年。后来她在海德堡大学，最终获得了雅斯贝尔斯对其博士论文的指导。她与海德格尔之间仍有联系，直至德国的政治环境发生了根本性的改变。1933 年希特勒当选总理之后，与纳粹党有公开联系的海德格尔接任弗莱堡大学校长一职。像其他所有德国大学一样，弗莱堡大学开始驱逐它们的犹太教师。早在 1932/1933 年冬，海德格尔就被阿伦特质问，是否其所有反犹指控都是发自内心。直至 1950 年，阿伦特再也没有联系过他。

海德格尔对阿伦特个人发展以及她作为思想者的启蒙是举足轻重的，而且这一重要作用是其他人和事对阿伦特的影响所无法比拟的，怎么估价都不为过。他教她缜密思维，并受益终身。他一直是她的"思想楷模"，直至她发现他在浪漫的反现代主义掩饰下的纳粹本质的可笑。这归于一种他的无世界性。海德格尔将从柏拉图到尼采的欧洲哲学视为一个整体，延续"存在的遗忘"传统。他断然拒绝这个传统，并且从

阿伦特手册

"形而上学的终结"孤立地反思蜕变会是怎样发生和构成的。他在《存在与时间》一书中早期现象学的"此在"的学说使阿伦特深受启发。这使她终将欧洲传统的终结描述成完全另外一种情景、并且开始期待新的哲学；没有什么来自"存在"，而是来自新的政治科学，一种对政治反思的方式和方法。它不应是无世界性的、孤独的、静观的，而应是对人的境况的关注。海德格尔在与阿伦特了结这段关系之后似乎并未对她在哲学方面的发展表现出丝毫的兴趣，但他却告诉她，她一直是他从第一部著作以来写作的灵感之源和生命之爱。

1950 年，当阿伦特决定恢复与海德格尔的交往之后，她释然了。她顺应、满足了自己的需求，她称为与她的过去和大爱相关的"延续"。此外，仍然令她颇感宽慰的是，44 岁的她有能力与他非常坦诚地交谈。她异常艰辛的生活之路和全新的社会关系带给了她这种解脱。在雅斯贝尔斯身上，她既找到了父亲的影子，又找到了哲学上追求的新楷模。他的个人修养和对政治理想的追求都使他有能力、有勇气抵制国家社会主义。他的亲和力似康德。承蒙他的支持，阿伦特开始关注社会责任方面的问题（她博士论文就是关于奥古斯丁"爱"的理念）。她撰写了拉埃尔·瓦恩哈根的传记，旨在探究 18 世纪犹太人的沙龙生活，并特别关注了在没有政治共同体的境况下对当时的犹太人究竟意味着什么等议题。通过德国的犹太复国主义组织主席库尔特·布卢门菲尔德，阿伦特找到了一份政治学指导教师的工作。1933 年她还接受了一项新的任务，即支持犹太复国主义者的政治工作，由此招致了盖世太保的拘捕，致使她流亡至法国。幸运的是她被抓捕她的纳粹释放。此时，在结束了与年轻犹太哲学家京特·施特恩（后称京特·安德斯）对她来讲没有爱的婚姻之后，两人分手。他们 1929 年结婚，并曾共同生活在柏林。

流亡生涯

到了巴黎，阿伦特继续为这家德国的犹太复国主义组织工作，同时她还为一个叫作青年阿利亚的、专门负责为年轻的德国犹太人去巴勒斯坦安排行程的组织工作（她本人就曾陪同过一个旅行团）。在巴黎她找到了流亡者的社团，其中不乏来自柏林的左翼政治积极分子和知识精英。他们与一些富有同情心的法国作家和艺术家们在咖啡馆相聚。那时，她与文学批评家瓦尔特·本雅明建立了友谊。最重要的关系无疑是与海因里希·布吕歇尔的。他出身于劳动阶层，也是非犹太裔的柏林人。他拥有独立的精神品格，自学成才。他曾是罗莎·卢森堡（Rosa Luxemburg）的追随者和斯巴达克同盟的积极分子。跟他交往阿伦特起初非常谨慎，因为她深信，不会再与别人建立像 10 年前她与海德格尔那样的关系。然而，那些 1936～1937 年她和布吕歇尔之间往来的信件（BwBl 33-85；见第 2 章第 10 节第 1 部分）表明，他改变了她的初衷。因为他是一个如此不同于海德格尔的人：具有国际视野，富有人情味，并且善于与人建立深厚的友谊。为了她，他愿意奉献。他还迷恋她的思想。当阿伦特结束与其前夫施特恩的法律关系后，于 1940 年与布吕歇尔在巴黎结婚。这也使他们移民纽约成为可能，结束了拘留营里两周的磨难。此拘留营是由法兰西第三共和国政府特为"敌国侨民"设立的。她的逃亡路线，即经比利牛斯山脉到达里斯本。这与瓦尔特·本雅明试图逃亡的路线相似，然而他却在西班牙边境受阻，最终选择了自杀。

后来，阿伦特成功地将母亲接到纽约，从此三个人开始了颠沛流离的流亡生涯。他们设法去挣钱，学习英语，每天都在问自己，今天的新闻早报上又报道了什么令人愤怒的、从欧洲战场上传来的骇人听闻的消息。海因里希·布吕歇尔成了工厂的工人，阿伦特的母亲负责家务。阿伦特则用日渐熟练的英文撰写书评，同时她还为一份销量不错的、名为《建设》的德文日报的政治专栏供稿（见本书第 2 章第 3 节）。像在巴黎一样，她们也找到互助友爱的流亡者社团，认识了越来越多的美国人，尤其是接触到一个《党派评论》的读者群。利用这些关系阿伦特在布鲁克林学院找到了一份当讲师的兼职工作，还在犹太关系论坛为著名的犹太历史学家萨洛·拜伦工作。她最终成为朔肯图书出版社（Schocken Books）的编辑。这份工作使得她能够将弗兰茨·卡夫卡（Franz Kafka）介绍给美国读者，并使之出名。阿伦特旷日持久地确立安定的新生活，得益于布吕歇尔的坚韧。1942～1943 年冬，当她知道纳粹的集中营里所发生的一切时，便致力于研究在欧洲以及世界到底发生了什么和如何理解它们的问题。在《建设》的政治专栏写作之余，阿伦特开始着手撰写最终被命名为《极权主义的起源》（见德文版《极权主义的要素和起源》；见本书第 2 章第 4 节第 1 部分）

阿伦特手册

一书。

只要没活干，她就将自己清醒时的几乎全部精力用在了这本丰碑式的著作上。1948 年，她做出了政治上的惊人之举。这段时间她不仅不为德国的犹太复国主义组织工作（在流亡中），而且反对这个组织以及所有犹太复国主义者，然而由此引发的危险和道德灾难是她没有预见到的：为结束犹太民族无国籍的历史，需要建立新的国家，而这需要另一个民族，即巴勒斯坦的阿拉伯人失去国家。阿伦特结交了时任耶路撒冷希伯来大学校长的尤达·马格尼斯。他在巴勒斯坦带领一个以德国犹太人为主的小组，他们为了两个民族的共同国家而努力。马格尼斯在读了阿伦特在《建设》与诸多美国刊物如《国家》上的文章后，因产生思想上的共鸣，就试图让阿伦特为他工作。在纽约，她为马格尼斯小组编写立场文件，但后来退出，因为 1948 年双重国家设想落空，以及犹太国家的独立战争爆发。这场战争让大多数巴勒斯坦的阿拉伯人成为无国籍难民。她很多在《极权主义的要素和起源》书中欧洲影响下的、民族国家的观点追溯到对犹太复国主义和后来对以色列民族主义的批评。这是一种生活在这个国家领土上的民众受到压制的政治形式，但他们却不属于那个实施统治的民族。

极权主义

阿伦特通过 1946～1950 年编著的书籍和文章（见本书第 2 章第 4 节）分析指出，在 19 世纪欧洲的海外和大陆帝国主义时代，就曾出现过一系列最终在德国形成极权主义的要素（她还将这种论证延伸至苏联及其他帝国主义强权体制）（包括民族国家）。极权统治，作为一种新的国家形式，没有非常确定的原极权主义的发展不可能出现。她极其细致地考察了民族国家的阶级结构是如何发展、阶级矛盾是怎样被激化以及最终导致国家崩溃的；如何形成这样的大众社会以及如何让摘除了根基和被剥夺了权利的"多余的人"成为帝国主义的工具和牺牲品。为了阐明一种作为自然扩展或必然历史过程的极权体系，她探索了帝国主义国家所必需的官僚的本质，以及所呈现出来的机构和意识形态。（当她 1946 年在《党派评论》中论及有关德国知识分子在意识形态领域的帮凶时，也算上了海德格尔。他被视为"最后的德国浪漫派"。）

1951 年，这本书及其反犹主义、帝国主义和极权统治中的每一部分问世后则成为相关后续研究的经典和参照点。（刚刚获得美国国籍的）阿伦特认为苏联是极权体制的言论点燃了冷战背景下激烈的争论，美国因为参议员麦卡锡和反美委员会的阴谋活动而走上危险之路。她的论证受到共产主义反对者的欢迎；那些深受麦卡锡主义煎熬的美国左翼人士还总是希望，社会主义应是克服危机的钥匙，认为这部著作对"冷战斗士"有益。她的这本以及后期的所有著作都很难用惯常的左和右的标准来衡量。她指出，这种划分超越了极权主义的时代。如果要对这种旧的划分标准念念不忘，人们就几乎不能接受下述前言中的信息：

> 为我们对集中营的恐惧所主导的、对极权统治本质的洞见，可能帮助去除所有过时的左派和右派的政治阴影，而且在它们之外以及在它们之上，建立起判断我们时代重大事件的最根本的政治标准：它是否会导致极权主义统治？（摘自伊丽莎白·杨－布吕尔，2006，第39页）

如果谁继续按照旧的逻辑考虑问题，他就很难从阿伦特用"国家共同体"（comity of nations）的想法回答极权主义的论述中获取充满希望的信息，包括使"共同体"变成不可能的多个民族国家的联盟。这种联盟有别于联合国，后者强制性地以冷战的竞争形成。

阿伦特的《极权主义的起源》一书是用英语写成的，后来又经过一个美国朋友罗泽·法伊特尔松（Rose Feitelson）女士"英文化"处理与润色。在阿伦特英文书稿尚未完成之时，她就开始将其翻译成德文。1949～1950年冬，她以犹太文化重建（一个管理被纳粹抢夺的犹太人的文化、艺术品的组织）负责人身份返回德国时，就带着自己的翻译项目，利用拜访诸多德国大学的机会向其推介自己的部分课件，为教授德国极权主义的历史做积极准备。

战后德国

在德国，对阿伦特思想的接受是多层面的，尤其是纳粹历史——通俗地讲——纳粹思想还没得到最后的清除。除此之外，阿伦特有要求创建"国家共同体"（1949

阿伦特手册

年），包括欧洲国家联合会的想法。这是对所有没有得以改变的德国国家社会主义者的挑战。最初，她的思想也只受到《转变》杂志有限读者群的热捧，其中包括卡尔·雅斯贝尔斯、多尔夫·施特恩贝格尔（Dolf Sternberger）、维尔纳·克劳斯（Werner Kraus）和阿尔弗雷德·韦伯（Alfred Weber）等。《转变》比德国此前任何一种出版物都走得远，它超越了所有从左到右、形形色色的传统政治学派。这本杂志不仅出版了阿伦特在起草《极权主义的起源》期间的一系列论文，而且还将其汇编成册并以"六篇论文"为题于 1948 年在兰伯特施耐德出版社出版。

阿伦特与《转变》杂志的合作得益于卡尔·雅斯贝尔斯的引荐。他战争期间与其犹太妻子格特鲁德（Gertrud）在海德堡得以幸存，他后来在巴塞尔获得教授头衔。阿伦特和雅斯贝尔斯的一次次相遇直至全友谊的开始，均被详尽地记录在后来出版的 1926～1969 年往来书信（BwJa；s. Kap. II. 10. 5）中。他们最终可以坦诚地谈论海德格尔、她的理论及其对丈夫的感情。海德格尔有着分裂的人格：既肤浅虚伪又深刻真诚。雅斯贝尔斯很高兴能通过来往书信与布吕歇尔建立一种独特的联系。他结束了与海德格尔的信件往来，因为后者拒绝反思与纳粹的联系。阿伦特可以与雅斯贝尔斯分享她对德国的印象，这被她收录在一篇题为《纳粹统治的后遗症》（*The Aftermath of Nazi Rule* EIU 248¨C269）的文章里。1950 年，它被发表在美国的犹太杂志《评论》上，并且作为《极权主义的起源》的补充。

阿伦特曾解释说，对德国人来讲，纳粹主义比暴政更糟。极权主义用极端的恶扼杀了人类政治、社会和人性生活的根基，集中营就是这一思想的集中体现。直至 1952 年，阿伦特都不敢相信，德意志民族的根基未曾被扼杀而且能够得以再生。在这段时间她也认为她能够从德国选民的行为中辨识出，首先被她视为欲与纳粹历史拉开距离的矜持的开端。以阿登纳的倡议为代表的推进欧洲防务共同体的计划，似乎使德国人从其原始的民族主义中解脱，并且愿意为未来欧洲的理念而付出。然而，很快阿伦特，甚至阿登纳本人也对这种投票感到失望。这种为基督教的欧洲和德国重整军备的投入被阿伦特视为再纳粹化（Arendt 1966）。当她最终为自己的德文译著《极权主义的起源》找到了一家德国出版商，她的希望却落了空。因为她的著作中有关纳粹和苏联极权主义的观点可能会遭到阿登纳当局大多数人工具主义式的排斥，就像她在美国的反共产主义者那里所经历的那样。她应该是对的。

当阿伦特为再版的《极权主义的起源》修订和更新时，她将其《结语》部分的思想内容调至第二部分和第三部分。在其中，她对《国家共同体》的理念寄予希望（Arendt 1949），它应致力于确保《拥有权利的权利》。与原版结尾不同的是，她以题为《意识形态与恐怖》的文章收尾。在此，她非常详尽地阐述了关于斯大林统治下的苏联是极权主义的立场和观点。另外，她补充了一个集中陈述 1956 年匈牙利革命的后记，考察了斯大林之后的苏联，并对出现在匈牙利等地的机构——革命委员会称赞有加。此次对《极权主义的起源》一书的修订表明，她的兴趣已经于 20 世纪 50、60 年代转移到对欧美革命传统的考察上来了。之后她没有再论述过有关可能的、《国家共同体》的问题，却依然保持着对世界主义的执着与对各种形式民族沙文主义的抗拒。

关于政治的新科学

20 世纪 60 年代，《极权主义的起源》一书又再次修订。当阿伦特 1961 年在耶路撒冷亲眼见证了对阿道夫·艾希曼的审判过程之后，她对该事件的回应为她开启了全新的研究视角。她极具争议的《艾希曼在耶路撒冷：关于平庸的邪恶的报道》先是发表在《纽约客》上，接着成书出版（见本书第 2 章第 6 节第 1 部分）。这份报告与其中有关"极端的恶"的讨论开启了《极权统治的要素和起源》一书的历史。那时阿伦特就明确，当她把集中营里的恶定位成"极端的恶"时，未曾考虑行动者的动机，即它们缺乏任何军事或政治动机。她描述了国家社会主义的意识形态，却并没有视任何一个国家社会主义者个体——希特勒本人也不例外——为目标专一的人或思想者。当她观察耶路撒冷审判大厅里的艾希曼时就认为，他并非某个思考着的并且有判断力的人，而仅仅是一个没有思想、服从"元首"意志并（不惜）背离其原有道德标准的人。这一结论与她不留情面的对纳粹操纵犹太人委员会的考量，使她的报告成为国际论争的焦点。这种讨论也通过罗尔夫·霍赫胡特的剧目流入德国，并引发公愤。霍赫胡特借《副手》剧目发问，为什么当教皇庇护十二世得知灭绝集中营里所

阿伦特手册

发生之事的时候并没有发声。在德国，《艾希曼在耶路撒冷》成了 1968 年出生的那一代人的标杆性文件，这使得他们能够尝试与其纳粹父亲那一代人"划清界限"。

20 世纪 60 年代中期，阿伦特所研究的极权主义得以再次兴起，不再有令她颇受煎熬的恐惧，不再是孤立的政治评判标准。《起源》因此能够以三卷册的形式再版，每一本以原著中的一个部分为主题，它们分别是反犹主义、帝国主义和极权主义。她为每一本都附上了新的前言，分别描写了 20 世纪 60 年代中后期的世界政治现实。在极权主义这本的前言中她探讨了苏联的"去极权主义"，回归政治目标和国家利益，并形成与海外经济帝国主义相对的、20 世纪后期大陆帝国主义的形式，这种模式被美国在拉美和东南亚等地实践过。

在这十年间，即 1950 年阿伦特重返德国与 1961 年出席在耶路撒冷对艾希曼的审判之间，她不必再顾忌犹太组织或出版社的工作。布吕歇尔虽然并没有对大学有正式的联系或特别的偏爱，但他还是在巴德学院（Bard College）接受了一个讲师的职位。阿伦特以学期为单位，被不同的美国大学邀请，获得奖项（包括莱辛奖）和奖学金。对这对夫妻来讲，这为他们开启了一段静谧的、经济有保障的创作阶段。那是一段不再受到政治灾难影响的日子，尤其是麦卡锡主义的风波过后。阿伦特利用在不同大学授课的机会，使讲稿不断完善，为它们日后成文成册做着积极的准备。它们是 1958 年出版的《人类生存条件》，1961 年出版的论文集《在过去与未来之间》和 1963 出版的《论革命》（包括一篇尚未发表的有关马克思的长文，见本书第 2 章第 5 节第 1 部分）。

这些著作为政治学提供了新的科学性，其内容是阿伦特自 20 世纪 30 年代以来就频繁地浮现于脑海中的。她在海德格尔的引领下用思想证明了欧洲哲学传统，乃至欧洲传统本身的终结。她的思想获得政治上新的突破，发现了一种前所未有的政体形式——极权主义。在文章中，她分析了柏拉图之后每一个重要政治学概念的历史，并且重新将它们概念化，她称为概念性的"除霜"。她用到了很多从海德格尔那里学到的词源和哲学分析的技术。除此之外，在《积极生活》一书中她提供了一种新的思想框架：一个含有六个条件的方案确定人类的生活——生命本身、与地球的联系性、（文化意义上的）居住于地球、创生性（诞生性）、必死性、多元性（与其他不同的生命共处）以及各种人类活动的归纳——劳动、生产和行动（见本书第 4 章第 3 节）。这些模式使她能在极宽极深的空间对行动的条件和回溯发生的改变进行思考，而这些行动决定着今天人类的生存。在《论革命》一书中她以美国的历史为例，考察了如何应对人类欲望的问题，旨在创新和聚集新的政治形式。阿伦特将为这个国家制定了宪法的美国革命，与在法俄发生的以及在她青年时期不成功的德国 1918～1919 年革命进行比较，也就是说，与那些没有形成共和国的、宪法未曾有能力确保自由的革命相比。特别地，现代革命创造了不同形式的地方议事会。阿伦特认为，这些议事会都能够表现出适当的政治形式，能够为它们自身产生的言行提供空间。这些议事会是后极权世界迫切需要的、可再生的政治形式。

艾希曼审判

阿伦特 1963 年出版的《艾希曼在耶路撒冷》一书引爆了一场论争，打破了她平静的生活。这为她开启了一个仍旧极有工作效率但却充满矛盾的十年。一方面大量的演讲邀约使她应接不暇，另一方面在公共场合她又经常处于守势。这期间，由于越来越多的年轻读者渴望对政治事件进行反思，她再一次感觉到自己在欧美和以色列的犹太知识阶层中遭受唾弃的境遇。除了个别英文和德文的简明表态之外，原则上她也任凭朋友们参与到这场争论中去。玛丽·麦卡锡，她这位结交十年的密友在《党派评论》上撰文为其强烈辩护，尽管很多人仍试图从这本杂志外围排挤阿伦特。卡尔·雅斯贝尔斯在欧洲声援阿伦特，他在（瑞士的）巴塞尔著述有关她著作的问题以及由艾希曼的审判派生出来的法律问题，并且还接受采访。在以色列，她不但没有辩护人，而且还必须承受来自老友库尔特·布卢门菲尔德的疏远。

当这场论争还在继续发酵之时，阿伦特已经开始重新思考有关艾希曼的问题。她试图跳出"关于平庸的邪恶的报告"的思想框架，对她提出的艾希曼的"无思无想"进行进一步的哲学探究；在阿伦特看来，艾希曼在其世俗的道德哲学基础上以效忠"元首"意志取代自己的判断。她仍然能够回忆起，当她在法庭上观察艾希曼时也自问："或许可以将这种思想归结为让人行恶或拒绝做坏事的条件？这种固有的或吸引注意力的、探究一切的习惯并不顾及结果和特殊的内容。"（LG 1，15）

阿伦特手册

《共和国危机》

这段时间，一部三卷册著作《精神生活》正在酝酿当中。它由《思考》、《意志》和《判断》构成（见本书第 2 章第 8 节）。当阿伦特论及无思想性、自我意愿在他人统治下屈服以及拒绝自主判断时，她的头脑中就会浮现对艾希曼这个人物形象的记忆画面。三卷中的每一本都是一种对历史哲学的检验和重新概念化的过程。它们不仅描述了精神现象中的这三种能力，而且对它们之间的相互关系进行了概括。这本书应该成为"精神的现象学"，但却没有黑格尔形而上学的色彩，或许与康德式的、不信任任何一种命令或绝对性的三大"批判"契合度更高。

在阿伦特的哲学兴趣转至《精神生活》著作上来的这段时间里，她继续撰写有关欧美政治的文章。尤其到了 20 世纪 60 年代后期，她在研究工作方面的紧迫感和危机感越来越强烈。她开始担心海因里希·布吕歇尔的健康状况，于是在离他们的纽约居所不远的社会研究新学院找到了一份工作。这样，她就不必像以前那样远赴芝加哥或其他大学讲学。与此同时，政治的现实也让她忧心忡忡。她认为，她曾在《论革命》一书中充满激情和赞叹地所著述的美国式共和也出现了危机，甚至开始丧失方向并且远离原有的革命传统（见本书第 2 章第 7 节）。这种失误主要体现在越南战争的问题上。从一开始她就与德国移民圈、《部落》一起抵抗越战，甚至还发展了约翰逊总统的安全顾问汉斯·摩根索（Hans Morgenthau）。此外，她还支持了学生的反战游行。随后，她开始关注"误解"导致灾难性政治后果的可能性问题。同时，阿伦特着力研究了暴力的概念，并且在 1969 年《纽约书评》上发表了题为"对暴力的反思"的长篇论文。

这本 1970 年以《论暴力》（德文名《权力和暴力》）为名出版的著作（见本书第 2 章第 1 节）主要指向欧美学生运动中的参与者。借此，她告诫学生们谨防任何形式的暴力从手段演变成目的的危险。阿伦特严厉批评了从索列尔（Sorel）、法农（Fanon）到萨特（Sartre）等不同哲学捍卫者有关暴力的学说，也包括那些他们力挺的思想，如毛泽东思想。首先，她从概念上严格区分了作为手段的暴力与权力的区别，并指出一般情况下人类聚集并集体行动时不存在暴力问题。她认为，人们之所以会使用暴力，是因为他们没有权力或拥有的权力已经丧失。由此可以证明，当"世界上最强大的国家"对越南实施轮番轰炸并让后者失去权力的时候，美国必须面对来自越南北部城市与农村民众的顽强抵抗。那里的游击战勇士无处不在。

《论暴力》是阿伦特发表的最后一部政治分析类著作。她连续数年的不安终于显现了。其一是她遭遇了人生中的第一次重大打击——不是政治方面的，而是非常私人的。卡尔·雅斯贝尔斯因身体严重衰竭而去世，享年86岁。1969年2月26日，阿伦特收到从格特鲁德·雅斯贝尔斯（Gertrud Jaspers）那里传来的噩耗："卡尔离世。"阿伦特立即飞往巴塞尔去参加他的葬礼。在其追悼会上，她所致的"与逝者心灵相通"的悼词精彩纷呈（BwJa 720）。

雅斯贝尔斯的离世更增加了阿伦特对布吕歇尔健康状况的惊恐和不安，因为他自20世纪60年代末以来一直备受严重的循环系统疾病的折磨。所幸她仍继续着她《精神生活》一书的写作。1970年，她发表了题为"关于思想和道德关系"（VZ 128 – 155）的演讲，进一步评述了美国的政治生态并发表了论证有力的关于"不顺从的平民"和"政治中的谎言"等论文。后一篇是关于美国五角大楼文件的评论，以及由"形象塑造"而引起的越来越多的对政治生活的操控。只要工作计划安排的时间允许，她尽可能保证在家中陪伴丈夫布吕歇尔的时间。他曾几度病倒，并且极易感觉困乏。1970年，因他健康状况良好，他们享受过一次静谧的夏季假期。然而，1970年10月31日，他在他们曼哈顿滨海大道的家中突发心脏病，仅数小时后死于医院。阿伦特在给朋友们的电报中简述道：海因里希周六死于心肌梗死。汉娜。

参加布吕歇尔葬礼的嘉宾有他们刚开始一起生活时的生活圈子里的朋友，有20世纪30年代通过移民圈在法国结识的朋友，有40年代在纽约的《部落》读者群以及他们在50年代结交的美国朋友，直至十分敬重他的巴德学院的学生和新朋友。他们的到来让阿伦特获得了心灵上的慰藉，得以分享"与逝者的通达"，尤其是与玛丽·麦卡锡以及她的女友洛特·科勒。后者是城市学院的德语语言文学教授。阿伦特和布吕歇尔每年夏天与她相约同去卡茨基尔山区度假。阿伦特却依然深感身心疲惫，人仿佛被掏空了一般。布吕歇尔对她来说，在30年的婚姻生活中就意味着某种延续性。他曾是她的避难所，并且给予了她真正的家。

阿伦特手册

精神生活

布吕歇尔去世那年，阿伦特 64 岁。虽然她仍然以非凡的精力投入工作、与朋友聚会以及去欧洲度假（布吕歇尔离世后，她不再去卡茨基尔山区而是去洛迦诺①附近的一个幽静的膳宿公寓避暑），然而她对自己的健康从来不怎么重视。对医生让她戒烟的建议，她的态度是明确的：她曾尝试戒烟，然而当不抽烟无法写作时，她便不再坚持了。当她再度回到《精神生活》一书的写作上来的时候，也曾试图少抽些烟，但也终因她非常大的工作强度而不得不放弃。那期间，她阅读的哲学文献数量超过了自从自己做哲学系学生以来所阅读过的哲学文献总数。在她收到来自苏格兰阿伯丁（大学）著名的吉福德讲座的演讲邀请的时候，她就为这个著作的《思想》和《意志》两部分（《判断》这部分未曾动笔）确定了应该完成的最后期限。1974 年，当她在阿伯丁做第二部分演讲时，突发心肌梗死。

自从那次阿伦特的身体恢复之后，她开始变得谨慎了。她允许自己较多地休息，晚上放松地跟朋友们一起度过。他们包括老的移民朋友，还有新的美国朋友以及高年级的学生，有时她还跟他们一起去电影院或去听音乐会。她努力重拾那些在艾希曼论争中一度受损的友谊，并且约见一些她自布吕歇尔去世以来因节哀没有见过面的人。在这段比较安静的时期，她获悉自己获得了由丹麦政府颁发的欧洲文化贡献奖——索宁奖。她在哥本哈根的获奖感言中（Arendt 2005）谈到一些问题和风险，尤其是针对那些有声望和知名度的思想者。她的一席话成为对如何保持、保护"精神生活"问题的冥想。人们不应因为对政治事件的担心而有所退缩，而应该很好地去判断。

阿伦特拒绝了很多来自大学和学术会议主办方的邀请，唯独接受了一个有关政治问题的演讲邀约。她同样以美国公共领域中有威望的人的身份，受邀在 1976 年波士顿音乐厅论坛纪念美国 200 周年庆典上致辞。她题为"恶有恶报"（Home to Roost）（IG 354 – 369）的演讲通过美国国家公共广播电台播出，并且发表在《纽约书评》上。演讲时间虽然不长，但她却坚定地指出美国所面临的日益严重的危机。通过它

---

① 瑞士南部城市。——译者注

们，她看到了美国宪法和政府共和制自从越南战争直至水门事件以来所遭受到的挑战。

1975 年，阿伦特在她瑞士的膳宿公寓度过了一个安静的夏末。为《精神生活》最后一部分《判断》的写作她阅读了康德的著作，还拜访了一些朋友，总之她尝试着放松自己。她在曾作为卡尔·雅斯贝尔斯文学遗产管理员浏览过所有相关文件的马尔巴赫度过了一个月紧张的资料查阅期。她还并不轻松地拜访了海德格尔，看到生着病和几乎已经耳聋了的他。那是他们最后一次的见面。那个秋天，她身体状况欠佳，心情沉重地回到了因经济不景气而处处危机四伏的纽约。1975 年 11 月底她曾一度晕倒在自家门前。几天后，也就是 1975 年 12 月 4 日，在她与邀请来的朋友共进晚餐时，又一次心肌梗死发作，这一次是致命的。

像在布吕歇尔的葬礼上一样，阿伦特在河滨教堂的葬礼也有他们共同生活的不同阶段所结交的朋友，当然也包括很多仅仅通过她的著作和政治评论知道她的人们。这只是她去世后出名现象的开始，在她葬礼之后的每一年都变得不同寻常：阿伦特的读者和仰慕者聚集在一起，祭奠她的人生，以及她不仅对欧洲文明而且对世界文化所作出的贡献。2006 年，即在她 100 周年诞辰之际，在纽约、巴黎、柏林、罗马、贝尔格莱德、北京和加拉加斯举办了一系列会议、讲座与研讨会。随后，大量关于她著作的书籍出版发行，意在解释、评论和批评她的思想。聪明的编年史学者视她为 20 世纪下半叶最有影响力的政治思想家，这不仅仅因为她对政治行动或政治事件有直接的影响，还因为她对 20 世纪的政治既深刻又全面的理解：在最糟的极权统治下，人们也应该像人类自发的"新来者"在最佳境况下一样，为了和平行动而聚集。

伊丽莎白·杨-布吕尔

由 Susanne Post 从英语翻译成德语

参考文献

Abensour, Miguel: *Hannah Arendt contre la philosophie politique?* Paris 1997.

Arendt, Hannah: »Es gibt nur ein einziges Menschenrecht«. In: *Die Wandlung* IV (1949), 754–770.

– : The Negatives of Positive Thinking: A Measured Look at the Personality, Politics and Influence of Konrad Ade- nauer«. In: *Book Week, Washington Post,* 5. Juni 1966, 1.

– : »Die Sonning-Preis-Rede. Kopenhagen 1975«. In: Heinz L. Arnold (Hg.): *Hannah Arendt.* Text+ Kritik 166/167. München 2005, 3–17.

Beiner, Ronald: *Political Judgment.* London 1983.

Benhabib, Seyla: *Hannah Arendt. Die melancholische Denkerin der Moderne.* Hamburg 1998.

Bradshaw, Leah: *Acting and Thinking. The Political Thought of Hannah Arendt.* Toronto u. a. 1989.

Caloz-Tschopp, Marie-Claire (Hg.): *Les sans-état dans la philosophie d'Hannah Arendt: Les humains superflus, le droit d'avoir des droits et la citoyennete.* Lausanne 2000.

Canovan, Margaret: *Hannah Arendt. A Reinterpretation of her Political Thought.* Cambridge 1995.

Disch, Lisa J.: *Hannah Arendt and the Limits of Philosophy.* Cornell 1994.

Hill, Melvyn A. (Hg.): *Hannah Arendt: The Recovery of the Public World.* New York 1979.

Grunenberg, Antonia: *Hannah Arendt und Martin Heidegger. Geschichte einer Liebe.* München 2006.

Hahn, Barbara: *Hannah Arendt – Leidenschaften, Menschen und Bücher.* Berlin 2005.

Hansen, Phillip: *Hannah Arendt. Politics, History and Citizenship.* Oxford/Cambridge 1993.

Heuer, Wolfgang: *Citizen. Persönliche Integrität und politisches Handeln. Eine Rekonstruktion des politischen Humanismus Hannah Arendts.* Berlin 1992.

Hinchman, Lewis P./Hinchman, Sandra K. (Hg.): *Hannah Arendt: Critical Essays.* New York 1994.

Honig, Bonnie (Hg.): *Feminist Interpretations of Hannah Arendt.* Philadelphia 1995.

Kristeva, Julia: *Das weibliche Genie: Hannah Arendt.* Berlin/Wien 2002.

Opstaele, Dag Javier: *Politik, Geist, Kritik. Eine hermeneutische Rekonstruktion von Hannah Arendts Philosophiebegriff.* Würzburg 1999.

Pitkin, Hanna Fenichel: *The Attack of the Blob. Hannah Arendt's Concept of the Social.* Chicago 1998.

Smith, Gary (Hg.): *Hannah Arendt Revisited: Eichmann in Jerusalem und die Folgen.* Frankfurt a.M. 2000.

Sontheimer, Kurt: *Hannah Arendt. Der Weg einer großen Denkerin.* München/Zürich 2005.

Taminiaux, Jacques: *The Thracian Maid and the Professional Thinker: Arendt and Heidegger.* Albany 1997.

Tassin, Étienne: *Le trésor perdu: Hannah Arendt, l'intelligence de l'action politique.* Paris 1999.

Villa, Dana R.: *Arendt and Heidegger. The Fate of the Political.* Princeton/New Jersey 1996.

Wild, Thomas: *Nach dem Geschichtsbruch. Deutsche Schriftsteller um Hannah Arendt.* Berlin 2009

Young-Bruehl, Elisabeth: *Hannah Arendt – Leben, Werk und Zeit.* Frankfurt a. M. 1986.

– : *Why Arendt Matters.* New Haven/London 2006.

第2章 著作及其分类

导　言

概　述

汉娜·阿伦特的学术著作将按照其写作的时间顺序进行排列。对于德文和英文文献因为翻译而产生的时间差异，我们也给予了关注。这样做，不仅使阿伦特的思想发展轨迹清晰可辨，而且还便于读者进行检索。我们的目的是希望将她的思想以鲜活的理解方式介绍给读者，并且使其不失思想家的原创性特色。换言之，事后对阿伦特思想的系统化分类应该尽可能地还原其思想的开放性与活力，否则该手册的编辑就会陷入释意的危险。之所以没有按照作者生前和身后，以及已发表和未发表的标准来划分和归类她的著作，是因为不想让阿伦特的思想演变过程变得模糊。例如，1950 年的《政治学导论》中的部分章节是理解阿伦特西方政治思想传统问题的关键，而这却是在她去世后才出版的（《何谓政治?》，1993）。又如，《精神生活》一书的前两分册虽几近写成，但在她 1975 年去世之前并未出版。

与著作形成的时间顺序相比，例外的情形是思想日记和往来书信。思想日记包含了阿伦特 1950～1973 年期间的哲学笔记。自从完成 1951 年出版的关于极权统治的《极权主义的起源》以来，阿伦特就开始记录她对一些重要问题的思考。另外，持续较长时间的往来书信也能为我们提供有关阿伦特思想的信息。上述两种文献并列可以作为我们对其著作研究的必要补充。

阿伦特著作的编年史始于 1928 年，终于 1973 年。1928 年她完成了自己的博士论文《奥古斯丁爱的理念》。从 1973 年起她开始构思后期著作。我们就将阿伦特在这几十年中的不同思想历程分别收录到不同的词条内，但每个词条又不应理解为封闭的，议题上的交叉是不可避免的。

阿伦特手册

在第 1 节《早期著作》之后，我们在第 2 节《犹太人的生存状况》中着重探讨了对非政治同化失败的教训。

在第 3 节《欧洲、巴勒斯坦和美国》中，读者可以发现阿伦特 20 世纪 40 年代和 50 年代发表的论文和时事评论，包括她对国家社会主义传播的总结，也包括对反犹主义、以色列建国以及冷战初期欧美关系等问题的分析。

第 4 节《极权主义的表现形式》阐述了阿伦特力作《极权主义的起源》或《极权主义的要素和起源》以及其他所有与这种新的统治形式相关问题的分析以及理解性的文献。

第 5 节《一种政治理论的思路》的内容表明，阿伦特是多么希望将其"传统裂痕"的假说作为挑战来理解，以此对政治和哲学思想的西方传统提出实质性的批评。她早在 2002 年压缩发表的、1953 年的关于"卡尔·马克思与西方政治思想传统"讲稿又回到了自己的初衷，借助建立在马克思和恩格斯基础上的精神传统，她探索了 20 世纪极权主义现象的根源。很快，她专注于如下讲座，即 1954 年关于"哲学和政治——法国大革命之后的行动和思考问题"，旨在揭示西方政治与哲学思想的缺陷。在现代，变化广受关注，传统和权威的丧失以及自然和历史的新角色等问题也同样受到关注，如阿伦特在 1957 年发表的四篇题为"对当代政治思想中传统状况的质疑"的文章中所论述的那样。在《人类生存条件》（英文，1958）/《积极生活》（德文，1960）中，她对人类基本活动转变的考察同样是这种思想状态的体现。计划中的对政治性重新定义的《政治学导论》并未出现，只有《何谓政治?》（1993）的片段。在《论革命》（英文，1963；德文，1965）一书中，阿伦特探讨了持久建立政治自由的问题。对于 1961 年出版《在过去与未来之间：政治思想中的六种练习》，阿伦特修改了 1957 年的四篇论文，扩充了有关教育、自由和文化概念的综合"练习册"；稍后（1968 年）她又补充了"真理与政治"以及一篇关于征服太空的文章。

一方面，对艾希曼审判过程和这位陆军上尉新型犯罪形式的关注促使阿伦特重新反思极权主义的问题；另一方面，这也为她后续著作打开了新的思路。第 6 节《政治与责任》在阿伦特关于艾希曼审判报告与思想和道德评判密切相关的论题之间建立了联系，如她在 1965 年的讲座开发的 "道德哲学的几个问题"（2003）/《关于邪恶》（2006）。她的思想肖像《身处黑暗时代的人们》（1958/1967 年完稿，1958/1975年完成德文版修订，MZ 1989）描述了面对他们那个时代的（道德）挑战而思考着、行动着的人们。

第 7 节《共和国危机》不仅介绍了与此同名的、1972 年在美国发表的论文，而且还为读者呈现了已经在 1959 年发表的 "对小石城事件的反思" 一文（见本书第 2章第 7 节第 2 部分：《小石城——关于黑人问题和平等的异端意见》），其中阿伦特针对克服种族隔离提出了具有挑战性的观点。

阿伦特在第 8 节《晚期著作》中对精神、意志和判断等精神活动进行了考察。然而，生前她却只完成了 "精神" 和 "意志" 部分。她去世后由其好友玛丽·麦卡锡将《心智人生》（英文，1978）/《精神生活》（德文，1979）整理、出版。关于阿伦特计划中的 "判断" 这一部分内容由罗纳德·拜纳（Ronald Beiner）根据她有关康德讲座上的内容重新构架，并以《康德的政治哲学讲座》（1982）/《判断》（1985）为题发表、出版。

目录很难穷尽所有提到的内容，也并非阿伦特所有的文章都能够如人所愿地获得关注。然而，我们会按照字母顺序将它们悉数收录在第六章第 2 节第 1 部分中，并附上具体的章节信息。

沃尔夫冈·霍尔

双语特性

汉娜·阿伦特为世人留下了一部双语著作（见生平 IWV 257 – 341）。作为母语的德语和习得的外语——英文的独立标题均被列入参考书目中。

阿伦特的第一部著作是德语的。1933 年当她被德国驱逐出境之后，阿伦特生活在法语语境中，没有值得一提的作品问世。1941 年 5 月，她刚移居到美国时英语水平还非常有限。然而值得一提的是，她在小学和大学希腊语和拉丁语这两门外语的成绩都非常优异。她非常乐于学习并能很快掌握新的语言——英语。1942年，她就发表了首批英文短文。借此英文优势，她成功地于 1951 年出版了她的《极权主义的起源》一书，该书也成为她英文写作的奠基之作。接下来，她就以两种语言写作。在"语言问题"上"有点担心"（BwBl 316）的感觉也许就与她相伴终生。这部著作中英文占了上风，而德文标题则吸引了越来越多的译者。所有英文标题均由玛丽·麦卡锡最终定夺："阿伦特的所有书籍和论文交付印刷之前都经过她的编辑。"（LM 编辑后记 II，243；比较耶罗梅·科恩的阿伦特手稿经验 RJ xxxi）

阿伦特论及双语、多语性

阿伦特在 1963 年 9 月 14 日写给克劳斯·派珀（Klaus Piper）的信中对用两种语言发表著作这样解释道："事实上，我总是让德文版本成为我英文著作的修订版，并将此修正再用于英文书的第二版。"（LoC，Box33《R. Piper & Co.》）这种模式，即英文初版—修正的德语版—修正的英文第二版，以此类推。尤其是前两个步骤适用于所有从《起源》开始包括诸多论文的所有著作，有译者参与的情况也是一样。上述模式的第三步就用到的不多，因为每一部著作都有各自不同的实际情况（专著的目录等）。

论文集具有一种特殊的功能。这里显现出两种语言不协调的情形。像德文论文集《六篇文章》（1948）、《当代政治思想中的传统状况问题》（1957）、《从本雅明到布莱希特》（1972）以及《政治中的真理与谎言》（1972）等都没有对应的英文。最著名的两册英文论文集《在过去与未来之间》（1961;²1968）和《身处黑暗时代的人们》（1968）都是在作者去世后才在德国出版发行的（每一本都增加了几篇文章）。《共和国危机》（1972）目前没有德文版本。有关单篇论文成文过程中的细枝末节内容归并在目录中的"我要理解"章节（尤其令人印象深刻的例子详见《何谓权威?》一文，IWV 题目编号 124，127，148；ZVZ 403f）。

虽然阿伦特原则上也区分母语和外语，但是不像她的丈夫海因里希·布吕歇尔那样严格地加以区分。他将陌生的英语比作"啤酒琴弓"（拨弄醉琴），将母语视为斯特拉迪瓦利的［Antonio Stadivari（1644 – 1737），意大利提琴制作大师］琴声（致阿伦特，26.7.1941，BwBl 118）。母语对她来说仍然是无可替代的。1953年她就曾告诉雅斯贝尔斯（19.2.1953，BwJa 243），"我是用德语思考的，我最喜欢的诗也都是德语的"。母语的另一个特点是——如海涅所说——可以"随身携带"到陌生的语言环境当中去。当然，母语也必须不断维护和更新。"我总是竭尽全力呵护那些完好无损的、有生命的不可替代的东西"，阿伦特在1967年7月6日写给德国语言与文学创作学会秘书长恩斯特·约翰的信中这样写道。信中她对自己能够为西格蒙德·弗洛伊德奖的科学散文奖颁奖而致谢（信件摘自杨-布吕尔，1986，535；见IWV 60f）。

从另一个角度来讲，所有其他的语言也都是"可以习得"的，这有阿伦特的早期思想日记中的记录为证。她庆幸语言的多元性："重要的是，存在如此多的语言种类。它们不仅词汇不同，而且在语法和思维方式上也有诸多的不同。"（DT 42f）其他语言可以为我们开发母语不能觉察的、已知事物的"某些真实的本质"。这反过来又从某种程度上迫使我们，不仅要保持母语的"完整与鲜活"，而且还应认真地审视它（同上）。通过这些"有效的双语性"（Knott 2010，2），母语和外语均获得一种延伸和扩展，语汇变得更加丰富，各种语言的语法形式能够更加富于创新性地获得应用。

谈及阿伦特对具体语言的掌握和运用程度，在一次回答记者奥尔加·阿曼女士的提问时，她曾说："在表达哲学事实方面，使用德语比英语容易得多"；然而，"如果要政治地去思考，英语甚或法语……则更好"（在普林斯顿的采访，N.J.，29.9.1960，仅获得巴伐利亚广播电视录音）。

阿伦特认为，语言与思考密不可分。恩斯特·沃尔莱特（Ernst Vollrath）也认为，阿伦特用法语和英语学会了政治思维（Vollrath 1990，22）。对她来讲，正是因为这种不可分割性才会不可避免地导致差别和悬念的出现，尤其是当她用德语思考又用英文写作的时候（或者反过来，人们写作时的所想根本无法或只能转义翻译成英文，如《人类生存条件》/《积极生活》；比较Knott 2011例，116‴C125，129 f）。在《我和我英文读者的困难》的思想日记中，阿伦特指明：她的沉思方式对益格鲁-撒克逊读者具有挑战性："思考问题的整个方式都与英式'哲学'迥异。"（DT 771）因为她是在她所谓的"词汇库思维"的教育环境中成长起来的，一种"联想（性）思维"

取代德国哲学思维中的"差异性思维"（DT 700）。

对阿伦特的双语写作的观察

阿伦特属于为数不多的、从纳粹德国逃亡的、靠习得的英文定居下来的作者（Anders 1979，37）。她能做到这一点，主要应该感谢那些她在美国认识的、为她敞开心扉的朋友们。是他们让她可以走近他们的母语——英语。值得一提的首先是"英国人"罗泽·法伊特尔松（Rose Feitelson）和阿尔弗雷德·卡津（Alfred Kazin）；其次是玛丽·麦卡锡（Mary McCarty）（CM/BwM）；接下来是兰德尔·贾雷尔（Randall Jarroll，MZ 335¨C340；比较 Hahn 2007，22¨C24）以及罗伯特·洛厄尔（Robert Lowell，Hahn 2007，24 f）、W. H. 奥登（Wystan H. Auden，MZ 324¨C334）和特奥多尔·魏斯（Theodore Weiss）（属于那些在阿伦特生命中会提到的英语圈的诗人与作家，见 Hahn/Knott 2007）。绝非偶然，上述提到的两位，即奥登和贾雷尔，阿伦特在他们的讣告中写到，他们是德语语言的情人并且积极从事翻译工作。接着，阿伦特还必须提到的是玛丽·麦卡锡。她几乎不懂德语，但却能够带入更多的法语和意大利语元素。遇到语言问题，她绝对是一位知识渊博且热情洋溢的交谈对象。

阿伦特是如何将英语学习到能够融会贯通的，从 G. 格雷（Glenn Gray）的信中可见一斑（1966 年 11 月 8 日；传真 Hahn/Knott 2007，146）。他是哲学家、海德格尔的翻译以及晚年的朋友。自从读过她关于布莱希特的文章后，他认可了阿伦特的英文，并以非常出色来评价它。他称它们是"最高水平的英语散文"："没有人会认为你没有经过英文诗歌的滋养。"（比较玛丽·麦卡锡对《身处黑暗时代的人们》中英文杂文的赞扬，BwM 333f)

1975 年，也就是阿伦特生命中的最后一年，她的双语、多语特长获得了各界最充分的认可。那年 4 月她获得欧洲文化贡献奖的索宁奖（演讲作为"语音字幕"记录在 RJ 3 - C14，德文，阿伦特 2005）并应邀于 5 月在波士顿举行的美国 200 年独立日庆典上致辞（《Home to Roost》，in RJ 257 - 275，dt. IG 354 - C369）。她在哥本哈根的获奖感言是用英语完成的，但却让听众对她的双语特长印象深刻："（我）出生于德国并在德国接受教育，这一点不用说，你们也可以听出来。"（RJ 4）

近代对阿伦特进行诠释的人首先必须提到的是芭芭拉·哈恩。她也精通两种语言，对阿伦特做过诸多考察（Hahn 2005；2007）。哈恩致力于研究翻译过程发生了什么以及如何形成不同的文字，当作者的注意力转移到德语或英语公共视野中时（比较 Wild 2009，204）。另外，她在考察了语言的特殊性之后提出如下观点："《积极生活》中所使用的语言是 1945 年之后的德国不再适用的语言。在每一个体现传统断裂的句子中，德语仅作为记录和传播，只要没有构成伤害。"（Hahn 2005，107）最后，哈恩还明确指出，阿伦特在两种语言中的驾驭能力不仅得益于那些对语言有兴趣的朋友们，而且还有翻译活动以及与译者的日常交流的贡献（比较 Knott 2011《外来女孩》的含义）。在很多诸如卡夫卡（Franz Kafka）、库尔特·沃尔夫斯柯尔（Kurt Wolfskehl）、雅斯贝尔斯、海德格尔和本雅明的翻译成英文的著作中，她就积极或甚至全程参与过。她与海德格尔的翻译 G. 格雷和 J. 斯坦博（Joan Stambaugh）联系紧密。

翻译和正确理解是创造性的劳动。阿伦特就这样用词汇的创造丰富了英语语言。例如，在《人类生存条件》一书中，她就引入了辞典里找不到的、"人类的杰作"的概念。它受到 T. 冯塔纳（Theodor Fontane）一首诗的意境的启发（Hahn 2005，110f）。它源自德语中的"人手打造之物"。还有，阿伦特的艾希曼分析中的一个关键范畴——无思想的概念，也被她赋予了新意（Ludz 2006）。

反过来，对语言敏感的阿伦特还使德国人明白，"危害人类罪"不是"反人类罪"，就好像当纳粹将数以百万计的人送进毒气室只是让"人性"丧失；那个世纪真实的轻描淡写（EJ 324；s. Kap. IV. 24，V. 10），而这是"对人类犯罪"。除此之外，阿伦特还通过对英文"开国元勋"翻译成德语的"建国的先父们"（取而代之的是常用的"开国元勋"），以此强调了实际的建立（国家）是一系列行动的过程。

然而，翻译是有限制的。对阿伦特来讲，离奇和重口味的德国民间故事和民歌中的诗句是不能翻译的。同样，像英文的《爱丽丝梦游仙境》（MDT［Jarrell］264）也是一样。还有些特定的诗，如奥登的一首诗开头一句："时间会说什么，但我告诉你。"（MZ 319 und 365，Anm. 3）

阿伦特手册

德文和英文专著的目录说明

阿伦特的博士论文《奥古斯丁爱的理念：一种哲学解读的尝试》于 1929 年由施普林格出版社在柏林出版。约 30 年后，有人计划将这篇早期的文章译成英文发表。著名的雅斯贝尔斯的翻译 E. B. 阿什顿（E. B. Ashton）赢得了这项工作。阿伦特曾开始修改他的翻译，但没有完成。伊丽莎白·杨 – 布吕尔首次公开了在她的遗产中发现的相关资料（1982，490 – 500）。1996 年，它们在没有德文原文参考的情况下成为发表英文《爱和圣奥古斯丁》的基础。这是迄今为止唯一一篇双语原则没有得到贯彻的著作。

同样，阿伦特的第二部关于瓦恩哈根的专著用德文创作，并于 1938 年在巴黎完成。1958 年，它的英文版首次发行，阿伦特修改并配上导言和附录。C. 温斯顿和 R. 温斯顿（Richard Winston）是它的英文翻译，英文版书名为《拉埃尔·瓦恩哈根：一位犹太女性的生活》（1997 Liliane Weissberg）。一年后，派珀出版社的德文版面世：《拉埃尔·瓦恩哈根：生活在浪漫主义时期的一位德国犹太女性的故事》。英文的第二版由洛特·科勒（Lotte Köhler）审阅和校对（受阿伦特委托），1974 年副标题微调后（从“犹太女性”变成“犹太的女性”）再版。上述出版的样书失传。

1949 年秋，阿伦特亲自完成《极权主义的起源》的手稿修订之后，该书于 1951 年 2 月在美国哈考特教育出版集团（Harcourt Brace）出版。随后不久，英国的瑟克·瓦伯格（Secker & Warburg）出版社又以《我们时代的负担》为名发行。阿伦特接着又亲自将此书的主要部分翻译成母语（Ludz 2003，82 f）。1955 年发表的德语翻译本就是根据阿伦特的上述模板作为“第二版”来归类的。它有了一个阿伦特感觉更有针对性、更贴切的题目——《极权主义的要素和起源》。对此，她在新的前言中有所论述（有关这部著作的其他史多细节参见 Ludz 2003，第 91～92 页，编年史中英文和德文共 10 条）。关于英文和德文版之间的差异与相似性，在对阿伦特的研究中至今仍属边缘领域，也就是说，还没有人系统地研究过。

1958 年，《人类生存条件》由芝加哥大学出版社出版，1960 年由科尔哈默出版社（平装版许可证属派珀出版社）又出版了阿伦特自己翻译的《积极生活》。该德文版本并非纯粹译自英文，而是阿伦特在夏洛特·贝拉特（Charlotte Beradt）粗译的基础上为德国读者创作的版本（见后《对双语著作的鉴定》）。如极权主义一书一样，被称为《积极生活》的德文版本在阿伦特看来比英文书名《人类生存条件》更适合著作本身。

阿伦特的《艾希曼在耶路撒冷》开创了一种新的出版模式，即先出英文版本，然后德语译文作为"第二版"。这里布丽吉特·格兰索（Brigitte Granzow）则对翻译负责。除了对译文的修改，阿伦特还增添了新的内容，并且通过一个 1964 年 8 月撰写的丰富"前言"（EJ 49 - 68），这本书尚未出版就引发了激烈的争论。这个"前言"在英文第二版的"附言"中，在形式上有很大变化（E 280 - 298 = Penguin - Ausgabe 1965）。与《人类生存条件》和《积极生活》类似，德语和英语版本的区别保持在一定范围内。

1963 年由维京（Viking）出版的《论革命》是阿伦特的晚年英文专著。她自己将它翻译成了德语，1965 年由德国派珀出版社出版发行。所谓两种语言版本之间的系统差异在这部著作上也有所体现（见 OR/UeR，见本书第二章第 5 节第 7 部分）。

对双语著作的鉴定

从对阿伦特作品的解读和研究方面来看，虽然不缺乏对她个别专著的研究，但系统性的赏读与品鉴显得不足。这也许与其作品的双语性特点有关（Weigl 2005，130）。除此之外，也不乏一些尝试，即将阿伦特的生平、著作和影响置于跨大西洋的视角下进行结构性地归纳与总结（比较 Wild 2006 和 2006 年影片《思想与激情：汉娜·阿伦特》）。

仅对《人类生存条件》和《积极生活》的研究充分些，曹罗伊（Roy Tsao）的研究至今尚未发表（比较 Tsao 2002）。从发表的过程已经能够看出，她遵循的是阿伦特给克劳斯·派珀（Klaus Piper）报告的第一级模式（同上），即自己完成的德语翻译就是一种"修改版"。

回顾从《积极生活》到《人类生存条件》的出版历史，几乎没有出现过"两种明显不同的版本的著作"（Tsao 2002，100）。1959 年，后一部著作的英文版面世。之后，更加完整的德文更新版本问世（自那时起这个版本成为加印的模板）。英文版《积极生活》自从 1967 年由派珀出版社首次出版后也曾重印。曹氏在其"阿伦特反对雅典"一文中探讨了有关双语性的以下几个方面的问题。（1）阿伦特是如何通过特定术语的专门翻译过程引发差异性的，试比较德语的"出现"和英文的"显露"（ebd.，104 und Anm. 20）。（2）因为补充性和解释性的词句而引起的差异性（举例同上，第 110 页）。（3）由于重新铺陈的段落而引起的差异性（同上，第 119 页）。由此他能够指出，阅读英文的《人类生存条件》会受到《积极生活》英文版的影响，这是英美主流阅读方式的问题。《人类生存条件》一书表现出"一种令人惋惜的茫然，一种对伯里克利时代的雅典不现实的、不负责任的怀旧"（ebd.，98，wofür in den. Notes. als einschlaegige Autoren S. Benhabib，H. Brunkhorst，G. Kateb und H. Pitkin angeführt werden）。德国方面的相关研究，即从《人类生存条件》看对《积极生活》著作的影响还是空白；这方面第一次细致的观察参见玛丽·路易·克诺特的"翻译"章节。

阿伦特的《人类生存条件》和《积极生活》这两部著作是格哈特·布劳尔（Gerhard Brauer）博士论文（2008）的研究对象。布劳尔是加拿大的德国籍英文老师，他认为英文版《人类生存条件》是 本有着"明显语言缺陷"的书。他指出，书中所包含的思想应该与"德式雅致"思维相吻合，却因阿伦特"英文表达能力的缺陷"而含义模糊（Brauer 2008，4）。布劳尔的批评首先集中在对《人类生存条件》和《积极生活》书中如下三个主要概念的翻译上："劳动"、"生产"和"行动"；他批评指出书中仅仅提到了这三个英文名词，即"labor"、"work"和"action"，但却没有足够的、阿伦特关于这个问题的解释（VA 99 f.，435，Anm. 3，5）。除此之外他还断言，有关阿伦特的研究应该不会受到这种语言问题的影响（Brauer 2008，72f）。顺便补充一下，由于布劳尔在语言方面的研究所引起的"不利"局面对阿伦特思想的研究和接纳会产生怎样的影响，这个问题目前还没有人研究。他的本意不在阿伦特的思想，他教书匠式的、吹毛求疵般的、整体上对阿伦特文章鲜有精彩论述。他显然另有所图。他想以这样的研究在英文语境中强调外语教学中，尤其是哲学领域存在的缺陷。此外，他还借此提倡阅读原文著作。

遗留问题

迄今为止，关于阿伦特双语、多语性的重要议题还没有人认真研究过。这究竟意味着什么，如果德语是阿伦特的"思考的语言"（《主要和持久介质的反射》，Kohn 1999，35）？在什么程度上，英语和法语更适合政治性的思考，而德语更适合哲学思维？在这个问题上阿伦特的著作又应该归为哪一类呢？例如《论革命》一书只有通过"有效的双语性"才能存在吗（玛丽·路易·克诺特的观点）？或许这更像是法国人认可的理解，即一种由汉娜·阿伦特德语思维所确立的概念（Ferrié 2008，266）。如果阿伦特将她最重要的著作《精神生活》用英文而不是用德文来讲解和写作的话又将如何（Kristeva 2001，295）？人们又应该怎样看待阿伦特自从 1963 年以来的《思想日记》越来越多地用英文记录的事实呢？最后，当文字从一种语言被翻译成另一种语言之后产生了哪些有意或无意的改变？如果人们只读阿伦特一种语言的著作，对她思想的理解就会受到某种局限或它们就不够完整吗？在英语和德语语境中对阿伦特接受程度的差异仅仅是因为个别文本语言构架上的不同所导致的吗（在上述比较《人类生存条件》和《积极生活》时所断言的那样）？如果将阿伦特的著作翻译成其他的语言如西班牙语，在这种几乎只能选择英语作为来源语的情形之下，对她的著作的接受程度会产生哪些影响呢？回答这些问题的关键要看可能的研究对象是什么。如果阿伦特的著作相应地存在双语的版本，对这些问题的研究就变得相对简单了。

出版历史

如在《我要理解》中所呈现的，阿伦特图书目录囊括了直至她去世之前约 250 个德文或英文的题目：书籍、论文、书评、主编和参编的书籍、参与写作的文章、为其他作者撰写的前言和后记、专题与小组讨论会的发言稿以及采访记录等。没有收录的有阿伦特 1941～1945 年在纽约的报纸《建设》上以德语发表的约 50 篇文章（较 IWV 338－341）。

阿伦特手册

在阿伦特的所有著作中，其中 7 本英文和 5 本德文的专著学术地位突出。1951 年出版的英文《极权主义的起源》（1955 年德文版《极权主义的要素和起源》）以近100 篇以两种语言独立发表的文章为基础，其中还包括以书的形式发表的博士论文（1929）。《起源》一书之后，阿伦特发表了大约 40 篇出版物，直至 1958 年《人类生存条件》（1960 年德文版以《积极生活》为名）这部她的第二部奠基之作。同年，迟到的、关于拉埃尔·瓦恩哈根的英文书问世（1959 年德文《拉埃尔·瓦恩哈根：一位犹太女性的生活》）。从那时起，阿伦特便确立了自己政治评论家的地位，真正的文学媒介是她的那些学术论文（VZ 前言，18 f.；比较 Söllner 2005）。1963 年她再一次成绩斐然，那份关于艾希曼审判的报告（1964 年德文版《艾希曼在耶路撒冷：关于平庸的邪恶的报道》）问世，阿伦特被前所未有地置于聚光灯下。同年发行的《论革命》一书（德文，1965）相对而言起初获得的关注较少。之后，阿伦特发表了大量长短不一的文章、出版物以及著名的论文集《在过去与未来之间》（初版 1961年，再版 1968 年）和《身处黑暗时代的人们》（1968）。这在她有生之年也没有能够将其翻译成德文。1975 年，即阿伦特的去世之年，她唯一的也是最后的是她为 W. H. 奥登所致的悼词。循此，阿伦特成功地向人们展示了她诗人般广博的涵养与晚年生活的激情所在。

阿伦特的所有著作都有一个特点，那就是在写作完成和出版印刷之间没有很大的时间上的延迟（关于瓦恩哈根的书例外）。她的专著寻求出版的过程通常相当短，需时最长的是英文的《极权主义的起源》，但那是因为选择书名花了时间。

很多出版社都参与了阿伦特上述著作的发行与推广。在德国，派珀出版社与它的出版商克劳斯·派珀（Piper 2000，136 – 141；Ziegler 2004，188 – 202）逐步确立了成为阿伦特著作独家代理的地位。为此，他们购买过欧洲出版社（《极权主义的要素和起源》）和哈默出版社（《积极生活》）的版权。而在美国，阿伦特的主要著作则长期被分别保存在哈考特 – 布雷斯出版社（《起源》、《瓦恩哈根》和《身处黑暗时代的人们》）、芝加哥大学出版社（英文版《人类生存条件》）和维京（《艾希曼在耶路撒冷》、《论革命》和《在过去与未来之间》）。从《责任与判断》论文集（2003）开始，朔肯图书出版社就打算再版包括第一版《极权主义的要素和起源》在内的图书（2004，含 S. 鲍尔（Samantha Power）的"简介"），也准备重新出版《理解论文》（2005 年，哈考特 – 布雷斯出版社。主编耶罗梅·科恩的前言稍加润色）。

阿伦特的身后著作是两本论文集：《隐秘的传统》（1976，乌韦·约翰逊向苏尔坎普出版社推荐，又经阿伦特参与策划和授权）和《作为贱民的犹太人》（1978，主编：R. 费尔德曼，后并入《犹太人日记》，见下）。它们经过微小的调整后分别被翻译成了其他语言。作为阿伦特的晚年力作，两卷册的《精神生活》（1978）出版。它们是玛丽·麦卡锡在阿伦特两套详尽讲稿（吉福德题为"思考"与"意志"的讲座）的基础上编辑整理而成（德文 1979 年，H. 费特尔（Hermann Vetter）翻译，《精神生活》）。这些出版物是在"关于康德政治哲学的讲座"的基础上完善而成的（1982，R. 拜纳主编），其中的资料便成为计划中的《精神生活》三卷册中第三册的内容。阿伦特本人为此取名为《判断》（德文版 1985 年，《判断》由乌尔苏拉·卢茨翻译）。

自从 20 世纪 80 年代中期以来，通过发表汉娜·阿伦特和卡尔·雅斯贝尔斯之间的往来信件（1985；英语 1992），实现了一次收获颇丰的出版理念创新。循此，阿伦特在大西洋两岸公共领域中的知名度也大幅提升。随后，以书籍的形式出版了阿伦特与以下知名人士之间的信函：玛丽·麦卡锡（1995，英文德文）、海因里希·布吕歇尔（1996，英文 2000）、马丁·海德格尔（1998，英文 2004）。除此之外，至今只有德语的往来信函有：与库尔特·布卢门菲尔德（1995）、赫尔曼·布罗赫（Hermann Broch，1996）、乌韦·约翰逊（Uwe Johnson）（2004）、格斯霍姆·肖勒姆（Gerhard Scholem，2010）和约阿希姆·费斯特（Joachim C. Fest，Arendt/Fest 2011）。

如果不是这样的话，作者去世后的著作出版会经历一个相当漫长的过程。首先，在德国由不同的出版社发表了一系列长短不一的论文集。它们经玛丽·路易·克诺特（《奥斯维辛之后》和《犹太复国主义的危机》均出版子 1989 年）编辑而成。派珀出版社则启动了论文集较长期的出版计划。在乌尔苏拉·卢茨（Ursula Ludz）的协助下，该社准备将阿伦特生前的所有涉猎广泛的文章分三部分出版。德文版《身处黑暗时代的人们》（1989）沿用了英文版本的框架，并增添四篇她1968年发表的研究论文；德文《政治思考中的操练》与德文版《在过去与未来之间》的单行本（1994）和《在当代》（2000）汇集成英文《在过去与未来之间》论文集，即阿伦特的八篇文章，共30个议题。另外，一本关于犹太问题论文集的出版也应该在计划出版之列。1941～1945年，阿伦特为纽约的德国——犹太移民报刊《建设》撰写的论文因为主要是针对当时的时政，不宜单独成篇，故另行发表在由玛丽·路易·克诺特主编的《面对反犹主义，只有在月球上才是安全的》（2000）一书中。

另外，阿伦特的身后著作还作为美国国会图书馆和马尔巴赫德国文学档案馆的遗产以德文形式出版（1993，Hg. u. 卢茨）：《何谓政治?》（两本均由派珀出版社出版）和《思想日记》（2002，乌尔苏拉·卢茨和英格博格·诺德曼主编）。这两本书的编辑修订得到德国科学基金会的资助，如早年《我要理解》中的文献目录。

在德国，由派珀出版社所确立的出版策略，即将阿伦特的著作按已经出版和尚未出版分类出版发行的做法也因巨量文献而显露出一定的局限性。而美国的哈考特–布雷斯出版社和朔肯出版社的耶罗梅·科恩却另辟蹊径。前一家美国出版社于1994年（后一家2005年开始）出版了第一本论文集《理解论文》。它汇集了阿伦特1930～1954年已经和尚未发表的、长短各异的论文，并且已经形成系列待续之势。此外，科恩还按照不同的议题编辑归并了阿伦特已经和尚未出版的著作，并且出版了长短篇幅不一的三本书：《责任与判断》（2003）、《政治的承诺》（2005）和《犹太文集》（2007）。

在上述论文和遗产的出版物中，存在德文与英文版本重叠、但非一一对应的现象。例如《何谓政治?》就被收录在约翰·E. 沃特斯（John E. Woods）翻译的《政治的承诺》中。《建设》（此次包括那八篇克诺特没有印出来的文章）和《隐秘的传统》中的文章均在英文版的《犹太人日记》中有迹可循。另外，阿伦特的德文讲座与大学课程也由乌尔苏拉·卢茨翻译并以《关于邪恶》独立出版。它们包括1965年她所做的关于"道德哲学的几个问题"的讲座，以及耶罗梅·科恩从阿伦特遗留的作品，从2001年起大部分都可以在美国国会图书馆的网页上查询获得。这些文献的电子版均被收录在"主题档案"项下的"课程"文档部门。在此,阿伦特遗留下来的主要演讲稿和讨论课上的手稿都被录用。这些巨量资料里仅有极少部分被发表。它们被编辑到上文提到的《康德政治哲学讲座》及《道德哲学的几个问题》中。其他演讲稿存放于"演讲与手稿档案"中,其中也包括被广泛引用和讨论的、早期关于《卡尔·马克思与西方政治思想传统》(普林斯顿,1953)以及《哲学与政治学》(Notre Dame,1954)的演讲系列。上述两者中也只有部分获得发表的机会(见本书第 2 章第 5 节)。

阿伦特著作在美国和德国的出版情况相似,虽然它们受到这两个国家中诸多出版社不同出版实践的影响。她的主要著作生前就已发表,后来只是重印(在德国有些著作早已售罄)。顺应这种趋势,阿伦特的博士论文《奥古斯丁爱的理念》就两次重印,最近的一次(2003 年和 2006 年)面向德国市场(见卢茨,2008)。无论在德语还是英语语境中,对阿伦特生前发表著作的文字性修订都没有出现。除此之外,还有对一些前面提到的英文、德文信札的编辑:雅斯贝尔斯、麦卡锡、布吕歇尔、海德格尔。其中麦卡锡与布吕歇尔的德文信件的合集目前书店缺货。阿伦特其他遗作以及论文集的混乱出版状况着实令人担忧,不过或许这正是阿伦特研究依然能保持其特殊性的原因所在。

迄今为止,将阿伦特著作翻译成英语和德语之外的第三种语言主要参照的是英文版本,也就是说如果有英文,出版社就会以此作为模板进行翻译。这样,编辑们就可能不得不放弃一些东西,如阿伦特每每在翻译成德文的过程中所添加的母语特有的、画面感更加强烈的以及干脆用德语写成的补充内容等。今天,阿伦特的主要著作被翻译成了中文、西班牙文、葡萄牙文、俄文、日文、法文、意大利文、波兰文、匈牙利文、希伯来文、塞尔维亚 – 克罗地亚文、斯洛文尼亚文和土耳其文。

乌尔苏拉·卢茨

阿伦特手册

参考文献

Anders, Günther: »›Wenn ich verzweifelt bin, was geht's mich an?‹«. In: Mathias Greffrath (Hg.): *Die Zerstörung einer Zukunft. Gespräche mit emigrierten Sozialwissenschaftlern.* Reinbek bei Hamburg 1979, 19–57.

Arendt, Hannah: »Die Sonning-Preis-Rede. Kopenhagen 1975«. In: Heinz L. Arnold (Hg.): *Hannah Arendt.* Text+Kritik 166/167. München 2005, 3–12.

– /Joachim Fest: *Eichmann war von empörender Dummheit. Gespräche und Briefe.* Hg. von Ursula Ludz und Thomas Wild. München/Zürich 2011.

Brauer, Gerhard: *The Problem with Reading Hannah Arendt in English: How Poor Translation Can Impair the Reading and Understanding of Philosophy.* Saarbrücken 2008.

Denken und Leidenschaft. Hannah Arendt. Ein Film von Jochen Kölsch. Drehbuch Ursula Ludz/Clarissa Ruge. BR/ arte 2006.

Ferrié, Christian: »Une politique de lecture. Arendt en allemand«. In: *Tumultes* 1, 30 (2008), 235–266.

Hahn, Barbara: *Hannah Arendt – Leidenschaften, Menschen und Bücher.* Berlin 2005.

–: »Hannah Arendts Literaturen. Zwischen Deutschland und Amerika«. In: *Internationale Zeitschrift für Philosophie* 16, 1 (2007), 17–26.

– /Knott, Marie Luise: *Hannah Arendt. Von den Dichtern erwarten wir Wahrheit.* Katalog der Ausstellung Literaturhaus Berlin 2007.

Kohn, Jerome: »Hannah Arendt and the Political«. In: *Hannah Arendt Newsletter* 2 (1999), 33–39.

Knott, Marie Luise: »Übersetzen – Der ›einzigartige Umweg‹ der Hannah Arendt«. In: *Oder Übersetzen.* Übersetzungsjahrbuch des Dedecius-Archivs 2010, 1–16.

–: *Verlernen. Denkwege bei Hannah Arendt.* Berlin 2011.

Kristeva, Julia: *Das weibliche Genie I. Hannah Arendt.* Aus dem Französischen von Vincent von Wroblesky. Berlin 2001.

Ludz, Ursula: »Hannah Arendt und ihr Totalitarismusbuch. Ein kurzer Bericht über eine schwierige Autor-Werk-Geschichte«. In: Antonia Grunenberg (Hg.): *Totalitäre Herrschaft und republikanische Demokratie.* Frankfurt a. M. 2003, 81–92.

–: »›Thoughtlessness‹. Its Rare Meaning Enters *The Times*«. In: *HannahArendt.net* 2 (2006), Miscellanea.

–: »Zwei neue Ausgaben von Hannah Arendts Dissertationsschrift«. In: *HannahArendt.net* 4 (2008), Reviews.

Piper, Klaus: *Lesen heißt doppelt leben. Erinnerungen.* Unter Mitarbeit von Dagmar von Erffa. München/Zürich 2000.

Söllner, Alfons: »Der Essay als Form politischen Denkens. Die Anfänge von Hannah Arendt und Theodor W. Adorno nach dem Zweiten Weltkrieg«. In: Heinz L. Arnold (Hg.): *Hannah Arendt.* Text+Kritik 166/167. Mün- chen 2005, 79–91.

Tsao, Roy T.: »Arendt Against Athens. Rereading *The Human Condition*«. In: *Political Theory* 30, 1 (2002), 97–123.

Vollrath, Ernst: »Hannah Arendt«. In: Karl Graf Ballestrem / Henning Ottmann (Hg): *Politische Philosophie des 20. Jahrhunderts.* München 1990, 13–32.

Weigl, Sigrid, »Dichtung als Voraussetzung der Philoso- phie. Hannah Arendts Denktagebuch«. In: Heinz L. Arnold (Hg.): *Hannah Arendt.* Text+Kritik 166/167. München 2005, 125–137 (engl. Übers. von Matthew Congdon und Kathryn McQueen in *Telos* 146 [2009], 97–110).

Wild, Thomas: *Hannah Arendt.* Frankfurt a. M. 2006.

–: *Nach dem Geschichtsbruch. Deutsche Schriftsteller um Hannah Arendt.* Berlin 2009.

Young-Bruehl, Elisabeth: *Hannah Arendt. For Love of the World.* New Haven/London 1982.

–: *Hannah Arendt. Leben, Werk und Zeit.* Frankfurt a. M. 1986.

Ziegler, Edda: *100 Jahre Piper. Die Geschichte eines Verlages.* München/Zürich 2004.

第 1 节　早期著作：《奥古斯丁爱的理念》

缘起与背景

阿伦特的著作创作始于对爱的概念的研究。这个题目乍一听似乎颇有魅力，但分析研究一位教父总还是显得有些令人惊讶，尤其是从后来阿伦特转向研究政治理论的角度来看。这个研究对象无疑是复杂的，从论文完成、继续发展、被接受直至编辑的每一步都是这样。

像副标题所希望呈现的那样，这种"哲学解读性的尝试"成就了阿伦特的博士论文。1928 年在卡尔·雅斯贝尔斯的指导下，她的这篇对奥古斯丁重要领域的研究论文在一年后发表。19 世纪 60 年代初，也就是之后的 30 余年，阿伦特又重新捡起这部她早期的著作。原因是她有机会向一家出版社递交一份翻译的粗稿，那是一份英文的出版物。第一稿，即所谓的包含出版社订正内容的拷贝 A。后来又在此基础上形成拷贝 B，它包含作者全部的修改意见以及仅针对文章中间部分的补充内容。该书出版一波三折的状况一直延续至 1964 ~ 1965 年。最终一直到阿伦特的有生之年这部著作也没有面世。1996 年，J. V. 斯科特（J. V. Scott）和 J. C. 斯塔克（J. C. Stark）才整合拷贝 A 和 B 完成了基础编辑。在此之前，以 1929 年的德文原版为原型并由 G. 帕蒂德芒热（G. Petitdemange）编辑整理的法语版本，1991 年在巴黎出版。在德国的首次再版已经是 2003 年，由 L. 吕特克豪斯（L. Luetkehaus）完成。2006 年由 F. A. 库尔巴哈（F. A. Kurbacher）再版，这次在附录中补充了拉丁语和希腊语引文的翻译内容。

阿伦特早期著作较晚才被发现的原因有很多。首先与其创作和发展的背景有关：当时的历史事件以及批判性地接受习惯，当然还包括阿伦特作为用哲学质疑政治的思考家的风格等，都注定了其处女作是容易被评论家忽视的；直至今天，题目的选择与阿伦特身为海德格尔学生和情人的生平内容有关。除此之外，她的文章本身也富含诗性特点和具有缺乏读者亲和力的结构特点。阿伦特称其为"哲学速记"（BwJa 657），说的也是这个意思。此外，对她整体著作的关注使人们不能不放弃一种内容上的连续性，这也印证了该部著作后来受到关注的事实。从博士论文的确也能看出阿伦特思想中的几个重要议题：世界性和非世界性、共同生活以及人类的开创性。

内容与议题

阿伦特的博士论文"几乎没有什么名气"（LStA vii）。在前言中，她描述了一种似乎可以将其早期和晚期著作归类的设想（见本书第 2 章第 8 节）。阿伦特尝试直面并且毫不回避矛盾，以拓展自省的、哲学的潜力。那时她已经开始关注爱的理念以及它可能对人类交际产生的影响，并且在奥古斯丁的整个著作中寻找具有实质性的时刻（见本书第 3 章第 1 节第 5 部分）。阿伦特的博士论文共分为三个部分：第一部分阐释了爱是一种欲求（appetitus，渴求的欲望）。它因取向而不同。它应该是对上帝的纯爱还是对造物的贪爱，以及从道德意义上来讲，它应该是正确的还是错误的。第二部分旨在探讨造物主和被造物之间的关系，以及由此而产生的依赖性和生物性问题。第三部分她致力于探究奥古斯丁思想中社会生活及其可能性解释问题。鉴于在奥古斯丁的爱的理念中自我否定的要求，这看来是有问题的。这位受两派教会看中的教父将世界的爱视为上帝的爱，从而视世界为"荒漠"（LA 13；»desert«，LStA 94 f）。除了不拘一格的时间和历史结构的联系之外，直至她的晚期著作，阿伦特着重通过悬而未决的问题深刻分析了基督教影响下的西方思想：如何在随机性和具体化并存的爱的理念中依然保持对后来者的兴趣？如何能够使社会凝聚力不被想象成非功能主义的？

阿伦特的价值观与奥古斯丁的相反：世俗性是积极的，无世界性是消极的。借助奥古斯丁的观点，她反思这种被爱本身写入的、超验的瞬间。它作为自我超越进而无世界性的可能性。她因此保持着一种对其著作的持续怀疑与反思的态度与立场。对原始自传作者而言，自我否定似乎会引起关于爱与个性争论的纠结。这两种讨论皆与阿伦特所批评的那种非世界性有关。

各类解释学说

现在，就让我们考察一下目前人们已经接受的有关爱的分析。一方面是阿伦特博士论文中著述的那种匀质的、和谐的对世界的爱，如果说它与奥古斯丁的爱有什么不同的话（Scott/Stark 1996；Young – Bruehl 2004；Wild 2006，67 f）。阿伦特甚至曾经考虑过将其中期的英文和德文版著作《积极生活》或《实践生活》以此为名。另一方面是，阿伦特对奥古斯丁的批评逐渐增强，进而使人们不得不将他们两人对爱的理念归结于在构思和结构上存在冲突（Beiner 1996；Frank 2001；Kristeva 2001；Kurbacher 2006）。接下来，这种对世界性或者非世界性的讨论就频频出现在各种文献当中，其讨论的清晰和矛盾与否则因解释学说不同而异。在爱的理念这个问题上，阿伦特的尖锐批评家齐泽克（Žižek）指出阿伦特像她所批评的教父一样在这些讨论中变成一个"无懈可击的权威"（Žižek 2001，8）。除了强调对爱的决策特点及其持续的质疑（Beiner 1996）之外，在心理学语境中存在一种对不可调和的、冲突性的爱的理念的积极理解（Kristeva 2001）。如果将阿伦特和奥古斯丁的观念与其他爱的理论进行比较的话，阿伦特对西方思想基础的批评分析的视野更加宽阔（Kurbacher 2006），并且她还借助《奥古斯丁爱的理念》对世俗的世界关系进行了探讨（Frank 2001）。"创生性"（»natality«，LStA 51），这一后来才作为术语被美国人提出的概念，被一致评价为是对一直以来受必死性思想决定的存在哲学的一次有建设性意义的翻转（Lütkehaus 2003；Kristeva 2001；Scott/Stark 1996）。鉴于行文中出现众多希腊语和拉丁语的引语，英文和法文的版本应该比较容易编辑。但对其不同语言版本之间的比较研究有待展开。

阿伦特在奥古斯丁关于爱的理念中觉察到了西方思想发展出现问题的萌芽。它为爱和自我话语创设了一种撕裂性、内向性和对世界的疏离的基调。在此基础之上，人与他人关系的发展严重受阻，以至于使他们的共同生活变得没有可能。在这首部著作中，阿伦特所探讨的充满矛盾性的议题似乎也是其整个著作在某种责任与使命上的准备与呈现。

弗劳克·安内戈特·库尔巴哈

参考文献

Arendt, Hannah: *Der Liebesbegriff bei Augustin Versuch einer philosophischen Interpretation*. Berlin 1929.

– : »Augustinus und der Protestantismus«. In: *Frankfurter Zeitung* Nr. 902, 12.4.1930.

Beiner, Ronald: »Love and Worldliness: Hannah Arendt's Reading of Saint Augustine«. In: Larry May/Jerome Kohn (Hg.): *Hannah Arendt. Twenty Years Later*. Cambridge, Mass. 1996, 269–284.

Frank, Martin: »Hannah Arendts Begriffe der Weltentfremdung und Weltlosigkeit in *Vita activa* im Lichte ihrer Dissertation *Der Liebesbegriff bei Augustin*«. In: Bernd Neumann / Helgard Mahrdt/Ders. (Hg.): ›*The Angel of History is looking back‹. Hannah Arendts Werk unter politischem, ästhetischem und historischem Aspekt*. Texte des Trondheimer Arendt-Symposions vom Herbst 2000. Würzburg 2001, 127–151.

Heuer, Wolfgang: *Citizen. Persönliche Integrität und persönliches Handeln. Eine Rekonstruktion des politischen Humanismus Hannah Arendts*. Berlin 1992.

Jaspers, Karl: »Dissertationsgutachten«. In: Ludger Lütkehaus (Hg.): *Hannah Arendt: Der Liebesbegriff bei Augustin. Versuch einer philosophischen Interpretation*. Berlin/Wien 2003.

Kristeva, Julia: »Lieben nach Augustin«. In: Dies.: *Das weibliche Genie. Hannah Arendt*. Berlin/Wien 2001, 60–87 (frz. 1999).

Kurbacher, Frauke A.. »Liebe zum Sein als Liebe zum Leben«. In: Dies (Hg.): *Hannah Arendt: Der Liebesbegriff bei Augustin. Versuch einer philosophischen Interpretation*. Hildesheim/Zürich/New York 2006, XI-XLIV.

Lütkehaus, Ludger: »Vorwort« und »Einleitung«. In: Ders. (Hg.): *Hannah Arendt: Der Liebesbegriff bei Augustin. Versuch einer philosophischen Interpretation*. Berlin/Wien 2003, 7–20.

Petitdemange, Guy: »Avant - propos«. In: Ders. (Hg.): *Le concept d'amour chez Augustin. Essai d'interpretation philosophique*. Paris 1999, 7–31.

Scott, Joanna Vecchiarelli/Stark, Judith Chelius: »Preface« und »Rediscovering Hannah Arendt«. In: Dies.: *Love an Saint Augustine*. Chicago/London 1996, 7–17 und 115–211.

Young-Bruehl, Elisabeth: »Arendts Dissertation: Eine Synopse«. In: Dies.: *Hannah Arendt. Leben, Werk und Zeit*. Frankfurt a. M. 2004, 650–663. (engl. 1982).

Wild, Thomas: *Hannah Arendt*. Frankfurt a. M. 2006.

Žižek, Slavoj: *Die gnadenlose Liebe*. Frankfurt a. M. 2001.

第 2 节　犹太人的生存状况

一　《拉埃尔·瓦恩哈根：一位犹太女性的生活》或《拉埃尔·瓦恩哈根——生活在浪漫主义时期的一位德国犹太女性的故事》

各种版本

汉娜·阿伦特的第二本书的创作始于魏玛共和国后期的柏林，终于 1938 年的巴黎。1958 年，这部著作才终于在纽约李奥贝克研究所的倡议下获得出版。一年后，其德文版面市。从它迥异的副标题就不难看出，其出版历程的艰难。英文版以一位

"犹太女性"及其生活为题没有问题，但从阿伦特与出版商克劳斯·派珀的书信往来中我们了解到，"犹太女性"的字样却不允许出现在德文版书名中。后来，她与 C. 克里斯多佛森（Claudia Christophersen）几经探讨，双方才终于达成一致。他们决定采用"德国犹太女性"的模糊表达，再外加一个时间上的限定词，即"浪漫主义时期"，语气再次有所缓和。阿伦特曾略带嘲讽地建议说："一颗受伤的心奏出的旋律——阿伦特变奏曲。"（Christophersen 2002，65）

　　关于拉埃尔·瓦恩哈根生平的书是阿伦特首先用母语创作的最后一部著作。当她获悉有机会出版英文版本之后，就立即约请 C. 温斯顿和 R. 温斯顿（Clara and Richard Winston）将这份德文手稿翻译成英语（见本书第 2 章：导言）。与她的其他后期著作不同的是，这本书后来就没有再被翻译成其他语种。正像她在写给卡尔·雅斯贝尔斯的信中所言，对这个议题的研究可以告一段落了。她那时想说的话，后来都在《极权主义的起源》一书公开发表了（BwJa 237）。不像她的《极权主义的起源》、《人类生存条件》和《积极生活》等著作（见本书第 2 章第 4 节、第 5 节第 5 部分）那样，能够面对两种截然不同的公共领域。而这本单语种的书在两个国家以两种文字出版。

　　1974 年，经由夏洛特·贝拉特重新修订的新版本在美国出版发行。1997 年在美国出版的英文第三版自出版之日起就已经过时，因莉莲娜·韦斯贝格（Liliane Weissberg）出版商仅仅以 1958 年版为蓝本，却完全忽视了 1974 年版本里的修正内容。甚至也未注意到德文编辑在第一英文版的德文注释中所做的校正。更严重的缺陷是，该主编还放弃了那时已经重新启用的对瓦恩哈根文集的参考与咨询。自 20 世纪80 年代以来，人们便得知，R. L. 瓦恩哈根在克拉科夫（波兰）的 Jagiellonska 图书馆的遗产转移和战争时期得以保存下来。在这些文献中除了数以千计的信函之外，还有一部即将交付印刷的、已经完成的拉埃尔的手稿。阿伦特创作了一本纪念她的朋友的书。此外，还有许多关键性的错误未被订正。在此，仅举两例：其一，"人们对明天说：我不知道"（Arendt 1997，265），而我们这里读到的是："人们不愿意说：我不知道，而这其实是在肯定"（Varnhagen 2011，I，159）；受伤的胸怀无法痊愈，因为它渴望新的"责任"，而原文却是"方向"（Arendt 1997，267；Varnhagen 2011，I，185）。

迄今为止，一直缺少令人信服和富于批判性的介绍拉埃尔·瓦恩哈根的出版物，无论英文还是德文；如果有，我们就会知道阿伦特具体是如何改写拉埃尔·瓦恩哈根这一纪念册的。因此，呈现在您面前的这本书亟待补充。

一份手稿的诞生

阿伦特是 1929 年开始这本书的写作的；在其他基金会的申请尝试均无果而终之后，1930 年她获得了"德国科学临时学会"的资助。1933 年，在阿伦特逃离德国之前，她将此手稿的副本交给了她的两位朋友：K. 菲尔斯特（Kate Fürst）和 R. 门德尔松（Rose Mendelssohn）。前者将手稿带到了巴勒斯坦，后者将其寄给了卡尔·雅斯贝尔斯。目前，仅后一份副本尚存（Christophersen 2002，31 ff）。1938 年夏，在瓦尔特·本雅明和海因里希·布吕歇尔的敦促下，阿伦特在巴黎写作完成了该书现行版本的最后两章。这一扩充的手稿即便在战争期间也有幸保留下了两本：一本在巴黎的安娜·魏尔（Anne Weil）手中，另一本在耶路撒冷的格斯霍姆·肖勒姆处。1945 年之后，阿伦特与朋友们讨论是否应该发表该书稿的问题。1947 年，赫尔曼·布罗赫提出并决定出版此书（见本书第 3 章第 2 节第 2 部分）。5 年之后，卡尔·雅斯贝尔斯同样做出上述决定（见本书第 3 章第 2 节第 1 部分）。从 1956 年开始，阿伦特便与莱奥－贝克学院（Leo－Baeck）接洽协商此书的出版事宜。1958 年该书终于成功出版。在手稿交付印刷的准备过程中，1957 年阿伦特找到了德国驻纽约的总领事馆，启动了一个 1971 年才能完成的项目：这关系到该手稿可能后来会被作为一篇她在大学取得执教资格的论文而获得认可，目的在于对她的工作实施"补救"和经济补偿。1967 年 3 月，这份递交的申请遭到拒绝，埋由是该手稿被认为是作者在逃亡时并未完成的作品；在阿伦特违宪申诉之后，申请终于获得批准（Arendt 1997，38 ff.；Christophersen 2002，11 – 15）。

一则不太可能的传记

阿伦特希望如此讲述拉埃尔·瓦恩哈根的生活，仿佛故事本身能够娓娓道来一样。这也成为本书序言中广为引用的词句（RV 10）。这本书的写作风格应该有别于普通的传记题材类书籍，即除了主角的信息不愿意知道其他的信息。阿伦特计划通过女主人公了解一些事情，但又不仅仅只写她：阿伦特尝试将这本纪念册以时间顺序进行编辑，每一章的标题均指出一段精确的时间。这样，就将瓦恩哈根的有生之年——1771～1833 年分为 13 章来写。只有一处例外，即"昼与夜"（RV 128 – 138）章节。那里是梦想的展示，它们是拉埃尔通过书信和日记记录下来的。阿伦特在该书中提到一些对拉埃尔本人曾经有过重大影响的事件，但她也并没有以讲述历史事件为主线。最后一个章节与其他章节相比显得格外长：阿伦特仅用几页的篇幅就讲完了拉埃尔人生中长达 13 年发生的故事，而这在主人公自己的书里内容却是相当丰富。该纪念册中采用的所有信件和日记的三分之一的内容均发生在这样的时间段里。阿伦特决定这样做，即她在 1820 年与其书中的女主角的生命旋律告别，一定有她的道理。"无法跳出犹太圈"是一个非常简短章节的题目。这样就构成了一个首先从"犹太女人和倒霉的人"开始的圈，所有其间的一切似乎都像间奏曲。阿伦特将这本书视为犹太人同化失败的故事（见本书第 4 章第 4 页）。她之所还能以这样传记的形式讲述故事，的确是因为此处讲述的恰恰并非单个人的命运。拉埃尔任凭其追求真理的极大勇气，还是输给了这个社会。可见，这是一个不能容忍曾经是犹太人的社会。

阿伦特的这本书为读者呈现的故事跌宕起伏。它们让人从拉埃尔的生活经历中无不想象和反思。在讲述者和沉思者之间的不断转换中为人们编织一张致密的网，以使整体不为个体、个体也不为整体而存在。第二章就从拉埃尔的"惊鸿一瞥"开始。那是 1795 年的冬天，她在柏林歌剧院的一个包厢里遇见年轻的 K. F. 冯·芬肯施泰因伯爵（Karl Finck von Finckenstein）。在讲述这段艰难的爱的历程之前，阿伦特先向读者全面介绍了当代有关犹太解放运动的大辩论，这中间她会简单提到 D. 弗里德兰德（David Friedlander）、J. G. 赫尔德（Johann Gottfried Herder）、C. W. 道姆（Christian Wilhelm Dohm）和 M. 门德尔松（Moses Mendelssohn）等人。在该伯爵来到位于柏林猎人街的拉埃尔的 Mademoiselle 沙龙之前，阿伦特为其读者朗读歌德的《威廉·麦斯特的学习时代》以及 A. 冯·马维茨（Alexander von der Marwitz'）的反映衰落贵族社会中的市民性反思的著作。马维茨很晚才结识拉埃尔，那是 1809 年春。本书以时间顺序排列的结构使各个章节中相同空间里的不同时间性成为可能。这里，阿伦特确立了一种写作方式，这是一种合乎逻辑、不容受到任何干扰的因果关系。坦率地讲，拉埃尔是一本有争议的书，尤其是阿伦特为这本纪念性的书中所引入的引语部分。她通过对拉埃尔写给不同人的信件编排设置段落，而且也并未一一提及他们的名字。她创作出他人几乎无法企及的反思性史诗。拉埃尔·瓦恩哈根的内心看起来已经非常丰富，也正因此它是如此独一无二，这是一部关于"人生故事"评论版的蒙太奇。

本书的创作风格

对这本书的第一读者、阿伦特的那些朋友们来讲，阅读本身就是一项对民族同化问题的研究。1939 年，瓦尔特·本雅明（见本书第 3 章第 2 节第 4 部分）在给格斯霍姆·肖勒姆的信中说，阿伦特逆流而上，"使得犹太学研究获得了部分认同"。当犹太朋友们纷纷认可阿伦特观点的时候，卡尔·雅斯贝尔斯却提出反对意见。他在一封阿伦特没有看到的长信中挑剔道，对拉埃尔来说，"以犹太人自居仅仅是一件服饰、一种动机"（BwJa 230）。自从阿伦特与马丁·海德格尔的恋情曝光后，对她的书的阅读就受到限制。她在这本书中坚持一种态度，让生平重构中的主体渐渐变成了阿伦特自己（Young – Bruehl 1982，58 ff）。在不计其数的不仅结构完全相似的出版物中，拉埃尔的生命故事也变成了作者的自画像（Benhabib 1995，90；Kristeva 2001，48）。在书中，英格博格·诺德曼却没有看到记录生平的自传体痕迹，也没有发现自传式演绎的一段"失败"的爱情故事，更多发现的是"一种叙述描述性和建设性相互交织的结构性蒙太奇"（Nordmann 1994，38）。这些均表明，阿伦特的这本书不是自传，而是一部理论上与海德格尔有关的著作：拉埃尔·瓦恩哈根一书延续了"海德格尔《存在与时间》中相应章节的内容"（同上，33）。最近读者圈里的 H. 福尔克宁（Heide Volkening）也同样这样认为，当她从《积极生活》出发阅读这本书时，首先感觉生活是可以被追述的，然后便产生一种"印象，即有人有意将故事这样安排或编撰"（Volkening 2006，211）。文章中引用的文献详见第 28 页。

二 六篇论文/隐秘的传统

出 版

1948 年，阿伦特的第二本由木浆含量颇高的粗糙纸张印刷的著作出版。它不同于其所有后期的著作，因为这本书没有对应的英文版本。它是一本直接面向德文读者的书。这里收集的部分文章早就曾被卡尔·雅斯贝尔斯和 D. 斯特恩贝格尔主编的杂志《转变》刊登：1946 年，阿伦特自逃离德国之后以一篇题为"有组织的犯罪"的论文再次进入这个国家的公共视野，其中也有雅斯贝尔斯的贡献（见本书第 2 章第 10 节第 5 部分、第 3 章第 2 节第 1 部分）。接着，她还发表了"论帝国主义"和最后的"卡夫卡——新的赞誉"。这些论文的次序在该书中进行了重新编排：论帝国主义和有组织犯罪的论文之后就是一篇"献给卡尔·雅斯贝尔斯"的文章。在这本书的中间部分用了近 40 印张的篇幅对《何谓存在哲学?》的问题进行综述。该书另行收录了三篇独立的文章：《隐秘的传统》、《昨日世界中的犹太人》和《卡夫卡》。这是一种喜闻乐见的编排，标题就反映出一种样式或流派，但却不反映任何内容，也就是说对读者来讲，目录的检索意义不大。这本书只为那些愿意逐页认真阅读的读者而作，因为只有这样才能悟其深意。它以一封写给卡尔·雅斯贝尔斯的公开信"最尊敬的人"开篇，并且相当不同寻常地以对"你和我"以及读者的呼吁收尾。他们应该能够在一个被摧毁的世界中经受住考验，如果他们像卡夫卡那样是"善良意志"的代表和具有坚不可摧的内心的话。

即便出版社可以重新编排，这六篇文章合成的书也还是一种过渡：阿伦特最初写这些文章几乎都使用了德文，唯独那篇关于帝国主义的文章除外。它们的英文译稿均在美国出版。在两种不同的语境中，阿伦特尝试用这些著作在她的新的祖国确立自己的作者地位：那篇关于卡夫卡以及存在哲学的文章都发表在当时最重要的左翼杂志《党派评论》上；其余的文章也发表在犹太期刊如《犹太前线》、《犹太杂志》和《犹太社会研究》等上。说这本书是一种过渡，还有另外一层含义，即在这六篇论文中可以看到日后《极权主义的起源》或《极权主义的要素和起源》中一些章节的雏形（见本书第2章第4节）。

建构与单篇文章

1945年以后，就阿伦特首次在德国公开发表著作而言，这位女作家在"献给雅斯贝尔斯"一文中就非常明显地显露出作为一名曾经被这个国家驱逐的犹太女性的特质。她只能对这样一些人演说，对他们来讲，"事实的基础"（Arendt 1948，9）变成了一个深渊。她和他们在一个虚无的空间中相遇。在这个空间，不存在国家或者民族，因而也没有"德国人"或"犹太人"，而只有单个的人，他们敢于在这种条件下相互交流。

这本书中论文的排列遵循如下先决条件：阿伦特以《论帝国主义》的反思起笔；她并没有一开始就分析在纳粹德国及其占领国到底发生了什么，而是以较为言简意赅的笔触，必须非常明晰和精准地为受多年专制统治的读者带来一股清新的海风，文章转向对19世纪《非洲争夺战》的著述（Arendt 1948，11）。这是一种20世纪中叶看起来似乎恰好没有什么危害的研讨方式。紧接着，在第二部分阿伦特提到后面还将重提的时刻：这不仅令人感到羞愧而且还有些滑稽，即为了消化希特勒，似乎需要（另）一场世界大战（同上，12页）。在这个荒诞和充满暴力的世纪历史中，也很难再找到如此匪夷所思的事情了。

接下来，阿伦特总是将最不可能相关的文字和构思放在一起，以期获得迄今无法企及的、关于帝国主义概念的奇特视角。她把那些只相信经济规律的"历史学者们"和马克思区分开来（见本书第3章第1节第15部分）。后者在19世纪中叶曾引用歌德诗句来解释痛苦有时也需要快乐。阿伦特认为，生活在帝国时代的马克思还不知道帝国主义的全新特性：没有被她称为人类终结的种族主义，帝国主义就是不可想象的，尽管并不是没有一个新的统治集团出现；暴民因贪图利益和福祉而聚集。这是一个来自各个阶层的乌合之众构成的团体，但它却比以前所有的统治阶级危险得多。他们的信条是，只有那摧毁人的东西，是可以完全控制的（Arendt 1948，28）。

阿伦特的后一篇文章创作于深度骚乱之时。她用一个不起眼的注释记录了当时准确的写作时间：1944年11月，亦即纳粹德国灭亡的半年前。"有组织犯罪"是问题的核心：完全正常的人、普通的父亲是如何变成罪犯的（见本书第4章第34节）？只有少数人能够"幸运地"经受住这种犯罪的考验：被盖世太保追踪的犹太人。在此谈及的绝非"集体犯罪"；在战后德国，这个概念证明了所有同谋者没有责任行为的合法性。父亲只对妻子和子女负有责任；他最终像海因里希·希姆莱（Heinrich Himmler）这个貌似"普通人"的杀人魔王一样，默默地选择自杀。当阿伦特听到很多因为没有悔意的犯罪而无颜身为德国人的情况时，她指出这种不正确的"责任"观（见本书第4章第40节）。她更愿意说，他们有愧于身为人类（Arendt 1948，46）。进而她又补充说，人们应该相信那些对人的责任感到恐惧的少数人，他们或许会进行"抗争"。阿伦特以这个词结束全文。

该书中部的一篇长文《何谓生存哲学?》（Arendt 1948，48－80）没有注明具体的写作日期。不像前两篇文章那样，它从悠久的传统而不是从其断裂和碎片开始。虽未点明，但这篇文章主要围绕如下问题展开，即暴政的哲学思想是否可以避免。这种自康德以来对欧洲哲学史的勾勒就一直被视为纯粹的政治问题；在这本书中也正好如此。因此我们可以说，书中所阐述的两个基本概念——自由（见本书第4章第11节）与尊严均属于政治的范畴。它们形成了一种从康德哲学转向雅斯贝尔斯哲学建构，开始有些遮遮掩掩，后来就含义明确。就算现代哲学研究始于谢林，康德也是将人类引入独立的那个人，亦即他所谓的人的尊严。阿伦特认为是他引入了"存在"这个词。在19世纪，这个概念的存在空间就像法语中公民一词一样非常有限。然而，康德在推翻古代存在概念方面只做了一半的工作。撇开人类和世界预先确定的秩序，这种新获得的自由遭遇因果关系的铁律。作为对确定的不自由的反，19世纪和20世纪的大部分哲学家发展了安乐的谈话式语境。它传播着一种现代思维世界的消沉，而非康德式的冷静。阿伦特继承了雅斯贝尔斯的学术习惯，即与其他同时代的人不同，他始终积极思考而不受限于某些固定模式。对他来讲，存在从字面上来理解就是指人之为人的存在。出发点是这些芸芸众生来自一个共同的世界。因此，他能提出一种人类尊严的新概念：每个人（的丰富）超过自身的想象。

雅斯贝尔斯的这篇文章当时没能被《转变》杂志刊登，原因是它的副主编认为这篇文章太难理解（BwJa 94）。它也确实是援引多于阅读。阿伦特在其中的一则脚注中指出，海德格尔竭力警告她和雅斯贝尔斯应该严肃对待他的政治行为方式（Arendt 1984，66）。他的做法虽然有些滑稽，但却也反映出德国大学里的政治思想之复杂状况，并最终类似一种无责任感，一种像 A. 缪勒（Adam Mueller）和 F. 施莱格尔（Friedrich Schlegel）这样的浪漫主义者可能会展示的那样。阿伦特日后没有再发表这篇文章的事实本身也着实表明，她在接下来的岁月中，因海德格尔 1933 年担任校长职务之后发生的"大翻转"而踌躇着。

接下来的三篇文章关注的领域完全不同。它们共同为读者勾勒出一个"隐秘的传统"（Arendt 1948，81 - 111）。这些短篇文章奏响了对这一传统的四种类型的序曲：海涅（Heinrich Heine）、B. 拉扎尔（Bernard Lazard）、C. 卓别林（Charlie Chaplin）和弗兰茨·卡夫卡（Franz Kafka）。这几位体现了当时现代社团中犹太贱民的主要类型（Arendt 1948，81 - 111）。在那里，他们不曾拥有对犹太人来讲的真正的自由与公平。海涅的嘲讽，以及已经抑郁的饥饿时期里不可动摇的爽朗大笑都展示了一个自由的人，无论德国人还是犹太人。他因此创造了一种通俗性，因为他没有隐藏压迫，而是在其歌曲和散文中将其表现出来。拉扎尔应是唯一的一位尝试者。他从犹太民族被驱逐的生存状况出发，推演出一套政治策略：反抗。犹太人应该像其他所有被压迫民族和阶级一样为自由而战，而不是沿着贱民通向暴发户之路痛苦地前行。该路径又进而证实了具有排他机制的统治秩序。不仅仅只有阿伦特被（将）卓别林划归此类人群；据悉，卓别林面对反犹主义的绝对优势，从未远离此类归属。他在 20 世纪挽救了海涅式的调侃、救赎，并使其进入 20 世纪；在由他创造的矮小的并且总是有优越感的犹太人那里还能够辨认出所有国家的这种小人物。最后，卡夫卡（见本书第 3 章第 1 节第 19 部分）标志着同化犹太精神时代的结束。他被认为创造了一个经典的犹太人形象——K 先生。这是小说《城堡》中一个不起眼的男性角色：他是一个既不属于这里也不属于那里的、无所归从的、不是什么人的人。K 先生的愿望就是将自己变得在人群中不具辨识度，像一项试验的严格条件一样，即一个他想融入但却绝无人性可言的社会。

接下来，关于 S. 茨威格（Stefan Zweig）的文章"犹太人在昔日的世界中"（Arendt 1948, 112 - 127）也同样属于这一范畴。像许多其他同化了的犹太人一样，茨威格也为了偶像的"成就"付出了生命的代价。1938 年，他自然也被卷入纳粹德国并吞奥地利事件。因为突然他不再闻名，相反却变成了一个绕过半个地球躲避纳粹的犹太人。面对纳粹的跟踪与追铺，什么样的成就都帮不了他。

阿伦特在这本书的结尾部分再次提到卡夫卡和《城堡》。只有那个外来人才有人权的概念（见本书第 4 章第 22 节），这是 1945 年之后她读这本小说时的感受。卡夫卡的本意不是对现实而是对真理的描写。因此，只有那些同样渴望追求真理的人，才会觉得那本虽被称为"小说"但又不太像小说的书具有可读性。读者也需要像卡夫卡笔下的英雄们那样拥有一颗坚不可摧的内心。就这样，该书不落俗套地转向可能是"你"或是"我"的读者朋友们。

1946 年 12 月 17 日，阿伦特写信告诉卡尔·雅斯贝尔斯，她写这些文字无不联想到他（BwJa 105）。这六篇文章是对话类与访谈性的书。雅斯贝尔斯将阿伦特的这种写作方式描述成"相互交织"，这是她移民初期练就的。这种写作方式还不能承担起书名。这两位交流者辩论过任何问题，然而就是没有谈到这本意义非凡的书的书名这个问题。

续集：《隐秘的传统》

续集《隐秘的传统》则完全不同。虽然阿伦特曾有计划，但这本书直至她去世后的 1976 年才正式出版。也许它的题目不合时宜，前两篇文章跟传统丝毫无关，却与对传统的摧毁有关。"八篇文章"的副标题也欠妥。阿伦特逃离德国之前写的一篇关于"启蒙运动和犹太人问题"的文章被补充进来；这篇文章在语言上与其移民后期创作的著作完全不同。除了从诙谐到恐怖的变化，后期文章言简意赅的特性不再。最后，该书还收录了阿伦特于 1945 年秋创作的"从今天的视角看犹太复国主义"一文。F. 格里塞（Friedrich Griese）将它翻译成德文（见本书第 4 章第 47 节）。随着该篇第三种语言形式的出现，这本书第一版的对话特点消失殆尽。不难想象，阿伦特写给雅斯贝尔斯的信件构成了这六篇文章的基础，就像所有那些算作论文的文字一样。

同样，这本写给某个人的书，虽然也涉及政治问题，但还是缺少足够的政治活力。《隐秘的传统》是一本拥有一位"著名"头衔的女作家的书。

芭芭拉·哈恩

参考文献

Arendt, Hannah: *Sechs Essays*. Heidelberg 1948.

– : *Was ist Existenz-Philosophie?* Frankfurt a. M. 1990.

– : *Rahel Varnhagen. The Life of a Jewess*. First Complete Edition. Hg. von Liliane Weissberg. Baltimore/London 1997.

Benhabib, Seyla: »The Paria and her Shadow: Hannah Arendt's Biography of Rahel Varnhagen«. In: Bonnie Honig (Hg.): *Feminist Interpretations of Hannah Arendt*. University Park 1995, 83–104.

Christophersen, Claudia: »*… es ist mit dem Leben etwas gemeint«. Hannah Arendt über Rahel Varnhagen*. Frankfurt a. M. 2002.

Grunenberg, Antonia: »Die Figur des Paria zwischen Bohème und Politik. Überlegungen zu einer unterschätzten Denkfigur im Arendtschen Denken«.In: Wolfgang Heuer/Irmela von der Lühe (Hg.): *Dichterisch den-ken – Hannah Arendt und die Künste. Literatur und Kunst im Denken Hannah Arendts*. Göttingen 2007, 274–291.

Kristeva, Julia: *Das weibliche Genie. Hannah Arendt*. Ber lin/Wien 2001 (frz. 1999).

Leibovici, Martine: »Arendt's Rahel Varnhagen: A New Kind of Narration in the Impasses of German-Jewish Assimilation and Existenzphilosophie«. In: *Social Research* 74,3 (2007), 903–922.

Nordmann, Ingeborg: *Hannah Arendt*. Frankfurt a.M.1994.

Varnhagen, Rahel Levin: *Rahel. Ein Buch des Andenkens für ihre Freunde*. 6 Bde. Hg. von Barbara Hahn. Göttingen 2011.

Volkening, Heide: *Am Rand der Autobiographie. Ghostwriting – Signatur – Geschlecht*. Bielefeld 2006.

Young-Bruehl, Elizabeth: *Hannah Arendt. Leben, Werk und Zeit*. Frankfurt a. M. 1986 (engl. 1982).

第 3 节　欧洲、巴勒斯坦和美国

著作的立场

1933～1950 年阿伦特频繁发表演讲，勤于论文创作。这些思想主要收录在她的第一部力作《极权主义的要素和起源》一书中（见本书第 2 章第 4 节）。这些文章以全新的视角考察了殖民主义、帝国主义和反犹主义的历史，并且首先发表在美国的犹太类期刊上。除此之外，阿伦特同期还作为专栏作家、评论家和散文家就犹太问题、犹太政治等诸多问题发声。自从 1940 年以来，她总是在（欧洲）战后秩序与巴勒斯坦托管地区犹太定居点的政治主张等问题上发表自己的观点与看法。这些文章探讨的问题主要涉及：犹太人作为一个民族如何面对纳粹主义？人们是怎样与迫害和灭绝犹太人的政策抗争的？如何反抗纳粹的欧洲战争？犹太精神的政治前景如何？如何在这样的特殊时期创造一种稳定的构架，能够考虑到犹太民族的政治的、精神的和世俗的需求？

至少在 1930 年之后，犹太民族"毋庸置疑的归属问题"（BwSch 439）就从自然现实上升为重大的政治问题。所有战争期间的文章都围绕这个基本议题展开，各类意见和观点得到充分地表达，看来危险的激烈抨击、不同的建议与见解出现以及政治政策计划出台。自从 1945 年以来，作为欧洲人的阿伦特开始越来越多地关注战后美国新的政治现实以及它面临的问题。

1948 年，阿伦特的《六篇文章》在兰伯特·施耐德出版社出版发行。它是一部由历史和政治方面的文章汇集而成的论文集（见本书第 2 章第 2 节）。她 1941～1945 年零星发表在德语和犹太语双语杂志《建设》上的政治时评被收录在《人们面对反犹主义只有在月球上是安全的》中（AM）。她关于战后政治局势的分析文章相继在美国发表，并于 1986 年首次被《当下》整理汇编。那些她创作于 1945～1963 年的有关犹太政治和奥斯维辛之后的犹太人问题的文章，1989 年发表在《犹太复国主义的危机》和《奥斯维辛之后》的书中。下面主要针对阿伦特那些零散发表的，并且在其主要著作中不能找到直接对应的文章。

在反希特勒斗争中的平等权利

"当犹太人受到攻击时，他们必须以犹太人的方式进行自卫"：20 世纪 30 年代初，阿伦特的犹太复国主义之路并非出自对同化家庭的背叛和年轻人的觉醒，而是对国家社会主义的一种政治回应。她理解的犹太复国主义变成了避难所，在那里人们希望寻求"一点点希望和依稀尚存的尊严"（《反犹主义》，第 5 页）。她进一步指出（同上，第 11 页），"同化者们"原本还想继续设想与"宿主国"的实际区别，而犹太复国主义者已经开始寻找一个栖息地，一个他们，也只有他们是"宿主"的地方。阿拉伯人在这个地区的存在并不在犹太复国主义者的考虑之列。在阿伦特看来，这两种无分歧的、愿意生活在一起的立场都是反政治的。这是对她理解的政治本质的否定，即多数性和在法律意义上的平等基础的差异性的交换。根据她的主要观点，犹太人受到攻击，就必将以犹太人的方式进行反抗（AM，22）。避难到美国之后，她也赞成组建犹太军队反抗希特勒，以解救来自欧洲的犹太人，并应该重拾犹太民族的自信（见本书第 4 章第 4 节第 47 部分）。

毋庸置疑，犹太人是 1933 年纳粹向其宣战的第一个欧洲民族。阿伦特在巴黎将自己的直至 1940 年以来的研究重点均集中在犹太解放运动、反犹主义政治（见德雷福斯案件）、第一次世界大战之后的少数民族政治以及无国籍者命运等一系列问题上。民族国家瓦解的现象（见本书第 2 章第 4 节、第 4 章第 32 节）与不断增加的反犹主义有关（AM 225－234）：如果民族国家没有产生新的反犹主义，这就意味着，在较人民众阶层与其国家和统治者总是发生冲突的地方，反犹主义的情绪就会高涨。她曾这样断言：随着建立民族国家和法治国家（战争之间的时间）尝试的失败，以及不隶属于任何一种法律体系的、无国籍者数量的增加，国家级的、对犹太人的迫害就被启动（Arendt 1942）。

在德国以欧洲为敌的战争中，阿伦特 1944 年看到了犹太民族以及那些被希特勒同样变成"贱民"（AM 28）的欧洲民族创建（政治）共同体的基础。"我们第一次感觉同命相连"（同上），她继续论证道。她的犹太人和欧洲的为自由而战的理念，用犹太教学者和犹太先父希勒尔（公元前 30 年~公元后 9 年）的话说就是："如果我不为自己，那么谁为我？如果我只为自己，那我又是谁呢？"（同上）

由此阿伦特指出建立欧洲联盟的必要性。她认为这也是战后的政治目标，借此具有独立民族性的犹太人也能够以独立的代表机构的形式出现。除此之外，阿伦特也赞成犹太人在巴勒斯坦定居。这并非出于某种选择性的想法，而是基于如下事实，即与其他欧洲少数族裔不同，犹太人过去一直没有定居点。这也许能够代表和保护大迁徙中所属少数族裔的利益。类似地，她也针对 1941 年底汇集于此的美国犹太人。对他们来讲，巴勒斯坦应该成为那个"欧洲的家园"，这是迄今其他美国移民所不具有的。阿伦特认识巴勒斯坦并对它有真切的感受，因为她 1935 年曾经在其迁往那里的过程中陪护过犹太年轻人。

由此推断，在包括巴勒斯坦在内的任何一个国家犹太问题都是无解的。她批评日益令人担忧的犹太复国主义者和在外散居者之间的分歧，并要求犹太复国主义者制定一个果断的"迁徙政策"（AM 227），这也就是为什么她支持犹太军队作为巴勒斯坦和无国籍犹太人的共同武装力量的缘由。在此，她并不害怕这种要求，即便仁者见仁智者见智。她站在"错误的"阵营，即在犹太复国者修正主义一方（不属于世界犹太复国主义组织的）。她越来越强烈并公开地谴责他们所采用的恐怖手段和一种潜在的法西斯化的趋势（AM 34；KdZ 100）。她不仅攻击其恐怖的政治手段（AM 143 - 146），而且也不赞成对巴勒斯坦阿拉伯居民的"人口转移"。

即便阿伦特觉察到 1940 年在巴勒斯坦实施的"领土实验问题越来越大"（AM 233），但是她坚持认为，在巴勒斯坦的犹太人"因靠双手劳动所得"的比仅仅拥有居住权要多。作为社会主义的试验田，从下面砌筑的田园式基布滋（集体农庄）的描述中，她看到了"所有制的新形式"、家庭生活的新模式以及"解决城乡和工农业之间冲突的新途径"等均变成现实（KdZ 95）。然而，正是鉴于对安全的渴望，阿伦特坚信，在巴勒斯坦让人们对反犹主义放心，那是幻想。

阿伦特曾说，一个民族，不能捍卫自己、抗击敌寇，它就不成其为民族，就实为一具"活尸"（Arendt 1942）。她的分析没有错，因为历史也告诉我们，只有在战争时期战斗过的人们，才有资格事后坐在谈判桌旁，才有权参与并在确定战后秩序时发声。在到美国之后，阿伦特便在其专栏"这就是你"（《建设》1941/42，比较 AM）上为犹太人的归属问题辩护。它应该作为平等的、拥有自己军队的战斗的民族，并且应该站在联军（日后联合国）一边的蓝白旗帜下。这种民族解放运动，或更准确地称为解放战争应该阻止德国的灭绝机制和隆美尔咄咄逼人的非洲雄狮军团。"犹太人在巴勒斯坦定居点"（1917 年的贝尔福宣言）确保并同时启动了犹太民族共同的政治重组，它在欧洲和巴勒斯坦都有一个作为"自己乐队"的代表机构。

那时，即战争初期，几乎所有的犹太复国主义思潮首先都将建立犹太作战部队提上议事日程。然而，犹太复国主义者所支持的只是在巴勒斯坦招募犹太移民，而且这些部队都隶属于英国宗主国编队。就此，也出现过先行者：在帝国部队内部就曾有一个参加过一战的军团，在国际纵队中也有犹太人曾在自己的旗帜之下在西班牙内战中战斗。但就在比尔特莫尔会议（见后）建立犹太军队的呼声从公众视野中消失之际，在阿伦特直至1945年始终认为犹太人对抗希特勒之战的思想一直是犹太政治行动的核心（AM 165－170）和"犹太未来的保证"，不仅在巴勒斯坦，而且在欧洲。要不以作为犹太人而感到"耻辱"，政治上的出路只有一条，那就是为整个民族的荣誉而战。

阿伦特倾注极大的热情研究了远在美国所能获得的、一切来自欧洲抵抗内部犹太作战部队的信息。她与此相关的微弱的、消失中的反犹主义的希望和在战后欧洲联盟的联系的确证明是错误的。战争结束，民族国家又回来了，存活下来的犹太人"无依无靠"（KdZ 89）、流离失所，变成无家可归的人。以犹太组织为代表的、可见的新秩序并未形成。在战争后期出现的反犹主义禁令在阿伦特眼里不是一种自然现象，而是人们必须通过采取政治手段才能获取的政治产物。阿伦特注意到，甚至在国际会议上有关来自非协约国的犹太难民在西方的生存问题都被忽略。这也正是她所担忧的，即在德国、匈牙利、奥地利所发生的谋杀犹太人事实仍有可能逃脱法律制裁。

除了追求犹太民族的平等权利，1944年阿伦特还参与了反抗者令人自豪的行动并且欢呼犹太人不仅"被慈善官员解救"，而且为"自己民族战士"重获自由（AM 154）而雀跃。他们为了"我们的和平"而战。同时，她还强调立即在新成立的联合国中获得谈判参与权的紧迫性，以及确保（英国）巴勒斯坦将权利让渡给联合国，不但阿拉伯人而且犹太人也能决定国家的未来。

犹太复国主义者尝试过探究犹太精神的永恒价值和书写19世纪犹太民族的历史，以"竭力"从"涣散的民族中拼凑出整体的民族发展脉络"（《反犹太主义》，第8页）。阿伦特却另辟蹊径在马丁·布伯（Martin Buber）和格斯霍姆·肖莱姆的思想中寻觅《隐秘的传统》（见本书第2章第2节）。那是她从法国无政府主义者B.拉扎尔（Bernard Lazare）的政治创新力量中了解到的"觉悟了的贱民"。它指有意识的、生活在涣散和分化（拉扎尔语）中的一类人。后来，阿伦特将这个概念引入她的政治行动理论。

按照阿伦特的观点，犹太人反抗国家社会主义者的武装斗争首先（极右的想法）应该有助于避免返回原来的状态，即确保犹太人战后再次被当作这些国家中的成员来看待。而在这之前，它们还曾试图根除他们。阿伦特进一步指出，这种武装斗争本应凝聚这个民族，并以此建立犹太民族（非民族国家）的统一体。它应该致力于创造现代犹太世俗文化，并与那种受到威胁的犹太"民俗"的优势地位相抗衡。另外，阿伦特作为朔肯图书出版社的编辑欲整合汇编下述仁人志士的著作，他们包括 B. 斯宾诺莎（Baruch Spinoza）、B. 拉扎尔、欧根·科贡（Eugen Kogon）、海涅、瓦尔特·本雅明（Walter Benjanin）和 T. S. 艾略特（T. S. Eliot）以及布鲁诺·舒尔茨（Bruno Schulz）、塞缪尔-约瑟夫·阿格农（Samuel Joseph Agnon）、库尔特·沃尔夫斯柯尔（Kurt Wolfskehl）、马丁·布伯（Martin Buber）、格斯霍姆·肖勒姆和罗曼·维斯尼阿克（Roman Vishniac）等。然而，这个犹太文化的"穿越"项目终以失败告终。

"只有我的邻居认可的家，才是真正的家"："自由不是忍受痛苦的奖赏"（AM 22），这出自一篇专栏文章。阿伦特参与到一场犹太解放运动中。她认为，应该"从我们在巴勒斯坦创造的现实性和民众的自由意愿出发，而非以英国上议院的声明和民众忍受的苦难"（AM 22）为行动的依据。她严格界定了那时的犹太复国主义纲领。这是 1942 年 5 月在比尔特摩尔酒店召开的非正常犹太复国者大会上提出的。此次会议是在大卫·本-古里安（David Ben-Gurian）的主持下召开的，会上确立了犹太复国主义的政治主张，即在英国托管的巴勒斯坦建立犹太国。政治斗争的主要愿望是给予在那里生活着的、占多数的阿拉伯人应有的民族权利，以及废除犹太人的军队。让阿伦特感到气愤的是，就在上述会议召开的前几个月她还参与组建了一个"犹太人组织"；出于宣传的考虑，该组织中出现了犹太复国主义运动的片面化趋势。对此，她提出了批评并且提倡通过自由讨论以期获得"自我解放"。当时的口号是："犹太爱国主义者对自身民众批评的目的在于更好地备战"。1942 年春，有识之士数月以来不断聚集在一起，为所谓的"惯有意识形态的破灭而进行论证［……］，旨在绞尽脑汁地确立犹太政治新的理论基石"（AM 47）。然而，比尔特摩尔会议上形成的政治取向与所有愿望背道而驰。犹太复国主义者沉默了，转而忙于解救在欧洲急需帮助的犹太人，以及加入联军一方必要的应急战斗。就这样，"战斗的法律取代了灭绝和逃亡的法律"（AM 62）。当阿伦特为犹太政治全过程"诊断"之后，决然停止撰写专栏评论文章，并于 1943 年退出世界犹太复国主义组织这一她曾归属 10 年的组织。接下来的一年半时间里，她未曾就犹太政治发表过任何评论，直至来自欧洲抵抗方面的消息使得在战争意图上的政治希望可见之时。

1946 年阿伦特就非常清楚，在灭绝犹太人问题上有一条不可逾越的、将犹太人和非犹太人分开的界线。因为对那些集中营中幸存下来的犹太人来讲，"所有的非犹太人都是一样的"（KdZ 80）；她还指出，这些幸存者中的许多人未来就只想生活在犹太人中间，"不管发生了什么事"（同上），就算回到巴勒斯坦这个中心问题上来也是一样。透过这种"不管发生什么事"的"要么全要，要么全不要的态度"（同上，第 81 页），阿伦特看出一种脆弱的、绝对乐观和令人生疑的自杀倾向的混合民族性。这些一定会对政治构成同等程度的伤害。阿伦特探究人们如何从这种认知"地狱"中，即所有的犹太人均无罪和所有的德国人皆残忍的认真，重新回到正常的政治现实的轨道上来。1944 年之后，她除了直接研究犹太灭绝问题和灭绝政策（集中营），还撰写过一些政治学论文。它们主要涉及犹太民族的宪政问题，一方面涉及散居者和犹太复国主义者之间的关系问题；另一方面考虑的是在英国结束托管之后未来国家的立宪问题。

如果一个家，当它既得不到邻居的认可，也不能获得他们的尊重的时候，它就"不是一个家，而是一种赶赴战场之前的幻觉"（AM 177）。照此逻辑，在近东的犹太国家或犹太民族国家的宣传则就是一个毫无根据的乌托邦。1944 年，她曾断言（《当代视角：反犹主义》，KdZ 7 – 59），以犹太主权的诉求建立国家实则保护了一种远方（帝国的）权力，并且没有考虑到邻里的良好意愿，这样做只能使无国籍的问题更加严重。即便成功建立起来一个犹太复国主义者所追求的国家，她在 1948 年初就明确警告到，只要没有阿拉伯人留在巴勒斯坦，在阿拉伯国家及其各民族之间就缺少真正的主权。它们就会拒绝接受犹太国，最终这些民族变成反犹主义者，进而引发阿拉伯人的反抗（KdZ 98）。

在那段时间，阿伦特论文的议题主要集中在巴勒斯坦犹太定居点的政治前景问题上。因为她认为，散居犹太人的未来与"家园"的存在密切相关。对阿伦特来讲，"邻里特性"包含了法国哲学家 J. 马里坦（Jacques Maritain）的宽容和"公民友谊"（AM 64）。她在《积极生活》一书中以"政治友谊"又一次提出这个概念（见本书第 2 章第 5 节、第 4 章第 12 节）。犹太人和阿拉伯人之间的差别不容混淆，双方应该抱着基本的人性态度走向谈判桌，并且以你中有我我中有你的姿态商讨共同的未来，她如是说。接着，她进一步分析称："犹太人和阿拉伯人都没有能力，将彼此设想成具体的人类"（KdZ 131）。其根源不仅仅在于双方经济生活的隔离。

阿伦特不赞成自 1942 年以来越来越清晰的犹太复国理念。她认为那是"不切实际的乌托邦"，尤其是它完全忽略了阿拉伯民众的现实（在 1944 年犹太复国决议中就没有一次提到阿拉伯人的"在场"）。阿伦特坚决维护自治的和具有联邦结构的、由犹太人和阿拉伯人混杂组建地方议会的发展。她认为，这种类型的巴勒斯坦联邦国家作为联邦的构想为全面和基本的政治重建提供了机遇，并确保各方平等的政治基础。她对这种观点如此这般的政治剖析，在她的批评者眼里，离巴勒斯坦（内战的）现实相去甚远。甚至连自己的朋友如格斯霍姆·肖勒姆也将她的《犹太复国主义的危机》（AM 94 – 104）视为"反复国主义言论"（BwSch 93）。阿伦特的这种既不受迫于事件本身的驱动，又能以新的视角看待犹太和阿拉伯的这种"人为隔离"问题，在其不同的、关于战后区域重新划分问题的论文中均有所体现。无论是作为英联邦和地中海联盟的一部分，还是作为欧洲联邦，阿伦特的战后近东理论从未变成现实。

1948 年的托管时期，阿伦特看好并且认为分治的选择或尤达·马格尼斯（Judah L. Magnes）的双边民族联邦理念是"可行的"（KdZ 104）。1943 年，她还曾因提倡联邦结构遭受谴责。她警告说，在处理这个问题时不要"凌驾于这两个民族之上"（同上）。1948 年她为联合国的分治方案辩护——只要缺乏犹太人与阿拉伯人之间合作的坚实基础，都是不明智的——应该把国家交还给"它的公民的智慧"（KdZ 105）。对她来讲，拥有主观政治头脑的伟人是联合国的黎巴嫩代表查尔斯·马利克（Charles Malik）以及曾任希伯来大学校长和 Ihud 协会主席（《协会》）的尤达·马格尼斯。后者坚决维护双边国家思想（KdZ 147）。

阿伦特所有针对在巴勒斯坦及其整个区域创造现实性的议案都基于如下考量，即小国如果不联合起来就极易成为国际强权的"棋子"。"这是一种人们在战争时期可能经历的风险"，她补充道。阿拉伯人在此期间，即战争时期被掌握在轴心权力的手中，而犹太人则紧紧依靠英国或美国的保护进行着自己的政治决策。

像阿伦特批评犹太复国主义者在犹太民族国家问题上一样尖锐，她还同样严厉地反对任何一种"展示力量"的（国际）政治。它没有考虑巴勒斯坦的犹太人的利益和诉求。只要认可某种法律与政治框架，就在阿拉伯民族中付诸实施。她认为，这种阿拉伯国家之间极强的纽带恰巧就反映出他们在犹太民族定居点问题上的敌对态度。

阿伦特对只有一种声音的、乌托邦式的、实施高压且令人窒息的政治一概备加指责。她提倡民主、言论自由与法治，以及某种必要性。那是一种能够确保所有人的权利与自由的，而且与他们来自哪个国家和属于哪个民族无关的必要性。也就是说，他们能够自由表达观点、拥有为他人演讲（和听取他人演讲）的自由以及迁徙的自由。这种迁徙的自由应该包括：巴勒斯坦的阿拉伯人的自由，在那里他们能够以拥有平等权利的公民的身份生活，并且（欧洲的）犹太人也有这样的自由，即战后去自己想去的地方，既非一定要返回他们的故乡，也不一定要被遣返回巴勒斯坦。"在盲目的复仇和怯懦的袖手旁观之间的进退维谷均导致权利框架的收缩。"（ΛM 82）政治现实越是远离她的愿望，越是看不到新的政治前景，对此，阿伦特提出尖锐批评。因此她的结论是：虽然以色列取得了胜利，但它依然没有能力签署一项和平协议（1952 年11 月 11 日写给 William Zukermann 的信，LoC，Box 30）。在她的眼里，1956 年以色列政治中最重要的两个步骤是：阿拉伯和犹太国民、居住民均享有同样的权利，并且应该无条件地向阿拉伯公民归还财产（1956 年 12 月 24 日写给 Josef Mirelman 的信，LoC，Box 14）。

阿伦特的政治参与与介入并不追求具体的警示、对现实的强迫作用以及她的每一种设想实现的可能性，她关心的是以何种政治组织才能"卸载"（1956 年 12 月 24 日写给 Josef Mirelman 的信，LoC，Box 14）反犹主义，也包括阿拉伯人的反犹主义的暴力成分。阿伦特虽然没有取得政治上的成就，但是她发展并且强化了有关犹太政治行动各种可能性的概念。这些概念在她后期的极权主义分析中会再次出现。诸如她认为，没有意见的多样性和人的差异性，就不可能存在政治（见本书第 4 章第 28 节）。阿伦特在批评犹太复国主义、对现实的强势宣传以及对未来对当今的依存度等问题的同时，她还在战争时期就提出了一系列重要的、对政治有警示作用的理论概念与思想方法。这些在她后来的、20 世纪 60 年代对大众社会的分析中将会重新提到。

“德国人的问题并非德国问题。”二战期间，阿伦特在美国因为没有国籍而不能在战争期间参与政治。因此，她转向反对许多美国犹太人的政治主张，即他们不承认巴勒斯坦作为独立政治存在的意义。阿伦特尖锐地指出，许多美国犹太人不为巴勒斯坦的政治前景而展开辩论，而是希望这片“热土”① 成为一个“急剧增加的、无家可归者的避难所”（AM 99）。阿伦特批评道，这些人既不理解这场欧洲劫难的范围和广度，也没搞懂其深远的影响；在犹太精神内部，它自身急剧增长的意义是美国犹太人非常清楚的。1948 年，阿伦特敏锐地觉察出美国犹太精神内部的一种“关键性改变”。如果说，以前他们的兴趣更多是在于，让“犹太人不要上报纸的头版头条”（KdZ 86），而且迄今为止将巴勒斯坦视为“费钱得要命的福利企业”（同上），将美国视为值得称颂的国家——那么现在，他们更坚决地参与到一个犹太国家的建设中来。在给朋友的一封信中阿伦特指责美国犹太人大会与“犹太代办处”看起来区别并不大（1948 年 7 月 25 日写给 Robert Weltsch 的信中）。她本人还在 1945 年参加了一个同盟会并支持通过“独立战争”来反对尤达·马格尼斯的分离和两个民族犹太国家倡议的观点。

那段时间，阿伦特关注的政治议题聚焦在欧洲而并非美国的发展问题上。她确信（ZZ 28），事实上在德国比任何其他地方更容易允许这种与一切传统之间裂痕关系的存在。阶级社会的崩溃也的确曾经是欧洲的普遍现象。这种真空的旋涡产生一种新的力量，“于是人们被按照该旋涡的法则组织起来”（同上，第 30 页）。相反，她却发

---

① 基督教（圣经）中上帝赐给亚伯拉罕的迦南地方。——译者注

现这样一些人，他们以极大的勇气投入遍及欧洲的抗议活动中并对其施加过影响。对战后欧洲，她提出如下政治主张，即这两种潮流放弃向民族国家的回归，应该在"解放与团结"的理念指引下追求一个自由的、联邦制的欧洲。

在欧洲回归民族国家的组织意图，以及巴勒斯坦民族国家的特征表现得越明显，阿伦特就越是强烈且密集地参与到如下批评性分析中，即在美利坚合众国能够形成全新的模式——一种真正的联邦。1951 年，战后她首次德国之行的一年后，也是她来到纽约的十年之后，阿伦特成为美国公民。同时，她对下列思潮或做法的批评有增无减，如"美国主义"（ZZ 71ff）、麦卡锡对左翼人士、共产党人及其"同路人"的追猎，同样他们也不放过一切有这样倾向的机构（比较《昨日他们还是共产党人》，IG228 – 237）。首先，阿伦特批评了那些曾经的共产主义者，他们在斗争中使用同样的方法（只是有了新的目标）反对他们曾经的竞争对手。在由三部分构成的"欧洲与美国"（ZZ 71 – 93）论文中，她探讨了这种在新旧大陆之间的异化问题（同上，第 75 页）。她认为，反美主义并非能够简单地归咎于共产主义的宣传，而是在美国人和欧洲人的联合中的美国主义中有其对应物。这些欧洲人面对共同的敌人，很容易结成联盟。她进而指出，如果他们再拥有公平的政治、经济政策以及核政策，反美主义就销声匿迹，欧洲的历史就自己说了算。在第三部分，阿伦特剖析了美国的顺应时势主义。它是一种使多元性和自由受到威胁的政治；她主要是希望揭示在希特勒时代欧洲政治溃败的原因，以及人们对来势凶猛的世界新强权恐惧的无奈和政治上卷入的根源。事实上，正如 1957 年在《小石城——关于黑人问题和平等的异端意见》一文（ZZ；见本书第 2 章第 7 节第 2 部分）所表明的，三年之后，阿伦特反对所有类型——包括美国主义、种族主义等在内——的"主义"，并且呼吁法律保护，以避免"公共领域之光"变得暗淡。

玛丽·路易·克诺特

参考文献

Arendt, Hannah: »Antisemitismus« [Essay 1938]. LoC, Box 72.

– : »Ein Mittel zur Versöhnung der Völker«. In: *Provenir: Zeitschrift für alle Fragen des jüdischen Lebens* 3 (Buenos Aires 1942), 125–130.

– : Brief an Robert Weltsch, 25. Juli 1948. Leo Baeck Institut. Nachlass Robert Weltsch. Box 5 A-H.

– /Adler-Rudel, Salomon: *Briefwechsel*. In: HannahArendt.net, http:// hannaharendt . net/documents/ testdocuments.html (1/2005).

Barnouw, Dagmar: »Fundamentalismus und politischer Zionismus. Zur historischen Problematik eines jüdischen Staates in Palästina«. In: *Leviathan* 31,1 (2003), 53–71.

Bernstein, Richard J.: *Hannah Arendt and the Jewish Question*. Cambridge, Mass. 1996.

– : »Hannah Arendt's Zionism?«. In: Steven E. Aschheim (Hg.): *Hannah Arendt in Jerusalem.* Berkeley 2001, 194–203.

Hahn, Barbara/Knott, Marie Luise: *Von den Dichtern erwarten wir Wahrheit*. Berlin 2007.

Pilling, Iris: *Denken und Handeln als Jüdin: Hannah Arendts politische Theorie vor 1950*. Frankfurt a. M. u. a. 1995.

Pontzen, Alexandra: »Eine jüdische Patriotin – aber Zionistin«. In: *literaturkritik.de* 4, April 2002 (http://www. literaturkritik.de/public/rezension.php?rezid=4870&ausgabe=200204, 6.2.2010).

Raz-Krakotzkin, Amnon: »Binationalism and Jewish Identity: Hannah Arendt and the Question of Palestine«. In: Steven E. Aschheim (Hg.): *Hannah Arendt in Jerusalem.* Berkeley 2001, 165–180.

Zertal, Idith: »A State on Trial: ›Hannah Arendt vs. the state of Israel‹«. In: *Social Research* 74, 4 (2007), 1127–1158.

Zimmermann, Moshe: »Hannah Arendt, the Early ›Post-Zionist‹«. In: Steven E. Aschheim (Hg.): *Hannah Arendt in Jerusalem*. Berkeley 2001, 181–193.

第 4 节　极权主义的表现形式

一　《极权主义的起源》/《极权主义的要素和起源》

阿伦特 1951 年发表了英文版的关于极权主义一书，名为《我们时代的负担》，而美国的版本叫作《极权主义的起源》。其中部分章节的内容曾经发表过（见下）。1955 年，由阿伦特本人修改的德文版《极权主义的要素和起源》面市，由此而引起的表述方面的偏差与改变详见本书第二章第 9 节以及第三章。1958 年英文版再版时，这些结构性的改变均被录入和采纳。除此之外，该版本还进一步补充了第 13 章 "意识形态与恐怖" 和第 14 章 "后记：对匈牙利革命的反思" 和 "第二增长版的前言"。第一版的 "结束语" 部分亦有扩充（汉娜·阿伦特研究所 1998 年）。1966 年的第三版在第二版的前言部分增加了一个 "简介"；第 14 章有增补。在 1968 年三卷本的第四版中的第一、第二卷都有了各自新的前言，第三版的"简介"用作第三卷的前言。1973 年第五版一卷本的前言是全新的（IWV 278f）。阿伦特捐献出海因里希·布吕歇尔的手稿（见本书第 2 章第 10 节第 1 部分、第 3 章第 2 节第 6 部分）。

要素与根源

海德格尔寻根式的探索方法对阿伦特历史和思想史方面的研究均具有指导和引领作用。那些根源总是历史发展的动因，或者它们能够开拓新的但却没有影响和决定过的历史。然而，与海德格尔不同的是，她找寻的是一种可能的历史选择的根源，诸如通向具体的形而上学思想、科学与技术的现代工具主义。她并不关心前苏格拉底式农业环境下的技术官僚和专家的职业政策问题，而是愿意分析具体政治局势的根源。她首先研究了奥古斯丁的发端（EU，730）概念，然后考察了古希腊的城邦（VA 第 2 章第 5 节第 5 部分），以及古罗马的宪法与美国和法国大革命（OR；见本书第 4 章第 33 节）。这表明她最终跳出了海德格尔的思想境界。她还特别关注过西方重大错误历史事件产生的根源。它们最终（不是交叉意义上而是纯粹的因果关系）导致了极权主义的产生。因此，她避免缺乏说服力的超级概括，譬如去推测希特勒的神学历史的整体（海德格尔），魔术师柏拉图（波普尔）或者路德以及康德（杜威）的根源。对她来讲，具体的历史根源是重要的，如反犹主义和民族主义思想，以及帝国主义和民族主义的根源。像 D. 戈德哈根（Daniel Goldhagen）1996 年所指出的那样，这里所说的根源，不应与因果关系的原因相混淆。

作为第一步，阿伦特对根源的概念进行了多元化的探讨，第二步她综合了经验史学和社会科学的内容。与事件的因果链条和结构性原因不同，那些导致希特勒掌权、建造集中营或发动了第二次世界大战的原因，以及处在历史关注中心的原因，与极权主义的根源和极其复杂的历史总体境况有关。是它们首先使历史的发生成为可能。为了一再出现的、由非常不同的事件引起的样式，而它本身非常不同地引起事件的发生，就像纳粹的灭绝政策、莫斯科审判或墨索里尼进军罗马以及西方民主政体中的种族立法，诸如此类。

在此，阿伦特提出如下两种不同类型的根源。第一种是社会心理总体境况意义上的反犹主义；第二种是社会结构总体境况意义上的现代帝国主义。反犹主义和帝国主义分别是极权意识（反犹主义）和极权统治（帝国主义）的范式。

阿伦特从这种"暗中为平等授予特权的模棱两可性"（EU 56）出发，解释了在普鲁士反犹主义的形成。因为建立军事国家需要金钱和贷款，普鲁士国王就召回胡格诺派教徒和富裕的犹太人。而放逐犹太聚居区和国民中的大多数贫困人群，他们在18 世纪的柏林建立了如德博拉·赫兹（Deborah Hertz）所描述（1998）的由"强大奴隶"构成的乡镇。它们被总结成"没有权力的特权阶层"的新形态。他们建立了一个既超越又低于特权的等级，但是作为阶层或民众可以无须团结，而是仅仅以公民个人为单位行事即可。他们虽隶属于这个社会，但却被它排除在外（见本书第 4 章第14 节）。

在这本极权主义的书中阿伦特觉察到了这些兼具独立个性和不团结性的犹太政策中的范例式的前提条件，是它们使得 20 世纪灭绝欧洲犹太人的灾难成为可能。如果犹太民族受到攻击，作为独立的公民个体不会感觉受到攻击，可以将他们视为不属于这个民族的例外。这样，犹太人团结的、集体的行动就被有效地遏制了。作为政治单位和民族之前，他们在舞台上消失的越早，他们就越容易接受身体灭绝："对犹太人个体极其血腥的迫害就意味着对犹太民族无声的灭绝。"（EU 57）阿伦特这里所指的"民族"是可以自己说了算的有行动力的政治单位。这也是为什么阿伦特相信，只有那些为了犹太民族政治自治而战的犹太复国主义者才能掌握所谓"犹太问题"的政治特性。

对民族国家的批评或辩护

最晚自 20 世纪 80 年代起，阿伦特就几乎只作为欧洲民族国家的尖锐批评家而被人们所熟知和称道。当她同样以这个国家重要捍卫者的身份开始分析极权主义起源的时候，她开始受到排挤。在她看来，这个国家首先理解为法国大革命意义上的共和国。事件的分水岭就是 1951 年出版的极权主义一书。

在《极权主义的起源》一书中，德雷福斯事件是典型的公共事件。公共生活的场所就是共和与雅各宾（党人）民族国家的舞台：议会、法庭、媒体及公开的集会

（见本书第 4 章第 25 节）。在这种模式中，以文字为基础的交流方式在所有交际过程中传播，而且国家与人权和公民权利的宣言一样古老。阿伦特认为，让这个国家团结起来的纽带完全是因为，在"其雅各宾爱国主义那里，人权总是民族荣耀的一部分"（EU 170）。她严格区分下述爱国主义与所有形式伦理的、民族的或种族的民族主义。她看到这种爱国主义源于"革命的拉丁主义"。它又是一次"有意识地对罗马共和的仿效"（此处可见罗马的积极影响）（EU 276，比较 370 – 372）。

阿伦特从雅各宾的拉丁主义中觉察到一种权力的起源。这种权力有能力与社会的极权力量相抗衡。1948 年她这样写道："迄今为止，最坚固的堡垒曾经是民族国家，只有它们才能对抗资产阶级社会不受限制的统治，反对暴民掌权。帝国主义政治在西方国家的引进是民族国家。它的主权——曾经宣称为人民的主权——今天受到来自各方面的威胁。"（VT 29）阿伦特借在美国出版的《极权主义的起源》一书指出，1789 年的观点在一战后克列孟梭主持的政府中应该最后一次获胜："有着雅各宾派诉求（兴趣）的克列孟梭，也照样可以打赢第一次世界大战，他是法兰西革命的最后一个儿子。"（OT 79）

在法国 1940 年被德军占领的 11 年后，阿伦特因 1951 年发表的《极权主义的起源》而为众人所知。但在她看来，这场革命就像黑格尔曾经赞许的、那种辉煌升起的太阳的最后光芒一样。1940 年，法国共和军的几乎没有抵抗便溃败的事实对阿伦特来说是一种消极的历史信号。在民族国家革命力量的挫败中，她看到了欧洲灾难的主要成因。

在共和制的民族国家中，人民主权、法治和个人权利构成秩序井然的统一体。从中，18 世纪和 19 世纪出现的民族国家产生出一股反对极权的力量。正如阿伦特一再强调的那样，在共和国命运的决定性时刻，出现了由克列孟梭、左拉、毕卡尔和拉博弈（Labori）的势力以及其他"德雷福斯派"相应的两种、并且只有两种原则：（1）在"民族的雅各宾原则中，以人权为重"；（2）"在公共生活的共和原则中，其中某个人的情况完全等同于所有公民的情况"（EU 187）。

通过罗马原则"权力在人民"（potestas in populo）在雅各宾人权原则上的基础，

现代共和主义有别于其古老的形式。后者并不建立在众多自由权利的公民团结的合法性基础之上。如果这种普世的政治理念能够有几个社会文明样板或在一个城市取得成功，这种古典人文主义的普世要求就得以满足。这种政治的完美要求是，从一开始就剔除了极端的平均主义，而这是现代人权的固有特点。仅从其难以摆脱的腐败结构与环境中就可以辨识其真伪。

现代民族国家给共和国旧的原则中融入了新的人权内容，这种社会排他的、公民团结的传统范例陷入标准压力之下。这种抽象、平等和包容团结的雅各宾式新范例开启了维护基本权利的政治制度。如德雷福斯上尉所言，首先将那些象征资产阶级荣誉的权利和"优良社会"的权利排除在外，因此这些是诚如米歇尔·福柯（Michel Foucault）所言或阿伦特在拉埃尔·瓦恩哈根的传记中所谓"臭名昭著的人"。只有在共和制民族国家的体制内，受到社会排斥威胁的大多数或少数民族才能获得他们的权利，无论他们是劳动者和妇女，还是犹太人和黑人。正如阿伦特清醒地认识到的那样，对犹太人来讲，"以民族国家形式组织起来的欧洲的瓦解与崩溃——无论从无形还是从有形的任何一种角度来看——都意味着最深重的灾难"（VT 46f）。

极权主义的起源

公共这个概念的对应概念主要有"国家"、"民族"和"人民"。"社会"及其人类的根基是"大众"与"暴民"："在所有大规模的革命浪潮中，人民为了获得国家的领导（权）而战，而暴民在所有起义中都追随能领导他们的强人。暴民不能选举，他们只能欢呼鼓掌或干脆以石击毙。"（EU 188）共和，公共事务，在阿伦特的基础模式中是议会民主的对立概念，而与宪法相对立的概念是公民表决的专制。路易·波拿巴的雾月十八日，这一天公共生活终结。然而，这种公民表决的专制既非民主又非自由，而相应地在议会民主和自由之间并无不可调和的对立存在，它们相互补充。

然而，并非只有具体的、容易受到感染的和可操控的人群（"暴民"）是极权主义的资源。还有一种高度抽象的、被阿伦特称为"为扩张而扩张"的反射机制。这种新的、资产阶级加资本主义的社会不懈地追求帝国主义的、对资本和权力的自我生产和自我提升。帝国主义的就是权力，因为它像不同的货币经济在其不断良性分化过程中自发产生。它与民族利益脱钩并显现去国家化，而且还会受到全球扩张的驱动。这种社会实际上就走向公共生活概念的反面。

这种现代资产阶级的"永无止境的运动"（马克思）突破了所有国家的界限。"掠夺式的资本主义"对他们的全球观念施加影响。这种原始积累不是原生的，而是持续的。这种"资本的文明趋势"（马克思）退而求其次。"马克思的原始资本积累不是像原罪一样唯一启动某种过程的事件，内在规律必须贯穿于这个过程之中，直至最终的毁灭。相反，剥夺必须一再从重新获得中维持这个体系的正常运转。"人们"看不到尽头，它们也更不可能出现自动的崩溃"（MZ 56）。最终，帝国主义会运用一种新的、从来没有存在过的统治模式——极权主义。然而这一切并非必然发生的，而是必须满足一定的条件，像第一次世界大战后欧洲大陆所形成的那样。什为民族主义者、新保守派的精英和学术种族主义者的政治行动负责任的、可以归类的后果。在此，阿伦特论及的是一种在资本、精英和暴民之间的联盟。

有限定的极权主义概念

阿伦特将她的极权主义概念的适用范围限定于两种情形：1930～1950 年斯大林的恐怖统治时期和 1938～1945 年希特勒的恐怖统治时期。她的理论既有别于传统或自由的极权主义，又与正统的马克思主义种族理论不同。毛泽东领导下的中国之所以没有被她划归极权统治的范畴，在她看米，是因为国家利益的边界从米没有被超越，因此也没有出现帝国主义化和政治权力的去国家化现象。阿伦特在王国（如古老的"德意志民族的神圣罗马帝国"）或帝国（如罗马帝国）与现代帝国主义之间作了区分。中国从来都不是一个民族国家，而一直是一个古典的帝国和大的王国。它仍旧处在红色屋顶①之下（UR 20；比较 EU 的前言）。

阿伦特的极权主义概念并不以恐怖的程度与牺牲者的数量，而是以统治的特殊性和历史的新奇性为衡量标准。所以，她认为列宁领导的苏联完全还处在从沙皇帝国向现代民族国家的过渡过程中，而从斯大林开始驶入极权统治的轨道。阿伦特非常重视

---

① 指社会主义。——译者注

列宁和斯大林这两个时期的区别：当列宁去世的时候，这个国家还有许多条道路可以选择。新的阶级结构完全不需要转向对欧洲来说有特点的阶级斗争和一种含义明确的资本主义发展，像极端左倾主义者所担心的那样；官僚的一党制也不是必须自动导向社会主义。农业经济的集体制首先看起来与作为私有经济建立的合作形式表现得一样好。也没有人说，这个国家的整体经济一定要是社会主义或国家资本主义，或者必须走上自由企业文化的道路。没有人需要一种一定要摧毁这个国家结构的内在发展（EU 516f）。

罗莎·卢森堡以资本原始积累为例所进行的分析表明，极权主义的胜利在大多数情况下是通过现代社会的快速扩张而实现的。它不同于共和制的民族国家，而是构建在社会之上的国家组织。在传统政体中，公民以在公共场合自我表现为特色，并不断完善其作为政治的人，一个崇尚经济与成功的社会亚系统便形成。像金钱一样，权力变成可以支付和任意投入的政治资本，仅在名称上还保留着古老城邦的要素。帝国主义、种族主义、纳粹主义和斯大林主义仅仅只是社会权力积累过程中的"使自身极端化"[汉斯·蒙森（Hans Mommsen）]，这种过程摧毁了国家这一所有公民的公共领域。让我们用一句话总结这本书中最重要的历史命题，那就是极权统治是反国家的政治。它是一种从内、从外对主权的摧毁，对人民和国家主权的摧毁。

极权主义 VS 民族国家

极权统治必然存在一种使自己极端化和自我毁灭的趋势。极权主义运动在哪里掌权，就表明拥有权力的他们没有能力持久地保持这些权力。他们接管国家机器并摧毁它，与国家一道他们还摧毁一切可能性，使自身受到限制。他们变得越来越极端，并且在摧毁完一切的时候再摧毁自己，"以至于这些极权主义政府在别国和自己国家中建立起来的异常统治，最终在自己的国家中变得最恐怖和最血腥。"（EU 644）

与所有常见的或好或坏的统治形式不同，极权主义政权的最显著特征之一表现在它的完全无能上，愿望通过权威得以固定，以及责任通过归属得以等级化。如果纳粹宣称，领袖独自承担一切责任，而且期限堪与千年项目相比，那么，最后就没有人再对任何一个时空总是受限的生存空间内的事情负责（EU 590，601，628 ff.，634）。

对制度性可归属的、法律上可固定的责任的侵蚀不仅是道德灾难，而且还很快会导致管理效率的下降和官僚机构的自我障碍。如果像希姆莱——为了援引阿伦特的主要索引——被党卫队要求，他必须"绝对放弃自己的意愿"做事，结果就导致自己独立解决问题能力的丧失（EU 523，586，634）。正如人们在科学及其他技术领域所拥有的能力一样，专家的知识也同样会受到限制。因此，极权主义最终必须因"对一切责任意识和专业知识的摧毁"所导致的"在各个领域的能力的极度缺失"付出更加沉重的代价（EU 634 f）。

极权主义体系的这种"所谓铁板一块的国家结构"仔细观察就是"没有结构"（EU618ff）。尤其这种具有同样职能的竞争机构之间的不断"叠加"会导致：所有政治权威的丧失，管理秩序等级的混乱，以及界定明确的法人的、官僚的、警察与军事方面的"强制性机构"（马克斯·韦伯）的崩溃。这种在所有等级上以控制取代信任的尝试，很快会引起令人极度眼花缭乱的"职责权限混乱"（汉斯·蒙森）以及国家主权的分散化。"在政党和国家、纳粹冲锋队和党卫军以及党卫军和帝国保安局中，不断创造的新的、重复设置的相互竞争和交叉的主管机构"引发各种问题，如没人能够感觉到自己在这种秘密权力层级体系中的位置是安全的，"没有人能够判定，在两个完全独立的工作单位之间谁领导谁，或者哪部分职责可以转给其他人"（EU 622，624，631）。

在此，"法治"走向一种灵活的、橡皮筋式的司法。它随时随地改变法律。在大多虚拟、偶尔真实的情状下，人们往往在两种领导旨意间妥协与适应（EU 348，617，623，630）。有着公认合理性的法律实证主义和法律与道德的清晰界限被摧毁。取代这种实证法的是1933年卡尔·施米特看中的"具体的秩序思维"。这种向纯粹的、因地制宜的案例公正性的转变最终与"有意识、不明确的"命令的发布共同成为灭绝和民族清洗的决定性的前提条件（EU 623）。

极权统治围绕民族国家从上到下构建组织。它建立在沙文"人民专政理论"的基础之上，并同时捍卫着"部落民族主义"和"跨国反犹主义"（EU 87），国家与之毫无关系。对内，它摧毁国家法治体系并且破坏"自主的民族意志"；从外部的民法意义上来讲，"以各民族拥有平等权利的多样性为前提的民族概念最终取代了民众的概念。后者从一开始就暗含了特定的民族等级结构"（EU 381）。阿伦特认为，在 19 世纪末的法国，以德雷福斯反对者的反犹主义运动为宣传基调的"人民"概念，已经与"人民没有什么关系了……他们的革命为宪法国家开启了一个时代。他们的真正代表只能够在工人运动中找到。这种暴民就这么被称为'种族的'；与民族相比它更像种族……考虑到其强化的部族意识和不可信的爱国心缺乏的话"（EU 382，比较 264）。帝国的生存空间秩序取代了拥有主权的公民权主体的平等秩序。一旦这个得以实现，个人、集体和民族就成了极权者意志毫无保护的牺牲品。该议题首先得到恩斯特·弗伦克尔（Ernst Fraenkel）和弗朗茨·诺伊曼（Franz Neumann）关于民族国家主义统治的研究的证实（弗伦克尔 1974，诺伊曼 1984）。国家社会主义已经远离正义法的统治执法的轨道——它常常受到指责（著名的是拉德布鲁赫公式）——而是完全相反，这以更高权利的名义，在其牺牲之前被摧毁。

"资本积累"和"权力积累"这两种社会发展过程相互促进，最终冲垮所有民族国家的防线、动摇并破坏一切井然有序的国家权力结构与进步的法律体系，并且在极权主义国家中首先从内部然后再从外部摧毁这个主权国家。换言之，"这种无限的资本积累过程需要无限权力加以保证，以此积累权力。除了其资本积累的需求之外，它不应受到任何约束"（EU 248）。

阿伦特还觉察到这种现代市民社会扩张的活力作为被释放的破坏力是非常负面的。在其极权主义一书中，她看出只有一种绝对负面的反身权力的概念："权力似乎就像一种非物质的机制，伴随它的每一次活动都产生更多的权力。"（EU 646）权力生产权力，并且在无休止、无目的运动的"坏的无限性"（黑格尔）中最终耗尽自身；这与马克思的资本运动规律如出一辙。反身权力是无限权力，并且至少可以作为潜在的极权。共和制的民族国家不能持续保持旺盛的冲锋力，因为自身筹集调配的公共权力受到目标追逐和利益驱动的限制，故而最终不能像帝国主义的反身权力那样，聚集到如此的高度。因此，这种国家权力从长远来看会越来越多地受到来自帝国主义社会的压力而不能增长。

或者：民族国家中极权主义的起源与人权

这是阿伦特在《极权主义的要素和起源》一书前七章中提出的初始观点。然而，她在第八、第九章中关于"部落民族主义"、"民族国家的崩溃与人权的终结"的另一种观点让读者不无惊讶，因为她将极权主义的起源归结于民族国家本身。她还将对现代社会的批评延伸至共和制国家的宪法层面。在该书的第六章中，她继而又谴责了伯克对人权是"英国和德国种族思想意识"（EU 292）共同来源的批评。第九章她将这种对法国大革命的批评推向极致。人权不仅是没有意义和价值的——它本来应该是没有国籍的人们拥有的权利，但却变得毫无作用，不能为之提供保护——而且人权作为"赤裸的野蛮人"的权利（Arendt 1949，762），在其自身中就已经携带着使欧洲丧失文明的种子。从这种"赤裸野蛮"转向拥有权利的公民，自然权利降低了这些人的"赤裸野蛮"量级，就像人权减少人权主体的非世界性一样。这样，国家和民族主权在国家法律意义上的民族也就降至等外的、可操纵的暴民。他们是一群孤立的"人"。

最后，阿伦特解释了帝国主义暴力的发生机制：

> 全面恐怖使得这些欧洲人像黑人一样被命令，而且不是独立的个案，而是整个大陆的民众。这种事实的灰暗与悲剧在于，这些发号施令的人就直接断定，那些"人"就应该跟他们不一样……他们与其他种类的民族的不同不在于肤色；他们对后者在身体上的摧残和驱逐所做的一切都是灾难性的……这是在人类世界史无前例的事件。它的非现实性、幽灵式的做法归咎于这种非世界性……这种非现实性在于，他们是人，但却完全缺乏作为人应该有的现实性。这就是从非世界性的非现实性中上生土长的部族，他们在非洲实施过这种残酷的屠杀、灭绝和无法无天的行径。（EU 322f）

阿伦特将非洲部落社会的黑人以及暴民的原始形态描述为非历史的粗陋本性，也许会使今天的读者产生误解。但她这样做的目的是与历史上有教养的、西欧的市民精神区别开来。这种想象中的伟大市民精神延续到 20 世纪 60 年代。阿多诺就曾经这样设想过，他认为这跟法西斯无关。他指出，市民已经是虚拟的纳粹（霍克海默/阿多诺，1989，第 164 页）。自 20 世纪 60 年代中期以来，美国"权利革命"和愈演愈烈的全球抗议、边缘化运动的文化革命的井喷式发展就已经撼动了以文明与野蛮为参照的欧洲中心意识，即白种欧美人的市民形成中自然而然已经不再那么肯定。

阿伦特并不愿意说，黑人是帝国主义的见证。正如我们所看到的那样，这是现代社会机构性演变的结果。如果说看到"黑色鬼影"会引起"生理上令人恐怖和厌恶的"反应的话，那是因为他们作为"自然的一部分生活在非人的世界里"。简言之，那些人认为黑人是自我输出的"过剩人口"。他们必须承担后果，导致文明进程受阻、"残酷的灭绝和彻头彻尾的无法无天"。（EU 323）

在修改本书的结尾部分时，阿伦特曾坚定地批判了作为反国民的、反文明的（包括无效的）作为"赤裸野蛮人的权利"的人权，其中涉及有关伯克（Burk）、民族和初期庆典式的雅各宾人权爱国主义的观点。对阿伦特来说，那种建立在权利、天赋主权和"民族自决"（EU 434）基础上的国家就是粗鄙自然向国家宪政文明帝国的转变。在后期阿伦特的视野中，人民主权转变为"赤裸的野蛮人的主权"，而与这一主权相对应的国家，在 19 世纪德国宪法学中，唤作旧式自由法制国家。这样的国家终因"国家与民族之间的秘密冲突"（OT 230）而分裂。

法治国家与民族联合形成民主共和国的所到之处，法治国家就将可以毁灭它的社会敌人"引狼入室"。这一"民族国家悲剧"（EU 370）的先天缺陷就是民主的权力分配。通过这种分配，随着普选法的引入，也就是说要征得大多数人的同意，议会制人民立法的优势地位将必定被国家借助民族的"征服"与"工具化"取代，这个过程可长可短（EU 372）。在此，民族成为自由国家的敌人。这个观点在《论革命》一书中更是被凝练成："民族国家的诞生就意味着自由共和制的消亡。"（R 317）

从对国家社会主义和斯大林时期的恐怖教训中，阿伦特最终得出如下结论：仅靠民族和人权难以立国，也无法建立真正的公共生活和共和国。对她来讲，法治国家也过于抽象，并且也有其致命的弱点。这些在"纳粹帝国"不光彩的灭亡中清晰可辨。

那么，走向"人性光辉"并且走出 20 世纪极权主义灾难的出路何在？

权力的深渊

在《极权主义的要素和起源》一书的结尾，阿伦特指出，通过人民（拥有）主权原则和人权建立的民族国家、赋予古老共和思想新意的尝试失败了。她给出了两种公式：第一，"拥有权利的权利"。它取代了人权（EU 462），而人权的内容则被还原为任何一个文明共同体成员的权利，无论这个共同体现在是民主的还是专制的。第二，"创生性"，奥古斯丁－基督教式的希望，也就像 20 世纪的"结束"和第二次世界大战的结束都能够给世界带来希望，"可以开端启新"一样。（EU 730）这两者如何相互影响并作为民族国家的选项来加以理解，这取决于传统的、正面的自由权力的创新和 18 世纪现代共和主义的革命起源的回归。

《积极生活》和《论革命》中的权力概念很快就在《极权主义的要素和起源》中有了惊人的再诠释与拓展。反身的、因此而不断扩张的权力今天看来不再有特殊的破坏性。"这是一种随着它的每次活动产生新的权力的权力"。权力不再作为反身递增的极权。通过这种对建立在帝国主义和极权主义基础之上的权力概念的重新解读，阿伦特成功地将反身权力现代地表达成一种多产的、既现代又古典的共和特性，这似乎增加了帝国权力的复杂性。

权力最终总是行动乃至共同行动的能力。它是一笔充满矛盾的财富。行动就是权力，这可以追溯到罗马共和国、共和制的民族国家、天主教会、福利委员会的统治、拿破仑的独裁统治、布尔什维克的资产阶级专政及伊斯兰共和国等。"革命者"总是看到"深渊"（LG 2，185 ff）。权力绝"不可靠"，行动也是"人类所有能力和可能性中最危险的"东西（VZ 363）。因此，最终这种充满矛盾的且兼有极权的和解放力量的权力概念成为 1951 年出版的极权主义一书与阿伦特整体著作相联系的重要注脚。

豪克·布伦克霍斯特

参考文献

Arendt, Hannah: »Es gibt nur ein einziges Menschenrecht«. In: *Die Wandlung*, 4. Jg. (1949), 754–771.
– : *The Burden of our Time*. London 1951.
Fraenkel, Ernst: *Der Doppelstaat. Recht und Justiz im »Dritten Reich«*. Frankfurt a. M./Köln 1974.
Goldhagen, Daniel Jonah: *Hitlers willige Vollstrecker. Ganz gewöhnliche Deutsche und der Holocaust*. Berlin 1996.
Hannah-Arendt-Institut (Hg.): *Über den Totalitarismus.Texte Hannah Arendts aus den Jahren 1951 und 1953*. Dresden 1998.
Hegel, Georg Wilhelm Friedrich: *Phänomenologie des Geistes*. Hamburg 1952.
– : *Wissenschaft der Logik I*. Frankfurt 1979.
Hertz, Deborah: *Die jüdischen Salons im alten Berlin*. Berlin/Wien 1998.
Horkheimer, Max/Adorno,Theodor W.:*Dialektik der Aufklärung. Philosophische Fragmente*.Frankfurt a. M. 1989,164
Marx, Karl: »›Thesen über Feuerbach‹, 11. These«, In:Volker Gerhardt (Hg.): *Eine angeschlagene These*. Berlin1996.
Mommsen, Hans: »Die Realisierung des Utopischen. Die›Endlösung der Judenfrage‹ im Dritten Reich«. In: *Geschichte und Gesellschaft* 9 (1983), 386.
Neumann, Franz: *Behemoth. Struktur und Praxis des Nationalsozialismus*. Frankfurt 1984.
Weber, Max: *Wirtschaft und Gesellschaft. Grundriss der verstehenden Soziologie*. Tübingen 1972, Kap. 1, §16.

二 有关极权主义的论文

英文版《极权主义的起源》一书 1951 年面世之后，阿伦特分析了如何从政治理论的角度来理解极权主义这一新的统治形式（见本书第 4 章第 36 节），并且还研修了孟德斯鸠（见本书第 3 章第 1 节第 8 部分）的相关著作。这些均记录在她 1951～1955 年的思想日记中（见本书第 2 章第 9 节）。在此基础上，她围绕两个主要议题，完成了四篇论文：首先针对新的统治形式理解上的困难展开（见本书第 4 章第 42 节），尤其是当其要素与起源出现在前极权主义的现代性并且在这种统治终结后仍然继续存在的话。其次，按照孟德斯鸠的应用标准给出这种新统治形式的定义。

在此，我们还要谈及一部尚未发表的手稿，题为"论极权主义的本质：一篇分析文章"。它的内容阿伦特以"理解与政治"为题发表在 1953 年的《党派评论》中（德文"理解与政治"，VZ 110 – 127，见本书第 2 章第 5 节第 6 部分）；她原本想以"理解的难题"为题。她去世后，该手稿的第二部分又在《思想评论集》中以同样的题目，即"论极权主义的本质：一篇分析文章"发表（EIU，328 – 360；德文版《论极权主义的本质：理解的一次尝试》，比较 Arendt 2004a）。同样，在这部手稿的基础上，形成了"意识形态与恐怖：一种新的国家形式"的观点，这也在 1955 年补充进了英文版《极权主义的起源》，成为德文翻译最后一章的内容（EU，703–730）；最后，在此基础上还形成了阿伦特生前没有公开发表过的演讲稿，这是 1953 年为 RIAS 柏林电台所做的关于"人类与恐怖"的演讲而准备的（EIU，297–306："人类与恐怖"英文德文版，比较 Arendt 2004b）。

在已经出版的"论极权主义的本质：一篇分析文章"部分，以及"意识形态与恐怖：一种新的国家形式"一文中，阿伦特详细探讨了孟德斯鸠的执政学说，目的是为了确定这种新的极权统治形式。其（行动）准则和本质是意识形态与恐怖。如果说"意识形态与恐怖：一种新的国家形式"的论证还不够严谨并且稍显牵强的话，已经发表的"论极权主义的本质：一篇分析文章"增加了对康德思想的探讨（见本书第 3 章第 1 节第 10 部分）。康德的权利源于理性，以及权力源于人类意志的观点，被阿伦特视为"主要缺陷"进行批驳（Arendt 2004a，18）。另外，（康德的）绝对命令不能保证必要人性的特殊情况（同上，22）。除此之外，还存在一种对那些不理解现实性学者的批评。因为他们抛弃了 20 世纪传统政治哲学中有利于"人文科学中科学主义方法"的思想，从而也放弃了"我们对真正理解的一贯标准"（同上，28）。在"理解与政治"一文中，她还批评了一种否定行动和事件意义的历史观，以及可以通过科学而非通过常识获得真正理解的假设（VZ，113）。

在"论极权主义的本质：一篇分析文章"中，阿伦特透彻地剖析了三个使极权统治有别于传统意义上暴政的问题。首先，在"意识形态与恐怖：一种新的国家形式"一文中，对阿伦特来讲，极权统治虽然从积极权利的意义上说无法可依，但也并非武断，因为取代权力的是运动的规则。其次，即便所有权力集于一人之身，它也不会追求恒定的专制，反而是"仿效……自然与历史的规则"（VZ，35）。最后，阿伦特拒绝尝试在德国和俄罗斯的极权统治中寻找特殊的、国家专属的原因，反而指出，在所有的时间和空间差异中它们"结构性共性"（同上，37）的存在。

阿伦特对世界观与意识形态进行比较。她认为意识形态应该是"对生命和世界封闭的解释体系"（同上，39）。其现实性含量可能通过其内容的实现得以证明，并表现出一种对实践者"罕见的、与自身利益紧密相关的忽视"。最后她指出，恐怖应是一种"存活方式，即个体的人自然而然地处在极度的昏晕状态中"（同上，48）。这有别于思考着的人的那种孤独。

在"意识形态与恐怖：一种新的国家形式"一文中的论点与本文相比概况性更强（见本书第 4 章第 16 节）。在那里，阿伦特特别强调了思想家（见本书第 4 章第 16 节）的重要作用，尤其是当与一种思想的发展相比较的时候；"用人类逻辑（希特勒乐于使用的）'钢铁般冰冷'取代自然或历史的冷酷无情的一面（EU，720）"；那里"思想的自我强迫性演绎"（EU，722）占主导；"那些我们的理解力可以随时自我放弃的强迫性推理的暴政［……］是一种内在的强制性，我们因此为外来的恐怖威胁打开方便之门"（EU，723）。要是人们将极权统治的实践与暴政的实践相提并论，"那就等于找到了一种让沙漠运动的方法，即发动沙漠风暴，让沙漠遍布世界的各个角落。"（EU，729）

在"人类与恐怖"一文中，阿伦特描述了暴政与革命的恐怖之间的区别（见本书第 4 章第 33 节）。它们分别建立在墓地的静穆或新的法律的基础之上。而极权主义的恐怖则"当执政集团内不再有敌人的时候，其真正的恐怖才会被释放出来"（Arendt 2004b，54）。通过下面两种现象，恐怖的真正含义可见一斑，即从局外来看的集中营的全面灭绝（见本书第 4 章第 18 节）和阶段性的清洗。恐怖瞄准两次试验，使"拥有无可穷尽差异的人们和每一个有着不同个性的个体变得多余"（Arendt 2004b，60）。在集中营中，他们仅在"同一反应簇"（同上，61）上的还原就需要完全隔离。当这种肃清受到检验，即官僚主义在什么程度上获得意识形态领域的培训，让每一个人"强迫自己，对恐怖行径听之任之，向执政者的所有暴行屈服"，而且能够让其在"转眼之间"（同上，61）在下列各对角色中调换位置，如在原告与被告、刽子手与被行刑者以及执法者与受害者之间。因为恐怖（统治）遵循着自然和历史的运动法则，因此它就没有终结，这种"屠杀的法律……一直以运动的规则得以维持"（同上，63）。

沃尔夫冈·霍尔

参考文献

Arendt, Hannah: *Die Ungarische Revolution und der totalitäre Imperialismus.* München 1958 [UR].

–: »Über das Wesen des Totalitarismus. Ein Versuch zu verstehen«.In: Meints/Klinger 2004,15–52 [2004a].

–: »Die Menschen und der Terror«. In: Meints/Klinger 2004, 53–63 [2004b].

Meints, Waltraud/Klinger, Katherine (Hg.): *Politik und Verantwortung. Zur Aktualität von Hannah Arendt.* Hannover 2004.

第 5 节　一种政治理论的思路

一　《卡尔·马克思与西方政治思想传统》

阿伦特的主要思想及其对马克思主义的认识受到 20 世纪极权主义实际的影响。在《极权主义的起源》1951 年出版之后（见本书第 2 章第 4 节），她就计划创作另一本书：《马克思主义中的极权主义要素》，以便收录她在《极权主义的起源》中未能论及的、有关诸多问题的观点。在接下来的 3 年间，阿伦特开设课程与讲座无数，撰写大量论文并记录下了许多《思想日记》。她不仅对马克思主义的极权要素进行研究，而且越来越多地关注了马克思本人在政治哲学思维传统中的地位（见本书第 3 章第 1 节第 15 部分）。随后，她将这份手稿的题目改成了《卡尔·马克思与西方政治思想传统》。它有长短不同的两个版本。

阿伦特对马克思著作的理解很少在有关马克思的文献中被提及，这是因为他"完全"捣毁了政治思想传统及其由此所建立起来的权威，是因为他让这一传统回到了柏拉图的源头并同时面对它。出于对马克思这样的理解，阿伦特提出两个不同却相互依存的结论：第一，在传统的框架下，阿伦特在道德、宗教和政治判断上的马克思主义解读中看到了如下事实，即马克思主义有可能成为极权主义意识形态的基础。此外，她还特别强调，她自己的思想既不能用与马克思、马克思主义相关的命题，也不能用其他相应的政治哲学命题来表达。它们已经丧失了理解世界的能力，正使这个世界陷入极权主义。对人类普遍意义上的活动和特殊意义上的政治，在每种分类之外去理解是困难的，而这正是阿伦特思想中贯穿始终的议题。这在《卡尔·马克思与西方政治思想传统》一书中得到了全面的诠释。除了这个事实，即她的思想如此明显地有别于马克思，这似乎导致了某种困难的出现，阿伦特没有将她的手稿在这本提到的书里发表。

仅在《极权主义的起源》出版之后的几个月，阿伦特就向（美国）约翰·西蒙·古根海姆基金会递交了一份资助申请。其中她指出《极权主义的起源》一书中的"严重差别"（阿伦特：《建议书》），即"缺少适当的历史与概念范畴的布尔什维克意识形态的背景分析"。同时，她又补充"这个遗漏实属有意所为"（同上）。她未曾想减小"极权主义令人震惊的原始性"。她指出，"事实上，它的意识形态和执政方式完全是前所未有的，在普通的历史条件下找不到适当的解释"（同上）。正因为这样她似乎更应该冒风险，关注这种"马克思主义"（同上），"（极权主义）要素的背后总有一个可以期待的传统，对它的质疑需要对西方政治哲学的一些主要原则进行批判"（同上）。这些要素阿伦特在《起源》一书中有所阐释。它们是反犹主义（见本书第 4 章第 2 节）、种族主义、民族国家的失败、超越民族界限的民族主义以及为了扩张而扩张的帝国主义意志（见本书第 2 章第 4 节第 1 部分）。她认为，那些要素隐秘地"在西方历史的地下流动"（Arendt:»Proposal«），并"与伟大的西方政治和哲学传统无关"。也就是说，"它们只会出现在欧洲国家的传统社会和政治框架遭到破坏之时与之地"（同上）。阿伦特试图在她对马克思主义的探讨中论证，"在普遍接受的政治思想和我们没有形成共识的当前状况之间缺乏联系"（同上）。

最后一句表达了阿伦特思想中的一次展望与跳跃，即撇开隐秘的极权主义要素（见本书第 4 章第 36 节），回到二战后和冷战初期的具体时局中。没有理由怀疑，当她撰写《起源》一书时，就已经有了对马克思潜意识的理解，以及她出于上述原因有意在该书中省去这些内容。今天，人们更有理由认为，在她对纳粹主义和布尔什维克主义的描述中，常常觉察出的不平衡至少就是她的有意所为。在这本著作中也并未借助马克思主义追溯苏联极权主义实践了解认识的不足。自第二版起，这篇文章起始部分就构成了《起源》的最后一章，她的思想发展脉络便清晰可见："我们时代真正的困难就是提出它们地道的形式——尽管不一定是最冷酷的，当极权主义已成为过去的时候。"（OT 460）《起源》的读者应该知道，阿伦特这篇文章《意识形态和恐怖：一种新的政府形式》1953 年完成。当她创作《卡尔·马克思与西方政治思想传统》一书之时与《起源》第二版出版之前，她将其作为新项目中的一个部分来看待（1953 年 1 月 29 日阿伦特写给 H. A. Moe 的信，LoC，Box 14）。

当阿伦特从这种"地道形式"向"我们这个时代的真正困难"（OT 460）转变时，虽然有着"显著的传统"，她着手研究马克思主义的方式不比 20 世纪 40 年代后半期来得更加正统，那时她完成了《起源》第一版的写作。以这种方式，阿伦特拒绝以因果关系为标准去理解历史，而用一种"析出"的极权主义观念取代模糊不清的历史思潮（见本书第 4 章第 13 节），接受文献中的动机，去描述那些思潮并举一反三地解释它们。这样做，她引来了历史学家、社会学家和政治学家以及哲学家的愤怒。然而，当她欲使读者成功获得史无前例的极权主义的恶之新知或后觉，阿伦特就没有其他可能，"在常规历史概念之外"来思考，因无前车可鉴难以用概念来定义。只有借助她非凡的想象力，竭力使读者理解她历史"思潮"的潜流。不料它们到达表面，聚集成洪水，最终不得不筑堤拦截。世界上具有多样性的人，带着他们作为公民的个性和共性在一个政治的集体中被撕毁，随之政治的整体亦被摧毁。

虽然阿伦特思考与理解那些以往"思想之旅"的方式看起来似乎不同寻常，但关键的区别在于：马克思主义虽为布尔什维克思想体系的"背景"，阿伦特也不认为，马克思本身建立了布尔什维克主义，或者他对此应负有责任（见本书第 3 章第 1 节第 15 部分）。反而，她断言，她的隐秘要素的"结晶"理论不再充分，因为马克思主义就根本不能作为出现在 20 世纪的"隐秘"思潮。相反正是由于马克思在 20 世纪中的特殊地位，促使阿伦特对政治思想传统体系进行思考与追问（见本书第 4 章第 37 节）。她认为，在马克思那里找不到犯罪的理由，然而这种理由从列宁时期的布尔什维主义的专制，尤其是斯大林以马克思主义为旗号的时期开始有迹可循。有一点无论如何强调都不过分，那就是阿伦特没有认为，极权主义直接源于传统或者马克思，而更应该是传统在马克思的思想中"找到了终结"（1953 年 1 月 29 日阿伦特写给

H. A. Moe 的信，LoC，Box 14）。传统走到了尽头，如一条蛇卷曲在自己的周围，又咬住了自己的尾巴；传统丧失了权威，像一条自我吞噬的蛇。当传统始于柏拉图式的、对有行动能力的人的训诫，去遵循哲人的戒律，并且在世界上建立一种仅被他认为的公平社会，传统就变成革命者改变世界的遗产"越冬"，前提是马克思说服那些思想者。他们按照马克思教授的方法去适应历史的真实。换句话说，在传统的起始阶段，柏拉图让哲学家在社会阶层中排在演员之上，而他们在马克思主义后期与演员并列。

然而，前哲学和或许反哲学的含义中缺少人类自由，无论传统之初、之尾，这也就是为什么马克思主义能保留在传统内部的原因。没有人将自由理解为人类多样性的经验，它与共同行动有关。作为现象，它不是由"更高级的"的公平正义或历史事件的辩证发展决定的；作为这样一些人的经验，他们不知晓未来的出路在哪里就采取冒险行动。在传统中，这种存在的、自由分类的缺失，阿伦特认为是政治存在的理由，但它却也是极权主义出现的负面条件。但这种传统的权威一旦被撕裂就不可逆转，她将这个事实评价为世界上极权统治真正出现的正面且有决定性的条件。在 20世纪 50 年代，阿伦特还在撰写这部有关马克思主义的著作时，就曾强调，极权主义的恐怖尽管表现出新的形式，但它"（并非）天外来客"，它就出现在"人类社会中"。事实上她并不看重这个社会本身是如何"传统"（Arendt 2005b，310，404）。

《卡尔·马克思与西方政治思想传统》一书中的内容主要建立在六个讲座的基础之上。它们是 1953 年阿伦特给普林斯顿大学的院系所做的两个高级系列讲座，以"长"手稿为众人所知。另外，还有一种相同题目的所谓"短"手稿，它是上述"长"手稿多方位的修改版。这两种手稿的稍有偏差的修改版均大量保留在华盛顿特区国会图书馆的档案馆中（Beide LoC，Box 75）。这些文献均为英文，那时阿伦特还不能完全驾驭英文。自 2002 年以来，出版了数量相当可观的、以英文编辑的著作（vgl. 2002:»The Broken Thread of Tradition«,»The Modern Challenge to Tradition«；2005:»The Tradition of Political Thought«,»Mon tesquieu's Revision of the Tradition «,»The End of Tradition«；2007:»Law and Power «,»Ruling and Being Ruled«）。在这部数百页的手稿中，阿伦特转向了对马克思主义问题的研究。虽然，他在社会科学领域有着巨大而屡屡不被承认的影响力，她恰恰特别强调了马克思思想中非科学性的特点。有时，她提出应该注意那些确定的"无可争辩的论断"。它们贯穿了马克思著作的始终，并且更多地表现为系统的马克思主义政治哲学。这也正是为什么，他让哲学对经济、历史和政治均有益处的原因。阿伦特也分别研究了对马克思著作流传广泛的误解，尤其是来自保守批评者的误解。她比较分析了马克思主义、在他的那个时代马克思在政治中所起的作用以及那些对工人阶级和工人运动的世界性影响。她曾不止一次地描述过马克思在苏联被"神圣化"的问题。这被视为柏拉图哲学王概念的现实版。尽管马克思和马克思主义与此毫不相干。人们也许会联想到她对 1954 年海德格尔的注解，她在放弃了已经投入三年多的项目之前认为："因为我不能具体化，没有陷入无底洞中。"（BwH 146）

对阿伦特来讲，这种解读似乎不同寻常。但却正是事实，她从不同的角度观察对象。前提就是这似乎是真实和"具体的"。一方面，好像越是深入地研究马克思的思想，她越不喜欢这种学说。1950 年，她开始真正地研究马克思。她在写给从不怎么信奉马克思的雅斯贝尔斯的信中说："她愿意尝试在他那里救赎马克思的荣誉。"（BwJ 196）那时，阿伦特将马克思描述成"对公平充满激情的人"（同上）。1953 年，当她的研究继续深入的时候，她又写信给雅斯贝尔斯，口吻却变成："我读马克思越多，就越认为您是对的：他既不是对自由也不是对公平感兴趣。"（BwJ 252）如前所述，1953 年阿伦特最终对马克思本身的兴趣不如对传统的兴趣大，传统在马克思的思想中达到了顶峰。在所谓"长"的手稿中的第一讲，也是两种手稿中唯一并且在阿伦特的有生之年出版的那一部分（比较《传统与现代》，VZ 23 – 53），她观察马克思就像尼采和克尔凯郭尔一样，认为他的传统思维模式是反叛型的。阿伦特还觉察到，虽然她的思想不同于那些传统层级原型，但也不能与它们割裂开来。最终，她也没有像她原本有意寻找或预期的那样发现极权主义，因为它与所有其他（现象）是如此不同。虽然在传统概念里对思想无效性的理解并不意味着一种新的思考方式，但阿伦特认为这事实上却是必需的。她希望，按照自己的思路，带着不断增加的缺乏耐性和挫败感为马克思提供最好的佐证，使自己最终放弃了这个"没有终结的"项目。

值得注意的是，阿伦特用了 7 年的时间写作《卡尔·马克思与西方政治思想传统》和《政治学导论》（阿伦特在把马克思搁置一边之后倾力撰写，见本书第 2 章第 5 节第 4 部分：《何谓政治？》），这正好相当于 1951 年出版的《起源》至 1957 年出版的主要著作《人类生存条件》（见本书第 2 章第 5 节第 5 部分）的这段时间。乍一看，这两部著作中的观点差异较大：一方面，一个不是被怀疑而是被黑暗充斥的世界；另一方面，一个没有充满希望而惊人清晰的世界影响。从一部向另一部著作的漫长过渡只能部分地通过有关马克思的手稿，既对《起源》又对《人类生存条件》以及其后期出版物的诸多方面有所显现。一切人类活动在生产与消费无限循环必要性问题上的马克思主义回归影响着布尔什维克的意识形态。阿伦特提出劳动、生产和行动的概念。生产指"形成世界的"的活动，行动指开始人类的财富和新事物的产生（见本书第 4 章第 3 节）。类似地，阿伦特将马克思的劳动与制作融合成一种"形成历史的"活动。作为通过生产、行动的柏拉图式强迫，也表现在布尔什维克的意识形态中。马克思关于阶级斗争是历史进步的动力的观点，阿伦特在有关亚里士多德（见本书第 3 章第 1 节第 3 部分）问题的手稿中就已经明确。她将其与尤其是具有美国特点的革命精神进行了批判性分析和区分（见本书第 2 章第 5 节第 7 部分，《论革命》）。阿伦特通过这些手稿指出哲学家中存在的一种趋势，即人类存在于个体之中或被视为特殊同质个体构成的族群。他们孤独地思索着，就如同"人群"既作为极权统治的条件又作为其客体存在一样。实际上，大多数哲学家错误地判断了人的多元性的存在，他们在其政治平等的基础上有能力采取行动并获取自由。而在这个问题上，所有的极权者更乐于秉持否定的态度。阿伦特在她所有的重要著作中都表达了这样的观点，即所谓人类多元性（见本书第 4 章第 28 节）的"法则"，也就说，单个的人而非"人类"的集合居住在这个地球上。对她来说，传统政治思想的主要困境（Krux）是对这一法则的蔑视。在其最后一部力作《精神生活》（1978，比较第 2 章第 8 节第 1 部分）中，她非常详尽地与其说是区分不如说建立了积极生活和思想两者之间的关系。同样重要的是，在《极权主义的起源》一书问世之后，阿伦特富有建设性的思维方式的发展，即在对马克思理解问题上的回归，在接下来的两个章节将进一步进行阐述。

　　按照孟德斯鸠的例子，由人类共同生活的基本经验延伸出来的行动准则，阿伦特在《卡尔·马克思与西方政治思想传统》中将统治与被统治的准则归结为统治和奴隶制的基本经验。在此处及其他多处场合（比较《人类生存条件》/《积极生活》）阿伦特均指出，这些经验最初并非在公共的而是在私人的领域积累起来的。从这些手稿的逻辑联系来看，这样的区分对阿伦特来讲似乎特别重要。因为自从西方政治思想传统开端启新之时，在统治者和被统治者之间就只概括了三种执政体制，即君主制、贵族统治和民主制，以及它们的衍生形式：暴政、寡头政治和暴民政治。对阿伦特来讲，这种模式却不仅出于科学的考虑：她将见证一种前无古人的新统治形式的诞生。这种体制追求统治所有人，无论他们是发号施令者还是服从者，因此它不能用传统的统治形式及其演变形式加以区别和划分。这里她对马克思问题探讨的核心，阿伦特认为是基于政治意义上统治的重要性。它不仅关涉现在和将来，还回溯以往，即以另一种阅读方式回顾过去，不同于流传下来的传统。在《卡尔·马克思与西方政治思想传统》中所表达的、极权主义的苗头是一种全新的统治形式。它使一切人类自由的痕迹消退殆尽。在这种体制下，既没有行动，也没有暴政统治下的恐惧。像在共和制或通向军衔制的君主制中，体制被赋予追求平等的爱。因为阿伦特视自由为政治之本（见本书第 4 章第 11 节第 29 部分），因而她得出结论：极权主义最终是去政治化的。

　　换句话说，阿伦特开始将过去与传统并列进行观察。她认为这两者关系复杂地相互交织，但它们又完全不同。这种观点渗透在《极权主义的起源》之后的几乎所有著作中；她最早的论述出现在马克思主义系列讲座中的、有关统治与被统治的内容中。她当时讲述了一个原始政治经验与其政治思想传统的概念化交织在一起的故事。这样，她将帝王精神（皇冠）的政治经验与传统民主区别开来。前者作为从君主制传统理念而来的大型活动的执行和引领，正如她把在城邦里或权利平等环境下（公民的平等和自由的权利与非公民的相反）的政治生活体验与那些传统中作为民主的东西进行区分一样。以上两种差别都有一个前提，即在最初的经验中都没有统治的存在（见本书第 4 章第 21 节）。因此，阿伦特就指出，在政治思想传统之前就已经有其他"立场"存在。她是以修昔底德和亚里士多德统治的"混合模式"为佐证做这番论述的。在统治的概念中，应该或多或少会通过一种或多种方式将"混合形式"的可能性排除在外。在平等与自由的经验中，去行动和去言说却是可能的。这应该就是亚里士多德在对最完美或平等权利中的完美追求。那些阿伦特的政治思想"观点"评价了作为帝王精神的变种，因为她描述了个体对众人的统治，尽管在法律框架之内。相反，暴政不是作为一个人统治的君主制的前奏，这种统治没有法律的限制，而且也不是任何一种政治上的执政形式。阿伦特认为，暴政"不适宜人类交际，它是人类之外的凄凉"（Arendt 2007b）。这样，极权主义的阴暗就触手可及。阿伦特区分那种对人类的全面统治与暴政下没有权利的统治。对阿伦特来讲，这不意味着要探讨极权主义是否已经在历史上存在过的问题，而是在美国关于极权主义和暴政的学术讨论中作为一个问题选项从 20 世纪 50 年代至今几乎没有被考虑过。阿伦特认为，这证明了传统的继续。

在这一系列的讲座中，阿伦特恭敬地认为马克思是唯一的一位现代思想家。因为他充分认识到了政治（性）对劳动的依赖性，而他理解的劳动是"生产生活"。在那里他却将生活的必需变成了政治的内容，马克思误认为必要性中的自由仅作为政治行动的条件。对阿伦特来说，马克思作为全方位平等的革命的思想家，似乎不仅作为治理的先行者——这种治理不再以统治与被统治的概念来形容，这明显反映出传统的终结和其权威的断裂，而且更含蓄地作为多样性的人类政治生活的再塑，通过人与人之间的社会生活。后者的后果是流传下来的界限的消失，也就是在私人和公共领域之间的人类的存在。由此，政治就被渐渐降级为"事务管理"。这样，我们就可以说，尽管阿伦特对马克思始终充满矛盾，她长期对马克思思想的探索起着关键的作用，为了从她具体的思想中消除西方政治思想传统的狭隘化，即便这不一定就跟出书有关。

耶罗梅·科恩

由亚历山德拉·洪特从英语翻译成德语

参考文献

Arendt, Hannah: »Proposal«. LoC, Box 22.

– : Brief an H. A. Moe, 29. Januar 1953. LoC, Box 14.

– : »Karl Marx and the Tradition of Western Political Thought«. Lectures. Christian Gauss Seminar in Criticism. Princeton Universitiy, Princeton, NJ, 1953. First draft (4 Ordner). Second draft, Part I–V: Fragments, LoC, Box 75 (Auszüge in: *Social Research* 69,2 [2002], 273–319).

– : »The Great Tradition. I. Law and Power«. In: *Social Research* 74,3 (2007), 713–726 [2007a].

– : »The Great Tradition. II. Ruling and Being Ruled«. In: *Social Research* 74,4 (2007), 941–954 [2007b].

二　《哲学和政治：法国大革命后的行动与思想问题》

"哲学与政治"是阿伦特一生的重要研究课题。在这样的背景下，《在过去与未来之间》（见本书第 2 章第 5 节第 3 部分、第 6 部分）的"习作"问世，《理解政治》和《真理与政治》的论文以及《哲学与政治》的讲座也成了她 1954 年的答卷（Ludz，WiP 149f）。以这个题目为题的论文包含"哲学和政治：法国大革命后的行动与思想问题"讲座中的第三部分，它是阿伦特 1954 年 3 月在美国的巴黎圣母大学所做的演讲。该讲座的第一、第二部分至今都尚未出版，而第三部分在作者去世后由耶罗梅·科恩（Jerome Kohn）整理编辑于 1990 年在《社会研究》上发表，1993 年德语版面世。除此之外，耶罗梅·科恩又在《政治的承诺》（2005）中收录了以"苏格拉底"为题的微调版本（PP 5 – 39）。阿伦特对这种对话式自我关照、关于道德和苏格拉底式的良心的思考（见本书第 4 章第 15 节），后来在《艾希曼在耶路撒冷》（见本书第 2 章第 6 节第 1 部分）中得以进一步具体化，在《关于邪恶》（见本书第 2 章第 6 节第 2 部分）中更加明晰，在《论思想与道德的关系》中发扬光大，在《思想》中找到了起点。

讲座的第一、第二部分叙述了哲学的辩证法和政治的雄辩术这两种讲话方式的共同渊源和历史争论。阿伦特以托克维尔的"新世界需要的新的政治学"（《哲学与政治学》，1954，LoC，Box 76，Ordner 1，023356）的要求开讲。与其他科学不同的是，"政治科学"被视为哲学"母亲""收养的孩子"。人类生活的不稳定性因为亘古对于不死性的愿望而未被认真对待过。这种发展的后果造成了"思想和行动的严重分离"，它就像一根红线贯穿历史的始终（同上，023361f）。之前这两者还"交织"在一起并"被视为演讲的基本素材"（同上，023361f）。早在 18 世纪的诸多革命历程中（见本书第 2 章第 5 节第 7 部分），这种关联再次显现，而且不无"震惊"："它们证明了，行动可以实现思想，而且行动可以对思想很重要。"（同上，023362，在原件中已被删除）阿伦特也看到了一种理解上的关联（见本书第 4 章第 42 节）："在理解的意义上，行动和思想几乎是相同的。"（同上，023363）据高尔吉亚（Gorgias）认为，人类行为只有通过言语获得它的尊严。它们能够找回消失的事件和遗忘之前的意识流。在第二部分中，阿伦特看到从罗马帝国沦陷之后直至法国和美国大革命影响下的 19 世纪初期人类经历的那一长段"没有意义"（同上，023377）的历史。那时"哲学家自己也不再相信哲学"。这导致思想败给了行动（同上，023384）。反正思想在霍布斯和斯宾诺莎（Hobbes 和 Spinoza）的概念中已经被理解为进攻或自卫这样的一些暴力行为。这样一来，哲学家对不死性的追求就以失败而告终，因为他们不想借助于城邦。在欧洲的真正基督教时期，人们笃信永恒或人的不死性，并且认为它存在于"政治和地球事务之外"（同上，023390）。最终，历史及其评判标准取代了"新的政治科学"（文件 2，023393）。像以前以哲学观为主宰一样，它正受到历史观为主导而消失的威胁。为了探寻它，阿伦特提问它的起始点，即"当伯里克利（Pericles）作为最后一个哲学政治家和苏格拉底作为最后一个政治哲学家死亡的时候"（同上，023394）。

阿伦特在第三部分一开始就指出，哲学和政治之间存在一道"裂缝"，这可以追溯到"苏格拉底之死过程的政治实践"（Arendt 1993，384）。因为苏格拉底没有能够说服法官，柏拉图就开启了向说服者及其观点的挑战（peihein）——"说辞的特殊政治形式"——并且试图在"人类活动领域中引入绝对的标准"（同上，381 – 382）。古希腊有"智者"和务实者之别，智者处理"城邦之外的事情"，而务实者对"世界上的政治事务"提出自己的见解。柏拉图想通过把智者置于务实者之上而达到两者的统一，以达到满足政治要求的永恒目的。他青睐美好的，是因为其"有用性"（同上），而阿伦特则指出，所谓美好的仅具有"一种更大的合理性"成为"思想的思想"（Arendt 1993，383）；这是阿伦特相对《积极生活》理论而言对技术发展的批评。后来，她也明确地批评了源自康德《判断力之批判》中的判断力、共识和品位（见本书第 2 章第 8 节第 2 部分）。随着柏拉图的结论，政治开始消亡，这在阿伦特《积极生活》中的多个段落中都被提及。她还认为对于极权统治下的道德与良知的缺失，哲学也难辞其咎（见本书第 2 章第 4 节、第 6 节第 1 部分）。苏格拉底虽然成功地建立了哲学理性真理与政治观点之间的桥梁，却也陷入某种"悲剧"的情绪中，因为他作为"哲学家没有什么可以教其同胞的"（Arendt 1993，384）。阿伦特的讲座以乐观地"惊异"结束（同上，396），这在《精神生活》中和提问者一道被描述成思想的起点（LG 1，142 f.，144，169，178，见本书第 2 章第 8 节第 1 部分）。

柏拉图把观点的形成和真理相对立，与苏格拉底相反（Arendt 1993，382），这导致了真理的暴政。而亚里士多德具有代表性地区分了述说、诡辩的哲学形式，以及它们的反面——说服和修辞（同上，384）。自然辩证法"仅作为两方之间"的对话是可能的。而劝说则相反，要"面向众人"（同上，385）。对柏拉图来讲，劝说在意见形成过程中是一种暴力形式，而对苏格拉底而言，观点（doxa）具有前瞻性的世界观特征（同上），而诡辩作为（苏格拉底式的）启发式问答教学法（助产术），有助于改善"构成政治生活的观点"，它被阿伦特描述成"建立在严格平等意义基础上的政治行动"（同上，386）。与希腊城邦中充斥的喜好争斗的精神相对，它构建了一种"以友谊维系的、自身的小世界"（同上，387）。阿伦特跨越了这种苏格拉底和亚里士多德的政治，把政治平等确定为作为源于自然不同的人去做"同样的事"，"借助于友情，依赖于友谊"而发生，使自己在快乐中成为"在一个共同世界中的伙伴"（同上，387），而非同样的人。阿伦特将亚里士多德的友谊概念追溯到苏格拉底的"两个观点"（同上，388）。其一，认识自我，苏格拉底理解的"特尔斐自我认知"，它描述了苏格拉底主观真理理解的原因，作为协调一致的"主要标准"（同上，391）。除了逻辑观点之外，阿伦特还看到苏格拉底的一种和谐的伦理，它被理解为良知的基础。按照苏格拉底的观点，伦理上的协调一致使人拒绝谋杀。因为他不能让自己作为杀人者与其共同生活（同上，391）。阿伦特还从中勾勒出"政治的含义"（同上，389），因为在苏格拉底的自知自悟中世界的概念被接受："存在"——意味着"自己展现自己"——就"像你想让别人所展现的一样"（同上，390）。在苏格拉底前后时期，哲学家们"习惯"与沉浸在自我理解的"孤独"中，进行思考式的自我对话（同上，391），而对苏格拉底而言，则并非是反政治的自知自悟，而是友善地"把我自己作为全人类的化身"（同上，390）。

阿伦特认为，苏格拉底与城邦产生了另外一种"冲突"（同上，392），因为苏格拉底式的良知概念只会产生消极的作用（见本书第2章第6节第2部分），不会给出正面的行动指令或禁令：苏格拉底因此不想让"政治发挥"积极的"作用"（Arendt 1993，392）。这使矛盾变得尖锐，并终结于哲学的、完全的"反政治"。亚里士多德开始让哲学从对城邦的责任中逃生（同上，392f）。在哲学态度和人类活动之间的裂痕还表现为会死去的肉身与神圣的灵魂之间的冲突。因为思维的原始经验通过"柏拉图式分离"的内心对话和对抗被蒙上了一层阴影（同上，393f）。

借柏拉图"洞穴喻"，阿伦特阐述了"政治的哲学立场"（同上，395）。她赞许且简要地引用了该比喻中的三个转折点——回避洞穴中的阴影，走出洞穴并获得阳光下的意见，以及最终再回到阴影世界——每次的"迷失方向"在其后期的著作（见本书第2章第8节）中被作为"共识"（Arendt 1993，395）提出来，这是一种失去"方向感"的政治化转变。然而，阿伦特驳斥了柏拉图对洞穴囚徒的描述，因为"在整个故事中明显缺乏对话与行动（lexis und praxis）"（同上）。接着，阿伦特在其第三部分的卷首却采纳了柏拉图抗辩修辞式劝说的理念（同上，396），将柏拉图对哲学的起点和结果的两种解释延伸到了政治：《泰阿泰德篇》中的［t］haumadzein，是对于所是之物的惊异，作为"哲学开端的无言的惊异"，作为"状态"，是一种对无知的"震惊"与"经验"，词语之外的真实（同上）；在转换为语言的过程中，惊异以"无数种形式"被表述为"终极问题"，人们无法对之作答，因此哲学源起于失语，也终结于失语（同上，397）。这种失语将哲学家置于言谈的"政治空间之外"，而在哲学家重新返回政治空间时，他会因为"没有明确定义的意见"而在意见的竞争中处于劣势，他倾向于作为一个思想家参与竞争，而在头脑中保留常识（同上，

398；比较本书第 2 章第 8 节第 1 部分）。柏拉图将对于所是之物的惊异这一经验普遍化为"凝思生活"（同上，398）。而在阿伦特看来，这么做的后果是，将政治与统治等同于哲学研究，将"规范与规律，标准与衡量体系"相提并论，直到最后这一传统被马克思头足颠倒，并达到其终结（同上，399；比较本书第 2 章第 5 节第 1 部分、第 3 章第 1 节第 15 部分）。阿伦特通过苏格拉底设立了一种与之相反的惊异，即在与自身的对话中获得"自己的意见"。政治哲学不应否定其源于惊异，而且必须同时将"人的多元性"……作为其惊异的对象（同上，400）。

斯特凡妮·罗森穆勒

感谢德国奥尔登堡汉娜·阿伦特档案馆

参考文献

Abensour, Miguel: *Hannah Arendt contre la philosophie politique?* Paris 2006.
–: »Against the Sovereignty of Philosophy over Politics: Arendt's Reading of Plato's Cave Allegory«. In: *Social Research* 74, 4 (2007), 955–982.
Arendt, Hannah: »Philosophie and Politics« (1954). In: *Social Research* 57, 1 (1990), 73–103.
–: »Philosophie und Politik«. In: *Deutsche Zeitschrift für Philosophie* 41, 2 (1993), 381–400.
–: »Philosophy and Politics. The Problem of Action and Thought after the French Revolution«. Lecture, 1954 (4 Ordner), LoC, Box 76.
Dolan, Frederick M.: »Arendt on Philosophy and Politics«. In: Dana Villa (Hg.): *The Cambridge Companion to Hannah Arendt*. Cambridge 2000, 261–276.
Herzog, Annabel: *Penser autrement la politique. Eléments pour une critique de la philosophie politique.* Paris 1997.
Schaap, Andrew: »Hannah Arendt and the Philosophical Repression of Politics«. In: Jean-Philippe Deranty/Alison Ross (Hg.): *Jacques Ranciere in the Contemporary Scence: The Philosophy of Radical Equality.* London 2012.

三　《当代政治思想中令人质疑的传统状况》

《当代政治思想中令人质疑的传统状况》没有相应的英文版本（见本书第 2 章导言）。该德语论文集系 W. 本雅明鼎力汇编并于 1957 年出版。除了《何谓权威?》一篇文章外，均源自英文演讲手稿（VZ 380）。这些文章经夏洛特·贝拉特（Charlotte

Be-radt）翻译成德文，她后来也曾为《积极生活》翻译了《人类生存条件》的第一译稿。在它交付印刷之前，阿伦特进行了校对。该论文集中的演讲稿后来基本都重新被阿伦特编辑整理进更大篇幅的英文论文集《在过去与未来之间》（见本书第 2 章第 5 节第 6 部分）中。《当代政治思想中令人质疑的传统状况》中的德文论文后又以德文文集《在过去与未来之间》首卷本重新印刷。这样，出现英德版本在著述方式、编辑构想（比较 VZ，434f）上的诸多不同就不足为怪了。

阿伦特在前言（VZ，397f）中解释到，她于 1953～1956 年撰写的文章均围绕对现代传统断层的观察展开，以及由此引发的现代尝试，即用历史的理念取代传统（VZ，19）。正如题目所概括的那样，这些文章也阐明了当今政治思想传统的现状。这是一种以传统断裂为特征的思想，她的这一观点未曾改变过。换句话说，对阿伦特来讲，这种传统陷于崩溃之说并非必然，不是说当今丧失了传统理念的抓手，而是说这些理念在我们的思想上施加了专制的影响，以至于我们不再认识这些概念的渊源和原生的活力。与海德格尔在《存在与时间》的前言中的态度类似，阿伦特指出，写上述文章的目的不仅在于批评与指责，更应视作尝试。它旨在挖掘并拓展这些传统理念的原始含义，为今天政治思想创造新的可能性（VZ，18）。1957 年发表的这些文章为阿伦特的《人类生存条件》（1958 年，德文版《积极生活》）奠定了基础，她让自己重新思考《积极生活》，并继而提出"如果我们行动，我们做什么"（VA 12；比较本书第 2 章第 5 节第 5 部分）。因此，这四篇文章事先探讨了《积极生活》中的大部分议题。我们不妨大胆断言，它们构成了《积极生活》的初步轮廓。

《传统与现代》

上述文集首篇阿伦特提出的观点，即西方国家政治思想始于柏拉图终于马克思的论断（VZ 23），被她在其他多部著作中一再提及。在这篇文章中她又开门见山地指出，任何政治哲学均源于哲学家的政治立场（VZ 23）。她认为，政治哲学起始于柏拉图对政治的回避以及后来的回归。借此，他给予政治领域形而上学以绝对尺度。政治哲学又因马克思对哲学的抛弃而走到了尽头，即为了"在政治中去'实现'哲学"。在一次有关马克思思想的深入讨论中，阿伦特特别探讨了马克思关于传统的立场，并且着重分析了他对传统的思想和行动层次结构的颠覆（VZ 24），对人的重新定义，即把人作为劳动的动物而非理性的动物，以及把行动和使用暴力等同起来看待的问题（VZ 30；比较本书第 3 章第 1 节第 15 部分）。亚里士多德就曾对把行动和使用暴力画等号提出过质疑。他认为，政治实践或行动更应该通过商谈与劝说而非专横的暴力（VZ 30；比较本书第 3 章第 1 节第 3 部分）。所有这些要点，阿伦特都在日后的《积极生活》一书中，尤其是第三章关于《劳动》一节（VA 76－123）进一步展开论述。文中还详尽分析了克尔凯郭尔和尼采，按照阿伦特的观点，他们和马克思一样都对传统持有叛逆立场。这一分析并未被收录于 1958 年和 1960 年的两本巨著。阿伦特这样断言，这三位思想家中的每一位都处在"传统的末端"（VZ 37），不可能重新开始，以"跃进和颠覆"式的极端化来应对传统的崩塌（VZ 38）。克尔凯郭尔提到一种"因怀疑信仰而产生的跳跃"，马克思谈及"从必然王国到自由王国的跳跃"，尼采认为他的哲学是"颠倒的柏拉图主义，价值重估"（VZ 46）。对这些思想家来讲，过去丧失了它的权威性。这样，他们就变成了"路标"以及没有"任何权威指引"的先锋思想家（VZ 37）。它曾试图在黑格尔的追随者那里，将传统的继承通过一种激进的、跃进和颠覆式的历史概念来取代。

《自然与历史》

该篇最早独立在《当代政治思想中令人质疑的传统状况》中发表。在 1968 年出版的英文论文集《在过去与未来之间》中，它构成了《历史的概念》一文的第一部分。在 1994 年《在过去与未来之间》的德文版本中，该篇又作为重印的独立篇章被收录。这篇文章着力研究了古老与现代的历史概念，并指出在自然和历史之间存在的紧密联系和相互依赖性。这种源于"一致经验"（VZ 57）的"自然与历史"的依赖性在从英文到德文的过程中有所减弱，因为德文文本更多的是以对柏拉图和亚里士多德关于不死性的论述为主（Ludz in VZ 391，Anm. 12；VZ 388）。

阿伦特以希罗多德开篇并且指出，在这位西塞罗之后的"西方历史学之父"（VZ 57）希罗多德那里，历史的任务在于，在被遗忘之前去营救可死之物。这是在不朽的自然范畴内，"总是不断重复的生命轮回"（VZ 58）。所有地球上的生物表现出具有时间性的特点（见本书第 3 章第 1 节第 1 部分）。

这也符合把人类作为一个集合来看待时的情形，只不过人类生命的个体都因其定义明确的起始时间，即"从出生到死亡"而被确定（VZ 58）。"必死性意味着，在宇宙中所有运动着的一切，以一种圆圈的秩序回荡，沿着一条直线从起点向终点驶去。"（VZ 59）这种考量还会出现在《人类生存条件》和《积极生活》的第一章中，尽管阿伦特在后期的文字中并不将不死性和必死性的议题与历史和史学家的责任放在一起讨论（比较 VA 24）。在这篇文章中，阿伦特将古希腊在自然的不死性和人类肉身的必死性之间的区别作为著述历史的基本假定条件：所有会死之物都会成为过去，历史学家的职责就是通过回忆人类活动和事件的"主要脉络"让逝去的过程再重现（VZ 60f）。

这种悖论的诗意解决方案经历了转变，凭借对历史脉络的不懈求索，让人们看到了那些稍纵即逝的人类活动的主线，就像阿伦特在其英文文章中所论述的那样（BPF 45－48）。从巴门尼德到柏拉图和亚里士多德，他们都断言，"思想活动本身"具有不死性，因此，思想存在于不死宇宙的冥想过程当中。巴门尼德遂宣称，存在（的意义）是永远"强烈的"（LG 1，135），并且存在是"思想的东西"（LG 1，60）。也如阿伦特在《精神生活》所阐明的那样，存在与精神在思维活动中，都应是不死的（见本书第 2 章第 8 节第 1 部分）。由此，哲学家和历史学家在对"主要脉络"这个概念的界定上就产生了偏差。后者理解的它是基于事实和事件的，而且非常肯定是不死的（VZ 63）。人们通过历史的讲述获得它们，这样人类就能变成"几乎是自然的对等物"（VZ 63）。

阿伦特进而又断言，现代历史概念虽然与自然的联系依然是"同样的紧密甚至密不可分"（VZ 64），但是现代的自然概念却完全不同于古老的理解（见本书第 4 章第 1 节第 3 部分）。这种差别对历史概念赋予现代理解有着深远的影响。阿伦特对下述问题特别感兴趣，即现代科学体系是如何理解客观性的（BPF 49f），以及"主观判断"与"世界异化"对书写历史会产生怎样的影响，诸如此类。她论证说，在现代哲学中，笛卡尔开启了一种对待世界的新观念，在那里这个可以呈现和感受世界的现实性被极端地质疑了（VZ 66）。由于这种"判断力的丧失"，所有与我们世界的经历有关的判断，包括历史的判断，都因纯粹的审美感、"味觉"而减少（BPF 53）。这种判断的问题、判断与味觉和审美的关系都会被阿伦特在所有文章中提及与讨论（见本书第 2 章第 8 节第 2 部分、第 4 章第 39 节）。但与传统历史判断不同，现代追求的是历史的真实性。对现代而言，由于新时代"所有制造技术能力的发展"以及与数学有关的自然科学的进步，人类只能认知自己生产并且可以被证明的东西（VZ 68f；VA 214f）。这也特别影响到历史领域。阿伦特认为，从维柯（Vico）开始，因"与自然的历史一样，人类的历史也是由上帝创造的"（VZ 69），自然和历史都被理解成"过程"（VZ 70，72）。随着各类现代技术的涌现和原子物理的最终出现，人类自身就能够以同样的方式创造自然过程，就像历史"制造"（VZ 71）了它们一样。以这种并非来自自然而是来自人类行动过程的思想，历史学家的传统努力就白费了，即摸清特有行动和事件主脉的想法。阿伦特认为，"进入自然的行为"（BPF 59；比较 VZ 78f）与所有行动一样都是"危险的"。不仅如此，还因为它带着有限性和不可预知性进入自然（VZ 78），以及这种做法主导着"观察的奇迹"（VZ 79）并且置身于暗处。阿伦特将这些思想详尽地记录在《积极生活》的最后一章"积极生活与现代性"（VA 244f）中。

《现代历史与政治》

该篇德文版 1957 年以"令人质疑的传统状况"为题独立发表，而英文文章有些调整。它的第二部分"历史与地球之不朽"，第三部分"历史与政治"以及结束语"历史的概念"（BPF 41 – 49）在《在过去与未来之间》一书中发表。在本书之后的德文版本中，这篇文章又以原本的"令人质疑的传统状况"（VZ 80 – 109）的形式出版。阿伦特在本篇中再次提出对过程现代观的反思。该观点认为，现代历史观与古代历史观截然不同（VZ 80f）。单个事件或行为将不再靠史学家的解读或强调；取而代之的重点在时间性和时间的次序上（VZ 83）。同样，阿伦特认为如下假定是"诡计"（VZ 83），即可以将奥古斯丁以及普通基督教的历史观视为现代历史观念的先驱。因为像罗马人那样，奥古斯丁依然将历史理解为"实例的储藏室"。从中人们能学到一些，因为历史在不断重演（VZ 84f）。相反，人类历史在现代的时间轴上是直线的，并且是向过去和未来无限延伸的（VZ 84f）。

据阿伦特称，新时代的世俗化从严格意义上来讲被理解为宗教与政治的分离（VZ 89）。在现代政治中，与公共领域和世间不死性有关的基本假设不复存在（VZ 89）。这也就意味着，无论个体生命还是这个世界本身都会稍纵即逝（VZ93，BPF 64）。历史的现代观允许对必死性无意义的救赎。循此，她宣称历史是无始无终的过程。人类以这种方式获得了"地球的不朽性"（BPF 68），"世俗的永久性"状态。它既不像希腊人那样通过行动，也不像基督徒那样通过信仰，而是独自地通过历史过程中的生命本身来达到这种状态。

阿伦特还断言，现代的世俗化首先为政治哲学创造了空间。它可以聚焦于政治领域中的诸多条件。阿伦特指出，霍布斯、洛克和休谟这些 17 世纪的哲学家正是在这种新的定位下进行思考的。这种新的可能性却很快消失，取而代之的是 18 世纪思想家的历史观。在英文版本中，阿伦特把黑格尔、维柯和马克思作为这种范例，而在德文版中，她在涉及背离政治的哲学时则重点强调了康德的政治哲学（VZ 101）：维柯和黑格尔被放在哲学的理论回顾部分讨论，而将马克思和黑格尔历史观从目的论的视角与行动（VZ 97）加以结合，即所谓的"创造历史"的观点（VZ 108；»make history «BPF 86BPF 86）。在此，"行动"又与已经在西方具有悠久传统的"制造"概念（VZ 108）混淆，将历史理解为转化的过程。对过去的无限回望和未来的无限展望只能在手段 – 目的的概念框架下来理解。这正是一切生产形式的特征所在。好比制做一把椅子一样，历史也可以确定一个开始和结尾的时间点，动用所有手段去实现目的。阿伦特以康德政治哲学（VZ 103）中历史概念的极大影响为这篇文章收尾；她在 1970 年发表的"关于康德政治哲学的讲座"又继续发展了这一思想，德文以《判断》（见本书第 2 章第 8 节第 2 部分）发表。她重点关注的问题是，强调"过程性"的现代历史观在何种程度上为全盘扭曲事实的极权主义开道，影响对历史的现实存在、"事实"、真实的行动与事件的判断。

《何谓权威?》

这篇论文成稿于主编乌尔苏拉·卢茨编撰的五个版本之后，它们的雏形可追溯到 1955 年 9 月阿伦特在米兰的演讲稿，它由三部分组成。其德、英文版本差异很大，如在第五版德文版中就加入关于基督教地狱概念的柏拉图渊源的整个部分（BPF 128 – 135）。德文的《当代政治思想中令人质疑的传统状况》与《在过去与未来之间》均以第三版为蓝本，而英文版的《在过去与未来之间》却是在第二版和第四版的基础上完成的，而且也未曾顾及德语先行者的影响（VZ 403f）。阿伦特一开始就考虑，这篇文章是否更应该以"何谓过去的权威?"为题，因为现时不仅失去了传统，而且权威也已不复存在（见本书第 4 章第 5 节第 37 部分）。依阿伦特的分析而论，权威、宗教和传统共同构成了不可分割的三位一体。因权威无法以其传统的框架存活，传统与宗教精神的沦丧才变成了一种"政治事件"（VZ 160 f）。而对后来重要的是阿伦特从根本上划清了权力和权威的界限（BPF 92 & 102；VZ 160）。在德文版中，阿伦特还进一步指出在"权威与自由的辩证统一体"问题上存在误解。因为权威的任务是"通过限制自由来确保自由"（VZ 161f）。阿伦特进而还区分了暴政与极权政体的概念；她认为，前者源于自身的意志，而后者借助于与法律的关联，让其源头总能在一个较高的、外在的权力上存在（BPF, 97f）。从传统意义上来讲，极权政府可以用一个金字塔来形容。塔尖上的权力由那些认可权威的人得以保证（BPF 98f）；而暴政却是单个人的统治，其权力体系呈倒金字塔形。"刀尖"指向广大受到暴政、暴力统治的民众个体（BPF 99f）。阿伦特又用极权主义的形式和构架对这两种政体进行对比，他们将其从真实世界中隔离开来，使其从组织上不受真实世界的干扰（VZ 169；比较本书第 4 章第 36 节）。她认为，极权主义的结构酷似一枚空心的洋葱，每一层只是一个真实世界的虚构（BPF 99f）。

在《在过去与未来之间》一书的前言中阿伦特指出（VZ 18f），"权威概念源于"政治经验（VZ 169，比较 BPF 104）。罗马人有崇尚权威的传统，而希腊人根本没有政治权威的概念，因为他们提取出了暴政或私人领域的家庭统治的政治模式（BPF 104，VZ 170）。阿伦特认为，正是柏拉图和亚里士多德从反政治的实践中推衍出权威这一可以理解为支配与服从关系的概念（BPF 105，VZ 171 & 186）。她秉持如下观点，即这种暴政模式已渗入柏拉图哲学家国王的模式中（BPF 107，VZ 173）。除此之外，柏拉图"洞穴喻"把政治理解为一种类似于手工业者制造，拥有专门技术的人可以按其想法构建相应的政治空间（BPF 108f，VZ 177）。伴随着这种生产意义上的政治理解，一种暴力元素（VZ 177）便浸入政治领域的最核心部分。对这个问题的讨论将贯穿于阿伦特的整个思想中，尤其是与现代有关的问题。她认为，在那个时代行动更多地表现出生产特性（比较本书第2章第5节第2部分、第4章第3节）。

据阿伦特称，罗马人给我们留下来另外一种模式的权威。在此，这种权威应根植于对城市建立的神圣性的信任（VZ 187）。权威一词源于拉丁文，有开创（augere）、增加之意。它与传统和宗教密不可分，因为罗马的建立就是凭借权威者们不断地扩张而实现的（VZ 188）。罗马城邦的建立形成了"罗马宗教的政治内容"。这样的政治共同体"为一切永久性"创造具有传奇色彩的建国纲领（VZ 187）。随着政治和神学在现代的分离，与现代传统的割裂，这样的"三位一体"（VZ 191）随之瓦解。这一解读与马基雅维利（见本书第3章第1节第6部分）和罗伯斯庇尔（BPF 139）的思想不谋而合。阿伦特原则上认为，马基雅维利对政治源头的理解非常接近罗马人对建立城邦问题的理解（VZ 194f）。同时，这也为今天思考权威开启了新的可能性。罗伯斯庇尔对政治创建过程的理解反过来为法国大革命时期的暴力和恐怖提供了理论支持（VZ 196）。

阿伦特在不具血腥特点的美国大革命中看到一种"重新连接断裂传统"（VZ 198）的尝试。这场革命几乎没有实施暴力，因为美国的建国纲领建立在业已存在的宪章和一系列协约协议的基础之上（VZ 199）。阿伦特在《人类生存条件》、《积极生活》和《论革命》等书中会重提这个问题。她考虑，是否可以重新思考作为政治行动的权威概念，它建立在兑现承诺的基础之上。阿伦特乐观地认为，传统的丧失开启了过去，宗教信仰的缺失创造了理性的位置，权威的缺失使共同解决"人类生活的基本问题"（BPF 141）成为可能。

佩格·伯明翰

由斯特凡妮·罗森穆勒从英语翻译成德语

参考文献

Althaus, Claudia: *Erfahrung denken. Hannah Arendts Weg von der Zeitgeschichte zur politischen Theorie*. Göttingen 2000.

Aschheim, Steven E.: *Hannah Arendt in Jerusalem*. Berkeley/Los Angeles 2001.

Bernstein, Richard: *Hannah Arendt and the Jewish Question*. Cambridge, Mass. 1997.

Canovan, Margaret: »Hannah Arendt as Conservative Thinker«. In: Jerome Kohn/Larry May (Hg.): *Hannah Arendt – Twenty Years Later*. Cambridge 1996.

Gottlieb, Susannah Young-ah: »Arendt's Messianism«. In: Dies.: *Regions of Sorrow: Anxiety and Messianism in Hannah Arendt and W.H. Auden*. Stanford 2003.

Kalyvas, Andreas: *Democracy and the Politics of the Extraordinary. Max Weber, Carl Schmitt, and Hannah Arendt*. Cambridge, Mass. 2008.

Kohn, Jerome: »The Loss of Tradition«. In: Heinrich-Böll-Stiftung (Hg.): *Hannah Arendt: Verborgene Tradition unzeitgemäße Gedanken?* Berlin 2007, 37–50.

Rese, Friederike: »Hannah Arendts Geschichtsverständnis. Über den Zusammenhang von Denken, Urteilen und Handeln«. In: *Trumah. Wissenschaftliche Zeitschrift der Hochschule für Jüdische Studien Heidelberg, Heft 20: Geschichte denken. Perspektiven von und zu Hannah Arendt*. Hg. von Annette Weber und Frederek Musall. Heidelberg 2011, (im Druck).

Straßenberger, Grit: *Über das Narrative in der politischen Theorie*. Berlin 2005.

Vowinckel, Annette: *Geschichtsbegriff und Historisches Denken bei Hannah Arendt*. Köln u. a. 2001.

四　《何谓政治?》

版　本

《何谓政治?》主要包含了六篇《政治学导论》德文版中的片段（LoC，Box 33）。这是应出版商克劳斯·派珀 1955/1956 年的邀约所完成的著书计划，他曾在主推雅斯贝尔斯的《哲学导论》方面成绩显著。阿伦特跟出版商哈考特·布雷斯（Harcourt Brace）谈妥，同时并行出版《政治学导论》的英文版。

这部没有完成的著作基本涵盖了阿伦特相对完整的观点。它包含以下四章的内容（LoC，Box 73）："写给遭受政治歧视的精英"（第一章）；"反对多元性、人的集合及反对不同意见的哲学偏见"（第二章）；"苏格拉底的立场"（第二章）；"国家形式的多元性"（第四章）。那些片段整理完成后可归到第一章和第二章中。

首先交付编辑的是从 1950 年的思想日记中挑选出的关于"何谓政治?"内容的注释（DT 15 – 18）。随后是主编乌尔苏拉·卢茨对"政治理论的历史"讲座的"结论性"评述。它涉及阿伦特 1955 年在加利福尼亚大学伯克利分校所做的讲座（LoC，

Box 58）。还包括附录中所提及的两个概念性文件（WP 191 – 201）。它们与这本计划出的书有关，都同样被保存在美国国会图书馆的遗产中。

这位女编辑在一篇详尽的评论中回顾了该项目实施的历史，并对阿伦特的全部著作进行分类，对她没有落笔的第三、第四章通过追溯阿伦特式的概念范畴用关键词进行勾画。评论的结尾采用1955年讲座的"结论"及其诠释，并单独构成一个章节："从沙漠到绿洲"（WP 180 – 187）。

执教于慕尼黑大学的政治学者库尔特·松特海默尔（Kurt Sontheimer）（1928—2005）曾经写过一篇有关此书编辑的前言。其中他赞扬了阿伦特"对政治的精湛理解"（WP Ⅳ），并且说明了她的政治思想彼时在德国政治学界是如何被接受的（比较 Vollrath 1993）。

《何谓政治?》1993年首次由派珀出版社发行，2003年又以适宜通读的平装本面世。这本书的主体部分（片段1～6，该女主编的编排次序）发表在《政治的承诺》（PP 93 – 200）的论文集中，它由约翰·E. 沃特斯翻译成英文，题为"政治学导论"，评论与前言未经翻译。

阿伦特著作的编排

上述片段流传下来，本未注明日期，但因阿伦特致克劳斯·派珀和雅斯贝尔斯的信件的公布，它们可以被划分为两个工作阶段：1956—1957年的片段Ⅰ的（a）和（b），作为"偏见版"（WP 13 – 27）；1957—1958年的片段Ⅱ的（a）和（b），作为"意义版"（WP 29 – 133）。

有关《何谓政治?》的议题，阿伦特最迟从《极权主义的起源》截稿之日起就开始着手了。这一点可以在上述《思想日记》中找到佐证。20世纪50年代初，她继续以《卡尔·马克思与西方政治思想传统》（普林斯顿，1953）和《哲学与政治》（Notre Dame，1954）系列讲座的形式探讨了这类话题。在当代政治思想领域，德文版《当代政治思想中令人质疑的传统状况》从中部分地汲取了"养分"。

特别值得一提的是，深入研究马克思对阿伦特政治哲学思想的构架具有显著的意义。在起点这个问题上，她曾这样描述："西方政治思想传统有明确的开始日期，即始于柏拉图和亚里士多德的学说。我相信，它在马克思的理论中找到了一个同样定义明确的终点。"谈到终结，借助马克思的帮助，20 世纪 50 年代她总结出了两种相互交织的政治哲学思想的传统束——一个是"工作或劳动"，另一个是"统治"。虽然两者在其著作《积极生活》中均有所著述，但对前者的描述更加系统一些，对后者的详尽分析则可能见诸《政治学导论》一文中。这是一种可能首先通过计划中的第四章（"国家形态的多样性"）支撑的推测（比较 Canovan 1993，174）。

《政治学导论》中使用的片段在阿伦特发表的著作中多处有迹可循：（1）1958 年的"自由与政治"演讲稿（VZ 201 – 226）。那句已出名的、如军号般响亮的阿伦特政治哲学口号："政治的意义就是自由"，在此被第一次以书面形式记录下来，深嵌人心，催人反思，同时也有助于对该演讲的理解。（2）在意义版的一个题为"战争问题"的片段中（WP 80 – 123），提到《论革命》一书。（3）规划中的第 3 章（题为"苏格拉底的立场"）与后期著作（《精神生活》：《思考》和《判断》；见本书第 2 章第 8 节）有相当的联系。那些阿伦特在上述观点中记录下来的关键词，就足以提出如下假设，即在西方思想针对苏格拉底的著述中就包含计划中的第三章的内容，正如她在"思考与道德考量"一文（源自《社会研究》1971 年 38 期，Jg.，3，第 417 ~ 446 页）及其后英文版《精神生活》中有关苏格拉底的章节中所著述的那样。

另外，可以确定的是，阿伦特在 1959—1960 年绝对放弃过类似这样的项目。因为从她 1963 年在芝加哥大学的授课留存下来的有关"政治学导论"的讲稿（LoC，Box 59）中，显然没有提到 20 世纪 50 年代的那些资料片段。

主要内容

此次编辑的阿伦特文字从内容上来讲是一些片段，也是她断断续续思考的实例。最重要的内容归纳如下。

1. 在新的政治哲学上所做出的努力：当她知道并诊断出传统裂痕这一"完整事实"（1957 年的《传统与当代》，摘自 VZ 23 – 53 和 35 页）并将自己的研究重点集中在这一现象上之后，她就指出"新的政治哲学"（比较»Concern with Politics«，1954，摘自 EIU 428 – 447，445；比较 IWV 106［Toronto 1972］）的必要性。这一认识以已列入计划的《政治学导论》为背景。即便阿伦特没有创造出一种这样的新的政治哲学或与一种与托克维尔相关的新的政治科学，她依然是成功的。因为她让读者为决定性的先决条件而眼界大开。它们与"自由"和"多元化"的理念密切相关（见本书第4章第11节、第28节）。

2. 急速穿行于西方（政治）哲学之间：当阿伦特追问政治的本义时，她顺藤摸瓜式地追溯了西方思想史中的经验与观念。它们通过政策决议和定义得以流传。她开始自我解读亚里士多德关于人是政治动物（WP 37；比较本书第3章第1节第3部分）的论述，其实其中大段篇幅与"城邦中人类的共同生活"有关。最重要的观点之一是，已经认识到历史上具有政治意义的城邦应当并非"历史上的重大幸事"之一（WP 42）。因此，可以明确地说，城邦不应被看作可以（仿效的）"模式"，更不能被宣传、传播（WP 219f；Kommentar，Anm. 59）。

接着阿伦特进一步指出，柏拉图就曾提出自己对城邦中自由和多元性问题的鲜活理解："一种政治理论，它的政治标准并非源于自身而是由哲学创造的。"（WP 54）他成为"西方国家政治哲学的鼻祖"（同上；见本书第3章第1节第2部分），然而他在政治方面的消极看法也成为传统的特定元素。在他那里埋下了"哲学的偏见：反对多元性、人的集合以及反对不同意见"（WP 195）的根。

柏拉图的这种重哲学、轻政治的思想在基督教文化中持续遭受"排斥和政治上的误读"（WP 60）。阿伦特证实了这种看法"实际具有反政治倾向"（WP 61），并特别强调了奥古斯丁所发挥的作用。他成功地使基督教精神能够"这样转变，使得一种基督教的政治成为可能"（WP 63；见本书第三章第1节第5部分）。

当今时代最终具有以下特征："宗教生活跌回至私人空间，而生活领域及其必要性获得新的尊重并飞速发展，并且以社会的形式跻身公共领域，而这无论在以前的中世纪还是古代都属于私人领域。"（WP 66）上述思想，阿伦特还会在她的后期著作尤其是《积极生活》一书中再进行分析（见本书第2章第5节第5部分、第4章第14节和第19节）。她认为，当生活被赋予最高的价值时，"在政治与生活的联合体中就会产生一种内在矛盾，正是这种矛盾损害并摧毁了政治所属的那些东西"（WP 70）。

这也可以说是所谓的后马克思境况，西方国家的传统正陷入此境。为了描述这种状况并使人理解，阿伦特从两方面进行了表述，即从极权统治的实际经历的视角和因原子能的发现而可能发生"彻底战争"的角度。

3. 对传统诸多方面的醒悟：从"战争问题"的资料片段可以看出，阿伦特以"远古前辈们"的一场灭绝之战，即特洛伊战争为例，用希腊和罗马式的思路探索现代处境问题。她追问，"政治到底意味着什么以及它在历史中应占据什么样的空间？"（WP 91f）从罗马思想出发，政治现象就如同"合同与盟约"这样的法律概念一样。可以想象，阿伦特计划在诸如"国家形式的多元性"的某一章节中探讨"人们如何共处"的问题。

4. 爱这个世界（Amor Mundi）：在那些资料片段中，阿伦特不仅描绘了一幅已知的、灰暗的当代图景，而且追溯了传统的问题。她也着实获得了"可喜的信息"。在撰写《政治学导论》一书时，她在写给雅斯贝尔斯（6. 8. 1955，BwJa 301）的信中称，她想让她的"关于政治理论的书以爱这个世界为名"："我这么晚，其实也就是近几年才开始真正爱这个世界的。"而我们早在（《积极生活》之后）那些资料片段中就发现以爱这个世界为基础的思想背景：人类，从一开始，就能开端启新，能行动；人类"有天赋去创造奇迹"，亦即他们是"奇迹创造者"（WP 34）。因为人类，只要他们能够行动，他们就有能力承受，并且持续不断地承受不可预知和无法实现的事情（WP 35）。阿伦特为这种"关注这个世界"（WP 24）的政治开启了如此的自由空间，一个乌托邦式的幻境，然而却在《论革命》（见本书第 2 章第 5 节第 7 部分）一书中以真实的历史经验进行构架和阐释。

接　纳

上述文献资料的片段是以德语形式留存下来的，也直至 2007 年才有了英文翻译（同上）。因此，它们在盎格鲁撒克逊圈的接受程度非常有限的事实也就不难理解。M. 卡诺凡却创造了一个例外，她在某会议上详尽地推介了阿伦特本人及其思想，并声称已发表著作均来源于一个"深而未露的思想库"。所以，如果真想理解她的思想，"就需要阅读大量现存的资料，以勾勒那些依然仅是片段的观点"（Canovan

1993，174 & 177）。在她对阿伦特的解读过程中，也特别提到了《政治学导论》所涉及的那些文字残篇（Canovan 1992，比较约 100f，Anm. 3，205）。

在德语的语境中，对阿伦特接受的程度较为广泛，然而却很少以某个特定的专业领域为限。这也是为什么，在 1997 年苏黎世举办的汉娜·阿伦特日能以《何谓政治?》作为宣传口号的原因（politikintiativen 1997）。阿伦特通过参加《政治学导论》这个项目开启了这项智能实验（比较 DT 295）：《一个政治科学家的实验记录》。实验的构思受到接受和称赞，即所有的讨论并不局限于这本计划出版的书的内容。英格博格·诺德曼（Ingeborg Nordmann）（1993，58f）对此的结论获得了普遍认可："如果汉娜·阿伦特真的写了这本导论……那它就一定会成为我们所见到的、最为独特的导论。因为她已经广泛地探讨过什么不是政治的问题。那些对她来说无疑是政治构成的经验和要素，自由与多元性，早已论证了一个隐秘的传统"。

乌尔苏拉·卢茨

参考文献

Canovan, Margaret: *Hannah Arendt. A Reinterpretation of Her Political Thought.* New York/Melbourne 1992.
–: »Arendt and the Politics of Plurality«. In: *Telos* 97 (Fall 1993), 172–177.
Nordmann, Ingeborg: »›Die Gefahr, daß das Politische überhaupt aus der Welt verschwindet‹ – Textfragmente Hannah Arendts zur Politik«. In: *Kommune* 5 (1993), 56–59.
politikinitiativen 13 (Juni 1997): »Hannah Arendt Tage 1997: Was ist Politik?«.
Vollrath, Ernst: »Fragmente der Erfahrung des Politischen. Aus Hannah Arendts Nachlaß«. In: *Jahrbuch Politisches Denken* (1993), 185–188.

五　《人类生存条件》/《积极生活》

《人类生存条件》一书于 1958 年在美国出版。1960 年，由阿伦特负责修改并进行补充的德文版本《积极生活》面世。很快该书就在学术界及公共领域中引发广泛关注，并被视为阿伦特的"主要哲学著作"（哈贝马斯，1981，第 223 页），以及其政治理论重要概念的基础。她在书中划分了劳动、生产和行动的概念，解释了社会性与政治性的不同，并且界定了公共与私人领域，提出了在共同行动中产生的交流权力和与公共政治自由的模型。

最初对《积极生活》一书的反馈集中体现在其有关现代批评、反现代以及怀旧情怀等方面的文字。在书中，阿伦特将希腊城邦提升为基本的政治实践经验和能够衡量现代政治的价值尺度。书中所揭示出的大众社会的发展、公共领域的隐退、技术统治和官僚统治的结构性问题似乎将《积极生活》变成一本政治在现代世界中不可阻挡地走向衰落的叙事书。这是在一直延续到20世纪90年代第一阶段中对阿伦特思想的"标准解读"（Benhabib 2006，11）。当今这种解读有所改变，它更多地强调在阿伦特的政治思想中交织着的、矛盾的现代与现代批判历程。恰逢1989年的"天鹅绒革命"和极权时代末期的东欧剧变，重新发现阿伦特理论尤其是她关于自由理论和政治开端启新理论的价值一定不是偶然的。初期和后期的读者关注点不同，简单地说，就两点：首先，《积极生活》特别受其语境的影响，也就是说与她的其他著作相关，尤其是她对极权主义的深刻剖析。其次，这就引发了人们把视角转移到这本书的实际内容和方法论上。这部"主要哲学著作"是一方基石，展现了阿伦特总体上碎片化、不系统并时刻自我否定、切入政治的思想。但这丝毫不影响这些文字的（学术）地位：即便《积极生活》今天不再作为独立的主要著作来看，我们依然可以断言，它作为著作和发展历程的关键，仍然处在阿伦特著作的中心位置。这本书顺应了对极权主义问题的研究，与《论革命》和《在过去与未来之间》并列。阿伦特尚未完成的晚期作品《精神生活》可看作对《积极生活》进行补充的姐妹篇，也就是《积极生活》的"第二卷"（IWV 79）。无论是从整个文字形成的视角，还是从它自出版以来的鲜活历史来看，都印证了它的中心地位。

缘起与著作的关联

《积极生活》一书在哲学层面的出发点是："如果我们行动，我们应该要做什么？"（VA 12）阿伦特以人类行动的现象学予以回应，对下述概念进行了"最基本的划分"（VA 12），即劳动、生产和行动。该书就以此为三个主要的章节，其中每一章都探讨了一个基本概念。这使《积极生活》一书初看起来就像对某个问题的系统分析。但是其复杂的形成过程又显示出该书最初并非仅仅在对人类活动领域进行现象学的分析，而是与《极权主义的要素和起源》一书相关的、阿伦特漫长思考过程的结晶。该书的出发点是为极权主义理论分析不足"偿债"。这一点从她 1952 年给古根海姆基金会的一份研究申请报告中可以看出来："《起源》最缺乏的是未能对布尔什维主义的意识形态背景在历史和概念层面上进行挖掘，这是一个错误。"（Young - Bruehl 1991，348）阿伦特在 1952~1956 年完成的与《积极生活》有关的科研项目中就已正确地以"马克思主义中的极权要素"为题，试图弥合这一令人遗憾的空白，亦即极权主义一书的论证缺陷。从对马克思主义的概念分析入手，对 1870~1917 年欧洲社会主义的发展以及苏联向斯大林主义过渡的一系列研究，阿伦特希望揭示，"马克思主义特有的极权要素是如何全面实现的，无产者的阶级利益，以及如何借助秘密警察和红军在世界范围内促使一种意识形态变为现实的原因"（Young - Bruehl 1991，385f）。

在国家社会主义和斯大林主义之间存在着本质的区别，这最终导致阿伦特不得不研究极权统治，为的是开创一套思想史中的概念分析方法。对阿伦特来说，国家社会主义的意识形态和罪行是西方政治学和哲学传统的一次绝对的断裂。虽然国家社会主义有其来历，但它却是史无前例和无以类比的历史事件，这被阿伦特确定为极权统治的关键特征。尽管这涉及一系列方法论上的问题，但极权主义一书仍然尽可能保持其非常具体的史学研究特色（见本书第 2 章第 4 节）。这一西方哲学史上意识形态领域断裂的观点，却被斯大林主义证明无法自圆其说。因为它诉诸马克思主义，而马克思主义仍与古老的、令人尊敬的西方传统思想文化有关，尽管斯大林采用的是扭曲的、教条主义的马克思主义。如果阿伦特真的想坚持这个观点，即这两种极权主义形式具有可比性。这样，她就必须为下面的问题找到一个答案："为什么马克思的学说……会被极权主义滥用？"（Young - Bruehl 1991，386f）也就是说，如果是的话，是否以及在何种程度上能够在马克思主义元素中发现使传统断裂的极权主义思想。阿伦特猜测，这种恶自相矛盾地存在于马克思接受和改造了的西方思想传统的基本概念中。因此，她批评说，马克思在其人类劳动力的评述过程中，首先，混淆了劳动和生产的传统区别；其次，他从自柏拉图以来的哲学传统中承袭了行动与生产分类的混乱（VA，76f）。《积极生活》的原始动机来源于对政治哲学基本概念的批判及其问题的扩展，在此基础上阿伦特尝试界定这些概念新的内涵。然而，这种全新的提问方式要求从完全不同的历史视角看待《极权主义的要素和起源》。这种向《积极生活》中的概念－现象学方法的过渡被视为"方法论的转折"（Brunkhorst 1999，109），也可以作为通往对政治哲学西方传统进行批判和成就政治学新理论的道路。

随着《积极生活》一书的出版，阿伦特的研究不再明确表现为与原始研究项目那么密切的关系。她不再直接追问极权主义的来源，而是更加宽泛地探寻在现代大众社会崛起的同时政治却衰落的原因。对阿伦特来讲，世界的异化和由此产生的被抛弃感和隔绝感是现代社会的主要问题。但这不是人类自身的异化，正如她在批评马克思时所强调的那样（VA 249）。与现代管理思想中的目标理性相对，阿伦特强调的是政治的开放和一个有行动划分的共同世界的重要性。在这个世界中，人与人相互联系，同时又可以各自张扬个性。

在此勾勒的这些撰写有关马克思思想书籍时的思想活动并不仅仅是《积极生活》一书的源泉，而是几乎所有阿伦特在此期间发表的文章与书籍的思想源泉。在一份提交给古根海姆基金会的研究报告中，阿伦特提及，在这个项目之后已有四个独立的篇章截稿，均在完全不同的出版物中发表，而关于马克思内容的书却从未发表。这份历史学研究就成为《论革命》一书的一部分。关于对西方政治思想传统的批评、历史理论方面的论文收录在了《在过去与未来之间》一书中，对"意识形态与恐怖"的思考成为第二版《极权主义的要素和起源》的补充章节，而对马克思的分析最终纳入《积极生活》。在 1953 年，阿伦特就以《卡尔·马克思与西方政治思想传统》在普林斯顿大学高斯的研讨会上介绍了她的一些基本思考（见本书第 2 章第 5 节第 1 部分）。1956 年，她在芝加哥沃尔格林大学的讲座上首次使用了《积极生活》这个标题；那时，她也第一次对劳动、生产和行动的概念进行了严格的区分。

翻译中的差异与方法论上的特殊性

《人类生存条件》从英文译成德文是阿伦特本人在其好友 C. 贝拉特初译稿的基础上完成的。她的很多著作都具有依据英文文本翻译成母语文字的特点。阿伦特的这项将书稿转换成自己母语的翻译工作唤醒了她非常具体的历史生活经历（比较 Hahn，12f）。她在写给雅斯贝尔斯的信中这样写道："鉴于已经发生的事，重新用自己母语写作真的实在不是诱惑。尽管这是从流放中回到家园的唯一道路，而回家，是人们永远不能放弃的梦想。"（Arendt 1948，5f）阿伦特在《人类生存条件》德文版本中有许多明显的修订，以至于人们会真的认为它们是两部相互独立的著作。正是在那些英文不够清楚和需要解释的地方，她加倍地在德文版中予以解释和补充（Tsao 2002，100）。这在第一章的开篇就能够明确地感受得到：德文版（VA，14）中，阿伦特在有关生产（HC，7）这一概念的简短导言部分的篇幅就增加了一倍多，分析思路展开得也更加周详。如果再仔细观察一下两种版本的区别，人们还会发现，她的翻译，尤其在阐释和论证过程中不乏附加的、源自德语文献与诗歌的索引。在英文版本中就多处出现文学上的暗喻、索引与注释等。阿伦特曾如此引述莎士比亚关于体力劳动体验的描写："获得生活之所需的'辛劳与麻烦'。"（HC，120）在翻译这一简短注释的时候，有关对劳动及其痛苦和地狱般咒语（该引语引自《麦克白》短剧第四幕第一场三个女巫的唱词）的描述便引出一大段新的文字。阿伦特在此借 R. 莱纳和 M. 里克尔之语进一步阐述了这一思想："在人们以损害着其作为人类的存在为代价而活着而付出劳动的艰辛与身体组织上'绝望的疼痛'之间只存在强度的分别。因为其'地狱性'（劳作地狱或疼痛地狱）本质就在于此，那些与人作为世界之物有关的东西，是'不在这里的'，即'一种地狱之火'（里克尔）。"（VA，106）对《麦克白》的德文注释虽然还存在（"Mühe und Arbeit"（"辛苦与劳动"）；VA 108），但已完全分辨不出这是出自莎士比亚的原文。然而，阿伦特的翻译手法绝对不应该理解为仅仅是为了迎合德语读者的口味，而是——她在翻译过程中表现得非常明显——将其丰厚的文化底蕴、扎实的语言功底以及有关传统的知识（包括传统断裂）倾注于她的著作当中。除了逻辑推理过程之外，她还能旁征博引相关的知识和经验（Wild 2006，

90f)。

以《积极生活》一书中多处嵌入的索引文献为例，人们就不难看出，这种"组装"的方式也同样体现在阿伦特探讨哲学传统的文章中。英格博格·诺德曼在此提到文字中"多重性"的问题。它指的是把词面下不同层面的含义组合作为构词原则。阿伦特想到在思考活动中有时明确提及但经常是自觉不自觉地参考了其他哲学家的观点。那些"进入她思维活动的哲学家们"（Nordmann 2007，200）主要是：荷马、苏格拉底、亚里士多德、康德、尼采、海德格尔、雅斯贝尔斯、克尔凯郭尔、柏格森、胡塞尔和本雅明等。在许多情况下，阿伦特并不系统地阐述所涉及作者的地位，而是有意营造一种虚拟的对话氛围，让思想不受分门别类的影响。在关于瓦尔特·本雅明的一文中，阿伦特恰好描述了这种方法："该思想受到今天的滋养，加工整合过大的'思想碎片'，就好像珍珠潜水员一样，深潜海底……折断、摘下稀有宝藏、珍珠和珊瑚，然后带上海面，使其获得营救。"（MZ 236；见本书第3章第2节第4部分）

一则政治沦陷的故事？

阿伦特在《积极生活》一书中的著述方式，除了本雅明的"采珠潜水"方法，还受到许多原始哲学的启发，装入价值判断追溯到古代城邦的清晰的政治经验。人们经常会提到，《积极生活》中历史衰落的动机与海德格尔的本体论很接近（Villa 1996）。特别值得一提的是，阿伦特的这种哲学传统中的解构思想是从海德格尔那里习得的。这种方法的基本假设条件是，哲学思想自古以来总是远离考察对象的原始经验，也因此是僵化的。解构的任务是，消除这种僵化；概念最初赖以形成的经验的源头应该在解构的思想活动中被重新激发、激活。这个过程发生在两个层面上，一来发现原始的经验，二来重构被封存的历史。无论海德格尔还是阿伦特都在柏拉图哲学里看到一种重要的缺陷，即让西方思想盲目偏离基本哲学问题（Bluhm 2003，72）。

然而在回答是什么问题被掩盖了的时候，阿伦特却有着与海德格尔截然不同的答案。她不过问存在，而向政治发问：什么是原始的政治经验？如何遗忘政治？怎样的发展导致政治概念的盲目滥用？阿伦特在《积极生活》中回答海德格尔式问题时所讲的故事言简意赅、入木三分：政治性的源头在希腊城邦，这已经从这个词本身就可以看出。这种厄运就是对苏格拉底死刑的宣判和柏拉图对此的反应，它意味着对原始经验的抛弃和对政治的遗忘。从那时起，哲学就试图强占政治，并厄运当头。它的终点，现代社会通过官僚的管理取代了政治，行为取代了行动，从而使得政治的本意不再是自由，而是一种明哲保身。公共领域消失，为社会创造空间。在此，只存在一种行事方式，那就是劳动。现代的丑闻是将劳动从私人领域中的暗处解放出来，以及在公共领域内家庭逻辑的拓展。随着这种社会的形成，"不仅私人与公共活动的古老界限变得模糊，而且这些概念的本意、意涵也变得无法辨识。无论它们是两个领域中的哪一种，亦即作为私人的个体或国民整体的生活"（VA 38）。这种以劳动为重心的社会深受顺应时势主义的影响，这会引起非常糟糕的转变。不仅因为劳动社会强迫人们外出做工（比较 VA，12），而且因为人们因此忘却了政治行动能为生活带来意义的事实。《积极生活》一书中这些昏暗的、对现代悲观的观点常常受到批评，例如 H. 布鲁克霍斯特（Hauke Brunkhorst）就在《单眼诊断现代性》（Brunkhorst 1994，111）中指出阿伦特的思想具有一种精英和特殊利益阶层的倾向。有许多人解读上述观点时还强调，阿伦特不仅适应了而且还从根本上改写了海德格尔的本体论思想（Villa 1996；zur Kritik an Villa vgl. Benhabib 2006，viii‑xiv）。阿伦特通过海德格尔思想进行的政治转变所获得的空间不可能更大。随着海德格尔的隐退，这里产生了一种承载当代社会希望的理论，从当代政治经验出发，寻找行动的可能性，探寻自由，在公共领域寻找空间。

萨拉·本哈比（Seyla Benhabib）强调指出，在《积极生活》中出现的两种动机或层面，即原始哲学催生的衰落史和碎片式的"采珠潜水"之间相互渗透。因此，她称阿伦特是"现代的忧郁型思想家"（Benhabib 2006；原英文题目为"The Reluctant Modernism of Hannah Arendt"①，其实"充满矛盾的"一词可能更贴切些）。写入历史的是那些断裂、位移和拒绝的瞬间，它们使得对失去意义的阶层用现实的眼光进行批评成为可能。在《积极生活》一书中，可以看到一个纯粹的政治衰落史的

---

① 意为：汉娜·阿伦特不情愿的现代主义。——译者注

另一个相反论据。阿伦特从根本上质疑隐藏在历史事件背后的逻辑假设，并强调寓于行动之中的自由的可能性。历史哲学和因果推理摧毁了历史的多样性，而这种多样性系人类行动所为："当我们只从一种角度观察世界的时候，这个共同的世界就会消失；它只有在不同愿景的多样性中存在。"（VA 57）如果从这个角度阅读《积极生活》一书，对三种基本行动的分析不仅是海德格尔式的本源哲学，而且可以理解为在现代世界中本雅明式的（例：在革命的历史中）、有意和具有营救特点的批评的出发点，以应对现代现实对政治行为空间的无意识、"无人统治"的威胁（VA 45），以及自由的丧失和自由的忘却。

劳动、生产与行动

阿伦特将行动方式分为劳动、生产和行动，这是对人类生活的一种拓扑分析方法。该三分法是对亚里士多德实践与制作分类法的复兴与扩展。她以古老的在家庭与政治、私人与公共领域、必然性与自由之间的概念界定为出发点。她断言，这些古老领域的区分在现代已经消失。现代社会正是以政治和经济领域被混为一谈为特点的。她从对宗族的考察中获得批判标准，在那里公共性与私人性的区分已经丧失。在这样的社会中，挂帅的不是政治，也不是自由，而是家族与强制性的逻辑性和必然性："我们今天所谓的社会，实际上是一种家庭的集合。它是以经济方式构建的巨型、超大家庭，其政治的组织形式形成民族或国家。"（VA 32）

在此氛围中，三类行动都有各自的归属：劳动，决定着"与自然的新陈代谢"（马克思）。对阿伦特来说，它完全属于私人领域范畴。动物试验制作的产品为食物，以满足直接的能量消耗和维持生命所需；它们不懈地参与到自身的生产与消费循环中（比较 VA，90）。行动则与劳动完全不同，即便它们的过程有相同的特点。这是唯一的一种活动方式，它直接进入公共领域，并且一定是要有他人在场。它"无须任何中介……直接发生在人与人中间"（VA，14）。行动只有在多元性和有他人在场的前提下才能发生，而劳动和生产也可以是某个人在孤岛上就能够完成的。行动具有人际、即人与人之间的特性，它与交谈和交际能力密切相关。虽然并非所有的行动都必须有述说过程，但所有的行动都提供素材和动机，倾听别人的述说，并公开行动者的个性特点："言说与行动都能展现人类个体的唯一性。人们主动通过言说与行动使自己不同于他人，而不仅限于保持与他人不同的状态。"（VZ，165）在《积极生活》的现象学分析中，生产最终被定义在劳动和行动之间。它的产品与共同世界相关。其生产需要"工匠的人"，而无须他人在场。阿伦特理解的生产就是所有这些活动，它们是对某一对象的物质化过程。从此以后，它们似乎就变成世间独立与客观的东西（比较 VA，127f）。从这些生产出来的世界之物上，人类知道了耐用性与客观性。因为它们与自然生命过程的持续演变相反。这种生产以其明晰的和可预知的结构为特征。它有明确的开始与结尾，以及确切的目的，即生产出的物件。

在阿伦特的批判性诊断中，实践活动的混淆与转换时有发生。这个过程随着现代大众社会的进步和家庭逻辑扩展而发展。那些已经在柏拉图那里就出现的、在行动和制作之间的概念混淆，致使现代在行动、公共性和政治领域方面的观念贬值。政治被看成生产的过程。这对应于一种功能主义的政治概念，即并不看重政治行动的过程特点和自由，而是瞄准目的。

行动的复杂性

正是因为生产向行动概念成功的现代转型，阿伦特开始探讨"行动的复杂性"（VA，185）。行动对政治氛围的构建不可或缺，这正是问题与风险所在。由于这种双重特性，令人质疑的对政治的回避和对自由的拒绝对阿伦特来讲反而显得不那么令人震惊（比较 VA 228f）。因此《积极生活》一书也不仅仅被视为对行动的赞美（比较 Canovan 1992，133）。

在新一轮的对阿伦特思想的接受过程中，她建立在强调创生性和开端启新能力上对行动的理解经常被解读为一种濒死表现的行动（比较 Honig 1993，76 – 125；Villa 1999，107 – 127）。这种"后现代"政治概念的核心是差异、冲突和传统秩序的政治化，这读起来接近尼采的观点。相反，在哈贝马斯开启的另一种解读中区分了表达性行动模式和交流、参与性行动模式。他认为，如果从阿伦特著作整体着眼（D'Entreves 1993，64 – 100；Benhabib 2006，viii ff），交流性行动模式更为重要。但阿伦特是否毫无限制地分享希腊好战的行动出路，至少是存在疑问的。但这也并不意味着，阿伦特就能够毫无立场地认可交际与参与的行动模型。

行动具有潜在的不可预测性和无节制性。它总是处在变化中，并且伴随一些无法或非常难以看透和驾驭后果的过程（比较 VA 182）。这种"一致行动"（Edmund Burke，比较 EU 726）总是给世界带来新人，超越界限，并且以其自发性威胁着固定秩序的稳定性和持久性。这样，世界就不会因不间断的革命行动而被摧毁。为了不让世界被蕴含于行动内部的革命性推向不确定性的海洋，阿伦特就需要设定外部和内部的边界。仅靠这些诸如法律、机构和界限的外部边界并不能提供真正可靠的保护，以避免行动的不可预知性。这些行动总是倾向于打破已有壁垒，总是以新的事件的形式出现，突破已有的法律和机构性的安排。无论谁，只要采取行动，就必须承担责任。这是非常具有挑战性的，是因为行动与言说不可撤回。但是，承担责任这个问题也会因为下述原因变得困难，即"事实上，没有人可以完全看清自己行动的后果"（VA 184），只缘其身在某种极其复杂的行动情势中。这又不能通过因果关系来加以确定并且也仅仅表现出有限数量的可能影响，因而它的未来是充满不确定性的。对阿伦特来说，应对这种行动的复杂性以及人类活动的不可靠性的唯一可行方法就在于通过行动内部的限制来弥补外部的不足：宽恕与承诺的付诸实施。宽恕虽然不能抹去已经发生了的事件，但却能以行动解决这个个体的认同问题："这种原谅只与人而绝非与事有关"（VA 237）。宽恕使人在行动上可以有新的开始，并且让他从以前行为的罪孽感中获得解脱。这种"治愈手段"并非只针对不可撤回性，对行动的不可预知性而言也同样适用。做出承诺是一种能力。承诺与宽恕不可分割，像人们已经知道的那样，宽恕为承诺开启了空间。每一次宽恕都是承诺一个新的开始（见本书第4章第41节和第43节）。

显然，在政治问题上，承诺与宽恕也非常重要。因为它们能够为（政治）主体之间的理解创造前提。没有人能够真正宽恕自己；给自己的承诺也几乎是没有意义的。宽恕着眼过去，而承诺则面向未来，并且为未来的行动负责（比较 VA 239 ff）。如同宽恕，承诺也不能消除不确定性，它们都有各自的限制。这是核心问题，因为建立绝对的安全也会封杀决策的自由空间，惊退新来者，从而摧毁了政治。承诺更像

"不确定海域中的岛屿"，它们是"未知和不可及区域的指路牌"（VA 240）。阿伦特认为，承诺是协约、联盟和合同的价值核心。它们的创立思想可以追溯到罗马时期的政治思想，这为人们提供了政治的别样解读（比较 Canovan 1992，143 ff；Taminiaux 2000，165 - 177）。从这种政治共同体中，阿伦特看到因创建时的承诺、合同或者联盟而产生的优势，"它使自由能够以行动的积极模式被内化"（VA 240）。

社会（性）与政治（性）

在接受《积极生活》一书的过程中，最激烈和最具挑战性的争论集中在："面包与政治"问题，也就是作为必需的社会空间的社会与作为自由场所的政治之间的问题。在阿伦特政治理论的框架内，似乎有这样的倾向，即只有那些在共同体中特别具有"政治性"特征的问题才被探讨。阿伦特特别遭受来自女权运动理论的强烈攻击。它们恰好正在做斗争，为私人冲突获得认可，把解放运动障碍作为政治来抗争（比较 Benhabib 2006，215 - 216）。阿伦特的政治思想在解答过去和现在的问题时并不总能给出同样令人满意的答案，这一点从读者对该书接受程度的起伏中就明显可以看得出来。但往往一旦涉及为了政治自由而战时的问题，如在 1989 年的东欧革命期间，阿伦特的理论词汇似乎就能非常恰当地描述与解释当时的事件和政治现象。这种情况不仅适用于行动者的自我描述，而且还对观察者起作用，无论是在他们报道、分析、解读阶段，还是最终成为讲述历史的阶段都有作用。在有关需要的"社会问题"在政治议事日程上凸显的时代，就显得不那么容易用阿伦特思想解答问题，因为它们从广义上讲通常都属于经济领域的问题，如分配的公平性等（比较 Jaeggi 2008，4 - 5），虽可划归政治类的问题，却似乎被排除在可以谈判的问题之外。

这种争议由来已久，并不新鲜。早在 1972 年的多伦多，阿伦特在其参加的第一次会议上就展示了其思想。随即，她就因对政治和社会领域所进行的严格区分而必须面对诸多质疑（比较 IWV73 - 115）。任何真实的人类活动都如此复杂，以至于它们不能简单地归并于一种特定的实践活动类型。之所以对上述划分的争议经久不衰，正说明有对它进行进一步解读的必要（比较 Benhabib 2006，199f）。争论的持续性和复杂性也表明，我们正置身于"阿伦特政治思想及其现实意义系统核心"（同上，220）

之中。这也意味着，阿伦特理论的现实性依赖于我们是否能从现在起成功解读有争议的划分问题，并找到这枚能够解开这个时代心结的钥匙。最大的不明确似乎是，她的概念划分建立在什么样的层面之上。本哈比提出三种理解阿伦特式划分的可能性，借助这些层面的不同，能够（更好地）区分"社会性"和"政治性"。第一个层面是已经提到过的对象领域，第二个是态度层面，第三个是机构层面（同上，223）。

上述的批评都往往从第一个层面出发，即到底如何区别划分真正的社会或政治问题。然后，才涉及具体提出的问题，如经济或家庭问题、社会问题。耶吉（Jaeggi）提出第二种建议，即将政治性放在特定的立场或态度上与社会问题相对应来看待，并且向着"政治化的理论"（Jaeggi 2008，6）方向发展。这样，政治和社会的区别就集中在对具体问题的解读上，而不是问题本身。例如危难与贫穷的问题，其字面意义本身已不成为区分其为"社会"还是"政治"问题的决定性标志，重要的是回答和处理这些问题的方式方法。在那一刻，行动空间明确了，问题也成为可以公开的了。另外，当这些问题与"我们想要怎样的生活"相对应时，就出现社会问题政治化的可能性（同上，7）。然而，这种现行的阅读方式还建立在"以阿伦特 VS 阿伦特"思想的基础之上。它试图以阿伦特的划分方法开发一种批评性的社会理论。因为在《积极生活》的很多场合阿伦特都论及这种固有的东西，当她谈到例如"先天定位活动的可疑现象时"（VA 70），它们就在"事物自己身上"（VA 75）。这种"政治化理论"的重点偏移在于它模糊了社会与政治之间的区别。其核心观点是共同体所有问题原则上都可以被政治化，只要对这个问题的政治处理是正确的话。这一划分因此就被批评为主观想象的事物强制性和必要性。

如果说《积极生活》今日依然为辩论提供鲜活素材的话，就恰巧说明这些文字及其核心观点具有相当的现实性：捍卫政治开放性、对（人类）共同世界的担忧以及时刻注意现实实践变化的可能性。

玛科·魏斯弗路格/尤尔根·福斯特

阿伦特手册

双语特性评述

在阿伦特创作的著作中，那种"原生态"的、母语者所特有的想法与观念不再有效。她本人所谓的"原创"，即她用英文写就的主要著作，实际上依然是她头脑中的翻译过来的作品，只不过不存在这种母语中的"版本"就自动成为其他各种"版本"的模板。身为（双语）作家兼译员的 E. 金斯基女士（Esther Kinsky）曾在一次题为"'我快乐，但不幸福——作者翻译自己的作品"的会议中指出这种不同语言版本之间存在明显区别的现象。她的英、德文主要著作更像是两种不同的、充其量不过是内容相近的原著罢了。

英文版的《人类生存条件》源于一个讲座的讲稿，出自一位美国出版社的编辑之手。它于 1958 年面世。又历经三年，该书以《积极生活》为名的德语版完稿。一位女性记者朋友 C. 贝拉特在英文的基础上将其粗译成了德语。这一译自外文的、可能由于时间紧迫而形成的临时过渡性作品恰巧演绎了一种幸运：阿伦特用英文写成的，也许最初是用德文思考的文字，又经陌生人（贝拉特）之手译回阿伦特的母语。这样，用陌生的原始语言进行的思考就得以保留和总结，最初在德语中的陌生性被保留了下来。阿伦特将这些残余以德语的形式再次带入自身的独立思考与语言活动中。这也实属无奈之举，因为自己翻译无疑意味着极其艰巨的劳动。她需要校对德文引语、修改错误、增加注释等，这实际上是对德语版本的全面修订。

英国诗人及友人 W. H. 奥登这样叙述道："确切地讲……《人类生存条件》算得上是一部词源性的著作。它是在复核我们的所思所指，当我们使用诸如自然、世界、劳动、工作、行动、私人、公共、社会和政治等词语时，必须搞清楚我们到底想表达什么以及我们应该怎么说。"（奥登，1959，72）他称赞说，这本著作中洋溢着一种为一系列传统术语把脉的勇气。她并没有抛弃它们，而是站在她今天的立场重新对它们进行思考。没有一部著作的译作像《人类生存条件》和《积极生活》那样差异巨大。仅需浏览一下它的目录就会看到这部著作根植于德国思想史中。第 31 章的英文题目是"生产活动的传统替代"，而德文题目为"传统的尝试：用制作取代行动并使其变得多余"。

阿伦特手册

通过下面的两个例子，让我们进一步阐述这种差异：

1. 举例：英文 – 德文

　　然而，无论是生育能力的大幅度提高，还是这一进程的社会化，亦即社会的替代，或者说集合的人类作为这一进程的主体，都不能消除生命通过身体展现自身的过程中，或者劳动自身的活动中那种绝对的甚至是残酷的私人特征。（HC 101）

　　但显而易见的是，无论是极大增长了的生产力，亦即劳动成果的丰富与生命进程的繁荣，还是其潜在的社会化，都无法消除与劳动相对应的身体经验的私人性。它同其他身体经验一样，是不能与人分享或交流的；因为劳动的辛苦，身体的生命活动变成了人存在的负担，而在劳动的辛苦与"身体无法治愈的痛苦"之间，只有强度的差别。因为它"地狱一般的特性"——劳动的地狱或疼痛的地狱——恰恰是在于，就人作为世界存在来说，它"并不在此"——"地狱的凶猛，并不在此"（里尔克）。劳动的辛苦是无法交流、无法言说的。因为构成我们理论的语言，总是非常固执地以世界以及世界作为事物存在的对象性为导向，并且发展到了这样一种程度，使得语言拒绝为绝对私人的、主体的自我提供语言隐喻的力量（VA 106）。

这段德文文字运用了娴熟的修辞手法，如重复、押头韵、强调、节律和文字游戏等。在英文表达"残酷的隐私"的映衬下，德文里克尔使用的"地狱性"很显眼，而这在撰写英文时可能真的就这样想过。对翻译成其他语言的译者来讲，知晓这些场合表达方式的不同是非常有益的。若非必须，"残酷的"怎么也不可能翻译成"卑鄙"或"庸俗"。对母语表达来说，他看一眼就知道应该怎样。另外一种语言特性是思想能够在两种不同的却相互关联（也包括近声词）的词语（Sorgfalt und Sorge，Last und Bürde，这些词在德语中发音类似）中得到启发与延伸。德语正好具有这种舞台感。这样，思想不断变得丰富。

2. 举例：英文 – 德文

如果不能被原谅，不能从我们所作所为的后果中得到解脱，我们的行动能力就会像它从前一样，为一个单一的作为所局限，而我们再也不能挽回；我们会一直是某个行动后果的牺牲品，像巫师的学徒一样缺少打破魔咒的公式（HC 213）。

如果我们不能彼此谅解，亦即从我们的作为及其后果中彼此得到解脱，我们的行动能力就会在某种程度上局限于一个单一的作为。其后果将或好或歹地影响我们直至生命的终结——在这些词语最真实的意义上；正是在行动中，我们将变成我们自己的牺牲品，好像魔法师的学徒找不到解除魔法的咒语一样。要是我们不能通过承诺来与不确定的未来发生关系，并为之筹划，我们就永远不能维系自身的同一性；我们将堕入人类心灵的黑暗世界，无助地沦陷在心灵的茫然与矛盾之中，并且在孤独情绪的迷宫中失去自我。唯有共同世界的呼唤，能将我们从中解救出来。这个共同世界让我们信守做出的承诺，以此来确证我们的同一性，或者说，同一性因此才得以维系下去。［……］原谅与承诺的能力，根植于行动的能力之中；它们是一种模式，使得行动的人能够从一个想要永远将他固定下来的过去中解脱出来，并或多或少地对一个不可预见的未来有所把握。（VA 232）

德文最后一段在英文版本中是没有的。当名词动词化使人明显觉察到被赋予的行动职责意味加重，美学效果表现出来：通过打破直线型、词语的变化以及介词和前缀的运用，论证的丰富性与悬念感也随之加强。例如前缀"Ver –"就确保了"犯罪"、"承诺"和"宽恕"、保证、财富和根植等处同一个世界。又如，介词在下方、靠近、关于、在上方和在……之间等以其有限的数量使语言更好地容纳与承载名词本身的定位以及与其他名词之间相互关系。

曹罗伊（Roy T. Tsao）在其非常值得一读的研究成果中分析发现，德文和英文版的《积极生活》和希腊人的表述是多么的不同（Tsao 2002）。

玛丽·路易·克诺特

参考文献

Arendt, Hannah: *Sechs Essays*. Heidelberg 1948.

Auden, W. H.: »Thinking, what we are Doing«. In: *Encounter* 12, 6 (1959), 72–76.

Benhabib, Seyla: *Hannah Arendt – Die melancholische Denkerin der Moderne*. Frankfurt a. M. 2006 (engl. 1996).

Bluhm, Harald: »Von Weimarer Existentialphilosophie zum politischen Denken. Hannah Arendts Krisenkonzept und ihre Auffassung politischer Erfahrung«. In: Winfried Thaa/Lothar Probst (Hg.): *Die Entdeckung der Freiheit. Amerika im Denken Hannah Arendts*. Berlin/Wien 2003, 69–92.

Brunkhorst, Hauke: *Demokratie und Differenz. Vom klassischen zum modernen Begriff des Politischen*. Frankfurt a. M. 1994.

– : *Hannah Arendt*. München 1999.

Canovan, Margret: *Hannah Arendt. A Reinterpretation of Her Political Thought*. Cambridge 1992.

D'Entrèves, Maurizio Passerin: *The Political Philosophy of Hannah Arendt*. London 1993.

Habermas, Jürgen: »Hannah Arendt«. In: *Philosophisch-politische Profile*. Frankfurt a. M. 1981, 223–248.

Halm, Barbara: *Hannah Arendt Leidenschaften, Menschen und Bücher*. Berlin 2005.

Honig, Bonnie: *Political Theory and the Displacement of Politics*. Cornell 1993.

Jaeggi, Rahel: »Wie weiter mit Hannah Arendt?«. In: Hamburger Institut für Sozialforschung (Hg.): »*Wie weiter mit ...?*«, Hamburg 2008.

Knott, Marie Luise: *Verlernen. Denkwege bei Hannah Arendt*. Berlin 2011.

Nordmann, Ingeborg: »Die Vita activa ist mehr als nur praktische Philosophie«. In: Heinrich-Böll-Stiftung (Hg.): *Hannah Arendt: Verborgene Tradition – Unzeitgemäße Aktualität?* Berlin 2007, 199–214.

Taminiaux, Jacques: »Athens and Rome«. In: Dana Villa (Hg.): *The Cambridge Companion to Hannah Arendt*. Cambridge 2000, 165–177.

Tsao, Roy T.: »Arendt Against Athens. Rereading the Human Condition«. In: *Political Theory* 30, 1 (2002), 97–123.

Villa, Dana: *Arendt and Heidegger. The Fate of the Political*. Princeton 1996.

– : *Politics, Philosophy, Terror. Essays on the Thought of Hannah Arendt*. Princeton 1999.

Wild, Thomas: *Hannah Arendt*. Frankfurt a. M. 2006.

Young-Bruehl, Elizabeth: *Hannah Arendt. Leben, Werk und Zeit*. Frankfurt a. M. 1991.

六　《在过去与未来之间》

　　由乌尔苏拉·卢茨主编的《在过去与未来之间》德语论文集取代并拓展了同名英文版原著的德译计划，阿伦特原打算将它以"政治思想训练 I"（VZ 371）并辅以"政治思想操练"的副标题为暂定名出版。这个副标题不仅可以视为一种内容上的定位，而且与英文版那 8 篇文章相比它更具广泛的、以理论为中心的选择性。另外，几篇主要与"时政形势"（Ludz，VZ 384）相关的文章发表在具独立标题的德文版《当代：政治思想训练 II》中的第二卷里。新英文版的《在过去与未来之间》沿袭了德文版中 7 篇论文的排版模式。其中的四篇，即第 1、2、3 和 6 篇文章在其旧的德文版中源自窄版的《当代政治思想中令人质疑的传统状况》的文集，而在修订后的英文版《在过去与未来之间》中集合为 3 篇出现（VZ 388，见本书第 2 章第 5 节第 3 部分）。另外 4 篇，即第 7、9、10 和 12 篇论文又被另外一个英文版本收录，它们与德文演讲稿（VZ 374）已有明显差别。除此之外，还有另外 4 篇由乌尔苏拉·卢茨从英文版中以第 4、5、8 和 11 的次序并入，同时补充进去的还有德文版中的前言（VZ 7 – 20），尤其是第 4 和第 5 篇的收录增强了阿伦特文章排列的逻辑连贯性。而完善后的第 8 篇和第 9 篇则概括了阿伦特直至 20 世纪 50 年代初期的政治理论思想（VZ 373 & 375）。这些文章的不同版本引发了学界井喷式的接纳、接受，而且在每种语境中对这些作品的接受程度也因其双语特性而有所不同（见本书第 2 章：导言）。

德文版本以 12 篇论文对阿伦特近 20 年时间（1953 ~ 1971）的思想进行了总结，这一点在后记中有详细的说明。除此之外，英、德文版还都配有相似的纵览；《当代政治思想中令人质疑的传统状况》中原有的前言也收录在附录中，按照阿伦特在英文版《在过去与未来之间》前言中的层次划分，论文分为 3 部分（VZ 19，372）：第一部分探讨了现代传统断裂与现代历史概念的问题；第二部分是有关两个重要政治概念的权威与自由分析和比较；第三部分的"思考的方法"（VZ 19）论及教育、文化、宗教与科学等领域具体问题而并不寄希望于标准答案。据乌尔苏拉·卢茨根据阿伦特在前言中的提法认为，该书的第一部分可以理解为"批评性的"思考，是对过去的映射；第二部分和第三部分更多是基于"实验性的"、一种关涉未来的思考（VZ 18，384）。

《前言：过去与未来之间的鸿沟》

这个德文版前言是由乌尔苏拉·卢茨译自 1961 年英文版的、具有同样标题的前言（BPF 3 – 15）。阿伦特同期还创作了下列著作：英文版《人类生存条件》（1958），也就是德文版《积极生活》（1960）以及英文版（1963）和德文版《论革命》（1965）。题目也沿用了论文集的标题。此外，它还特别保留了一个简短的后续文章编排概要。这段文字不仅诠释了书名的含义，而且还铺陈了有关阿伦特政治思想形成的看法。阿伦特在此提出了思想的内部时间性观点，这个概念在后期《思维》的几个章节中再次被收录，并且在《思想日记》的笔记中进行了更深入地探讨（比较 LG

I，第20章198 ff.；比较第3章第1节第19部分、第2章第8节第1部分、第2章第9节）。阿伦特以两条曲线解释了"时间的空隙"的含义，其中一条描述了任务，另一条表示可能的解决方案。按照她的说法，在过去与未来之间的"裂痕或者鸿沟"首先既非现代的任务也非世界现象，而是一种能够使思维活动"升华"的必要条件。它也因此是一种"精神现象"（VZ 13）。阿伦特认为，思维"居住"在过去与未来之间的时间间隙中（VZ 17）。因为指向过去的传统特性已经完全被摧毁，思维经验的空缺就变成"所有人的经验"而成为"具有政治含义的事实"（VZ 17）。类似于在《人类生存条件》/《积极生活》中的实践活动分析，阿伦特将时间分析与政治行动理论联系起来。因为思维必须接过传统的古老任务，以确定过去与未来的含义，并且在没有传统"断线"的情况下能够重新连接。阿伦特认为，这一定有别于对那些"生活体验活动"的哲学思考，从中会生长出像指明方向的"路牌"那样的东西（同上）。接下来的文章都被理解为对这些思维的"训练"。它们应以音乐"组曲"（VZ 19）的形式被分门别类；另外，这些文章"更具批判性"。首先，它们映射过去，并且"试验"那些对未来具有设计特点的东西（VZ 18）。

开篇采用 R. 夏尔（René Char）的引语，一份法国抵抗运动"没有遗言的遗产"，在阿伦特的其他著作（UeR 277，LG 1，22）中也有出现，它描述了政治思想必须完成的任务，即面临传统的崩塌在行动中去追寻新的开端。法国抵抗运动找到了被阿伦特称为第一条曲线的"无名的瑰宝"，即"丢失的革命瑰宝"，它不仅使行动者发现面具底下的自我本身，而且还带来了"公共自由"和"公共幸福"（VZ 8 - 9）。作为政治瑰宝的"公共幸福"，在事实丢失之前就已经在理论上被忘却。因此，阿伦特视"没有遗言的遗产"的政治任务为新的开端启新，它本身是有间隙的，而且没有赖以明确意义和保证时间"延续性"的传统的桥梁，它必须突破。（VZ 9）。

阿伦特借用的第二条曲线是卡夫卡的。它在阿伦特新的定义中描述了一种可能性，即"去理解已经发生了的事情"，"与现实和解"，不要让自己在与现实的精神斗争中衰竭下去（VZ 11）。卡夫卡曾将这一精神战场描述为在受到挤压的过去与不可避免的未来之间的各种对冲力量的总和（VZ 13f）。当前的思考者就站在这些力量中心的"时间的空隙"处（VZ 14）。"他"必须跟它们搏斗，以劈开同一时间河流，使内在的时间得以生成（同上）。阿伦特扩展了这个以时间为直线过程出发的画面，把卡夫卡的一个关于本质的、无时间界限的思考梦想引到"战斗直线之上"的空域，加入"空间维度"，通过这样的补充，使思考无须从"人类时间进程中跳出"而进入无时间界面（VZ 15）。来自过去与未来的力量在某一"角度"上发生碰撞，"空隙"就会打开成一种空间"平行四边形"（VZ 15，比较 Bild，LG 1，204）。在其中心形成一种对角线上的合力，它虽然指向"无限"，但却保持着"与现在的联系"（VZ 16）。这个比喻廓清了政治思考，它寄居在有间隙的当下，却能以"不偏不倚的眼光"进行判断，作为过去与现在两种力量较量的"裁判"（同上）。它使思考与判断之间的联系被断开，使思考与判断围绕生活的精神展开。

《理解与政治》（1953）

英文版《极权主义的起源》（见本书第 2 章第 4 节）问世不久，阿伦特便于 1953 年在《党派评论》上发表了题为"政治学理解"的英文文章，旨在解答如何理解作为新的统治形式的极权统治的问题，以及历史学与社会科学能在怎样的程度上帮助人们理解这个问题。阿伦特具有类似内容、未曾发表的手稿"理解难题"在她去世后进行了充分地补充，以"政治学的理解"为题用英文出版（EIU XIXf.，323 - 327）。德文版论文"理解与政治"（VZ 110 - 127）是乌尔苏拉·卢茨直接翻译过来的，是该卷册中的第四篇文章（VZ 374，397）。

该文因其精妙设计和高水准的艺术构思成为阿伦特文章中最常被引用的文章。它按照内容分为不同的段落，其中的两个主要概念"理解"和"政治"也能玲珑有致地相互交织在一起。这篇文章首先从一些有关"理解"的负面区分和定义谈起（VZ 110 - 112）。阿伦特认为，这里的理解与"与现实的和解"含义相近，但绝不能与对过去的宽容相混淆；对政治性的理解还包含"理解人"这样一个基本命题。接着，阿伦特探索并界定了作为政治现象和理解的终结的"极权主义"概念。（VZ 112 - 116）其特殊的"恐怖渊源"（VZ 112）迫使人们创造一个新的概念。它不仅"炸毁"（同上）了传统思想中的划分标准，还破坏了常规的理解过程。按照常规知识储备，

"新词汇的选择"就等同于新的"决定命运的力量"（VZ 115），结果导致与其他统治形式混淆。把"理解"和"政治"这两个对立的术语（VZ 116－118）并列，就会引发一个基本问题，即是否对政治的理解在极权主义下就变得"毫无希望"或者说到底有没有可能。以此为出发点的话，两个标题概念都需要新的界定。理解被定义为判断（同上），对历史和政治学来讲，却又有不同。由此，阿伦特提出了她对历史（VZ 122－123）和对政治科学（VZ 124－125）的认识。历史科学的任务就是追溯性的新发现，所谓新就是所有新的启示，而不应以一种因果关系的历史观去否定自由（EIU 325，VZ）。历史应被理解为一个没有结尾但却存在许多种开头的"故事"（VZ 124），历史事件不仅为我们开启了过去及其隐秘的开端（VZ 122），而且还开启了未来。真正的政治科学首先是这样一门学科，即关于行动和未来的科学，并使启新摆脱因果历史观方法论的影响而获得自由。按照奥古斯丁的观点（见本书第 3 章第 1 节第 5 部分），人的创生就是启新，在根本的新开端中，阿伦特最终看到一种可能性，"既不按照预先给定的概念体系去理解，也不按被称为道德的习俗规则的法典去判断"（VZ 125）。理解力的引入就已开始显示出阿伦特不同于康德的判断力观点（见本书第 2 章第 8 节第 2 部分、第 4 章第 39 节）。

与此同时，这篇文章也绝对是政治上不同于其他科学的辩护词；两者均建立在常识的准知识基础之上。阿伦特在信息与知识之间，以及埋解与意义之间进行划分，并给予理解以优先地位。这种理解依靠知识支撑，赋予它一定的含义，将它作为早期的"过程理解"和作为建立联系的过程，这些联系使得人们能看懂这个世界，与世界和解并在这个世界上找到自己的家园（VZ 110¨C113；见本书第 4 章第 42 节）。对新事物从以往的知识出发、按以往的概念去理解就会导致对新事物的否定而回到已熟知的事物当中。例如，将以侵略和剥夺为特征的帝国主义与以恐怖和权力欲为特征的极权主义，以及将暴政和一党专政画等号，而无法深入理解。只有通过反思的环节，才能从日常语言现象中重新"发现"新事物（VZ 113－115，EIU 325）。

同样，作为建立在对以往过程理解基础上的科学，如果止步于借助社会技术与心理学理论在事实和数据构成的迷宫寻找方向的话（EIU 325），就通常会停留在这第二个阶段。极权主义的新不仅限于其思想，而在于其与所有传统的断裂中，在于其摧毁了思维定式与道德判断的标准，在阿伦特看来，这就动摇了理解它自身的可能性。然而，随着现代社会的变化，"政治的追求"（VZ 121）取代了民意与共识，陷入了"愚蠢"的境地，"人们忽略了探索的真正意义和需求"（VZ 120）。这种缺失最终逐渐导致人与人之间公共领域内的"可信度"被逻辑的强制性取代（VZ 121）。阿伦特只承认科学提供解释的可能性，不认可其举证的可能性，或推翻仍未证伪的前人的理解。她还告诫人们要警惕科学领域的专家在政治领域中所扮演的角色，关于这一点，她在后来越战时期针对那些所谓的"问题解决者"和"形象制作者"在政治问题上所犯下的严重错误（见本书第 2 章第 7 节第 3 部分）又再次予以强调。

"论思想与道德的关系问题"（1971）

阿伦特 1970 年 10 月 30 日的演讲稿（IWV，316）被分成三个部分，这应该归功于阿伦特的诗人朋友 W. H. 奥登（1907～1973）（见本书第 2 章第 6 节第 3 部分）。该文稿的部分内容被收录在《思想》一书中（比较 VZ，398；见第 2 章第 8 节第 1 部分），它由乌尔苏拉·卢茨从英语翻译而成并归入第五篇的论文集中。诚如在 1965～1966 年"关于道德哲学的一些问题"和"道德基本问题"（RJ，49－146）的课件中所述，阿伦特解释说，这些文字是建立在她 1963 年最早发表在《纽约客》上的有关审判报道《艾希曼在耶路撒冷》（见本书第 2 章第 6 节第 1 部分）的基础之上的。它主要围绕康德和苏格拉底（见本书第 3 章第 1 节第 10 部分、第 1 节第 2 部分）的观点探讨了"平庸的恶"，它是阿伦特对艾希曼思想的"完全缺失"现象的概念性总结（VZ 128－130）。

阿伦特在演讲的第一部分就提出了方法论式的问题，即在"哲学终结"之后，诸如"什么是……？"类形而上学式的传统提问是否就变得毫无意义。她在这里所理解的终结首先是指永恒真理和终极理由的终结，以及感性与超感性之间区别的消亡。这也就是为什么要从根本上另起问题的原因（VZ 130－131），思考活动本身并不受影响。如同康德一样，阿伦特接下来界定了一种活动的适用范围。像康德一样，她也区分了"认识"和"思维"这两个概念（VZ 131），但完全出自另一种视角，因为认识是以结果为导向的，而思想却不是。另一方面，阿伦特又将自己与康德区别开来，她区分了（心灵）的恶与（理解上的）愚钝，进而把没有思想看作是没有能力思考，诚如她在对艾希曼的报道中所概括的那样，是理解力缺乏的原因（VZ 133）。她认为，真正意义上的思考（见本书第4章第9节）应该是"无目的的"、"自我毁灭式的"。它是一种避世的并且与人世间常识相对应、相抗衡的活动（比较 VZ，134）。基于这个假定，阿伦特提出了三个主要论点（VZ 135）：思想是"每一个人都可以掌握的"的活动（VZ 135）；这一被她也作为"头脑、理性"（νοῦς，nous）（VZ136）总结的概念，在《判断》一书中被确定为想象力或判断力（VZ 133），而对思维活动本身，人们不应期待有"戒律"（同上）或正面的行为导引；这种思维活动存在于"秩序之外"（同上）并关涉不可见的事物。她对这二个论点的论述是以苏格拉底的解读方式循序推进拓展开来的。苏格拉底就代表着良心，他应该是"思想者"的"楷模"（VZ 137）。苏格拉底始于哲学性并终于讽刺性的对话方式（VZ 138 & 147）对阿伦特来说意义非凡，这也几乎成为她的思考方式。她将在苏格拉底三个隐喻中对冰封概念的"解冻"进行深度思考（VZ 141）："牛蝇"刺叮令人清醒（VZ 141），也是清空"实际经验"、催生思想并且放飞思想的手段。作为"电鳐"，它能使日常规则"致残"、停歇，这一切均可以让思想的"飓风"来到。这种意义的追求虽然可以终结于虚无主义，但不思考的危险在于人们只停留在对规则的概括上，完全不存在自我说服过程（VZ 144 – 145）。阿伦特越来越多地宣讲苏格拉底的观点，认为这种意义的探索就是"一种爱"（VZ 146）。并由此推断出，关于恶在本体论中的地位问题由于其缺失仍处于非重要地位。这种对智慧、美、公正的爱是有思想能力的先决条件（VZ 147）。

思维的更进一步的定义是作为良知（见本书第4章第15节），它是虚拟的、假设友好地与自我的对话（VZ 151）。阿伦特在她演讲的第三部分谈到了两种观点，它们之间却处在两难的境地中（VZ 148）。其一，承受不公正比对别人做错事要强；其二，"情愿很多人与我意见不一致，也不要与合而为一的我自身没有取得意见的一致"（同上）。依阿伦特之见，两种悖论是合法的思想体验，不是"道德思考的结果"

（同上）。第一种观点指出，"对我"只存在主观的适用性并以"一个生命没有自我关照、研究是没有价值的"为前提（VZ 149）。在思想活动中，两者原本又是合理的，因为这意味着"合而为一"，一种孤独时自我对话状态的"身份差异"（VZ 151）。因此，良知是"见证者"和"滞后的思想"（VZ 153）。它已经预设在行动中，并且能够在自我矛盾和自我仇恨的状态下阻止行动的发生。这种自我关系会变得不能忍受，因为"谋杀犯自己"也不愿意与一个谋杀犯相处（VZ 151）。这就从关键性的情景中有效地拟制了犯罪的发生，只有在"例外的情况下"如此拒绝自我的行为"付诸实施"（VZ 154）。此外，这还对判断力有着积极的增强作用（见本书第 4 章第 39 节、第 2 章第 8 节第 2 部分）。

《自由与政治》

这本书中的第七篇是在 1958 年 5 月 22 日题为"为了自由的教育"演讲稿的基础上经多次修改加工而成的。女主编乌尔苏拉·卢茨将四种已经发表的版本——一种德文和三种英文版本进行了比对，并将它们之间的不同进行了罗列（VZ 410）。《在过去与未来之间》一书英文表达明显不那么到位，而且也缺少了第五部分。德文版就包含了第五部分，其中涵盖了政治自由的积极概念，并将其从其他传统路径中剥离出来。该文从题目上来讲直指阿伦特思想的中心，因为阿伦特一开始就将自由与政治确立为一对范畴："谈论政治离不开谈论自由"，反之亦然（VZ 201）。虽然自由只是诸多革命中（见本书第 4 章第 33 节）"政治行动的直接目的"，但它终究是一切政治的"意义"所在（VZ 201）。这种积极的、对自由概念的界定超过"不是强制性的含义"（VZ 201）。在文章的第一部分，阿伦特称这种引起共鸣的自由与政治"范畴"，不仅反映了"对历史的追思"（VZ 205），而且还让她构建了如下词语：内在自由、自由的所在、政治自由、生存安全自由等概念，以及极权统治下所有灭绝行动所涉及的自由（VZ 201 – 205）。

阿伦特首先从政治自由中提炼出意志自由和决策自由（VZ 205），以及保障生存安全（VZ 208）。与内在的意志自由不同，政治自由被一个没有未来结果的先验性原则所导引，这被马基雅维利理解为"精湛技艺"。这个词在拉丁语和希腊语中都存在，表示"自身完美的成就"（VZ 206）。像艺术一样，这种完全的展现依赖于"观众"，政治与国家也总是"依赖于其他人的后续行动"（VZ 207）。"城邦意义上的"政治被确定为高级自由的"表现空间"和"可见的世间所在，在那里自由可以言语、行动、事件等真实再现"，并成为历史的记忆（同上）。阿伦特认为，这一切"从不是为了生活，而总是为了这个世界"，那是一种从为生活而担忧中解放出来的、为了世界自由的"政治意义上的勇气"（VZ 208）。在《人类生存条件》/《积极生活》中，阿伦特启用了两种亚里士多德式的行动领域分类方法（见本书第 2 章第 5 节第 5 部分），将公共"世界"（见本书第 4 章第 45 节）的自然"生活"（见本书第 4 章第 5 节第 5 部分）以及自我关联和世界关联进行对比、考察。

在该义的第三部分（见本节第 4 章第 5 节第 5 部分），阿伦特对比了政治自由的世界性与自我性，从作为"思维现象及与自己对话"的"哲学自由概念"（VZ 210），到"意志自由"与自我冲突，以及"在自由意愿和能力之间的冲突"（VZ 211）。古希腊政治的美德在于，能力与意愿在自我控制中充分地互相适应（VZ 212）。意愿在基督教文化中成长起来，它产生于意愿者作为一个有能力实现愿望的人与自身的"原初冲突状态"（VZ 213）。阿伦特认为，从政治意义上来讲，主权、独立以及执行力的自由理想仅仅是"表象"而已，它们与其他的理想一道借助"意愿者的自我为中心"（同上）踏上不断完善的征程。因为如此这般"多重"行事，"就好像它们是一个整体一样"（VZ 214 - 215）。无论是"我愿意的绝对自我中心主义"还是"我思考"模型"乌托邦式的理性控制"均会导致暴政而不是自由。因为它们都强调以自我为中心，不崇尚"与他人共同行动"的理念（VZ 213），而后者恰巧必须放弃主权（VZ 215）。与孟德斯鸠和康德一样，阿伦特谈论政治首先提到安全和内在自由。据孟德斯鸠，政治自由仅存在于"受到法律保护的安全政治社会之中"（VZ 215）。为了遵循其"实际内涵"，阿伦特提出，不仅必须强调"行动"的作用，而且行动还应该更胜于意志的自动执行。自由本身已经寓于行动之中，其能力得益于其他人的保障（VZ 216）。自由不是内在的，它"取决于是否一个国家能确保这样的空间，让什么样的行动付诸实施以及能够变成可见的"（同上）。按照阿伦特的法律概念，通过法律对自由的安全保障问题就被提了出来（Volk 2010）。阿伦特进一步和盘托出康德的判断力批判的这一政治的哲学问题。它与两种"非常不同的政治哲学"相对，即实践理性批判，以及不同于作为内在自由的意志力的优先（VZ 216）。自由在康德的判断力中似乎表现为"想象力而非意志的谓语"（同上）。因为正如康德所描述的那样，"外在暴力不仅掠夺人们公开传播思想的自由"，也不会允许他们"自由思考"。阿伦特反驳道，这种实质上的"不自由状态，会回到向往自由的'内在'能力上，并摧毁状态"（VZ 217；见本书第4章第11节）。

第四部分探讨"存在自由与开端启新"这一对概念范畴（VZ 218）。如在《人类生存条件》/《积极生活》著作中的开始所做的那样，她引入统治与实施行动，并解释了"完整政治含义"的历史性丧失。一方面是行动者"持续的自由"，另一方面是"共建城市"，后者提供一个可靠的、政治上的"开端及其创造蓄势待发之势"的机遇（VZ 219）。同样，像在《人类生存条件》/《积极生活》中一样，阿伦特将奥古斯丁为人类生存自由论证的开端（initium）概念与康德的思想联系（VZ 220；见本书第3章第1节第5部分）起来。康德的"自发性"和"宇宙中理性的自由"（VZ 220），行动的新约圣经的"奇迹力量"（VZ 221–222），机械的因果链和组织化的自动控制相同程度的中断以及针对所有可能性的新的开始（见本书第4章第23节）。在最后一部分，阿伦特再次探讨了"极权统治特有的、史无前例的危险"，因它威胁并扼杀"一切形式的自发性"。在现代，无论如何都存在着这种自动麻木化的风险。作为"积极行动"的自由状态以及被赶回"自由的给予"（VZ 225–226）的精妙设计中，它们作为极权统治下自身纯粹"奇迹的可能性"（VZ 223）受到威胁。在行动中，开端与完成没有分离，反而一致地行动（Burke，VZ 224；见本书第3章第1节第11部分），在同样没有统治的情况下"处在平等中"，以使"自由的给予……变成世间可以触摸到的现实"（VZ 225）。公平与鲜活的历史为"政治性真实空间"的形成创造了前提（同上；见本书第4章第13节）。

"革命与自由"

该书第八篇文章内容来自阿伦特于1961年10月在康涅狄格学院的50年院庆上

的演讲稿。它共分三个部分。其中心思想与阿伦特当时正在撰写的《论革命》（1963）（见本书第 2 章第 5 节第 7 部分）一书的内容契合。阿伦特开始探讨"革命"与"自由"这对范畴，并且断言，在世界处在核军备竞赛和危机四伏的这样一个时代，只有革命和自由可以被看作希望的起点。她探讨了这种希望的可能性，目的在于重新审视与界定战争、革命和自由的概念。

然而，阿伦特首先（VZ 227 – 235）感觉到的是担心而不是希望。她认为，"冷战"一词表达欠妥，"冷安全"才更贴近对真正战争感到恐惧的含义（VZ 228）。冷战关乎人们对较大战争以及乃至威胁到人类生存的核战争的恐惧。对于冷战，人们最终还是寄希望于着实通过假想战争而取代一场真正的战争。面对全面摧毁与威胁时，传统的思考与如下各类辩词都失效，"宁死不做奴隶"或将克劳塞维茨（Clausewitz）战争等作为"政治的延续"。在整个人类生存的传承过程中，古老的、在不自由的在世和死后的自由之间的个人决定很成问题（VZ 229）。来自 19 世纪克劳塞维茨时期的战争定义虽不合时宜但却传播至今，因为它根本没有考虑到灭绝的可能性（VZ 230）。无论从量上还是从质上来说，军备竞赛中臆想的避难或希望也建立在这些古老辩解词谱的谬误之上（同上）。鉴于这种战争、解放战争和革命之间的紧密联系——它们可能改变整个国家的命运——阿伦特开创性地提出如下基本问题，即战争是否需要一个理由？是否可以为自由而战（VZ 231 & 34）？

如在《论革命》一书的第二章的第二部分（VZ 235 – 244）所述，阿伦特将革命与自由而不是与战争并列进行考察，并且试图抽象地提出一种非暴力革命的概念。她认为，革命的概念因法国大革命而产生重大的意义转变，从诸多规范关系的复归和重建转向一种"不可抵抗"运动（VZ 237 – 238）。随着大量民众对政治的同时参与，这种迄今为止依然奏效的关系分成两种自由的力量：一种消极的力量，即从暴政的压迫下解放出来的、有暴力倾向的力量，以及另一种积极的、自由政治阶层中的（男）人们的非暴力自由的建立。它们被从贫困与危难中解脱的自由所取代（VZ 243）。这种解放的暴力变成解决社会问题的恐怖方案。最终的结果是，既没有战胜贫困，也没有建立起自由（VZ 244）。

在这篇文章的第三部分中，阿伦特指出，这种恐怖环境下失去的自由（见本书第 4 章第 11 节）在鲜有贫困困扰的北美的革命中反而有了行动实现的可能，并且可以超越市民权利的消极自由以及一般意义上的自由。这有别于"统治的边界和下述公共领域的界限"，那是在君主立宪制中也会存在的界限（VZ 247）。然而，行动与思想（见本书第 4 章第 3 节第 9 部分）均离不开言论和集会自由，以此来确保政治的实现；"没有言论自由的思想自由是空中楼阁"（VZ 248）。在这种激进公开原则的背景下，阿伦特一如其在多处提到的那样解释道："政治的本义是自由。没有自由，政治生活就没有意义。"（VZ 231）

从这种对"革命实践活动相当简单的图解"中，阿伦特意识到摆脱强制性的消极自由并不仅仅意味着摆脱恐惧和危难的自由，自由从 18 世纪起就具有各种平等特征（VZ 241）。在 1961 年的这篇文章中，她没有像在《论革命》一书中那样清晰地表达如下观点，即她虽然对进步思想有所怀疑，但她特别对政治初期革命的创新在政治上寄予厚望。另外，从她遗留下来的有关"什么是政治"的文献片段中不难看出，她对从战争型向政治争论型的可能性转型问题也进行了系统考察（见本书第 2 章第 5 节第 4 部分）。

据《论革命》书中的论证，阿伦特得出如下颇具争议的结论：她推崇美国作为"自由的宪法"政治建立过程中所积累的经验，以及（后来）黑人的民权运动经验。他们将从新的国家性中取得道德团体的运作方式，最后再传播给民众（VZ 249）。相反，解决社会问题的方案不能以自身作为经验。不妨以法国为例，阿伦特认为，他们显然在其自身的革命失败之后也没有这种经验。因此，阿伦特就寄希望于，人们只有通过政治中立的、技术的和科学的方法才能从贫困中获得解放，并以这种方式解决社会问题。一种她并未深究的观点，但却和政治与社会这对范畴划分（见本书第 2 章第 5 节第 5 部分；第 7 章第 2 节）一并引发多重批评（Benhabib 1998；Pitkin 1998；Young 2001）。

"教育危机"

在该卷第九篇文章中，阿伦特致力于研究身兼哲学、宗教和文学专家的 E. 罗文森（Erwin Loewenson，1888～1963 年），他是阿伦特"早年的"朋友（Ludz VZ 416）。该文首次发表于 1958 年。它源自同年 5 月 13 日在（德国）不来梅的一次演讲内容，其英文文稿在《在过去与未来之间》一书中改动不大。该演讲共分四个部分，主要从美国的教育危机出发，着重阐述了现代世界主要危机的大背景，进而提出了她关于教育的几个主要看法。这篇文章一定也可以取名为"教育与政治"，因为阿伦特也论述了这两者之间的关系，并论证了政治领域和家庭领域这对范畴（VZ 271）。

在对教育危机的勾勒中，阿伦特指出，教育危机在美国由于教育的特殊地位真有可能变成真正的政治事件（VZ 256）。那是一种传统的、特有的热情，美国作为移民国家对"新事物"（VZ 257）和对"新来的人"有一种珍爱（VZ 259）。由此，她引出错误的卢梭式的"教育理念"。卢梭认为教育应该是"政治的手段以及作为一种教育形式的政治活动"（VZ 257；见本书第 3 章第 1 节第 9 部分）。阿伦特指出，这种"误解"导致一种幻想，即"人们通过教育能够为孩子们建造一个新的世界"。它依靠这个新世界建立起美国经验，而事实上这个世界还是那个"由生者和死者构筑起来"的旧世界（VZ 257－258）。关于这个幻想，阿伦特曾在关于"小石城"的文章中（卢茨在 VZ，第 416～417 页；见本书第 2 章第 7 节第 2 部分）有过详细和颇有争议的著述。它还在种族歧视问题上促使政府建立模范性的混合学校，以此绕开在政治上无法说服成人的尴尬。让孩子们自己来应对那些"成年人没有能力解决的问题"（VZ 259）。一般来说，教育的危机不仅存在于美国学校的治学标准上，而且还存在于对人类良知的忽视和对共识的误解上（VZ 259－260）。除了这些大众的社会问题之外，阿伦特还看到了一种"平等概念"的缘起。在此基础上，她认为"以孩子的先天物理特性不同作为是否具有天赋标准的做法是不能被接受的"，因为这与民主平等原则相违背（VZ 260－261）。

阿伦特在第二部分将"毁灭性的措施"归纳为"三种基本思考"。第一，将这些身处"绝对少数"位置的孩子们的社会视为"独立的世界"来观察。似乎他们与其他年龄段的人的世界是"隔绝的"，成年人好像也变得不跟孩子们接触，并且无计可施一样（VZ 262－263）。第二，教师专业教育的重点已经被如此转移，以至于教师失去了"最好和最合法权威"的地位，而那些权威是他们无须强迫手段就可以依靠的东西（VZ 263）。第三，阿伦特提出"儿童世界的绝对化"这样的结论。通过这个世界，孩子们被人为地与成人的世界隔离开来（VZ 264 – 265）。

接着，阿伦特探讨了一个"功能性问题，即让儿童的生存回归正常的人类生活"（VZ 266）。她认为，孩子们会向教育工作者展示"两张面孔"。一副与世界"新来的人"相符，另一副则与生活相关，就像所有生物的成长、发展一样（VZ 266）。教育的责任必须跟上述两者有关，尽管它们各自有各自的要求（VZ 267）。阿伦特以《人类生存条件》/《积极生活》书中有关领域划分的概念消除了这种对立（见本书第 2 章第 5 节第 5 部分）。同样地，像作为成长中的孩子面对世界需要受到照顾、呵护和保护一样，这个世界也需要给"新涌入的人流"提供"保护"（VZ 267）。现代社会对年轻人构成一种"挑战"与"排斥"（VZ 269；见第 4 章第 25 节）。基于这样的世界观，阿伦特看到学校和教师的双重作用。教师的专业技能与权威很重要，作为家庭教育者与权威就必须"承担对这个世界的责任"（VZ 270）。如果他们不这样做，从某种程度上来讲，就会发出这样的声音："你们会看到，他们如何胜任……我们洗清责任。"（VZ 272）阿伦特以政治权威反对在前政治领域中的这种"临时性"优势的分类过程，而在《人类生存条件》/《积极生活》著作中就是这样归类的（VZ 271 – 272；见本书第 2 章第 5 节第 3 部分、第四章第 19 节）。她信奉教育而非政治领域内的"保守性"，即持接受"保守立场的地方，人们认为世界就是现在这个样子"，会走向"消亡"（VZ 273）。

最后，阿伦特将教育中的权威危机归结于传统的危机（VZ 274 页；见本书第 4 章第 37 节）。她描述了两种传统的路径，一种是教育领域中的古老方法，另一种是新的为人们带来世界相关知识的途径。在古希腊，年龄的增长被视为"逐步回归的表现"。而在罗马，年龄则被看成"最适当的存在形式"。不仅如此，它还被理解成某个位置上权威的上升（VZ 274）。主要的问题在于，尽管传统有断裂，但是教育"既不能放弃权威也不能放弃传统"（VZ 275）。因此，阿伦特重申了下述结论：应该在青少年和成人之间划清界限，以便不会发生"成人受到教育"以及"孩子们又得被当成成年人来对待”的情况（VZ 276）。在此，阿伦特看到两种动机的交叉与重叠：爱这个世界，去承担对它的责任并且在它毁灭前“去拯救它”；爱我们的孩子们，为了不让他们被这个世界隔绝（同上）。

“文化危机及其社会与政治意义”／“文化与政治”

该卷的第十篇文章是以阿伦特 1958 年在《代达洛斯》（Daedalus）杂志和纽约的塔米蒙学院（Tamiment Institute）会议的演讲稿为蓝本写成的。她以“社会与文化”为题剖析了大众文化的问题，该文于 1960 年刊登在上述杂志上。同年，阿伦特又在文化批评会议暨慕尼黑城的 800 年庆典上用德文做了题为“文化与政治”的演讲。最后，两则演讲内容相互融合形成了《在过去与未来之间》一书中的“文化危机及其社会与政治意义”一文。在第五章中，这篇文章的第一部分增加了很多内容，第二章至第五章的内容压缩至一章，仍算作第五章。另外，《在过去与未来之间》一书还收录了“文化与政治”中原有的内容。两篇文章内容基本一致，它们主要围绕文化和政治的竞争性关系而逐步展开。在英文版《在过去与未来之间》中发表的文章内容与德文版的某些部分有所不同。前者直接以美国较新的大众文化现象中棘手的问题为出发点，并且针对德文部分还额外描述了现代个体对社会的反感（BPF 200），还包括对作为“完美追求”的文化与艺术的现代理解（BPF 203）。这种理解应该没有那样的超越，也不需要忘我的距离（BPF 210）。

和英文版一样，其德文版文稿从对德国旧有“教育市侩习气”的怀疑出发，其目的是为了首先贬低文化在新兴社会中的价值，然后走进装作风雅和有素养的人与“达官贵人知识分子”中，他们与大众社会有关（VZ 277）。尽管在“教育市侩主义”中的文化已经降至社会的交换价值以及商业化了，也就是说它已被需要、被交易。文化首先在大众社会的娱乐工业中就自我消耗与消费了（VZ 278）。与自然循环中的自然之物不同，它不能新陈代谢。这种从“世界现象”到“生命现象”（VZ 280）的转变从整体上威胁着文化的存在。与此同时，世界的共同社会化得以形成。关于这个问题，阿伦特在《积极生活》一书中以劳动范畴的提升做过探讨（见本书第 2 章第 5 节第 5 部分）。

这种社会化造成普通人的"被遗弃感"。他们将这种"自我中心主义和非常糟糕的世界的异化……误以为是自我异化"（VZ 278）。在阿伦特看来，大众文化是一种娱乐文化。在其中，文化被视为一种与他人一起享用的日用消费品。在现代劳动社会中，它因此成为工作与业余时间的生命周期中的一个组成部分，即所谓"面包和游戏"（VZ 279；比较 VA，§ 17）。在此，流行艺术不是问题，打击乐的作曲家也不是问题，反倒是有意组织并且使文化有品位的"知识界的无产者"（VZ 280）成了问题。阿伦特将这种古老的，尤其是对政治的希腊式怀疑与这种对文化的敌意对立起来，为的是成全另一种经验（VZ 281f）。依据 G. 伯里克利（Grabrede Perikles）的观点，阿伦特严格区分文化与政治、哲学与美学概念，并承认它们之间相互的竞争性关系。这不是因为真理与美、思想与行动之间的冲突，而是因为它们是两种实践活动，即政治行动和艺术制作。它们分别以不同的量级与标准在公共领域中发生（见本书第 4 章第 3 节、第 9 节）。因为艺术品在生命过程中没有任何作用，它们"与任何目的和功能无关"，故"与其他任何东西不同的是，它们与政治性关系更为密切"。它们属于"精神产品"，并且能够通过现实性的转变使得回忆与思考成为可能（VZ 289 – 290）。

阿伦特认为，这种古希腊式的对制作活动的怀疑源自内在的暴力以及手段与目的范畴。今天，来自统治者、被统治者和主权的合法暴力的政治范畴对人们来说并不陌生，但是这在推崇非暴力说服风气的城邦是被排除在外的。按照阿伦特的想法，天赋行动却发生在与非主权有关的情形之下。但是，在政治与文化之间存在互补性：第一，在一个没有被摧毁的世界中，对政治持久性与纪念的必要性；第二，品位的判断力。它按照康德的"正常人类理解的格言"，强调了判断的其他前提，并且获得一定程度上具体的普遍性，但却没有一个广泛的有效性。品位决定质量与依附性。政治一旦死亡、判断力渐渐枯萎，文化也就贬值。

"宗教与政治"

这本书的第 11 篇来源于阿伦特 1953 年在哈佛的演讲内容。它阐述了当时相当流行的一种立场，即用宗教术语定义自由与极权世界之间的冲突，以及将共产主义看成世俗宗教的立场。阿伦特认为这是对政治科学的挑战，目的在于反驳这种观点并深入探讨宗教与政治的关系（见本书第4章第31节、第29节）。首先，她在世俗世界中分析了宗教与无神论的区别。接着，以她对荒谬历史的看法以及可追溯至马克思的共产主义的社会科学解读，她指出宗教唯一、真正的政治要素，中世纪的、在先贤柏拉图彼岸神话中有迹可循的地狱理论（VZ 319 – 320）。循此，阿伦特指出那些将共产主义等同于宗教的荒谬。

在一个重要的方法论注解中，阿伦特在发表的一封针对《在过去与未来之间》的读者来信时，这样回应了一位被她批评的社会科学工作者。阿伦特解释道："如果说我还能给出某些事物定义的话，那是因为我能够区分它们。"她还说，"去获得现成的定义，在历史分析中无足轻重；相反，不断地进行概念的区分才是重要的"（VZ 325）。正是由于混淆了意识形态与宗教，才使定义它们变得没有可能。不仅如此，它还会消解本来就已经变得越来越含糊的、可知的区别。在对宗教和无神论的比较分析中，阿伦特还指出作为世俗世界基石的现代怀疑的意义（VZ 306）。这种不再是古老奇迹的怀疑仍然影响着现代科学而非共产主义的意识形态。因此，布尔什维主义"不再属于怀疑和世俗性的传统范畴"，它将学说与行动通过自由世界的一个"真正的深渊"隔离开来（同上；见本书第2章第4节）。

沃格林认为，共产主义就是"固有的异端邪说"（VZ 309；见 KA）。与诸如此类历史的画等号现象相对，阿伦特反驳说，政治活动影响着世俗主义，所有以往以宗教为基础的作为习俗、法律和评判标准源泉的权威应该已经丧失殆尽（见本书第4章第5节）。共产主义也为这种庸俗化助过一臂之力。

阿伦特在其社会科学理论的批评中解释说，它追溯到马克思定义的意识形态与宗教（见本书第2章第5节、第3章第1节第15部分）。对马克思来讲，依据他的意识形态是上层建筑的理论，宗教"成为许多可能的意识形态中的一种"（VZ 313）。当他将言语与行动向有利于制作与暴力的方向减弱时，他依然深知这与功能主义的本质区别，这一点与希特勒和耶稣没有什么不同。他们的科学想表达这样的事实，即"现代人越来越成为社会的一种纯粹的功能"，这也反映了现代极权主义的思想。

与之相反，传统宗教唯一特定的政治要素在阿伦特看来存在于柏拉图意义上的地狱里。在现代，人们不相信死后的因果报应。以前宗教曾被用为政治斗争的托词，这样做的最大危险是，由某种意识形态而托生出对立的意识形态并陷入狂热（比较《昨天他们还曾是共产党人》，IG 228－237）。

《真理与政治》

第 12 篇论文因其对真理概念的阐述而引发广泛讨论，它来自 1969 年德文版论文集《政治中的真理与谎言》。该论文集中的第二篇文章《政治中的谎言》（见本书第 2 章第 7 节第 3 部分）被收录在第二卷的《在过去》中。女主编乌尔苏拉·卢茨解释了这些演讲内容编排的时间顺序，它们都是阿伦特在 1964～1966 年多次报告的文稿，共六篇。其中两篇为德文稿，四篇是英文稿。1969 年的这一篇是德文的最终版本，它是在粗略翻译基础上重新撰写的（卢茨，VZ 428f）。阿伦特的一篇较长的注释在《在过去与未来之间》中被提前，它由卢茨翻译（VZ 429）。后来这篇文章引发阿伦特关于《艾希曼在耶路撒冷》报告的争论（见本书第 2 章第 6 节第 1 部分），因为阿伦特想借此解释以下两个问题：第一，说真话是否总是正确的。我还应该完全相信"宁可世界毁灭，也要说出真理"吗？第二个问题源自"论争"中使用的令人吃惊的谎言数量。一方面谎言涉及你所写的内容，另一方面针对你要报道的实情。下面的思考试图对这两个问题进行阐述（VZ 429）。

这篇文章由五部分构成。在最后一部分，阿伦特回到了"真理的反政治性特点"以及"发现真理"（VZ 365，328）的问题上。为此，她有意识地使用了文章一开头就援引的拉丁文谚语"fiat iusticia, et pereat mundus"，即公平占主导，世界或许应该建立在它的基础之上（VZ 327）。阿伦特的出发点是真理与政治"相互争论不休"的"共同地带"，无论外交上的谎言还是作为国家艺术的"技巧"（同上）。反过来的问题是，真理或某些"准则和美德"都必须成为"为了存在"和"国家利益"的牺牲品，阿伦特在一开始就给予否定，因为这是"关乎世界存在的问题"，也就是希罗多德的问题（legein ta eonta）（VZ 328－329）。

在简洁有效的开场白之后，阿伦特逐层剖析这些在真理与政治之间的"争论"

和"强烈的敌对关系"背后现存的历史;她区分了霍布斯的"数学真理"和柏拉图对人类"普适"的哲学真理,后者应该超越"人类知识的界限"并且会受到"政治权力"的威胁(VZ 329 – 330)。在此基础上,她接受了莱布尼茨对"事实真理"和"逻辑真理"的划分,并且将数学真理和哲学真理归入后面的类型。而事实真理"原初"是有趣的,因为事实和事件"构成了政治的实际性质"(VZ 330 – 331)。两种真理类型均有地方特色,这在《人类生存条件》/《积极生活》著作中的本地化活动中可见一斑:逻辑真理置身于政治权力所属领域之外,而事实真理则存在于"政治领域之内"。不仅如此,阿伦特还认为,后者作为"事实与事件""往往备受损害","一再地欺骗人们"(VZ 331)。在真理与政治之间的对抗也因这两种真理类型而表现不同:历史地看,逻辑真理与政治之间的冲突早已深入哲学家和国民截然不同的生活方式之中。另外,不同对象的两种领域之间的冲突,即神性的与人性的以及改良的冲突。这些对象源于"哲学的'辩证'"与"政治的'修辞'",以及真理与意见之间的对立,并且"一直延续至新的时代"(VZ 332 – 333)。阿伦特首先在康德那里看到了一种有效的、以可分享性为原则的交融。这是"我们思想'正确性'的依据以及它得以存在的保证,使我们可以与团体中的其他人一样思考"(VZ 334)。在当今世界,阿伦特认为哲学真理与意见的对立消失,并且演变成事实真理和意见之间的对抗(VZ 335f)。在两种情形中,人们都必须谈及从真理向意见的转化风险,以及从"坚定的理性判断"向在说服人类过程中"他们没有穷尽复数性"的"转化"危险(VZ 335)。在此,逻辑真理更换了对象领域,并且在进入政治世界过程中改变了"它们的本质",如果它们变成单纯意见的话。事实真理从一开始就一直由"纯粹的人类的事情"构成,"就其本质来讲就是政治的"(VZ 338)。

阿伦特认为,有关集中营事实的"游行示威"在极权统治下比表达"'异教的'各自意识形态的见解"更危险。的确,在这个所谓的"自由世界",对事实的表达却不被宽恕,因为它们变形为意见的表达(VZ 336)。即便事实如真理,不像传统意义上的理性真理,受到"诸多意见"的威胁而较少通过"有意识地伪造或有组织的欺骗"(VZ 337)。阿伦特认为,它将不能完成任务并且在政治事件中有"相似的作用"，像理性真理在哲学领域中那样：这种思想"在两种情形下启发了她，并且将投机控制在一定范围之内"（VZ 339）。阿伦特的事实真理概念是令人深思的，因为它们存在于政治领域，事实又属于"意见的范畴"（VZ 338）。同时，阿伦特提倡以没有任何解读余地来决定"纯粹"事实（VZ 339）的提法，以及不容混淆事实、意见和解释（同上）之间区别的看法。因为如果是这样的话，"实质的现实性本身"的结构就会面临危险（VZ 337）。基本数据和"亲自搜集事实材料"往往意味着，要揭开那些并不令人愉快的历史"场景，如希特勒政府是如何受到德国大多数民众支持的，或者1940年德国又是如何绝对性地战胜法国的"（VZ 339）。阿伦特在第三部分中分析了事实真理的概念，并且重新划分了真理的四种类型。在第四部分又回到事实真理这个问题上来之前，她阐述了政治领域内哲学真理成功转型的两种形式。

像其他类型的诸如数学真理、科学真理和哲学真理一样，阿伦特认为，事实真理有绝对的要求和强制性的特点，意见则"因有理有据的说服"而形成并且它本身是可以改变的（VZ 340f）。在向判断力转变的过程中，阿伦特比较了在政治领域内有"统治企图"的真理路线与以"推理"为代表的政治思想，后者借助于促成较高水平成果的想象力形成意见（VZ 342 – 343）；"事实真理"却给定"意见形成的对象"并有所界定（VZ 343）。它们本身因此而变得不透明，看起来似有反观的必要，因为"还有其他的东西也许能够加入"（VZ 345）。除了这些限制，政治权力还有很多其他方面的限制，如"宪法、有效的公民权利和三权分立，也就是说，来自那些属于政治领域的方方面面"（VZ 341）。

在政治领域强制性哲学真理的成功转型问题上，阿伦特走在了苏格拉底的前面，如在其《哲学与政治》（见本书第2章第5节第2部分）和《论邪恶》（见本书第2章第6节第2部分）中。她如此以政治意见与历史事实之间的区别来重新影射艾希曼论争中不公正的判断问题。她将苏格拉底的命题"宁可受不公正对待也不做不公正的事"（VZ 346）总结成道德哲学的语句就是不用禁令——"没有命令式！"——而是"真理要求"的"表述"。这种理论表达的"论证"使得哲学真理要求的政治目标得以实现，成就了苏格拉底"非常独特的论证方法"。以此，他"为了这个真理投入自己的生命"（VZ 350 - 351）。除了苏格拉底从理性真理向行动的转化，阿伦特还第二次以杰斐逊这位美国政治家为例，他就反被"真理的强制性胁迫"（VZ 349）。为了在革命者中间获得基本的一致性，杰斐逊提出了一定程度上的"必须被证明的真理"（"不证自明"）。然而他却进一步解释说："我们坚持真理必须获得证明"，转而他已经"允许"这些真理是"一种合约的结果"（VZ 349）。他摘除了它们非政治和专制的真理特性。

这些事实真理的转变或论证是不可能的，因为阿伦特认为事实真理的对立面不是谬误或意见而是谎言（VZ 352）。阿伦特在第四部分中就将谎言作为"行动"的"模式"和形式进行阐述，行动证实了真正自由的存在（VZ 352 - 353）。她将"传统的"政治谎言与"有组织的"政治谎言和现代的政治谎言"形象工程"般地区别开来。然而对它却"没有什么好说的"（VZ 354 - 355，361）。传统谎言关注秘密或者意图，而有组织的政治谎言则关心"众所周知的事实"（VZ 355）。例如，苏联的历史记录就可以"否认事实"（同上），并且以辞典中的章节替换之（VZ 361）。阿伦特还指出了"隐瞒和灭绝"之间的不同，因为现代谎言虽然也可能"有潜在的暴力倾向"，但是只有"极权统治者"知道将谎言作为现代的开始将其攥在手中（VZ 365）。传统的谎言关注细节并且不涉及自我欺骗，现代谎言却瞄准总体联系和对事实真理的替代（VZ 356 - 357）。尽管这样，阿伦特还是在最终进入第五部分"诗人的政治作用"议题之前记录了一些曾经对她有启发的事情（VZ 368）："事实是顽固的，它们虽然敏感，但却拥有少有的坚韧性"，因为它们"是不可逆转的"（VZ 363）。因此在结论部分阿伦特表达得更为乐观。更确切地说，政治领域必要的界定，即"那些人们不可以改变的事情"或许可以变成"短时间内可以消失的事情"（VZ 369）。

"对太空的征服以及人的地位"

这篇发表在《在过去与未来之间》一书中的文章是由乌尔苏拉·卢茨以德文论文续集第二册的形式编辑出版的。它是据阿伦特1962年在"大英百科全书"的会议上所做的报告内容整理而成，她探讨的问题是人类对太空的征服到底是强化还是弱化人自身的地位。阿伦特的回答是，对太空的征服将这个世界变小。因为全球自然科学家那些在人为想象的实验天地里所构建的感知、公共知识和通常的语言以及数学语言受到质疑，他们发现了新的宇宙。那不仅是一个无法企及，而且依照施勒德林（Erwin Schrödinger）的看法还是不可能想象的宇宙（IG 376f）。当前辈们还在借助爱因斯坦、普朗克、玻尔和施勒德林（的思想）"精确勾勒人性要求，如简单性、美与和谐的概念的外延"之时，这个新的宇宙恰恰抽离了以往的描述以及其曾经被人类所主要关注的科学内涵（VZ 373）。这反而对外行和人文主义者构成挑战，对自然科学工作者的活动进行评判。因为他们关照所有人，鉴于与感官世界无关的理论，他们还能够承担摧毁我们这个星球的后果（VZ 380）。在自然科学领域，人们并不关心他们的所作所为对人类产生什么样的后果，而是在探寻"真正现实性"的道路上做着各种尝试（同上）。需要对自己的行为承担责任的不是自然科学家，而是公民（VZ 384）。

因此，需要讨论的不是行动的规模以及如下一些"不屑"的问题，如"是否应该更好地使用这笔钱"等，而是行动本身以及它是否能够自毁的问题（VZ 383）。为此，首先应该提到海森堡的测不准原理。有了它，客观现实性的丧失变得清楚，人类也"只有与自己本身相对应"（VZ 385）。其次，随着现代技术的发展，人类事实上越来越多地只生活在自己"编织"的世界中。最后，在地球之外找到阿基米德支点的可能性不存在。只有当征服太空不会超越可知世界的时候，保持地球中心说和人格化理论不变，人的地位才可能获得某种补充（VZ 386f）。然而阿伦特却看到了危险，人类似乎被他们周围的技术——宇宙辐射核能、人造生命和交通工具——如"人类基因突变"这样的生物过程所包围。在那些领域，普通的日常语言将失去意义，取而代之的更多的是一些数学公式。如果这样的状况真的变为现实的话，人的地位将被摧毁。

内容上对本文同样有借鉴作用的是 1969 年在《现代》一书中发表的"阿基米德的支点"一文。

沃尔夫冈·霍尔/斯特凡妮·罗森穆勒

参考文献

Arendt, Hannah: »Gestern waren sie noch Kommunisten«, IG 228–237.

Assy, Bethania: *Hannah Arendt – An Ethics of Personal Responsibility* (Preface by Agnes Heller). Frankfurt a. M. 2008.

Baehr, Peter: »Identifying the Unprecedented: Hannah *Arendt*, Totalitarianism, and the Critique of *Sociology*«. In: Garrath Williams (Hg.): *Hannah Arendt. Critical Assesments of Leading Political Philosophers*, London/New York 2006, 224–264.

Benhabib, Sheyla: *Hannah Arendt. Die melancholische Denkerin der Moderne.* Hamburg 1998.

Brunkhorst, Hauke: »Öffentliche Freiheit. Zwei Begriffe der Republik im Werk Hannah Arendts«. In: Martin Frank/Helgard Mahrdt/Bernd Neumann (Hg.): *The Angel of History is Looking Back.* Würzburg 2001, 31–44.

Char, René: »Hypnos: Aufzeichnungen aus dem Maquis/Feuillets d'Hypnos«(übers. von Paul Celan). In: Ders.: *Poésies/Dichtungen.* Hg. von Jean-Pierre Wilhelm unter Mitarbeit von Christoph Schwerin. Frankfurt a. M. 1959, 117–201 (frz. 1946).

Canovan, Margaret: »Politics as Culture: Hannah Arendt and the Public Realm« In: Lewis P. Hinchman/Sandra K. Hinchman (Hg.): *Hannah Arendt. Critical Essays.* Albany 1994, 179–210.

–: »Verstehen oder Mißverstehen. Hannah Arendt, Totalitarismus und Politik«. In: Daniel Ganzfried/Sebastian Hefti (Hg.): *Hannah Arendt. Nach dem Totalitarismus.* Hamburg 1997, 54–67.

Förster, Jürgen: *Die Sorge um die Welt und die Freiheit des Handelns. Zur institutionellen Verfassung der Freiheit im politischen Denken Hannah Arendts.* Würzburg 2009.

Gordon, Mordechai (Hg.): *Hannah Arendt and Education: Renewing our Common World.* Boulder 2001.

Heuer, Wolfgang: »Hannah Arendt : Éducation pour un monde commun«. In: Marie - Claire Caloz-Tschopp (Hg.): *Lire Hannah Arendt aujourd'hui. Pouvoir, guerre, pensée, jugement politique.* Paris 2008, 521–530.

Honkasalo, Julia: »What Constitutes our Sense of Reality? Hannah Arendt's Critique of the Search for Epistemic Foundation«. In: *Collegium. Studies across Disciplines in the Humanities and Social Sciences* 8 (2010), 86–104.

Honneth, Axel: »Flucht in die Peripherie«. In: *Deutsche Zeitschrift für Philosophie* 56, 6 (2008), 982–986.

Kafka, Franz: »Er«. In: Ders.: *Beschreibung eines Kampfes: Novellen, Skizzen, Aphorismen. Aus dem Nachlaß. Gesammelte Werke in Einzelbänden.* Bd. 5. Hg. von Max Brod. Frankfurt a. M. 1954, 300.

»Kontroverse Ansichten: Der Disput zwischen Hannah Arendt und Eric Voegelin über das Totalitarismusbuch« [1953]. In: *Über den Totalitarismus. Texte Hannah Arendts aus den Jahren 1951 und 1953.* Hg. vom Hannah-Arendt-Institut für Totalitarismusforschung e. V. an der Universität Dresden. Dresden 1998, 33–52 [KA].

Krippendorff, Ekkehard: »Hannah Arendts archimedischer Punkt.« In: Ursula Kubes-Hofmann (Hg): *Sagen, was ist. Zur Aktualität Hannah Arendts.* Wien 1994, 75–94.

Macauley, David: »Hannah Arendt and the Politics of Place: From Earth Alienation to Oikos.« In: David Macauley (Hg.): *Minding Nature. The Philosophers of Ecology.* New York 1996, 102–133.

Magiera, Günter: *Die Wiedergewinnung des Politischen: Hannah Arendts Auseinandersetzung mit Platon und Heidegger.* Frankfurt a. M. 2007.

Marchart, Oliver: *Neu beginnen. Hannah Arendt, die Revolution und die Globalisierung.* Wien 2005.

Opstaele, Dag Javier: »Die Lücke zwischen Vergangenheit und Zukunft Hannah Arendts hermeneutische Theorie«. In: *Zeitschrift für philosophische Forschung* 55, 1 (2001), 101–117.

Pitkin, Hanna Fenichel: *The Attack of the Blob: Hannah Arendt's Concept of the Social.* Chicago/London 1998.

Thaa, Winfried/Probst, Lothar (Hg.): *Die Entdeckung der Freiheit, Amerika im Denken Hannah Arendts.* Berlin/Wien 2003.

Villa, Dana: »Thinking and Acting«. In: Joke Johannetta Hermsen/Ders. (Hg.): *The Judge and the Spectator: Hannah Arendt's Political Philosophy.* Leuven/Belgien 1999, 9–28.

Volk, Christian: *Die Ordnung der Freiheit, Recht und Politik im Denken Hannah Arendts.* Baden-Baden 2010.

Wellmer, Albrecht: »Hannah Arendt on Judgment: The Unwritten Doctrine of Reason« [1985]. In: Larry May/Jerome Kohn (Hg.): *Hannah Arendt. Twenty Years Later.* Cambridge 1997.

–: »Hannah Arendt über die Revolution«. In: Hauke Brunkhorst/Wolfgang R. Köhler/Matt
　　hias Lutz-Bachmann (Hg.): *Recht auf Menschenrechte*. Frankfurt a. M. 1999, 125–156.
Young, Iris Marion: »Asymmetrical Reciprocity: On Moral Respect, Wonder, and Enlarged Thought«.
　　In: *Judgment, Imagination, and Politics*. Hg. von Ronald Beiner und Jennifer Nedelsky. New York
　　2001, 205–228.

七　《论革命》

　　正如《积极生活》一样，阿伦特 1963 年出版的著作《论革命》是她对如下问题
思考的结晶：共和政体传统——思考的萌芽始于 1951 年美国革命的共和主义（DT
130f）——以及对孟德斯鸠学说的挖掘（见本书第 3 章第 1 节第 8 部分）和她对极权
统治思想的深入探讨。因此，在《论革命》中整合了计划中《马克思主义的极权要
素》研究内容。这些内容是对《极权主义的要素和起源》的补充，并且同时是《积
极生活》一书的思想萌芽。从另一角度来讲，她的著作《论革命》也是对《极权主
义的要素和起源》的正面回应：依据对恐怖和集中营系统的分析，书中阿伦特描述
了政治行动的历史零点，在《积极生活》中探索性地提出了自由行动的理论模型。
这样一来，《论革命》中的行动理论就成为《积极生活》中理论的具体体现。它可以
追溯到西欧的政治哲学传统以及美国"建国之父们"的经典著作。

　　《论革命》一书出版时的历史背景不容忽视：被阿伦特看好的匈牙利（1956）和
古巴（1958/1959）革命不久，大多数非洲国家刚刚从以反殖民主义为主的解放斗争
中获得独立（1960），革命的左倾趋势还未曾退去，诸如此类。因此，阿伦特的革命
理论就包含着双重含义。阿伦特先是从对法国大革命以及紧随其后的社会主义革命的
关注转移到美国革命上来。她从第一页就开始捍卫自由理念，并且反对那些将其视为
"小市民偏见"的人（üR 10）。另外，这并没有为美国带来超常的赞誉（Heuer
2003）。以阿伦特的视角，美国彼时正处在"失忆"的状态中（üR 279），忘记了革
命初期的困扰。这导致了美国的外交政策也几乎患上"革命的恐惧症"，并且表现在
支持腐败和压制性的政府的问题上。阿伦特既试图通过对美国革命共和制自由的理解
来应对她那个时代的社会主义革命，同时又重申美国建国之初革命精神继续的必要
性，即通过行动实现自由，这也开启了她日后对公民不服从的思考。正是这种对非暴

力革命可能性的强调使这本书在 1989 年"天鹅绒革命"之后数年再度受到关注。事实上，它在 1968 年就已经拥有很多读者了（Dubiel 1994，29f）。

历史新起点的可能性

阿伦特的目标就是要解释清楚："到底什么是革命？革命现象对人类和政治领域意味着什么？对那些出生在革命时期以及所生活的世界不断地受到革命影响的人又有着怎样的意义？"（üR 52f）历史上，当周期性的、有效的古老模式终结之后，作为完全的新生事物出现的革命最早发生在 18 世纪末。从时间上来看，现代革命的出现是连续的，并且确立了新的顺序。因此，人们可以以此作为革命的元年来重新开始计算。阿伦特之所以认为这种绝对创新是可能的（üR 56），是因为它并不源于现实的政治领域，而是基于科学领域（伽利略，同上）和哲学投机（笛卡尔和霍布斯，同上）这两百年历史性的预演，直至它最后更绝对地在政治革命中变成现实。革命是"唯一使我们必需直面并且不容回避历史新开端的政治事件"（üR 23），这标志着一个时间上的新秩序（novus ordo saeclorum）（üR 232f）的产生。因此，这种存在且超验的创生性的确立即得以实现（见本书第 4 章第 23 节），也因此具有开端能力。它们发生在历史和政治领域。因为历史上每一个新的开端都是以考虑新来者的生存为前提的。对阿伦特来讲，他们因出生便具备（üR 276 页）了开端启新的能力（见本书第 4 章第 3 节）。

《论革命》的核心框架基于如下考量：阿伦特似乎希望该书能够开创"开端之谜"的先河，并且能够回答如何使"一个事件连续性爆发且引发新的事件链"成为可能的这个问题（üR 276）。仅仅鉴于一种与瓦尔特·本雅明的革命理论（Benjamin 1991；Schottker/Wizisla 2006）相关的思维模型为基础，她指出，这样的一种事件撕开了一个时间上的缺口。它是在"旧事物终结和新事物开始之间的独立时间轴上"（üR 264）打开的。那么，这也就意味着，阿伦特的革命概念应该理解为偶然现象。而这反而因历史事件的必然性成为这本书受到攻击的靶心（Marchart，2007）。因为如果革命的发生是不确定和不可期待的话，那又怎样解释下述问题，如为什么 18 世纪的革命者却没有做好他们行动——革命的准备呢？阿伦特强调指出，它们不能预测，也就不能违背其自身意愿走上不归路。

但是，阿伦特本人却在革命的概念里加入了一种相抗衡的运动。事件的偶然性受到历史必然性理念的阻碍。类似于行星沿着特定轨道运行，这个概念还包含着重新返回原来预定秩序的初始意义。在此，阿伦特联想到了哥白尼《天体运行论》的书名（üR 50）。这样，革命就首先被理解为真实传统权利的修复。这些使传统革命受到激励的修复时期表现出如下特点，即法国大革命启用了自 1614 年以来再也没有使用过的三种将军等级授衔制。革命的概念也是与时俱进，并被赋予不可抗拒的色彩。"每一种循环运动都是这类'必然'的体现。"（üR 67）阿伦特翻译了利昂库尔（Liancourt）地区的人们针对路易十四"这是叛乱！"叫嚷的纠正："不，陛下，这是一场革命。"他的言外之意是："已经发生的事情就像星辰的运行一样不可避免，即使国王也无能为力。"（üR 58）在法国大革命的辞藻中，即便充满活力的画面也不可避免地充斥着自然的力量：革命被形容和想象成闪电、暴风雨、潮水或火山爆发。阿伦特认为，很明显，这种不可抗拒的自然力量隐喻着法国大革命不再被理解为人造之物（üR 60），而是革命者不应该对此再抱有任何幻想的历史事件，像"他们以往理论上享饮自由的葡萄酒那样。他们早已经停止了自由的行动"。（同上）

这种暗喻证实了历史的强大，以至于 19 世纪所有后续革命最终都可以看成一场蔓延开来的革命风暴的波峰（蒲鲁东）。在这个问题上，阿伦特的哲学基础在黑格尔哲学中有迹可循。他受法国大革命经验的启发探讨过人类活动领域中的绝对性问题。就这样，这一人类活动越来越多的领域就变得更具绝对真理的特性。从历史哲学的意义上看，这就意味着：它隶属于世界历史的必然性。由此，现代历史的概念产生：从现在开始，历史必然性的概念不再维系于时间循环模式，而是受制于线性时间。它因对马克思主义十月革命的接收和神圣化最终转变成一种"真正的痴迷"（üR 70）。在阿伦特看来，美国革命原本可以被视为某种对应模式，即便所有那些在她心目中"曾是深信不疑的"，人们至少在政治领域拥有这种优势（üR 62）。然而遗憾的是，她却没有特别探讨欧洲的革命思想。当像她解构美国革命那样分析自由空间时，也只将它作为"必然性海域上形成的一座岛屿"（üR 354），这样结束了只顾及必然性语言的革命，如阿伦特在暴力统治下所观察的那样（üR 147）。首先，在这种阿伦特式斗争的背景之下，她在政治领域反对所有必然性事物的情况就不言自明。这样就不难理解阿伦特在政治领域对各种必然性的抗争，因此她在《论革命》一书的基础上必须讨论"社会问题"。

自由 VS 必然性："社会问题"

在《积极生活》一书中，阿伦特阐述劳动特性时告诫人们，政治不应该以满足人们的生理需求为目的（见本书第 2 章第 5 节第 4 部分）。她认为，为了维持和延续生命人的身体会受到不可抗拒的必然性的控制。如果法国大革命中贫困现象登上了历史舞台，就会出现必然性逼迫自由空间的危险。这就好像劳动的多元性被摧毁而形成一种组织形式，一种最终总会是"劳动组织"的形式。只有这样，诸如因饥饿而导致的贫困才能在政治领域里"众口一词"地"发出我要面包的呐喊"（üR 120）。在法国大革命的实践中，正是由于过分关注了蓝领阶层的社会权利这一原初前提，才忘却了建立自由的真谛。这为恐怖统治创造了条件（üR 83）。自从法国大革命为"穷人开启了政治之门"，政治领域就基本为他们的危难所占据。而这些在阿伦特看来本该属于私人领域所要解决的问题（üR 115）。

阿伦特的这种将社会问题排除在政治领域之外的做法似乎并非闻所未闻。哈贝马斯曾经在一份早期的评论文章中就进行过探讨，即在社会依赖性的前提条件下的"政治自由的权利意识"（哈贝马斯，1978，第 227 页）。阿伦特理论框架中的这种排除方法并非完全没有道理。或许它当时之所以表现得闻所未闻，是因为人们除了法国大革命还几乎不能想象其他类型的革命传统。美国革命则有所不同，因为占据其中心地位的不是社会问题，而是建立自由的问题。这也许与传统形成相抵触（仍需要争论，是否这还称得上是革命），因为它发生在一种幸运的例外条件下：自由之所以能够成功地得以确立，是因为与世界上其他任何地方不同的是，当时美国没有出现大规模贫困和危难的状况（üR 85）。阿伦特因而指出，美国的"建国先父们"无须面对那些政治上无法解决的社会问题。同时她也并不否认，美国当时也存在解决奴隶这个看不见的贫困问题（üR 90）。但这并不意味着，对穷人的命运可以不闻不问。首先，阿伦特提倡政治团结和反对那种多愁善感的家长式的同情，就像法国大革命中用人人平等开导"不幸的人们"：后者就会和客体的不幸有相同的感受，进而倾向于减轻他们的痛苦，从而使前者避免情绪化，这样就可以尽可能使理性发挥作用，形成尊重人的尊严的一般准则，建立一个彼此制约的可持久的共同群体（üR 112）。其次，阿伦特还认为，虽然不可能政治地解决社会问题，但技术上是可行的，这就是为什么要将这些问题委托给"专业人士"来领导和管理的原因（üR 116）。

这种对法国大革命（也包括俄罗斯革命）以及美国革命的看法反映在阿伦特对现代社会问题和政治问题的基本划分上，历史上较为古老的划分是私人领域和公共领域（在这个区分问题上对女权主义的批评见 Pateman 1989，118 – 40；Honig 1995，dort v. a. Dietz 1995；见本书第 5 章第 5 节）。因此，在接受阿伦特思想的过程中人们不仅注意到其政治理论在社会问题上的盲目性，而且她几乎因一切纠结不清的社会问题成为攻击对象（Pitkin 1998）。1972 年，在一场与玛丽·麦卡锡、C. B. 麦克弗森以及 A. 魏默尔等人的讨论中，阿伦特就因为她尤其在《论革命》中对社会和政治之间的过度区分而备受指责。玛丽·麦卡锡就曾发问，如果将所有社会问题都排除在外的话，公共领域还剩下什么问题可以讨论。阿伦特回应说，虽然可以公开讨论的问题因历史阶段不同而异，但是完全有可能决定什么问题不应该被讨论。为此，阿伦特引用了恩格斯关于"事务管理"的概念（IWV 90）。这就像"每一个人需要多少平方米的居住空间，才能保证正常呼吸和体面的生活"等类似问题就应该不属于必须公开讨论的范畴（IWV 91）。

尽管如此，阿伦特认为社会问题有其自身解决途径和需要技术性的管理跟进的观点，还是几乎不能说服她的最早期的批评者。人的执政应该从事务管理中解脱出来的想法本身是一个普通的概念。它可以追溯到圣西门，并且后来又被孔德（Comte）以及恩格斯重新发现了它的价值，阿伦特引自《反杜林论》（马克思/恩格斯，1962）。这一观点最终承载着一种历史的进步和"过程思想"的责任（比较 Lowith 1953）。对此，阿伦特本人可以算作最严厉的批评者中的一员。然而，她在负面的表述中顺应了阿伦特式理论框架的需要，并同时将其作为因自由受到威胁的态度和逻辑对政治空间过度塑形的警告。本哈比（Benhabib）（1998，246）坚持认为，社会和政治问题之间的划分是与立场有关的议题。由利益相关者群体提出的公共政治问题还应在更广泛的、多元化的思维方式下进行审议。类似地，维拉（Villa）（1999，118）也指出，阿伦特的这种划分并非以将特定阶层（如穷人）从政治领域中排除在外为目的，而是希望消除公共领域内出现某些特定非政治性心态和态度的风险。除此之外，她这种消极表述的观点可以为人们赢得这样的可能性——如果想得到的话——即自由和偶然性的政治领域只有在解决方案无须很长时间就可以确定的以及能够必然得出推论的情况下才打开。如果阿伦特因此在社会与经济领域看到对公开、自由和审慎的行动的潜在威胁的话，这就意味着她有意识地将政治空间不仅仅与生理需求和危难，而且与对经济目标和利益的追求割裂开来。像饥饿一样，这种考虑与算计属于必要性范畴，因此也必须在不能实现的偶然性的政治王国中依旧被禁止。

自由的建立：革命与共和

行动形式自由的实现只发生在偶然情况之下，而不是历史的、生物的或数学的必然性条件下。借《论革命》一书，阿伦特就上述前提条件问题又向前迈了一步，为自由赢得结构上一定的持久性（Förster 2009）。因为与叛乱相比革命瞄准的是自由政权的确立（自由宪政），也就是一个共和国的建立。革命也不同于起义与政变。只有在以推翻压迫并直接在某种结构上以追求自由为目的的地方才可称为革命。所以，革命的概念分为两个逻辑阶段：解放与自由建立的阶段。解放只不过是一次大胆的行动，并不标志着自由能够以机构和宪法的形式得以确立（üR 185）。因此，对阿伦特而言，各种革命时期的革命者由多方在宪法活动领域的相互承诺构成。这种承诺构建了新的自由与权力的空间。像阿伦特在《论革命》一书中所论述的那样，如果作为她的基本概念之一的权力（MG）成为多数人的共同行动，那么它能够在这种革命时期以一系列与宪法建立有关的承诺方式稳健并且机构性地确立下来。美国的"建国之父们"看来理解了孟德斯鸠的观点，即权力只有在分割的情况下才能够被确立下来。权力的多样性特点如三权分立被广泛认可，这甚至促成了权力的分化与增强（üR 194～198）。

革命却面临新开端的双重难题：创业和守业之难。在此，阿伦特在提到建立之难时提到恶性循环（circulus vituosus）和未经证实的原则（petitio principii）（üR 211）。只要政治的共识通过一部宪法获得支撑，创业的困难就会出现。

如果制宪权或制宪大会（pouvoir constituant）首先通过立宪纲领确立了制宪权及其新的权力机关的正当性，那么它本身从源头上来说就是不合法的。因为并非通过之前首先必须要确立的宪法。法国大革命倾向于以如下的方式解决这个两难问题，即以假想的、一个"国家"民众的统一意志为表现形式的制宪权不仅与政治领域隔离开来，而且被确定在更高级的自然法的合法性的源泉之上。相反地，美国革命却在政治领域内部解决了这个问题。这有利于制宪权首先在州宪法层面，然后再在美国的宪法层面得以消化。它能够以这个国家殖民时期获得实践的、自治的联邦结构开始做起：那些立宪者并不代表一致的民意，而是代表那些"在组织和机构中集合起来的一群人。他们已经习惯了按照规则以及在法律的框架内行使权力"（üR 215）。这样，制宪权就在长期以来形成的多元和联邦制的地方性权力中获得其合法性。

通过共和政体的建立还是没有解决第二种疑难，正如阿伦特在另一处所指出的那样，因为所有的政治体制都是"权力的宣示和物质化；一旦鲜活的公民权力不再支持和拥护该政治体制，它就会变得僵化和衰微"（MG 42）。为了使共和国的结构框架不至于变成一个空壳，就必须有新来者涌入公共领域，并且时刻保持革命初期时的清醒认识。只有自由常新，那种自由建立之初所显现的新开端才能够在新秩序中得以确保。接下来，共和国需要面对如下难题：它必须在建立新秩序的基础之上为后续的新来者创造条件，并且允许他们从各自的角度质疑、渗透或修改自由的规则（üR 299）。如果这些新来者受到束缚，那份阿伦特所谓的政治行动以及与开端相关的"愉悦"就会丧失，那么唯独建国一代人所拥有的特权就会对所有的后来者关闭。因此，杰斐逊想到的是革命与立宪过程应该在每一新生代的人那里阶段性地重复。

虽然在阿伦特看来这样的提议难免有些虚幻，但杰斐逊毕竟是美国革命者中唯一"对新共和国的关键错误至少还提出过警告的一位：共和国虽然给予公民自由，但却剥夺了自由真正可以实现的空间"（üR 302）。如果说"人民"拥有自由，那么国家就必须建立一个远比共和国建立的短暂历史时期持久的公共空间。美国革命之所以有此疏漏，是因为在新的宪法框架内没有为市政集会这类已经存在的、地方性公共领域留下生存空间。这些领域受到"宪法权威"的挤压，虽然它们就曾是新建（国家）的源泉（üR 306）。

议事会

阿伦特是如何回答上述两难命题的呢？她想到的是有关美国市政集会的传统，也就是杰斐逊的共和主义思想中集会的作用。它们应该为市民们提供可以继续行动的舞台，就像革命时期一样（üR 321）。阿伦特注意到这种议会机制以及 1789 年革命以来自然形成的、这种基本共和制的议会的派生形式。这种由劳工、士兵、农民、邻里或艺术人士偶然聚集起来的议事组织向政治机构转型属于革命时期一再出现的自发性组织。在法国大革命期间，巴黎公社就选择了这种模式。以下的革命进程中都形成了议会：1871 年巴黎公社、1905 年和 1917/1918 年的俄国革命、第一次世界大战后的德国和 1956 年的匈牙利事件（又称匈牙利革命）。新的模式总是在自发形式上加入参与自治和共同决定（参与决定）的成分。激进的历史研究忽视了这类议会"至少在革命的混乱期对自由的新的政治领域曾经起到过怎样的作用"（üR 320）。

这些议会倾向于建立一种联邦的结构，因为在革命初期的自发组织中就已经有了新国家形式的萌芽。由此，阿伦特对国家形式的建议是联邦议会制。其实，杰斐逊就已经提出了共和的金字塔模式：从基础共和、县级共和、州一级共和直至共和联盟。按照阿伦特的理解，这种共和并没有建立在绝对授权甚或全民公决的基础之上，意愿的形成必须在一切等级上被允许。尽管人们今天会认为，这样的国家形式更像是共产主义或社会主义（苏联至少从名义上来看是联邦议会制），阿伦特在《论革命》一书的结尾称它为"贵族式的"（üR 360）。因为政治参与应该不是强制性的，自我选择的精英可以"来自于民"："只有谁真正对世界感兴趣，他才应该在这个世界中有一票。"（同上）只有这样，政治行动中积极的自由和政治中的消极自由才同时得以保证（见本书第 4 章第 11 节）。关于这样的议会国家是否有实现的机会的问题，阿伦特肯定是不清楚的。因为她曾经在一次接受采访时承认："如果您问我，议会国家的前

景如何，我必须说，即便能够实现，它实现的可能性也非常小。也许可以寄希望于下一次革命。"（MG 133）

奥利弗·马夏尔特

英文版和德文版《论革命》的区别

阿伦特先用英文撰写了《论革命》一书，然后又将它翻译成德文。德文书的文字风格和内容都比他人翻译的要自由得多，篇幅也增加的不是一般的 5%，而是25%。英文书简洁精确，德文版则因阿伦特的叙述与修辞手法的灵活运用而表现得更具个人特点。譬如英文会说："激情与同情可以用语言来表达，但它们的表达不在于词语，而在于姿势和面部表情。"（OR 81）德文版的书中阿伦特就会如此描述："正如苦难（Leid）本身一样——与快乐不同，苦难本身是沉默的，只会迂回地走向倾诉（诉苦）——激情（Leidenschaft）与同情（Mitleiden）尽管本身都不是无法用语言表达的，但它们都更加倾向于，不是在词语中，而是在姿势和眼神中表达自己。"（üR 109）

此外，阿伦特还针对德国读者在历史与思想背景方面对该书进行了一系列的补充。例如，她在引述 J. 亚当斯有关穷人的"不可见性"时就添加了四行布莱希特《三分钱歌剧》系列《刀子麦基杀人歌》中德国受众熟悉的对白（"因为有人，身处黑暗……"（üR 86））。她还比较分析了卢梭作为 18 世纪思维方式表达的"同情"与莱辛作为人性的同情（üR 89）。阿伦特对德国思想史也曾提出自己的批评，即当她要用德语表达"绝对的非政治，但又不是敌视政治的"（üR 254）浪漫时，缺乏一种"原本那个公民时代所具有的天才般的狂想"（üR 92）。同样，她也指出，德国那个时代思想传统中不同寻常的强大与韧性，以及它"在经历过如此多价值翻覆与重估之后仍然能够幸存"的可贵（üR 229）。

阿伦特在德文版的"导论：战争与革命"的政治论述中特别强调了与革命和与暴力相关的战争的臆想作用（üR 19）。在批评民主中的整齐划一的公共观点时，她补充道，"在万民拥戴的独裁统治里，一致的公共观点自动派生出一致的反对力量，为的是以这种方式完全湮没真正意愿的形成"（üR 290）。也就是说，不是权力，而是反对党因缺少多样性而使自身受到削弱。在德语书中她的出发点是，法国大革命更尊重价值观，美国革命对积极的公民性缺乏足够的认识。因此，她特别指出在美国革命所追求的生命、自由和财产这三种权利和布莱克斯通的"属下"人权之间的区别，后者只是建立"根本性自由"的"方法和途径"（üR 38）。这样，她的人权批判（见本书第4章第22节）和她对积极确立政治自由的理解就与其对美国宪法的偏好衔接起来了。因为当在美国消极确定的人权与公民权利指出国家权力的边界时，他们按照法国的理解它"构成所有国家真正的基础"（üR 192）。相应地，阿伦特强调了对暴力介入的法国大革命的失败以及"特定欧洲文化圈愚蠢的反美行文风格"（üR 277f）的深切失望。这些均会遏制对美国革命的深刻领悟。

总体上讲，阿伦特在德文书中强调了马克思的思想（üR 38）。在导言的结尾处，她就明确指出几个世纪以来所有国家制度都是以犯罪以及由此而生的暴力开始的。她还以如下注解取代了看似合理的约翰福音"创世纪"字句，即原罪依然在马克思的"著名的关于暴力是历史强有力助产士的论断"（üR 21）中回响。她将对"利益"和"观点"政治理解的不幸关联也追溯到马克思（üR 292）。她在德文版的书中还是补充说，那种"将人类整个历史归结为阶级斗争的历史"的尝试以及由此将注意力转向穷人的做法也是"了不起"（üR 87）的。

阿伦特多次补充了对反政治的转型和"社会价值中政治原则"的内化（üR 88，284f；见本书第4章第14节）。不仅如此，她还在德文书中更加犀利地批评作为革命的非政治动机的同情（üR 99），并且在另一处将在"美国信仰"中安静的道德与"卢梭的影响"鲜明地对立起来（üR 226）。

在美国建国的章节中（üR 232），阿伦特增加了两大章节的内容论述出生、新的开端和行动之间内在的关系，并且最终以该书哲学观察的高潮收尾（üR 275f）。她在最后一章"革命的传统与精神"中详细地叙述了自发议会的意义。她视议会为"新的国家形式"（üR 327），并且通过马克思、列宁和托洛茨基详尽阐述她的欣赏，以及据此指出对它们缺少理论反映的缺陷（üR 329 – 332）。阿伦特认为，不仅自从1789年以来所有的议会都是在革命中形成的，而且罗莎·卢森堡对因苏联政党的官僚使政治生活窒息。这些补充显然使德语语境中的读者记住了议会独立性的这个问题，并且它还被与苏联的布尔什维主义相提并论。

另外，阿伦特还在德文版的书中更加深入地剖析了极权、权力和暴力等议题（üR 59、232、233、328）。她还为德语读者详细诠释了孟德斯鸠的思想（üR 150）。

最后，翻译中还出现一些概念上的改变，有些是考虑到受众不同的政治理解，例如将"布尔什维克世界"（OR 96）、"斯大林政权"（üR 127）以及"身体政治"（OR 133）视为"公共政治领域"；或者它们反映的是不同语言环境而非语言翻译细节的不同。通过"研读历史构架的不同视角"（OR 195），能否解释以下观点，即"历史的理解力是否能将历史构架复原"，是否能从"从错误中学习"，从"缺乏判断力"以及"有限的政府"到"法治国家"等，诸如此类（üR 281）。

沃尔夫冈·霍尔

参考文献

Benhabib, Seyla: *Hannah Arendt: Die melancholische Denkerin der Moderne.* Hamburg 1998.

Benjamin, Walter: »Über den Begriff der Geschichte«. In: Rolf Tiedemann/Hermann Schweppen-häuser (Hg.): *Walter Benjamin. Gesammelte Schriften.* Bd. I,2. Frankfurt a. M. 1991, 691–706.

Dietz, Mary G.: »Feminist Receptions of Hannah Arendt«. In: Honig 1995, 17–50.

Dubiel, Helmut: *Ungewißheit und Politik.* Frankfurt a. M. 1994.

Förster, Jürgen: *Die Sorge um die Welt und die Freiheit des Handelns. Zur institutionellen Verfassung der Freiheit im politischen Denken Hannah Arendts.* Würzburg 2009.

Habermas, Jürgen: *Philosophisch-politische Profile.* Frankfurt a. M. 1987.

Heuer, Wolfgang: »Von Augustinus zu den ›Founding Fathers‹. Die Entdeckung des republikanis-chen Erbes in der europäischen Krise«. In: Thaa/Probst 2003, 27–46.

Honig, Bonnie (Hg.): *Feminist Interpretations of Hannah Arendt.* Pennsylvania 1995.

Löwith, Karl: *Weltgeschichte und Heilsgeschehen. Die theologischen Voraussetzungen der Geschichtsphi-losophie.* Stuttgart 1953.

Marchart, Oliver: *Neu beginnen. Hannah Arendt, die Revolution und die Globalisierung.* Wien 2007.

Marx, Karl/Engels, Friedrich: *Werke.* Bd. 20. Berlin 1962.

Pateman, Carole: *The Disorder of Women. Democracy, Feminism and Political Theory.* Cambridge 1989.

Pitkin, Hannah Fenichel: *The Attack of the Blob. Hannah Arendt's Concept of the Social.* Chicago/Lon-don 1998.

Schöttker, Detlev/Wizisla, Erdmut (Hg.): *Arendt und Benjamin. Texte, Briefe, Dokumente.* Frankfurt a. M. 2006.

Thaa, Winfried/Probst, Lothar (Hg.): *Die Entdeckung der Freiheit. Amerika im Denken Hannah Arendts.* Berlin/ Wien 2003.

Villa, Dana: *Politics, Philosophy, Terror. Essays on the Thought of Hannah Arendt.* Princeton 1999.

Young-Bruehl, Elisabeth: *Hannah Arendt. Leben, Werk und Zeit.* Frankfurt a. M. 1986.

第6节 政治与责任

一 《艾希曼在耶路撒冷》

审判过程

《艾希曼在耶路撒冷：关于平庸的邪恶的报道》的诞生是因为阿伦特需要给《纽约客》杂志报道 O. 阿道夫·艾希曼（Otto Adolf Gehmann）在耶路撒冷的审判过程。艾希曼因 15 项诸如对犹太人犯罪、反人类罪，以及纳粹时期尤其二战期间的战争罪等诸多罪名而受到指控（EJ 48f）。审判在新建的贝丝·哈姆法庭人民议会厅举行，主审法官 M. 兰道（Moshe Landau）与另外两位法官伊扎克·拉韦（Yitzak Raveh）和本雅明·哈勒维（Benjanin Halevi）负责审判。最高检察官是吉迪恩·豪斯纳（Gideon Hausner），他与四个助手组成第一轮庭审的主诉小组。按照阿伦特的说法，豪斯纳其实就是以色列总理古里安的传声筒，而后者正是"建国大师"，从艾希曼在阿根廷被诱捕到其在耶路撒冷地方法院的审判都是古里安一手策划。当时的辩护律师是艾希曼曾经信任的、来自科隆的罗伯特·泽瓦迪乌斯（Robert Servatitus）律师，他与一名助手在第一轮审判中受雇于以色列政府。

1961 年 4 月 15 日开始对艾希曼进行审判。《纽约时报》从艾希曼于 1960 年 5 月 11 日在阿根廷被以色列特工发现并逮捕开始报道。以色列和阿根廷在有关将艾希曼引渡至以色列的问题上进行过谈判，联合国最终认可了耶路撒冷审判的合法性。当要将艾希曼移送以色列法庭审理的消息获得证实之后，《纽约客》主编威廉·肖恩（Willam Shawn）就问阿伦特，是否能够为杂志撰写一份有关审判艾希曼的详细报告。当时的报道渠道从四个方面组成，即在以色列的阿伦特和布卢门菲尔德、在纽约的海因里希·布吕歇尔和在巴塞尔的雅斯贝尔斯（见本书第 2 章第 10 节第 1 部分、第 10 节第 2 部分、第 10 节第 5 部分）。布卢门菲尔德负责给布吕歇尔翻译在耶路撒冷公开发表的希伯来语的批评，阿伦特负责通过信件发给布吕歇尔自己的评论，而后者又将美国媒体方面对这个审判的反馈转发给她。随后阿伦特将这些信息汇总发给巴塞尔的雅斯贝尔斯，后者又将欧洲的反应告知她。

1963 年，阿伦特在给塞缪尔·格拉夫顿（Samuel Grafton）的一封信中提到了她参与和研究艾希曼审判过程的三种动机。首先，虽然在她前期有关的书中对极权主义人性有所论述，她想知道艾希曼这个"活着的"典范是怎样的一个人。其次，她想借此从其法律视角对这种新型犯罪与罪犯以及相关法律构建的应对能力进行分析、探讨。最后，非常值得一提的是，用她自己的原说话："关于邪恶的本质问题，我思考了许多年，准确地说是 30 年。我决定去耶路撒冷最强有力的动机和愿望也许是展现我的观点，而不是后来所有那些众所周知的但却被妖孽化了的事实。"（JW475f）

这本书与这场论争

这本书的第一章描述了法庭现场的情况，另有三个章节分别阐述了艾希曼本人及其主要生平、在犹太问题上的立场以及他在纳粹政权中的职责与行为。阿伦特还用了三章的篇幅分析了"最终解决方案"相应的三个阶段，即驱逐、集中营和谋杀。另有一章的篇幅涉及万湖会议，四章的篇幅关于递解出境，一章是针对谋杀中心。在最后两章，对审判过程、举证、判决、上诉与死刑执行等进行了概况与总结。另外，阿伦特还撰写了后记和在论争过后 1965 年再版时的"新跋"。它基本与德文版添加的序言一样（从 EJ 12ff. 起），同样也吸纳了 1964 年德文版中所做大量其他微小改动。

《艾希曼在耶路撒冷》一书受到了最激烈的攻击与指责，这是阿伦特从未经历过的。此次集中在她刊登在《纽约客》上文章的论争持续了近三年时间。1963 年这本书出版之后，几乎所有与此次论争有关的文献都或含蓄或暴露地讨论大屠杀问题。阿伦特也因其学术与私人生活密切相关而受到双重影响。伦道夫·布拉汉姆（Randolph Braham）指出了一个事实，就是在论争之后的五年间，在美国、以色列和欧洲发表的论文数量不同寻常地增加（Braham 1969）。它们围绕至少四个主要议题展开：其一，与阿伦特对艾希曼的行为分析有关，即按照纳粹政策对犹太人的从递解出境到种族灭绝的执行。她对艾希曼个性入木三分的分析在社会学家、心理学家以及心理医生中引发了关于平庸的邪恶这一心理现象的一系列辩论。其二，德国的历史学者着力研究德国反纳粹的本质与程度。其三，有关（审判）过程的法律问题。论争的焦点最终非常特别地全面从欧洲与美国的犹太人社区问题转至犹太人问题上。此外，阿伦特与格斯霍姆·肖勒姆之间在论争期间公开的往来通信为人们提供了《艾希曼在耶路撒冷》面世后第一年论争总休情况的展示（IWV 31 – 38；JW 465 f）。

除了阿伦特对耶路撒冷法庭程序上违规的指责之外，她将她的观点归结为以下三个基本问题："在一个胜利者的法庭上，对正义与公正的损害、对'反人类罪'概念以及'被卷入这类犯罪的管理杀手的新模式'的解释。"德语翻译中，阿伦特将"反人类罪"译成"反人性罪"（EJ 324f）。阿伦特集中关注审判程序的法律问题、国际法庭创建的可能性以及因执行命令而导致的犯罪的性质问题。通过以下方法谈到极权主义尤其是艾希曼问题，阿伦特提出一种从未出现过的行为与犯罪派生出的政治现象。它反过来要求新的审判与立法解释。最终，法律理论研究者将这种犯罪归为反人性罪。而对阿伦特来讲，这种"'犯罪'从'政治与法律'角度不仅有着量而且有着质的区别"（EJ 317 页；见本书第 4 章 22 页）。像以色列的舆论一样，豪斯纳却坚信，只有犹太法庭对犹太人才是公平的。所以，他们对"国际法庭的考量几乎无一例外地充满敌意"，并且起诉"艾希曼不是'对犹太人'而是对人类构成犯罪，只不过从犹太民族开始而已"（EJ 30）。在对审判程序的分析中，阿伦特的出发点基于以下三种国际法准则（Lafer 1988）：通用原则、属地原则和被动的人格原则。通用原则适用于以事实为依据并且与国内没有直接关系的国家刑法，如果罪行违反国际保护的法律主体的话；属地原则指国家规制权仅限于某一特定国家的领土；根据人格原则一国有权惩处外国籍罪犯，只要其行为针对该国公民。阿伦特还指出，捕获艾希曼的效应无疑促使德国法庭向追踪纳粹犯罪的方向移动。

这场关于犹太问题的论争发端于欧洲和美国的犹太人社区。最大的争议聚焦在阿伦特有关犹人人问题以及面对种族灭绝时犹人人的反抗，特别是犹人领袖和犹人议会的角色问题。针对这些攻击，阿伦特遗憾地申辩，她从未说过当时存在反抗的可能性，而更可能是他们什么也没有做，尽管他们还有一定程度的自由去决策和行动（JW 469）。此外，阿伦特还解释说，没这么质问过，为什么犹太人"任人杀戮"。如肖勒姆所声称的那样，责问更多的是在"最终决定"期间犹太官员的合作态度问题

（JW 468f；EJ 36）。

　　这场有关犹太人连带责任问题的论争达到了如此无以复加的程度，以至于对《艾希曼在耶路撒冷》的接受和由此引发的讨论已经发展成不再依赖于本书内容的独立运动了。在回答 S. 格拉夫顿对本书的问题时，阿伦特强调说："依我看来，后来发生的事应该是有计划、有组织的，目的是为了创造'形象'以取代我所写的书的荣誉。"（JW 476f）"最终解决"期间，犹太议会、犹太组织的作用及其领导人与那些对艾希曼问题承担责任的权力机构之间的关系问题成为论争的核心。概括地讲，也包括犹太人的被动性问题，这从某种程度上说是将艾希曼描述成"平庸"的对立物。在此次论争中，阿伦特如此被误解，以至于她对纳粹阴谋、刑具与受刑者的分析销声匿迹，而这正是阿伦特所言极权统治下犯罪的一个重要指标。一些作者认为，阿伦特的报告被那些犹太社区整齐划一地错误解读了。事实上，他们对阿伦特的行事方式而非真正的内容做出了反应：这份报告被理解为不和谐声音中最错误的声音（艾希曼的报告中笑的含义，比较 Knott 2011，13–35）。它唤醒了犹太人最悲惨的记忆，即他们在集中营中惨遭杀戮的境遇。在美国，N. 弗鲁奇特（Norman Fruchter）在分析《艾希曼在耶路撒冷》的影响时甚至断言，犹太社区的这种论争基本就是围绕这个画面或境遇展开的。他还归纳并且阐述了与卷入这场论争的主要犹太作者的核心论据（Fruchter 1970）。下面的这个戏剧性的例子也许可以表达犹太社区的这种深深的怨气。尤迪特·希克拉（Judith Shklar）在一篇文章中这样描写阿伦特的死，那已经是《艾希曼在耶路撒冷》出版后的近 12 年之后："她死的时候，偌大一个家族仅五个人还活着，人们被她死前不久拍摄的照片所感动，这是一张犹太老妇人的脸，满含 2000 年的悲伤。"（Shklar 1983，77f）

　　这场论争如此激烈，这促使阿伦特 1965 年在第二版《艾希曼在耶路撒冷》中追加了序言。借此，她解释："这不是一部关于犹太民族遭受深重灾难的历史著作，也不是对极权统治制度描述或第三帝国德意志民族历史的铺陈，更不是一部对恶的本质的进行理论分析的书。"（EJ 14）借用这本 1965 年版的书中最后一句话，阿伦特明确表明她创作这份关于艾希曼报告的动机所在："这份报告旨在揭示，耶路撒冷的审判

在多大程度上促使正义取得胜利。"（EJ 25）

尽管这场论争催生了大量出版物的出现，但人们对《艾希曼在耶路撒冷》一书理论性的接受始于 20 世纪 70 年代中期。尤其是在最初的一些书评中，人们还没有对"平庸的邪恶"的哲学意涵产生兴趣。虽然阿伦特在《极权主义的要素和起源》一书中对绝对的恶的分析中就一针见血地指出，传统思维无力解释邪恶这一现象（见本书第 2 章第 6 节第 2 部分、第 4 章第 6 节）。她先追随对《艾希曼在耶路撒冷》的这些兴趣，然后在道德的新方向上继续探索平庸的邪恶。"艾希曼的审判第一次唤醒了我对这个问题的兴趣。此外，这些产生于实践经验的道德问题，是所有时代的智慧都必须面对的。引发我某种怀疑的，不仅有作为哲学分支的'伦理学'针对恶的问题习惯性地做出的各种回答，而且还有哲学为不那么迫切的问题——什么是思考——准备的答案（LG 1，15f.；见本书第 2 章第 8 节第 1 部分）。"

自那时起，论争就一再围绕艾希曼和阿伦特的"平庸的邪恶"的观点。在最新发表的 B. 施坦耐特（Bettina Stangneth）的文章中，他通过历史地考察把一个极具主动性和创造性的艾希曼与一个被动的、行政管理人的艾希曼对立起来（Stangneth 2011），但这种对比观察并没有丰富阿伦特的观察。阿伦特在接受约阿希姆·费斯特（Joachim Fest）的采访中进一步发展了她的观点。在她看来，这种新的罪犯类型的特征是，以权力体验带来的"露骨的快感"为标志，这种对权力的体验是他们通过"一起干"获得的，而这种从共同的政治行动中产生的权力则是以行动"本质性的变态"为标志，亦即行动变成了"有功能、起作用"（Arendt/Fest 2011，39）。

阿道夫·艾希曼——审判、其人、执行人

在一封给布吕歇尔的信中，阿伦特记录了自己对艾希曼的第一感觉："艾希曼……在玻璃厢房中……一点儿也不可怕。"（BwBl 518）"其所作所为虽令人发指，但罪犯本人却再普通不过了，既非恶魔也不恐怖。"（LG 2，14）艾希曼显而易见的肤浅和平常性让阿伦特相信他似乎的确是一个普通的人，然而，她同时又为他和其组织把犹太人驱赶灭绝于集中营的罪恶所震惊。阿伦特断言，艾希曼并非出于愚钝；他的平庸表现出来的是他不能独立思考："他在法庭上的以及先前审讯中的行为表现出

的唯一特点就是纯粹的反面。那不是愚蠢，而是一种无思。"（LG 1，14）

　　就这样，艾希曼变成批判性思维缺席的看似例行事物的主角。阿伦特的报告开始对他的特点进行描述，接着勾勒出他的一系列标志性特征。这些足以让她逐步得出这样的结论，即在艾希曼身上批判性的判断能力缺失。他所使用的是一种特有的公务用语。这样，他的所作所为总是有理由的，因为它们不过是履行职责的结果。艾希曼的语言让人难以理解，"因为他被一道能够想象到的最可靠的界墙保护起来，从而隔绝了他人的语言和他所处的那个时代。他因此也就与现实隔离，身处绝对缺乏想象力的境界"（EJ 78）。这种无能表现为一种日常表达上的苍白无力。据阿伦特称，艾希曼的记忆力也出现衰退的迹象，也就是说，只有对那些与其职业生涯有关的事情他的记忆是清晰的。这是一种对其工作以外所有不是直接的、行政的和技术上事情的疏离。有时，他可以清晰地记得他职业生涯上的转折点，但这并不一定与相关历史情境相呼应。那是一种总体上来看有着德国官僚特点的行为（EJ 81f）。他的记忆库中似乎溢满了预设好了的词句，用他自己看来自然的逻辑串联构成的。

　　艾希曼表现得如此脱离实际，以至于他还居然认为，集中营的模式是从英国借用而来的，并且"以后还会出现"。阿伦特解释到，艾希曼对现实性的疏离以及在法庭上使用的那些夸张辞藻并非他真意有所指，而仅是其当庭构造。她引用时任"匈牙利犹太人援助与救援委员会"负责人 J. 布兰德（Joel Brand）的证词，布兰德曾试图执行希姆莱的计划，与联军用 100 万犹太人的生命交换大约 1 万辆货车。阿伦特称，布兰德当时直接与艾希曼谈判，并且有这样一段话："现在一个'有理想的德国人'对他，一个'有理想的犹太人'说——两个为荣誉而战的敌人在战斗间歇平等地相遇。"（EJ 241）在审判席上，布兰德也提及艾希曼在他俩会谈时的话："也许明天我们又将在战场上相遇。"（同上）艾希曼在此证实自己是"第三帝国"语言规则的理想土壤。原则上他使用这些不反映真实事件过程的陈词套路。达尼尔·贝尔（Daniel Bell）列举了阿伦特对纳粹的格式化语言的一些描述："谋杀一词被'仁慈的赐死'一词取代……杀戮的法定名称是最终解决方案、疏散以及特殊处理。递解出境被称为改变居住地"诸如此类。（Bell 1963，425 f.；au. er die dt. übers. Alle Hervh. B. A.）

阿伦特手册

平庸的邪恶

针对每一项指控，艾希曼总是以"无罪指控"（EJ 48）为自己辩护。他还声称，"关于谋杀的指控不成立：'我与杀戮犹太人无关。我从来没有杀害过一个犹太人，也没有杀过一个非犹太人，我压根儿就没有杀过人'"（EJ 49）。虽然他承认在将受害者运往集中营的组织中扮演着核心的角色，他使用的依然是彼时统一的官僚话语体系；那是他唯一可以表达的方式。"然而他显然真诚地一再坚持，他的作为绝没有基础的动机，他也没有杀害任何人的倾向。但同时，他得完成他的工作，他的所作所为不可能有什么不一样。甚至在一个为他的生命而进行的审判中，他似乎也完全无法认识到，他的工作不是人干的事。"（LG 1，172）

鉴于这种大规模官僚恐怖及其令人发指的平常，阿伦特提出了平庸的邪恶的概念。这种在令人发指的行为和普通人之间存在的关系毫无疑问就是"苏格拉底的电鳐"（见本书第 3 章第 1 节第 2 部分），它无疑激发了她研究平庸的邪恶与无思之间关系的兴趣（EJ 76）。在耶路撒冷的审判期间，阿伦特就得出结论，即艾希曼语言表达上的无能与其思考和判断上的无能有关。在共同生活的多样性背景下，艾希曼与真实的日常生活的隔离促使他表现出一种"不能从别人的立场观察事物的几近绝对的无能"（见本书第 4 章第 9 节）。

起初，艾希曼的平庸并不典型，也并不令人感到惊讶，因为它意味着没有能力进行批判性的思考。艾希曼（审判）为阿伦特提供了可能的视角，将精神活动（见本书第 2 章第 8 节第 1 部分）、伦理道德考量，与政治领域、行动空间和多元性联系起来进行综合考察。阿伦特所描述的艾希曼的平庸类型已远远超出"案例"，正如她在报告中所描述的那样，是为反驳那些因其备受争议的副标题而指责这本书是关于恶的解释或理论。在后续《艾希曼在耶路撒冷》序言中，阿伦特就试图澄清，为什么她使用了平庸的概念，即并没有涉及对恶的本体论本质的理论阐述。"它是一个案例，既不是（邪恶的）一种解释，也不是一种理论。"（EJ 16）

在阿伦特的著作中，平庸的邪恶既非纯粹现象学范畴，也非有关邪恶的理论。平庸的邪恶成为一系列研究的题目，诸如道德的含义以及辨别是非的能力与其他精神活动的关系（见本书第 4 章第 6 节）。尤其是在道德范畴的思考与判断力成为阿伦特继 1964 年《艾希曼在耶路撒冷》之后大多数文章和著作的中心议题。它探讨一种现象，即罪犯首先表现出不同寻常的肤浅，就像艾希曼案例中所展示的一样：平庸的邪恶现象，即罪犯却只能表明自身全面缺乏判断能力。在令人恐怖的罪行和肤浅的行动之间存在着裂痕，也就是说，它们并非由直接的意愿而产生。

1964 年，阿伦特在起草《艾希曼在耶路撒冷》的辩论文案时总结并强调说，平庸意味着："没有根源，它并不是根源于'恶的动机'，或'推动力'，或'诱惑'（人的本性）的力量，或'恶，你来做我的善吧：理查三世'等。"（Eichmann - Discussion. ，LoC，Box 60，24842 f）相应地，阿伦特在《精神生活》一书中描述了恶的表现形式及其主要特征，即邪恶根源的迷失。它们与西方关于邪恶的传统理解相左："我面对某种另类的真实，无可争辩。我对罪犯赤裸裸的肤浅感到震惊。他的肤浅使人们无法将他行动的无可辩驳的恶向某种更深刻的根源或动因去追溯。"（LG 1，14）在这一视角下，阿伦特勾勒出理解恶现象的历史框架：在传统宗教中的恶魔式的恶，如同在堕落天使路西法那里一样，为软弱、嫉妒甚或仇恨所驱动的恶，即一种由于善的存在而被感觉到的恶（文学上以莎士比亚为代表）。但从这些描述中我们无法找到艾希曼带来的罪恶渊源，平庸的邪恶的潜能使语言与思想失灵，它似乎与传统的邪恶形式无关，也与病理学意义上的恶，以及源自私利、恶意和罪犯的意识形态信仰等的邪恶无关（LG 1，13）。阿伦特强调了她对这种与所有现存邪恶理论矛盾现象的惊异。她知道，"从这种现象推演出的每一种理论都会与某些基于传统上对邪恶和人类共同本质理解的邪恶特征产生矛盾"（Arendt 1991，8）。

阿伦特首次在《艾希曼在耶路撒冷》中使用了平庸的邪恶的表述，那是她对艾希曼死亡那一刻自我感受的写照。艾希曼死刑判决是在 1961 年 12 月 15 日（星期五）早上做出的。1962 年 5 月 31 日对他执行绞刑的那一天，阿伦特描述了他是如何"安静并且镇定地"（EJ 299）从 50 米开外的关押地走向刑场的。不相信彼岸的艾希曼在其弥留之际，依然重复着同样的、伴随其职业生涯的那些话："在不久的将来，先生们，我们又会重逢。这是所有的人的命运。……德国万岁！阿根廷万岁！奥地利万岁！这三个曾是与我联系最紧密的国家，我永远不会忘记它们。"　（EJ 300，Hervh. i. Org）艾希曼又想起那些程式性的语言，就像"他在不计其数的悼词中所听到的……他的记忆又最后一次作弄了他：他感觉自己'高尚'地参加一个追悼会，但却忘记这就是他自己的追悼会"（EJ 300）。阿伦特在此把艾希曼的精神世界与现实背离展现到了极致，这是把现实事件与逻辑过程的隔离，使得言语和思考如此扭曲，以致使艾希曼"在这些'高尚的辞藻中轻易忘记自己赴死的现实'（EJ 16）。在接下来的描述中，阿伦特似乎第一次提到平庸的邪恶的概念："在这最后几分钟里，艾希曼似乎自己从我们刚刚出席的这场漫长的人类的审判事件中得到了教训，——即恶的、可怕的平庸性。平庸的邪恶。"（EJ 300，Hervh. i. Org）

　　鉴于罪犯和罪行之间的裂痕，阿伦特提出了平庸的邪恶的概念。它本质上由一些相互交叉的问题所导致："或许思考就是一种习惯，它只关注呈现出来或被激发出来的东西，而不考虑在什么前提条件下发生的事件本身及其特殊内含，使人们远离邪恶或正好进入邪恶。"（LG 1，15）在人的"精神生活"中是否包含着让人远离邪恶的可能性，至少是在"临界境遇"？阿伦特早在 1946 年就探究了现代日常经验的深刻含义。由此，现实性成为一个迫切的哲学议题。在此，阿伦特使用了雅斯贝尔斯的关于"临界境遇"的概念。以此描述不可预料和不可预测的境况，在这种情况下，人们被迫进行思考（Arendt 1948，77）。

　　平庸的邪恶中最令人称奇的特点之一是在艾希曼身上不曾有过任何更深入挖掘关于邪恶问题的追求，就好像它是特殊邪恶的一种表面现象一样。这种表象与寻求付诸实施的思维和判断能力完全相对。上述特点不仅意味着阿伦特所说的"平庸性"而且还包括"缺乏根基"。在曾经提到的给格拉夫顿（Grafton）的信中，阿伦特区分了平庸和平常："对我来说，非常重要的区别体现在：'寻常'经常、日常发生的事情；但有一些事情，虽然是并不寻常发生的，但却可能是平庸的。"（JW 478）阿伦特认为，"平常"是一种琐碎、日常和频发的现象，而平庸则决不以平常为前提，它不如说是，窃取了平常的居所。恶本身绝不是小事，尽管它表达出来的形式可能是从平常那里掠夺的。1972 年，在多伦多关于阿伦特著作的会议上，她本人对平庸与习惯做

了进一步的区分，指出"在我们每个人的心里都住着一个艾希曼时"的看法是完全
的误解："您说，我曾断言，在我们每一个人心中都存在一个艾希曼。哦，当然不是！
它既不在您那里，也不在我这里！但这并不意味着没有大量的艾希曼存在。他们看起
来完全是另外的样子，我非常不喜欢'我们每个人心中都有一个艾希曼'的观点，
这绝对不是事实。同样不正确的还有它的反命题，即每个人心中都没有艾希曼。"
（IWV 79）阿伦特更像是在明示整个社会中存在的一种强大的趋势，不去训练思考能
力。在《艾希曼在耶路撒冷》一书中，阿伦特强调说："即便这是'平庸的'甚至是
奇怪的，如果人们在最好的意愿中没能获得异常深度，那它就因此而远非平常。"
（EJ 16, Hervh. i. Org）那些不思考的"艾希曼"们也不能获得深度，因为深度只有
通过思考才能企及。这样一来，平庸性的意涵就接近表面现象的含义，而后者又是缺
少根基的思想，意味着一种"无根性"。阿伦特援引拉丁语根的词义来论述她所理解
的无根的邪恶：

> 我认为，恶不是极端的，可以追寻到根源（radix）的，它没有深度。正因为如
> 此，所以思考它才会极其困难，因为思想，就其定义来说，想要的就是寻根溯源。
> 恶是一种表面现象，它不是极端的，而只是极致的。我们通过拒绝让事情的表面把
> 我们带走（迷惑我们）来拒绝恶，通过让我们停下，开始思考来拒绝恶——而这就
> 是，超越日常生活的界限，抵达另一个维度。换句话说，一个人越是肤浅，他就越是可
> 能向恶屈服。这种肤浅的标志就是使用陈词滥调，天晓得，艾希曼，一个绝佳的案例。
> （JW 479 f）

因为思维按照定义是"要寻根"的，无根的、平庸的邪恶被视为无思想的必要结
果。在艾希曼案例中，他没有能力思考，人们也就不能指望去发现其行为中更深层的
原因。这种邪恶可以"像表层的真菌一样"蔓延与传播，因为它们没有深度。深度只
能通过思考而获得。这就是"平庸"，艾希曼的平庸和平庸的邪恶。格斯霍姆·肖勒姆
在与阿伦特的往来信函中，曾试图找出其观点中的矛盾之处，他指出了在《要素与起

源》中提到的无根的恶与《艾希曼在耶路撒冷》中提到的恶的平庸性之间的区别，导致阿伦特做出了一个有关平庸的颇具争议但切中要害的回应，她这样写道：

> 您完全是正确的：我的看法变了，即不再提无根的恶……事实上，今天我认为邪恶总是极端的，但是从来没有根。它没有深度，也没有魔法。但它可以摧毁整个世界，正因为它可以像菌类一样在表面生长、蔓延。这是"思想的挑战"，正如我所说，因为思想试图达到某种深度，以寻根溯源，当它关注恶时，它会被挫败，因为那儿什么也没有。这就是它的"平庸性"（dieser Passus nur in JW 471）。有深度且和根总是好的……我所想表达的意思体现在具体模式上，恰好还是艾希曼的案例（IWV 38）。

通过艾希曼审判，阿伦特从思维活动的视角所能得出的重要教义之一，用阿伦特自己的话说就是："最好的是，至少明确知道这一点：只要我们活着，我们就注定要和大家一起共同生活，无论发生什么。"（Arendt 1991，35）。

贝萨尼亚·阿希

由 Rosa Koumari 从英语翻译成德语

参考文献

Arendt, Hannah: Was ist Existenzphilosophie?«. In: Dies.:*Sechs Essays*. Heidelberg 1948.

– : »Eichmann – Discussion with Enumeration of Topics«[Hofstra College 1964].In: Hannah Arendt's Papers. The Manuscript Division. LoC, Box 60.

– : »Persönliche Diktatur in der Verantwortung«. In: Dies.:*Israel, Palästina und der Antisemitismus.* Aufsätze hg.von Eike Geisel und Klaus Bittermann. Berlin 1991.

–/Fest, Joachim: *Eichmann war von empörender Dummheit.Gespräch und Briefe.*Hg.von Ursula Ludz und Thomas Wild. München/Zürich 2011.

Bell, Daniel: »The Alphabet of Justice:Reflections on *Eichmann in Jerusalem*«.In: *Partisan Review* 30, 3 (1963),417–429.

Braham, Randolph L.: *The Eichmann Case: A Source Book.* New York (World Federation of Hungarian Jews) 1969.

Feingold, Henry: »The Bureaucrat as Mass Killer – Arendt on Eichmann«. In: *Response*. Special Number. Hannah Arendt: Retrospective Symposium (Summer 1980).

Fruchter, Norman: »Arendt's Eichmann and Jewish Identity«. In: *For a New America – Essays in History and Politics from Studies on the Left 1959–1967*. Hg. von James Weinstein/David W. Eakins. New York 1970, 423–54.

Knott, Marie Luise: *Verlernen. Denkwege bei Hannah Arendt*. Berlin 2011.

Lafer, Celso: *A Reconstrução dos Direitos Humanos: Um Diálogo com o Pensamento de Hannah Ar-endt*. São Paulo 1988.

Shklar, Judith N.: »Hannah Arendt as Pariah«. In: *Partisan Review* 50, 1 (1983), 64–77.

Stangneth, Bettina: *Eichmann vor Jerusalem. Das unbehelligte Leben eines Massenmörders*. Hamburg 2011.

二 《关于道德哲学的几个问题》/关于邪恶

《关于道德哲学的几个问题》是汉娜·阿伦特 1965 年在纽约新社会研究学院所作讲座的标题，先是作为遗稿被国会图书馆收藏，2003 年由耶罗梅·科恩收入《责任与判断》发表（RJ 159 – 192）。2006 年又以"关于邪恶"为标题发表了这一讲稿的德语版。讲座主要解答了可以追溯到《极权主义的要素和起源》（见本书第 2 章第 4 节第 1 部分）以及她 1950 年开始撰写的《思想日记》（见本书第 2 章第 9 节）中所提及的一些问题；她在讲座之前已经发表的众多短文为解答这些问题做了准备，并在讲座中把这些问题推向更深的层面。阿伦特为解答这些问题而撰写的短文主要有《责任与独裁》（1964），《基本的道德命题》（1966），《关于思想与道德的思考》（1971）。作为遗作发表的《论精神生活》（见本书第 2 章第 1 节第 8 部分）一书，综合并精确地表述了阿伦特的整个思想发展过程。

当时促使阿伦特举办这一讲座的直接诱因是人们对她关于艾希曼审判报道，尤其对她在报道中论及的关于邪恶的平庸性（见本书第 2 章第 6 节第 1 部分，以及 IV 6）思想激烈的批判性反应。针对外界不断重复质疑她有关邪恶的理论，阿伦特的回答很明确：鉴于极权主义毁坏了一个社会的道德价值整体，并且这一毁坏几乎没有遭遇这个社会的任何抵抗，我们就不能再从传统概念和范畴框架的范围内寻找极权主义的根源，而应从与传统决裂的角度把握这些问题。阿伦特在艾希曼审判的报道中，没有运用通常的观察方法报道罪犯艾希曼的实际行为和论证模式，而是借助胡塞尔"时代"范畴（Epoché – Begriff, Husserl 1976, §71）的精神，放弃了通常的解释方法；因此她觉得应当在讲座中从阐释学的角度对道德哲学传统作深化的批判。

整个讲座由四个部分组成，这四个部分不是以标题而是以数目相互连接。讲座的思路并不具有一个体系性的格局，而是如同地质构造的形式一层层地深入挖掘，通过不断加入新的素材而丰富每一层的内容。讲座第一部分的导言，列出了讲座的主题，收入了所有构成道德哲学领域问题的动机。讲座的出发点主要针对当时占主导地位的道德哲学，这种哲学不仅主张"道德是什么或道德应当是怎样"的思维方式，而且还把这种思维方式作为一种普遍有效性投射到历史中去；阿伦特认为这是一种偏见。因此讲座的内容是哲学，而不是宗教伦理，只是在与哲学相关的部分才会在讲座中提及宗教伦理。关于传统道德动机，比如对苏格拉底和康德的研究，是讲座第二部分的重点。讲座的第三部分借助尼采的意志概念构思以拓宽思考这些问题的视野。讲座的第四部分则从康德的判断力出发拓展了观察传统道德理念的维度。阿伦特运用的诠释学方法，是以她关于过去与当代之间已不再存在连续性的思想为基点。她强调传统效用的分裂性，即传统的效用虽然仍继续存在，但已不再对人们具有约束力；并且也已经不是一个在当代具有整合效用的可靠系数。阿伦特试图运用一种关于状态的诠释学，超越各个哲学家之间的历史距离，为这些处于各个不同时代的哲学家建构一种对话，并在对他们的论题作进一步的推理中加入复杂的变数而扩展这种对话。出现在对话终点的是一种多样化的拼组结构，这种拼组型结构拒绝对道德作一种明确和规范性的定位，为道德提供了一个充满持续开放和不可测要素的空间。这里首先要提及的是那种极端的邪恶，即被阿伦特认为是一种临界经验的邪恶（见本书第4章第6节）。这种极端的邪恶虽然开拓了阿伦特关于道德哲学讨论的思想维度，但并不是这一讲座讨论的主要课题。讲座看重讨论的主题是关于"道德如何变得如此卑鄙和无意义"厄采的问题，这些问题特别明显地表现在道德的双重损失之中：哲学维度在传统道德中的消失，以及传统道德没有能力思考极端邪恶的出现。阿伦特列举纳粹国家社会主义和斯大林主义作为"导致所有传统道德规范彻底崩溃"（üB 14）的典型例子，尤其是德国的极权主义专制，因为它更极端更具有"揭露性"（同上，15）。

阿伦特手册

第2章 著作及其分类

道德和训诫

阿伦特在有关道德的问题中发现了一种普遍的困惑，认为这种表现为不同层面的困惑可以归因于缺乏一种基本道德能力，即缺乏一种分辨正义和非正义的道德能力。这一道德能力的缺乏在公共性领域关于道德问题，即关于在毁灭性地赞同纳粹专制与"突然回归的常态"之间出现的一种令人可怕的连续性的讨论中，被一种具有双重错误的"不言而喻"所遮盖：（1）当时德国社会的所有阶层都参与了与掌握政权的纳粹的合作，这在那时是一种不言而喻的自然现象。因此对阿伦特来说，不是纳粹的信仰，而是那些"只是"愿意自己与纳粹同步的人，值得我们作一番认真的道德探讨。阿伦特给出的结论是，在经过这么一场灾难之后，道德对每一个人都不再是一件不言自明的事了（üB 26）。（2）道德的责任是阐释训诫，这是件历来被认为是自然而然的事。但是阿伦特却证明了哲学与宗教相反，在哲学中从不存在"不经论据的最终训诫"（同上，32）。亚里士多德《尼各马可伦理学》中涉及的问题就是"对人来说，怎样的生活才是最好的生活"，而康德更是把他的绝对命令理解为是一种"方向指南"（同上，27）。自苏格拉底以来，哲学反思的中心是人与自己的对话。与宗教的爱或谦卑的标准不同，哲学的标准是自我尊重和人的尊严。诉诸康德的思想，阿伦特驳斥了道德行为相对于由外部强加的法律有着一种内心对服从的认同性，强调道德只是对自己的理性负责。但是由于康德为理性罩上了强制的特性，关于道德只是对自己理性负责的这一"反叛观点"（同上，37）便常常被人们所忽视。苏格拉底也曾有过这类忽视道德理性的话语："宁可遭受不公正，也好于对别人施加不公正。"（同上，41）阿伦特在这类关于自我的构思中，发现了颇有疑难的一面，即试图给无法得以证明的道德定律加上强制性的效用。同样的矛盾也表现在理性和意志的关系上，理性和意志是人的两种不同的能力，因此在这两者之间并不一定存在着一种自动的和谐。理性如何才能成为意志贯彻的决定性要素？为了解答这个问题，康德只得又"从后门引进服从"（同上，42）。

自我和抵抗的思想

人的独特性是道德哲学的衡量标准，而人的独特性又深植于人的精神的理性结构之中。在这么一个思维框架之内，就不可能存在一种关于邪恶的反思。因此，阿伦特在人的独特性中确定了传统的道德哲学对邪恶问题加以回避的一种特有的态度，甚至可以说这种回避贯穿了整个道德哲学的传统。传统的道德哲学认为，某些人之所以作恶，是因为他们处在一种与自我的矛盾之中；因此传统道德哲学通常总是把人作的恶，或是归咎于这些人的无知，或是归咎于他们人性的弱点。康德认为，"所有的爱好，都可以同时定义为诱惑"（üB 54）。对于康德关于被骗的骗子的思考形象，即人也可能欺骗自己，阿伦特在这里并没有加以进一步的追踪研究。直到在她的散文集《政治中的真理和谎言》（见本书第 2 章第 7 节第 3 部分）一书中，康德所认定的那种可能欺骗了自己的骗子，才成为阿伦特对邪恶的进一步认知的出发点。尽管如此，康德和苏格拉底这两位哲学家，总是不断地出现在阿伦特的讲座中。即使自我这一传统哲学的道德标准并没有"顶住时代的风暴"（同上，48），但阿伦特仍认为有必要分辨它在康德和苏格拉底学说中的差异性。与康德不同，苏格拉底并不太看重理性的命令，而是更信赖已经说出的话语："所有人都不拥有一种与生俱来的良心的声音，而只是有一种说说事情的需求。"（同上，73）正是从这一点出发，阿伦特对于以往的良心构想——即在任何一种伦理规范中都有着关于良心不可出卖的构想——展开了一种激烈的批判。阿伦特由此得出的结论是：良心的内疚感"并不是可靠的关于对或错的证明"，它只是说出了一些关于"适合或不适合的现象"（同上，95）。作为规范命令的接受者，良心的职能只能是去适应发出命令的道德体系。与康德相比，苏格拉底的良心概念则显得更动态更有活力。苏格拉底关注的主要是如何解开关于道德的凝固构思。在这个意义上，对话和不断重新开始的反思就成为一个相同的步骤。苏格拉底询问式的思考，并不适合确定为规则和规范；但正是苏格拉底道德概念中的这一点，对阿伦特来说恰恰是一种抵抗思想的最好例子。不是借助他通过限制自我而造就的可能性，而是只有诉诸这种自我限制，才能在个人完全独立的情况下，开拓抵抗自我的思想维度。从政治的角度来加以评判，苏格拉底的道德是一种临界现象（同上，91），只有在危机时刻，即如果公共性领域被迫关闭的时刻，才显示出它的重要性。苏格拉底的道德并没说人要去干什么，但它给予人们一种决定性的支撑——不去同流合污干坏事。但如果在一种与危机时刻不同的正常情况下，阿伦特认为这种道德呼吁则是一种"欺骗"；因为在这样的情况下，道德只是一种习惯。鉴于主导哲学的传统总是倾向于把"存在看成一个整体"（同上，123），因而也总是试图去证明一切有关存在的问题，可以说只有苏格拉底是第一个也是唯一一个哲学家，冲破了这种传统哲学的思维框架。苏格拉底是伟大的反柏拉图人物，他把柏拉图关于人们如何辨别对和错的问题，简化为人是否掌握真理的问题。

意志和判断

阿伦特在她的伦理讲座指出了第二个抵抗作恶的可能性，是判断（见本书第4章第39节）。尽管她在这个问题上的立场已是众所周知，但在讲座中阿伦特却将研究这个问题与对意志的探究密切联结起来，这便使这个问题获得了一种特殊的地位。在《论精神生活》一书中，阿伦特详细地阐述了这个问题，以及意志为什么会成为传统哲学的难点（见本书第2章第8节第1部分）。对于这个问题，她在讲座中作出了比在《论精神生活》更断然的回答：因为当我们开始行动的时候，我们无法知道，我们是否是自由的；而正当我们还在思考这个问题的那一刻，我们就已经使自己陷进了一种因果关系之中。尼采有两个相互陷入困境的假定：（1）从科学的角度来说，意志是不自由的；（2）人类的普遍理解力告诉我们，我们是自由的；而这两者间的相互对立无法以演绎的方式综合为一。虽然关于"自由的假定还需得到科学证明"，但是我们拥有自由的这种感觉，已经成为一种"主导我们的感受，我们已不能放弃这种感受"（摘自阿伦特 üB126）。在这里，阿伦特确认了尼采的困惑境况，却同时又加上了一个"但是"，"即也存在着既不受制于他物，却也不完全任意的事物"（üB127）。借助于尼采的假设，阿伦特将愉悦感和力量感集于一身的意志，表述为一种丰富多彩的现象："追求更多的能量"，"意志的这种表现力量的尝试"，是"自发性的源泉"（同上，134）。尽管把意志从传统的片面的观察角度解放出来，不再把它看作一种公正的仲裁者（liberum arbitrium），是尼采的伟大成就，但是鉴于尼采在意志和非意志之间有着一种内在的分裂状态，他所发现的意志操纵效用仍不能解释意志是怎样过渡到人的行为中去的。自发性并不意味着马上行动；人并不是"一种行动的动物"（同上，126），也同样不是一种"政治动物"。行动并不能从人的自我发展而成。

但是怎么会出现行动的呢？阿伦特在伦理讲座中对这个问题作了明确的限定，认为这并不是一个道德问题。虽然基督教"爱你周围的人"这一训条，把其他人作为人的行动的唯一标准，但这一理念只是在不自觉的无我状态下才是真实的，只有当某个人身处"极端独自行动"的可能境况中才会转变为现实（üB109）。这就导致"爱你周围的人"的训条，不可能成为建构多元性政治领域的条件：个人的独特性必须通过沟通和行动而具有可见性。在这里，我们正处在阿伦特论证的一个点上，《积极生活》一书正是在涉及这个问题的点上出现了引用奥古斯丁思想的最初构思，以及亚里士多德的"实践智慧"。但这两者都没有出现在她的伦理讲座中。苏格拉底的自我对话与行动之间，并不存在一种媒介性的过渡，只有一种界限和一种距离：在行动中的我，就不可能如苏格拉底那样与整个世界有分歧；而在行动中的我，总是已经身处在这个世界之中。从世界这个角度出发，在苏格拉底的自我对话中至少留下了一些我在社会中的痕迹，但这个思路无法反推，这条路反过来就会变得无法通行。阿伦特在讲座结束时，强调康德的判断力是（见本书第 2 章第 8 节第 2 部分）一种从一开始就与他人建立联系的能力，并且这种能力既不是主观也不是客观的，而是"互动"（intersubjektiv）和"表现性"（repräsentativ）的（ÜB143），但这并不表示阿伦特简单地接受了康德的基本思想，只能说是她运用了康德关于世界多元性的基本构思。阿伦特在康德和尼采之间构建了一种奇特的振荡状态，总是游离在距离和靠近之间，即既与尼采对存在的肯定和康德对自我的肯定保持一种距离，但又试图靠近那种承认偶然性以及在概念与理念之间有一种中间状态的道德的所有独立要素。阿伦特的这种特殊状态既不能被解释为 种以尼采修改了康德的状态，也不能解释为以康德修改了尼采。她摆脱了形而上学的话语以及它的层次结构，以便为自己提供感受一种无法想象的、伤害所有人类规则的邪恶的可能性。传统哲学并不否认这种邪恶的存在，只是它无法对此做出应有的解释。但确切地说，这种极端的邪恶竟然能够毁坏整个世界的体系，也只是一种现代经验。在这种极端的邪恶中，我们面对的已不再是一种构想的极限经验，而是在其中体验了一种真实的极限经验。阿伦特是第一个不仅提出终结形而上学而且也不允许如此毁灭现实的邪恶再次重新出现的哲学家。

可靠性和持续性

现在要回答的问题是：人的思维、记忆和判断是否有能力从"根本上拔除极端邪恶的根源"（üB85），是否能够重新赋予人与人之间的关系以可靠性和持续性？这是一个很难回答的问题，但答复这个问题却有着极其重要的意义。在已经出现了绝不应当出现的极端的邪恶这一前提下，阿伦特在讲座中阐明了记忆是唯一可以对抗这种极端邪恶出现的力量，这不同于她在《极权主义的要素和起源》一书曾提出的人们从一开始就能抵抗这种极端邪恶出现的想法；现在她认为："记忆的力量能够阻止极端邪恶的再次出现"。她这一思想在她的短文集《对当代政治思想中的传统状态的质疑》（见本书第 2 章第 5 节第 3 部分）就已经提及，并在《论精神生活》第二卷中加以深化。阿伦特的整个思路涉及的是政治行动的困境，这就要求必须再次首先回到那些依靠传统思想无法解决的问题上，并从判断力的角度重新思考这些问题。

英格博格·诺德曼

参考文献

Agamben, Giorgio: *Homo sacer. Die souveräne Macht und das nackte Leben.* Frankfurt a. M. 2002.

Arendt, Hannah: »Responsibility Under Diktatorship«. In: *The Listener* 72 (1964) (dt. »Diktatur und persönliche Verantwortung«. In: *Befreiung. Zeitschrift für Politik und Wissenschaft* o. Jg. [1985], 13–23).

Horster, Detlef (Hg.): *Das Böse neu denken.* Göttingen 2006.

Husserl, Edmund: *Ideen zu einer reinen Phänomenologie. Erstes Buch.* Husserliana III/1. Hg. von K. Schuhmann. Den Haag 1976.

Ludz, Ursula: »Arendt's Observations and Thoughts on Ehical Questions«. In: *Social Research* 94, 3 (2007), 797–810.

Nordmann, Ingeborg: »Die Vita activa ist mehr als nur praktische Philosophie«. In: *Hannah Arendt: Verborgene Tradition – Unzeitgemäße Aktualität?* Hg. von der Heinrich-Böll-Stiftung. Berlin 2007, 199–214.

Smith, Gary (Hg.): *Hannah Arendt Revisited. Eichmann in Jerusalem und die Folgen.* Frankfurt a. M. 2000.

三　《身处黑暗时代的人们》

阿伦特在《身处黑暗时代的人们》一书的前言中写到，这本散文集围绕的是为原本黑暗的公共性领域投入了光明的一些人。这些人作为个人，阿伦特继续写到，虽然在天赋、才能和职业成就上并不完全相似，但他们都有一个共同点（除了莱辛，但阿伦特在这里把他作为一个当代的人来对待），即"他们都生活在 20 世纪上半叶的世界中，这是一个出现了政治灾难、道德崩溃的时代，但却又是一个艺术和科学活动有着惊奇发展的时代"（MZ 13）。阿伦特有关这些人的叙述，先是发表在 1968 年在美国出版的以"身处黑暗时代的人们"为题的一书中；1989 年在德国作为遗作出版的这本书中，又加进了关于海德格尔、吉尔伯特（Gilbert）、萨洛特（Sarraute）和奥登（Auden）的四篇散文（IWV 325，MZ 7ff.）。

阿伦特认为，这些被收进书中的杰出人物，都具有一种罕见的能力，即能够在灾难和不幸中承受现实的冲击，在一个益发黑暗的时代，不停地在"最大限度上以似是而非的话语打发不愉快事件和合理的担忧"（MZ 14）。阿伦特觉得她以"黑暗时代"这个概念，比使用其他单个的词如战争、死亡营和恐怖能够更深刻地表达当时遭受这些灾难的世界状况；所有这些灾难都表现出那个时代的一种根本特性，即黑暗；伴随黑暗而出现的是拒绝承认这个世界的现实，并以陈腐滥调、平庸和模板式的套语取代和掩饰现实。

阿伦特挑选在黑暗时代杰出人物的决定性条件，是那些人有面对现实的勇气并具有一定的情感特质。总体而言，这些文章详细展示了一种被阿伦特称为"政治激情"的特征，也就是以激情去揭露和公开现实，而不是掩盖现实。这里首先指的是那些喜悦、感恩、勇气、笑声和愤怒的情感。对阿伦特来说，这是些以激情揭示世界的情感，而恐惧、同情、希望和痛苦则与此相反，被阿伦特认为是些意味着一种退却，或甚至是一种逸世的情感。这些充满激情的情感在总体上有助于理解阿伦特所说的"爱这个世界"意味着什么。可以这么说，阿伦特认为爱这个世界与爱国主义或爱一个特定的民族毫不相干。另外，这些文章也在总体上详细地再现了政治友谊（见本书第 4 章第 12 节）的本质，这是阿伦特思想中的一个重要构思。最后一点就是在这些文章中多次谈论到的革命（见本书第 4 章第 33 节）以及革命的热情。这本散文集不仅是因为阿伦特关于这些人物生活的见解而富有意义，而且也因为它揭示了阿伦特自己独特的政治思想，特别是它为我们展现了她对有着活跃和明朗公共性领域效用的情感的理解。我们接下来对她这些散文的阐述，并不完全精确地按《身处黑暗时代的人们》顺序的排列，而是把注意力集中在她关于兰卡里（Roncalli）、丹森（Dinesen）、古里安（Gurian）。

《对莱辛的思考：关于在黑暗时代的人性》

这篇文章是 1959 年 9 月 28 日阿伦特在接受自由汉莎城市汉堡为她颁发莱辛奖仪式上的答谢词。阿伦特在文章的开始，就引入了这本散文集的主题，即关于感恩、喜悦、欲望、愤怒和友谊等情感中那种面对世界的意义。对阿伦特来说，感恩是"对世界义务的一种极高度的承诺"（MZ 17），它表现了我们在这个世界上的义务和歉疚。笑是一种政治热情，它会造就一种与这个世界的和解；而愤怒总是揭露和揭开了那些通常的根本性错误（关于笑的职能，请比较 Knott 2011，13 – 35）。欲望意味着一种"不断递增的现实知觉"，它"出自一种要求世界开放和爱尘世的激情，人在自己'悲剧性的欲望'中，甚至不害怕自己可能会毁灭于这个世界"（MZ 20）。

在其余的几点上，阿伦特都赞同莱辛的见解，比如恐惧和希望都不是政治热情，因为它们并不揭示世界。阿伦特认为，如果我们在希望什么，那么我们就会越过现实；而害拍就会使我们在这个世界面前退却。正是出于这些原因，莱辛把希望和害怕都看成政治邪恶。在这一点上，阿伦特很详细地描写了她对激情式的世界开放和爱尘世（MZ 20）的理解。阿伦特强调不应以刺激心灵的激情强度去衡量对世界的揭示性，"而应当以心灵的激情在揭示中再现了多少世界的真实性"为衡量的标准（同上）。阿伦特坚持认为，狭义的政治热情必须具有两种重要的特性：一是对他人的开放性，二是能够揭示标志着这个世界生活的多样性原则。相比之下，欲望和喜悦比痛苦和磨难更能满足这个标准。阿伦特在这里提出了这么一个问题：人是否真的如此卑劣，只有以自己经历的痛苦才能感受到必须在一定程度上帮助那些遭受同样苦难的其他人？阿伦特的回答是，帮助他人的动因不是自己的痛苦经历，而是出于一种不断递增的对现实感受的欲望。这种欲望产生于一种对世界充满激情的开放心态和爱，在与别人交往而产生的快感中衍生出愉悦的情感，又进一步激发了与他人的对话："我们很难把对情感的评判，提高到一种忘我的境界，或更进一步把对别人的开放心态提高为人类所有理解力的事实前提。这就恰恰明显地表现出共享愉悦的情感绝对高于开放性的怜悯情感。相互间的谈话所带来的是一种愉悦，而不是受难；人们相互间真心实意的谈话区别于单纯讨论的特点是，在真心实意的谈话中，那个正在说话的人会倾心地沉浸在自己的谈话中，会有一种愉悦的声调，因而也会以自己的愉悦感染其他参与谈话的人，使大家共享快乐。"（MZ 31）

阿伦特在文章中强调了莱辛执着坚持友谊的重要性（比较 Disch 1995），友谊要求我们从一开始就排斥任何关于真理的构思，而是在问题讨论的实践中训练自己如何以对话的形式在朋友之间展开对一些问题的讨论："莱辛比喻说，他很高兴为了意见的无限可能性，打破自己或许曾经已有框架的限制，因为只有在意见的无限性中人们才能够相互无限地讨论这个世界。如果有一种限制存在，就会致使丢失谈话以及由谈话构成的友谊和人性。"（MZ 43）莱辛很庆幸自己由于坚持"真理一旦被提出，马上就会转化为只是许多意见中的一种意见，就会遭遇争执或改型，就会成为只是许多谈话资料中的一种谈话资料的主张，而能够为许多事情带来许多躁动"（MZ 44）。阿伦特继续写到，莱辛对真理和人性有着一种如此深刻的理解，因而完全可以说，他曾是一个非常政治化的人物；并且也因为"他坚持只有当真理通过谈话而具有了人性的时候，只有当我们中的每个人都在说，虽然我对真理的思考还不够成熟，但我正在'思考真理'的时候，真理才成为真理。而关于真理的谈话以及在谈话中对真理的思考几乎是不可能在一个人的孤独中进行，谈话便会要求有一个一定的空间，即一个允许存在各种意见、声音和谈论如何'思考真理'的空间；在这个空间里，那些谈论和思考真理的人们既相互联系又保留各自的距离，正是这种人与人之间的距离总和再现了这个世界，也在实际上创造了这个世界"（MZ 48）。这种距离并不出于一种宽容，而是"与交友的天赋、与开放地面对世界的心态，以及与真正的对人的爱有极大的关系"（MZ 43）。

莱辛关于真理和人性之间的背律，为阿伦特提供了一种思想实验方式。这种思想实验要求读者以一个片刻的时间暂且接受已经得以证明的第三帝国种族理论，然后反问一下："即使存在科学对某一种族劣等性的证明，就能成为毁灭这一种族的依据吗？"（MZ 46）同时这种方法也不允许读者在实验中轻易地引用宗教或道德的，如"你不可杀人"等训条。这样的提问，只是为了展现一种特定的思想，一种与法律、道德或宗教训条规定不相干的思想（因为已经能够很冷静地确定，法律、道德或宗教规则并不能阻止这种最糟糕的事件）。正是这样一种不诉诸超验原则的思考方式，矛盾地造就了一种建立基本政治原则的可能性，只有按这种基本的政治原则，我们才能对我们所谓的"真理"作出评判："这么个强制证明的教条，是否值得你们去牺牲两个人之间唯一的一种友谊？"（MZ 46）

这里所提及的政治原则，就是友谊；因此任何学说，只要它在原则上排斥友谊的可能性，就必须加以拒绝。政治友谊拒绝将一种特定的真理作为"客观真理"来看待。阿伦特继续写到，这一切与主观相对主义的思维方式，即以自我和兴趣的意义看待一切的方式毫无关系，而是对"从不顾及自己，总是考虑别人、考虑人的处境和人的意见的世界关系的一种执着"（同上）。因此，莱辛所理解的友谊并不是那种尤其试图避免一切差异和冲突的兄弟般情谊。过分亲密的兄弟情谊，阿伦特断言，会使一切差异性化为乌有（见本书第 4 章第 30 节）。而莱辛正是理解了这一点："他希望许多人成为他的朋友，但不希望某个人成为他的兄弟。"（MZ 47）政治友谊并不认可在各种冲突和意见分歧之间有一个最后的仲裁者，但它仍会有一些基本的必要规定：我们必须为正义和邪恶，为我们的言行承担责任（见本书第 4 章第 40 节）。

最后，阿伦特讨论了莱辛所坚持的观点：政治的意义由不断重复的叙述构成；因为"当行动得以结束，并成为一种具有可叙述性历史的时候，只有通过对行动历史的反复叙述才能再现行动的意义"（MZ 37）。阿伦特这本文集中的所有文章都把对历史及其叙述意义的反思作为对一系列通常被认为是偶然事件的意义描述。在文集的结束语中，阿伦特强调了莱辛曾经说过的话：革命叙述的真实情感是控诉。虽然我们能够与已发生的事件和解，但我们却永远不可能完全把握那些曾经发生的事件，或我们永远也不会与那些曾经发生的事件达成和谐的一致。出于这个理由，对通常以暴力为基础的革命的叙述情感不只是一种爱国热情或一种欢呼，更是 种控诉。借用在一篇关于瓦尔特·本雅明的短文中的一个隐喻（见本书第4章第33节），那么控诉就是一种神话性的暴力，而与流血相连的暴力则是活生生革命行动的精神（同上）。

《罗莎·卢森堡》

这篇文章是就与罗莎·卢森堡传记作者 J. P. 内特尔（John P. Nettl）的一次谈话写成，最初在 1966 年以英语，其后在 1968 年略加修改后以德语发表（MZ 343）。在描述作为德国共产党成员罗莎·卢森堡（1871～1919）的生活和被杀的过程中，阿伦特并不试图描写这个革命者为正义而斗争的生活意义，而是如同耶利米（Jeremias）所描写的耶路撒冷城的毁灭，以控诉为主线写成了一篇毁灭这个非同寻常生命的诉讼文章。阿伦特认为毁灭一个这么不同寻常的人的生命，已经给未来将要出现的大屠杀对人的毁灭，投下了预兆性的阴影。与此同时，阿伦特清楚地表明了她的这篇控诉文章，并不是为了替死者祈祷。

如同赞赏莱辛那样，阿伦特赞赏罗莎·卢森堡（见本书第3章第2节第17部分）对世界现实充满激情的关注："对罗莎·卢森堡来说，比革命更攫住她的心的是这个世界令人震惊的悲惨现实。"（MZ 55）阿伦特认为卢森堡有着一种重要的特性，即对现实的忠诚；这使她能以一种批判态度面对所有的教条主义，也包括马克思的教条主义："她对真实差异的高度理解力，她可靠的辨别人的能力，她个人的好恶情感，不管是出于什么原因，都不允许她将列宁和斯大林扔进一个锅里；另外，她从不是他们的'信徒'，也从没把政治理解为宗教的替代信仰。"（MZ 54）在内特尔描述卢森堡波兰犹太同志团体的基础上，阿伦特又回归到政治友谊的主题，坚持这个团体是卢森堡特有的革命精神的源泉。这个团体的特点是，它虽然有着通常的偏见性错误，但它更有真诚和大气，它有成员间的相互尊重和无保留的信任，以及它有一种普世人性观，对"一切被认为理所当然的社会和民族差异有着一种真实的，几乎是幼稚的蔑视"（MZ 58）。简而言之，这个团体的成员都有这么个共同点，阿伦特把这个共同点称为"道德立场"（同上）。对阿伦特来说，重要的是革命的道德尤其是关于战争的不同看法，导致卢森堡作出了与列宁及其党派的决裂（从阿伦特对卢森堡的赞赏中，我们也能看到阿伦特自己对革命行动本质的理解）。与列宁相反，卢森堡反对把"革命看成战争和流血的受益者"（MZ 72）。同样，她也不相信一种"没有广泛民众参与以及民众没有话语权"的革命。与一场无结果的革命相比，她更担忧的是出现一场"变态"的革命（同上）。

如阿伦特自己，卢森堡在原则上反对恐怖活动，也不相信恐怖是较轻的罪恶这一学说。对卢森堡来说，革命"在第一层面上是一种道德变革；这就意味着，革命者应当继续热情地参与到公共性领域的生活中去，并随时注意观察世界的命运"（MZ69）。她曾是她的革命同志中唯一一个坚持"共和主义思想"（MZ 709）的成员，并且认为，公共性领域的自由必须成为任何一个革命行动的中心。在这里，我们再一次看到了阿伦特自己对革命行动的理解，即革命行动是一种建构自由的行动，一种每时每刻都必须在争取和实现自由的行动（见本书第 2 章第 5 节第 7 部分，以及第 4 章第 33 节）。阿伦特突出了卢森堡对真正革命者的行动分析有着怎样敏锐的观察力，卢森堡通过自己的敏锐观察得出的结论是，"唯一可以挽救革命的方法存在于关于公共性领域学说自身之中，因为公共性领域有着最不受限制最广泛的民主；恐怖活动则会'毁坏每个人的道德'，因而也毁坏了这个世界的一切"（MZ 72）；而这一切又会反过来恶化和败坏革命。可惜这一切正如卢森堡所预见的那样发生了。从这里开始阿伦特为罗莎·卢森堡以及她"团体内同志"的革命精神遭受毁灭所做的控诉，主要是针对列宁的后继者故意把"德国共产党布尔什维克化，因而'特意否定了罗莎·卢森堡的思想遗产'"（MZ 73）。卢森堡以及她那个团体的道德及政治思想在 20 世纪 30 年代初就已遭受破坏。阿伦特认为，卢森堡的被杀是极权主义黑暗时代即将到来的预兆，因而丝毫不需感到吃惊，没多少年后极权主义的黑暗便笼罩了德国和欧洲的其他地方。

《献给卡尔·雅斯贝尔斯的答谢词》/《卡尔·雅斯贝尔斯：一个世界公民》

在这两篇献给雅斯贝尔斯的文章中，阿伦特高度评价了她的老师和朋友作为一个

阿伦特手册

个人和作为一个思想家（比较 Sederström 2001；见本书第 2 章第 10 节第 5 部分、第 3 章第 2 节第 1 部分）。有着典型的答谢词模式的第一篇文章《献给卡尔·雅斯贝尔斯的答谢词》，是特为雅斯贝尔斯获得 1958 年德国图书贸易和平奖颁奖大会上的发言而撰写的答谢词，主要回顾了作为个人的卡尔·雅斯贝尔斯。阿伦特在文中突出了雅斯贝尔斯的人性，认为只有从希腊神灵（daimon）的意义上才能理解他的人性："人从不可能在孤独中赢得人性，但也不是只要听命于公众就能获得人性。只有当某个人敢于将自己的生命和他的个人投入进'公共性领域风险'之中的时候，才能赢得人性（MZ 91）"。雅斯贝尔斯这么做了，这使得他成为一个"世界级的思想家"，他的思想"遍及了世界的所有国家并存在于所有这些国家的历史中。虽然这是尘世间的，却是无形的，这是一个'人性'的王国。每个人都能跳出自己原本的王国而进入这个人性的王国"（MZ 98）。

《卡尔·雅斯贝尔斯：一个世界公民》是阿伦特撰写的第二篇关于雅斯贝尔斯的文章，该文最初以英语在 1975 年发表。文章中更详细地阐述了第一篇已经提及的关于雅斯贝尔斯是一个世界公民的这一主题，并对构成世界公民这个总称的可能性提出了论证。以雅斯贝尔斯作为反对全球化的论据，阿伦特指出如果说某个人是个世界公民，那么他必须从属于一个特定的政治领域，而这个政治领域又是一个"包括全世界'联盟'"的一部分（MZ 103）。阿伦特认为，政治的"多元性、差异性和相互间的界限是世界公民这个总称的前提条件。'公民'这个概念在原则上意味着：一个生活在其他公民之间和生活在一个国家之中的公民，而这个国家又是在其他国家中的一个国家。国家公民的权利和义务不仅是由生活在这个特定国家的其他公民，而且也由这个国家的疆土和国界加以定义和限定"（MZ 99）。阿伦特之所以坚持一个由各个有界限的政治领域组成并包容整个世界的联盟，主要来自 20 世纪 30 年代她在德国的生活经验，她在那个年代亲眼看到了由法西斯的国际化造成的德国民族的没落。因而她坚持主张区分全球化政治和国家化政治，拒绝前一种政治，赞同后一种政治。对阿伦特来说，全球化意味着一种诉诸民族国家崩溃的运动。她把全球化等同于帝国主义政治，认为这就是一种纯粹的强权政治，有着无限的贪婪和欲望；全球化的这种反民族理念所造成的恶果是不尊重别国的领土边界（见本书第5章第6节）。阿伦特关于世界公民这个主题的思想，既不是抽象的，也非空想的。在这篇文章中，阿伦特同时也论证了，技术的发展也能帮助实现世界的统一；因为技术能够使得在这个地球上所有的人在人类历史上第一次共处在一个共同的存在之中。阿伦特认为，我们现在已经到达了康德在《永久和平》一文中所描述的那个点，在这个点上，无论在世界的某个地方发生了一件什么事，马上就能在世界的每个角落感受这件事。2001年对世贸中心的袭击和2004年在东南亚以及2011年在日本发生的灾难性海啸，就是阿伦特这一观点的例证。但是世界的这类统一，大都是一种反面性的经验。按阿伦特的经验，连接我们的那种非常现实并且会彻底毁灭这个世界的力量是核武器。阿伦特论证了全面战争的状态和各方相互灭绝是建立一种"消极团结"的条件，因为各方都害怕被另一方消灭。其次，阿伦特也主张，赋予这种"消极团结"以一种积极意义，也就是相互承担各自的政治责任；但同时她也承认，这种团结可能不会持久，最终可能会出现反弹，反弹的标志是"政治的冷漠，其表现形式或是一种闭关锁国的民族主义或是一种对现代技术的绝望反抗"（MZ 102）。

阿伦特在这个点上引用了雅斯贝尔斯的见解——如果对我们来说，这种新的普遍全球化比"一种极端增长的相互仇恨或一种普遍的相互仇视更有意义，那么我们就应当在最大的范围内投入一种相互理解和进一步自我解释的过程"（MZ 102f.）。这个过程的根本是"信息交流"。阿伦特在雅斯贝尔斯的基础上还加上了莱辛的"友谊"理念。雅斯贝尔斯曾做过一个与他以上的思维相类似的思想实验，即当我们分析思想和观察经验的时候，我们必须提出的问题是："信息交流对思想和经验意味着什么？会助长还是阻止信息交流？它们是孤独的诱惑者还是信息交流的呼唤者？"（MZ 104）

雅斯贝尔斯坚持，信息交流原则的前提是放弃自己原有传统（见本书第4章第37节）的权威（见本书第4章第5节），只有满足了这个前提，"过去时代的大量素材才能通过与当代哲学思考而自由和'游戏般'地相互联结起来"（MZ 103）。这种"自由的游戏"有着一种对历史理解的共同框架，也就是发现在公元前5世纪的那些事件："中国的孔子和老子，印度的奥义书（Upanischaden），波斯的琐罗亚斯德

(Zarathustra)，巴勒斯坦的先知（Propheten）和希腊的荷马（Homer）、哲学家以及悲剧家。"（MZ 107）这些事件都是独立发生的，然而却都是世界文明伟大的历史起源，并且"在它们各自不同的多样性中又有着一种独特的公共性"（同上）。雅斯贝尔斯从中看到了一种共同的起源，这就为形成一种新的人类哲学创造了可能性。这种新的人类哲学与以往的人的哲学的区别在于：新的人类哲学以一种人的多元性为基础，这个世界上的人正是在这一多元性的基础上进行着相互交流。鉴于新哲学的这么个基础，雅斯贝尔斯提出了团结的原则，这与莱辛关于友谊的理念极其相似。由于雅斯贝尔斯在这里把友谊理解为一种国际性的团结，阿伦特认为这种国际性团结必须坚守一个原则，即"不允许出现与实际存在的人类团结相反事件这一原则"，才能产生它应有的效用（MZ 112）。

《赫尔曼·布罗赫》

阿伦特把赫尔曼·布罗赫（Hermann Broch，1886~1954）称为一个违背自己意愿而成为诗人的诗人。这篇关于他的详细文章取自阿伦特为1955年由她编辑出版的布罗赫的文集《诗作与认知：杂文》一书撰写的导言（IWV 285，MZ 349）。文章主要追溯了布罗赫的终生努力——在文学、知识和行动之间进行协调，并将这三者构成一个统一体。布罗赫的这一努力给他自己带来了无数的冲突，特别是在纳粹执政时，他不得不停止诗的写作。自那以后，他的冲突主要集中在知识和行动上。尽管如此，他的《维吉尔之死》为他带来的名声仍然追随着他，他因此也仍然是一个不由自主成为诗人的诗人，并且在到达美国后与出版社签订了合同，出于合同的义务又继续开始了诗的写作。但是，阿伦特在文中强调，"正是布罗赫越来越不想成为一个诗人，所以没有停止作为一个诗人去写作。因此这本文集收集的每篇文章都是一个诗人的呐喊"（MZ 134；见本书第3章第2节第2部分）。

阿伦特在文章中用了许多篇幅分析布罗赫的竞争理论，他的认知理论，他对尘世绝对性的寻找以及最终在思维着的主体中获得了他寻找的结果；但阿伦特做这些分析的主要目的，是为了表述布罗赫极强的与人建立友谊的能力（阿伦特就是以这一主题开始和结束了这篇文章）。布罗赫的这种能力来自一种道德的绝对命令，即帮助朋友的义务，这贯穿在布罗赫的所有友谊关系之中。阿伦特几乎反驳了布罗赫所有关于认识论和逻辑的命题，但却唯一肯定了他关于尘世绝对性的命题，即帮助的义务。这就清楚地表明，为什么布罗赫被收集进这本文集之中；如同这本文集的其他人物，布罗赫也在他的人生中追求友谊以及与此相应的关于帮助别人的道德绝对命令，这是一种需求也是一种命令，阿伦特把这种需求和命令看作公共性领域的一种道德前提。

《马丁·海德格尔 80 岁了》

这篇文章源于 1969 年 9 月 26 日阿伦特为巴伐利亚广播电台撰写的祝贺马丁·海德格尔 80 岁生日的广播稿，只是在收入这本文集时又重新略作修改。阿伦特在文章中指出，为公共性领域的持续存在而急需的政治倾向，同样决定着思想的活动。对阿伦特来说，海德格尔的思想是革命的，因为这是世界上充满激情的思想，以一种思想作为"激情"，"就使一种困难变得可以忍受"（MZ 179）。这里，阿伦特再次有意于"纯粹思想活动"自身中的困难和执着（MZ 176）。虽然与政治行动相反，思想往往关及一些并不直接在场的事物（MZ 180），但思想却是对世界的充满激情的参与和努力。即使思想有时也会要求退出世界，但这也从不会是一种完全的告别。阿伦特写到，当海德格尔在马堡教学的时候，他的思想活动就富有生气和尘世性；更重要的，正是海德格尔传授了思考就是反叛的思想（MZ 174）；除此之外海德格尔还教导反对柏拉图，宣告思想不能没有笑声（MZ 182）。海德格尔为 20 世纪的思想开拓了一种新的起点，虽然思想关注的事物仍与远古时代相同，但他作为一个教师，在《存在和时间》发表之前，便已打断了传统的思路，把重新思考过去时代作为当代思想的任务。正是海德格尔的这个发现，使得"思想［……］又重新获得了活力"（MZ 174）。海德格尔的思想并不看重系统的推理，而是为了给思想开拓一条新的道路，一种新的维度和领域。阿伦特将海德格尔比喻为一个伐木人，"他的工作是在森林里砍树，但他在森林里走的路，必须由他自己来开辟，这就使得开路如同砍树都是他的工作"（MZ 176）。值得注意的是海德格尔思想中这种与传统哲学之间的潜意识鸿沟，将"会导致整个传统形而上学大楼的倒塌"（同上）。阿伦特把海德格尔赞誉为一个"隐秘的国王"（MZ 175），因为与他在一起，思想"就能成为一种激情，甚至不需拥有所有其他那些只是起着规则和墨守成规效用的能力与天赋"（MZ 177）。阿伦特确实认为，海德格尔的激情思想（同上）表现了哲学最初的前提条件（MZ 174）。

矛盾的是，这种激情式的思想需要一个静默的地点（MZ 180），这就使它在极大程度上不同于一种政治行动。在与海德格尔一致的基础上，即如阿伦特在自己的《论精神生活》一书中的分析所表明的那样（见本书第 2 章第 8 节第 1 部分），阿伦特认为，思想从事的是对不在场事物的抽象研究，因而思想的这种方式要求思想者远离世界的日常生活。在纪念海德格尔 80 岁生日的这篇文章中，阿伦特几乎重复了她在《论精神生活》已经表述过的关于思想家的原话。"如果有个人〔……〕站立在你的对面，虽然你能感受到他的形体的存在，但你不会去思考他。但是如果你仍会去思考他，那么就说明在你和他之间已经出现了一道间隔的墙，你退出了原先与他直接面对的状态。"（MZ 180）思想是与这个世界的一种间接交往，它虽然"在常规之外"（MZ 181），但却仍然是世间性的。按这种逻辑，思想作为一种追溯性的记忆总是不合时宜的。阿伦特引用了海德格尔所强调的，思想的居所不是在由日常生活需求主导的急切需要获得的关注和满足的框架内，思想思考的问题是"常规之外"的问题（MZ 181）。

如果一个思想家变换了他的思想应有的居所，"如人们那时所说的那样，经不起诱惑而使自己'参与'到这个世界的人的一些事务中去"，就会对思想构成一种危险（MZ 183）。阿伦特以对这种危险的思考结束了这篇关于海德格尔的文章。但阿伦特也承认，海德格尔曾有过短时间的这样一种参与，如同柏拉图，他曾"寻找过暴君和领袖的庇护"（同上）。阿伦特认为这并不因此表明海德格尔有着一种人格缺陷，也不表明这是他思想的缺陷，而是一种专业的变形（déformation professionelle），因为他的专业要求思想必须逃避世界；而这种逃避很容易成为一种对现实的逃脱，这就导致他如同他那个时代的大多数人一样，回避"国会纵火案之后在盖世太保地下室和集中营拷打地狱出现的真实情况，把视线转移到一个所谓更重要的区域"里去（MZ 353，Anm. 21）。二战后，维克多·法里亚斯（Victor Farías）以及其他批判者都主要从海德格尔参与纳粹这十个月时间的角度解读海德格尔的思想；而阿伦特则认为，二战后（不仅在德国）仍有许多知识分子继续回避集中营的现实，不愿"面对和讨论这样一种永久毁灭一个民族的政治，而宁愿按自己突发的念头或兴趣去谈论一些柏拉图、路德、黑格尔、尼采，以及海德格尔、一些年轻的思想家或斯特凡·乔治（Stefan George），以便对那些理应遭到历史唾弃的恐怖现象加以精神科学和思想史的整容"（同上）；与这些知识分子相比，海德格尔比他们出色得多。阿伦特如此说的理由是，海德格尔至少将关于'权力意志'（das Willen zur Macht）毁灭性本质极度沮丧的认知，作为一种"经验深植在他的思想中"（MZ 183）。阿伦特最后总结说，"无论这个世纪［伟大思想家］的思想风暴究竟刮往哪个方向，实际上是无关紧要的，因为经由海德格尔思想的思想风暴，并不起源于这个世纪"（MZ 184）。但阿伦特的这一结论并不意味着，读者因此就能在海德格尔的著作中找到他曾经变更自己思想居所的原因。因为这一点，阿伦特曾遭到许多人的指责，人们批评她作为海德格尔的幼稚学生帮助自己的老师轻易摆脱十个月"参与"纳粹的负重。但是阿伦特在文章中举证，海德格尔参与纳粹这一危险并不在他的思想内容之中，而是在与思想内容相反的思想活动的自身中，即"避开"很容易转化为"逃避"。这样的危险深植于思想活动自身的中心，因为思想不仅要求激情和笑声，而且也要求警觉和在一个远离喧闹的居所中承受静默和孤独的能力，而这个远离喧闹的居所总是设立在通常的规则之外并且极其偏僻。

《瓦尔特·本雅明》

这篇文章的内容主要取之于阿伦特撰写的《关于瓦尔特·本雅明和贝托尔特·布莱希特的两篇短文》中关于瓦尔特·本雅明的部分，以及阿伦特为再版所撰写的英语导论（MZ 353；见本书第3章第2节第4部分）。瓦尔特·本雅明拥有许多莱辛、卢森堡、雅斯贝尔斯和布罗赫的特性，特别是拥有一种理解现实的能力。阿伦特称赞他和卢森堡正是因为拥有了这一能力，才使他们明显地区别于"教条式的马克思主义者"，并在这篇文章中也如此评价了阿多诺与法兰克福学派的关系。阿伦特认为，对本雅明如同对布莱希特来说，"重要的是直接的、现实的、具有可证实性的并且自身'意义'显而易见的具体事件；准确地说，正是他俩这种最具现实性的思维方式使他们能够以一种'隐喻'的方法表述上层建筑和基础的相互关系"（MZ 204）。阿伦特特别看重本雅明的历史哲学，她在他的历史哲学中注意到他关于传统破裂和权威丧失的看法。阿伦特因此写道："只要过去的时代作为传统流传下来，它就具有权威性；只要权威表现为历史，那么它就会成为传统。瓦尔特·本雅明深知，传统的决裂和权威的丧失是无可挽回的，因而决定寻找一条新的理解历史的道路。"（MZ 229）本雅明不是对传统决裂的状态表示遗憾，而是从中理解了正是传统的崩溃为重新发现隐藏在以往历史中的宝藏提供了前提，也就是传统第一次被允许构想为历史，因而开拓了以往无法预见的未来的可能性。阿伦特将本雅明的《历史的天使》比作他所描写的"漫游者"（Falneur）："因为他像一个漫游者那样穿越那些如同哑剧演员正在漫无目的溜达的人群，即使被这一人群顺带着湮没在他们之中，他仍能坚持自己的立场，这就是历史的天使。他把这一切仅仅看作过去时代的废墟，被进步的风暴倒退般地吹进了未来。"（MZ 203）

阿伦特猜测，本雅明的《历史的天使》不只是对历史进步理念的一种批判，而且同时也表述了新的和陌生的事物怎么才能进入这个世界——即必须首先对这些新的和陌生事物的要素进行转换，才能使这些事物进入世界。在对本雅明《转换者的任务》一文的解读中，阿伦特写道："对本雅明来说，特别重要的是避免一切能够勾起记忆的移情效用，因为记忆会导致一种假象，似乎原本需要研究的对象已经承载着一种信息，似乎读者或观众就此不再需要进一步的媒介信息，或者说错误地认为这些原本需要研究的对象已没什么新的可以传递的信息。"（MZ 239）接着，阿伦特引用了本雅明文章中的原话："没有一首诗是针对某个读者的，没有一幅画是针对某个观众的，没有一部交响曲只是针对某部分听众的。"（同上）对于已经存在的事物，已经没有什么可做的沟通，也就没有什么可作的解释。只有潜水寻找珍珠的人才能完成转换的任务，而不是搞诠释学的人，因为诠释学并不能对已有的内容或既定的客体作出反思。与诠释学相反，转换所需要面对的不是既定的对象，而是一些与转化者还没有建立互通情感的陌生事物，这些事物还具有不可通约性，不会简单地被归为与某事某物相同或相似；这些尚不明确的事物很难被简化为某个已经被人所熟悉的事物。

阿伦特手册

阿伦特最后特别强调，尽管本雅明与布莱希特在一切意识形态的问题上都有着分歧，但他与布莱希特却有着一种牢不可破的友谊；正是由于本雅明对朋友的忠诚，使他无愧于站立在这本书中所收集的那些伟大人物之中。此外，他又极其独立于他的那些作为伟大人物的朋友，这不仅表现在他的文章自成一格的高水准上，而且也因为只要"他认为这些事件和风潮只是为了'否定'对现有关系的批判或为了给非现实的事物和谎言寻找出路，只要被他认为这是些文学或学术研究以外的事情"，他就拒绝效劳于这些事件或风潮（MZ 225）。对阿伦特来说，这就是本雅明在他生活的那个黑暗时代闪烁着光芒的一些特性。

《贝托尔特·布莱希特》

这篇文章的内容来自《关于瓦尔特·本雅明和贝托尔特·布莱希特的两篇短文》（MZ 360）中以英语再版的《贝托尔特·布莱希特》（Bertolt Brecht）。阿伦特在这篇关于贝托尔特·布莱希特（1998～1956）的文章中，继续展开了她曾经思考过的关于诗人和城邦之间的关系；她琢磨如果诗人不再富有激情地努力追求现实，而是陷入在一种意识形态和一个党派之中，这将会出现怎样的状态（见本书第 3 章第 2 节第 5 部分）；而按阿伦特的看法，这偏偏出现在了布莱希特的身上。如同在她的许多其他的文章中，阿伦特引用歌德来证明，诗人允许有更多的自由，"但对诗人同样有一个不允许他们不受惩罚而逾越的界限"（MZ 254）。阿伦特继续写到，如果只听一个诗人朗读诗，确实很难对这个诗人的（政治）过错作出评判，但是诗人为自己（政治）过错受惩罚的代价是缪斯的逃离。针对布莱希特的诗作，阿伦特得出的结论是，他的过错最终已经很大，因为缪斯几乎完完全全地离开了他。布莱希特生活在东柏林的那几年里，接受了斯大林的意识形态，出卖了自己的天赋，这就是布莱希特必须付出的代价。

但缪斯总算没有完全消失。阿伦特认为布莱希特站立在三个失去的一代的开端，经历了第一次世界大战给这个世界带来的绝望。布莱希特这一代人遭受了大规模失业、通货膨胀和一战后动荡的欧洲，因而他们这一代人必须做出决定，"是在第三帝国的集中营里，或在西班牙的内战中，还是在莫斯科的思想程序中体验他们最初的世界经验"（MZ 255）。尽管如此，阿伦特还是认为，布莱希特的人生仍有着许多标志着这本文集所收集的那些伟大人物的特性，正是这些特性使得布莱希特虽然最后犯了错误，但仍能向他曾经生活过的那个黑暗时代投射他的光明。与莱辛的人生相似，布莱希特的人生也表现出对生存，尤其是对大地母亲的一种深深的感恩。阿伦特强调指出，布莱希特理解了那些尼采最早理解的那一点，即伴随着上帝的死亡和地狱的消失，给人们带来的不是绝望和虚无主义，而是愉悦和从恐惧中获得的解放将充满我们的身心（比较 MZ 270f.）。如同这本文集中的其他人，布莱希特也蔑视沽名钓誉的生活和循规蹈矩的行为。除此之外，布莱希特还有一种极其强烈的正义感和一种"帮助遭受侮辱和屈辱的人们的精神"（MZ 276），尤其是他以民谣形式创造的叙事诗，表现了普通民众如何摆脱生活阴影和被遗忘（MZ 277）。阿伦特认为，布莱希特的问题川始于他小是设法如同莱辛那样以愤怒，或如同古里安以道德的绝对命令去帮助那些社会底层遭受侮辱和屈辱的民众，而是以他的同情心；这就导致布莱希特加入共产党，因而开始了他的问题。卢森堡也曾是共产党员，但她始终坚持，不应当认可共产党内即使是最小的罪恶；与卢森堡相反，布莱希特采纳了那些人的主张："为了改变这个世界，要永不满足地学习如何使自己变得'不太善良'，人们要更多地学习如何使自己变得坏一些；为了消灭这个世界的卑鄙，就允许使用任何卑鄙的手段。"（MZ 278）阿伦特最后以对作为政治生活另一个前提的宽恕的一种反思结束了这篇文章。如同《积极生活》一书，阿伦特也在这里又一次指出，人们宽恕的是作为人的这个人，而不是他的行动。布莱希特是一个极其出色的作家，人们最终会原谅他。

《罗伯特·吉尔伯特》

这篇文章是阿伦特在 1972 年为罗伯特·吉尔伯特（Robert Gilbert）的诗集《我并没有那么笨：写自合符和不合符时代的诗》撰写的后记。阿伦特在文章中称吉尔伯特是海因里希·海涅的一个真正后继者；因为吉尔伯特理解，诗人和歌谣作曲家在作品中"以笑和哭的统一"，表现他们对这个世界的心态（MZ 296）。面对 20 世纪的恐怖，吉尔伯特仍能不失赞赏"这个现存世界初始的伟大奇迹的心态"（MZ 294）。

阿伦特写到，他的诗充满了柏林人的思维方式和柏林"母亲的诙谐"，充满了他"无忧无虑的活力和［……］对生活绝对的热爱"（MZ 296）。值得指出的是，阿伦特在《马丁·海德格尔 80 岁了》（MZ 172 – 184）这篇文章的脚注中注明了她在文章中引用的吉尔伯特的四句诗：没有人再需多余的敲门/用一把斧头就能进入每家每户/这个国家已经破裂/如同瘟疫在到处蔓延（MZ 353）。她将吉尔伯特对纳粹社会主义毫无畏惧的批判，对比海德格尔为逃避现实而对纳粹社会主义做出错误的解释，比喻为星球上一个有着自己一种特定技能的人与一个停留在自己《形而上学导论》中新时代人的一种相遇（同上）。当然，阿伦特也承认，海德格尔很快就意识到了自己的错误。与海德格尔相反，吉尔伯特对生活的热爱从没蒙蔽过他，他清楚地懂得他所生活的那个时代的恐怖和残忍。

《娜塔莉·萨洛特》

与伊萨克·丹森的作品相似，娜塔莉·萨洛特的作品充满了一种对现实的热情投入。关于人们必须做些什么，才能赢得永久生命的问题，萨洛特曾经给出的回答是："首先你必须真实地对待你自己。"（MZ 301）阿伦特赞同萨洛特的看法，并在对她 1963 年发表的小说《金色的果实》的书评中，引用了她的这一回答。阿伦特在这篇关于萨洛特的文章中，探究了她如何发展了脱离 19 世纪特性，只留下基本心理特征的"反小说"（MZ 298）："娜塔莉·萨洛特突破了传统人物形象光溜和坚硬的外壳（因为这只是些被捏造出来的好看的芭比娃娃而已），以察觉在这些传统（娃娃型的）人物形象背后不断振荡的声音和感受；这些声音和感受虽然在外部世界的大宇宙中几乎是不可见的，但它们给自我的内心世界的小宇宙带来了充满秘密的，如同永不终止的地震那样的震动。"（MZ 299f.）萨洛特将读者带进了封闭的帷幕之后，带进了谎言和欺骗的真相之中，带进了"每个脚步都会深深陷入腐败之中的沼泽"（MZ 300）。这里所爆发的"场景"中的内部生活，表现了"我们生活其中并'永远围绕着我们旋转'，构成一种地狱般存在的节奏性基本模式"，"这一切现象看似在漫无边际地到处弥漫，但却从没获得过脚踏实地所需的坚实基础"（同上）。在对萨洛特的评判中，阿伦特揭示了萨洛特真实思想的关注重点是为了理解一个真实自我的内心世界，认为

"这个世界虽然微小，但却是一个未被掺假和未被扭曲的真实世界"（MZ 301）。这篇关于萨洛特的文章也清楚地表现了阿伦特是怎样引用海德格尔的"人"这个概念的，所谓人，无非是现代主体 "自我"的另一面，他在这个世界中膨胀并"明显地'向外扩展'，但事实上除了对自己感兴趣外，他对这个世界上的其他任何人和任何事都不感兴趣。他对较高层次的那种漫无边际的感情，感到可怕和不稳定，甚至在必要时就会摆脱亲近、忠诚或可靠等这类情感；作为现代主体的自我，有的只是一种永久的上下折腾，在时尚品位中随波逐流，因而也受到时尚的任意摆布"（MZ 308）。尽管有着对现代主体如此批判性的评价，按阿伦特的见解，萨洛特仍然认为现代主体有承担一种不仅"共同品位"的可能性，这种共同品位"不仅决定着这个世界的外观，而且也对那些在这个世界上彼此聚集在一起的人们有 种'亲和力'"（MZ 309）。阿伦特认为，如果没有这种共同的品位，这个世界将面临一堆成为废墟的事实。阿伦特引用了萨洛特的原话"我给你一些神圣的面包。我欢迎你和我一起用餐"（同上），作为这篇文章的结束语。阿伦特认为萨洛特就此为读者展现了这个共同世界的另一面。

《我对威斯坦·H. 奥登的回忆》

这篇文章来自奥登去世后，阿伦特 1973 年 11 月 14 日在纽约国家艺术与文学研究院（National Institute of Art and Letters）的一次晚餐会议上所做的讲话（MZ 364）。阿伦特认识奥登较晚，在 1958 年的秋天才与奥登相遇，距离 1973 年 9 月 28 日奥登去世，两人共相处了十五年时间。按阿伦特所说，奥登"最令人惊讶之处，是他绝对健康的理解力"，阿伦特认为，这主要表现在他"不抱任何幻想［……］不认可一种可能会导致对现实盲目的理论体系"（MZ 330）。对阿伦特来说，奥登这么一种面对政治现实的敏锐眼光，使他在莱辛、雅斯贝尔斯、贾雷尔等这一行列的人之中获得了一个同等的地位。阿伦特赞赏奥登的诗作能"让人听到纯净健康的人类理智所发出的微弱但又有穿透力的声音。人如果失去了这种理智，神妙的天赋常常也就会为之付出代价"（MZ 333f.）。阿伦特认为，奥登为了这个世界的持久，将赞美和好评作为必要的激情（MZ 333），以一种赞美来"对抗这个世界上一些特别令人不满意的事情，并从中赢得力量"（同上）。同时，阿伦特也回忆了奥登赞美的方法——即使在非常不幸的情况下，仍要相信你的祝福会给你带来一种很高程度的'特异性反应'，因此要多多少少欢庆性地歌唱："你必须想到为你自己祝福"（MZ 326；比较 Knott 2011，83 – 85）。

《安杰洛·朱塞佩·兰卡里——基督教教皇》/《伊萨克·丹森》/《瓦尔德马·古里安》/《兰德尔·贾雷尔》

阿伦特的这四篇短文所涉及的那几个人都拥有如莱辛、卢森堡、雅斯贝尔斯、布罗赫和布莱希特那样的特性。这四篇短文都以这四个人物的个性，他们的生活和著作为各自的重点；他们四人各自不同的成就证明了阿伦特在这本文集前言中的论点：这些人物并不统一在他们各自取得的成就中，他们的相似之处在于他们都充满激情地努力投入到现实的生活中去，并以他们的笑声、他们的勇气和能力去建立友谊并对现实作出自己独特的评判（见本书第 4 章第 12 节、第 4 章第 39 节）。

安杰洛·朱塞佩·兰卡里：这篇文章 1965 年最初以英语发表在《纽约书评》，1966 年以德语发表在《水星报》上，题为《基督教教皇：关于约翰 23 世心灵日记的评语》（MZ 345）。安杰洛·朱塞佩·兰卡里（Angelo Giuseppe Roncalli）是教皇彼得的后继者（1958～1963），并为自己取名为约翰 23 世。与莱辛和卢森堡相似，他也曾是一个局外人，一个在罗马类似于通常被称为贱民（Paria）的社会底层下等人的人。对阿伦特来说，正是他的这种处境使他在"仿效基督徒"（imitatio christi）的意义上，成为一个真正的基督徒。阿伦特认为兰卡里表现出的这种特性，也曾出现在卢森堡身上："所有历史都是完全独立形成的，之所以独立是因为这个世界的事物有一种真正的随机性；并且历史也常常被有着伏尔泰式的幽默和令人惊讶的敏捷的一种对偏见和传统的冷淡扭转和表现出来。"（MZ 81f.）阿伦特特别评价了兰卡里的笑，认为他的笑有一种莱辛的魅力，有着与这个世界的和解，又保持了与这个世界的距离。这显示了他以这种方式将对上帝的谦卑与他自己对他人的绝对尊重，这两种似乎矛盾的感觉相互联结起来。因此，兰卡里也拥有了如同卢森堡以及她"那个小组同志"所拥有的"那种极强的自信，这就使他能够对待任何一个人，不管这个人的地位高低，都看作一个与自己平等的人。为了建立这一平等地位，他甚至走得很远，以便在那些从自身出发不可能产生平等的地方建立平等"（MZ 84）。他的这种自信，他的坚定信仰和他"不为名利"的努力（MZ 87），不仅使他当上了教皇，而且也使他有勇气改革天主教教会。阿伦特在这里向我们展示了她认为革命精神所必须拥有的特性：一种健康的判断，努力追求平等的自信，以及笑声。

伊萨克·丹森：写作这篇在1968年发表的文章的诱因是帕门尼娅·米格尔（Parmenia Migel）1967年所撰写的《无比巨大：伊萨克·丹森传记》（IWV 310）。伊萨克·丹森，（全名：凯伦·克里斯腾思·冯·布利克森－菲内克，Karen Christence von Blixen－Finecke，娘家姓丹森，又名：塔妮娅·布利克森，Tania Blixen，1885－1963）既是一个富有天分的历史叙述者，但同时又是一个充满激情的现实研究者；确切地说，她是一个综合这两者的人物。阿伦特关于丹森的这篇文章主要探讨的是有关历史叙述以及与现实和解之间的关联。她引用丹森的语言写道："如果人们能够将忧愁装进历史，或以历史的形式来叙述忧愁，那么这一切就会变得容易忍受。"（MZ 124）阿伦特认为，叙述能够使那些原本只是"单纯的事件"拥有意义（同上）。无疑正是这些叙述在丹森失去了她伟大的爱情——丹尼斯·芬奇－哈顿（Denys Finch－Hatton）——之后使她的生活变得容易忍受些。对阿伦特来说，丹森叙述历史的天赋是她忠实于"历史和生活"的结果（MZ 115）。丹森懂得必须避免以文学创作的方式书写历史，并且经常以此提醒其他作者："忠实于生活。不要在生活以外寻找，而是坦然接受生活为你提供的机会；以你不断重复的记忆、反思和想象来证明你认真对待了生活为你展开的一切可能性；只有这样才能保持你的活力。"（同上）同时丹森也懂得，人不能像一件艺术品那样为生活而生活。以另一种话来说，生活以意想不到和毫无先例的方式拽住了我们，使我们的生活完全不同于一件家具的生产。在家具的生产中，能够首先对家具做构思和规划，然后再进行加工和制造。阿伦特非常敬佩丹森，她遭遇了一桩极大的情感灾难，却能仍然忠实于她叙述的历史渊源。

瓦尔德马·古里安：这篇文章是 1955 年为瓦尔德马·古里安所撰写的讣告，经稍作修改和翻译后发表（MZ 364）。瓦尔德马·古里安（1903~1954）曾参与美国圣母大学（Notre Dame University）1939 年《政治评论》杂志的创建并担任编辑；曾求学于马克斯·舍勒（Max Scheler）和卡尔·施米特。作为理论家的卡尔·施米特曾把政治定义为一种对朋友和敌人的区分，但作为他学生的古里安却讽刺性地把自己的生活几乎只是侧重在友谊这一面。如同这本文集中的其他人，古里安也有着世界利益高于他自己个人利益的特点。并且也与这本文集中的其他人相同，他是这个世界中的一个陌生人。阿伦特认为他之所以被称为这个世界中的陌生人，是因为他既是一个基督徒又是一个天主教徒："他毫不妥协的现实主义，也许是他对历史和政治科学杰出贡献的标志。但对他自己来说，这只是一种基督教教义和天主教教育的自然结果。[……]他清楚地懂得他的义务是什么，并且他也愿意、能够承担自己的义务；他懂得自己是这个世界中的一个陌生人，这个世界从没完全成为他的家；但同时他却又是一个现实主义者。"（MZ 323）阿伦特把古里安的现实主义作为他所批判和蔑视的完美主义与乌托邦主义的对立面，并且坚信这两种主义显然缺少一种接受真实世界的勇气和胆量。她赞赏古里安拥有一种伟大，但这种伟大并不是一种英雄式的政治，而是"为自己规定了最正派的道德标准"（MZ 318）。

阿伦特认为，一个伟大的生命"不可避免地会在生活中招惹许多批评，也会有许多频繁招致误解的因素，而这种生活对许多人来说无疑是一种令人气恼的事，并且也总是会与那些拥有权力的人发生冲突"（同上）。这就需要勇气，而正是这种勇气并加上对人的顾及（但这种顾及绝不是出于礼貌），使得古里安在政治上为这个世界上受侮辱的人们作斗争，因为侮辱是一种与细心顾及他人完全相反的对世界的态度。顾及他人与同情毫不相干，顾及唤起的是帮助别人和不再侮辱已经受屈辱人的绝对命令。与布罗赫相似，帮助别人这一绝对命令也贯穿着古里安的生活。对阿伦特来说，这就是最高等级的政治命令。

兰德尔·贾雷尔：这篇文章最初于 1967 年发表在纪念诗人兰德尔·贾雷尔的纪念文集中（MZ 366）。兰德尔·贾雷尔（1914~1965）以他对真实的追求以及他对

"所有艺术和人类事务的无误判断而表现出他的卓越"（MZ 339）。这种无误的判断来自于他作为一个现实主义者，敢于面对真实的世界；正是这种现实主义使他的诗作充满了活力，也造就他成为一个真正的诗人，而不只是一个只为自己写作的批评家；也就是说，他是一个为世界写作的诗人，他写作的目的是为了使"这个世界的事物清晰可见、可感觉并在语言中得以重生"（MZ 338）。与此相反，贾雷尔蔑视许多现代批判家虽然能把词汇拼凑在一起，但却不懂得如何运用生动的语言。与这本文集中的其他人物相同，贾雷尔也拥有一种非同寻常的笑的能力。如同这本文集的开始一样，阿伦特以有关笑以及它所表现出的伟大人物在个人生活中对这个世界现实态度的一种讨论，结束了这本文集。阿伦特赞赏"贾雷尔精彩的诙谐，即她所认为的笑声"（MZ 339），并写道："无论如何，贾雷尔在这个世界除了他那大堂股的笑声和隐藏在笑声后面的一种极大的、纯粹的勇气，并没有其他可以保护自己的手法。"（MZ 339）贾雷尔的笑声并不出于一种对这个世界的自信和自我意识，因而并不带有讽刺意味，而是如阿伦特一再强调的，是一种与勇气一起唯一可以抗拒恐惧的笑。

《身处黑暗时代的人们》这本文集在总体上表现出了阿伦特独特的对情感特性的总体观察方式，即正是这些情感构成了一种公共性世界交往的存在。它再现了阿伦特对热衷于世界交往的理解，把与世界的交往作为澄清和明朗公共性领域的必要条件。这其中首先重要的是一种不可动摇的与现实的联结，以及一种对现实的追求。按阿伦特的意见，勇气、独立性、笑声、欢乐、感恩、愤怒，尤其是友谊，都是我们追求和进入现实必须拥有的特性。

佩格·伯明翰

（由斯特凡妮·罗森穆勒从英语翻译成德语）

参考文献

Disch, Lisa J.: »On Friendship in ›Dark Times‹.« In: Bonnie Honig (Hg.): *Feminist Interpretations of Hannah Arendt*. Pennsylvania 1995, 285–311.

Eigen, Sara Paulson:»Hannah Arendt's Lessing-Rede and the ›Truths‹of History«. In: John McCarthy/ Herbert Rowland/Richard Schade (Hg.): *The Lessing Yearbook* (Proceedings of the Conference » Lessing International«) 32 (2000), 309–324.

Hahn, Barbara: *Hannah Arendt – Leidenschaften, Menschen und Bücher*. Berlin 2005.

Knott, Marie Luise: *Verlernen. Denkwege bei Hannah Arendt*. Berlin 2011.

Sederström, Holger: »Hannah Arendt, Karl Jaspers und das Böse«. In : *Jahrbuch Politisches Denken* (2001), 32–59.

Wild, Thomas: *Nach dem Geschichtsbruch. Deutsche Schriftsteller um Hannah Arendt*. Berlin 2009.

Wilkinson Lynn R.: »Hannah Arendt on Isak Dinesen: Between Storytelling and Theory«. In: *Comparative Literature* 56, 1 (2004), 77–98.

第7节　共和国危机

1972 年在纽约出版的《共和国危机》这本书收集了三篇较长并且在先前已经发表过的文章，以及汉娜·阿伦特与阿德尔贝特·赖夫（Adelbert Reif）的一次谈话。在这先前已经发表过的三篇文章中，阿伦特都对由于越南战争而在美国激发的共和国危机发表了自己的政治意见。同时，她也对原先已经出现在她主要著作中的基本政治思想作了进一步的深化。

《论暴力》这篇文章以阿伦特 1969 年在《国际关系》和《纽约书评》上发表的一篇论文为基础而写成，一年后又以"权力和暴力"为题同时出版了该书的英语版本和德语翻译本。《公民抗命》这篇文章最初是阿伦特在纪念纽约律师协会成立一百周年座谈会上的讲稿，1970 年又发表在《纽约客》上。直到 1986 年，这篇文章才以德语发表在《当代》论文集中。第三篇文章《政治中的谎言：对五角大楼文件的反思》，先是 1971 年发表在《纽约书评》上，1972 年又以德语发表在《新观察》上。

一　《权力和暴力》/《论暴力》

写这篇文章的诱因，是由于阿伦特在 20 世纪 60 年代学生运动的反叛中看到了不断递增的暴力倾向，便撰写此文以表达自己对此的深切关注。这篇文章以一种简洁易

懂的形式表述了阿伦特政治思想的精髓，因而与她的其他一些短文相比，更合适作为
她政治思想的入门读物。文章的重点是她自己独特的政治思想，即与近代以来的主流
思想相反，阿伦特主张不是由暴力产生政治权力，而是通过限制暴力构成政治权力。
尤其是行动在政治权力的构成中起着一种特别重要的效用。阿伦特在这篇文章中把行
动作为一种抗衡近代以来单一发展进程的对抗力量。

在这三篇文章中所展开的论证，都是为了反驳一种悖论：一方面是暴力手段的技
术发展已经达到了一个"点，在这个点上，任何一种政治目的都不再能够想象以武
器解决冲突仍还具有的合理性"（IG 145），比如在外交上使用暴力已经被证明无疑是
一种自杀。但另一方面暴力却在国家内部的政治问题解决中显得日益重要，尤其是当
国内爆发革命的时候。毛泽东"枪杆子里面出政权"的思想作为对马克思主义思想
的发展而得以在新左派中流传，但按阿伦特的观点，所谓的毛泽东思想根本就是非马
克思主义的思想（IG 151）。反驳毛泽东的这一思想，就是写这篇文章的诱因。在这
篇文章中，阿伦特区分了理想型的权力与暴力的区别，在这个基础上反对被左右派都
认可的权力统治中心的观点，并发展了一种自己独有的公民社会的（Gebhardt 1996）、
以行动的可选性（Vollrath 1989）为导向的政治概念。

在文章的第一部分中，阿伦特描述了学生运动最初的无暴力行为，他们"参与
民众决策"的理想意愿（IG 158）以及"以行动改变这个世界的信念"（IG 155）。这
种"行动意愿"连接了美国和欧洲、东方和西方叛逆的一代。但阿伦特认为学生骚
乱的真正原因还是在于技术进步所带来的破坏性经验。年轻的叛逆者"在当代的嘈
杂中听到了炸弹引爆装置的滴嗒声"（IG 156）。

学生运动在最初并没有挑起暴力，是警察的暴行导致在整个事件中出现暴力。直
到被阿伦特认为是大学外的利益团体——黑人民权运动——的出现，才改变了学生运
动原先非暴力的状态。暴力对黑人运动的团体来说，如同 20 世纪二三十年代的美国
工人运动，不再是一种纯粹的理论事件。阿伦特对黑人民权运动的暴力倾向所提出的
警告，并不是以黑人独有的特性为由，而是基于一个具有普遍性的论题，即社会利益
的相互冲突总是隐藏着暴力的风险（比较 IG 157）。

与此同时，阿伦特也看到了一种在理论上美化暴力的倾向。学生们不敢放弃"进步"这个概念，因为这个概念已经成为整个左派的基本理念；与此相反，学生们在理论上以一种由索列尔、法农和萨特为暴力辩护而扭曲了的马克思主义理论装备自己。然而事实上马克思把进步只是作为新时代孕育在旧时代之中的一种过程，暴力只起着历史进步的助产婆的角色；但暴力在法农和萨特那里却成为一种具有创造性的力量。左派人道主义的基本理念，即人类自己创造自己的理念，采纳了黑格尔的思想概念和马克思的劳动概念，而在萨特那里却采用了他的暴力概念。按萨特的理论，暴力创造了新人，并且只有暴力才能中断几乎自动运行的威胁人类的进程。但是阿伦特认为暴力所做的承诺，其实无法通过暴力得以兑现，而只能依靠行动来解决这些问题（比较 IG 167）。

在文章的第二部分，阿伦特进一步充实了她对权力和暴力的定义，以革命现象和极权统治为例阐释这两个定义。她首先列举了政治思想的两个不同传统：第一个是韦伯和托洛茨基共有的传统，他们两人都认为暴力无非是对权力的最公然的确认。只要人们看清了在真实命令中的政治权力的本质，就自然而然会得出这么个结论。因为"事实上再也没有什么权力更大于'枪杆子里面出来'的权力"（IG 169）。在那些如柏拉图和亚里士多德把国家模式理解为一些人对大多数另一些人的统治形式的地方，在那些深受犹太教和基督教影响把法律看作神圣命令的地方，特别是那些绝对贯彻了欧洲民族主权国家权力理念的地方，都把权力等同于暴力。但阿伦特也提了历史上与此相反的权力理念的传统，即希腊城邦、罗马共和国和 18 世纪革命的传统。阿伦特认为这种传统中的希腊城邦、罗马共和国和 18 世纪革命的共同点在于它们的权力理念都不是建立在命令和服从的关系上，而是出于对一个"在法律面前人人平等的权力组织"的认同（IG 171）。在阿伦特对权力的定义中，将权力对应于人的能力，它不仅表现为人具有的行动或从事些什么的能力，而且也包括了与其他人联合和交往的能力，在商榷中与其他人共同行动的能力（IG 174）。因此平等是权力的基点，它是一些人施行对另一些人统治的对立面。权力的合法性并不来自它的目标和目的，而是来自权力的起源，即一个在法律面前人人平等的团体的建立，决定了权力的合法性。虽然权力也被用来实现一定的目标，但权力的结构是目标的前提。与亚里士多德关于城邦提供了一种好的生活的观点相似，阿伦特也试图将政治权力从无穷尽的目的－手段之链中解脱出来，并赋予它以一种自我目的的特性。与有了自我目的的权力相比，暴力在本质上只具有工具的性质。如同生产工具的生产，暴力作为工具的生产也需要暴力的手段。暴力因此而与权力构成了一个对立面，"在它们的互相对立中，如果一方获得了绝对的统治权，那么另一方也就不再存在"（IG 184）。

由于权力和暴力从不可能以一种理想的纯粹模式单独出现，由于在国家的有关状态下暴力总是表现为权力结构的最后保护机制，按阿伦特的见解，这就给人造成一种假象，似乎暴力是权力的先决条件。革命的现象却证明了相反的先决条件：革命的成功并不依靠革命者具有优势的暴力潜在性，而是基于国家权力崩溃的前提。虽然暴力能够毁灭较强的权力，但阿伦特以苏联镇压布拉格之春为例指出，那个胜利者在这种情况下为胜利所付出的代价是消耗了自己的权力。即使是极权主义的统治也无法放弃权力的基础，它至少需要盖世太保和告密者。在那些命令不再被服从的地方，暴力手段也就失去了它的效用（IG 178）。枪杆子打出的虽然是最有效的命令，但"权力决不会出自枪杆子"（IG 182），阿伦特就是如此相反地阐释了毛的著名语录。

在这篇文章的第三部分，阿伦特首先从生物学和行为学的角度研究了当代的暴力理论。德语版的这篇文章比在美国出版的英语原版更细致地深入到在当时已经引起广泛讨论的康拉德·洛伦茨（Konrad Lorenz）关于进攻性本能的理论。在最后得出的结论中，阿伦特批判了行为学以个别动物种类的行为来推断人类的行为，认为这种推断的理由是不充分的。虽然行为学推断理由的可信度很小，但它将暴力行为自然化的效应却很危险。阿伦特试图把暴力理解为是一种人的行为现象，不管是出于对不公正和虚伪的愤怒还是对弊端的短期性谴责，而人的行为都不是动物性的，也不一定是非理性的，人完全可以寻找出一种比较恰当的反应（比较 IG 190）。这里表现出阿伦特似乎并不想把暴力完全赶出政治舞台，但她也警告了应用暴力所内含的危险，即每一次对暴力的应用都将可能超越它原有的目标和界限，导致目的和手段关系的颠倒。尤其当暴力在集体中显现的时刻，也会显示它危险但又迷人的特性，如战友之情。尽管不能促成建立一个持久的政治共同体，但集体的暴力经验却会给人造成一种对假象的确信，似乎暴力是生活中真正的创造性元素。早在康拉德·洛伦茨发现进攻性本能有促进生存的效能之前，柏格森（Bergson）和尼采的生命哲学就已经把暴力赞美为对生活的确认。阿伦特在她的政治概念与尼采的哲学之间刻画了一道几乎没有比这更明显的分界线（见本书第3章第1节第16部分）。

面对与暴力和所谓的创造力相联结的生活概念在年青一代中又得以复活的现象，阿伦特在这篇文章的第一部分最初仅仅把这一现象解释为是年轻人对由技术进步造成威胁尘世生活的一种反应。但是他们"沿用政治思想的恶习"（IG 198）——尤其是把权力等同于暴力——这一点，也同时表明了他们仅仅是从生物有机体的角度把政治理解为一种自然本能对权力的追求。特别是在种族冲突中不断递增的暴力，已经隐藏着构成生物意义上的种族主义意识形态的危险（见本书第4章第16节）。

最后，阿伦特也从年青一代批判官僚主义的背景中，讨论了他们之所以迷恋暴力的根源（见本书第4章第7节）。她诊断这种"脱离实践"（她在这篇文章的英语版中也运用了这个德语概念）的学生运动是国家和公共意识逐渐消亡的结果，或部分地是由于"政府变为管理机构或共和国演变为官僚机构所造成的结果"（CR 178）。进步的过程往往需要一个较为庞大的管理机构，而面对这么个庞大机构，政治行动常常被证明是那么无能为力；但暴力骚乱至少还能给予参与各方一种似乎还能达到互动的感觉（比较 IG 205）。

新左派在理论上对暴力的美化以及反叛型年青一代对暴力的迷恋，都证实了这是以一种虚幻和危险的暴力替代了有效的行动。阿伦特最后在结束这篇文章时提出了这么个问题：为行动而建构的"我们愿意与我们能够"的统一，是否能够并非不可逆地加以分开？因为进步"几乎不依赖于我们做什么的意愿"。进步追随的是自己无情的法则，而且不管会出现什么后果，总是强迫我们去做那些我们能够做到的事情（IG 208）。接下来的显然要取决于观察行动的兴趣是否会成为行动的兴趣，以及极受推崇的城邦传统和民间协会怎么能够在现代社会关系中找到一种自身的延续。

解读和评论

理解《权力和暴力》这篇文章的关键是阿伦特反对将权力等同于暴力的立场。首先一个有争议的问题是对权力和暴力特性的定义，以及定义所隐含的规范性。阿伦特的这篇文章在《纽约书评》发表后，马上就有读者来信抱怨文章的抽象性和阿伦特定义权力和暴力规范的中立性。与这些读者来信不同，格雷文（Greven）则批评将阿伦特在行动想象中所强调的规范性作为一种新的开始（2002）。他认为阿伦特的定义甚至落后于韦伯的权力概念，韦伯关于行动的纯粹应急效用至少还更符合现代的状况。杨-布吕尔认为，尽管阿伦特的权力概念有着它的不完善性和抽象性，但是阿伦特关于权力对立于暴力的理论，仍可作为一种道德评判——也可称为人道主义干预——的基础（2002）。

以阿伦特区分权力和暴力的理论为基础，就能将共产主义统治下的东欧的民间社会反对派团体的历史，解释为由民众的共同行动而建立的一种民众自己的政治权力。阿伦特的权力概念与瓦茨拉夫·哈维尔（Vaclav Havel）的《无能为力者们的权力》（*Macht der Ohnmächtigen*，Havel 1980），以及亚当·米奇尼克（Adam Michnik）的《新进化论》（*Neuer Evolutionismus*，Michnik 1985）有着非常相似的并行性。在这样的背景下，完全可以把 1989 年革命描写为"政治行动的重生"（Thaa 1996）。

哈贝马斯在 1976 年经由他重新阐释阿伦特的权力概念的基础上，建立了他自己的商榷民主理论（Habermas 1976），把民主意志的形成解释为一个民众理性地自我立法的过程（Habermas 1992）。阿伦特把权力和真理理解为"不同本质的现象"（IG 439），并以意见作为权力的基础，哈贝马斯则想以话语理论把政治权力回归到具有可批判性的有效性要求上去。具有讽刺意义的是，卡诺凡在哈贝马斯将阿伦特的权力转换为不受统治者制约的最终只受制于应急共识的这种重新阐释中，看到了一种扭曲沟通的例子（Canovan 1983）；而克斯廷（Kersting）则试图寻找出介于阿伦特和哈贝马斯之间的第三条道路，即社群主义的道路（Kersting 1991）。

在这场由后结构主义所激起的关于权力概念的新争辩中，最受争议的是阿伦特积极的、与暴力有所界限的权力概念。无论是起源于共同体的权力还是由团体共同行动而实现了的权力，都必须寻找出这些权力的排斥机制，并由从中发现的暴力内在关系解构这些权力（比较 Keenan 1994；见本书第 5 章第 4 节）。

这一部分引用的参考文献在第 7 节的末尾。

二　《公民抗命》

阿伦特以《公民抗命》这篇文章参与了当时公共性领域关于越战反对者的公民抗命的争辩。为反对通常具有主导性的法律论据，她发展了自己独有的一种关于公民抗命的政治理论，并限定了这一理论与西方由个人良心决定的传统的不同（见本书第 4 章第 48 节）

阿伦特首先批判的是在美国公共性领域流传很广的对公民抗命运动的辩解，即公民的抗命是"以一种更高法律的名义来反对法律"。这一学说导致公民的民权运动有权利违犯某个州的法律，只要能够确认这个州的法律与宪法或联邦法存在着不兼容性。阿伦特在文章中论证了这种对更高权利的追述，掩饰了公民抗命运动的政治特征。她把公民抗命运动的人物，理解为一个团体的成员，他们由于"一种共同的意见而聚集在一起并作出决定，如果他们有根据地认为自己的政治主张将会得到大多数民众的支持，他们便会自己一马当先地起来反对政府的政治"（ZZ 123）。阿伦特所理解的公民抗命运动的关键点在于共同的意见以及以此为基础的共同行动；并以"西方良心传统"的影响解释了为什么拒绝服从的抗命者对此有着与她不同的看法（ZZ 123）。比如对于在美国每个学龄儿童都知道的亨利·大卫·梭罗（Henry David Thoreau），就曾拒绝给一个容忍奴隶制度的政府交付税款。阿伦特对此所做的解释是：他的行为所涉及的只是他作为个人的自我，以及他自我的道德完美性，但他的行为并不涉及这个世界。她这一批评的理论基础是苏格拉底和基督教的良心学说。所有良心规则的问题症结在于，良心关心的只是自己（ZZ 128）。阿伦特对此作出的解释，表达了她不太赞赏良心决定中的主观性和无规则性的自然要素，这与马克斯·韦伯对信念和责任伦理的区分有极大的相似之处。在林肯维护联盟的价值取向和马基雅维利关于故乡之城比个人灵魂救赎有着更重要地位的自白中，阿伦特看到了一种与个人良心相反的、对这个我们共同的世界担当责任的立场。

只有当"众多的人都能以他们达成一致的良心决定进入公共性领域，并且在那里赢得听众的时候"，良心的理由才有了政治意义（ZZ 131）。在公共性领域的论坛上，良心的声音就会转换为意见的表达，它的影响力就不再依赖更高层次的辩护机制，而是受制于民众对它的赞同与否。

由于阿伦特把公民抗命运动理解为重要的政治行动，因而她也拒绝了一种普遍流行的看法，即拒绝服从的抗命者们的诚意显然取决于他们承担因为拒绝服从而遭受惩罚的意愿。但阿伦特也必须向自己提出一个问题：什么是区分拒绝者牺牲意愿中的公民抗命与其他任何随意违法行为的标准？阿伦特给出的回答是："公共性领域是这两种不同行为的分水岭。"（ZZ 137）因为拒绝服从的抗命者会主动寻找公共性领域以表达自己的意见，而通常的犯罪分子则会避免公共性领域。与革命者的违法行为不同，公民抗命的特点是不服从行为具有无暴力性以及在总体上对既定法律秩序的认同性。阿伦特在文章中特别强调了这种在总体上认同法律秩序的重要性。对阿伦特来说，法律秩序是建构一个共同世界的基本要素，它构成了一个有着明确界限的框架，只有在这个框架内才有可能进行变革的程序。阿伦特在这里运用了她在《极权主义的要素和起源》一书中已经提出的关于在现代社会中"世界丧失"（Weltverlust）的论题。正是因为 20 世纪在进步的名义下获得了如此史无前例的变化，就可见起着稳定效用的法律秩序具有它的不可或缺性。

作为论证自己理论的前提，阿伦特首先必须为公民抗命思潮寻找一个能够与法律稳定世界效能相一致的辩护理由。她的论辩是，公民抗命拥有与美国特有的权利概念的兼容性，"虽然可能不是与法律逐字逐句地相一致，但与法律的精神相一致"（ZZ 143）。这里阿伦特诉诸一种非理论性的，但却形成于早期移民和美国革命者中的社会契约经验，以陈述自己论断的理由。这一视野广阔的、在思想史上可以追溯到约翰·洛克（John Locke），以一种双方承诺为基础的社会契约，并不是为了建设一个管理机制式的政府，而是构成一个社会，一个包容了社会所有单个成员的联盟。如同所有的承诺，这种社会契约的承诺也受制于两个条件："我们履行我们承诺的前提，一是不出现意外的情况，二是承诺的双方都能以自己的承诺为原则，坚守自己的承诺。"（ZZ 151）

由全民的社会契约而造就的国家，建构国家的基础就不再是历史的共同性或种族团体，而是一种全民的共识。每个人都必然在一个既定的共同体中出生，但共识并不是由每一代重新制定，因此共识要想作为被默认的共识继续生存下去的前提是，它必须有包容不同政见的能力。卢梭和康德鉴于深植于个人内心中的公共利益与个人利益的冲突，曾主张一种服从所有法律的道德义务；而阿伦特则认为在共识这么一种对法律的理解中，就不再需要一种服从所有法律的道德义务。

被默认的共识，或按托克维尔（Tocqueville）也被阿伦特称为普遍主义的共识（consensus universalis，比较 ZZ 147f.），并不会由于人们反对某个单一的法律而受到危害，但它的危险之处在于如果全国各民众层次都拒绝认同它，它就失去了自己生存的基础。如同在《权力和暴力》一文中，阿伦特在被压制的少数民族，特别是在黑人的反叛中，看到了一种对共和国的威胁。同时她非常肯定，他们的反叛原因是"他们从没有被包容进最初的普遍主义共识中去"（ZZ 149）。伴随着美国起源的奴隶主义犯罪制度，从没真正得以废除；并且与其他的新移民不同，即使是奴隶制的反对者，也从没有明确地把黑人包容进政治共同体之中。

托克维尔曾把公民的自愿统一描述为美国政治的特别优秀之处，阿伦特运用了他的思想作为自己解释美国法律"精神"的基础。如果她强调"公民的抗命仅仅是公民自愿统一的一种新模式"（ZZ 154），那么她实际上一方面认为美利坚合众国仍然存在着一种允许"人们能够以信心面对未来的传统"（ZZ 159），另一方面也相信她在公民的抗命中发现了一种模式，这种模式能够帮助建立与其他人共同的政治行动，超越革命者新建立的行动，成为常规化的行动。因此阿伦特建议，将公民抗命在政府的体系中机制化。作为认同美国精神特点的第一步，阿伦特建议授予那些实践公民抗命的少数民族以一种如其他受压迫团体早就享有的社会地位，即在国家管理事务中为他们建立一种永久的权利。

阿伦特手册

解读和评论

阿伦特的这篇文章发表后，最初陷进了艾希曼争辩背景的阴影中，当时人们主要关注的是阿伦特关于艾希曼审判报道中诸如道德、良心和邪恶等概念。这期间只有凯笛（Kateb）批判了阿伦特把纯粹主观和非政治性作为个人良心决定的特征（Kateb 1984），但卡诺凡却在这一点上为阿伦特作了辩护（Canovan 1992）。在其余英语和德语国家学者所撰写的关于公民抗命和非暴力抵抗的讨论文章中，直到 20 世纪 80 年代中期，都没有提及和关注过阿伦特的这篇文章。即使是当时影响很大的罗尔斯（John Rawls）和哈贝马斯在涉及这个主题的社会哲学文章和著作中，都根本没有提及阿伦特的文章（Rawls 1971；Habermas 1983）。直到 1989 年罗德尔（Rödel）、弗兰肯伯格（Frankenberg）以及杜比尔（Dubiel）才从民主理论的角度着手研究深受行动概念影响的阿伦特这一关于公民抗命的政治构思。

附录：《小石城——关于黑人问题和平等的异端意见》

这篇文章并没有被阿伦特收入《共和国危机》一书中加以发表，但是这篇文章的主题涉及一种美国历史上与宪法精神相关的危机。

背景：1957 年美国政府不顾州长和白人民众的反抗，动用联邦部队迫使阿肯色州（Arkansas）的小石城（Lttle Rock）接受 9 名黑人学生进入一所先前只接纳白人学生的高中学习。阿伦特就此为《评论》（*Commentary*）杂志撰写文章评论这一现实事件，却由于与编辑在对内容的看法上有所分歧而没有得以发表。这篇文章 1959 年最后发表在《异议》（*Dissent*）杂志上。阿伦特在文章中对国家强制美国南部各州废除公立学校的种族隔离所做的评论或批评，并没有什么知名度，但她这篇文章的本身却如同她一些年后在艾希曼一书中所提出的关于"邪恶的平庸性"这个命题那样，在当时曾备受争议。从撰写到最终发表这篇文章的期间，阿伦特曾承受着非同寻常的求证压力。由于她当时拒绝赞同艾森豪威尔政府所颁布的关于公民权利方案中的最重要部分，而陷入了必须为自己的文章提出充分辩护理由的压力，为此阿伦特认为在文章的开头就有必要事先强调，她"作为犹太人所表达的对黑人的同情，同时也是对所有受压迫和弱势群体民众的同情"（ZZ 97）。但她在文章中所刻意强调的她自己的基本立场，也只是仅仅限于承认美国的政治构架没有充分顾及教育的效用。

阿伦特的论证：这篇文章的开始部分就激起了人们的惊讶和关注，其原因在于：阿伦特虽然把种族问题归为"美国历史上最大的犯罪行为——奴隶制——所导致的一种结果"（ZZ 97），但却抱怨人们极不公平地指责美国的种族主义。美国政治通过小石城事件而在世界公众中赢得了极大的声誉，现在人们却要将种族主义与美国的外交政策联系起来，而实际上种族主义完全应当归罪于欧洲的殖民主义和帝国主义。从这一对美利坚合众国的辩解出发，她又转向切入以她的共和主义见解的角度，分析远远超出美国南部的种族主义问题的核心，即所有公民在法律面前的平等。这虽然是所有现代宪制国家不可或缺的原则，并且对共和体制国家来说尤其重要，因为它构成了一个共和国生死存亡的问题，但阿伦特并不因此而主张更多的平等主义。与此相反，她以托克维尔的思想警告人们，过多的平等主义就会造成扩大民主与极端平等原则之间的矛盾。一个社会的总体结构越是平等，那么就越会形成一种危险，即人们会怨恨已有的差异性，并从根本上质疑社会的多元性。鉴于黑人在公众前的另类表现，在实现了社会和经济的平等之后，反而加剧了种族问题的爆发性。

阿伦特在美国政府的公民权利方案中看到了一种助长平等原则均质化、反多元性的倾向。这个方案试图将两个完全不同的事情置放在一起：在法律上禁止种族歧视和贯彻社会的整合性。阿伦特认为这个方案的第一步——废除由法律强制的种族隔离，还走得不够远，但却认为第二步强制社会各种族的整合，在原则上是不允许的，尤其特意试图要求学生在学校里学习种族融合，参与反种族歧视的斗争，更是一种彻头彻尾的错误。但阿伦特也认为，在美国大多数州仍还存在的禁止黑白通婚的法律条款，这是对人的基本权利的伤害。能够就读一所整合性学校，不受种族肤色限制能够随意出入任何一家旅馆或娱乐场所，这些权利与禁止通婚相比，就显得不那么重要。

这里的关键点是，阿伦特关注的重点，主要不是民权运动的斗争，而是由她自己同一时间在《积极生活》中所展开的关于政治与社会这两个概念之间的区别，阿伦特认为在学校实施的强制性融合，对政治和社会的差异性构成了威胁，因此只有废除种族歧视法律，在政治团体的内部贯彻平等，才是真正取消种族隔离。她认为，在政治领域里必须实行人人平等，并且也只有在政治领域内，我们才是平等的。与政治领域相反，社会的生存需要差异性，因为在社会中人们按各自的职业、收入或种族起源聚集在一起；不管存在哪些不同的特征，人与人之间这种自由统一的可能性的自身，就已经隐含了难以避免的歧视的反面。阿伦特把政治平等，尤其是以积极和消极选举权所表现的平等，看成新时代一个极其伟大的成就。但是在社会领域中她却主张严格区分差异性和多元化："构成政治共同体中平等的，是在政治共同体内人人平等的原则，但这一原则却构成了社会歧视。"（ZZ 104）从中可以看出，阿伦特把与美国奴隶制历史和继续存在的既定统治关系紧密交织在一起的种族隔离，理解（或误解）为由宗教、阶级所属性或种族的不同而造成社会分歧的一种特殊状况。阿伦特的这种观察问题方式只有在她关于极权主义分析的背景中才是可理解的，因为阿伦特在现代的因循守旧以及非结构型原子化的大众社会中，看到了将会造成极权主义运动最重要的前提条件。

她之所以反对由自由主义支持的强制性种族整合的另一个原因，在于她的联邦主义价值观。阿伦特认为，自由派为了实现他们的目标而太轻易地跨越了各个州原本合乎宪法的权利。那些自由派人士根本没有理解，如果中央集权削弱了地方政治权力的基础，也就同时削弱了联邦政府的权力潜能。

在阿伦特为之捍卫的区分社会和政治这两个领域的基础上，她又加上了作为私人氛围的第三个领域。国家的职能不仅是阻止社会歧视对政治平等产生负面影响，而且在私人领域里保护每个人的个性不受侵犯，同样也是国家的责任。父母按自己理念教育孩子的权利，应当在受国家保护的个人权利和私人领域的范围之内。尽管父母的权利已经受到义务教育和教学大纲的限制，但不能完全剥夺父母为自己的孩子选择学校和成长环境的权利。从这个逻辑出发，在属于公共领域的火车和大巴上实施种族隔离当然是一种丑闻；但学校的事情与火车和大巴相比要复杂得多，学校虽说也是公共领域，却同时牵涉父母对孩子的教育权利。学校强制性的整合剥夺了父母决定自己孩子教育的权利，导致孩子陷进一种家庭和学校的冲突之中，而这必然削弱学校和家长双方的威信（VZ 255－276）。因此，阿伦特以一种质疑结束了她的这篇文章，"在一个不危及人的基本权利和政治基本权利的领域贯彻公民权利，却轻易伤害那些在人的生活中有着同样重要保护意义的社会和个人权利，我们应当思考一下，这么做是否明智？"（ZZ 112）

　　在对同时发表在《异议》中大卫·施皮茨（David Spitz）批判文章的答复中，阿伦特虽然再次强调了不是歧视和社会现实的种族隔离，而是比如禁止不同种族间通婚的种族法延续了奴隶制的罪恶，但她回复的重点却是针对在教育方面的冲突。她在一份报纸上看到一个 15 岁的伊丽莎白·埃克福德（Elizabeth Eckford）在学校遭受藤鞭鞭打的画面后，便自问：如果自己作为一个黑人孩子的母亲，能为此做些什么？她的回答非常明确，强制性地上学虽然会带来一种"社会升迁的机会"（ZZ 115），但这种升迁却逼迫其他有关儿童为此付出代价，这就将导致出现比先前更有辱人的尊严的状态。被挤出自己所属的社会团体，不得不进入另一个并不欢迎自己的团体中去的那种感觉，必然会长久地伤害有关儿童的自信和个性完整。

　　解读和评价：关于理论界对阿伦特这篇文章的直接并大多负面的或甚至敌意的反应，我们可以在杨-布吕尔（1982，425-438）那里看到这些反应的形成过程和概况。在与阿伦特的这篇文章同时发表在《异议》上大卫·施皮茨的批评文章中提及的一些主题，后来成为对阿伦特这篇文章理论争辩的重点，比如阿伦特对政治与社会的严格区分，阿伦特关于政治平等与社会不平等的关系，以及她关于不直接参与冲突的个人的政治判断力（Spitz 1959）。在这些讨论重点的第一问题上，人们有理由怀疑，在她严格的分析性区分中，是否对美国公立学校的教育作了正确的定位？此外，阿伦特这篇文章的自身就证明了她把政治从社会中分离出去是毫无理论根据的（Spietz 1959；Giehle 1997；Benhabib 1998）。与他们相反，玛格丽特·卡诺凡则在阿伦特的努力中看到了积极的一面，即在社会的同质性或部分的"千篇一律性"中对政治平等加以界定，从而捍卫了多元性、差异性和个性（Canovan 1992）。博曼（Bohmann）将阿伦特的论证解释为她对后现代主义多元文化和多样性的预感，但却批评了她这种狭隘的仅仅局限在法律平等上的政治平等，认为阿伦特的这一政治概念在这篇文章中（与她的其他一些文章不同）没有充分顾及现实的参与公共事务的可能性（Bohmann 1997）。以阿伦特与她的朋友非裔美国作家拉尔夫·埃利森（Ralph Ellison）的理论争辩为基点，丹妮尔·艾伦（Danielle Allen）把阿伦特的这一概念比喻为一种隐形的和无世界性的构思。她论证阿伦特忽略了与兼顾包容和排斥双向关系相反的单一排斥关系所具有的控制特性，在这种单一的排斥关系中仅仅加上原先被排斥在政治领域之外的关系，并不能超越这种关系原有的单一性，其实要超越这种排斥关系需要双方（白人和黑人）的社会团体以及各自的生活习惯都完成一种作为国家公民所要求的转换（Allen 2005）。伊丽莎白·杨－布吕尔则认为，阿伦特对这些事件的认知主要受制于她作为欧洲犹太人的生活经验，因而她在黑人孩子的学校教育中看到了父母利用教育手段以达到改变社会地位的目的，并认为这是一种典型的暴发户行为，最终会伤害儿童的自信和尊严（Young　Bruehl 1982；见本书第 4 章第 26 节）。萨比娜·吉雷（Sabine Giehle）更进一步地说明了欧洲的反犹主义是阿伦特对这个问题加以论证的参考依据（1997）。迈莉·施特勒（Meilli Steele）从后结构主义的语言哲学出发，将阿伦特对非裔美国人父母行为的错误解释，归结为她的现象学方法，这种思维方法假定了由扩展了的思维方式而推导出的一个共同世界，因而无法为各个社会团体由语言而铸就的异质性，建构一座可以相互跨越的桥梁（Steele 2002）。

这一部分引用的参考文献在第 7 节的末尾。

三　《政治中的谎言》

1971 年《纽约时报》发表了美国国防部一份有几千页之多的关于越南战争发展状态秘密报告中的一些摘录。这份所谓的五角大楼文件记录了政府在关于战争的原因、目的和进展的问题上在多大程度上以谎言蒙骗了国会和公众。如同阿伦特在《政治中的谎言》这篇文章的开端所表述的，这份摘录的发表导致美国政治因为众所周知的"缺乏信誉"（IG 322）而陷入深渊。出人意料的是阿伦特同时也警告人们，"不要过分夸大这种欺骗的诱惑性，不要忘了当时的历史背景"（IG 323）。她以两个具有挑衅性的论题作为自己这一警告的理由：首先，真实性从不被看成政治美德，并且谎言历来被看作可容忍的政治手段；其次，她认为在人的说谎能力和行动能力这两者之间有着一种紧密的亲缘关系。这就直接进入了她政治思想的中心——这两者都要借助于想象力，想象力使人有可能否认事实，但也使人有可能开始新的开端，从而改变这个世界。按阿伦特的理论，有意识地不诚实以及政治行动都出于一种应急状态，即"不一定非要展示出事物真实的状况"（IG 324）。

早在《真理与政治》（比较 VZ 327 - 370）一文中，阿伦特就已详细和严格地区分了事实真相和理性真相的不同。由于事实不是必然的，"为了确认和记录它，就需要可信的证人"（IG 324）。而这种可信性在应急状态中便会表现出它的脆弱性，这就使得它在理性面前显得不太可能有逻辑性，因而成为明显的谎言。从建构主义的角度来看，阿伦特近乎天真地坚持一种能够揭示人的真实性的存在。只有一种以意见多样性为出发点的并作为实际可辨认的现实，才能限定政治权利对这个世界的改变。极权主义统治用恐怖把事实的可能性完全排斥出公共领域中的生活，以"不真实的谎言"掩盖"真实的无限性"，这是一个骗子在正常的情况下不可能做到的事（IG 325）。

阿伦特在五角大楼的文件中看到了谎言的两种新的形态：由公关经理操纵制作的形象，以及"专业性"解决问题的模式和理论。她证明了这两种形态都是一种极端丧失现实的现象，因而最终不可避免地表现出极权主义的特征。宣传专家认为操纵意见只是在允许操作的范围内对意见做了一些修改；而思想智囊团的专家们则倾向于认为，对意见的操纵是五角大楼为了让现实适应自己战争理论的逻辑。在越战特定的情况下，可操纵性和故意操纵这两者很可能灾难性地聚集在一起了。政府操纵的目标无非就是为了完美自身的形象：美国政府作为这个世界最大的强权，有能力做到一切想做的事情，能够坚守自己的诺言等更多的诸如此类的形象。那些试图解决越南问题的人显然从没意识到，他们所设定的安抚和移置的操纵方案，给那些当事者带来了多少难言的痛苦。因此，阿伦特认为美国最重要的越战秘密揭示了五角大楼在"决定与现实中的不对等关系"（IG 334）。现在已经证明，即使当时的情报人员真实报告了越南的情况，也会被那些五角大楼的官员和他们的智囊所忽视。这一灾难性失败的根源在于他们"根本无视一切历史、政治和地理环境差异的事实"（IG 343）。怎么会导致出现这种情况的？阿伦特认为现在提出这个问题，比探讨那些已经很显然的谎言和对事实的偷梁换柱的问题，有着更重要的意义。

　　阿伦特认为第一个可给出的明确回答，就是从这些公布于众的现象中可以看出，那些谎言的编造者甚至对自己编造的谎言也信以为真。那些公关宣传人员并没有受自己编造的谎言的欺骗，而根本就是以一种对自己的欺骗开始编造谎言：因为他们认为仅仅运用广告形式的有效手段就能赢得公众的确信。但是阿伦特认为这一解释并不适用于智囊团的专家，那些专家的错误是他们有一种"完全脱离现实的思维方式"（IG 345）。每当她指责这些人将"现实的实质转换为数和量"时（IG 346），每当她指责"这些人不是在做评判而只是在做计算"时，她就会重提自己的一种中心议题，即现代人的无世界性以及没有能力以自己的行动去有意识地影响别人，也就是以自己的评判去影响别人（见本书第4章第39节和第45节）。除了她在《极权主义的要素和起源》中提及的意识形态体系的强制性逻辑以及在《艾希曼在耶路撒冷》中提及的服从和为升迁而尽职等因素，阿伦特在这里还提出了导致智囊团错误决策的其他两个原因，即出于对现代模式"伪数学游戏"科学的偏爱（IG 347）以及追随现代政治形象的趋势而蔑视现实。

　　如上面提及的两篇文章，阿伦特在《共和国危机》一书收集的这篇文章中也分析了在美利坚合众国出现的危机，并同时明确指出了解除共和国危机的潜在力量。由美国最著名报刊所发表的政府绝密文件以及在此之前早就到处传播的越战情况，证实了新闻界（报社、记者和编辑）的正义感和廉洁。除此之外，大批青年出于良心而拒服兵役以及逃兵都证明了美国再也不能成功推行它的帝国主义政治。阿伦特认为正是因为这众多的抵抗力量注定了政府绕过宪法的企图必然失败，她衷心地希望走出越战困境的美利坚合众国将会更强大。

　　解读和评论

　　尽管政治和真理的关系是新近关于阿伦特讨论，尤其是话语理论与后现代主义争辩的重点，但《政治中的谎言》一文并没引起人们多大的关注。在已发表的系统性讨论阿伦特《政治中的谎言》一文的各种文章中，尼尔森（Nelson）批判了阿伦特固执于事实真相是一种粗鲁的经验主义（请比较 Nelson 1078）。与此相似，哈贝马斯（1976）拒绝严格区分真理和意见，并以阿伦特自己的所谓前现代的真理概念解释她关于承诺的建构性意义。霍尼希（Honig，1993）、维拉（1996）则捍卫了阿伦特关于政治行动的表演特性。布伦克霍斯特（Brunkhorst，2004）赞扬了阿伦特对只顾形象和以科学绑架政治的批判，并认定越战和伊拉克战争之间有着平行性。为反对阿伦特关于判断力的定向，他则以卢曼（Luhmann）的理论来阐释真理与政治的对立实际上是社会两个子系统之间的结构性耦合。科恩和杨－布吕尔（2007）则针对布什政府伊拉克政策遭遇失败的情况，讨论了阿伦特文章的现实意义。

温弗里德·泰阿

参考文献

Allen, Danielle: »Invisible Citizens: Political Exclusion and Domination in Arendt and Ellison«. In: Melissa S. Williams/Stephen Mecedo (Hg.): *Political Exclusion and Domination*. New York/London 2005, 29–76.

Benhabib, Seyla: *Hannah Arendt. Die melancholische Denkerin der Moderne*. Hamburg 1998.

Bohmann, James: »The Moral Costs of Political Pluralism:The Dilemmas of Difference and Equality in Arendt's ›Reflections on Little Rock‹«. In: Larry May/Jerome Kohn (Hg.): *Hannah Arendt. Twenty Years Later*. Cambridge/London 1997, 53–80.

Brunkhorst, Hauke: »Macht und Wahrheit in struktureller Kopplung. Wiedergelesen: Hannah Arendts Wahrheit und Lüge in der Politik«. In: *Vorgänge* 43. Jg., 3 (2004), 19–27.

Canovan, Margaret: »A Case of Distorted Communication. A Note on Habermas and Arendt«. In: *Political Theory* 11. Jg., 1 (1983), 105–116.

–: *Hannah Arendt. A Reinterpretation of her Political Thought*. Cambridge 1992.

Gebhardt, Jürgen: »Die Rehabilitierung der Politik. Anmerkungen zu Hannah Arendt«. In: Thomas Grethlein (Hg.): *Inmitten der Zeit*. Würzburg 1996, 65–84.

Giehle, Sabine: »Diskriminierung und politische Gleichheit bei Hannah Arendt«. In:*Zeitschrift für Politikwissenschaft* 7. Jg., 3 (1997), 929–948.

Greven, Michael: »Hannah Arendts Handlungsbegriff zwischen Max Webers Idealtypus und Martin Heideggers Existentialontologie«. In: Winfried Thaa/Lothar Probst (Hg.): *Die Entdeckung der Freiheit. Amerika im Denken Hannah Arendts*. Berlin/Wien 2003, 119–139.

Habermas, Jürgen: »Hannah Arendts Begriff der Macht«. In: *Merkur* 30. Jg., 10 (1976), 946–960.

–: »Ziviler Ungehorsam – Testfall für den demokratischen Rechtsstaat«. In: Peter Glotz (Hg.): *Ziviler Ungehorsam im Rechtsstaat*. Frankfurt a. M. 1983, 29–53.

–: *Faktizität und Geltung*. Frankfurt a. M. 1992.

Havel, Václav: *Versuch, in der Wahrheit zu leben. Von der Macht der Ohnmächtigen* [1978]. Reinbek bei Hamburg 1980.

Honig, Bonnie: *Political Theory and the Displacement of Politics*. Ithaca/London 1993.

Kateb, George: *Hannah Arendt. Politics, Conscience, Evil.* Totowa 1984.

Keenan, Alan: »Promises, Promises. The Abyss of Freedom and the Loss of the Political in the Work of Hannah Arendt«. In: *Political Theory* 22. Jg. 2 (1994), 297–322.

Kersting, Wolfgang: »Drei Theorien der Macht«. In: *Analyse und Kritik* 13. Jg., 2 (1991), 134–154.

Kohn, Jerome/Young-Bruehl, Elizabeth: »On Truth, Lies, and Politics. A Conversation«. In: *Social Research* 74. Jg., 4 (2007), 1045–1070.

McGowan, John: »Must Politics be Violent? Arendt's Utopian Vision«. In: Craig Calhoun/Ders. (Hg.): *Hannah Arendt and the Meaning of Politics.* Minneapolis 1997, 263–296.

Michnik, Adam: »Der neue Evolutionismus«. In: Ders.: *Polnischer Friede.* Berlin 1985, 40–54 (frz. 1976).

Nelson, John S.: »Politics and Truth: Arendt's Problematic«. In: *American Journal of Political Science* 22, 2 (1978), 270–301.

Rawls, John: *A Theory of Justice.* Oxford 1971.

Rödel, Ulrich/Frankenberg, Günter/Dubiel, Helmut: *Die demokratische Frage.* Frankfurt a. M. 1989.

Spitz, David: »Politics and the Realms of Being«. In: *Dissent* 6. Jg., 1 (1959), 56–65.

Steele, Meili: »Arendt versus Ellison on Little Rock«. In: *Constellations* 9. Jg., 2 (2002), 184–206.

Thaa, Winfried: *Die Wiedergeburt des Politischen. Zivilgesellschaft und Legitimitätskonflikt in den Revolutionen von 1989.* Opladen 1996.

Villa, Dana R.: *Arendt and Heidegger. The Fate of the Political.* Princeton 1996.

Vollrath, Ernst: »Überlegungen zur neueren Diskussion über das Verhältnis von Praxis und Poiesis«. In: *Allgemeine Zeitschrift für Philosophie* 14. Jg., 1 (1989), 1–26.

Young, Iris Marion: »Power, Violence and Legitimacy. A Reading of Hannah Arendt in an Age of Police Brutality and Humanitarian Intervention«. In: David Ingram (Hg.): *The Political.* Malden 2002, 87–105.

Young-Bruehl, Elisabeth: *Hannah Arendt. Leben, Werk und Zeit.* Frankfurt a. M. 1982.

第 8 节　晚期著作

一　《论精神生活》

在她受到众多关注的关于积极生活的研究之后，阿伦特开始在她的晚期著作中集中精力致力于其实在她的早期著作中早已开始的对沉思生活的探讨。但是她的晚期著作并没有赢得如同她那些中兴时期的著作所享有的盛名，而且她晚期著作中那种断然性的哲学倾向至今仍让人感到迷惑。

《论精神生活》共分三卷，主要探讨了经典哲学的课题。第一卷研究的是"思想"，第二卷是"意志"，第三卷是对判断的一种"反思"。阿伦特历来认为判断比思想和意志拥有更重要的意义。自 1960 年起，阿伦特就致力于研究这些课题，特别是 1964 年在芝加哥和纽约等大学的各类讲座中又进一步对这些哲学课题做探讨。《思想》最初作为单行本出版，1971 年最初由阿伦特以"反思"为题发表在《纽约客》杂志上。第二卷的内容由直到今天都很少引人关注的《意志》和《判断》组成。但

阿伦特手册

是当阿伦特以英语完成了《思想》和《意志》这第一、第二卷书稿之后，由于她的突然死亡，最后一卷《对判断的反思》除了两个笔注外，根本还没有着手撰写，自然也就没有完稿。罗纳德·拜纳（Ronald Beiner）收集了分散在前两卷中的注释，一篇阿伦特为这两卷撰写的《后记》，以及曾以《康德政治哲学讲座》出版的阿伦特1970年秋季在纽约社会研究院所做的十三次关于康德讲座的记录等阿伦特关于判断的一些重要文章，编辑成书以"判断"为题在1982年出版（德语，1985）。作为三卷本研究计划的前两卷书以英语在美国出版，并在事先经她的女友玛丽·麦卡锡加以整理。麦卡锡曾为阿伦特翻译过其他文章，因而整理阿伦特的文章已颇有经验。

（著作的）特点和写作动机

汉娜·阿伦特的晚期著作《思想》、《意志》以及由别人编撰而成的《判断》，是一套极其复杂的理论著作，主要涉及她自己的哲学理解和对西方哲学中的一些重大问题、状况以及一些伟大哲学家所做的评价。通过对人的思想、意志和判断这三种能力的探讨，为她的理论探讨赢得了现象学、人的理论，甚至人类学的特征（Kurbacher 2005）。

但她的动机和关注重点却又是几乎相互冲突的。阿伦特自己认为她从事传统哲学和经典本体论上的这两个主题研究的动机，来自她参与艾希曼审判的人生经验以及她关于"邪恶有一种可怕的平庸性"的判断。作为思想家的她，特意声明在这种平庸性中，关及的不只是一种愚蠢，即不是一种被康德认为不可补救的缺乏判断力而导致的愚蠢，而是由一种"漫不经心"的心态而造成的平庸，因而这最终是应当由个人自己承担的责任（LG 1, 14）。要想找出思想上的这种严重缺陷显然需要对其作一种进一步的反思。这进一步的反思在阿伦特看来，就是从行动的角度对思想提出明确的质疑：是否存在着无动机的漫不经心的邪恶行为？这一责问意味着确认在思想和行动之间存在着一种相互关联，而要解释这种关联，就必须在道德和人的综合背景中对其加以分析。除了以行动为出发点之外，阿伦特也明确追踪对哲学思想传统作一种批判性的修正，将两次世界大战和20世纪极权主义统治给人类带来的前所未有的灾难主题化，并同时从现象学的角度研究思想或精神。阿伦特以一种解构西方哲学史的模式在人类学和现象学的研究方法之间保持了一种极不易的平衡（比较 LG 1, 207）。后来众所周知的她个人对哲学的一种拒绝就是出自这套晚期著作的导言中，她以前就曾把这种拒绝强调为对否定的否定，她的晚期著作又以深刻和更开放的内容清晰地勾画出她作为一个哲学家的出色和执着，以及尖锐复杂的思想，当然也包括她对所有以往哲学的反叛。不是为了忽略人类思想史上所提出的一些问题，而只是反对解答这些问题的无世界性模式。阿伦特为哲学提出这种入世的要求，是为了在哲学中能够开始一种为她所接受并能贯彻她自己哲学思想的全新开端。这就构成了对思想和精神的一种批判，不管在积极或消极意义上都完全符合理性生物这一经典人类学。阿伦特引用加图（Cato）作为《积极生活》结束语的话，似乎就是她晚期著作具有挑衅性的主导思想：“当我什么都不做的时候，我才在从事史多的活动。”（VA 317；LG 1, 5, 17f.）

《思想》

阿伦特在对思想、意志和判断这三种精神能力以及它们与行动关系的研究中，主要关注的是人类学模式上的两个问题：人的这些能力与这个世界或一种普遍的无世界倾向有着怎样的关系，以及怎样才能将这些能力理解为人的活动？自笛卡尔以来，哲学越来越倾向于将人的所有能力都归结于人的（自我）意识，但阿伦特却将她晚期著作的思想建构在一种由康德最后完成的能力学说的传统上，并对这一传统作了决定性的修改。阿伦特没有沿用康德把人的精神能力分为理性、理解和判断的三分法，而是明确地将意志也加入这些能力中去，并将所有这些能力的表达都从原先的名词形式改换为动词形式。她特意以这种动态的形式将人的这些能力解释为人的活动。形而上学和人类学都无法解释阿伦特这种新的定位的合理性，只有诉诸现象学理论才能解释人的这些能力。阿伦特在中期著作中就已首先肯定了一种由人的行动而造就的世界性，认为世界性能够充分体现身处在多元性之中的人；并且认为人的这种“出现”和显现形式具有建构性。与此相反，宗教或出于形而上学动机对人的无形性的高度肯定，其实是一种哲学谬误。这同时也指出了无形的精神能力自身的问题。阿伦特认为人的精神能力表现了人的内心经验的状态。它能够以事实证明人的精神能力中的一种潜在的无世界性，但这只属于一种人的经验常识。从阿伦特的观点来看，哲学特别容易倾向于为了建构一个不受干扰和能够做"永恒"思想的世界而逃避世界。这种可能性最终属于思想的现象，思想就是以这一自我矛盾的方式表现出自己远离世界，只是为了随时与这个世界建立一种富有意义的关系所需要的批判性距离。

通常来说，从古典模式出发研究人的思想状态是一个近乎死亡的主题，但阿伦特却正是从这个角度出发设法使得对思想状态的研究，超越死亡并赋予精神活动以特殊的活力。阿伦特的特殊之处在于，她以一种与自我达成统一为目的的自我对话来建构人的思想；也就是说人的内心对话，追踪的是与其他人对话的人际交往的世俗性经验模式。阿伦特在这里回忆了柏拉图对内心自我对话的理解和亚里士多德以另一个自我对朋友这个概念所做的解释。阿伦特以这些历史追述和规定确证了人际间精神活动的特质，即只有在差异性和多样性中的精神活动才能表现出自己的政治价值。思想的这一重要的二元性证实了无限的多样性是我们生活所在的这个地球的根本法则，正是这一法则使我们拥有了内在于我们之中的多样性（Paetzhold 2000）。思想意味着与自我以及与他人的争辩，按其字面的意义可以说是一种"自我责任"。这个基础上，才能建构思想各个层面乃至良心的意义，从而也就能把思想解释为在这个世界和为这个世界的一种自我交往。这完全是一场赌博，因为思想会由此而"颠倒一切通常的关系"（LG 1，91）。再回到本文开始提及的关于限制思想的争论问题，现在就可以把避免或甚至疏忽自我关系表述为责任的问题。罪犯和凶杀犯都不愿与自己和他人作这么一种对话式、批判性和澄清型的辩论，他们只有一种轻举妄动的兴趣。

阿伦特自己的现象学也包括了一种思想分析和一种对身心问题的观察；从阿伦特的角度来看，以往的问题主要由哲学谬误和错误估计所构成，并因此而提出了一种以隐喻和可能的类比教育为基础的语言治疗方法，而且正是类比教育依赖于具有不可见性的精神活动。阿伦特从这个角度出发对意识哲学的认同问题提出了根本质疑，因为以"我是我"（ich bin ich）这一认同揭示出的可能性，不管在实践还是理论上都反驳了意识哲学（LG1，157）。阿伦特不是在自洛克以来主体话语作为认同的基础上对个人深层心理统一的持续性和一致性提出质疑；恰恰相反，阿伦特的立场是拒绝和甚至反对这样的质疑。她认为，思想反正已经排斥了日常生活中的时间和空间的基本经验。思想者不是片刻不停地单独出现在自己的思想中，而是受制于多样性和差异性的限定，因为多样性和差异性不仅定位了我们的生活世界，而且也内在丁我们每个人之中（LG1，182），构成了精神自我存在的前提（LG1，185）。对阿伦特来说，只有在差异性的统一中才能表现出"个人"的存在。这种统一的达成，并不借助于批判性的思想，而是通过将"思想者又唤回现象世界"的一个外部世界（LG1，184）。

在思想中，时间成为永恒，也撇开个人自己的一切世界关系。这构成了一种必要的距离，以帮助思想者在思想中能够与自己进行一种中性的、清醒的、批判性的对话，而这种对话又反过来影响和决定着一切世间的互动。在这种情况下，思想者的世间关系不对他的思想产生直接的影响，但却有着一种重要的律构性："如果没有生活的气息，人的身体就会如同一具尸体；而没有思想，意味着人的精神的死亡。"（LG1，128）对阿伦特来说，没有思想，也就放弃了这个世界上所有有意义的社会关联。

《意志》

如果说，阿伦特在对思想的分析中以一种特定的世间性成功地解释了人的活动如何回归和连接到行动，那么在这里她则以自己独创的方式对与思想完全不同的意志作为精神活动的一种统一提出了质疑，并把对这一质疑的研究作为自己新的任务。如果说，思想意味着在它的双重性基础上追求一种与自己的和谐一致，那么作为意志，必然会同时也唤起一种相反的意志。只有当意志成为由意志和反意志既定统一的对立一方时，意志才能被称为意志。意志形成于结构性的不一致性以及其持续的矛盾斗争。意志的愿意和不愿意是一对不可解的矛盾。自由意志作为行动动力的标准是人们同时也可以放弃自己的意志。意志通常被理解为是一种开端和个性化原则（LG2，12）。没有任何其他人，只有那个决定自己意志的人必须为自己决定意志的自发性承担责任。要想成功地把意志作为反意志，只能是以抗拒逃避一切（LG2，154）。意志同时也是一种"不同于别人的意愿"（LG2，131）。意志行为的可逆性为反思和异端思想提供了可能性（LG2，124f.）。因此，阿伦特以意志进一步表述了完全不同于思想的那种多样性和差异性的内在经验（LG2，37－40）。以此可以猜测，正是作为在思想、意志和判断人的这三种精神能力中最具有世间性的判断，在这些能力的矛盾和悖论之间以及在内心的意志抗争中，起着一种重要的调解效用。

在阿伦特看来，内在性和意志在狭义上是伴随罗马－基督教的哲学历史解释而开始的两大发现。斯多葛派的哲学思想最早发现了人的内心生活中的内在性。这种哲学主张所谓权力和自由只是意味着是否从内心接受或拒绝某种既定的事物，并以此决定是否赋予这一事物以真实性。由内心的接受或拒绝，而决定内心确认或否认事物的真实性，通过这一手腕，就为真实性附加上比真实更多的现实性。但这一方法却颠倒了世间性与因为自身不可见而没有外在表现的内在性的关系。在罗马－基督教的哲学历史解释意志的第二个发现中，阿伦特看到了一种亚里士多德决策的先驱，并也涉及与决策同时开始的个性化。如阿伦特所强调的，从明确的意义上说，所谓意志，当它面对各种可能的选择时，总是由多于一种的选择自由所构成。这两种发现最终都围绕着一个关于时间开端的问题。这个关于在时间的持续中寻找出一个开端的问题，关及阿伦特思想中的一个重要议题，即人有能力开始一种新的开端和有能力在多元性中坚守自己的独立自主性。意志表现为人敢于为自己的全部所作所为承担责任（比较 LG1，210）。

在内在的意志作出决定前，帮助意志摆脱这种分歧处境的愿望就会明确哪些是显然不能由自己解决的问题。这里有两种思想赢得了阿伦特不断递增的关注：深得奥古斯丁最高赞赏的那种已经转换为爱的意志，以及另一种更重要的邓斯·司各脱（Duns Scotus）关于已经转换为爱的意志以行动而解脱自己矛盾处境的意志理论。阿伦特认为，在这个苏格兰经院哲学家的思想中仍还有一些可发现之处。可描述意志和同时又不可描述意志之间的冲突，并不导向一种新的意志行动，只是意志在明确描述或疏忽的一种自身行动，因为意志在行动中不可能同时实现自己的反面。意志的必要性，在阿伦特关于意志的思路中也许最初并不如她关于对话理论那么清晰，但正是在对意志的构思中，阿伦特显然完成了将个人的动力和自主转化为行动的一种过渡。意志对理论提出了诸如新的开端、随意性、自由和随机性等一系列问题。阿伦特研究了意志可能拥有的无所不能、自由、无能为力等的各种状态以及它表现为"放任"和"不愿"的否定形式。

除了我们前面已经提及的亚里士多德的思想先驱外，阿伦特在文章中也援引了爱比克泰德（Epiktet）、保罗（Paulus）和一直被她强调的奥古斯丁（见本书第 3 章第 1 节第 5 部分），特别是邓斯·司各脱以及托马斯·阿奎那、荷马、叔本华、黑格尔（见本书第 3 章第 1 节第 13 部分）、尼采（见本书第 3 章第 1 节第 16 部分）和海德格尔（见本书第 3 章第 2 节第 3 部分）。在阿伦特来看，只有康德（见本书第 3 章第 1 节第 6 部分）是个例外，没有对意志这个主题提供任何有意义的贡献，因为康德执意把作为善良的意志置放在实践理性之中了。

如果一个人以一种客观的，即以最大可能中立的方式把握思想，那么意志就会直接展现出与客观完全相反的个人利益。思想与意志显然在相互最极端的对立中，以最直接的方式——即不通过与各自相关的判断——构成了互补的效用。

（思想、意志和判断这三种精神能力的）共同点

即使人的思想、意志和判断这三种精神能力有着显著的不同，并且这种差异性正是阿伦特晚期著作的研究对象，但它们彼此间仍然有着一些共同点。阿伦特认为在人的五种感觉中，有三种是关及人的独立的精神活动，她以此而离弃了传统哲学寻找一种主要精神能力的思想方向。精神活动的独立性前提是在这个世界上或人的生活中不存在一种完全相同的条件；人的精神活动不受任何强制也不以什么条件为前提。无形的精神活动依赖于由语言构成的个人领域表现自己。精神活动的这一特殊性，并不由于生理、身体的原因，也不能归结为各种精神能力间的相异性，而是应当完全归因于各种精神活动自身的内部冲突。阿伦特关注的是当精神"展开活动"时出现的各自的差异性。阿伦特不仅以生活概念和曾在一些著作中讨论过的生活活力来表现精神活动，而且也在一种积极生活的意义上把人的精神能力理解为是人的一种活动；虽然只是含蓄和间接的，但这种活动却意味着进入行动和生活中去并为此承担责任："在我们的世界中没有比思想和活动更相互对立了，但是决定我们行动的基本原则和规定我们判断以及生活方式的标准都最终取决于我们的精神生活。"（LG1，77）尽管有着诸

多的不同，但是当这三种精神活动对自身进行反思并因为反思而充满了活力的那一刻，它们便达成了统一。同时阿伦特也描述了各种精神活动的"特点和影响心灵的方式，以及当它们不受外界影响时的状态，以此勾画了各种不同精神生活的不同形式"（LG2，40）。但阿伦特的这些描述还有待进一步的研究和深化。存在主义的精神活动概念也内涵了一种特有的时间结构，为思想赢得了一个扩展了的现在时代，为意志赢得了一个未来时代，为判断赢得了一个过去时代。

主导思想

阿伦特的晚期著作围绕的是关于思想的表现方式、自我的分裂和统一，一种通过行动得以实现的意志、自由以及责任等问题。她在《思想》一书中发展了一种独特的以她自己重要的多元性构想为基础，但同时也因梅洛－庞蒂的强烈影响而得到启发的现象学；并以此远离了一种打上胡塞尔印记的现象学，这使她放弃了最后一个由笛卡尔建立的现象学个体还原的出发点，并以此开始了对被她认为是西方哲学基础的抽象理解的主体、个人和单一的人的批判。虽然阿伦特也以胡塞尔关于一切现象回归于精神活动的理论为出发点，但她只是把他的现象学作为一种"需要"（LG1，83f.）。因此，由个人独立完成的精神活动与社团的关系，成为阿伦特隐含在晚期著作中的主题。在具体现象学的意义上以康德为导向对社团和共同经验可能性所做的研究中，阿伦特并没有把现象的"表现外形"作为自己的研究客体，而仅仅作为人和人类学的事实。当我们表现自己，即一个人或一件事在展现自己的时候，通常只愿意部分地"表现"自己，或根本"不愿表现"自己，因此我们表现自己的现象就具有了超越我们自己的超验性，现象的这种超验性导致所有现象都可分为"内部的和外部的"，"公众的和私人的"现象，共同性和个人性确定了各种现象在外形上的各自不同的界限。如同在公共性领域中存在着一种表现自己的模式，阿伦特也假设了我们表现内在自我的模式，并认为这是一种有潜力的自我反思的形式。当然自我反思的形式也随历史的变迁而变化。古典时代区别于以后所有时代的最大标志，是对在统一和分裂中的一种自我差异的不同构想。以"二在一之中"以及内在的自我对话，即按亚里士多德模式的我与那个作为朋友的自我所做的对话，使得阿伦特能够在苏格拉底、柏拉图和亚里士多德的思想（见本书第3章第1节第2～3部分）基础上，为古典时代设想了一种与自我统一的模式；阿伦特认为与这一模式相反，新约中的保罗已经以一种自我冲突的形式开始了人的内心自我分裂的历史。每种精神活动都有自己各不相同的特性，虽然这些特性没有层次上的高低之分，但却是非常相互冲突，尤其是意志，因为意志的独立性隐藏着自我与世隔绝的特征。精神的这种独立有着一种双重性，它既能为自由提供自由所需要的与世间的距离，又能回到对世间的关注中去。阿伦特认为，意志需要这种具有双重性的独立，只有在这种双重的独立中，才能保障人的自由并使之现实化；即使人完全受存在的制约，仍能够在精神上超越一切（LG1，76f.）。对阿伦特来说，只有诉诸自由，才能展开作为人的生活基本条件的多样性（LG1，80）。但是迄今为止的哲学总是把这种多元性仅仅归结为人际关系中的一种二元性，而阿伦特则在"二在一之中"（LG1，179）的基础上，向前迈进了一步，努力从"多在一之中"（LG1，182；LG2，197）的角度去思考这些问题。

对《思想》和《意志》这两本著作的研究和阐释

外界对阿伦特晚期著作的研究和评论与对她中期的著作相比要少得多，并且大都只是为了论证关于判断力的理论而补充或引用了她的某个观点。除了个别例外，很少有人专门将她的晚期著作作为自己独立的研究对象。所以至今仍是个谜，为什么她的晚期著作没有引起人们较多的关注。虽然《思想》和《意志》被确认为是她自己完成的著作，但这两部著作在《精神生活》的两个主要思想的背景中，似乎显得只是一个较大思想构思中的一部分，《论精神生活》哲学三部曲的总标题也给予人们如此感觉。

导致研究工作至今仍不解的是，阿伦特在这两个简易大纲中，居然接纳了她以往严厉批评的经典哲学和形而上学。这一疑惑有它的合理性，因为她正是试图从这两本晚期著作中推导出一系列自己独特的哲学概念（Opstaele 1999）。因此至今学术界还没有对阿伦特的精神和自由概念中所包含的明确和隐含的内容作更进一步的精细研究，也没有将她的概念对比雅斯贝尔斯（见本书第3章第2节第1部分）和海德格尔的精神和自由概念的定义。

人们大都只是从阿伦特中期的主要著作《积极生活》与《思想》和《意志》这

两本著作间的一种思想断裂的角度对她的晚期著作加以研究和评论，并且这种断裂已被确认为是她思想构思中的一个问题（Meints 2011）；如今只有极少数人认为在她的中期和晚期著作之间有着一种连续性（Ludz 1993；Opstaele 1999；Hermenau 1999）。人们也试图"证明一种论断，即在作为遗作发表的《思想》与康德讲座的文字中，可以看到阿伦特为了研究纯粹哲学的问题而离开了她自己的'政治行动'理论基础，但同时却又以此完成了她关于政治构思的理论"（Opstaele 1999，20）。

罗纳德·拜纳（Ronald Beine）是关于阿伦特中晚期理论存在一种断裂的思想代表。他认为阿伦特的这种理论断裂首先表现为是政治上的，其次是沉思性，这两种构成了一种应当由判断而解开的张力（Beiner in U 192，176f.，119，115 – 216）。萨拉·本哈比（Sayla Benhabib）则认为阿伦特没有最终完成的晚期著作留下了一个"诠释学上的谜"（Benhabib 1987，521，524）。乌尔苏拉·卢茨则坚持认为在阿伦特的中期和晚期著作之间存有一种连续性和相互联系。她发行了阿伦特计划出版的一本《政治学导论》，并在对该书的评论中写道："在政治哲学的思想中并不存在一种'中断'。撰写《论精神生活》的是也曾撰写了以前著作的同一个阿伦特。把理解自己生活的地平线上究竟发生了些什么作为一种哲学关注，是阿伦特著作（不管她的早期还是晚期）的特点。此外，阿伦特也经常愿意以哲学概念和质疑来表达自己对生活的这类哲学关注"（Ludz 1993，150f.）。马可·E. 萨维德拉（Marco E. Saavedra）则提出了阿伦特的另一种"思想断裂"，即"与传统、宗教和权威的彻底决裂，正是这一决裂构成了《论精神生活》反思的基础"（Saavedra 2002，93）。

对于阿伦特晚期著作的意图，也存在着各种不同的评估。一些人由于她晚期著作中的存在主义、反原教旨主义以及政治哲学思想，而认为她比较接近后现代主义（Benhabib 2006，307）或文化哲学（Paetzhold 2000）。另一些人试图把《积极生活》与《沉思生活》并列起来，但这两者间却缺少一种交叉性连接，而只有这种交叉性连接才能更明确这两者相互间的新关系（Heuer 1992，365f.）。阿伦特的晚期著作同时也被解释为对现象学、存在主义和哲学人类学的整合，但实际上阿伦特在哲学人类学上的立场是充满矛盾的。她的生活概念和著作的标题实际"在很大程度上借助于马克斯·舍勒（Max Scheler）的文字"，她提出人类生存条件这一概念的背景使她的著作可以与查尔斯·泰勒（Charles Taylor），米歇尔·福柯（Michel Foucault）和赫尔穆特·普勒斯纳（Helmuth Plessner）的思想立场加以比较（Krüger 2007，606，608 以及 610）。更明显的是雅斯贝尔斯曾在自己《世界观心理学》（*Psychologie der Weltanschauung*，1919）一书中，在简单提及疏忽的那一节中加上了一个《精神生活》的标题，因此雅斯贝尔斯实际上是阿伦特著作标题选择的教父。阿格妮丝·海勒（Agnes Heller）对阿伦特晚期著作的评论是："她（阿伦特）在《论精神生活》中主要关注的是理解哲学的终结问题以及思想的职能，并对此提出了一种不同于海德格尔的回答。"（Heller 1989，146）

当然对她的晚期著作也有完全相反的评价，认为阿伦特的晚期著作根本不是为了"解构"（LG 1，207）一切哲学和形而上学，而仅仅是对"建立在知识观察形式上的形而上学沉思的传统思维形态"的一种批判。为此，阿伦特建立了一种"判断模式的哲学思想"（Opstaele 1999，85f.）。阿伦特甚至常常将思想与判断的关系表述为一种可以互换的关系，她在晚期著作中所表述的判断与思想之间的关联清楚地表明了她晚期著作中的判断，"完全等同于她在其他地方所表述的判断能力或'不受限制'的思想"（Hermenau 1999，72）。

阿伦特在自己思想中建构了的，但却没有同时在研究中解释清楚的政治与哲学关系，实际上是最基本的社会哲学关于个人与社会关系的问题。她在晚期著作中提出的也正是这个同样的问题，这个问题可以理解为一种从人与自己到与他人的关系（Young‒Bruehl 1982，277），早在她的博士论文中，她就展开了对这个问题的探讨，但直到她的《积极生活》仍还没有给出最终的回答，因而这个问题再次以一种基本的哲学研究方式出现在她的晚期著作中。

分类、普遍性和诉求

阿伦特尝试在思想中将多样性与单一的个人组合起来，并以此走进了一个哲学的新天地。与此相应的是她自己的表述经常在一种历史批判性的重构与一种难以调解两者的新构思之间的波动。出于对一些真正哲学问题的兴趣，她的晚期著作因此就又连接了她早期的著作。事实上她的这种哲学兴趣由于对传统哲学的批判而处在一种特有的冲突之中，在她的晚期著作中（特别是《思想》），她也没有省略这种批判。这也表现在她的生活概念之中，生活这个概念是她三部曲著作的标题、连接了《积极生活》并作为固定音符贯穿了她《论精神生活》和《积极生活》这两部著作。她将哲学思想似乎定位在近乎死亡和充满活力间一种特有的相互对立上，阿伦特在表述她的思想时深入探究了生活中的这种特有的活力。阿伦特晚期著作的总标题不仅有着论纲而且也有着论题的特性，使得她所运用的生活概念在根本上吸引了一些关注。将《思想》和《意志》联结了在《积极生活》一书中所展开的人类学政治行动的层面，因而同时也要求人的精神能力同样充满一种活力。阿伦特以此为根据确定了她对"精神生活"的理解，以及计划了对其所做的调查："唯一可以想象为精神生活的比喻，是一种活着的感觉。"（LG 1，128）阿伦特的全部晚期著作都揭示了个人的有限性和不一致性，突出了多元性在个人中的重要地位。阿伦特这一批判性的探索，主要针对的是政治理论和"人类实践"这两个领域里的问题，但阿伦特从中只获得了一些并不令人满意的结果。要提倡个人在社会结构中的责任，似乎首先必须引进一种以新的判断为导向的哲学；这一哲学拥有预见人类的新的理论基础，并能"创建一切未来政治生活和历史发展所需的条件"（LG 2，198）。

如果说阿伦特在她的晚期著作中转向致力于研究经典的理论哲学的主题（这使得许多她的阐释者至今仍感到惊讶），这并不表示她背弃了她以往的全部著作，特别是被看作她主要著作的《积极生活》，也不是对《沉思生活》的一种更正，而是一种对生活和精神活动的刻意强调。正是借助于在活力和主动性的意义上表述的生命力，阿伦特能够在她以现象学为基础的对精神的反思中，通过强调实践而非理论完成了一种对传统的重新阐释。

阿伦特之所以把人的这三种精神活动作为人的精神生活的基调，作为在特殊情况下的一种特定状态，来源于她对人类学研究现状的根本性反思。她描述了每种精神活动的潜在问题：思想作为出世的精神活动与作为入世的判断有着截然相反的特性，而活动则有助于思想进入一种它所希望的与自我一致的状态，以满足矛盾定律。与自我保持距离的可能性，在这里有着一种重要的意义，这种距离以积极的方式保障了自由，但也有为空想和出世提供机会的嫌疑。意志的基调则完全与此相反。任何在意志中表现出活力的基调都会立即呼唤出一种反意志，因而不统一性是意志的标志，如同一种持久的自我争辩。在对黑格尔辩证法的反思中，阿伦特坚持意志起源于一种能够单独产生一种未来的肯定性中（LG 2，52f.）。

在统一与非统一的状态和特性中，思想和意志表现出相互的对立性。但是也只有以这种方式，才能使个人自主和集体意识共同聚集在思想中。以出世而构成的思想统一性保证了思想的理论性和中立性潜能，而内涵于意志中的活力那种经常性的自我争辩则保障了个人的特性和责任。对思想来说，它的危险是可能会因此导致一种个人的冷漠，而意志的危险则是一种孤独的利己主义。现在只能是希望阿伦特所构思的判断能够按康德三大批判间相互关系的模式，完成自己的历史使命，即并不排除前两卷中的思想和意志的二分法，而是在共同意识的意义上，也就是从一种人际关系的角度调解思想和意志，重新进入这个世界中去。阿伦特以她亲自完成的前两部著作以及计划写作的第三部著作表述了在所有以存在主义解释的精神活动中的一种具有必然性的内部话语机制。精神活动的标准和定向，无疑是一种由应变而构成的入世性，也就是一种能够推断出自由概念的实践哲学。阿伦特以一种新开端的可能性表现了人乐于人际关系，并展示了只有当差异性和人际关系在共同性成为意志决定和反思的条件时，人才能赢得这两者的统一。这种自发性的代价很高，并由应变、意义寻求、不确定性和自我负责组成。作为人的精神能力的思想，有着一种普遍性立场的模式，符合启蒙主义康德式的对一种平等的人际关系的理解，即由所有人都拥有的与生俱来的相同的"认知机体"而导致的人与人之间的平等；与思想相反的是，意志则证明了在不可替代的个人性中的人的多样性。在普遍性和特殊性中进行调解，可能就是判断的职责；阿伦特喜好引用的康德，早就将判断认定为一种人自己的"天赋"。可以认定，出现在第三卷中的关于重建判断的部分，特别是关于将共通感作为共同意识，以及表现自我思想的独立判断的考虑，出自阿伦特早就写下的康德讲座的笔记。当然她也可以如同她的其他两部著作《思想》和《意志》，在《判断》中迈出更进一步令人吃惊的——即使不是跳跃性的——步骤，但我们不可能再去这么想象。比一种纯粹的命运讽刺更糟糕的，并且恰恰在阿伦特自己的意义上，她没有将判断的任务传递给她的后继者，而是自己独揽了这一任务。

弗劳克·安内戈特·库尔巴哈

参考文献

Benhabib, Seyla: »Urteilskraft und die moralischen Grundlagen der Politik im Werk Hannah Arendts«. In: *Zeitschrift für Philosophische Forschung* 41 (1987), 531–547.

–: *Hannah Arendt. Die melancholische Denkerin der Moderne.* Frankfurt a. M. 2006 (engl. 1996).

Ferrara, Alessandro:»Judgment and Exemplary Validity. A Critical Reconstruction of Hannah Arendts Interpretation of Kant«. In: Frithjof Rodi (Hg.): *Urteilskraft und Heuristik in den Wissenschaften. Beiträge zur Entstehung des Neuen.* Weilerswist 2003, 159–183.

Heller, Agnes: »Hannah Arendt on the ›vita contemplativa‹«. In: Gisela T. Kaplan / Clive S. Kessler (Hg.): *Hannah Arendt. Thinking, Judging, Freedom.* Sydney 1989, 144–159.

Hermenau, Frank: *Urteilskraft als politisches Vermögen. Zu Hannah Arendts Theorie der Urteilskraft.* Lüneburg 1999.

Heuer, Wolfgang: *Citizen. Persönliche Integrität und politisches Handeln. Eine Rekonstruktion des politischen Humanismus.* Berlin 1992.

Krüger, Hans-Peter: »Die condition humaine des Abendlandes. Philosophische Anthropologie in Hannah Arendts Spätwerk«. In: *Deutsche Zeitschrift für Philosophie* 4 (2007), 605–625.

Kurbacher, Frauke A.: »Urteilskraft als Prototyp – Überlegungen im Anschluß an Kants ›ästhetisch reflektierende Urteilskraft‹«. In: Frithjof Rodi (Hg.): *Urteilskraft und Heuristik in den Wissenschaften. Beiträge zur Entstehung des Neuen.* Weilerswist 2003, 185–195.

–: *Selbstverhältnis und Weltbezug – Urteilskraft in existenzhermeneutischer Perspektive.* Hildesheim/Zürich/New York 2005.

Ludz, Ursula (Hg.): *Hannah Arendt: Was ist Politik? Fragmente aus dem Nachlaß.* München/Zürich 1993.

Meints, Waltraud: *Partei ergreifen im Interesse der Welt. Eine Studie zur politischen Urteilskraft im Denken Hannah Arendts.* Bielefeld 2011.

Opstaele, Dag Javier: *Politik, Geist und Kritik. Eine hermeneutische Rekonstruktion von Hannah Arendts Philosophiebegriff.* Würzburg 2000.

Paetzhold, Heinz: »Die Bedeutung von Kants dritter Kritik für die politische Philosophie in der Postmoderne. Zu Hannah Arendts Lektüre der ›Kritik der Urteilskraft‹ als Kants politische Philosophie«. In: Ursula Franke (Hg.): *Kants Schlüssel zur Kritik des Geschmacks. Ästhetische Erfahrung heute – Studien zur Aktualität von Kants ›Kritik der Urteilskraft‹.* Hamburg 2000, 189–208.

Saavedra, Marco Estrada: *Die deliberative Rationalität des Politischen. Eine Interpretation der Urteilslehre Hannah Arendts.* Würzburg 2002.

Villa, Dana R.: »Thinking and Judging«. In: Joke J. Hermsen/Dies. (Hg.): *The Judge an the Spectator.* Leuven 1999, 9–28.

Vollrath, Ernst: »Hannah Arendt und Martin Heidegger«. In: Annemarie Gethmann - Siefert/Otto Pöggeler (Hg.): *Heidegger und die praktische Philosophie.* Frankfurt a. M. 1988, 357–372.

Vowinckel, Annette: *Geschichtsbegriff und Historisches im Denken bei Hannah Arendt.* Köln/Weimar/Wien 2001.

Young-Bruehl, Elisabeth:»Reflections on Hannah Arendt's The Life of the Mind«. In: *Political Theory* 10 (1982), 277–305.

二　判断

《判断》一书的形成

最晚自 20 世纪 50 年代初起，汉娜·阿伦特开始比如在《极权主义的要素和起源》、《何谓政治?》、《哲学与政治》等著作中（见本书第 2 章第 4、5 节），但也在一些如《理解与政治》、《文化与政治》或《在过去与未来之间》文集（见本书第 2 章第 5 节第 6 部分）中的《真理与政治》等短文中展开了对判断力的探讨。在与雅斯贝尔斯的信件交往中（见本书第 2 章第 10 节第 5 部分），也表现出她对判断这一精神能力的兴趣（BwJa，202f.，355 和 612）。但她早期对判断的这种研究是非体系性的，只具有一种尝试性和方向性的特性，因此判断这一概念在她的早期著作并没有如同在她的晚期著作《积极沉思》一书中那样拥有自己独特的意义。

在《论精神生活》（LG 1/2，见本书第 2 章第 8 节第 1 部分）一书中，阿伦特构思了一种三元论（Triptychon）的方法，并借助于此方法详细研究了思想、意志和判断这三种基本的精神活动。但是由于她在 1975 年 12 月 4 日的突然死亡，导致作为这一研究项目第三部分的《判断》，没有最后完成，只留下了两个标题性的研究计划。因此《判断》一书只是以遗作的形式收集发表了她 1970 年在纽约新社会研究院所做的讲座和讨论会的资料和讲稿。罗纳德·拜纳在 1980 年将阿伦特的这一讲座内容以"康德政治哲学解读"为题发表在芝加哥大学的学报上，1985 年由乌尔苏拉·卢茨翻译成德文发表。

此书发行者的意图是为了向读者介绍阿伦特对判断力的研究，并以此突出这一研究在阿伦特整个政治哲学中的重要地位。在罗纳德·拜纳出版的书稿中，《判断》由三部分组成，第一部分收入了阿伦特在《思想》第一卷中所撰写的后记，以及一篇关于判断这个研究主题的导论。第二部分收入了阿伦特所做的主要研究柯尼斯堡哲学家的美学和政治思想的《康德政治哲学讲座》的内容，以阿伦特的阐释表明了《判断力批判》包含了康德真正的政治哲学内容（见本书第 3 章第 1 节第 10 部分）。第三部分收入了阿伦特 1970 年以题为"想象力"的关于康德《判断力批判》讲座的内容，阿伦特在其中特别强调了"典范的有效性"概念。

对《判断》一书的解读和评论

在一篇作为阐释《判断》的附录中，罗纳德·拜纳探讨了阿伦特三个政治哲学讲座的内在联系（Beiner in U 115－189）。他就此而为最初讨论这本著作可能有的各种解释设立了一些基本坐标。按拜纳的看法，阿伦特的这本著作有着两种不同的判断理论，一种是她早期的判断学说，这一学说主要以政治行动为导向，以亚里士多德的实践智慧的概念为这一理论的支撑点（见本书第3章第1节第3部分）；而她晚期的判断学说则建立在康德的《判断力批判》的基础上，主张与政治保持距离，以历史学家多愁善感的眼光关注精神生活。在早期的判断概念与晚期的判断概念之间并没有一种相互联系。理查德·伯恩斯坦（Richard Bernstein）把这一概念早晚期的分离，解释为阿伦特著作中思想与行动之间的一种根本性矛盾（Bernstein 1986），这导致人们能够对阿伦特判断概念作出各种完全不同的解释，并最终提出关于民众参与政治的问题（Hermsen/Villa 1999）。

恩斯特·福尔拉特将阿伦特的判断力在第一层面上解释为是表现政治的思想，其次也是构成判断的方法论程序（Vollrath 1987，271），这种方法论程序的意义在于使我们能够懂得，这个世界上除了我们自己的思想之外还存在其他不同的思想，从而感知人在这个世界上的立场的多样性。弗兰克·赫尔梅瑙（Frank Hermenau 1999）以及乌尔苏拉·卢茨（WP 150f.）则明确反驳这种分离的论断，他们俩都把阿伦特的判断力理解为一种政治能力，特别表现为处于危机状态中的当代人的一种政治能力。莉莎·燕妮·迪希（Lisa Jane Disch，1996）则强调了判断力的叙事效用。按她的说法，政治理论家的首要任务是叙述历史，只有通过对历史的叙述，人们才能够以批判的方式理解政治事件和经验的意义。其他一些评论家则非常不满阿伦特为了尝试将政治美学化而将康德的判断力扯入政治之中（Biskowski 1995；Jay 1993）。

萨拉·本哈比对与此相关的关于阿伦特常规的思想基础的问题，作了批判性回答（Benhabib 1987）。阿尔布雷希特·魏默尔在阿伦特的判断力中看到了一种"革命的普世性"（Wellmer 1999，130）。其他人则在阿伦特的判断构思中看到了她作为一个后现代（Ingram 1992）和表演性思想家（Villa 1996）的基础。

总而言之，判断这一概念在阿伦特的整个思想中赢得了自身的意义。虽然阿伦特以判断调解思想（见本书第 4 章第 9 节）和行动（见本书第 4 章第 3 节），仍总是被人们看作她陷入在理性的"强制"与尼采主义立场（见本书第 3 章第 1 节第 16 部分）之间的一种困境中（Garsten 2007，1092），但关于阿伦特判断概念有着早晚期分离的论点，现已遭到大多数人的拒绝，部分也可以追溯到福尔拉特对这一分离的否定；现在人们强调"判断力的理性化"是一种独立过程，并在各种不同的领域都追踪着这一过程。达格－贾维尔·奥博斯塔勒（Dag Javier Opstaele）在判断力中不仅看到了一种实践政治的能力，而且也在其中看到了一种"纯粹理论"的力量（Opstaele 1999，32）。马可·埃斯特拉达－萨维德拉（Marco Estrada Saavedra）则把判断力的理性化理解为商榷性（Estrada－Saavedra 2002）。弗劳克·安内戈特·库尔巴哈认为阿伦特将反思性的判断力看成所有判断的原型，并将它拓展到所有的经验判断中去（Kurbacher 2003）。贝萨尼亚·阿希（Bethania Assy）把阿伦特关于来自判断力的一种"权力伦理"（DT 818）的表述，理解为是一种程序（Assy 2008）。按瓦尔特劳德·迈因茨（Waltraud Meints）的见解，反思性的判断力作为一种过程而使得阿伦特的全部著作体系化，因而有着一种"双重"的规定（Meints 2011）。于尔根·福斯特（Jürgen Förster，2009）以判断力的理性化作为阿伦特一种机制理论的证明。克里斯蒂安－赖纳·福尔克（Christian Rainer Volk）将判断力定位在政治及权利的机制之中和之间（Volk 2010），斯特凡妮·罗森穆勒则追随莱奥拉·Y. 比尔斯基（Leora Y. Bilsky）将判断力作为对（宪法）司法判决的一种重构（Rosenmüller 2011）。伊莉娜·斯皮格尔（Irina Spiegel）则更关注判断中的诗意（Spiegel 2011）。

《判断》在阿伦特著作中的地位

《判断》一书是阿伦特对极权主义统治所做的知性反应中的一个重要基石（见本书第 2 章第 4 节）。她的目的是建立一种全新的后形而上学的政治哲学，这一政治哲学的特点是将人的多元性作为政治的基础，并把政治理解为人相互自由从事行动和话语交流的经验。通过对《判断》一书的研究，可以消除阿伦特著作和政治思想中的一些不一致性，特别是对于《积极生活》和《沉思生活》相互之间的复杂关系。判断力在日常生活中起着一种前瞻性（Prospektive）效用，而在精神生活中则起着一种追溯性（retrospektive）效用，就此而调解了理论领域与实践领域之间的差异性（Estrada-Saavedra 2002）。前瞻性判断力关注的中心问题是政治的共同行动，以及多元性、平等、自由和公共性等行动可能性的条件。追溯性的判断力针对的则是另一类问题：怎样才能对一种尚未规则和尚无概念的新事物作出一种恰如其分的理解和评判？

阿伦特从历史和思想史的角度确认了传统判断力的毁灭，以及它在近现代的标准。阿伦特认为，人逃离政治领域躲进宇宙和内在自我意识所借助的世界异化理论，既是西方传统断裂的一种结果，也是它的精神遗产（比较 VA 244 – 318）。按阿伦特的见解，这种根本性危机暗示了以往的知识传统既不能提供确定性，也不能提供值得信任和普遍有效的标准；既无助于理解和解释时代的真实性，也无助于在这个世界从事政治行动（WP 79）。伴随世界丧失（见本书第 4 章第 45 节）而来的是作为我们行动和思想方向的传统和共同政治标准的消失（VZ 34）。世界异化所带来的危险是主体性和相对主义的随意性，因而对政治的可能性作为一种人与人之间共同生活的自由组织构成了严峻的威胁；而人之所以共同生活，为的是相互以话语性的行动和语言共同面对这个世界的问题、冲突和利益（EU 445）。

如果说如此描述的世界异化以及西方传统的断裂隐含了由于世间社会和共同意识基础的毁坏而导致判断能力的严重损伤，那么由此就可以提出这么个问题：判断力是怎么在一个后传统的世界里继续起着它的效用的？按阿伦特的见解，这种危机不是摧毁了共同理性，而是摧毁了传统的共通感，即建立在以传统作为制裁的合法性和标准的集体经验权威之上的共通感。因此所谓的传统决裂自相矛盾地造就了解放反思性判断力的效应，以至于判断力能够不受既定的规则和标准的制约而作出自己独立的思考（WP 22f. ）。

判断的要素和运作

判断力具有前瞻性和追溯性这两种不同特性，并不意味着判断力有着两种不同的理性基础，而只是表明了它在不同的领域，即政治和精神这两个不同的领域有着自己不同的目标。

　　阿伦特认为，判断是一种精神活动，如果我们要想在一个现象世界里有所方向的话，我们就需要有一种由差异性和多样性构成的精神活动（U 15）。因此在阿伦特的理论中，判断的区域内包容了一切有着精神特点的事物，如艺术、历史、政治；也就是所有以自由为本追求自由的活动（VZ 290–302）。在没有可循的既定参照标准的情况下，我们只能借助于判断力来研究那些新的和一切至今还没有转化为现实的事物（WP 193）。那些新的和还没有转化为现实的事物之所以还没有规则可循，是因为反思性的判断力，如同康德的美学判断，所从事的研究主要是些尚无先例（Präzedenzlos）的特殊事物。因此反思性的判断力必须把握事物的特殊性，决不能以一些普遍性概念拒绝特殊事物的特殊性（WP 20）。

　　怎样才能使一种判断不诉诸意志的统一性、真理的强制性或一种先验的基础，却又能满足普遍有效性的诉求？按阿伦特的见解以及如同在康德那里，这得借助于由顾及共同性和取得一种具有世界普遍性的立场而形成的公正性，判断就能超越一种私人的主观感受，并且也不再只是一种客观的陈述（U 60，77；WP 97f.）。实现公正性的前提是顾及其他也在作出判断的人的立场和观点。因此公正性的本身就已要求，将自己从特定的私人境况中解放出来，因为这可能会影响判断的可沟通性和普遍有效性。在这里，判断的自由意味着判断者必须享有身心自由的活动，只有在享有这种自由的前提下，人们才能够从不同的角度观察自己所需作出判断的客体，并且赢得一种能够赋予我们的判断以较多普遍有效性的一种普遍性立场。

　　总之我们需要其他人的各种不同观点来帮助我们理解和认识人的真实性。可以说，人的活动和事件从不是单面性的，从来都是一种具有多面性的整体（WP 96）。因此活动参与者的立场和观点也不单纯地主体性，而是捕捉和表现了整体的某个部分；因为每个人都参与了对整体的最后的建构，因而所有人的观点对于构建整体都是不可或缺的。在这个意义上，公正性是以借助"扩展了的思维方式"赢得一种具有普遍性的立场为前提，具有能够帮助我们进入"每一个人立场"的"想象力"，也是帮助我们运作扩展思想方式的工具。当我们观察别人的判断时，也会展示我们自己的判断，以便通过相互检验各自的判断而赢得或向对方证实自己的权利（U 60f.；VZ 298f.）。

阿伦特并没有因此为反思性判断提出一种普遍性规则，而只是展示了一种如何顾及其他人判断的方法，如果我们要想构成一种具有约束力的普遍性判断，就必须运用一种三段式思维方法的模式，康德把这种三段式思维方式称为共同意识的原则：（1）自我思考（理解的原则），（2）将自己置身于别人境地加以思考（判断力的原则），（3）达成与自身一致的思考（理性的原则）。如果我们把这一思考方式运用到我们的判断构成中去，那我们不一定得到一种具有必要普遍性判断所需的确切性，但这会帮助我们进入一种使我们的判断具有间接性和不受狭隘性制约的境地。一种由批判性构成的判断自然允许人们展开一场关于我们这个世界的共同性的讨论（U 95）。

因此，判断的有效性取决于它的可沟通性：判断的意义在于能够被人们所理解和共享。从这个意义上可以说，判断的有效性是由人们共同构建的，因此任何个人都不是判断的立法者。共同的真实性需要共通感的守护，因为如果不能获得大家的赞同，共同的真实性就丧失了它普遍有效性的诉求。可沟通性使我们能够了解，我们的思想究竟必须扩展到何种程度，才能顾及其他人的立场和观点，因为构成一种判断时私人的主观性越少，就越是容易能够与别人进行沟通。可沟通性也是一种能力，表现了一个人的判断具有进入一种公共性所需的可理解性和普遍有效性。通过判断沟通的是一种所有人都能从自己的角度进入现实世界的世间性。由于这种世间性存在于各个判断者之间（见本书第 5 章第 30 节），它便是可检验的和根本就可加以讨论的。只有依靠帮助我们作出判断所需的共同意识，各种不同观点的人才能够感受和共同建构一种共同的——而不是一种群岛式各自分散独立的——现实（U 86）。共同意识的共同性根植于人类在地球上生存的两个条件——即世间性和多元性——之中（见本书第 4 章第 28 节）。阿伦特认为，基于一个共同世界这么个事实，人类就有了一种与所有人都有关的现实，在这个基础上人们也就以比较相同的方式理解和研究现实。但是如同这个世界所隐含的共同性，这种现实也构成了多元性的基本前提，人类正是通过多元性的现实而能够体验这个世界的多样性。共同理性是这两个领域之间的中介，使得我们能够共同参与一个共同的世界。因此阿伦特把它看作在人的多元性中的一种共同意识（U 94；VZ 299）。

由于共同意识能够超越各自观点的多样性而建立一种相同的共同的背景关系，不仅现象展现在这个背景关系中，并且我们也是在这个背景关系中感受和体验现象对我们的意义，阿伦特认为正是因此而在我们之中构成了一种共同的"真实感"（Wirklichkeitsgefühl，LG 1，59f.）。现象真实性的意义将通过语言的合作而充分得以理解。语言在这里担当了表现现象和将现象制作为公共性的媒介，否则现象只是虽然受到强烈刺激但却无法表现出来的身体的一种私人性和直接的感受而已。共同意识与不仅有着一种表现效用而且同时也承担着一种建构世界职能的语言，保障了人类共同理解的可能性。阿伦特通过这一系列推断，借助共同意识保障了真实性在公共性中的首要地位。作为人类世界客观性保障的共同意识也同时担保了共同客体的存在，而我们人类也因此能够就这个共同客体展开讨论和争辩（U 96）。

马可·埃斯特拉达－萨维德拉

参考文献

Assy, Bethania: *Hannah Arendt. An Ethics of Personal Responsibility*. Frankfurt a. M. 2008.

Benhabib, Seyla: »Urteilskraft und die moralischen Grundlagen der Politik im Werk von Arendt«. In: *Zeitschrift für philosophische Forschung* 41 (1987), 521–547.

Bernstein, Richard J.: *Philosophical Profiles. Essays in a Pragmatic Mode*. Cambridge/Oxford 1986.

Bilsky, Leora Y.: »When Actor and Spectator Meet in the Courtroom«. In: Gulie Ne'eman Arad (Hg.): *Hannah Arendt and Eichmann in Jerusalem*. Bloomington 1996, 137–173.

Biskowski, Lawrence J.: »Politics Versus Aesthetics: Arendt's Critiques of Nietzsche and Heidegger«. In: *The Review of Politics* 57, 1 (1995), 59–90.

Disch, Lisa Jane: *Hannah Arendt and the Limits of Philosophy*. Ithaca/London 1996.

Estrada-Saavedra, Marco: *Die deliberative Rationalität des Politischen. Eine Interpretation der Urteilslehre Hannah Arendts*. Würzburg 2002.

Ferrara, Alessandro: »Judgment and Exemplary Validity. A Critical Reconstruction of Hannah Arendt's Interpretation of Kant«. In: Frithjof Rodi (Hg.): *Urteilskraft und Heuristik in den Wissenschaften. Beiträge zur Entstehung des Neuen*. Weilerswist 2003, 159–184.

Förster, Jürgen: *Die Sorge um die Welt und die Freiheit des Handelns. Zur institutionellen Verfassung der Freiheit im politischen Denken Hannah Arendts*. Würzburg 2009.

Garsten, Bryan: »The *Elusiveness* of Arendtian Judgment«.In: *Social Research* 74, 4 (2007), 1071–1108.

Hermenau, Frank: *Urteilskraft als politisches Vermögen. Zu Hannah Arendts Theorie der Urteilskraft.* Lüneburg 1999.

Hermsen, Joke J./Villa, Dana R. (Hg.): *The Judge and the Spectator. Hannah Arendt's Political Philosophy.* Leuven 1999.

Ingram, David: »The Postmodern Kantianism of Arendt and Lyotard«. In: Andrew E. Benjamin (Hg.): *Judging Lyotard.* London 1992, 119–145.

Jay, Martin: »Hannah Arendt und die ›Ideologie des Ästhetischen‹. Oder: Die Ästhetisierung des Politischen«. In: Peter Kemper (Hg.): *Die Zukunft des Politischen. Ausblicke auf Hannah Arendt.* Frankfurt a. M. 1993, 119–141.

Kurbacher, Frauke Annegret: »Urteilskraft als Prototyp. Überlegungen im Anschluß an Kants ›ästhetisch reflektierende Urteilskraft‹«. In: Frithjof Rodi (Hg.): *Urteilskraft und Heuristik in den Wissenschaften. Beiträge zur Entstehung des Neuen.* Weilerswist 2003, 185–195.

Meints, Waltraud: *Partei ergreifen im Interesse der Welt. Eine Studie zur politischen Urteilskraft im Denken Hannah Arendts.* Bielefeld 2011.

Opstaele, Dag Javier: *Politik, Geist und Kritik. Eine hermeneutische Rekonstruktion von Hannah Arendts Philosophiebegriff.* Würzburg 1999.

Rosenmüller, Stefanie: *Der Ort des Rechts. Gemeinsinn und richterliches Urteilen nach Hannah Arendt.* Baden-Baden 2011.

Spiegel, Irina: *Die Urteilskraft bei Hannah Arendt.* Berlin 2011.

Villa, Dana R.: *Arendt and Heidegger. The Fate of the Political.* Princeton, NJ 1996.

Volk, Christian: *Die Ordnung der Freiheit. Recht und Politik im Denken Hannah Arendts.* Baden-Baden 2010.

Vollrath, Ernst: *Die Rekonstruktion der politischen Urteilskraft.* Stuttgart 1977.

–: *Grundlegung einer philsophischen Theorie des Politischen.* Würzburg 1987.

–: »Hannah Arendts ›Kritik der politischen Urteilskraft‹«. In: Peter Kemper (Hg.): *Die Zukunft des Politischen. Ausblicke auf Hannah Arendt.* Frankfurt a. M. 1993, 34–54.

Wellmer, Albrecht: »Hannah Arendt on Judgement. The Unwritten Doctrine of Reason« [1985]. In: Ders.: *End spiele. Die unversöhnliche Moderne.* Frankfurt a. M. 1993, 309–329.

–: »Hannah Arendt und die Revolution«. In: Hauke Brunkhorst/Wolfgang R. Köhler/Mathias Lutz-Bachmann (Hg.): *Recht auf Menschenrechte. Menschenrechte, Demokratie und internationale Politik.* Frankfurt a. M. 1999, 125–156.

第 9 节　《思想日记》

《思想日记》的主题、形成、概况和思维风格

汉娜·阿伦特留下了 28 本逐一编号的笔记本，记录了她从 1950～1973 年之间的哲学思考。这些笔记本中的绝大部分是用德语写成，在 2002 年以《思想日记》作为书名出版。在已出版的《思想日记》中，除了这 28 本笔记本的内容，还附加上了阿伦特完成于 20 世纪 60 年代的一本关于康德的笔记本，如同其他 28 本笔记本记录了她的思想反思那样，这本康德笔记本记录了阿伦特解读康德著作的经验和评论。把阿伦特这些思想反思记录命名为"思想日记"，是汉娜·阿伦特遗作的长期管理者和女友洛特·科勒的主张，那些笔记本自身并没有出现"思想日记"这一名字。与此相

反，阿伦特曾提及这些思想反思的记录为"笔记本"，但也只是偶尔顺便提提而已，没有对此名作任何思考性的解释。阿伦特自己为这些笔记本留下了一本刚刚开始编撰，还没有对主题加以深化的索引，索引中的概念取之于各个不同的笔记本。

这些笔记本之所以能够被称为《思想日记》，主要归因于哲学笔记本记录的主题：思想的自我对话是这些笔记本的中心主题（见本书第 4 章第 9 节），与之相应的对个人自我对话加以限制的补充模式，即在政治行动和判断中的相互对话（见本书第 4 章第 29 节和第 39 节），以及在爱之中的无声对话和叙情诗。这些笔记本只记录了极少一些涉及私人的反思，因此从字面的意义上来说，这确实是一本思想日记。另外一点，笔记本最初形成的时间段也支持了这些笔记本应当被命名为《思想日记》，当时阿伦特正在准备她的《极权主义的起源》（见本书第 2 章第 4 节）英文第一版的出版。正是在这个时间，她也第一次回到了战后的德国。在美国第一次出版的《极权主义的起源》的前言中，集中表述了她对这些事件的分析和自己的亲身经历，并提出了自己的见解："人的尊严需要一种新的保障，只有在一种新的政治原则中才能找到为保障人的尊严所需要的这一保障。"这同时也意味着，不能简单地全盘接受"在过去时代被认为是好的事物"（Arendt 1998，14），也不能把这些事物标志为遗产。以传统断裂（见本书第 2 章第 5 节、第 4 章第 37 节）、没有遗嘱的遗产或丢失的"阿里阿德之线"（Ariadenefaden）等众多稍有差异的表述，阿伦特不断重复和发挥了自己的这一思想，并成为她探讨哲学和政治传统的主导思想。在对哲学和政治思想史的回顾中，阿伦特试图揭示出一些能够概括成为概念的经验；尤其是在政治哲学的构想中，阿伦特看到了对原本复杂的哲学思考和政治思考的一种不可靠和具有歪曲性的简化。对阿伦特来说，能把经验正确地概括为概念，涉及"解构形而上学谬误"（LG 1，207）的问题，涉及反驳比如从尼采是否必然发展到希特勒的那种疑问，也涉及在断裂的思想片段中拯救过去时代的问题。阿伦特认为这些思想片段属于人类不可忽略的成就。

阿伦特《思想日记》的最主要记录是在 20 世纪 50 年代，大约有四分之三的篇幅是在那个年代写成。柏拉图、亚里士多德、孟德斯鸠、黑格尔、马克思和海德格尔是阿伦特当时的思想日记的重点，为之写下了详细的摘录和对他们的评论。《思想日记》开始于柏拉图，把柏拉图定位为西方传统发展的创始人。按阿伦特的理解，柏拉图所创建的西方传统构成了哲学与政治之间的敌意，错误认可权力使用暴力，评价行动和生产以及统治诉求比如这个人或这一真理的一种全球性绝对标准，这些完全都是由政治哲学强加上的。对政治的第二个主要误解出现在马克思的理论之中，它最后完成了西方哲学的圆圈。马克思"伟大但又被埋没的贡献，即公共性生活和人之所以为人的前提诉诸劳动而不是家庭"（DT 71），在阿伦特看来却是一种均质性超级模式的变态，它削弱了感受现象差异性和多元性的想象力。作为马克思的对立面，阿伦特提及了苏格拉底、孟德斯鸠和康德，认为他们对政治更理解些。《思想日记》前半部分主要侧重于对柏拉图和马克思的反思，这也是《积极生活》一书形成的时间段，而苏格拉底以及康德、尼采和海德格尔则在《思想日记》的所有阶段都是阿伦特的对话伙伴。阿伦特在与海德格尔的思想对话中获取了转向新的思维方式和新的思想实验的动机；除此之外，也许只有康德曾给予她如此这类的启发（见本书第3章第2节第3部分；第3章第1节第10部分）。与此相反，思想日记则很少提到雅斯贝尔斯（见本书第3章第2节第1部分），但正是这些为数不多的引用却展现出他对阿伦特来说，是一个试图冲破自柏拉图以来"哲学家与暴君亲和关系"（DT 45）的哲学家。雅斯贝尔斯通过他《伟大的哲学家》这一专著中关于康德的篇章，如同海德格尔的著作《康德与形而上学问题》一样，极大地启发了阿伦特对康德思想的研究。康德因此成为《思想日记》第二部分的主要人物。也正是在这段时间里，阿伦特开始在笔记本中记下自己对康德的研究。1964年在芝加哥大学举办关于康德的讲座，1970年在纽约新社会研究学院的讲座中又对芝加哥的讲座素材重新加以增补和修改，这些讲座资料和记录后来成为罗纳德·拜纳1982年编辑出版《康德政治哲学解读》一书的基础（德文版1985年，见本书第2章第8节第2部分）。

值得注意的是，阿伦特在《思想日记》中最初写到柏拉图时，使用的是一种几乎逐字逐句记录原文的模式，她曾在她的短文《马丁·海德格尔80岁了》（MZ 172 - 184）里描述了她当时记录柏拉图的模式；而记录对马克思的思考，她则选择了一种不同的表述方法，即直接写下了其他哲学家不同于马克思的思想。由此展开了单纯从马克思的文章中无法获得的一种理解马克思的可能性。以逐字逐句摘录原文表现一个作者内在的自我矛盾，或是直接进入与其他哲学家的关系之中，将这些哲学家之间的历史距离进行一种似乎是近距离的转换，是《思想日记》基本表述风格的两种不同的模式。这表现出阿伦特将传统的断裂转换为一种有着诠释学状态的思想片段，将思想拓展为一种新的自由空间。过去和当代，既不是一种有着不言而喻连续性的传统，也无法将过去时代的陌生事物同化进当代之中，而是将它们置放在一种过去与现在的对话中，以表现它们同时且又各自独立的存在。

　　研讨会和档案，随机性和思想实验

　　阿伦特在写作她的第一本著作《极权主义的要素和起源》时所获得的关于传统断裂的经验，显然是极其否肯忭的，她认为传统断裂所持的是一种寻求彻底解决方案的观点，从而逼迫思想运动进入一种永不可调和的差异和分化的方向，《思想日记》记录和研讨了她的这些经验。与西蒙娜·魏尔（Simone Weil）和保罗·瓦莱里（Paul Valèry）写下众多的笔记本相像，阿伦特也在思想实验、对话构思、素材阅读、概念思考、问题设想以及在对诗与哲学之间界限的探索之中，看到了一种有助于她思想尝试的练习，由于传统断裂而明显陷入危机的精神也因此能够重新获得生产能力。如果说发现传统断裂时期的随机性有一种较大意义的话，那就是它给了《思想日记》一种可能性，确认这种随机性，并在其中为它留出一个位置。《思想日记》是作者为自己思想火花和探索开拓了更多空间的方法，思考和阅读不需预先的规定，就能按自己的思路推导出最终的判断。阿伦特在哲学著作的文字中寻找出那些主要和不那么主要的内容，并以叙述的方式广义地记录下这些内容；而她的评论常有着一种诗的格言式的尖锐，表明她对读物所做的阐释并不意味着她接受这些内容的观点，而只是表明了进入这些内容之中并把这些内容作为进一步思考的出发点。从这个角度来看，阿伦特的《思想日记》不仅仅是她研究思想的一个作坊或一份为写作而记下的查询资料。即使她在《思想日记》中的许多反思写进了她后来撰写的一些著作中——特别是《积极生活》（见本书第 2 章第 5 节第 5 部分）和《论精神生活》（见本书第 2 章第 8 节第 1 部分），并不能在《思想日记》和她的那些后期著作之间归纳出一种初期的和最终的阶段性关系。思想中的任何新发现和体验都影响着思想活动的变迁，阿伦特试图在《思想日记》记录下了自己思想演变的片刻，并在她后来撰写的著作中贯穿和传播了这些思想演变。阿伦特认为在《思想日记》和为公众所撰写的著作之间，并不存在一种真正的对立；真正的问题存在于"撰写"一本书和"发表"一本书之间的不兼容性。她在给雅斯贝尔斯的信中曾这样写道："出版的书一本接着一本，但人们从来不需要真正撰写一本书。"（BwJa 267）作者在撰写的文字中可以不必认可自己的知识认知一定有着一种最终的有效性，而要想出版这些文字就不得不把已知的认知组织成文，并期望得到读者的认可。同样，思考和撰写之间的关系也受到这种不可回避的矛盾的影响。如果说阿伦特在这里首先注意到的是表述"限制"了思考，那么《思想日记》便展现了阿伦特在她最自由的思想片刻是怎么在思考，而不是怎么"表述自己的思想"。如同她在思考海德格尔时所写下的一个注释，阿伦特认为思想的表述并不能充分地表述思想（DT 724）。

从另外一方面来说，正是以初步或显然已经成熟的观点记录自己的思想过程，为阿伦特的思想发展创造了一种不可或缺的前提，使她能够从一种新的社会关系的角度提出一些她通过分析极权主义而认识到并迫切需要提出的问题。那些构成她著作主题的问题，她都在《思想日记》中先作了专题研究：哲学、政治、道德与宗教的关系，多元性，权力、统治与国家形式，行动、生产、劳动，爱与友谊，思想、语言和判断的各种模式，思想与叙情诗，传统与传统断裂，邪恶，生与死，出生与开端，对历史描述方式的考虑（见本书第 4 章）。

孤独思想的两难境况

阿伦特的思想方式深受一种根本性悖论的影响，这也反映在她决定写《思想日记》的这一点上。她想以记录思想日记的方法将范畴和概念构思从传统的规则中解放出来，将它们置放在一种她所选出的有着传统思想特点的孤独的自我对话的关系之中而使它们成为当代的问题，以便重新概括这些范畴和概念。这种选择与海德格尔的破坏性方法极其相似，同样与海德格尔方法相似的是她在阐释错误和"陈旧概念"的维度中对最初经验的揭示和更新，但她的做法绝不是对海德格尔方法的复制。对阿伦特来说，

阿伦特手册

思想的自我对话不再是一种不言自明的居所，而是一种艰难的存在形式，只有当这种对话不受阻挡地过渡为判断和政治行动时，才有被拯救的可能。《思想日记》揭示了处于孤独中的思想自我的两难境况：思想自我对话的自由只存在于孤独中，但是自我的思想又总是必须以他人的思想为前提。没有与他人在多元性世界里的相遇，那个自我虽然可以陷进对自己的反思中，但不可能与自我做一种对话。与孤独有所区别的是放弃，在放弃中，那个思考着的自我摆脱了自己与他人的多样性关系，沉浸在自己纯粹的思想沉思中，成为一个在许多人之中却又远离这许多人的自我："这就是海德格尔解决问题的方法。因为他使得放弃——而不是孤独——拥有了生产性。"（DT 279）

语　言

语言比我们懂得更多，它"告诉我们应当思考的问题"（DT 755）。记录《思想日记》的计划以阿伦特与海德格尔和本雅明共有的对语言的无条件信任为基础。但在阿伦特的理解中，语言并不替代已经失去的形而上学实体。阿伦特在这个语境中将语言作为思想结晶的比喻，并不表明重新发现了能够证明自身合理性的永恒真理，而是指出了人类历史的成就，在经历了历史的磨难越过了时代的废墟之后，语言在与当代问题的对话中展现了自己。对阿伦特来说，这里涉及的不是为了去发现和揭示一种新的"有着最后保证的理由"（MZ 175），而是为了通过一种能够符合和区别各种不同境况的多样性，以建立一种新的思想层面。

对语言的反思分散在阿伦特的全部著作中：《极权主义的要素和起源》一书中关于真实与谚语叠化的令人信服的结论，关于本雅明的短文（MZ 185 – 242）中的日常语言的叙情诗意，《积极生活》对行动的叙述，《论精神生活》以及关于本雅明与海德格尔的短文中所描述的思想和叙情诗的关系。《思想日记》将语言的模式作为展现各层次思考者的对象，表现了阿伦特具有实验性的尝试　在一种与康德、尼采、海德格尔和本雅明接近和距离的交替中，从康德关于想象力的概念，海德格尔关于深度和起源的概念、关于诗与哲学的反思，以及他对语言作为思想居所的定义，本雅明关于真实语言的形而上学，以及关于从传统断裂和多元性的角度构造新的箴言的反思中，构思一种自己独特的观点。阿伦特的任何文字都没有如同《思想日记》那样，对于语言自身，特别由与他人语言交换的模糊性而产生的语言多面性，作了这么具体和多样性的研究。她认为语言并不表达思想，而只是作为一种"与我们同存共亡"（DT 426）的人世间现象，语言的这种具体的物质性为我们这个世界提供了无限差异和多元的可能性，因此人只有运用语言穿越我们的世界和为我们的世界（DT 428），也就是只有站立在人与人的关系之中，人与人之间的相互理解才是可能的。不需一种存在于我们之间的共同点就能直接理解的状况，只出现在爱情中。《思想日记》的主要研究主题是语言在哲学中（也就是为自己和与自己讲清一件事）、在政治行动中（谈论关于与别人的谈话）的模式，意见与谈话的区别，以及关于朦胧诗的核心是其没有清晰表达那部分的观点。

双语现象

阿伦特到达美国后最初以德语和英语双重语言写作发表（见本书第 2 章：导言），自《极权主义的要素和起源》一书以来，便先是以英语写作出版，然后再翻译成德语出版。在她同一著作的英语和德语版本之间时常存在着部分重大的区别（见本书第 2 章第 5 节第 5 和 7 部分；比较 Hahn 2005）。但在《思想日记》中，只有一条记录是以英语撰写的，并且是针对"我与我的英语读者有交流困难"这个问题（DT 770），这条记录主要谈及了美国哲学与她的思想方式之间的不相容性："从整体的角度思考事物，对美国的英语哲学来说是一种陌生的思考方法。"（DT 771）但是全盘思考一件事，不仅对美国哲学来说是陌生的，而且对德国哲学来说也同样陌生。因此阿伦特关于美国分析哲学与欧洲大陆哲学的对立是一种过早的结论（Weigel 2005）。阿伦特处在这一对立的一种完全不同的层面上。由于美国哲学主张思想是可分的，可以毫无保留参与可分性的经验导致"因循守旧"，也就导致了"取消思想"，阿伦特认为与美国这一哲学思想相对立的是欧洲大陆的哲学思想，欧洲哲学仍将"思考的结果"内化为"己有"，这就意味着它会迫使别人以我们的思维方式去思考和阐释问题："这就导致一方面是由社会施加的思想专横，另一方面是现实的政治专横，最终是这两者的相遇。"（DT 274）生活在美国的阿伦特并不在总体上都以德语作为她思考的语言，只是在特定的情况下，她才以德语进行思考；她在德语中发现了一种思想具有诗意的传统（Benjamin，Heidegger），她企图为重新展开她的政治演讲项目而解开这种诗意性思想之谜。阿伦特不想再以经院传统混浊的眼光去观察政治，而且也不希望以这种眼光去观察和思考哲学（IWV 47）。她想摆脱现象学的局限，不愿继续做一个现象学家。但不再是一个哲学家，则意味着她必须摆脱哲学的定义。因此对阿伦特来说，"一切思想"都首先"承担"（DT 728）着一种指明方向的任务，即怎么能够将一个人和其他人，将自己和陌生人转化为可理解、可传播、可转换的现象。

思考相似性与相遇性、非对称性和断裂性的思想家

阿伦特关于现象无处不在的思想，即现象能够从所有的方面表现自己的思想，并不来自海德格尔的影响，而是受到瓦尔特·本雅明关于对收集和重新编辑那些以"相互补充但又保持各自独立性保障自己存在权利"箴言的反思（MZ 239）。阿伦特认为，如此这样箴言就与思想相互构成了一种"既是证人［……］，也是朋友"（DT 756）的关系，虽然它们并不能因此而成为可靠的真理，而且也有着局部性和有限性的缺陷，但以这种方式赢得的箴言和思维片段，却有着一个自己独立的状态或地点。这种状态的界限几乎等同于思想的一种锻炼或中断，因为它改变了思想原本的发展方向，促使思想现在往一个事先没有机会的方向发展，或是将自己与一种展开新问题讨论的其他思想联结起来，在这种新问题中范畴和构想表现出一种与原先不同的相互关系。阿伦特在这里并不是从辩证法出发把箴言和思想的联结描述为展开思想的一种必要的继续往前推进的步骤，而是想在现象之间建立一个与以往中断的空间和一种阈值性的界限，只要越过这个界限，人们就进入了一个与过去没有联系的新的空间。为了达到这个目的，现象必须摆脱一种统一的组织原则，构建和发展一种自己独特的合作原则。由此产生的是相似和相遇而非肯定与否定的综合，活跃的思想而非体系，在原本应当有着不言自明的地方澄清一些原本没有料想的问题。《思想日记》设立了一种新的思想结构，将各种不同状态的思想引进到这一结构中，并在其中将各种零星的思想片段衔接在一起，但是这种衔接并没有抹平衔接的缝隙，而是明显突出了这种衔接之间的缺口、缝隙和开放性的终端。因此《思想日记》的这种思想结构不仅激发了许多由于停留在悬而未决状态的各种不同思想的碰撞，而且也在这些思想之间构建了各种不同的主导

思想：非对称性和自相矛盾的悖论，对知识的放弃，政治在历史和现代中的特异性，由表述中没有公开说出的和难以公开说出的思想片段而造成识别思想的复杂性。

一个政治学家的实验性笔记

在《思想日记》中主要交叉出现的是阿伦特三本著作的课题：计划撰写但没有最后完成的《政治学导论》（见本书第 2 章第 5 节第 1 部分），以及《积极生活》和《论精神生活》。关于《极权主义的要素和起源》一书，她只写下了可望由康德发现的人的天赋发展到并不能推翻任何压制的自发性作为全书的结束。在关于《积极生活》一书的构思中，她写下了如何从哲学的角度表现政治行动的独特性，即政治行动目的在政治自身之中的特点，但在最后完稿的书中，只采用了政治具有无限的不可能性的特点。阿伦特期望《政治学导论》能够在历史事件的背景中对政治理论作一种更细致更具体的描述，但由于这本书没有最后写成，一边是纯粹的政治概念，另一边是可疑的传统持存（见本书第 2 章第 5 节第 3 部分）和有关当代的预测，在这两者之间形成的一种紧张关系在不断告诫我们，政治正面临着根本消失的可能。《思想日记》对这两者之间的紧张关系从各种不同的主题和话语的角度作了研究。这一研究最初要回答的是这么个根本性问题："怎样的人文环境才能造就政治的可能性和必要性？或是说，为什么是某些人，而不是某个人？［……］或是说，为什么我们这个词是复数，而不是单数？"（DT 523），她想以此重新改写她整个的另一种思维方式。由于这个问题在传统中并没有预定的答案，阿伦特便为自己列出了一系列研究范围，在这些问题的层面上，将人类的各种活动置放进各种变异的境况关系中：思考 - 意志，爱 - 判断，开端 - 行动，思考 - 行动 - 写诗 - 记忆。阿伦特运用了尼采和海德格尔的方法，在《思想日记》中第一次以连接符号的结构，不仅在她灵活的连接和分离形式中表现出精神与实践之间的一种既联系又分离的轮廓；而且她也试图在这种连接和分离的方式之外，寻找出一种新的综合性方法：一种不可递减的多样性，它会对规范提出质疑，但不会完全地解除规范。在这里留下的是一种现象学的核心，阿伦特经常将它以人类学和存在主义的解读方式过快地收入进自己的研究中（Bluhm 1999；Benhabib 1998）。在阿伦特的理解中，这种现象学的核心并不表现一种人类学不变的常态；人类学自身总是以各自不同的方式进行着剥落和分支的变化，因此每种现象都会按自己特有的密集度而构成自己特有的核心，它在哲学和叙情诗的文字中表现为朦胧的没有清晰说出的，在政治的行动中表现为多元性，在权力的构成中表现为共同行动，在道德中表现为承诺（见本书第4章第21、28和41节）。《思想日记》为反对一概而论和概括性的分类提出了最明确的抗辩，并提请人们注意在阿伦特著作中原先被忽略的解读方法。但在这同时也存在着这么个问题，即传统哲学的问题和答案是如何通过阿伦特尝试的思想实验而得以改变的？以尼采为榜样，阿伦特也对自己提出质疑，所展开的思想实验是否还能作为哲学来理解？（LG 2，152）

在多种不同的话语中，有一种话语最初看来并不属于有关政治如何重新回归这个问题的语境，但却在其中起着 种特别的角色作用，即关于思想和诗的话语（Hahn 2005）。作为叙述的行动性思想是《积极生活》一书的重点，思想－意志－判断是《论精神生活》一书的重点，在《思想日记》中，阿伦特则构思了另一个问题，即在政治被迫回归公共性的情况下，思想和诗作怎么保持自己进入政治的可能性？阿伦特给出的答案是：思想和诗作不是通过谈论政治，而是借助它们自己的实践构筑了一条前往政治的通道。

思想－诗－记忆

阿伦特主要以德语展现了思想和诗作之间内在和外在的交融纠结（Hahn 2005）。《思想日记》记录了她运用哪些范畴作为研究思想和诗作两者交融纠结的工具。那些作为这两者交融纠结工具的范畴和概念是：外形和可见性—非外形性和非可见性；感性和与经验接近—抽象和远离经验；直观和图像—话语性和概念，阿伦特后来在《论精神生活》中对这一思想规则作了相应的描述。阿伦特也描述了思想与诗作关系的外在交融点：思想是一种纯粹的精神活动，它没有外在的表象，光是念头闪过的这一片刻，对思想来说就已经是一种思想的中断；因为思想的念头并不表现思想的活动自身，而只是一种对思想的回顾。诗作是一种生产制作，在这个意义上它一定要以外观表现自己制作的产品，但决不能因此而把它简化为单纯的外观现象。在思想和诗作这两种各自不同的状态之间，存在着许多各种不同的思维模式，这些模式参与思想和诗作，如同想象力或隐喻或通道建构一样；只有借助于这些模式的参与，思想才能在这个现象世界里找到自己的道路。阿伦特既没有追随浪漫主义者以知性感观进入一种新的具有认同能力的结构中去，也没有如同本雅明那样，尝试以一种新的感知概念克服康德理论中的感性与理性的分离。阿伦特在思想所具有的无限质疑的特性与现象直观感受之间维护了它们分离和对立的关系，而不是以一种等级秩序的规则解除它们间的这种关系；但她也同时揭示了诗作的效用和它的多义性："在虚无中显示了语言特有的多义性，而正是在这种多义性中，我们获得了［……］明显多于我们从隐喻中所能获得的真理性。"（DT 46）诗的语言特别适用于一种无法转换为概念的多义性或一种感性多于理性的表达，尤其是当哲学思想不能再通过论证或"确切的理性证据"令人信服地提供一种新的视野的情况下，诗作的意义就变得尤为明显。这时诗作的任务就是重新复活中断的对话，因为它不必证明，就能轻易地说出以哲学语言无法直截了当表达的感受：人的世界是可更新的。从这个意义上说，诗作在特别困难的政治时期——即当联结共同行动和人们相互之间的语言沟通的线条断裂的时候——的责任是弥合这一贯穿于人际间的裂缝。如果说城邦曾经认为诗作是保存人短暂行为和言语的记忆的表现，那么阿伦特在这里则向现代人表明了，诗作在特定的情况下必须又承担起表现人们记忆的任务。

人心的阴暗

现象无须历史背景和不受系统界限的限制，便能够从自身出发在与其他现象的相互关系中表现自己，这是阿伦特所构思的现象状态，在整个这一智慧构思中贯穿了她关于人心的阴暗、爱的不可支配性以及行动的不确定性的评论。这种不安全感是"基于我们对人的无知"（DT 303）。阿伦特因此将人的本质上的未知数作为她政治理论的"中空地带"（Heidegger）："在多元性的范围内，允许人提出一切古老的问题——比如什么是爱情、什么是友谊、什么是孤独、什么是行动和思考等，但这些问题都没有涉及一个关键的哲学问题：人是什么？"（DT 297）这就是说，这些问题的重要性取决于它们对人际关系的构想，而不是与表现自我和理性扩展的构思相关。即使是那些从思想和诗作间关系而展开的可能性，即允许在现代内部存在一些中间状态，指出了在可见性中的不可见性，在已说之中的未说之词，都还不能对由"人心的阴暗"（VA 232）

和由极权主义极端摧毁的人际关系所造成的人内心的担忧作出充分的回答。

《思想日记》中思考的一些问题表明了阿伦特试图寻找一种反思的模式，以便能够在行动的中心和人际的相互交谈中重新思考感受其他人和陌生人，以及与其交往的可能性。阿伦特由此而集中构思出一种思考模式，这种模式帮助她把提问理解为一种内在的停顿，而回答则是一种"查看或倾听"（Husserl），从而越过了退化到传统关于主体的提问和回答。这种思想模式的出发点是希腊不受规则制约的思想，它从各种不同的角度探讨和分析现象，从而比简单汇总各个单一现象赢得了更多的潜在意义。这里涉及的不再是一种自我的问题，而是怎么回答以部分性和多元性形式出现在自己面前的现象的问题。如果对这个问题作出一种"不取已有的知识源泉或现成答案"的回答，那"我所给出是我所不具有的"（Waldenfels 1995，437）。阿伦特在建构这个著名的什么和为什么 – 问题模式的同时，还构思了另一种思考这些问题的方式，这些问题在现象学被看成具有怎么回答的特性，从中人们可以发现梅洛 – 庞蒂和列维纳斯（Lévinas）对阿伦特的影响："以前曾把这个怎么回答总看作什么和为什么的问题，并以此寻找对话式真理，但事实上在我怎么回答和我回答什么之间存在着一段需要越过的距离，但是没有一种不可逆性能够越过这段距离。"（同上，437f.）我们在这里涉及的是一种思想模式，即紧靠在现象学和诠释学边界线上进行思考，它使原先那些问题成为有意义问题的可能性，能够更新人的共同生活，但并没有创建新的共同生活的规则。因此在表述的双重层面上——在表述中总是带有一部分的事实已作了主观转义——将为一种连接存留的陌生性关系留下一定的空间。

留存的陌生性是阿伦特的一个研究主题，它如同一条红线贯穿了《极权主义的要素和起源》中"人权的盲点"这一章，并在《思想日记》中从一种对自然法平等原则的反思而导向"近"（Nähe）与"陌生"（Fremdheit）的另一种关系规则："以这为基点构思一种新的既保留人类原始恐惧也承认这种恐惧必要性的平等概念。我们之所以认可这种'近'（共同性），只是因为它隐藏在陌生之中，并以陌生性表现自己。我们之所以认可陌生人，只是因为'近'包容了他们并公告了彼此的共同性。"（DT 65）阿伦特在这里谈到了不同文化之间的对话不仅是一种能够消除偏见的启蒙，而且也涉及一种具有多重性的距离，这些距离构成了人们既能相互接近又能重新分离的空间条件。判断的各种模式就是相应于距离的这种多重性。在研究康德《判断力批判》的同时，阿伦特计划撰写但没能最后完成的关于《判断》一书（见本书第 2 章第 8 节第 2 部分），很可能包括了一种具体关于略有差别的判断的现象学，它废弃了概念，克服了陌生性，以共同性和陌生性互换的境况作为自己的方向。

随意记录的意义

《思想日记》提供的大量记录，初看上去似乎只是"随意"写下的，但却是阿伦特思路发展的一部分，这是她经过反复思考而完成的思路。阿伦特自己在她的哲学阅读中曾对那些"随意的记录"赋予了极大的关注，她认为这是"我们的研究工作极其需要的一种阅读方式"（LG 1，52）。因此也要求《思想日记》的读者运用这样一种阅读的练习，在最单质性的问题上发现隐藏在整体中的一种体系（BwJa 311）。

英格博格·诺德曼

参考文献

Arendt, Hannah: »Martin Heidegger ist achtzig Jahre alt«. In: *Merkur* 23, 10 (1969), 893–902 (wiederabgedruckt in: MZ 172–184).

Benhabib, Seyla: *Hannah Arendt. Die melancholische Denkerin.* Frankfurt a. M. 1998.

Bluhm, Harald: »›Variationen des Höhlengleichnisses‹. Kritik und Restitution politischer Philosophie bei Hannah Arendt und Leo Strauss«. In: *Deutsche Zeitschrift für Philosophie* 47, 6 (1999), 911–933.

Friedman, Michael: *Carnap, Cassirer, Heidegger. Geteilte Wege.* Frankfurt a. M. 2004.

Hahn, Barbara: *Hannah Arendt. Leidenschaften, Menschen und Bücher.* Berlin 2005.

Nordmann, Ingeborg: »Gedankenexperiment und Zitatmontage«. In: Wolfgang Heuer/Irmela von der Lühe (Hg.): *Dichterisch denken. Hannah Arendt und die Künste.* Berlin 2007.

Valéry, Paul: *Cahiers/Hefte.* Hg. von Hartmut Köhler und Jürgen Schmidt-Radefeldt. Frankfurt a. M. 1987 ff.

Waldenfels, Bernhard: *Deutsch-Französische Gedankengänge.* Frankfurt a. M. 1995.

Weigel, Sigrid: »Dichtung als Voraussetzung der Philosophie«. In: Heinz L. Arnold (Hg.): *Hannah Arendt.* Text+Kritik 166/167. München 2005, 125–137.

Weil, Simone: *Cahiers. Aufzeichnungen.* Hg. von Elisabeth Edl und Wolfgang Matz. München/Wien 1970 ff.

Über den Totalitarismus. Texte Hannah Arendts aus dem Jahren 1951 und 1953. Aus dem Englischen von Ursula Ludz. Kommentar von Ingeborg Nordmann. Hg. vom Hannah-Arendt-Institut für Totalitarismusforschung e.V. Dresden 1998.

第 10 节　信件往来

一　海因里希·布吕歇尔

汉娜·阿伦特与她丈夫海因里希·布吕歇尔（见本书第 3 章第 2 节第 6 部分）的信件交往包括了他们两人在 1936～1968 年所撰写的大约 400 多封信件，其中的 304 封经洛特·科勒略作精简后于 1996 年发表（BwBl）。从 1936～1968 年这 30 多年里，正是他们俩在巴黎流亡相遇，随后经历法国拘留营生活和逃往美国，以及阿伦特战后重新面对德国，参与艾希曼审判和众多欧洲旅行的时间段。阿伦特的欧洲旅行主要是前往拜访卡尔·雅斯贝尔斯（见本书第 2 章第 10 节第 5 部分、第 3 章第 2 节第 1 部分），但有时也与马丁·海德格尔（见本书第 2 章第 10 节第 4 部分、第 3 章第 2 节第 3 部分）相约相逢，直到 1968 年阿伦特最后一次看望雅斯贝尔斯。雅斯贝尔斯逝世于 1968 年，布吕歇尔于 1970 年。这些信件向我们显示了，阿伦特和布吕歇尔各自是怎么努力思考一些两人共同关心的问题：比如共同对 20 世纪 30 年代的犹太政治、1956 年匈牙利起义或德国的反核毁灭斗争的探讨；鉴于 20 世纪的灾难（即第二次世界大战和对犹太人的灭绝性迫害），他们两人的行为是如何受到一种对哲学和政治理论传统缺陷作深刻批判的影响，以及他们如何充满疑虑地关注和评判时代的变迁。

他们俩信件交换涉及的内容非常广泛，为我们观察他们两人紧密的情感和精神关系以及她所努力追求的批判性政治，提供了丰富的启发，但当然也只是简短的一瞥。因为通常他们只是在相互分离期间，才写信件交流。在几乎所有的情况下阿伦特都是那个外出旅行的人：比如她流亡巴黎时作为犹太复国主义青年阿利亚法国支部的负责人前往日内瓦参与建立犹太人人会的筹备工作以及稍后在日内瓦的度假；在她到达美国后为了提高自己的英语水平而在一户美国人家里住了一个月以及战后与女友尤利叶·布劳恩 – 福格施泰因（Julie Braun – Vogelstein）共同度过的三个夏天假期；1949 年和 1950 年间代表"犹太文化重建"为保护犹太书籍、手稿和祭祀物品而在战后第一次前往欧洲；1952 年为研究项目和教学讲座在欧洲的逗留；1955 年在伯克利

（Berkeley）大学担任一个夏季学期的客座教授；1955 年 9～12 月作为访问学者前往欧洲和以色列并在那里举办讲座；1956 年为讲座、会议和参观图书馆而在海牙和日内瓦之间的奔波；1958 年 7 月参加慕尼黑的一个会议以及在稍后的 9 月参加卡尔·雅斯贝尔斯获得德国图书贸易和平奖的颁奖大会并作答谢词；1959 年参加汉堡城市颁发莱辛奖的大会以及紧接着与女友玛丽·麦卡锡前往佛罗伦萨旅游；1961 年担任伊万顿西北大学的客座讲师前往伊利诺伊州以及前往以色列参加艾希曼审判；与布吕歇尔相约在参加审判大会后前往巴塞尔，并一起拜访雅斯贝尔斯家；1963 年与布吕歇尔一起前往意大利和希腊；1968 年阿伦特从事了她最后一次前往欧洲的旅行。在她被关押在各个拘留营的 1939～1940 年那段时间，由于当时法国施行的信件检查，只给布吕歇尔写了不多的一些信件；另有一些信件后来丢失。从 1941～1945 年这个战争和大屠杀的年代，没有留下任何信件。

洛特·科勒在发表他们两人的信件时，也附加了布吕歇尔 1967 年在巴德学院所做的告别演讲，演讲中有他作为苏格拉底"哲学公民"的哲学遗产。

共生关系

在为发表他们两人信件所写的前言中，洛特·科勒指出阿伦特在情感上有着一种的强烈不安全感，容易急躁和易受伤害，这与她在大庭广众面前毫无惧怕的登场形成鲜明的对照（BwBl 11）。只是在与布吕歇尔共同生活后，她才克服了自童年以来的恐惧感，那些恐惧就很简单地消失了。"我还总是不敢相信，我竟然能够同时得到这两者——'伟大的爱情'以及对一个人的认同。但正是自从我有了其一，才有了其二。"（同上，83）随着时间的迁移，他们两人的共同生活也使得他们各自非常不同的视野和人生经验赢得不断递增的共生性；但即使有了如此相互信任的基础，阿伦特仍会时而冒出不安全感，特别是当她在旅途中急切盼望布吕歇尔信件的时候，这时她就会抱怨，他显然根本无法想象，不能看到他的来信，对阿伦特来说有多难熬，"在这个世界上，我如同一个从车身上掉下的轮子，只是在毫无方向地嗖嗖滚动，再也没有任何与家的联想，而家正是我在这个世界上可以付诸信任的居所"（同上，200）。看到她的抱怨，几乎很少旅行的布吕歇尔便赶快寄出信件，写上几句对她旅行的评论，写上自己在纽约社会研究院教授的艺术史和哲学研讨会的课程，以后也写上一些他在获得终身教授职位的巴德学院的工作。

这一切都显然表明了，与布吕歇尔的思想交流，对阿伦特来说有着多重要的意义，他的工作和论题对她的工作和论题也有着很大的影响。当她为了将极权主义统治作为一种新的统治形式加以定义（比较 DT；见本书第 4 章第 36 节），而在 1951 年和 1952 年期间着手研究孟德斯鸠时，她曾希望与布吕歇尔一起对此作一种澄清性的探讨："我自己觉得，在孟德斯鸠的历史著作中我发现了一些重要的素材，这可能对我的进一步研究很有帮助。思想的这些碰撞有着决定性意义。注意，最亲爱的，雅斯贝尔斯刚刚告诉我，尼采曾说过，'真理只存在于两人之中'。我一个人无论如何永远也不可能获得它。"（BwBl 321）反过来，布吕歇尔也需要阿伦特对自己的思路提出些建议和并加以"检验"。

阿伦特的《极权主义的要素和起源》一书是献给布吕歇尔的，阿伦特在书中引证的许多关于意识形态和极权主义党派的认知大都来自布吕歇尔（见本书第 2 章第 4 节第 1 部分）。并且这本书同时也是一本表现他俩共生关系的书，它把布吕歇尔共产党员的经历与阿伦特对犹太人解放的探讨交融在一起，构成了她的政治思考基础——即将自由行动与为消除多数族裔和少数族裔而建立一个多元化和联邦制的社会共同体联结起来（《关于少数民族问题》，比较 AM 225 – 234；Heuer 2005）。阿伦特 1946 年在给雅斯贝尔斯的信中写到，她在布吕歇尔那里学到了从政治的角度思考和从历史的角度看待事物，但她仍然总是从犹太人问题的角度思考历史和政治问题（BwJa 67）。早在 1936 年，布吕歇尔就在一封以关于犹太人问题为题的信中有一个段落谈到了"犹太人的国际性乞讨"，并指出了这么个事实：没有人可能得到一个赠予的国家，要想有一个自己的国家，人们必须去争取和赢得这个国家，因此犹太民族应当和欧洲的民众一起为自己的自由斗争（BwBl 53）。阿伦特后来在为《建设》杂志所写的专栏文章中重复了布吕歇尔的这些观点（AM 28，22，32）。

他们两人对共产主义和犹太复国主义，以及对自由主义和哲学传统的批判态度，使他们在现实社会中陷入一种极端边缘的境况，招致许多批评，如对阿伦特《关于艾希曼审判》一书的批评（见本书第2章第6节第1部分），这一切都导致他们似乎只能更信任他们自己并成为紧密的朋友。不进入学术界，不作经院式思考，而是如尼采所愿望的那样，保持自己的独一无二性，曾是布吕歇尔的格言："保留我们自己这个小小的角落，以能把我们塞进那里面去，那里允许我们思考和观察。"（BwBl 402）阿伦特理论中下层社会反叛性的贱民（见本书第2章第2节、第4章第26节）似乎在这里有着一种政治批判的局外人形态。

批 判

阿伦特认为，鉴于一种非常不完善的政治和哲学传统，似乎只是单纯表述一些已经反思过的问题的那类批判，在实际上却成为一种持续的反叛。布吕歇尔喜爱批判和争辩。当他还是一个共产党成员时，他在巴黎就曾与党的那些干部有过经常性的激烈争论（BwBl 34，81）。他思想的简明扼要和他的政治活力，使他为自己招致了一些是非，比如他批评雅斯贝尔斯关于"罪过问题"的文章，认为那只是"一些该诅咒的和黑格尔化了的、充满了基督教虔诚阿谀奉承和纳粹化的废话"，这种废话只会败坏关于罪过的政治责任的争辩，掩饰苏格拉底与共和主义道路之间的对立（同上，146ff.）。他一再指责这种废话是遮掩的面纱，并决心"与西方式的思考，封闭的体系和绝对真理作出决裂"（同上，144）。哲学现在应当"最终说出关于真理的真理"（同上，159），不能再把自己作为一种关于普遍性的理论，给世上的一切事物都加上一种最终和专横的划一性（同上，571）。与此同时，政治应当把自己从统治与暴力，从上帝、未来与历史中解放出来。他在他的基础课程中构思的一种关于苏格拉底式思考哲学的人的理论——即这些人为了实现自己批判自由，而需要建立一种自由与多元化的社会机制——贯穿了他所有的课程和文章。他关于康德、尼采、马克思和克尔凯郭尔都从自己的角度撕裂了存在的世界，但却"由于害怕自己没有足够的勇气"而又退回半步，便为存在设置了一个替代世界（同上，159ff.）的观点，后来在阿伦特《传统与新时代》（VZ 38-45）的短文中出现了类似的表述。布吕歇尔的目标是不受任何思想遗产的限制作自由的哲学思考，所以尽管他对雅斯贝尔斯非政治性的态度作了许多批评，但仍然认为他的《关于真理》一书是一种如此自由的哲学思考，为反对和抵抗非人道性作出了极其重要的贡献（BwBl 210）。雅斯贝尔斯实质上是"我们这个时代"的康德（同上，488）。在为雅斯贝尔斯获奖所做的答谢词中，阿伦特以布吕歇尔为例，解释了如何定义一个好的欧洲人这个概念，估计海德格尔——"那个德国的幼儿"（同上，472）——肯定懂得阿伦特所说的这个概念的意义。

在访问雅斯贝尔斯后，阿伦特报道了在雅斯贝尔斯家中的十天的停留以及两人间那种无所顾忌和毫无保留的谈话气氛，她写道："似乎这十天里只是在谈话"（BwBl 243）；但在访问海德格尔（"那个来自黑森林的鸟"，见同上，509）之后，她却公开道明了海德格尔的个人和政治缺陷，"是真实与虚假，或者更确切地说是真实与懦弱的混合"（同上，190），并且阿伦特也似乎在他与他那反犹太人的妻子的婚姻中看到了"下层暴民与精英的联盟"（同上，289；比较 EU 第 10 章）。在那次欧洲之旅对雅斯贝尔斯和海德格尔所做的访问中，阿伦特并没能把曾经是朋友的这两个人重新又拉到一块，并且抱怨海德格尔对她的研究工作不太感兴趣（BwBl 426）。尽管阿伦特和布吕歇尔都非常看重海德格尔著作《误导》（Holzweg，也译成《林中的路》）和《尼采》的思想深度，但却认为他的历史概念是"可悲的"（同上，288，295，298）。

阿伦特和布吕歇尔的另一个共同点是他们俩总是不停地批判学院派的装腔作势，教授们的废话和虚荣，以及他们那些给人印象几乎没感受到传统中断的简单理论，更不要说期望他们将传统的中断理解为一种具有根本性的挑战。阿伦特在伯克利大学演讲时对那些知识分子给出的结论是："人们不得不永远不时地观察他们，以了解哪里是人们绝不愿意回去的地方。"（BwBl 350f.）

与此相反，他俩都更愿意与他们的学生一起从事研究工作；布吕歇尔津津乐道于自己论题的震慑效应（比较 BwBl 251），而阿伦特则很享受人们对她的广泛认同，比如她在伯克利大学讲学期间所赢得的迅速增长的认同。但这种认同的反面是她经常成为公众的焦点，这使她感到不堪承受的痛苦（同上，353）。

同时代人

对阿伦特和布吕歇尔来说，与那些年轻时代和流亡时代就已是紧密关系的朋友的联系，有着一种相对比较重要的意义，因此这些人的名字总是不断出现在他们两人的信件交流中：他们的这些朋友除了雅斯贝尔斯，还有歌曲词作者罗伯特·吉尔伯特，评论家夏洛特·贝拉特，画家卡尔·海登赖希（Carl Heidenreich），阿伦特年轻时的女友安娜·魏尔，学生时代的朋友汉斯·约纳斯，犹太复国主义者库尔特·布卢门菲尔德（见本书第2章第10节第2部分），政治学家瓦尔德马·古里安（比较 MZ）以及其他一些人。在他们与之交往的这些其他人中，他俩特别看重那些被他们称为"哲学家公民"的朋友，这些哲学家公民的朋友中有生活在旧金山曾经的码头工人，但在伯克利大学组织政治学讲座的埃里克·霍弗尔（Eric Hoffer, 1999）。阿伦特认为他是一个"典型的工人知识分子［……］非常聪明［……］在单调的让阿伦特感到不那么舒服的学术界中，他对她来说如同是荒漠中的一片绿洲"（BwBl 349）。与霍弗尔相同的是阿尔伯特·加缪（Albert Camus），阿伦特认为他"无疑是法国当前最出色的人"（同上，256），并在1952年决定与他见上一面，布吕歇尔也赞成阿伦特的此行。此后阿伦特得出的结论是："一个真正的哲学家，而这是非常令人欣慰的。"（同上，291）或者亨利·弗雷纳（Henri Frenay），法国抵抗运动的军人和领导者。按阿伦特的说法，这是"一个极其出色自成一格的男人［……］"（同上，256）。阿伦特认为他是那些极少几个理解政治的人中的一个，她感到非常惋惜，他没有在1945年去夺取政权。还有阿道夫·格里梅（Adolf Grimme），德国学术基金会主席，阿伦特将德国民主化的大部分希望寄托在格里梅的那些学生身上（同上，543f.）。最后是意大利作家伊格纳齐奥·西隆纳（Ignazio Silone），"不聪明，但实际，很诚实，可以说是非常诚实。不会被收买"（同上，402）。

时代历程

当阿伦特在战后又一次踏进德国时，曾以极其怀疑的态度关注德国在战后的发展，这是非常可以理解的（比较《访问德国》，ZZ 43 - 70）。当时德国的经济奇迹，在她内心唤起了一种可怕的感觉，"这一切都只是一种非常可怕的门面［……］！所有这一切都掩盖了一种充满臭气的原样修复！"（BwBl 431），而所有的精神都还沉湎于深沉的睡眠之中。但她又为重见柏林感到高兴，柏林并"没有什么变化，还是如以前那样大度，柏林人充满了幽默和智慧，而且是那种闪电般反应极快的睿智"（同上，214）。与此相反，使她感到遗憾的是，围绕海德格尔争辩的方式导致这一争辩的极端非批判性（同上，293），还有一件事也使她感到郁闷，她的第一任丈夫京特·安德斯在反核运动中与那个从不错过任何民众运动的海德格尔（同上，473）一起站立在运动的最前列。虽然阿伦特以一种开放的心态面对一个中立化的欧洲，但她仍然担忧这一反核运动可能会与苏联达成一种致命的理解与一致（同上）。她最担心各地区间总是会不停地出现一种危机性的发展，比如 1956 年当苏联侵占匈牙利时可能会爆发第三次世界大战，或由于越南战争而在美国内部爆发战争。

与此相反，匈牙利人民的起义使阿伦特和布吕歇尔都感到振奋，当然阿伦特认为因此在根本上改变匈牙利社会制度的机遇还是太小了一些（同上）。"如果那里的年轻人懂得一些关于罗莎·卢森堡的历史"，布吕歇尔写道，"那么最初尝试要解决的问题，是以自由的人作为真正实际的政治监督机制，这将有助于帮助那些年轻人摆脱由一切旧政权给他们造成的恐惧"（同上，488）。布吕歇尔在这里已经表达了稍后不久出版的阿伦特的《论革命》（见本书第 2 章第 5 节第 7 部分，第 4 章第 33 节）一书中所贯穿的思考，作为人民监督政治的议会不仅是一种值得赞赏的自发性政治管理机制的形式，而且它也是一种不同于霍布斯和洛克传统的社会契约的权力构成模式（见本书第 2 章第 7 节、第 4 章第 21 节）。当肯尼迪那时对古巴采取了一些无望的措施时，阿伦特注意到不仅是他周围的人给他出了个错误的主意，而且他自己也没有理解，"什么是革命，以及它对人民的生活意味着什么"（BwBl 528）。

在阿伦特参与艾希曼审判的四个星期所写的信件中，有着许多激励的评论。她现场报道了艾希曼给人的印象是一种"不可描述的自卑感和恶心"（同上，521），他在审判中为自己所做的荒诞的可怕的辩解（同上，525），他那个看上去完全是道德堕落的辩护律师（同上，518），那个有着犹太贫民区下层人情结并且显然没有理解以新形式出现的犹太大屠杀的检察官（同上，522）以及德国与会者那种令人感到恶心的亲犹太主义表现（同上，521）。这些评价和评论的核心是阿伦特潜意识中对人们判断力缺乏的一种批判（见本书第 4 章第 39 节），也是人们对她《艾希曼在耶路撒冷》一书有所争议的地方，这促使她后来撰写了《真理与政治》这篇文章（VZ 343；见本书第 2 章第 5 节第 6 部分、第 4 章第 44 节）。鉴于审判的许多场面和阶段都与艾希曼的罪行没有多大关联，阿伦特认为这场审判只是一场出于政治原因而具有公开表演性的审判（BwBl 530），在这样一场只是充斥恐怖和暴行的审判中真正的问题便不会成为人们关注的主题（同上，531）。这里也又一次表现出阿伦特与普通人的不同，阿伦特认为如果一个证人能够不带感情地陈述"当时发出的事"（同上，524f.），那么至少间接地证明了这个证人有着一种健康的理解力。她就是以她的这种关于人的健康理解力的见解在她的《艾希曼在耶路撒冷》一书中非常冷静但因此而更感人的写了关于安东·施密特（Anton Schmidt）这么一个普普通通的人，但在那时却冒着生命危险拯救犹太人（EJ 276）。

沃尔夫冈·霍尔

参考文献

Heuer, Wolfgang: »Hannah Arendt's Elaboration of an Existential Republicanism«. In: Helga Schreckenberger (Hg.): *Die Alchemie des Exils. Exil als schöpferischer Impuls*. Wien 2005, 25–34.

Hoffer, Eric: *Der Fanatiker und andere Schriften*. Frankfurt a. M. 1999.

Neumann, Bernd: *Hannah Arendt* und *Heinrich Blücher. Ein deutsch-jüdisches Gespräch*. Reinbek bei Hamburg 1998.

Nordmann, Ingeborg: »›Tapferkeit vor dem Freund‹. Briefeschreiben in finsteren Zeiten«. In: Heinz L. Arnold (Hg.): *Hannah Arendt*. Text+Kritik, 166/167. München 2005, 67–78.

Young-Bruehl, Elisabeth/Kohn, Jerome: »What and How We Learned from Hannah Arendt: An Exchange of Letters«. In: Mordechai Gordon (Hg.): *Hannah Arendt and Education: Renewing Our Common World*. Boulder 2001, 225–276.

二 库尔特·布卢门菲尔德

在贱民和犹太复国主义理论之间

库尔特·布卢门菲尔德是 20 世纪较早期的德国犹太复国主义政治家，汉娜·阿伦特与他有着一种终生的友谊。他们间的友谊不同于她与其他任何人友谊的地方在于：这同时也是一种始终"站立在刀尖上"的友谊。他们的信件交往记录了他们持续三十多年的独立思考有关政治领域问题的对话。他们都不赞成通常把政治家描绘为只是法律强制执行人员的形象。但是作为一个政治家怎么才能在独立的判断能力、棘手的历史状况和权力关系之间建立一种相互平衡关系？这是一个极难回答的问题和挑战。尤其是面对在巴勒斯坦建立的犹太人共同体这个问题，他们两人的解答各不相同，无法达成一致。但是为什么他们间完全不同的政治观点并没有导致他们友谊的破裂，这是他们信件交往所要叙述的第二个值得关注的故事。

反对一个造就奴才和社会贱民（**Paria**）的世界

他们两人相互交换了共 125 封信件。信的原件现存马尔巴赫文学档案馆（比较《Zur Edition》和《Nachwort》，BwBlu 13f.，349 – 376）。有些信件已被确认遗失，特别是一些在 1933 ~ 1945 年这一时间段里交流的信件。现在发表的他俩的信件交流开始于布卢门菲尔德移民巴勒斯坦的 1933 年，结束于布卢门菲尔德逝世前不久 1963 年5 月 23 日在耶路撒冷写的最后一封信。他们的友谊建立于 1926 年的海德堡，当时布卢门菲尔德正在那里举行一个有关反犹太人主义的讲座，而汉娜·阿伦特则与汉斯·约纳斯正坐在听众席中。那时的布卢门菲尔德已是一名著名的犹太复国主义政治家，他的讲座帮助阿伦特的眼界超越了同化（Assimilation）理论的界限。后来当她回忆20 世纪 30 年代在柏林度过的共同时间时，阿伦特写到，对所有独立的犹太人来说，当他们已经认识到同化主义的破产，但又不再觉得有义务继续犹太传统的时候，只有两个选择：共产主义或犹太复国主义。她当时的丈夫京特·施特恩（以后又叫安德斯"Anders"）参与了一个左派知识分子的讨论团体。但与她的丈夫不同，阿伦特选择参加了以库尔特·布卢门菲尔德为中心的犹太复国主义团体，布莱希特当时也是这一团体的成员。当时吸引阿伦特的是这个团体认真研讨犹太人问题，而不是让这些问题消失在社会解放的必然过程中；并且这个团体的成员也拥有比较多的表述自己意见的自由。团体成员都是犹太复国主义者，但并不是一些十分致力于某种世界观的党派政治家。这个讨论团体更近似于一些有自我意识不墨守成规的人由友谊和政治兴趣而聚集在一起的这样一个团体。阿伦特如同布卢门菲尔德一样，不仅只是作为受迫害者

阿伦特手册

为反纳粹政权而加入这个团体，而且更因为他们十分憎恶这个迫使人成为奴才的世界；这是他们两人不可磨灭的共同人生经验，因此他们在信件中总是不断地回忆这些他们共有的人生经验，他们的这些经验也反映在他们对社会下层贱民这个概念的构想中。这就在他们两人之间建立了一种独特的、无保留和无顾忌的讨论气氛。这也使得他们两人的信件交往，与阿伦特和雅斯贝尔斯（见本书第 2 章第 10 节第 5 部分）的信件交往有着一种明显的差别，雅斯贝尔斯只是比布卢门菲尔德年长一岁，但阿伦特对雅斯贝尔斯总是保持着一种充满尊敬的距离。他永远是她博士论文的导师，他们间的谈话似乎总是定格在关于一次哲学谈话所应有的反思范围内。

是犹太复国主义式的民族国家还是双民族的联邦制

与汉娜·阿伦特相同，库尔特·布卢门菲尔德也是来自东普鲁士一个富有并且不再看重犹太教的家庭。他在柏林开始学习法律时，就参加了犹太复国主义运动的学生联合会，并在以后成为这个协会中一个最有影响的领导者。1909 年担任德国犹太复国主义联合会的宣传和组织部长，1911 年担任世界犹太复国主义组织的秘书长，1924 年担任德国犹太复国主义联合会主席。他把在巴勒斯坦建立一个民族国家作为一种政治目标，以自己对犹太复国主义的极大影响，使之在组织中得以贯彻。但如果说他有着一种犹太复国主义的民族主义情结，那是错误的。他之所以选择民族的道路作为唯一的出路，是出自一种没有被摧毁的自我意识，以及与这种自我意识直接相连的为争取政治平等的一种自由和不言而喻的要求。与德国以人的自然性这一自然主义为依据将国家作为自然有机体的政治组织相比较，布卢门菲尔德将政治历史自觉地把握在自己手里的主张，比较接近法国在认同民主的基础上建立一个民族国家的传统。他认为国家既不是民众的教育家，也没有那种超越一切王位神秘的伟大；国家应当是拥有平等权利的公民的共同组织，并且他最感兴趣的国家模式是瑞士的联邦制。

这种令人惊讶的实用主义使得布卢门菲尔德成为一个批判者，他不是脚踏两只船，而是试图把握具体历史状态的方向。他常常认为阿伦特对他的批判是"前所未闻"的。阿伦特确实坚持一种批判的独立性，但他却认为这类的批判不具有现实性并于事无补；但是他对巴勒斯坦以及以后的以色列的社会和政治生活的描述没作任何修饰以掩盖矛盾。布卢门菲尔德在 1933 年之前就已多次进入巴勒斯坦，并最终在 1933 年前往移民；此后进入在 1925 年建立的希伯来大学的领导层，1936 年进入巴勒斯坦建设基金会（Keren Hajessod）的领导层。1942 年前往日内瓦参加国际犹太复国主义代表大会，但因战争没有在日内瓦如期召开，而是改在美国纽约，因而他紧接着又前往纽约参加著名的比尔莫尔大会（Biltmore – Konferenz）。正是在那次会上作出了建立一个犹太人自己国家的决定，本 – 古里安（Ben – Gurian）的主张因此得以贯彻。但阿伦特认为这是对所有主张与阿拉伯人民相互理解并要求建立　个双民族或联邦制国家的人的一记耳光（Arendt）。库尔特·布卢门菲尔德和汉娜·阿伦特都把这一决定看作一种政治上的失败，这也因此给他们两人带来各不同的政治后果。对布卢门菲尔德来说，这一决定意味着他在犹太复国主义运动内部的进一步孤立，尽管他不愿多加坦诚，实际上他的犹太复国主义主张更多地取决于他那些犹太复国主义老朋友的支持。由于战争，他在会议之后不能及时回到巴勒斯坦，一直拖到 1945 年才得以回归。但即使他回到巴勒斯坦之后，他的政治活动范围仍只是限制在这一社会圈子里面。出于反对比尔莫尔的会议决定，他参与建立了一个名叫"Aliya Chadashah"政党，这个党的中央机关报《通讯》（*Mitteilungsblatt*）后来成为他最重要的讨论论坛。但在同年（1945 年）他就已经告知阿伦特，他将辞去所有的政治职务，作为一个独立的人开始"一种新的生活"（BwBlu 30）。在批判性地观察政治事态的进一步发展的同时，布卢门菲尔德也试图以历史可行性为导向在批判和理解之间寻找一种平衡，但阿伦特却日益激烈地批判了在巴勒斯坦建立一个犹太人国家的决定。她不愿意由于艰难的历史条件而放弃判断的自由和独立性。

独立性和友谊

他们两人间最初的冲突起因于阿伦特 1945 年在一份由犹太人主办的《灯光杂志》（*Menorah Journal*，dt. KdZ 7 – 59）发表了一篇题为《对犹太复国主义的再思考》（*Zionism Reconsidered*）的文章。每当他们的政治观点极其分歧而各自又都知道暂时不可能排除这些分歧达成一致的时候，他们就会有意识地远离对方一些时间，以赢得时间恢复他们情感上的安全感，这是一种表现他们的友谊能够超越一切分歧的安全感。信件交换的矛盾之处在于：他们的信件虽然构成了关键分歧的谈话维度，但从没对彼此的分歧点做过详尽的讨论。由于与阿伦特相反布卢门菲尔德是一个实干型而不是一个反思性的人，在他们的沉默中便冒出了许多问题，而这些问题恰恰是澄清他们实际分歧的前提。比如关于哲学与政治的关系，关于对德国犹太传统中具有典范意义的要素的理解，而这在以色列公共性中则是非常忌讳的；关于协调对其他一些著名犹太哲学家赞同与否，比如他们两人从个人的角度来说都不太喜欢的肖勒姆和布伯（Buber），但在公众场合却又对这两人作出各自不同的评价；关于对雅斯贝尔斯哲学的公共性意义的评价以及他对同化的理解。

联结他们两人友谊的另一个重要因素是布卢门菲尔德与海因里希·布吕歇尔的相互好感；与布吕歇尔相同，布卢门菲尔德也是一个有着超众口头表达的天才，但却不太善于写作，他们两人都以自己的口才表达能力轻易地站立在那些著名作家的队伍之中。许多围绕他俩这种情况的小故事一再重复出现在阿伦特与布卢门菲尔德的信件中，成为他们信件交往除了政治和哲学以外的另一条主线。但是他们共有的精神世界决不植根于一种一劳永逸的确定性中。拉埃尔·瓦恩哈根和海因里希·海涅都并不因为有着一种正确的自我意识而成为他们信件交往中的典范人物。但他们又具有真实性，因为他们能够面对现实和机遇，以迂回的道路在悖理中找回自己。对阿伦特来说，正是在拉埃尔·瓦恩哈根对犹太习俗的反叛中，表现出了她的真实性（RV 213）；而对布卢门菲尔德来说，海因里希·海涅的基督教洗礼标志着他向"犹太复国主义迈进了一步"（BwBlu 239）。在当时以及就某种意义上来说也在今天，他们两人对犹太传统成就的评价，与公众所认可的——不仅是在以色列还是在德国——有所不同。但是从另一方面来说，阿伦特所强调的拉埃尔·瓦恩哈根面对一切矛盾所表现出的那种几乎"非常人般的清醒"，也同样存在于阿伦特与布卢门菲尔德交往的警惕关注中，这也是非常成问题的一面，这使得他们的批判没完没了，永远有着与别人不同的看法。他们的信件展示了独立的知识分子在平衡自己各个矛盾观点时的困境：在他们坚定不移的真实中，在他们的夸张、荒谬和误差中。独立性在这里绝不是正确行为的保障，但它却能给予人们以最大的活动自由以向正确的行为靠拢。对阿伦特和布卢门菲尔德来说，独立性是他们从事思考的一个不可或缺的前提，因此也不允许为了友谊而牺牲自己的独立性。当他们的观点出现差异时，他们从不因此而诉诸客观性要求对方摒弃分歧，客观性并不是他们对话的首要标准。他们的对话是一种围绕两人不同观点的争辩以争取一种可能的共识。但同时他们又为他们的友谊作出了超过其他一切的努力，因为友谊在超越他们分歧的同时，也要求他们维护自己的自由，即允许他们说出自己的不同观点。

这种由他们相互保障的真正的讨论自由，由于阿伦特关于艾希曼审判的报道而陷进了一种严峻的危机。当她的系列报道发表在《纽约客》时，库尔特·布卢门菲尔德正病重躺在医院里，他已经无法再阅读她的报道。他对她的报道知之多少和知道些什么，只能依据他的一些朋友所说。据说他多次表示要公开声明与汉娜·阿伦特保持距离的愿望。阿伦特在最后一次去医院看望他的时候，试图向她的朋友解释她的报道的状况，尤其是想澄清她的文章的立场。两人是否因此而达成和解，外人就不得而知了。阿伦特对这一不确定性的悲伤表现在《思想日记》中她对一次梦的记录，她写下了在梦中与布卢门菲尔德的幸运重逢。她也同样以这种十分谨慎的方法处理因为同样的原因而危及的与汉斯·约纳斯和罗伯特·魏尔基（Robert Weltsch）的友谊。她清楚地表明，她是多么愿意与他们保持友谊，因为她把与他们的友谊理解为是在人的关系中一种充满人文精神的形式，不管他们之间的政治见解有多大分歧，友谊在他们中仍有着比分歧更重要的地位。正是在这个意义上，她在给格斯霍姆·肖勒姆的信中写道："也许您能够作出决定，以我的方法来对待这件事情；也就是人比他的观点更有价值，出于很简单的理由，因为人在事实上总是多于他所想的或做的。"（BwSch 111）

英格博格·诺德曼

阿伦特手册

第 2 章　著作及其分类

参考文献

Arendt, Hannah: »Zionism Reconsidered«. In: *Menorah Journal* 33, 2 (1945), 162–196 (dt. in: KdZ).

Blumenfeld, Kurt: *Erlebte Judenfrage. Ein Vierteljahrhundert deutscher Zionismus*. Hg. von Hans Tramer. Stuttgart 1962.

–: *Im Kampf um den Zionismus. Briefe aus fünf Jahrhunderten*. Hg. von Miriam Sambursky und Jochanan Ginat. Stuttgart 1976.

Brumlik, Micha: *Kritik des Zionismus*. Hamburg 2007.

Hackeschmidt, Jörg: *Von Kurt Blumenfeld zu Norbert Elias. Die Erfindung einer jüdischen Nation*. Hamburg 1997.

Nordmann, Ingeborg: »Zwischen Paria und Zionist. Die Freundschaft zwischen Hannah Arendt und Kurt Blumenfeld«. In: *Babylon. Beiträge zur jüdischen Gegenwart* 15 (1995), 86–98.

Pilling, Iris: *Denken und Handeln als Jüdin. Hannah Arendts politische Theorie vor 1950*. Frankfurt a. M. 1996.

Walzer, Michael: *Exodus und Revolution*. Berlin 1988.

三　赫尔曼·布罗赫

历　史

"这是自卡夫卡以来我们这个时代最了不起的诗的成就"——1946 年，汉娜·阿伦特在给诗人赫尔曼·布罗赫的第一封信中如此写道（BwBr 9），并认为这是他俩对话的基本动机。但他们的信件只反映出他们间这类对话的部分内容，并且由于布罗赫在 1951 年的突然死亡而结束了他们间的信件往来。汉娜·阿伦特写这封信的起因是她以及她的丈夫海因里希·布吕歇尔都因为布罗赫不久前刚刚以德语和英语发表的小说《维吉尔之死》（*Der Tod des Vergil*，Hahn/Knott 2007）而感到震撼。在与兰德尔·贾雷尔的谈话中，阿伦特强调了语言的震撼力，这本小说使她"重新又能相信语言充满活力的发展可能性和德语是如此美丽"（BwJa 78）；另外她在小说中也看到了一个表现矛盾心态的场景，这实际上就是表现了他们这一代人身处不可挽回的已经失去了的过去（那种"不再有一切"的体验）与一个显现在面前的具有拯救性的未来（那种尚且还有微弱希望的预感）之间的矛盾心态——"如果我们还有一个未来的话"（BwBr 170），阿伦特小心翼翼加上了这一句。小说着重表现了"传统断裂经验的极其脆弱性"：焚尸炉的这一事实最终扯断了连接各代人的线索，摧毁了连接时代的桥梁。这本小说为由此而形成的这个"无人区域"（同上，169）提供了一个表现

248

自己的空间。

这两个曾经的流亡者相互在信中感兴趣的基本主题是一开始就注定了的：相互的好感和友谊（"这是唯一一个在这期间与我比较接近的人"，BwBlu 44），以及他们懂得他们的语言和文章也因为他们丧失家乡而将会出现的困境。但联结他们的首先是他们都极其关注时代对思想、政治和人的挑战（"人们能否将这个世界引向洁身和内省？"，BwBr 23），这就是他们有时以非常急迫的语调讨论的问题。惹人注意的是他们的信件中也引用了许多不是他们自己写下的附加资料，证明了他们两人是如何努力地寻找与自己相近的观点。这些附加资料中有卡夫卡的日记摘录，特奥多尔·扎佩尔（Theodor Sapper）和爱德华·罗迪蒂（Edouard Roditi）的诗，布鲁诺·舒尔茨的散文，对汉斯－京特·安德斯关于特莱西恩施塔特（Theresienstadt）集中营研究文章的摘录，以及许多关于阿尔伯特·加缪（Albert Camus）和大卫·卢塞特（David Rousset）的讨论。

阿伦特认为布罗赫关于维吉尔的小说是对小说危机现象所作出的一种具有实质性和现代意义的回答，因为小说的传统形式在今天以本雅明的话来说，已经"不知道再能够给予读者一些什么好的提议"（阿伦特对本雅明的引用，BwBr 175）；小说放弃了自己"对娱乐和教导的追求"（阿伦特引用布罗赫，VT 89），因此现在不知道还能写些什么；这就构成一种危险，或是倒向叙情诗或是倒向哲学而丧失自己的形态。正是布罗赫在欧洲黑暗时期最后阶段所运用的这种想象与诗意内容的简单统一，使他从有趣的故事叙述者，不再以人物发展和行动为主线，成为一个觉醒的诗人（《当夜晚来临之时》，BwBr 171），这种简单的统一也帮助小说形式重新获得了"完整的艺术权利"（BwBr 184）。鉴于几乎使阿伦特绝望的传统小说形式，对阿伦特来说，布罗赫的特别之处在于他的小说不只是把读者被动地吸引过来，而是让读者参与到小说"重要的思考过程中去"（BwBr 175），这使他成为唯一能够充分表达时代的小说作者。按阿伦特的看法，如此这样地吸引读者进入小说参与思考，是哲学所无法做到的，而且通过参与小说思考也唤起了读者的责任感。

在发表的63封信中，有46封出自赫尔曼·布罗赫之手。尽管阿伦特在她的《思想日记》中记录了他们间一些不同的见解，并在他死后有所透露出来（DT 92），但阿伦特在 1952 年以极其认真的态度出版了布罗赫的两本短文集《诗和认知》以及《认知与行动》，并且也参与了由赫尔曼·布罗赫生前的朋友埃里希·冯·卡勒（Erich von Kahler）为他出版诗集（BwBl 27）的工作；这是阿伦特最后一次为她的朋友所能做的事。布罗赫比阿伦特年长 20 岁，并且是女性心目中的英雄，保罗－米夏埃尔·吕策勒（Paul Michael Lützeler）所写的详细后记以"不情愿的柏拉图主义"为题，提供了大量关于布罗赫的信息和阐释（BeBr 227ff.）。阿伦特与他相遇会有一种按她自己所说出于对诗人的尊敬而特有的羞涩（同上，9），并且在信中也多次提到了这一点。"将我小小的疼痛咏唱成伟大的歌曲"，布罗赫引用海因里希·海涅的诗，以阐明所有的诗都出自夸张的技巧（同上，57）。他们两人的政治距离在信中仅停留在暗示的层面上，他们都害怕明确地挑明这一点。但阿伦特曾与布吕歇尔谈起过这些问题，当布吕歇尔抨击布罗赫曾参与过东德《建设》杂志的工作时，阿伦特曾表态说："我宁愿死，也不会参与。"（BwBl 205）人们可以从她对布罗赫的描述中观察到她与布罗赫政治思想的一种确切的距离：阿伦特的极权主义分析反驳了布罗赫"相信逻辑推理的强制性"（BeBr 207），鼓励拯救极权主义，把自由错误地理解为"对周围的人的不负责任"（BwBr 208）。阿伦特在对极权主义的分析中描述了逻辑推断统治的灾难性后果（EU 第 13 章），并发展了一种有责任性的自由概念，认为只有在法律框架的范围内才能实现自由（见本书第 4 章第 11 节）。

不再和但是——在过去和未来之间

引起阿伦特关注的是赫尔曼·布罗赫文学作品中有关传统断裂的主题。她在 1930 年与她当时的丈夫京特·安德斯共同撰写的一篇关于莱纳－玛丽亚·里尔克（Rainer Maria Rilke）《杜伊诺哀歌》（*Duineser Elegien*）画面的文章中，就曾对这个主题做过反思（"能看到所有的一切都漂浮在一个空间里"，哀歌第 1 节，引自 Arendt 1930，858）。维吉尔并不代表某个人，而是代表了"这一类男人"（Hahn 2007，90），他是整个悲剧中一个被迫面对传统断裂的人物。借助于维吉尔生命中最后一天的场景，布罗赫将"这最后的审判演变为一件关及人的事件"（BwBr 172）。阿伦特继续写到，在这个无人的时代里，布罗赫的诗作是对叙事的最终目的和对真理的一种绝望追求，只有诗人才会如此追求这些真理（DT 469）。事实上在那个时代，时间似乎已经停止。接着展现的是从那个时代内的时间中跳跃而出的一种哲学思辨的运动（BwBr 183）。布罗赫以场景而较少使用语言表现了两个时代之间的中空现象。那个"把时代掌控在自己手里的人"（在《维吉尔之死》中的奥古斯都"Augustus"），全身都闪烁着光芒。阿伦特在奥古斯都的身上看到了"终究有一个人"从空旷的时代中走出来，迈向未来，虽然离拯救未来还很遥远（BwBr 174）。

在布罗赫的文学中，汉娜·阿伦特最初接触到了关于跳出时代限制的思想，以后在她的其他一些著作中她又对这一思想作了进一步研究探讨，比如在《论革命》一书中，研究了"在终端和开端之间蕴含着自发革命的时间段，［……］这个时间段跳出了通常的时间顺序，以致它并不是以一种时间而是以一个空间进入我们的意识"（üR 264），即一个能够构成政治和革命行动的空间（请比较 Wohlleben 2006，76）。但是在阿伦特开始撰写《对当代政治思想中传统状态的质疑》一书时，即在她的导论《过去和未来之间的断裂》一文中，她已经将时代断裂的中空现象归为思考，因为她说：这种断裂终究是"唯一的领域，真理只有在这个领域内才有可能出现"（VZ 18）。在她生命的晚期她还在《思想》一书中再一次详细研究了卡夫卡寓言《他》（Er），尼采《通道》（Torweg）以及本雅明《历史的天使》中关于跳出时代限制的思考，认为断裂"只有在反思中"才能展现自己，因为断裂"或是已经消失或是还没有出现的现象"（LG 1，201）——断裂就是停顿在诗作和思考中的时间，是被诗作和思考带进停顿的时间。

违背自己愿望的诗人

阿伦特关于"违背自己愿望的诗人"（BwBr 185；MZ 131）这一格言，最初来自布罗赫的《维吉尔之死》；布罗赫在小说中谈及了一种"无知［……］的美"（BwBr 173），但又鉴于这种美缺乏认知而怀疑诗的感染力；从布罗赫的观点看来，现在无非是一群众多人的现在，而停顿在这一群众多人之中的空白空间，不允许再以美的彩虹相互连接。这就使得他们两人的友谊有一种紧张的关系：阿伦特不知该怎么评价布罗赫的大众狂想理论（见本书第 3 章第 2 节第 2 部分），阿伦特相对比较容易接受的是他一首以"欢乐老人的小夜曲"为题的诗，诗中写道："因为我们懂得，白天会出现在夜晚"（Hahn/Knott 2007，37ff.），或者出自他生命中最后出版的一本小说《无辜的人们》中关于女仆策尔琳娜的叙述。阿伦特清楚懂得，布罗赫关于这个黑暗时代的认知不仅对他的《维吉尔之死》产生了巨大的影响，而且也同样影响了他的诗。他认为在美学和伦理之间有着一种不可逾越的对立；诗或认知？只能取其一。这在阿伦特那里遭到了反驳。面对犹太人的大屠杀和欧洲的毁坏，布罗赫由于诗的"无所作为"（BwBr 221）而远离了诗，也指责哲学"仍然无动于衷地沉浸在自己的沉思中"（同上），他把自己的所有希望都寄托在政治上。阿伦特写到，她却寄希望于布罗赫的诗，当政治和哲学都沉默的时候，诗却有力量将人的能力转换为想象力，在艺术作品中开始一种新的创造。

阿伦特希望布罗赫的诗能够促成一种新的开始，而布罗赫自己在他生命的最后一些年里（那也是他们的友谊持续的年代）却更关注"认知理论的政治 – 伦理职责"，他认为认知理论必须证明"人类的人性"是"绝对迫切必要的"（BwBr 208f.）。与此相反，阿伦特认为政治的意义是自由，并指出行动不是（好的）目的，而是人们作出决定所需的手段（同上，220；见本书第 2 章第 5 节第 4，5 部分）。

布罗赫在 1951 年新年之际将他生命中最后出版的那本小说《无辜的人们》寄给了阿伦特。从他们的信件交往中可以得知，布罗赫是在"违背自己意愿的心态下"完成了这本小说。也许因为汉娜·阿伦特是布罗赫写的那些故事的爱好者，阿伦特在提及里面关于女仆策尔琳娜的叙述时赞美道："这是我所见到的一个最美的爱情故事。"（BwBr 137）在小说的亲笔题词中，布罗赫充满幽默地将这两位他诗作的爱好者称为"特别简单的孩子式的人"，固执己见，无处不在，并且怪异地"不愿放弃故事"——这是"违背己愿的诗人"与随着时代的变迁退出哲学的汉娜·阿伦特之间友谊主题的一种即兴的韵律。

玛丽·路易·克诺特

参考文献

Arendt, Hannah/Stern, Günther: »Rilkes ›Duineser Elegien‹«.In: *Neue Schweizer Rundschau* 23(1930), 855–871.

–: »No longer and not yet«. In: *The Nation* 163(14. Sept.1946),300–302 (wiederabgedruckt in BwBr).

–: »Hermann Broch und der moderne Roman«. In: *Der Monat* 1, 8–9 (Juni 1949), 147–151 (wiederabgedruckt in BwBr).

Broch, Hermann: *Dichten und Erkennen. Essays I.* Hg. von Hannah Arendt. Zürich 1955.

–: *Erkennen und Handeln. Essays. II.* Hg. von Hannah Arendt. Zürich 1955.

–: *Hofmannsthal und seine Zeit.* Mit einem Nachwort von Hannah Arendt. München 1964.

Hahn, Barbara: »Vom Ort der Literatur zwischen Vergangenheit und Zukunft«. In: Dies. (Hg.): *Im Nachvollzug des Geschriebenseins, Theorie der Literatur nach 1945.* Würzburg 2007, 87–98.

–/Knott, Marie Luise: *Hannah Arendt –Von den Dichtern erwarten wir Wahrheit.* Berlin 2007(darin: »Broch«, 33–41, und »Schocken Books«, 19–27).

Wohlleben, Doren: »Der Äneas-Mythos. Ethisch-poetische Korrespondenzen und Divergenzen bei Hannah Arendt«. In: Wolfgang Heuer/Irmela von der Lühe (Hg.): *Dichterisch Denken.* Göttingen 2006, 70–83.

四　马丁·海德格尔

1924/1925 年的冬季学期，刚刚 18 岁的汉娜·阿伦特开始了她在马尔堡大学的学习。她的主要兴趣是哲学。"自我 14 岁以来，我就确定要学习哲学"，以后她曾这么回顾说（IWV 55）。"不知何故，可以说我总是这么问自己：或是我能够学习哲学，或是我就去自杀。"在那里等待她的老师是马丁·海德格尔，而且这位老师的名声显然对她来说已足够满足了。后来，当海德格尔 1969 年 9 月 80 岁生日时，她是如此写了献给他的生日祝词并由电台播出（MZ 172，175）："［……］他的名字在整个德国传播，如同关于一个秘密国王的传闻"，并且这些传闻非常明确地"表明：思维又重新获得了活力。［……］有这么一个老师，人们也许能够向他学习思考"。这位来自柯尼斯堡极其愿意学习的漂亮女学生，在关于柏拉图与智者对话讲座的第一堂课中，以及后来当她为获准参与他的中世纪本体论练习课而向他作自我介绍的谈话时，给了在马堡大学已经任教三个学期并且与他的妻子埃尔弗里德（Elfride）和两个年幼的孩子一起生活的 35 岁的教授留下了深刻的印象。从此开始了一段爱情故事和直到阿伦特 1975 去世才终结的毕生关系，五个月后海德格尔也相继去世。他们的关系主要记录在他俩保存下来的信件以及 1998 年发表的其他一些历史资料中（BwH）。

在这两个故事的主角都去世后，最初先是流传着一些有关他俩的"情人关系"以及情书的猜测（Young－Bruehl 1986，24f.，92f.，677 Anm. 10）。但从当时的情形来看似乎这些信件是不可能公布于众的。阿伦特的遗产管理人知道得很清楚，如果他们公开这些也牵涉到海德格尔的信件，就是明显地越过和违背了海德格尔的意愿；虽然阿伦特把这些信件慎重地保存下来而且注明在自己去世以后转交马尔巴赫德国文学档案馆保管，但公开发表这些信件肯定也不符合她的愿望。这些信件和资料之所以后来走进公众的视线，是由于当时出现了一些特殊情况，萨拉·本哈比是如此评论当时这些情况的："这是一种偷窥的好奇心，知识投机和文化丑闻的组合。"（1999）那究竟出了些什么事呢？

信件资料的公开

1995 年最初以英语，后来也以德语出版了埃尔茨比格·艾丁格（Elzbieta Ettinger）的《汉娜·阿伦特和马丁·海德格尔》一书。艾丁格计划撰写阿伦特传记，此事得到麦卡锡的赞助，经由作为阿伦特遗嘱执行人玛丽·麦卡锡以及洛特·科勒的允许，见到了保存在纽约的马尔巴赫文献档案馆封存的那些信件资料的复印件。艾丁格很快就意识到这些封存的资料中有着怎样令人好奇，甚至是耸人听闻的故事。她把这一事件告诉了她信任的女友布丽吉特·泽巴赫－布兰德（Brigitte Seebacher－Brandt），而这一女友则就此写了一篇完全是揭示性的长篇文艺评论文章在德国发表（Seebacher－Brandt 1993）。艾丁格便因此决定干脆放下正在撰写的阿伦特传记，先完成其中的阿伦特与海德格尔私人关系的部分，并加以发表。关于他俩私人关系部分的英语原稿共 139 页，只占整本传记的一小部分，由著名的普林斯顿出版社发行，在当时顿时引起一场轰动。艾丁格通过引用阿伦特自己保存以及一些经过海德格尔改写或释义的材料，不仅披露了大量的他俩私人关系的细节，而且加上了许多带有挑衅性和诽谤性的评语。这自然引起新闻界的轰动，到处都在传播"这段持续多年的丑闻"（Steiner 1995）。艾丁格这本诽谤性的书被《南德意志报》的侧记栏目评为"一本荒唐的坏书"，并且也激怒了阿伦特和海德格尔两边的人。这就形成了一种公众的压力，要求公布那些至今仍还封存的资料。阿伦特遗嘱的执行人洛特·科勒和海德格尔遗嘱的执行人赫尔曼·海德格尔（Hermann Heidegger）不得不就此作出让步，1998年在维托里奥·克洛斯特曼（Vittorio Klostermann）出版社以出版海德格尔全集的形式在海德格尔原先出版的著作中加进了这些资料。

那次出版的海德格尔全集第一次从马尔巴赫德国文学档案馆保存的阿伦特和海德格尔遗信以及美国国会图书馆保存的阿伦特遗稿中，整理和收集了所有保存下来的记录两人私人关系的文字。这里面有海德格尔写给阿伦特的共 119 封信、明信片和简短的通知，以及她写给他的 33 份文字材料，其中许多只是复印件或提纲。另外还有几封海德格尔的夫人埃尔弗里德与阿伦特之间交换的信件以及弗里茨·海德格尔（Fritz Heidegger）1970 年写的一封关于他兄弟马丁在奥格斯堡（Augsburg）遭受的轻微中风后的健康状况的短信。作为这一卷的结尾，取之于汉斯·约纳斯的遗作：海德格尔寄给约纳斯转阿伦特"朋友们"的一封吊唁电报，以及海德格尔写给约纳斯的一封信，信中对他曾经的学生表示感谢。海德格尔写道："感谢您关于汉娜·阿伦特逝世、追悼会的详细报道，以及与整个事件相关的讣告"，并加上了一些自己对此事的想法（BwH 259f.）。

除此之外还出版了一系列其他材料：阿伦特 1925 年 4 月在格尼斯堡所写的《阴影》的手稿，这是她为马丁·海德格尔而写，并在卡塞尔的一次偷偷约会中给了他（BwH 21－25）；还有一些马丁·海德格尔在 1950 年和 1951 年之间因为与阿伦特重逢而写的一些诗，这些诗或是作为信的附件或是直接作为信件寄给了她，她曾为这些诗而自豪地向库尔特·布卢门菲尔德写道，"德语里又多了一些非常优美的诗"，而她则是这些优美诗的灵感源泉（BwBlu 52）。其中的一些诗后来被收入马丁·海德格尔全集的第 81（纪念）卷中。

在出版的阿伦特－海德格尔文集的附录中也收有一些阿伦特在 1923～1926 年写的诗，并不那么优美，但却非常说明当时的情景。杨－布吕尔曾在先前就已在发表的文章中夹带引用了其中的一些诗（Young－Bruehl 1982）。从海德格尔以前的信中我们得知，那个女大学生曾把自己写的诗作为阅读材料交给她的情人。如此就可推断出，其中必有专"为马丁"而写的诗。总体来说，新加进全集的这些文字资料，为我们展现了青年阿伦特的精神和心灵状态，并且以这种方式帮助我们至少能看到她在她以往的信件中几乎没有出现过的一些声音。

被收入全集的还有《狐狸海德格尔的真实故事》（Die wahre Geschichte von dem Fuchs Heidegger）一文，这是阿伦特1953年7月写在她当时还没有出版的《思想日记》中的（DT 403f.；BwH 382f.）；她在1969年9月26日献给海德格尔一份80岁生日的礼物，即他生日的前一天在纽约录下了广播讲话后寄给海德格尔的原稿（BwH 179 – 192）；以及阿伦特先前没有发表没有谈起过的讲稿《生日祝贺》（BwH 192f.）。这一卷的第三版中还加进了在第一版出版后才在海德格尔遗物中发现的阿伦特1954年4月6日写给他的一封信（BwH 429 – 431）。不管人们怎么猜测，也不知海德格尔究竟是出于何种理由，但不可否认的事实是，阿伦特在1925~1965年写给海德格尔的信件已永远不复存在了（比较 BwH 391f.，Nachwort der Hg.）。

历史记录

他们俩1925~1975年遗留下来的信件证明，马丁·海德格尔在他们的私人关系起着一种主导性角色。在他的感受和他的行动中可以看出，是他确定他们俩关系的状态。出版者特地为此设立了一个章节，收入了《目光》（Der Blick，1924），《再次目光》（Der Wieder – Blick，1950），以及《秋》（Der Herbst，1966）。

《目光》其实创作于1924年11月，当时被题为《闪电》（blitzte），当时正是他们爱情关系的开始（BwH 98，比较 BwH 27，268［Anm.］中的 den Hinweis auf den Hörsaal，以及 zur Blick – Blick – Metapher zwei abgedruckte Autographen BwH 第1和第16段）。他期望一种永志不忘和难以忘却的爱情经历："喔，这曾经是、现在是、而且永远是一种永恒，从远到近。"（BwH 98；比较 Ludz 2007）当他们刚刚开始这种亲密关系的时候，汉娜·阿伦特就告诉了她同在马堡读书的朋友汉斯·约纳斯，以后在纽约也向历史学家和记者约阿希姆·费斯特叙述了她和海德格尔的关系，约纳斯和费斯特都在后来有关她的回忆录中提到了这一点（Jonas 2003，114；Fest 2004，189）。

海德格尔为与阿伦特在1950年2月7日和8日的重逢（BwH 108）而创作的以"再次的目光"为题的诗，不仅提到以前曾写下的《目光》这一首诗，而且又重新激活了爱情。1950~1954 年是他们的通信交往最频繁的一段时期。他们的信件记录了 1950 年 3 月 2 日阿伦特前往弗赖堡看望海德格尔，在 1952 年 5 月的多次相逢，以及 6 月 5 日一起对一个人学的访问。然后目光和爱情显然失去了激情的能量——如同在 1931~1950 年的年代已经出现过的情况那样，那个年代只留下了被人们经常引用的海德格尔写于 1932 年和 1933 年冬季学期的信件。在这些信件中，他针对由阿伦特传给他的，说是人们都认为他是一个反犹太人主义者的传言，为自己作了辩驳（BwH 58f.）。

直到 1966 年，几乎年已 80 岁的海德格尔给过去的情人寄去了以荷尔德林（Hölderlin）的一首诗作为她 60 岁生日礼物，而她又以激情回复了这封《秋季的信》之后，他们两人的关系才出现了一个最后的转机，这以后他们两人才又开始了一种真正意义上的信件交往（BwH 151-255），并发展为一种复杂的晚年友谊。这以后的多年中，汉娜·阿伦特总是一再前往弗赖堡，甚至在 1969 年的一次旅行中与自己的丈夫同行前往海德格尔处，为他们两人的第一次见面相互作了介绍。在雅斯贝尔斯 1969 年以及布吕歇尔 1970 年去世之后，也因为阿伦特在她生命的晚年更多地转向思考哲学问题（见本书第 2 章第 8 节），她与海德格尔交往的信件构成了一种交谈的形式，似乎是一种对他们两人都有着重要意义的谈话。当然他俩关系的所有阶段和特殊阶段都并没有排除这类的谈话（参见出版者的编后语 BwH 393-398）。

信件中一些有关其他方面的内容

除了私人关系外，他们的这些信件也给予我们许多关于海德格尔"思想之路"的信息（虽然这不是我们这本书的主题），以及一些关于阿伦特的著作和思考的提示。在 1954 年 5 月 8 日的一封信中（BwH 145f.），阿伦特为回答海德格尔对她工作的询问而写下了一些关于自己工作的状况。在这封几乎只是提纲式的简短段落中，阿伦特写下了三条与她当时的工作有关的思考：（1）"想搞清统治这个概念是怎么进入到政治中去的"；（2）对"积极生活"所需的活动作一种分析；（3）"想对哲学与政治的传统关系作一种描述"。这里提到的第一点和第三点可以确认是她 1953 年和 1954 年所做的两个讲座（见本书第 2 章第 5 节：《卡尔·马克思与西方政治思想的传统》,《哲学与政治》以及《何谓政治?》),这里提到的第二点则给出了她正在撰写的一本书的一个令人惊讶的清晰轮廓;这本题为《人类生存条件》① 的著作,四年后先是以英语出版,1960 年以德语出版(见本书第 2 章第 5 节第 5 部分)。在以后的信件中,阿伦特向海德格尔提及了自己计划撰写的《沉思生活》一书,并且如果这著作"最终完成"的话,请求海德格尔允许她把这本书作为为他而写的书献给他,海德格尔拘谨地作了首肯的回答(BwH 208f.)。这以后在他们的信件中一再出现关于"沉思生活"的谈话,海德格尔以"理论"概括了沉思生活这个概念(BwH 223,226)。

除了许多谈话之外,信件也提及了海德格尔著作在英语国家范围内的翻译和发行。汉娜·阿伦特与海德格尔著作的主要翻译者爱德华·罗宾逊(Edward Robinson),特别是 J - 格伦·格雷和琼·斯坦博有所接触。爱德华·罗宾逊与约翰·麦克卡利(John Macquarrie)一起最早将海德格尔的《存在与时间》翻译成英语,1962 年由哈帕 & 罗韦(Harper & Row)出版社出版。当然阿伦特也留意与那些出版海德格尔著作的出版社保持联系。信件也提及了他俩以后的遗著整理和保存。两人在信件中都谈及了退出教授和著述——以具有哲学高度的词汇来表达是"沉默"。当然也涉及非哲学性一些很具体的问题,即海德格尔和他的夫人以出售他的《存在与时间》的原始手稿所获得的资金建造一所他们的"老年居所"(BwH 222,220),而阿伦特则就此事为他们提供了咨询［BwH 170 - 177);关于将手稿卖给德国文学档案馆一事,请比较 Zeller 1995,479f. ］。

最后,信件也帮助读者了解他们两人周边的一些人,以及这些人与信件主角的关系,比如关于埃尔弗里德·海德格尔,海因里希·布吕歇尔(见本书第 2 章第 10 节第 1 部分)以及卡尔·雅斯贝尔斯(见本书第 2 章第 10 节第 5 部分)。阿伦特在其中的有些信中以无比简洁的语言描述了她与海因里希·布吕歇尔的关系是一种全部关系的总和(BwH 206)。

---

① 也译为《人的境况》。——译者注

阿伦特手册

文化界对他们信件发表的反应

阿伦特与海德格尔的信件以及其他一些资料的公开发表，成为当时轰动德国出版界的一个事件。所有越地区性的人报和许多地方小报都发表了一些详细的评论。广播电台将这些在节目中编成一个冗长的故事，3sat① 和 arte② 等电视台也随后跟上制作播放这类节目。不管是什么理由导致这些不寻常的刊登和播放这一事件，但有一点是无可争议的——即这段爱情故事，虽然在公开的信件中只是极少量地有所披露，但却又是如此令人难以置信，以致很快成为公众谈论的话题。这一卷的第一版发行后很快就被读者抢购完，这也就不再令人惊讶了。

人们为此举办了众多专为他俩信件文字的朗读会。信件刚一出版，苏黎世剧场就举办了一场星期人的日场朗读会。接着许多小型的地方性朗读会也跟随其后纷纷举办。2005 年柏林 – 勃兰登堡科学院（Berlin – Brandenburgische Akademie der Wissenschaften）也举行了一个类似苏黎世的大型朗读会，为阿伦特全集的出版做广告，只是最后并没有达到预期的效果。可以看作这类活动在文化界所达到的最高点，是 2007 年 8 月底是在赫蒂管理学院（Hertie School of Governance）举行的一次夜读会，当时德国财政部长佩尔·施泰因布吕克（Peer Steinbrück）朗读了海德格尔的信件，波恩语言和文学学院院长卡琳·亨佩尔 – 佐斯（Karin Hempel – Soos）则担当了阿伦特代言人的角色。汉娜与马丁的故事后来出了一部纪录片和一本小说。就某种意义上来说，那是先前埃尔弗里德·耶利内克（Elfriede Jelinek）在 1992 年上演的《死亡山谷》（Totenauberg）为这些纪录片和小说铺垫道路。耶利内克在《死亡山谷》中讽刺海德格尔是一个"框架型"的思想家，"存在的主人"等，让"一个女人"作为他的对立面出现在场景中，并且在介绍剧情的小册子中明确指出了这个女人的身份，隐藏在这个女主角身后的实际就是汉娜·阿伦特。剧中引用了那时已经公开的华盛顿国会图书馆收藏的阿伦特写于 1925 年的一首诗《阴影》。由艾格拉·埃雷拉（Eglal

---

① 德国与瑞士、奥地利联合制作播放。——译者注
② 德法联合制作播放。——译者注

Errera）和阿兰·法拉利（Alain Ferrari）一起为电视节目制作的纪录片，引用和摘录了艾丁格在她的书中公开发表的一些信件。这部题为《外来女孩》的纪录片 1997 年以法语和德语同时在这两个国家播出（法语题为《La jeune fille étrangère》，德语《Das Mädchen aus der Fremde》）。以《马丁与汉娜》（《Martin et Hannah》，德语为《Martin und Hannah》，2000）为题的小说，经凯瑟琳·克莱门特（Cathérine Clément）在所有信件公开发表后写成，把他们两人的爱情故事描写得毫无顾忌和羞愧感，并且加上了作者自己的许多想象。此外，2007 年在波恩上演了由以色列畅销书作家萨维约·利布雷希特（Savyon Liebrecht）创造的戏剧《爱的平庸》（Die Banalität der Liebe），也同样是将真实的历史与虚构混合起来所构成的一个不太严肃和不太顾忌的闹剧。

对这些信件的专业研究和评论

鉴于这些信件的特定情况，对这些信件的专业研究总是与文化界对此的反应交织在一起；被人们认可的阿伦特专家或海德格尔专家在报纸的文艺版、电台和电视的文艺节目，如京特·费佳尔（Günter Figal）在《法兰克福汇报》（FAZ），安东尼娅·格鲁嫩贝格（Antonia Grunenberg）在德国西部广播电台（WDR），奥托·卡尔朔伊尔（Otto Kallscheuer）在自由电台（FR），卢德格尔·吕特克豪斯（Ludger Lütkehaus）在巴伐利亚电台（BR）、德国西南广播电台（SWR）、德国广播电台（DR）、德国无线广播电台（DLF）以及在 2005 年发表的一些文章和讲话，汉斯·扎纳（Hans Saner）在《苏黎世新闻日报》（Tages – Anzeiger Zürich）和迪特·托马（Dieter Thomä）在《时代周报》（Die Zeit）都就阿伦特和海德格尔信件的发行发表了自己的意见。

但是先且放下这些评论意见，从克洛斯特曼出版社出版的信件集来看，人们大致可以确定，遗嘱执行人或信件的继承人只是给出了其中的一部分信件，但这却是我们研究汉娜·阿伦特与马丁·海德格尔的私人关系的主要资料。当然除了这些信件外，还有阿伦特向雅斯贝尔斯海提起的一些关于海德格尔的事情（BwJa），她向她的丈夫叙述她在弗赖堡逗留的情况，她与她丈夫曾谈起过的关于海德格尔与雅斯贝尔斯关系的一些细节，另外还有她在她的《思想日记》中关于海德格尔的记录，那些至今还没有公开发表但却已多次被提及的她在 1950 年写给女友希尔德·弗伦克尔（Hilde Fränkel）的信件（比较 Young – Bruehl 1986，339ff.），以及在最近发表的马丁·海德格尔写给他的夫人的信件（Heidegger 2005）都对我们真实了解阿伦特与海德格尔的私人关系有所帮助。值得注意的是，这些资料不仅展现了他俩的私人关系，而且主要展现了他们对一些问题的思考，而这些思考在他们写下的著作和其他一些发表的言论或文字中有着重要的意义，同时也见证了他们两人之间的一种精神性关系（见本书第 3 章第 2 节第 3 部分）。并且也不允许忽视的一点，是他们间这种私人和精神关系当然深植在那个时代的历史条件之中。以另外的话来表达，即使利用这些资料写有关他俩的双份（私人和精神）传记也是绰绰有余的。因此也不用有多大的惊讶，迄今为止只有两本相对比较严肃的关于他俩关系的作品（Grunenberg 2006；Maier – Katkin 2010）。

研究这些信件文学意义的工作，有着一种特殊的地位。英格博格·诺德曼从"黑暗时代"这个历史背景出发来研究这些"写自那个时代的信件"（2005）。芭芭拉·哈恩则引用了一封信的摘录以及阿伦特与海德格尔相互交换的诗作，以找出信件和诗作与阿伦特著作内容的一致性，并以此来解释阿伦特出版的著作中的文字或部分章节的多层面性。尽管这两位作者的研究角度和对象不尽相同，但都向我们传递了一些相同的信息，即认真研读这些信件资料很重要；在信件的文字背后有着这两位信件交换者的许多专业知识和他们俩非常熟悉的联想；因此要想挖掘出他们隐藏在文字后面的真实内容和意义，就得花费很多精力和时间研究这些信件。

传播与展望

由克洛斯特曼出版社出版的这本书信集，以硬纸板装订因此价格不菲，但却很快就被读者抢购完并已出了两版，只是迄今为止还没有出版这本书的简装本。这本书也被译成许多种语言，但直到 2004 年才出版了它的英语版。英语版的书信集发行后也招致了许多著名人士的评论，但明显没有如原版在德国发行时那么轰动（但应当说，当原版在德国刚一发行时，TLS［Steiner 1999］以及（纽约书评）（NYRB）就发文予以高度的评价）。这似乎表明鉴于艾丁格（见上文）早先发表的书籍已使美国公众对他俩信件的讨论达到了一种相对饱和的程度。

从总体上说，那些研究汉娜·阿伦特以德语和英语发表的著作都有一个相似点，即不仅从汉娜·阿伦特私生活的角度，也从她的思想和著作的角度研究这些信件，并且海德格尔的名字已永远地附着在阿伦特的名字之上了。

即使在严格的西方知识教育的规范中也总是会出现这类的爱情关系。但在阿伦特与海德格尔的爱情关系中应当提出两个方面的问题：（1）汉娜·阿伦特在她与海德格尔的关系中究竟有多少独立性和自主性？她终生都只是他的学生？她是否从他的魔力中解脱了出来？应当如何将海德格尔早期写的句子"爱：我想成为"（"Amo：volo ut sis"，BwH 31，296f.［Anm.］）与阿伦特所写的句子："那条你给我指出的路，需要用整个的人生去走［……］"（BwH 65），或是一句不完整的句子："不管我对那个人是忠诚或不忠诚，这两者都源自爱"（BwH 319）综合起来解释？（2）阿伦特和海德格尔是怎么对待自己的罪过感的？她曾对他为纳粹服务提出过质疑？与许多其他质问过海德格尔而没有得到回答的人不同，她究竟得到过他对此的回答吗？或是他对她也保持了他坚守的沉默？关于他为纳粹服务的过去，她知道些什么以及她能够知道些什么？她是否对他作了过于宽容的理解？这两个系列的问题有着一种相互交织。阿伦特－海德格尔信件集中有着许多解答这些问题的暗示，但没有一个明确的答案。

这就导致这段"百年的爱情"仍然存有许多的迷，人们将继续猜测下去，为什么会如此，等等。乔治·施泰纳（George Steiner）感受到了信件中感人的心声，因而敢于对此作出一种比较和预见："可能在未来的几百年中，海德格尔与阿伦特的信件如同阿贝拉尔－埃洛伊塞字母（Abelard－Eloise）彼此缠绕，相互启发和发光照射，在他们的互动轨道圈中，是一颗思考宇宙的心脏。"

乌尔苏拉·卢茨

参考文献

Benhabib, Seyla: »The Personal is not the Political«. In: *Boston Review*, October/November 1999.

Ettinger, Elżbieta: *Hannah Arendt. Martin Heidegger*. New Haven/London 1995 (dt. *Hannah Arendt. Martin Heidegger. Eine Geschichte*. München 1995).

Fest, Joachim: »Das Mädchen aus der Fremde. Hannah Arendt und das Leben auf lauter Zwischenstationen«. In: Ders.: *Begegnungen*. Reinbek 2004, 176–214.

Grunenberg, Antonia: *Hannah Arendt und Martin Heidegger. Geschichte einer Liebe*. München/Zürich 2006.

Hahn, Barbara: *Hannah Arendt – Leidenschaften, Menschen und Bücher*. Berlin 2005.

Heidegger, Martin: ›*Mein liebes Seelchen!‹ Briefe Martin Heideggers an seine Frau Elfride 1915–1970*. Hg. von Gertrud Heidegger. München 2005.

Jonas, Hans: *Erinnerungen*. Nach Gesprächen mit Rachel Salamander. Hg. von Christian Wiese. Frankfurt a. M./ Leipzig 2003.

Ludz, Ursula: »Das nie-vergessene Unvergeßbare. Anmerkungen zur Liebesgeschichte Hannah – Martin«. In: Wolfgang Heuer/Irmela von der Lühe (Hg.): *Dichterisch denken. Hannah Arendt und die Künste*. Göttingen 2007, 84–96.

Lütkehaus, Ludger: »›Ich will, daß Du seiest, was Du bist‹. Hannah Arendt – Martin Heidegger: eine Liebe in Deutschland«. In: Heinz L. Arnold (Hg.):*Hannah Arendt.*Text+Kritik 166/167. München 2005, 28–41.

Maier-Katkin, Daniel: *Stranger from Abroad. Hannah Arendt, Martin Heidegger, Friendship and Forgiveness*. New York/London 2010.

Nordmann, Ingeborg: »›Tapferkeit vor dem Freund‹. Briefeschreiben in finsteren Zeiten«.In: Heinz L. Arnold (Hg.): *Hannah Arendt*. Text+Kritik 166/167. München 2005, 67–78.

Seebacher-Brandt, Brigitte: »Der aufgehobene Zweifel. Hannah Arendt und Martin Heidegger«. In: *Frankfurter Allgemeine Zeitung*, 6.2.1993.

Steiner, Georges: »The New Nouvelle Héloïse? Hannah Arendt's Self-abating Love for Heidegger«. In: *Times Literary Supplement*, 12.10.1995, 3 f.

–: »The Magician in Love. Heidegger's Correspondence with Hannah Arendt […] «. In: *Times Literary Supplement*, 29.1.1999, 3 f.

Young-Bruehl, Elisabeth: *Hannah Arendt. Leben, Werk und Zeit*. Frankfurt a. M. 1986 (engl. *Hannah Arendt. For Love of the World*. New Haven 1982).

Zeller, Bernhard. »Das Martin-Heidegger-Archiv«. In: Ders.: *Marbacher Memorabilien. Vom Schiller-Nationalmuseum zum Deutschen Literaturarchiv 1953–1973.*Marbach am Neckar 1995, 479–487.

五 雅斯贝尔斯

阿伦特与雅斯贝尔斯的通信集于 1985 年由他们两人的遗嘱执行人洛特·科勒和汉斯·扎纳共同编辑出版，这是最早出版的一本阿伦特书信集。1975 年 6 月，阿伦特在马尔巴赫德国文学档案馆亲自将她与雅斯贝尔斯的通信整理成集并交该馆保存（BwH 534）。这本通信集对以后出版阿伦特书信集起着一种解读指南的作用。这本通信集在 1992 年稍作改动后又以英语出版（CJ XXIV – XXV）。

阿伦特手册

第 2 章 著作及其分类

通信集共收入 433 封信件，他俩事实上的通信应当多于这 433 封信件，但除了后来又找到的一封信外，其余都遭遗失再也无处可寻（Young – Bruehl 1999，51 – 55）。这本印刷字体很小的通信集共有 700 多页，展示了他们两人从 1926 ~ 1969 年跨越长达 43 年的谈话，其中 1933 ~ 1945 年有较长一段中断，这个时间段里只留下了 2 封写于 1936 年和 1 封写于 1938 年共 3 封信件，信件交往结束于雅斯贝尔斯的去世。阿伦特与雅斯贝尔斯的通信集是除了阿伦特与海因里希·布吕歇尔（见本书第 2 章第 10 节第 1 部分）通信外，收集阿伦特信件最多和最为广泛的版本。有时他俩甚至以每隔三天的节奏交流信件，这些信件也自然详细记载了汉娜·阿伦特与卡尔·雅斯贝尔斯的个人关系。以后人们又在阿伦特写给雅斯贝尔斯信件的基础上作了一些题材的选择，以"我期望理解"（IWV 133ff.）为题出版。阿伦特唯一一本作为有声读物出版并题为《我期望理解——写给雅斯贝尔斯和肖勒姆的信》（Arendt 2006）的书信集，就是选自于这本《我期望理解》的书信集。

阿伦特与雅斯贝尔斯两人信件交往的特点是坦诚、直率，没有任何一点儿自我检点的痕迹。即使在写给别人的信中，阿伦特也几乎总是以一种赞美的话语谈起她与雅斯贝尔斯的这种不可变换的关系（见本书第 3 章第 2 节第 1 部分）。正因为如此，所以他们交流的许多信件并不一定都是经过深思熟虑，或从严格的意义上讲，这些信件只是记录了他们间一种频繁的谈话和思想交流，当初并没有以后公开发表的意图。除了阿伦特第一年是作为学生写给老师雅斯贝尔斯的信件外，其余的信件都有迹象表明，这些信件是他们随意自发写成。绝大多数信件内容的表达都表现出一种与知识分子话语相符的规范语言，充满相互尊重；即便友谊日益增长，也很少使用口语或俗语式的表达方式，即使有个别的这样表达，大都也只是出现在阿伦特的信中（比较与库尔特·布卢门菲尔德信件交往的评论，BwBlu 351）。其次是在这些私人交谈中阿伦特经常引用一些隐喻、比较和通常的文学风格，如同在她的著作中，表明她喜爱借助这些方式来阐明问题。与她写给玛丽·麦卡锡和海因里希·布吕歇尔的信件相类似，她写给雅斯贝尔斯的信件也有着许多关于日常生活的信息。在他们信件交往的初期，阿伦特正在雅斯贝尔斯那里研读博士学位，信件的文字和内容更多的只是就事论事有着一种明显的距离（BwJa 39ff.），但这种距离随着时间的推移而逐渐消失。在阿伦特进入流亡知识分子话语圈之前，面对雅斯贝尔斯她已经越来越表现出自己的话语独立性，并成为他们以后通信谈话的基调。他们战后的信件往来已经有着一种非常信任的语调，似乎两人在十年的时间里几乎没有中断过联系。两人的关系随着年代的变迁，也从老师和学生演变为一种被两人同时感受为深刻和不同寻常的友谊，并且两人甚至都没有为此勉强有意识地去恳求这一点。虽然他们很晚才从"您"改称为"你"①，即直到 1960 年夏，在阿伦特与布吕歇尔一起在格特鲁德和卡尔·雅斯贝尔斯家中做客以后，才开始了他们间的"你"称（比较同上，478），但他们先前的"您"称似乎只是形式上的，丝毫不影响他们间已存友谊的状态。在与雅斯贝尔斯的关系中，阿伦特日益增多的独立性是他们间空间距离的条件所决定的，受到阿伦特逃亡和丧失国籍的自身经历以及雅斯贝尔斯在纳粹执政期间遭受孤立和隔绝经验的影响。他在 1948 年移居瑞士，并由于受严峻的健康状态的限制几乎不再外出旅行，而汉娜·阿伦特则几乎一生都在途中。他俩这种不同的人生经历，不仅在他们信件的谈话中留下了深刻的印记，而且也使他们各自的精神世界获得有益的互补。

鉴于他们信件交流内容的广泛性，允许人们以此为基础做多种不同主题的研究。比如可以为理解他们两人的友谊，特别是这一友谊在战后的发展和深化撰写一本读物，也可以对他们两人不同的研究方向作为一个课题加以研究。我们接下来要做的是解开信件中提及的一些重大事件，并举例加以阐释。但是信件提供的研究资料毕竟有它的局限性，它只给出了一个粗略的框架和方向，并且完全取决于他们各自即兴写下的一些谈话内容。

私人性日常生活

在战后重又开始了与雅斯贝尔斯的信件交流后，阿伦特也开始了照顾雅斯贝尔斯的家庭生活。以她自己在流亡时间的亲身经历以及她对雅斯贝尔斯长期病患的了解，她开始定期给雅斯贝尔斯邮寄食品、药品和服装包裹（比较 BwJa 60）。阿伦特的这

---

① "您"称在德语中表示距离，与中文以"您"称表示尊敬不同。——译者注

种关心也增进了他们个人关系的发展。他们开始相互交流一些日常生活中的问题：食品、衣服、住房、友谊、访客、度假和病情，他们互相转达第三方的问候，帮助对方与其他人建立联系，并通过信件共享各自的日常生活状况。这些信息交流貌似无关紧要，却见证了他们关系的常态和强度。鉴于他们信件的来往在收信和回信之间只间隔很短暂的时间距离，部分信件甚至呈现出交叉的状况，人们可以从他们两人几十年的信件交往中轻易地重构出他们各自的日常生活。同时他们两人之间的相互保证也构成了信件的重要部分，这些保证大都以相互保证友谊的形式出现，并且阿伦特似乎比雅斯贝尔斯更看重这类保证，雅斯贝尔斯则把自己比喻为一块"北德的冰块"（同上，282）。这一比喻也表现在阿伦特对雅斯贝尔斯 70 岁生日的祝贺和问候中，对阿伦特的生日祝贺和问候，只是以一声简单的谢谢作为回答（同上，242）。慢性病患者雅斯贝尔斯以一种自己特有的方式表现了对他们两人友谊的信任：随着时间的推移，他在阿伦特面前越来越没有了由于他的病情而带给他一些胆怯，尤其是在他人生的最后几年中（同上，633f.，646，654f.，704f.）。他的信任表现在他能坦然地对阿伦特述说一切与他个人有关的事情，这就使得他们的信件交流成为任何其他资料所没有的唯一记载雅斯贝尔斯个人状况的记录。

学术交流

他俩的信件从一开始就是以哲学、历史、文学和知识生活为交流的重点。从阿伦特写给雅斯贝尔斯的第一封信起，以后的所有信件几乎每一封信都以这些话题为主题，或至少提及了这些话题。除了在信中交谈一些日常与他们的科学工作有关的如出版社、大学和参加会议等事项外，他们信件的其他一些内容主要是对各自文章和著作的相互评论，以及对其他人的文章和著作的评价；特别有意义的是他们相互告知对方自己工作和研究项目的计划和进展，其中也包括了部分对这些工作的激烈讨论，这给予我们许多很有价值的关于他们两人的精神关系，以及他们各自的工作和思考方式的信息。在这些针对研究内容的讨论和相互启发的同时，他们在信件中也详细探究了一些技术性的问题，特别是有关出版的问题，即如何与出版商交涉、版税、内容和文章的校对和版面设计等问题，也涉及他们著作和文章的英、德语翻译，版权和如何争取研究项目的经济资助。他们很早就从这个角度在信件中交换各自的经验，比如书信集中的第 10 封信，就是雅斯贝尔斯写给阿伦特的，告诉她一些与她的奥古斯丁博士论文的校对和出版有关的事项（同上，44f.）。1945 年后，阿伦特操持雅斯贝尔斯著作在美国出版的事务，而他则在由他创立的《转换》（1945－1949）月刊上发表了阿伦特战后的第一篇德语文章。在信件交换的同时，他们也从一开始便互寄了许多书籍以及一篇文章（同上，49）。雅斯贝尔斯支持阿伦特关于拉埃尔·瓦恩哈根一书参与评选教授资格（同上，789，831），而阿伦特则关心雅斯贝尔斯《伟大的哲学家》一书在美国的翻译和出版工作（比较同上，358f.）。他们两人在德国出版的书籍都主要通过派珀出版社（Piper Verlag），这使得他们又有许多共同的话题。阿伦特对雅斯贝尔斯文章和著作的所有内容几乎总是给予许多积极的评判，如果看不到这些评判，雅斯贝尔斯常会感到一种无名的烦躁（同上，198f.）。原则上来说，阿伦特和雅斯贝尔斯所有的著作都出现在他们信件的谈话中，有些是在出版之前，有些是在刚出版之后，以致这些信件为我们描绘了他们各本著作的一个更广阔的画面（比较同上，854ff.）。

他俩的信件交换开始于一个年轻的女学生向她的教授提出的一个历史哲学与信息沟通的问题（同上，39）。战前仅有的几封信几乎都仅停留在学科话题的层面上，比如阿伦特想向老师询问关于论文评判的问题，或雅斯贝尔斯一些关于审稿的提示（同上，44）。颇有意义的以及以后在文献中多次提到的，是他们那时就已经在信中开始讨论阿伦特关于"犹太人生存"（同上，46ff.）问题的观点，以及雅斯贝尔斯关于"德国人性格"（同上，52ff.）的问题。在关于拉埃尔·瓦恩哈根的书中，阿伦特则更进一步提出了犹太人自我认同的问题，而雅斯贝尔斯也在他关于马克斯·韦伯的文章中更进一步探讨了德国人的性格（Jaspers 1988，49ff.）。在这些信件的谈话讨论中已经展现出阿伦特与雅斯贝尔斯思维方式的不同，但同时也表现出他们都拥有一种可能性——详细研究对方的论据以阐明自己的观点，必要时也对自己的观点加以修正。即使在战后，他们仍然保持以这种方法处理学术问题。对阿伦特来说，犹太人自我认同是一个有必要不断重新提出的问题（BwJa 68，127，131f.，134f.），在她关于艾希曼的书中批判了犹太人现有的自我认同（见本书第 2 章第 6 节第 1 部分）。雅斯贝尔斯长期坚持他关于"德国人"这一概念的历史文化性,但在后来也以可能的精神潜力修正了这个概念(BwJa 124,164)。

阿伦特与雅斯贝尔斯在战争刚结束之时,主要讨论的是关于罪与责的问题。阿伦特在她《有组织的罪过》("Organisierte Schuld",VT 35ff.)和《访问德国》("Besuch in Deutschland",ZZ 43ff.)的文章中探讨了这些问题;而雅斯贝尔斯在他的《关于罪过问题》("Die Schuldfrage",Jaspers 1987)一文中从另一个角度对罪的问题作了研究。这招致了阿伦特对他关于"刑事犯罪"概念的批判(比较同上,17ff.),认为雅斯贝尔斯把一种在实质上无法理解的罪行定义为刑事犯罪(BwJa 90)。雅斯贝尔斯对此的反应是向阿伦特指出了这类无法理解罪行提法的后果,并告诫不要把这些妖魔化和"撒旦化"(同上,98),这是一个阿伦特无法听之任之的告诫(同上,106)。以后为了撰写《极权主义的起源》(见本书第 2 章第 4 节),阿伦特重又开始思考和与雅斯贝尔斯讨论这些问题(BwJa 202)。但在这场重新开始的讨论中,阿伦特更突出了自己与雅斯贝尔斯的一些不同的观点,比如她关于政治脱离哲学的理论(同上,203)。针对极权主义(见本书第 4 章第 36 节)的罪行、罪过(见本书第 4 章第 34 节)与罪责(见本书第 4 章第 40 节),以及邪恶(见本书第 4 章第 6 节)的极端性和平庸性,作了深入的探讨;并在一些专题研究如《极权主义的要素和起源》、《艾希曼在耶路撒冷》、《论精神生活》和一些零星的短文中,引进了一些部分被称作具有不可排解性矛盾的概念,这些概念不仅形成于她的《思想日记》中,而且也酝酿于她与雅斯贝尔斯的通信中。从这个角度来说,与雅斯贝尔斯的通信对阿伦特的思想构思和形成有着一种重要的意义。科学讨论的部分在阿伦特与雅斯贝尔斯的通信中比她与海因里希·布吕歇尔、马丁·海德格尔和玛丽·麦卡锡的通信拥有一种更中心的地位。如果不对这些思想来源作一种系统性整合,那就不可能完整地理解阿伦特的思想。正是在这个意义上,在艾希曼审判之前与雅斯贝尔斯的激烈争论也表现出雅斯贝尔斯对阿伦特思想发展的影响。阿伦特在 1961 年 4 月至 6 月参加的艾希曼审判,极大地影响了她在 20 世纪 60 年代和 70 年代的思考和创作。这不仅反映在她关于艾希曼的著作中,而且也反映在她的一系列短文(见本书第 2 章第 5 节第 3、

6部分）以及没有最后完成的《论精神生活》一书之中。由于受亲身感受审判的影响以及她对艾希曼这个人的研究，这一审判不仅使她的理论结构出现了一种研究重点的转移，而且也成为阿伦特与以色列和犹太"民族"关系的检验标准。在审判之前及在审判期间围绕《艾希曼在耶路撒冷》系列报道与雅斯贝尔斯的争辩讨论，很典型地表现了建立在友谊之中的争论是一种精神发展的关系。围绕邪恶和国家诉讼可行性问题的讨论，导致他们两人都相互在个别观点上改变了自己原先的看法。尤其是在国家诉讼可行性的问题上，他们原先都有着与对方不同的看法。在这个问题上，雅斯贝尔斯关注的是诉讼的前提和诉讼程序所产生的影响（BwJa 446ff.，449f.）；而阿伦特在诉讼可行性问题上则比雅斯贝尔斯更有信心（同上，550ff.），并且认可以色列拥有实施这一审判的合法性；但"这只是受害者所属国家的被动国籍原则"，雅斯贝尔斯表示出对诉讼合法性的担忧（同上，453）。在这个问题上，他们两人的共同点是主张建立一个国际刑事法庭。与他的哲学思维方式相符合，雅斯贝尔斯试图以联合国代表人类，寻找出一种具有普遍约束力的判决："因为对犹太人犯下的罪行，不仅仅是对犹太人，而且也是对整个人类所犯下的罪行。"（同上，456）雅斯贝尔斯比较倾向于等建立了国际法庭以后，再对这些罪犯进行审判；而阿伦特则认为人类现在就有权利对此作出审判，但并不排除未来设立一个世界法庭的趋向。但是当阿伦特的《艾希曼在耶路撒冷》的报道发表后招致了一片反对甚至辱骂声的时候，雅斯贝尔斯示威性地站出来支持阿伦特（比较同上，547f.，562f.），甚至想写一本关于她的书，但最后只写下了一些零星片段（比较 Jaspers2006，27f.）。

在这些哲学和政治理论反思的同时，关于历史的讨论也是他们的信件交流的重要内容。他们总是参照和引用哲学史和世界史上的思想家和他们的思想构思，并且经常在如何评价康德等问题上表现出他们的共同性，但有时也出现不同的理解，比如对斯宾诺莎或马克思的理解（见本书第3章第1节第15部分）。面对各自不同的看法和观点，他们总是与对方交换自己的论据，并刻意理解对方，以致他们的书信在许多地方如同一次相互间的谈话。

阿伦特手册

政治和社会

自 20 世纪 20 年代起，阿伦特便主要由于她的犹太人身份而日益关注和思考一些与政治相关的问题，而雅斯贝尔斯则直到纳粹德国结束之后才开始有所政治化。不管是雅斯贝尔斯从一个纯粹的存在主义哲学家转变为一个政治思想家，还是阿伦特政治概念的演变分化，他们两人的思想发展和变化过程都能让人们在他们相互的信件中得到印象深刻的理解。在思考"第三帝国"、政治认同和评估政治世界形势等问题的同时，政治与哲学的关系以及基于政治现实状况对政治理论所做的批判，也是他们的信件谈话的主题。在对这些问题的交流中，阿伦特常常是他们两人中的驱动力。比如她在 1946 年就向雅斯贝尔斯叙述，她总是从历史的角度，以犹太人的问题为导向，从事自己的政治思考（BwJa 67）。她对当代发生的事件有着一种敏锐的政治观察力，并几乎总是抱有一种怀疑的态度，而雅斯贝尔斯则常常以"耐心"观察主张对这些事件做冷处理。他们的信件交流表明，雅斯贝尔斯在一些实践政治的问题上赞同阿伦特在她自己思维方式的框架内应当有一种她自己的与众不同的思想特性，但他自己总是从他的哲学科学和反思方法的角度观察这些问题。

阿伦特和雅斯贝尔斯对日常政治的不同兴趣，也在他们的信件中表现得如此淋漓尽致，以致他们的信件可以当之无愧地被看作战后那些年代的历史反射镜。他们两人都经历了战争和战后年代中的生活困难和生存险境，以及"冷战年代"的政治不确定性。因此他们希望通过他们的通信谈话设法重新思考那个时代出现的政治现象，以便进入对当前日常生活经历的观察中去。麦卡锡时代、军备扩充、古巴危机、越战、中东冲突、柏林墙的建立等，构成了他们谈话思考的丰富内容，并且尤其典型地表现在他们对德国和美国的观察之中。虽然也伴随着一种批判性的对以色列发展的观察，但这种批判并不涉及个人情感，也没有使用"祖国"这类词语。他们经常在信中对政治现状展开激烈的讨论，在对政治和社会的评判中，他们有许多共同的见解，但除了这些共同见解外，他们之间仍存有部分甚至重大的分歧。

战后德国的发展对阿伦特和雅斯贝尔斯来说都是一个重大事件，但是随着移居瑞士时间的不断递增，雅斯贝尔斯表现出一种渐渐远离联邦德国的心态，而阿伦特则从一种保持距离的心态批判性地观望它的发展。雅斯贝尔斯认为，在德国发生战争的那个事件仍然有着比较直接的当代性，这是他最终决定移居瑞士的诱因；而阿伦特则认为，德国不仅仅只是衡量美国外交政治的尺度。雅斯贝尔斯"在巴塞尔的屋子"对阿伦特来说，更像是她的家乡（同上，368），而德国则不再是她的家乡。阿伦特因此逐渐失去了她个人对德国的兴趣，雅斯贝尔斯也越来越陷入对德国的一种无奈的观察之中。他在德国日常的政治生活中看到了多种不同的危机，认为从世界政治态势的角度来看，联邦德国的民主进程仍是脆弱和腐败的（同上，527），并且认为当时德国的主要领导人康拉德·阿登纳对一些重要事件，如1959年关于重新统一德国的讨论（同上，407f.）以及1961年阿尔及利亚危机的处理，都是令人失望的（同上，500）。他的这些批评最后成为他"拒绝在当今联邦德国基础之上建立一种关于德国基本构想"的理由（同上，634），后来在被看成他政治遗产的《联邦德国究竟往何处去？》（Jaspers 1966）一文中，他也表达自己的这一看法。雅斯贝尔斯主要是针对那里的日常生活而构成了他对德国的看法，并且将在联邦德国中的政治等同于联邦德国；阿伦特则对"官方的德国"与它的"民众"加以区别（BwJa 421），认为德国民众充满了怨恨，因而导致了官方的、政治的德国走向没落（同上，637）。几乎所有当时德国的政治事件都被他们两人解释为负面的。但事实上他们的某些思考在今天从历史的角度来看是令人诧异的，比如阿伦特对1961年建立隔离墙之后的柏林状况的估计，以及关于疏散西柏林占领区民众的建议（同上，494）；但正是这么个建议，却获得了雅斯贝尔斯的赞同（同上，497）。这些估计和建议更多地表现出的是人们在冷战时期的无奈，以及希望自己能够为可能的政治稳定设想出一些方案。

他们两人都从最初起就对美国有着一种共同的赞赏。对阿伦特来说，这是一个给予她避难和工作机会的国家；对雅斯贝尔斯来说，这是一个被解放了的人的国家，而且对他来说更重要的是，这个国家是自由的典范。美国的自由最初对阿伦特来说，并不是给予阿伦特一种安全感的美国国籍，而是她能够以一个无国籍者的身份在那里生存（同上，65）。但由一些平凡琐事而显现出的思想平庸浅薄，对自己拥有的自由和反科学态度缺乏反思等问题，不久便成为阿伦特批判美国的最重要理由。她预感到美国工业化大众社会的问题，这是从一个有着"根本对立"的"奴隶社会"在转向"政治自由社会"过程中出现的问题（同上，67，86）。对雅斯贝尔斯来说，美军阻止和解放了他当时正面临的驱逐流放，成为他终生难忘的事件，因此相比阿伦特较早就开始批评美国社会（同上，70），雅斯贝尔斯在对美国的想象中总是有着更多的热情。但是雅斯贝尔斯没有看出，阿伦特并不把自己看成一个美国人，即使在她得到美国国籍以后也是如此，而她的这种非民族性的立场正是她批评美国的主要支撑点。她思考的关键点是：这个原本自由的社会却有着如此低下的自我捍卫机制，如果人们的这种平庸浅薄进入政治中去，那将会产生一些怎样的后果？20 世纪 40 年代末 50 年代初的麦卡锡时代，可以作为阿伦特思考的一个负面性的明证。在这个问题中，阿伦特尤其看到了美国大学里的精神生活所面临的危机（同上，173），那里有着如同雅斯贝尔斯在 1933 年所经历过的一种急于一致化的模式。这种一致化甚至一直影响到大学的内部，以维护自由为借口而限制自由。这是一种纯粹政治性的思想活动，但却具有破坏力。阿伦特试图理解这些问题。在被多次引用的第 142 封信（同上，245ff.）中，她向雅斯贝尔斯叙述了这个时代存在的总的问题状况，这些问题后来也出现在她的著作中；她也在信中谈到了自己关于经济问题的观点，第一次描述了"工作狂"（jobholders）的形象（同上，248），以后在她的晚期著作，她引进了这些人物作为辛劳人的原型。她的结论是：由经济主导的大众社会将对精神产生负面影响，导致自由行动的不可能性和启蒙性哲学反思的不可能性。雅斯贝尔斯并不能完全理解阿伦特的心态，他只是为此感到惊奇。雅斯贝尔斯尝试将阿伦特叙述的情况与 30 年代初期的社会状况做一种比较，但并没有运用阿伦特把自己局限于构想未来的分析方法；他鼓励阿伦特，但并不能够就某个问题与她展开讨论（同上，253f.）。阿伦特将她在麦卡锡时期的体验和经历写入了《积极生活》以及《极权主义的要素和起源》和《论革命》等著作中（见本书第 2 章第 4 节和第 5 节）："这场喧闹的特征是，它的形成没有任何一点儿反犹太人的叫嚣。我从中所看到的，是形成于社会中间，出自大众社会自身的一些极端发展，并没有任何［……］一种固定的意识形态。"（BwJa 285）雅斯贝尔斯从阿伦特对这些问题的看法中学到了应当结合政治事实去思考社会问题，但他还是很缓慢地才开始怀疑自己已有的美国形象，产生怀疑的主要诱因是美国在 50～60 年代外交政策中的一些所作所为。阿伦特为雅斯贝尔斯铺展了通往政治表述的道路，她也使得他放弃了"以康德为榜样"在"1916 年就为自己规定的'格言'：即使身处政治之中，也绝不谈论现实的政治问题，哪怕只提一个字"（同上，408）。对阿伦特自己来说，谋杀肯尼迪成为她与美国关系的转折点。她和雅斯贝尔斯都曾对肯尼迪充满了希望（同上，458，462），但后来由于察觉了他外交政策的软弱而与他的政策保持了距离（同上，495，497）。针对肯尼迪的遇害，阿伦特如此写道："似乎是这个国家突然撕下了自己脸上的面罩。在没有了面罩的脸上，我们看到了一个充满暴力潜能和纯粹屠杀乐趣的凶相；这是一种人们以往甚至不敢加以猜测的屠杀乐趣。"（同上，573）越战和美国在越南施行的疯狂政策，以及阿伦特对美国和平的担忧更强化了她批评美国的态度（同上，656）。雅斯贝尔斯虽然同意阿伦特的一些政治判断，但鉴于 1945 年后的冷战状态的经验，他始终与阿伦特的这些判断保持距离。这也表现在比如他赞同肯尼迪的增长军备的计划（同上，480），以及要求自己比较克制地评判越战等态度上。他从历史的角度陈述了自己所持态度的理由："对由于国家而拥有了生存和相对安全的我们来说，尊重国家是不言而喻的。"（同上，659）与此不同，阿伦特则以自己的标准来衡量美国，指出这个国家的政治弊端，阿伦特的这些态度也反映在她的一些政治短文中（比较 u. a. IG）。虽然阿伦特一再向他描述了美国的政治弊端，虽然他对德国也作了明确的批判，但雅斯贝尔斯从没针对美国做过批判性的政治思考。

当代人物

当代人物也是他俩通信中的一个重要内容，但他们没有把这作为一个单独的主题，而是分别出现在前面已经提及的那些议题的综合语境中，这就意味着他们对时代事件和人物的评判，大都有着一种讨论和评估的形式，但也有一些关于他们相互询问自己感兴趣的人物的著作以及能否帮助建立联系等的内容。信件中也有着给人留下深刻印象的对某个单一的政治家、艺术家或知识分子的观察。他们在信件中提及了许多当代人物，既有他们两人非常熟悉的，也有仅是雅斯贝尔斯认识的，但主要是阿伦特极大的熟人圈里面的人。通过他们对那些人的著作和行为（大都是政治行为）的评判，为我们描绘了阿伦特和雅斯贝尔斯交往圈中的知识分子的详细的具体形象。值得注意的是，信件中没有出现当代的哲学家，即使偶尔提及，比如特奥多尔·W. 阿多诺，也大都只是出于批判的目的（BwJa 669f.，673，769；比较 Auer u. a. 2003）。同时他们对当代人物的评价也是随着时间的迁移而有所变化，比如对戈洛·曼（Golo Mann）的评价在阿伦特写艾希曼报道之前和之后就有着显著的不同（BwJa 586，v. a. Jaspers 295，577，580）。信件提到了阿伦特与一些年轻时代的朋友，比如与雅斯贝尔斯的学生本诺·冯·维泽（Benno von Wiese）的距离（同上，123，617）；许多或是通过海因里希·布吕歇尔和卡尔·雅斯贝尔斯，或是通过格特鲁德·雅斯贝尔斯和汉娜·阿伦特而大家相互认识的新朋友也成为他们信件的一部分内容，在这些人中，阿伦特和雅斯贝尔斯与海德格尔的关系有着一种重要地位。对阿伦特来说，海德格尔是她曾经的老师和情人；而对雅斯贝尔斯来说，海德格尔则又是他曾经的哲学同路人和朋友。信件记录和展现了他们各自与海德格尔的关系（BwH，以及 Heidegger/Jaspers 1992；见本书第 2 章第 10 节第 4 部分）。在与海德格尔关系的问题上，阿伦特和雅斯贝尔斯的共同点是他们都对海德格尔曾短暂转向纳粹国家社会主义而感到失望。阿伦特主要指责海德格尔的政治观点（BwJa 84）以及他俩的私人关系（同上，494），并且她和雅斯贝尔斯两人都对海德格尔的新哲学有所怀疑（同上，176ff.；比较 Ehrlich 2003）。直到很久以后，阿伦特才开始表现出对海德格尔的原谅，但雅斯贝尔斯则始终保持着对海德格尔的一种怀疑态度（BwJa 639，665f.）。

结　论

这本书信集只是为人们感受汉娜·阿伦特与卡尔·雅斯贝尔斯相互间持续几十年通信的谈话内容的广度，提供了一些可能性。在这里值得一提的是这本书信集的前言（同上，17ff.）。鉴于信件交换的这两个主角的历史影响，这本书信集无疑是 20 世纪最重要的知识和学术性的信件交流，它是阿伦特（当然也是雅斯贝尔斯）的文稿，除了有助于研究他们作为个人和他们的理论，这本书信集也应当在当代史中拥有一个突出的地位。

霍尔格·塞德施特勒姆

参考文献

Arendt, Hannah: *Ich will verstehen Briefe an Jaspers und Scholem.*Hörbuch gelesen von Margarethe von Trotta. Hamburg 2006.

Auer, Dirk/Rensmann, Lars/Schulze Wessel, Julia (Hg.): *Arendt und Adorno.* Frankfurt a. M. 2003.

Ehrlich,Leonard:»Heideggers Seinsdenken aus der Sicht von Arendt und Jaspers.«In:Richard Wisser (Hg.): *Karl Jaspers' Philosophie. Gegenwärtigkeit und Zukunft.* Würzburg 2003, 107–114.

Heidegger, Martin/Jaspers, Karl: *Briefwechsel 1920–1963.* München 1992.

Jaspers, Karl: *Wohin treibt die Bundesrepublik?* München 1966.

– : *Die Schuldfrage. Zur politischen Haftung Deutschlands.* München 1987.

– : *Max Weber: Gesammelte Schriften.* München 1988.

– : »Vom unabhängigen Denken: Hannah Arendt und ihre Kritiker.« Fragmente, ausgewählt und kommentiert von Hans Saner. In: *Jahrbuch der deutschen Schillergesellschaft* 50 (2006), 27–43.

Klotz, Andreas Tassilo: *Juden und Judentum bei Hannah Arendt unter besonderer Berücksichtigung des Briefwechsels mit Karl Jaspers.* Frankfurt a. M. 2001.

Young-Bruehl, Elisabeth: »An Unpublished Letter from Hannah Arendt to Karl Jaspers«. In: *Hannah Arendt Newsletter* 1, 1 (1999), 51–55.

(Für weitere Literatur s. auch Kap. III.2.1).

六 乌韦·约翰逊

友谊的建立以及问题的境况

1965 年 5 月，德国作家乌韦·约翰逊（Uwe Johnson，1934～1984）在纽约歌德语言学院朗读他的文学作品。他的著作《关于雅各布的揣测》（"Mutmassungen über Jakob"，1959），《关于阿希姆的第三本书》（"Drittes Buch über Achim"，1962）以及《两种观点》（"Zwei Ansichten"，1965）都涉及生活在纳粹时期作为个人的德国人和欧洲人，以反思个人责任和过错为主题，触及了怎么书写这段时期的历史等一些难题。汉娜·阿伦特当时坐在朗读会的听众席里。约翰逊提出的这些政治和理论上的问题，恰巧也是阿伦特所思考的问题。当晚他们便各自结识了对方，并建立和发展为友谊，直到 1975 年 12 月阿伦特去世。

约翰逊在他们共同的友谊期间写成的《纪念日》（*Jahrestage*），被阿伦特誉为是关于 20 世纪极权主义历史的"大师之作"（BwJo 66）。但同时她也在他们的一次争论中向他指出，他"似乎没有注意到，我是一个犹太人"（BwJo 39）。这是一种充满矛盾的知识分子关系和友谊，常常缠绕着一些与时代有着千丝万缕联系的不可解难题。

阿伦特手册

两人的信件和其他文献记录了这种矛盾的关系，因而使他俩的关系有一种清晰可读的形象化，表明这两位信件通讯的作者具有一种"敢于评判自己"的政治写作态度（Johnson 1975，165）。对阿伦特来说，与约翰逊的关系是她与那一代在浩劫之后为铭记这个日期而写作的一个德语作家持续最久、最强烈并详细记载下来的关系。

以尊重和行动自由为本的友谊

在 1966 年和 1968 年这两年间，阿伦特与约翰逊同住在曼哈顿的上西区，并且是紧挨着的邻居。约翰逊 1959 年从东德（DDR）移居西柏林，来纽约后的第一年从事编辑工作，通过阿伦特的密友及出版商海伦·沃尔夫（Helen Wolff）的居间介绍，两人才在 1965 年那次朗读会上得以相识。约翰逊在纽约居留的第二年开始了他庞大的《纪念日》写作项目，阿伦特推荐他获得了洛克菲勒基金会（Rockfeller Foundation）专门为德语作家提供的一笔奖学金。这段时间奠定了他们持续十年的友谊基础。他们常常定期会面。后来当约翰逊回忆起他们俩当年会面的许多谈话时，曾如此描写他们特有的谈话："按我的愿望，得到了许多有关哲学史、当代政治的讲座。"（Johnson 1975，163）他们相互尊重并互有好感。阿伦特阅读一切约翰逊给她的读物，并且"充满热情"（BwJo 18）；约翰逊时常给她寄去自己最新发表的作品以及其他一些德语文学新作品。在 1968 年夏约翰逊重返柏林后，阿伦特遗憾地写道："我很惦念这位邻居"。并且在 1974 年她还希望那位朋友作家"又回到'河岸街'（Riverside），那是属于您的地方"，她写道（BwJo 21，133）。

他们两人的家庭成员也加盟了他们的友谊。在阿伦特的丈夫 1970 年 11 月去世以后，约翰逊是阿伦特愿意接近的较少一些朋友中的一个，并经常邀请来纽约或是与他的家人一起前往提契诺州（Tessin）度假胜地特格纳（Tegna）。他们信件交流的内容除了有关的政治讨论如关注越战和中东等世界问题外，也有着对朋友的关心如问及换房搬家和病况等。在阿伦特去世之后，海伦·沃尔夫和阿伦特遗嘱执行人洛特·科勒（1919~2011）邀请约翰逊为完成她们的愿望撰写这位理论家的传记，但被约翰逊所拒绝。作为与阿伦特相遇而留给他刻骨铭心经验的一种明确反映，约翰逊放弃这个为阿伦特作最后一次讲话的机会，他认为他如此这么做，是为了忠诚于他们永不终结的友谊。

约翰逊曾多次试图以公开表述的方式，表达自己尊重与阿伦特的关系。他想写小说将她作为他作品中的人物出现（s.u.），也曾希望她参与一个有关他的电视节目，并在 1971 年秋请求阿伦特代替他在作为德语作家最高奖的格奥尔格·毕希纳（Georg - Büchner - Preis）颁奖大会上作答谢词。虽然阿伦特很看重作为作家和朋友的约翰逊，但她拒绝了他所有的这些请求。芭芭拉·哈恩对阿伦特的这一行为所做的解释是：因为在这些场合出现的她将不是他的朋友，"而是成为与某个约翰逊一起登上公共性舞台的人，这就超出了友谊的界限"（2005，41）。关于在毕希纳颁奖会上作答谢词一事，对阿伦特未免有些过于苛求，并也会因此造成一些她所不愿见到的政治后果："一个曾经被赶出德国的犹太人，在德国的公众面前祝贺一个德国作家获得一份德国文学奖——这似乎是一次最完美的德国人与犹太人和解的演出。"如阿伦特自己常说的那样，这对她是一种"不可避免的错误定位"（同上，42），她担心颁奖会上的答谢词会给她带来一些意料不到的后果。值得注意的是，出于同样的理由，阿伦特也不愿意以一个固定的名称称呼自己，这表现为她写给约翰逊的 52 封信件中有 9 封她以"汉娜·阿伦特"，"汉娜·阿伦特－布吕歇尔"，"汉娜·A."和"HA"等几种不同名字签写。她想以此向这位朋友表示一种姿态，在一种动态中运用自己的名字，向自由开放自己，从而使友谊拥有经历政治自由的一个最坚实空间：行动自由（见本书第 4 章第 11 节）。

自由写作，但"不要指名道姓"

阿伦特自由运用自己签名的现象也表现在她与约翰逊之间深植于他们写作和文学创造之中的这种智识分子友谊。在约翰逊的许多文章和文学作品中，他都以隐形的形式表现了阿伦特（比较 Wild 2009，88ff.）。他将她作为小说人物出现在他的重要著作《纪念日》中，试图以这种方式为这位理论家建树一座最伟大的文学丰碑，并且他的这一努力从最初就得到了阿伦特的支持。发表在《水星》（Merkur）杂志上的一些预选段落（1970），那个小说人物最初是以阿伦特的名字命名的，但是经由阿伦特的反对："不要指名道姓，我对此有过敏症"（BwJo 32），当全书出版时，已经隐去了阿

阿伦特手册

第2章 著作及其分类

伦特的名字。约翰逊将小说人物改称为"伯爵夫人赛德利茨"（Gräfin Seydlitz），但保留了原先所有表现阿伦特特征的描述。阿伦特对约翰逊给自己加上的伯爵夫人桂冠的回答是："他似乎没有注意到，我是一个犹太人。"（同上）阿伦特的这种反应，使约翰逊感到震惊。他自认为自己的全部写作内容都是以一种充满敬意的方式来纪念这段被压迫和被迫害的历史。"有一次她特意强调向我指出，我必须注意到她是个犹太人这么个状况"，他在纪念阿伦特的文章中这么写道，并又加上了一句，"但是在与她的交往中，我常常忘了这一点"（Johnson 1975, `164）。他的粗心大意并没有导致他与阿伦特友谊的破裂，但却给阿伦特留下了一份没有从友谊中满足她政治心理需求的遗憾：承认犹太人的差异性，但又不从负面的角度拘泥于对犹太人的固执己见（见本书第2章第2节，第5章第8节）。

值得注意的是，约翰逊将赛德利茨（阿伦特）这个人物在他的小说中作为一种声音出现，小说主角格西纳·克雷斯帕尔就是与这一声音进入内心的谈话之中。他1981年出版的《一个受害者的素描》（*Skizze eines Verunglückten*）的早期版本也同样将阿伦特形象化为小说内容中的对话声音，但是在希尔德·多明（Hilde Domin）的小说《第二个天堂》（Das zweite Paradies）中阿伦特也是以声音的形象出现。小说为阿伦特构造的这些声音形象，明确地解答了这个问题，即阿伦特不仅是因为与约翰逊的友谊而作为一个小说人物出现在小说中，与此同时小说也引用了她的那种写作方法：即不像大多数哲学学派那样构思一种封闭的概念体系，而是将概念置放在语言的传统和认知背景中加以反思，以进入一种自我思考的深入谈话中去。在诗人和作家中除了约翰逊和多明，还有英格博格·巴赫曼（Ingeborg Bachmann）、罗尔夫·霍赫胡特和汉斯·玛格努斯（Hans Magnus）都以自己的作品实践了阿伦特的这一思维方式（见本书第5章第3节）。但是直到今天，阿伦特政治思想中的这一特殊性，特别是在德国和大学学术界仍经常不为人所理解。

反过来，阿伦特对诗的理论反思性知识表示出极大的敬意。特别明显的是她对约翰逊《纪念日》的反响。"经过几个月来的深思熟虑，我认为这是一本真正的大师之作"，1972年2月，阿伦特在读完这本小说的前两卷之后写道，"这是一本真实的小说，并且是针对整个纳粹时代。您以您的追叙保存了那个过去时代的事实"。特别是针对约翰逊追叙过去时代的那一种"缓慢的叙述，在叙述中不断作自我反思"的叙述方式，阿伦特写道："从先辈、祖母、母亲、孩子慢慢叙来，将几代人和两大洲通过叙述连接在一起。只有以这种方式，才似乎能够恰如其分地叙述和思考。"（BwJo 66f.）阿伦特把约翰逊列入伟大诗人和历史叙述的传统之中，认为这些人的任务是，"以回忆构成一些永存的［……］故事"（VZ 61）。但与此同时她对《纪念日》的评价，也有着矛盾的一面，认为小说"引进祖先的方法［……］"，模仿了古斯塔夫-本杰明·施瓦布（Gustav Benjamin Schwab，1792-1850）的诗作《暴风雨》，这首诗叙述的是一个家庭整整几代人的故事，一个无辜的家庭被灭绝和被焚烧的过程。阿伦特认为《纪念日》在事实上是一种成功的历史传承，但在叙述纳粹国家社会主义、极权主义和大屠杀这些历史所获得的成功传承，显然只能矛盾地理解为保存这些过去的故事。

遗产——"以诗思考"

"您的友谊使您有足够诚实的勇气，面对您的朋友"，这是约翰逊提及他与阿伦特的整个关系时，写下的一句颇为关键的话（Johnson 1975，165f；比较 Nordmann 2005）。以"勇气面对朋友"的表达，来自英格博格·巴赫曼的诗作《每天》（Alle Tage），以此提醒诗应当是友谊、政治和写作的知识源泉。约翰逊这里之所以引用这句话，也是为了纪念英格博格·巴赫曼，他与巴赫曼也如同他与阿伦特一样，在生活和精神上有着密切的关系，只是以另一种方式表现而已。阿伦特曾试图请她翻译自己的《艾希曼在耶路撒冷》（比较 Wild 2009，120ff.）。并且约翰逊的这一引用也让人回忆起摘引是一种特殊的模式，以写作的方式进入一种关系中——这是一种表现阿伦特和约翰逊以及巴赫曼的著作特点的共同话语的模式。比较著名的是阿伦特通过对瓦尔特·本雅明（见本书第 3 章第 2 节第 4 部分）——一个她经常与约翰逊讨论的作家——摘引而让他在她的散文中说话：在当今这个时代，即这个把自己表现为传统断裂之后的时代，历史就不再能够传承，而只能是借助于摘引。本雅明的特点是，在理论上将那些具有划时代意义的事件聚合在一起加以反思，阿伦特把这种思考方式称为

"以诗思考"的能力（MZ 205）。阿伦特就是沿着这个思想轨迹，与当代和那些过去时代的诗人一起，以英语、德语和其他语言，在欧洲以及越过大西洋，深思了当代的政治和理论问题（比较 Hahn /Knott 2007；见本书第5章第3节）。1945年后，阿伦特与约翰逊、巴赫曼和其他德语文学的作者，如布莱希特（见本书第3章第2节第6部分），布罗赫（见本书第2章第10节第3部分、第3章第2节第2部分），多明、恩岑斯贝格（Enzensberger）、弗里斯（Frisch）、格拉斯（Grass）、海涅、霍赫胡特和耶利内克的关系，都有着一种曾身处历史断裂的背景，并打印上奥斯维辛的密码，这也是阿伦特留给我们的部分遗产（比较 Wild 2009）。这似乎至少促使我们继续思考两个有着相互关联的观点："以诗思考"的理论潜力和汉娜·阿伦特最初写进《思想日记》的问题，"是否存在着一种不独断的思想？"（DT 45）

托马斯·维尔德

参考文献

Hahn, Barbara: *Hannah Arendt – Leidenschaften, Menschen und Bücher*. Berlin 2005.
–/Knott, Marie Luise: *Hannah Arendt – Von den Dichtern erwarten wir Wahrheit*. Berlin 2007.
Johnson, Uwe: *Jahrestage. Aus dem Leben von Gesine Cresspahl*. Frankfurt a. M. 1970–83.
–: »Nachruf auf Hannah Arendt« [Dezember 1975]. In: BwJo, 163–167.
Nordmann, Ingeborg: »›Tapferkeit vor dem Freund‹. Briefeschreiben in finsteren Zeiten«. In: Heinz L. Arnold (Hg.): *Hannah Arendt*. Text+Kritik 166/167. München 2005, 67–78.
Wild, Thomas: *Nach dem Geschichtsbruch. Deutsche Schriftsteller um Hannah Arendt*. Berlin 2009.

七 阿尔弗雷德·卡津

汉娜·阿伦特（1906～1975）和阿尔弗雷德·卡津（1915～1998），两人都是美国犹太人，生活在纽约城，并且都是社会的边缘人物。但他们又都属于那个著名的纽约知识分子圈（比较 Bloom 1986），人们阅读他们的著作，倾听他们的演讲，两人都在美国的知识精英界获得了发言权。卡津是一个波兰－俄罗斯犹太移民的儿子，在布鲁克林区长大，完全靠自己的努力通过一篇关于美国文学的研究论文，为自己创造和赢得了社会地位的升迁。这篇文章写于 1938 年到 1942 年间，在 1942 年以"原生民的土地"为题发表。20 世纪 40 年代末，阿伦特在朔肯图书出版社工作（比较 Young-Bruehl 1986，271f.；BwJa 102），因为钦佩卡津为《纽约先驱论坛报》所写的关于卡夫卡的评论文章（发表于 1947 年 4 月 13 日；Cook 2007，115），便在某天邀请卡津共进午餐，自那次午餐后他们建立了友谊和通信联系。他们交流的信件并不多，共有 19 封信件（其中 3 封是手写的），以及 2 张明信片。通信始于 1948 年 8 月 23 日，除了稍有中断外，一直持续到 19/4 年 5 月 22 日。通信中较有分量的内容主要出自 40 年代末和 50 年代这段时期（比较 Corr. 107）。正是在这个年代，阿伦特逐渐在美国站稳了脚跟，并并始经常前往欧洲。

美国与欧洲的联系，也就是在这两个地区的经历和经验是汉娜·阿伦特与阿尔弗雷德·卡津信件交流的一个重点。卡津在信中谈及了他对欧洲的一些亲身体验，比如萨尔茨堡以及他曾任教的美国研究学院（Corr. 128，146，比较 Cook 2007，121 - 123），关于巴黎（Corr. 123，144），他在那里观看的萨特新剧《魔鬼与上帝》，以及他在西蒙娜·魏尔父母家的做客（Corr. 130，147；比较 Cook 2007，173）。阿伦特则向卡津谈及了普林斯顿大学对她的邀请（Corr. 132，134，149），1955 年在伯克利大学任教留给她的政治印象（Corr. 137，150），以及她在旧金山结识的海港工人和作家埃里克·霍弗尔（1902 - 1983；The True Believer，1951；dt. in Hoffer 1999，5 - 211）。关于霍弗尔，阿伦特激动地在信中写道：霍弗尔极形象地叙述了他采摘水果的临时工作，他乘坐货车的旅行，这使得阿伦特第一次亲身经历了美国的瓦尔特·惠特曼（1819 ~ 1892）诗人的生活，向她展现了一个真实的美国（Corr. 135f.，150）。埃里克成了她的朋友，并且是她"在纯粹知识分子世界中的一片绿洲"（BwJa 294）。阿伦特把"与朋友们的友谊作为她的生活中心"（Young - Bruehl 1986，15）。她的朋友中有卡尔·雅斯贝尔斯（见本书第 2 章第 10 节第 5 部分），库尔特·布卢门菲尔德（见本书第 2 章第 10 节第 2 部分）和瓦尔特·本雅明（见本书第 3 章第 2 节第 4 部分），以及她在巴黎流亡时的一些知识分子朋友。赫尔曼·布罗赫也是她的朋友（见本书第 2 章第 10 节第 3 部分；第 3 章第 2 节第 2 部分），他俩 1946 年在美国相遇，她向国家图书馆报道了他的文学作品《维吉尔之死》，1951 年在给卡津的信中也写到了耶鲁大学为布罗赫组织的悼念活动（Corr. 110f. , 123，126f. ）。

对阿伦特来说，友谊总是由朋友们共有的某些观点连接起来。我们"与谁交往或避免与谁接触"（VZ 349），常常给出了一些关于我们自己的信息，也表明了我们对某些政治问题的看法和决定。除了德怀特·麦克唐纳（Dwight Macdonald），罗伯特·洛厄尔（Robert Lowell）和玛丽·麦卡锡（见本书第 2 章第 10 节第 8 部分），阿尔弗雷德·卡津也是阿伦特的美国圈子里的一个朋友。阿伦特曾和卡津一起在《党派论坛》发表文章。《党派论坛》是一本由威廉·菲利普（William Philips）和菲利普·拉夫（Philip Rahv）共同创建的杂志，这本杂志很早就摒弃了一切意识形态，把自己定位为一个民主争辩的论坛，并且要求自己的作者们不要总是发表一些与别人一致或相同的意见（比较 Kramer 1999，334ff. ）。这正符合阿伦特自己对此所持的态度。自阿伦特与犹太复国主义决裂后，她也就不再在《建设》杂志上发表评论（比较 Heuer 1991，37），便把自己在 1944 年为纪念卡夫卡逝世 20 周年而写的文章《弗兰茨·卡夫卡：再评价》（Franz Kafka：A Revaluation）交付《党派论坛》发表［EIU 69 – 80；德语版《Franz Kafka, von neuem Gewürdigt》，in：Die Wandlung 1（1945 – 1946）；dt.（überarbeitet）VT 95 – 116］。卡津是个反斯大林主义者（比较 Cook 2007，141），也曾为《党派论坛》写过一系列文章（比较同上，83，112，125，141，193，358）。阿伦特与他第一次相遇是在 1946 年由《评论》（Commentary，比较同上，136；Solotaroff 2003，457）杂志的发行人埃利奥特·科恩（Elliot Cohen）为拉比莱奥·贝克（Rabbi Leo Baeck）举行的晚宴上（比较 Kazin 1996，106；Cook 2007，115f. ）。《评论》杂志由犹太人委员会（Jewish Committee）在二战结束后创立。卡津在《评论》杂志发表了关于自己欧洲旅行经历的文章《萨尔茨堡：在废墟上的讲座——一篇关于在变化中的欧洲国家的报道》；阿伦特在《评论》上发表的文章有《帝国主义：起源于种族主义的自杀之路》（Road to Suicide, The Political Origins an Use of Racism，1946 – 46）。

1946～1958 年，阿伦特与卡津都对自己的生活和对方的创造有着一种充满生气和热情的兴趣。卡津在给阿伦特的信中写下了关于儿子迈克尔（Michael）的出生以及自己的幸运心情，关于他的第二本书《城市中的一个漫行者》（Corr. 121，143；比较 Cook 1007，161 – 167）的写作状况，关于他在明尼苏达大学的梅尔维尔讲座（Corr. 122，143）。阿伦特则在信中征求他的意见，帮助她为《极权主义的要素和起源》一书寻找一个最后确定的标题（Corr. 122，143）。并且正是通过卡津的介绍，夏布雷斯出版社（der Verlag Harcourt Brace）接受了阿伦特的书稿并予以出版（比较 Corr. 109）。她在信中向他描述了她前往耶鲁大学参加的赫尔曼·布罗赫葬礼（Corr. 126f.），并在 1952 年 4 月兴奋地在信中写下了她看望雅斯贝尔斯的情况（Corr. 131）。他们也相互寄给对方一些自己发表的文章和著作：卡津在收到阿伦特为瓦尔德马·古里安（Corr. 137）而写的纪念文章后，便在他的散文集《内心深处的叶》（1955）摘引了其中的句子（比较 Corr. 151）。阿伦特急迫地想看到他的散文《梅尔维尔的圣经》（Corr. 138），称赞他为赫尔曼·梅尔维尔的《白鲸记》①（Corr. 138）再版撰写的导言，欣赏他关于迪兰·托马斯的散文（Corr. 149），并给他寄去了自己撰写的《拉埃尔·瓦恩哈根》（Corr. 152；比较 Corr. Commentary，1953）。她收到卡津寄给她的演讲集《新书：关于今天历史写作的笔记》，在文集中他以赞赏的口吻介绍了阿伦特的文集《在过去与未来之间》，1961 年 9 月阿伦特为此曾特意感动地向他致以谢意（Corr. 139）。

在以后的几年间，他们的信件交流不再如先前那么频繁，只有 2 封写于 1962 年和 2 封写于 1966 年的信件。一次是卡津想寻找一条奥古斯丁的格言，另一次是因为他们共同的朋友兰德尔·贾雷尔的去世（Corr. 140；比较阿伦特的散文《兰德尔·贾雷尔》，in MZ 335 – 340）。在 1966 年和 1974 年间，他们则完全停止了信件交流（比较 Corr.，Introduction，116）。人们至今无法确定他们终止信件交流的原因。卡津自己曾回顾说，从 1954 年开始，他们的友谊就由于人通常有的诸如嫉妒和竞争等一些情感而慢慢消失（比较 Corr.，Introduction，116；Cook 2007，186）。也许阿伦特《艾

---

①　也有人译成《白鲸》或《无比敌》。——译者注

希曼在耶路撒冷》（见本书第 2 章第 6 节第 1 部分）的报道也在里面起了一定的作用，至少卡津——如同其他读者——对报道所使用的语调感到难以接受。但在 1976 年一次由伊尔文·赫伟（Irving Howe）组织的公众讨论会上，他却表现出对阿伦特的忠诚，他回忆道："我是作为汉娜的朋友来参加这次讨论会的。"（Bloom 1986，330）

黑尔佳特·马尔特

参考文献

Bloom, Alexander: *Prodigal Sons: The New York Intellectuals and Their World*. New York/Oxford 1986.

Cook, Richard M.: *Alfred Kazin. A Biography*. New Haven/London 2007.

Heuer, Wolfgang: *Hannah Arendt. Mit Selbstzeugnissen und Bilddokumenten*. Reinbek bei Hamburg 1991.

Hoffer, Eric: *Der Fanatiker und andere Schriften*. Frankfurt a. M. 1999.

Kazin, Alfred: *A Lifetime Burning in Every Moment. From the Journals of Alfred Kazin*. Selected and edited by the Author. New York 1996.

Kramer, Hilton: *The Twilight of the Intellectuals. Culture and Politics in the Era of the Cold War*. Chicago 1999.

Mahrdt, Helgard: »Correspondence between Hannah Arendt and Alfred Kazin« (with an Introduction and Commentary). In: *Samtiden 1* (Oslo 2005), 107–154 [= Corr.].

Solotaroff, Ted (Hg.): *Alfred Kazin's America – Critical and Personal Writings*. New York 2003.

Young-Bruehl, Elisabeth: *Hannah Arendt. Leben, Werk und Zeit*. Frankfurt a. M. 1986.

八　玛丽·麦卡锡

　　玛丽·麦卡锡于 1912 年出生在美国西北部华盛顿州西雅图。在她出生的那一年，阿伦特正好 6 岁，并生活在东普鲁士那个历史悠久的首都柯尼斯堡，当时她父亲因为第三期梅毒正临近死亡。麦卡锡在 6 岁时突然间成了孤儿，她的父母没能逃过 1918 年的大流感瘟疫而去世。虽然阿伦特与麦卡锡的友谊并不建立在这些早年的人生经历上，但是她们两人童年时代家庭破裂和不确定性的经验，都剥夺了她们基于自然的好奇心，从外部世界转向内心，在自己内心的世界里寻找一个能够逃避她们丧失亲人的精神避难所。作为在罗马天主教信仰中长大的麦卡锡，主要是在严厉的宗教信仰以及拉丁文语言中寻找精神寄托（McCarthy 1957）；而阿伦特则在以她的母语创造和撰写的诗作与历史中，后来也在其他语言——特别是希腊语、拉丁语、法语和英语——的文学中找到了慰藉和一种永不枯竭的灵感源泉。这些诗作、历史故事和文学也伴随着她以后的人生，并为她的成功提供了良好的前提。

"我们的想法是如此相似"

当她们长大后又回到她周围世界中去的时候，对麦卡锡来说是一种自愿的回归，而阿伦特作为一个犹太人则是一种被迫的回归。但是她们两人内在的纪律意识和出色的教育都为她们各自出现在世界的舞台上做好了准备，在这个舞台上与别人一起参与表演，并面对这个世界的不确定性。不管是口语还是文字，她们所把握的语言的精确性，使她们比其他人更能感知事件的事实性质和细微差别，以及她们对不可预见事件的强烈预感也使她们比其他人更有勇气赞誉和挑战一些每天都会出现的特殊现象。她们这种赞誉或漠视某件事的基本一致性，促成了她们的友谊。当然她们也曾有过误解。那是在 1945 年，麦卡锡曾嘲讽希特勒说，"他使她感到遗憾，因为他荒谬地想施爱于他的受害者"（BwM 11）。这时距她们俩的第一次相逢有 1 年的时间，距阿伦特作为无国籍的逃亡者，作为被迫害的犹太人从被战争毁坏了的欧洲逃到纽约有 3 年的时间。麦卡锡对希特勒的嘲讽使刚到美国和结识麦卡锡不久的阿伦特产生了误解。后来阿伦特曾告诉别人，正是麦卡锡有一次回忆道："我们的想法是如此相同"，使得她对她们间的误解画上了句号，了结了她们间唯一的一次误会。

贝托尔特·布莱希特曾作出过如此的定义："一个逃亡者就是一个不幸的使者。"阿伦特认为这是"一种无比伟大和精确的定义"，并补充说，"逃亡者［……］为此承受［……］的很可能不只是他们自身的苦难，而是可能遍及整个世界的巨大不幸"（MZ 263）。当阿伦特 1941 年 5 月从欧洲逃往美国时，事实上就身负着这个世界所遭遇的巨大不幸；但是阿伦特发现那些美国国民都没有意识到这种巨大不幸的意义，因而美国人对以后发生的一系列以 7 个月后日军对珍珠港的轰炸和罗斯福总统对轴心国的宣战而到达顶峰的事件，也没有任何预感。为解脱作为一个逃亡者的负重，她把深刻理解人道主义和由无数代人 2500 年以来逐次在这个地球上所创造的文化的差异性，作为自己的历史使命；她从中看到了那些世界异化、经常无意识参与极权主义运动的大众，对人道主义和文化的差异性所构成的威胁。

经由麦卡锡的介绍，阿伦特以英语，一种她刚刚开始把握的语言，向纽约的知识分子阐述了自己关于大众与潜在破坏力的关联以及因此而构成的破坏力的观点，她的这一观点最初给纽约那些知识分子留下了深刻的印象。但大多数人很快便忘却了他们最初的恐惧，尤其是在德国战败后，知识分子表现出如同他们在职业生涯中常有的那种适应能力。而阿伦特则认为，盟军的军事胜利，不仅是必要的，而且也是值得称赞的；但还绝没有消除世界范围内出现那种迄今为止我们所理解的最大不幸的政治失范的根源。很可能只有麦卡锡——她是纽约知识圈的宠儿并非常了解他们，才能在阿伦特与一般知识分子不同的深深的怀疑主义中看到这其实反射了阿伦特自己的生活世界的境况。麦卡锡1949年发表的小说《绿洲》，抨击了纽约知识界狭隘的思维方式。阿伦特也曾把他们称为"一个真正渺小的杰作"（BwM 47）。阿伦特在1954年向她的女友更进一步把这些知识分子的思维描写为低能的深思熟虑或深思熟虑的低能（BwM 73），并又加上一句："我们那些热切期望一些并不存在的哲学信息的朋友们，绝不是些思想家或愿意与自己进行思想对话的思想家。"（BwM 74）只是这个以《党派论坛》或简单的"男孩"而闻名的知识分子团体，控制着所有在纽约出版的杂志。因此对于一个像阿伦特这样的作家来说，要想在纽约这个城市里做些事，只能参与他们的游戏。

没有根源的思维

阿伦特被迫参与纽约思想界游戏的处境，直到她1951年出版了《极权主义的起源》一书之后，才有所改变。《极权主义的起源》以历史叙述、哲学观察和诗一般的形象语言，揭开了"我们这个时代根本的不确定性"（OT, Preface to the First Edition, viii）给我们带来的新的持续危险，并阐释了这种根本不确定性的背景。这本著作终于使阿伦特成为一个独立的政治思想家。在她俩公开出版的书信集的第一封信中，麦卡锡称赞阿伦特的这本书，是"至少十年来人类思想的一个进步"（BwM 47），但也指出了阿伦特在其中的一种矛盾心态，在当时还没其他人意识到这一点。尽管阿伦特并没有以今天的哲学–政治语言表达自己的这种矛盾心态，但这种矛盾心态对于我们在半个世纪以后的今天理解阿伦特，有着决定性的意义。"一方面"，麦卡锡在给她的信中写道，"有时候，你几乎承认存在着一种近似美学规则的政治领导法则，而纳粹和斯大林则有着一种特别的通道通往这种法则，因为他们理解和预示了他们时代的精神，如同一个出色的大师，这就意味着，他们是某些已经存在着的柏拉图的影子"。"但是另一方面"，她继续写道，"你似乎又站在你自己这些观点的对立面，认为人不是一个普遍宇宙的解释者或杂技演员，而是一个没有固定模式的创造者"（BwM 47–48）。麦卡锡的这一批评，在今天已经不再意味着是阿伦特的一个错误，而是与错误相反，表明了阿伦特在这部著作中展现了两种思想道路，"遗憾的是"，她在以后才注意到，可惜没有在标题中反映出这部著作有两种思想道路的特色。阿伦特认为"起源"这个词，用得不太恰当，似乎让人觉得，她想写一本关于极权主义历史的书，也就是关于一种在历史上原本没有的历史。以另外的话来说，这就是麦卡锡指出的第一个矛盾心态，阿伦特在两年后写的一篇文章中曾试图对自己的这种矛盾心态作出些解释（Arendt 1998，43–44）。阿伦特无疑是信任人的理解力的，但如果我们这个宇宙是非理性的，或被公认为非理性的，那么这种信任无非是一种无效的、可怜的信任。同样，她也从确定性出发，将极权主义定义为一种如此可怕、新的、简直是前所未有的统治形式。如果这种矛盾心态脱离《极权主义的要素和起源》特有的语境，就能被理解为这是贯穿阿伦特全部著作的一种基本张力，那么它在快速沉静的思想自我对话中就是一种意义重大的结构性要素。阿伦特从没否认当代是过去时代的结果，并总是强调，过去的存在是稳定现实的力量支撑点，"只有从这个支撑点出发，人们才能开始改变或开始新的行动"（VZ 363）。自由是人的最大潜力，但只有当人的行动以未来为目标，自由才会成为现实；但是阿伦特又说，以形象判断形势表现的理性，或以诗人威廉·华兹华斯（William Wordsworth）的语言在最高意境中表达的理性（VZ 127），如同一把已经射中目标的箭，决定和规定了有判断力的人应当做些什么的意愿。阿伦特政治思想中诸多这类的复杂性，都受制于她构思中的这种相互对立的张力关系，其根源就是她的自我矛盾心态。

相互信任

麦卡锡和阿伦特都在她们的通信中感受到一种自由和开诚布公，她们能在信件中说一些在其他地方不能说或至少不会以这么直接的方式说的事。正是这种坦诚构成了她们间信件交换的一种特有价值，为人们进入这两位思想家的情感生活和有关一系列非常优秀的文学的闲聊，提供了一个短暂的机会，但她们也谈论一些与她们个人兴趣大有差异的话题。比如当麦卡锡向阿伦特询问近代怀疑主义的起源时，阿伦特为她开出了一份从笛卡尔到海德格尔的书单，并加上了"一些与历史境况无关的独立书籍"（BwM 76）。当代科学揭示了情感感受事实的不可靠性，阿伦特曾在别处详细谈论过，怀疑主义已经成为一种思考的方法或"仪式"（VA 293－97）；但是现在她又辩解说，"在一个思考终结点得出的某个事件是真实"的信念，实际上只是一种"谬误"，而且很"可能这就是西方哲学中一种最古老的谬误"。"经验的事实与思考的一种结果还离得很远，这种事实只是思考的开端。"（BwM 76f.）阿伦特认为在这里没有必要解释，什么是她所认为的一种经验事实，因而也没有必要讲清，是什么精神现象启发或刺激了那个正在思考的自我，以至于他的理解力不再产生怀疑，而只是做一些领会和认可；阿伦特相信麦卡锡理解了她所说的一切。

信任对方能够理解自己所说的和所写的。她们的这种相互信任，是他们信件交换的真正价值所在。一种只存在于朋友间的信任，并且只存在于如亚里士多德在很久以前所说的"另一个人的自我是我的自我"的那种朋友关系之中。还有一个例子是：当阿伦特的《艾希曼在耶路撒冷：关于平庸的邪恶的报道》（见本书第2章第6节第1部分）发表时，麦卡锡在对这本书的一片斥责声中为阿伦特辩解道，这本书对她"起到了一种清新道德的效用"；她"很高兴"，"整本书的旋律，没有对极权主义结构的仇恨，而是赞美一种超越，如同在费加罗或弥赛亚最后合唱部分那种天堂般的音乐"（BwM 258 Anm. 8）。此后，麦卡锡写信给阿伦特说，"她感到很遗憾，在文中提及了莫扎特和亨德尔"，但当时这么做，"只是为了不受压制，为了不像那些因为害怕敌人会以他们的真话反对他们而从不敢说真话的人"（BwM 258）。阿伦特在回信中小心翼翼地提醒女友，与莫扎特相比的表达"评价过高了"，但又加上一句，"我很喜欢你写的这一句子，因为你是唯一一个读者，理解了我通常从没公开承认的那一点，即我是在一种奇怪的兴奋状态下写这本书的"（BwM 260）。

阿伦特手册

道　别

阿伦特没有详细说明，是什么促使她以 20 年的努力，试图解开摧毁世界的邪恶，即那种在希特勒的集中营里显现出真实面目的邪恶，那种与阿道夫·艾希曼个人的平庸相加之后以极端形式表现出来的邪恶，并且在耶路撒冷激发了她有勇气去评判那些没有自身意义的事件——"邪恶的令人可怕的［……］平庸性；面对这种平庸，语言几乎失言；思考这种平庸，思想就告败北"（EJ 371）。这就是阿伦特的判断力所赋予她的力量，这正是麦卡锡已经听到的作为超越的赞歌。

1975 年 12 月，阿伦特出人意料地因为心肌梗死在纽约去世。正在巴黎的麦卡锡立即飞往纽约，并从机场直接驾车前往殡仪馆。当时那里已聚集了一些亲戚和朋友，在向逝者表示最后的敬意。但当麦卡锡刚想进入悼念大厅时，突然发现了大厅门上阿伦特名字的拼写错误，"汉娜"的结尾少了一个"h"字母，她是如此气愤，立马转身而走，动用一切力量，修改错字。这以后她才站立在阿伦特的棺边，默默地看着如今已闭上双眼的女友，似乎试图从自己的记忆中取出一幅有着女友活生生光彩的画像。离开殡仪馆后，麦卡锡写下了一篇道别词，这在某种意义上可以让人回忆起赫尔德赞美康德的颂词，但应以亲密的角度去理解，这篇道别词不仅在精神上而且也以生理机体的方式纪念阿伦特，将她"置放在一场如同精神悲剧的场景中"："她令人回忆起的，是人在自我意识和反思争斗中作为活动者和受难者的形象，这是一场两个人面对面的争斗：一个总是在说些什么，另一个则总是在回答或提问。"（McCarthy 1978，30）

不久之后，麦卡锡放下了自己正在撰写的中篇小说《食人族和传教士》，以腾出时间将阿伦特最后没有完成的著作《论精神生活》整理成书。当麦卡锡着手这一工作时，她相信这就是阿伦特委托和信任她的事，如她自己所说，"对我来说，她的这间房间绝对是当前的，当我书写时，她正在听我讲话；也许她还会以她沉思性的点头，对我表示赞同，也许她刚强忍住了一声哈欠"（LG 2，236）。

耶罗梅·科恩

由萨拉·金斯基（Sara Kinski）从英语翻译成德语

参考文献

Arendt, Hannah: »Eine Antwort an Eric Voegelin«. In: Hannah Arendt-Institut für Totalitari-
smusforschung e.V. an der Technischen Universität Dresden (Hg.): *Über den Totalitarismus. Texte
Hannah Arendts aus den Jahren 1951 und 1953* (Berichte und Studien Nr. 17). Dresden 1998.

McCarthy, Mary: *Memories of a Catholic Girlhood.* New York 1957.

– : »Hannah Arendt, meine schöne Freundin. Ein postumes Portrait«. In: *Die Zeit*, Nr. 3, 13.1.1978.

九　格斯霍姆·肖勒姆

当 18 岁的汉娜·阿伦特 1924 年在马丁·海德格尔和鲁道夫·布尔特曼那里开始
她哲学和宗教学科的学习时，早先的犹太神秘教义（Kabbala – Forscher）的研究者，
27 岁的格哈德·肖勒姆已经在巴勒斯坦生活了一年，在那里把自己改名为格斯霍
姆·肖勒姆。与肖勒姆所走的道路不同，阿伦特走上研究犹太事务之路，并不是一个
年轻人为了从自己那个已经被德国人同化的犹太家庭出走，虽然这种同化后来被看作
一种人生最大的谎言。阿伦特当时的直接动机是政治性的，是对德国日益加剧的反犹
太人主义的一种抵触。在阿伦特与肖勒姆成为朋友之前是否曾经见过面，严格地说，
这个问题至今仍无法十分确定。但可以肯定的是，他们的友谊建立于 1938 年，正值
阿伦特流亡巴黎之时，并经由瓦尔特·本雅明这个人和他的精神结为朋友，他是他们
两人的共同朋友。鉴于两代犹太人的解放和同化努力的失败，当时联结肖勒姆、本雅
明和阿伦特以及其他犹太人的是一个非常急迫的问题，阿伦特在 1935 年曾如此表述
了这个问题："如果给予犹太人一种新的精神内涵，是否就能成功地避免现在因同化
而出现的问题？"（Arendt 1935）

阿伦特在当时就意识到：肖勒姆对犹太教中的神秘主义的研究，为犹太人的自我
意识开拓了行动的新的层面。犹太人不再仅仅是历史的牺牲者，而且也是自己历史的
塑造者。正是在这一点上，肖勒姆感到自己被阿伦特的研究所吸引，特别是她关于犹
太女人拉埃尔·瓦恩哈根——曾以她在柏林的沙龙（成功地！）成为德国人与犹太人
交谈的主角——被遗弃的新发现（见本书第 2 章第 2 节）。阿伦特有关存在于犹太人

潜意识中贱民传统的理论（见本书第 4 章第 26 节），与直到那时为止的犹太自我认同有所相悖，因而没有赢得多大的理论辩解力（本雅明摘自 BwSch 295）；但阿伦特的理论又不同于肖勒姆重新发现的犹太神秘主义和教派，在犹太人企图以同化解放自己的时代，许多犹太人对这些神秘主义和教派或是缄默不言搁置一旁，或是丢却遗忘，甚至看成同化的阻力，如那些人所相信的那样，这些神秘主义教义是自己在通往西方幸福道路上要摆脱的一种障碍。

阿伦特和肖勒姆两人都在 30 年代末亲身经历了犹太人解放和同化的最终失败，都从各自独立的角度试图更新犹太人的历史图像，并期望在至今尚未作认真研究的犹太经验中寻找出能够重新建构犹太意识的素材。肖勒姆弯腰曲身在充满霉味的书籍之前，钻研犹太神秘主义中的反叛性事件和观点。在给朔肯出版社的信中，肖勒姆写道：“这里面有一些我们还不知道的事情。”（Scholem 1995，XI）而阿伦特则在有意识的犹太贱民的自我认同中，看到了一种深藏在犹太生活经验中的传统。肖勒姆主张一种“精神上的犹太复国主义”（Mosès 1994，169），阿伦特则也在自 1933 年以后公开支持移民巴勒斯坦，并主张在那里建立一个犹太人的家乡。但是促使阿伦特作为流亡者在政治上为犹太人做出努力的信念不完全等于犹太复国主义的信念；阿伦特认为，必须从整个犹太民族政治和文化的角度构思犹太人的未来。

以讨论瓦恩哈根为起点的阿伦特与肖勒姆的对话，鉴于欧洲传来的恐怖消息而有了一种另外的意义：肖勒姆请求她务必给他写信，因为这个世界现在是如此被“撕裂开来”（BwSch 26）。阿伦特的回答是：“还是听到了一些让人心安的消息，他们的来信如同脆弱和极细的线联结着我们，我们因此还想对自己说，至少他们还能通过这些细线与我们的世界联结在一起。”（BwSch 28）但是联结他们两人之间的线，却在 1946~1963 年由于两人不同的政治观点而经历了一场严峻的考验（关于他们政治观点上的分歧，主要比较 Raz–Krakotzkin 2001，关于阿伦特著作中弥赛亚主义的观点，请比较 Gottlieb 1993）。

1946 年以阿伦特《对犹太复国主义的再思考》一文为诱因，开始了他们间关于犹太政治重组原则和巴勒斯坦未来的争执。肖勒姆一直认为他所认识的阿伦特是一个优秀的女人，一个杰出的犹太复国主义者（Scholem an S. Spiegel，BwSch 13），但在这时他认为阿伦特这篇批判犹太复国主义文章的内容，根本不符合犹太人在巴勒斯坦受到威胁的生存状况，因而对阿伦特感到失望，感到被激怒和受伤害。其实当时他们两人的政治见解相距并不太远；肖勒姆同样也认识到阿伦特所批评的犹太复国主义内部划一化的问题，他自己就曾抱怨"一种道德上的犹太复国主义正在堕变为政治现实主义的惯常实践"（Mosès 1994，231）。他对阿伦特犹太复国主义批判所做的回答是："作为一个老布里特沙洛姆人①，我自己也肯定属于他们的对立面"（BwSch 94），并强调他总是对与之相邻的阿拉伯人或国家有着一种理解，主张建立一个双民族的共同国家。虽然肖勒姆在原则上非常赞同批判的可能性，但鉴于纳粹的大屠杀和犹太人在巴勒斯坦所受到的生存威胁以及斗争和被袭的现实，因而期待人们声援和支持犹太复国主义。但在 1946 年连接这两位主要人物谈话的线条还尚未完全扯断，他们还认真阅读对方的著作。阿伦特将肖勒姆的《犹太神秘主义的主要趋向》评价为是修正整个犹太人历史的里程碑，而肖勒姆也对阿伦特《极权主义的要素和起源》一书作了赞赏性的评论（见本书第 2 章第 4 节第 1 部分）。

他们两人的第二次公开争论是围绕阿伦特 1963 年所写的《艾希曼在耶路撒冷》的报道，这次争论导致他们的友谊又一次破裂。尽管阿伦特与肖勒姆不同，在报道中赞同以色列法庭判决艾希曼死刑，但对审判的程序有异议；另外她也批判了犹太人委员会在大屠杀中所起的作用，并对此提出质疑——在极权主义的状况下，当人的生命受到威胁的时候，是否真的没有可以行动的机会？在报道中，阿伦特把艾希曼描绘成一个大屠杀的凶手，但是这个大屠杀凶手给人的真正恐怖在于，"他从事屠杀，却没有屠杀的动机"，他只是"出于他的职业习惯而屠杀"；他的这种毫无顾忌的屠杀是任何一个人作为人而无法想象的（IWV 43）。鉴于艾希曼这种毫无顾忌的屠杀，阿伦特概括出了"平庸的邪恶"（Banalität des Bösen）这个概念。肖勒姆谴责阿伦特关于

---

① Brith - Shalom - Mann，即主张巴勒斯坦既不是犹太人的，也不是阿拉伯人的，而是一个双民族的国家。——译者注

阿伦特手册

艾希曼审判的报道，认为这篇报道不仅将纳粹灭绝犹太人的政治平庸化，而且也对在纳粹专制时期身处一种前所未有的绝境中的犹太人委员会代表做了一种自以为是的攻击。那个根本不在现场的人，怎么可以对此做出评判？肖勒姆（BwSch 429）呼吁阿伦特出于对犹太人的爱（Ahabath Israel），应当抛弃政治前嫌再一次团结和支持犹太人。

阿伦特与肖勒姆在 1939～1949 年的通信可以划分为他们通信的第一阶段，约占他们全部通信的三分之一篇幅，这一阶段信件涉及的都是些"犹太人事务"（BwSch 47）：关于在欧洲的战争，围绕巴勒斯坦状况的争论，有待重新探讨的未来犹太政治，以及犹太教的更新。1949 年夏至 1951 年末是他们通信的第二阶段，这一时期的信件揭示了他们间一些几乎无人知晓的共同的人生行动：汉娜·阿伦特当时担任总部设在纽约的犹太文化重建委员会（Jewish Cultural Reconstruction，简称 JCR）的总秘书长，格斯霍姆·肖勒姆则作为耶路撒冷希伯来语大学的代表，两人紧密并极其相互信任地共同为犹太文化重建这一国际性组织工作两年之久。这一组织是犹太人的信托公司，管理被纳粹抢夺的犹太人的艺术和文化物品，特别是档案和书籍，有时甚至是整个图书馆，以及一些从战后德国拯救出来的托拉卷轴（Thorarollen），烛台（Kandelaber）以及价值连城的，有些甚至是中世纪的手迹；并且他们也在一种活生生的"犹太文化氛围"（1947 年阿伦特一次讲座的标题，JW 298 - 302）的背景中运作这些，那就意味着前往以色列、美国或其他一些有着重要犹太社区的国家。因此他们两人也受犹太文化重建委员会之托分别前往德国，几乎以侦查罪犯的能量和方法，在德国找到和拯救了许多无价的有关迫害犹太人和犹太人自我解放的原始资料，正是由于他们的这种紧密合作，历史学家在今天，特别是在耶路撒冷还能看到资料。

结束他们在犹太文化重建委员会的共同工作之后的 1952～1964 年，开始了他们信件交流的第三阶段。在这期间，阿伦特以极大的兴趣追踪肖勒姆自 1950 年以来不多的几篇以德语或英语发表的文章。信件交流的许多内容都涉及后来阿伦特在《人类生存条件》/《积极生活》（见本书第 2 章第 1 节第 5 部分第 5 段）著作中所提及的对犹太根源的关注，比如关于犹太人所设想的在天堂的工作（BwSch，392 - 397）。

阿伦特手册

因此阿伦特并不是出于礼貌而如此写道："这是一种多么难以置信的舒适，获得历史和实质的信息而不需现代的废话或诠释先生们浅薄的想象。"（BwSch 391）正是摆脱诠释思维的强制性，肖勒姆才得以在他的著作中将那些流传下来的但被埋没的叙述和画面逐一地移植进现代之中。肖勒姆对犹太教中的神秘主义感兴趣的，并不是犹太人神秘主义中那部分广为流传的神的创世说，他的激情所在是犹太神秘主义者科尔多费罗（Cordovero）、卢里亚（Luria）和加沙的纳坦（Nathan von Gaza）的著作中表现出的灾难性的世界图像。

信件是转移了的人们期望相遇的地点。事实上如我们所知，阿伦特与肖勒姆的见面并不频繁，可以列数的大概是 1933 年之前在柏林，1935 年在巴勒斯坦，1938 年在巴黎多次，1949 年春在纽约，1952 年夏在苏黎世，1956 年与 1957 年间可能在纽约多次，以及 1958 年可能有一次在巴塞尔。1961 年，当阿伦特前往耶路撒冷参加艾希曼审判时，肖勒姆显然那时并不在以色列。

他们两人在从 1938 年到 1964 年的友谊期间，谁也没公开谈论过瓦尔特·本雅明的著作。1965 年出版了肖勒姆关于本雅明的讲座稿件，1967 年汉娜·阿伦特以英语发行了本雅明的散文集，并以德语写了一篇编后语，发表在《水星》杂志上。肖勒姆认为在本雅明受孤独恐怖威胁的人生中，有着一种对群体的渴望，但他渴望的不是一种乌托邦式的，而是革命式的"共同面对世界末日的群体"。阿伦特强调，本雅明认为犹太复国主义如同马克思主义，它们的问题并不在于肯定意识形态的积极一面，而是由它们的"批判所造成的'负面'效应"（MZ 219）；确实如此，本雅明早已知道，这两种主义的"所有解决方案不仅有着与现实不相符合的客观错误"，而且也把他个人"导向一种似乎可以获得拯救的谎言"，而正是这种谎言使他失去了"对自己的处境做出积极评判的机会"（同上，221）。在关于本雅明的文章中，阿伦特明确地表明了她与肖勒姆的共同点：对历史目的论的批判和一种洞察力——即使在一个如日中天的时代，仍能坚持认为在既定的存在中有着一个活生生的世界末日的层面；并且正是这扇活生生的世界末日的小门，为弥赛亚走近我们的现存世界提供了通道。阿伦特在文章中写道，"不管是在德国或欧洲，还是在犹太人的传统中，都没有回头路可走"，"过去事情的自身只是那些没有口头流传下来的事情，那些能够流传下来的似乎近似现代的事情，恰恰是由于它们不同寻常的特性"（同上，231）。这就非常清楚地表现出，阿伦特在关于本雅明文章的语境中也高度评价了肖勒姆的思维方法。她对肖勒姆的批评是她认为肖勒姆没有理解，本雅明"完全禁止自己回归和继续任何传统"（同上，228）。肖勒姆针对阿伦特关于本雅明的评论声明说："对他来说，宗教，不只是如汉娜·阿伦特认为近年来有所限制的神学，并且同时也是一种最高规则。"（Scholem 1997，73）但肖勒姆仍然很赞赏阿伦特文章的第一部分，只是对其中的一个句子感到恼怒，在这个句子中阿伦特非常具体地描述了本雅明与共产主义和犹太复国主义等乌托邦运动的关系。阿伦特写道，如果共产主义能每个月都给他养老金，他肯定会随时学习辩证思维；如果他能够从犹太复国主义那边每个月得到 300 马克，他就会愿意学习希伯来语（MZ 217）。肖勒姆认为，这段话伤害了他个人和精神上的努力，因为他想将本雅明作为重要的犹太思想家引进到巴勒斯坦去的。

关于信件的流传

直到 2010 年，他们两人的关系给公众的第一感觉是他们政治上的对立（见 Scholem 1995，XIX）。这一对立起因于汉娜·阿伦特撰写的关于艾希曼审判一书，1963 年第一次公开发表了汉娜·阿伦特和格斯霍姆·肖勒姆的两封信件（BwSch，Brief 132 und 133，428‑446）。先是 1963 年 8 月 16 日发表在德语的中欧移民组织的机关报《通讯》第 33 号上，然后发表在 1963 年 10 月 20 日的《新苏黎世报》上；1964 年 1 月《相遇》杂志刊登了经由阿伦特审阅的这两封信件的英语译文，1964 年 1 月 31 日刊登在希伯来语的报纸《什么》，以及 1963 年 12 月 20 日纽约《建设》杂志刊登了阿伦特信件的节录。90 年代中期由伊塔·舍德勒茨基（Itta Schedletzky，Scholem 1991）以及由托马斯·施帕尔（Thomas Sparr，Scholem 1995）发行的《肖勒姆书信集》公开了一些直至那时尚未为人所知的信件。2003 年出版了由德特勒夫·舍特克尔（Detlev Schöttker）和埃德姆特·维茨斯拉（Erdmut Wizisla）共同发行的《阿伦特与本雅明》这一卷中的节录。

2010 年第一次发行了以玛丽·路易·克诺特为主，达维德·赫雷迪亚（David

Heredia）参与协助的从各种档案搜集并加上评注的《汉娜·阿伦特与格斯霍姆·肖勒姆：1939～1964 年的信件交换》，这本书信集除了他们两人的交流信件外，还收入了阿伦特为肖勒姆《犹太神秘主义的主要趋向》一书所写的书评（1941），以及阿伦特为 JCR 纽约总部所写的 5 篇关于德国的报道（《Field Reports》）。这些信件的公开发表有助于人们对这两位重要的德裔犹太思想家的友谊和他们在大屠杀之后围绕犹太人自我认同而展开的有关时代和精神史的争辩，做出恰当的评判。

玛丽·路易·克诺特

参考文献

Arendt, Hannah: »Martin Buber, Un guide de la jeunesse«. In: *Le Journal Juif* XII, 17 [23 Nisan 5695] (1935), Paris 1935.

– : »Zionism Reconsidered«. In: *Menorah* 2 (1945), 162–196 (wiederabgedruckt in: JW 43–374; dt.: »Der Zionismus aus heutiger Sicht«, in: VT, 127–168).

– : »Creating a Cultural Atmosphere«. In: *Commentary* 4, 5 (1947), 424–426 (wiederabgedruckt in: JW 298–302).

– : »Walter Benjamin, 1892–1940« [1968]. In: MZ 179–236.

Aschheim, Steven: *Scholem, Arendt, Klemperer: Intimate Chronicles in Turbulent Times.* Bloomington 2001.

Gottlieb, Susannah Young-ah: *Regions of Sorrow. Anxiety and Messianism in Hannah Arendt and W. H. Auden.* Stanford 1993.

Mosès, Stéphane: *Der Engel der Geschichte.* Frankfurt a. M. 1994.

Raz-Krakotzkin, Amnon: »Binationalism and Jewish Identity. Hannah Arendt and the Question of Palestine«. In: Steven Aschheim (Hg.): *Hannah Arendt in Jerusalem.* Berkeley/Los Angeles 2001, 165–180.

Scholem, Gershom: *Major Trends in Jewish Mysticism.* Jerusalem 1941 (dt.: *Hauptströmungen der jüdischen Mystik.* Frankfurt a. M. 1992).

– : »Walter Benjamin«. In: *Leo Baeck Yearbook* 10 (1965), 117–136 (dt.: »Walter Benjamin«. In: *Neue Rundschau* 76 [1965], 1–21; Nachdruck in: Ders.: *Judaica II.* Frankfurt a. M. 1970, 193–227).

– : *Briefe. Band I.* 1914–1947. Hg. im Auftrag des Leo Baeck Instituts von Itta Shedletzky. München 1991.

– : *Briefe. Band II.* 1948–1970. Hg. im Auftrag des Leo Baeck Instituts von Thomas Sparr. München 1995.

– : *Walter Benjamin. Geschichte einer Freundschaft.* Frankfurt a. M. 1997.

Schöttker, Detlev/Wizisla, Erdmut (Hg.): *Arendt und Benjamin.* Frankfurt a. M. 2008.

Suchoff, David: »Gershom Scholem, Hannah Arendt and the Scandal of Jewish Particularity«. In: *The Germanic Review* 72, 1 (1997), 57–77.

Sznaider, Natan: *Gedächtnisraum Europa. Die Visionen eines europäischen Kosmopolitismus. Eine jüdische Perspektive.* Bielefeld 2008.

十　少量的与其他人的通信

"不要毁掉这些信!" 1969 年 5 月 5 日汉娜·阿伦特在给埃迪特·古里安（Edith Gurian）的信中这么写道。埃迪特·古里安是 15 年前去世的政治学家及阿伦特的朋友瓦尔德马·古里安的遗孀。"没有这些甚至完全是私人间的通信"，以后的历史学家就无从着手研究（LoC, Box 11）。确实如此，保存在华盛顿国会图书馆的阿伦特遗物中的那些各种各样多多少少的信件，就成了相聚和友谊的见证，也记录了在那个黑暗年代的言论和沉默。这确实以最不同的方式给研究那个时代的历史学家提供了众多素材。

信件是人们寻找和期望相遇的一个变换了的地点，或是人们为自己留出的一个空间。阿伦特的信件是一种谈话，是与生者、与死者、与诗人、思想家，也就是她与熟人和朋友的一种谈话。她对谈话和友谊的这种喜爱，贯穿了她的生活和她的著作。阿伦特在 1943 年 11 月 2 日给萨洛蒙·阿德勒－鲁德尔（Salomon Adler-Rudel）的信中这么写道："其实我最苦苦需要的是一台书写换位思考文字的机器，然后把这些写下的文字装进信封，寄往正确的地址。只是还没人发明这台机器，我也就不可能收到它写给我的信，那我只能麻烦我的那些朋友们给我写信。其实我给你写过许多这样的信，但只有我清楚地知道，你从来没有收到过这些信件。唯一的理由是：还缺少这么一个真正的机器。"（Arendt/Adler-Rudel 2005）在那些与阿伦特有较少信件来往的人中间，这里挑出了三个人。从这些保持在各档案的信件片段中，人们能够在每封信中都依稀感受到他们实际对话内容的痕迹。

1941～1943 年与萨洛蒙·阿德勒－鲁德尔的通信

在历史档案中，我们找到了 9 封他们两人的交流信件。第一封信由汉娜·阿伦特写于 1941 年 2 月 17 日，时值她在里斯本的逃亡期间。最后一封信写于 1943 年 12 月 22 日，由萨洛蒙·阿德勒－鲁德尔从伦敦寄给已经生活在纽约的阿伦特。阿德勒－鲁德尔 1894 年出生在切尔诺夫策①，1915～1918 年，曾在维也纳任犹太复国主义工

---

① 现乌克兰的一个地区。——译者注

入党总书记，1919～1934 年在柏林担任东欧犹太人慈善组织主席，1934～1936 年任全德犹太人协会总书记，1936 年流亡伦敦，在那里作为国际犹太组织中的德国犹太人代表，直到 1945 年；1945 年移民巴勒斯坦在犹太人事务局工作，自 1958 年起直到他 1975 年去世担任耶路撒冷莱奥·贝克学院院长。

在充满战争硝烟的 1941 年，对欧洲的犹太人来说，是一个逃亡、等待、"寻找应急办法"、东躲西藏和提心吊胆的一年，经历了迫害、遣送和关进集中营以及死亡。正是在那一年，阿伦特用打字机写了给萨洛蒙·阿德勒 - 鲁德尔的第一封信——"里斯本，1941 年 2 月 17 日，亲爱的鲁德尔"。在他们以此开始的信件交往内容，主要是报道和反思有关法国的反犹太人主义，犹太人无法律保障的境况，战争的消息，集中营，可能的抵抗和逃亡，以及伦敦的日常生活和英国的战争宣传。当时在里斯本等待前往美国的阿伦特，虽然身处恐惧和耗费精神的等待中，仍保有了自己的幽默："这整个的移民令我回想起以前的那个有趣游戏——人，不要生气；在游戏中，每个人都要掷骰子，并以得到点数往前或后退，有时甚至会完全回到起点，必须重新开始。"阿德勒 - 鲁德尔在 1941 年 5 月 2 日给阿伦特的信中写道："在我们所经历的这个时代的一切灾难中，最令人难受的是当我们听到这些消息时的那种完全无助的感觉，这比那些已经够糟的实际发生的事件更糟糕，也更令我们震惊。"

很可能先是在柏林后来在巴黎，阿伦特与阿德勒 - 鲁德尔在 20 世纪 30 年代已经建立了深厚的友谊，因此有段时间他们经常傍晚在巴黎的蒙帕纳斯大厦前见面和谈论世界局势。那些保留下来能够为历史学家提供许多素材的信件中，也记录了他们信件交换的路途。第一封信从里斯本寄往伦敦，阿德勒 - 鲁德尔的回信最初是寄往里斯本，但阿伦特很可能已经收不到这封信，所以又寄往纽约。他们通过信件的谈话一直持续到 1943 年底。他们间的第一封信是以德语撰写的，从 1943 年起则两人都开始改用英语写信，以便能够较快地通过官方的信件检查。除此之外，人们也能从他们的信件中了解到，生活在伦敦的德国犹太人也能在战争中阅读到在纽约发行的德国犹太人报纸《建设》，并且受人喜爱！他们的信件也证实了不管在伦敦还是在美国，犹太复国主义组织内部围绕犹太人斗争的政治状况和政治策略，有着几乎令人绝望的争执。阿伦特

和阿德勒 – 鲁德尔从各自的立场出发都对犹太人代表机构的巴勒斯坦中心主义作了批判。

　　信件告诉我们，远在伦敦的萨洛蒙·阿德勒 – 鲁德尔也很关注阿伦特参与的犹太事务（见本书第 1 章）："你正在组织的青年犹太人团体使我很感兴趣，因为我大约也在这同一时间里，想在我们这儿社团内部的范围里抹去一些灰尘，'对我们政治'的重新定位提出一些异端性的建议。如通常那样，人们以一万个可能是正确的理由来说服我，使我不得不屈服，很快放弃了自己以头撞墙的方式。"（1. 10. 1942）阿伦特在回信中写道："那是一堵橡胶做成的墙，我也已经放弃了。"（23. 2. 1943）但汉娜·阿伦特并没有放弃对犹太复国主义政治斗争的批判，而是在 1944 年底发表了《对犹太复国主义的再思考》一文（JW /KdZ；见本书第 2 章第 3 节；第 4 章第 47 节）。但是如我们所知，他们的信件交流结束于 1943 年。我们可以猜测，这两位曾经的朋友在有关"赔偿协议"的讨论会中，以及后来为莱奥·贝克的共同工作中重又相逢并见过面。

　　阿伦特的遗信涉及在战争和流亡期间的具体政治问题的并不多；其中有 1942 年与新教神学家保罗·蒂尔西（Paul Tillich）的一次谈话（Arendt/Tillich 2002），涉及的内容是关于作家埃米尔·路德维希（Emil Ludwig）传记中有关"德国人本性"的问题，以及战后德国的前景。但事实上阿伦特与同是流亡者的保罗·蒂尔西的近距离交往，更多是出于她与保罗·蒂尔西的情人希尔德·弗兰克尔的友谊。

　　至此还没有公开发表的希尔德·弗兰克尔在 1949～1950 年与汉娜·阿伦特的信件交往（LoC，Box 10），是她们两人发自内心深处的友谊的见证（Knott 2006），尤其是当时希尔德·弗兰克尔已经患上了致命的肺癌。1950 年初，阿伦特在给她的一封信中写道："亲爱的［……］我很难确切表达，我有多么感谢你，不仅是我还从来没有体验到的，在与一个女人亲密关系中所感受到的那种轻松愉快，更由于这种亲近幸福有着一种不会丢失的感觉；而且恰恰因为你不是一个知识分子（这是一个可恨的词）而使这种幸福变得更充实，我在其中获得了对我的自我和我真实信念的一种确认。［……］我无法想象，一旦没有你，我该怎么生活；我会因为没有你而变得贫穷，似乎一个人刚刚学会了说话，却不得不对那些最重要的事情保持沉默。"（LoC，Box 10）

阿伦特与她的通信中有着许多这类渴望相遇和彼此忠诚的内容。但阿伦特也从自己对拉埃尔的研究中懂得：沉默是避免误解的最好保护。在阿伦特许多信件的谈话中，都可以找到她关于沉默的观点。

与本诺·冯·维泽从 **1953** 年到 **1973** 年的通信

汉娜·阿伦特在海德堡上大学时就已结识当时也在那里读大学的本诺·冯·维泽，并结为朋友。但阿伦特在 1945 年后并不愿意立即与他重新恢复从前的关系，这自然有她的理由。本诺·冯·维泽在 1945 年战后曾提起过他与作为犹太人的汉娜·阿伦特之间隔着一条鸿沟，这是指他自己在纳粹国家社会主义时期的职业生涯：冯·维泽从 1933 年起就是纳粹党（NSNAP）的成员，1936 年任副教授，并因此而在战时"免服兵役"。1945 年去纳粹化以后，他的职业生涯得以继续，最初作为日耳曼语言学家留在明斯特，50 年代中期在波恩任正教授。关于他与阿伦特的谈话并没有流传下来，但在阿伦特的遗物中保存了 21 封（大多是冯·维泽写给阿伦特的）信件（LoC，Box 16）。他在 1953 年 10 月 17 日给阿伦特的信中写道："我从雨果·弗里德里希（Hugo Friedrich）那里听说你不想再和我有什么来往，但我还是给你写信，因为我认为，你还是应当与我重新和解，理查德·阿勒温（Richard Alewyn）这期间也完全这么做了。[……]难道你真的希望永远终止我们之间任何可能的'交流'吗？"（这封和下面的一封信都引自 Knott 2011，86）。作为附言，他又以手写加上了一句："难道你认为海德格尔比我更值得重又与你相聚吗？"阿伦特在一封至今仍未知的信中，对他的提问显然作了比较友好的回答，这表现在本诺·冯·维泽的回信中，他在回信的开头写道："你昨天的信，使我感到一种真正极大的高兴"，随着年代的推移，已经多少年甚至十几年过去，由于成功地越过了"我们之间内在和外在距离的鸿沟"，应当达成的和解也已出现。

但是 1964 年又有一条鸿沟出现他们两人之间。鉴于冯·维泽任职的波恩大学以及德国日耳曼语研究协会曾过于热情地参与纳粹活动而遭受批判。本诺·冯·维泽在《时代》周报上发表的一篇题为"对尚未了结的过去时代的关注"（Wiese 1964）的文章中，提及自己对过去的纠结。文中写道："没有人愿意承认，他曾经有过错误的思想或错误的行动。［……］回忆过去［……］并不意味着那时的整整一代人，现在都要被绑架在耻辱柱上遭受谴责，况且这些人大都已经自十年前开始承担着公共性的职务"。他文章中还有一些其他句子，如"我们只不过服从了那个时代的时代精神"，或"时代精神总是比野蛮意识更明显地揭露自己"。他把发表在《时代》周报上的这篇文章寄给了汉娜·阿伦特，文章的内容使阿伦特感到震惊。阿伦特在 1965 年 2 月 3 日的回信中指出，他并不是服从了那时的时代精神，而是比许多其他人更早地担忧他的"公职生涯"。并具体地指责他，在 1933 年就已经"要求大学去除'外族的血液'"。阿伦特责问他，"那时你知道谁有这些外族人的血液"？她对这个题问作了简洁的自我回答："其实就是我，就是在几个月前还算作是你的好朋友的我。"

阿伦特与冯·维泽自 1953 年后曾多次会面，维泽也曾多次试图邀请阿伦特作为卡夫卡和布莱希特的专家为他的日耳曼文学纲要讲课，但不管他出于什么动机，都没有得到阿伦特的承诺。维泽发表在《时代》上的文章以及随后两人互有冲突的信件都显示了，由于他的行为而筑成的两人之间的鸿沟，不管用多少友好的词语和信件，都无法填补。阿伦特把他们之间的鸿沟并不理解为是他们个人之间的不和，而是从她的政治角度分析他们间的这种不和与鸿沟。鉴于冯·维泽在纳粹时期纠结，阿伦特要求他，如同她曾经给雨果·弗里德里希的信中那样写道，这里涉及的是严肃对待遭遇和震惊，不要以所谓的世界历史为借口为自己辩解（Knott 2011，66）。人们尤其能够在阿伦特与她的希腊语老师纳粹主义者理查德·哈德尔（Richard Harder）的重逢中，直观地研究阿伦特关于遭遇和震惊这一写自 1953 年的格言（Ludz 2008）。这也表现在阿伦特与汉斯－玛格努斯·恩岑斯贝格尔（Hans Magnus Enzensberger）信件争论的内容中。阿伦特在信中指出他的反美国主义只不过是以所谓的世界历史为借口的一种逃避企图（Arendt/Enzensberger 1965；Wild 2009）。许多与阿伦特有所交往、交谈或是受她影响的德国人，当时都处在一种根本的变动中。比如与阿伦特交换信件的女作家希尔德·多明，当时正准备重新回到德国；英格博格·巴赫曼则正处在她的"死亡行动"周期的门槛边（比较一些较少保留下来的阿伦特与巴赫曼的通信，Knott/Hahn 2007，107）。谁在寻找变动，就会发现一个不以常规框架思维的阿伦特。汉斯·玛格努斯曾最清楚不过地讲述了自己阅读《极权主义的要素和起源》一书的经验，"阅读这本书之后，人们会说，从今天起我看那些事物就完全不同了"——这是一种人们不太经常能够获得的经验（Wild 2009）。

也许为了终究有一日能够接近真理，并且正是鉴于纳粹国家社会主义的恐怖统治和暴行，阿伦特认为重要的是首先必须严肃面对个人在这些事件和纠结中的责任。"这不符合事实"，她在给本诺·冯·维泽的信中写道，"你服从了希特勒形态的时代精神；当时的真实状况是，你出于对这个自然非常令人害怕的时代精神的恐惧而屈从了它。这是两种不同的情况。正是因为你愚笨地不愿承认自己的恐惧，才很不幸地让自己屈服于那个时代精神。现在首先谈谈第一个问题：当时的那种害怕是如此合理，如果否认这种害怕，便不免是愚蠢的。第二个则是另一个层面上的问题。对我来说，我最不愿意的是不得不对你作一种谴责。我只不过想对你发些牢骚而已，我认为对你个人来说似乎更好些，如果你自己而不是任何其他人，能够承认你过去曾经有过的害怕，你当时参加纳粹是出于害怕而不是出于信念，那么也就根本不会再出现信念这个词，你也因此能够清楚地看到，你必须怎样继续前行，什么是你不需要说的或发表的。你应该把你的评判留给你自己的"。

阿伦特继续写道，他最好也应该向德国的年轻人讲述自己当年的恐惧：

> 事实很清楚，年轻的一代人是自己能够阅读的，但是你们那时写的那些东西，并不是今天才刚刚被认为是滑稽的。[……]而且那时把你们推向胡说八道的那种恐惧，更难为今天的年轻一代所理解。因此你如果说，我们屈服了那时的时代精神，这听上去就似乎很美，这就会使人忘了，那是一个貌似骗婚者的希特勒，而不是一个如拿破仑那样的人物，代表了时代精神。我担心，你已经忘了这一切。无论如何，如果我处在你的境况，我会早就已经一万次地承认自己当时的恐惧，并且承认我那时写的那些胡说八道只是出于恐惧而做的一种自我保护，没有任何其他动机。上帝知道，我并不想咒骂你，当时我们在纽约和解时，我就已懂得这一切，并且也是严肃对待这一切的。

现在应该结束了。我很生气，并且我还是以前的那些看法，你还没真正搞清楚当时的那些事情；既然你自己还没搞清楚这些事情，那么对你来说最好还是闭上你的嘴。不只是你一个人对过去持有这样的态度，这并不能成为你的借口。但这同时也解释了为什么你们与年轻一代人之间相互陌生甚至到了异化的程度。在我看来，你们失职了两次，不仅是在希特勒的统治下，尤其是在希特勒之后（Rossade 2007，179f.）。

在这封信之后，他们两人仍有些信件来回越过大西洋，但那些信件内容的分量都不能与这封信做比较。

1963～1964 年与梅利塔·马斯曼（Melitta Maschmann）的通信

与阿伦特和本诺·冯·维泽的通信不同，她与梅利塔·马斯曼之间的信件交换只持续了很短的一段时间，共留下四封信件，其中的三封是马斯曼女士从达姆施塔特写给阿伦特的，一封是汉娜·阿伦特从纽约寄给马斯曼的。她们间的第一封信写于1963年7月3日，最后一封写于1964年4月4日。马斯曼出生于1918年，1933年刚好15岁。1963年出版了她《结论：不是一种申辩的尝试》一书。书中讲述了她在那个时代参加希特勒青年团以及德国女青年团的情况，描述了她当时对纳粹的崇拜和她在这些团体中的迅速提升，1945年时甚至当上了帝国青年领袖的教员。该书出版后，她把自己的这本书寄给阿伦特，并随书附上一封信，公开承认自己当时的过错。"允许我告诉您，在我阅读了您的所有著作、文章和听说了您的情况之后，我对您就怀有一种真诚的尊敬。"但她也承认自己在漫长的45年之后，仍忠诚于自己当年的"理想"，是一个有着坚定信念和充满激情的纳粹主义者。阿伦特在回信中写道："我感觉您完全是出于一种真诚，否则我也不会给您回信。"阿伦特在马斯曼的身上，如同稍后在冯·维泽那里，认出了他们对问题实质的一种回避。阿伦特总结马斯曼的行为是"滥用了我们的理想主义"，并提问：是否真的存在一种理想，为了这种理想而值得去牺牲别人？纳粹青年团在事实上究竟有着哪些理想？对于这封信中所提出的问题，阿伦特在艾希曼审判之后有了更明确的表述。阿伦特问马斯曼女士，当时的情况是否不是出于信念，更多的是您当时作为一个 15 岁的孩子由于无法忍受显得有些无聊的生活，"因而愿意去做任何一件您以为是有意义的事情"？也许阿伦特已经惊恐地发现这些人除了行动的欲望外，还有着一种想把握职权的欲望。阿伦特以极大的努力和关注在信件中与战后的德国人交流，就是为了回答这么个问题：人们怎么才能够找到恰当的词汇和语言来表述那些曾经发生的事件？应当寻找出的词汇和语言，不是用来掩盖而是能够揭示由纳粹国家社会主义挖掘的深渊。在由京特·高斯（Günter Gaus）对她所做的采访中，阿伦特论证了自己对这个问题思考的结论：在已经疯了的德语中是无法找到她所需要的词汇和语言的（IWV 61）。

玛丽·路易·克诺特

参考文献

Arendt, Hannah/Adler-Rudel, Salomon: »Briefwechsel 1941–1943«. In: *HannahArendt.net* (2005), http://hannaharendt.net/documents/briefe_2.html;ferner:http://hannaharendt.net/documents/Knott.html.

– /Domin, Hilde: »Briefwechsel 1960–1963«. In: *Sinn und Form* 3 (2010).

– /Enzensberger, Hans Magnus: »Politik und Verbrechen. Ein Briefwechsel«. In: *Merkur* 19,4 (1965), 380–385.

– /Fränkel, Hilde: Briefwechsel 1949–1950, LoC, Box 10.

– /Gurian, Waldemar und Edith: Briefwechsel 1948–1969, LoC, Box 11.

– /Maschmann, Melitta: »Briefwechsel«, mit einer Einleitung von Ingeborg Nordmann. In: *Hannah Arendt Newsletter* 5 (November 2001).

– /Tillich, Paul: »Briefwechsel«. Hg. von Alf Christophersen und Claudia Schulze. In: *Zeitschrift für Neuere Theologiegeschichte* 9, 1 (2002), 131–156.

– /Wiese, Benno von: Briefwechsel 1953–1973, LoC, Box 16.

Knott, Marie Luise: »›Das Glück, Dich gefunden zu haben‹. Eine Freundschaft unter Frauen: Hannah Arendt und Hilde Fränkel«. In: *Jüdischer Almanach 2005/2006*. Frankfurt a. M. 2006.

– : *Verlernen. Denkwege bei Hannah Arendt.* Berlin 2011, 61–90.

– /Hahn, Barbara: *Hannah Arendt. Von den Dichtern erwarten wir Wahrheit.* Berlin 2007.

Ludz, Ursula: »Eine erste umfassende Studie über den Nationalsozialisten Richard Harder«. In: *HannahArendt.net* (2008), http://hannaharendt.net/documents/harderIV. html.

Rossade, Klaus-Dieter: *Dem Zeitgeist erlegen. Benno von Wiese und der Nationalsozialismus.* Heidelberg 2007, 179–183.

Wiese, Benno von: »Bemerkungen zur unbewältigten Vergangenheit«. In: *Die Zeit*, 25.12.1964.

Wild, Thomas: *Nach dem Geschichtsbruch. Deutsche Schriftsteller um Hannah Arendt.* Berlin 2009.

第3章 总体境况

第1节 对古典和近现代思想家的解读和评判

一 古典思想家

汉娜·阿伦特在希腊和罗马古典思想的基础上，建立并发展了她自己对历史（见本书第 4 章第 13 节）和自由政治的理解。她在对古典思想的追忆中，找到了共和思想的人道主义基石，并以此作为她对极端主义的回答（见本书第 4 章第 36 节，第 2 章第 4 节）。在伟大的古典传统中，她按自己的理解模式（见本书第 4 章第 42 节），通过寻找能够显示未来的要素，来把握"政治"最初始的"意义"（WP 28），从而也就寻找出一种能够明确表达人的行动（见本书第 4 章第 3 节）的合理的"历史范畴"（LG 1，212），为叙述性的历史回忆，开辟了一种（新的）视野。阿伦特在她的文章中一再表示要谨慎使用语言，以她对自己的这一要求，阿伦特在希罗多德（Herodot）——西塞罗（Cicero）曾说，希罗多德以他众多的（历史）叙述，是描述历史的第一人（比较：Cicero，《De legibus》1，5）——那里发现了历史最原始的意义，即"为了能够描述'当时的事实'，而对这些事实所做的历史追寻"（LG 1，212）。但是阿伦特对人们从歌颂历史事件的荷马史诗和希罗多德叙述性的历史描述中引申出的那些所谓的历史进步性和历史必要性的假设，却持有批判态度，她认为这些假设将全部的人性简化为一种历史进程，以致不能为"伟大"（WP 102）、"尊严"（VA 200）以及"悲壮"（VZ 198）提供思想和评判的视野（见本书第 6 章第 39 节）。与此相反，她认为伟大的希腊古典史诗赋予人的行动以一种光华，而这种光华又授予人的行动以荣耀和不朽（见本书第 5 章第 1 节）。

在阿伦特对人的行动所做的广泛综合分析中，她观察到人的行动的意义（见本书第 2 章第 5 节第 5 部分）。即使仅仅是在多元性（见本书第 4 章第 28 节）和出生（见本书第 4 章第 23 节）条件下的人的行动，就已经是在向自由迈进。这种自由起源于个人最初的能力，并通过人与人之间的那种新的、多样化的联盟和关系，而使人的相互交往赢得了新的形态。当然，正是这种人与人之间的关系，可能会具有无节制的特性，阿伦特在关于为限制这种无节制而设立的希腊法律讨论中，以埃斯库罗斯（Aischylos）的"贪得无厌"（WP 118）这一概念，描述人的这种相互关系。但恰恰是这种通过人的相互关系而促成的人的行动，使可叙述的事件成为历史：它反射出人的行动的"不可测性"（VA 239）和"不可逆性"（VA 231）。亚里士多德（见本书第 3 章第 1 节第 3 部分）认为，与以创作为取向的诗有所不同，人的这种由关系而促成的行动的历史，是一种实践（πραξις），是对内在目标的一种实施，因而它在原则上是开放的、或然的、因情景而异的，因而也可以把这种行动看作"有风险的"（IWV 70）。这样的历史有可能是宿命的和悲剧性的，但对人类来说绝不会具有荒谬性（VA 360）。

正因为阿伦特的行动理念有着这样的思想背景，她以席勒的诗《庆贺胜利》（IWV 66）来阐明她不断强调的"荷马史诗的不带偏见性"（WP 96）："'因为胜利的歌声沉默着/那个被征服的男人/所以我想为赫克托（Hektorn）作证'，高举起堤丢斯（Tydeus）的儿子。"（席勒 1962，第 426 页）荷马史诗的"不带偏见性"，就是在史诗中不只是反映出胜利或失败，而且还更多地写出对真实的见证，也真实地面对失败者；失败者也需要一种声音，因为他自己的声音沉默了。按当时希腊人的理解，为了抗拒瞬间的短暂性和无意义性，历史学家应当对胜利者和失败者同时作出评判，所以应当由历史学家来为失败者说话。

阿伦特很看重来自历史和政治的评判能力的这种人性化评判，在她的全部著作中，她都把这种评判看作一种杰出的价值观：只有依靠这种评判，我们才能以富有人性的正义标准理解出现在过去时代、行动和历史中的人（见本书第 2 章第 8 节第 2 部分，第 2 章第 5 节第 2 部分）。阿伦特要求历史学家所拥有的独立性和距离性，比如在荷马那里，主要是针对史诗中的一些事件因为语言的绚丽和旋律而拥有了一种超越时间的意义，永久地赞美了人的行动，因而也使人有了他自己的深度和他的自我。阿伦特认为，正是希罗多德的历史故事，印证了那句谚语：拯救那些可能会忘掉的事情。阿伦特就是这样评价希罗多德的"波斯故事"的。希罗多德在故事叙述的开始，就说明他的叙述只是为了对"那些曾经在人们中流传过的"故事进行回忆和传存；"并且通过纪念希腊人和野蛮人曾经的经历，而使这些伟大和奇迹般的事迹永不流失。"（《Historien》I，1. Absatz）

但是对历史的回忆，又意味着它的内容将多于单纯地保存和评判，因为回忆使人们与历史有一种和解，这也就是埃斯库罗斯、索福克勒斯（Sophkloes）以及欧里庇得斯（Euripides）对希腊悲剧的净化。汉娜·阿伦特在荷马的《奥德赛》中看到了诗和历史描述的这种存在主义的意义，"奥德修斯（Odysseus）在科孚岛王子（PHäkenkönig）的庭院里听到了有关自己人生的故事，即那些他自己的所作所为，以及由此而给别人带来的痛苦。[……]那些单纯的故事，因此而成为历史。[……]它使人们在回忆中流泪"（VZ 61f.）。这里描述了被科学和心理学实践证实了的人性的基本经验，并以诗的艺术把这些人生经历现实化；也就是回到经历过痛苦的地方，这虽然痛苦，但有着治疗痛苦的效用；并且这一回归已经不是在第一层面上作为牺牲者，而是作为一个观察者，以和解的方式回忆过去，并与过去保持距离；只有这样才能使自己从过去中解脱出来，以自由的个性继续发展自己。如阿伦特所解释的那样，这可能是将丰富的、让人明白就里的隐喻诗化，就如索福克勒斯的《安提戈涅》（LG 1，174），但这也出现在荷马的《伊里亚特》之中（LG 1，110ff）。在这些描述中，历史通过叙述而拥有了一种人性的意义，语言的表述赋予经历和苦难以一种可以传存的意义；正如出生于公元前 5 世纪的医生希波克拉底（Hippokrates）所强调的：我实际上已经超越了那些我能找到语言表达的事情。历史对阿伦特来说，就是希腊作者们书写的事件的故事，因而历史总是在追忆人的行动、人的悲剧和那些可以叙述的故事，"伟大的希腊史诗，荷马、品达（Pindar）和索福克勒斯，就是这么叙述历史的"（VA 200）。追忆，不仅要满足传存和传播效用，尤其承担着与过去和解的使命，开拓新的视野，摆脱那些仍在持续的自身动态过程，使自由获得一种新的开端。

阿伦特认为，修昔底德的《伯罗奔尼撒战争史》可以作为历史科学的开端，修昔底德在他著作的导言中，强调战争对于人类"具有超越一切既往事件的伟大意义"（I，21）。对阿伦特来说，事件的自身之所以伟大，是因为它拥有着自由政治的内涵，使人们由此而获得行动的自由，古代的城邦正是通过谈话而相互交换观点，找到了一个具有能见度的公共性空间，以话语令对方信服，并且如伯里克利所说的那样，这就保证了一种超越荷马史诗仍继续传承的追忆，以及同样继续传承的荣耀（比较，修昔底德：《Geschichte》，II，41）。"集市（Agora），如希罗多德所说的'同等'①，将成为自由存在的实际内容。"（WP 47）阿伦特在伯里克利时代的希腊城邦中看到了这种人类政治的最初经验，也就是可以通过话语来规范人类共同的事务（VA 30），话语在市民各种意见的反馈中，以智慧而拥有了让人信服的力量（BPF 51 f.，比较：Meier 1980；见本书第 5 章第 1 节）。阿伦特特别注重把自己对权力的分析以伯里克利在修昔底德墓前的讲话为基础，这使得阿伦特因此而拥有了一种她自己特有的、完全区别于暴力的对权力的理解（见本书第 2 章第 7 节第 1 部分，以及第 4 章第 21 节），她反对以国家机制为导向的统治型政治主张，因为政治的自由，对她来说，就意味着应当像希罗多德所说的那样，"既没有统治者，也没有被统治者"（VA 34；希罗多德：《Historien》III，83）。比统治更重要的是政治行动自身构成了人与人之间的空间，这个空间需要自由的信息交流形态，并因此而赋予政治以一种价值，古代希腊正是按这种价值建立了"伟大的城市"雅典（比较，修昔底德：《Geschichte》II，37）。在修昔底德那里流传下来的伯里克利的语言中，阿伦特特别着迷于对行动的共同可能性的信任，以及与这种共同可能性相连接的权力结构，但也以勇气和人的独特性而追求卓越。这就意味对人和对这个世界的信任，建构了政治领域；在政治中，语言是论据和法律，而不是对人的统治；这就是在经历了极端主义统治之后，阿伦特的基本思想。

在《论革命》这本著作中，阿伦特对传统的、一直可以追溯到古典政治的人道主义的美国革命作了分析，将美国宪法的起草人与维吉尔作了比较，诉诸罗马传统阐

---

① isegoria，即有同等话语权利和同等言论自由。——译者注

明美国的建国过程，以理解那个时代中的新开端。维吉尔在《埃涅阿斯记》中，把罗马比作是"第二个特洛伊"（ÜR 267），是历史的重演，因而也是对过去时代事件的拯救。对过去事件的演变作出新的解释，在历史内在的正义、补偿和超越之中看到了的历史连续性。维吉尔在《第四牧歌》中把时代的转换歌颂为"出生的赞歌"（ÜR 271），阿伦特认为，这就是一种对和平时代的向往，它启发了美国的开国先父，不能只是让罗马以一种新的形态出现，而是立意要"建立一个'新的罗马'"（ÜR 273）；与维吉尔"伟大事件的重新开始"有所区别的是，美国的开国先父把建立一个新的罗马埋解为是一个崭新的时代的开始，而不是一个伟大的过去时代的重新开始。美国就是因此而建立在拥有政治批判能力的理性基础上，在 18 世纪的美洲颁布了自由的宪法。人的任何一种新的开端，都得诉诸独立于过去事态延续的力量和合法性；只有纯粹诉诸人摆脱过去的这种才能，人类才能够开始新的开端；阿伦特把这种造就人开始新的开端的才能，看成一种造就自由起源的"奇迹"（VA 243），总是在人的共同的行动中写下新的历史，这些历史必将为了人而永远地流传下去，就如古代的荷马、希罗多德、修昔底德，那些希腊的悲剧以及维吉尔。

雷吉娜·龙贝格

参考文献

Benhabib, Seyla: »Hannah Arendt und die erlösende Kraft des Erzählens«. In: Dan Diner (Hg.): *Zivilisationsbruch. Denken nach Auschwitz.* Frankfurt a. M. 1988.

Herodot: *Historien.* Übers. von A. Horneffer. Neu hg. und erl. von H.W. Haussig. Mit einer Einl.von W.F. Otto. Stuttgart ³1963 [*Historien*].

Heuer, Wolfgang/von der Lühe, Irmela (Hg.): *Dichterisch denken. Hannah Arendt und die Künste.* Göttingen 2007.

Kubes-Hofmann, Ursula (Hg.): *Sagen, was ist. Zur Aktualität Hannah Arendts.* Wien 1994.

Meier, Christian: *Die Entstehung des Politischen bei den Griechen.* Frankfurt a. M. 1980.

Schadewaldt, Wolfgang: *Die Anfänge der Geschichtsschreibung bei den Griechen. Herodot,Thukydides.* Frankfurt a. M. ⁴1995.

Schiller, Friedrich: *Sämtliche Werke.* Bd I. Hg.von Gerhard Fricke/Herbert G.Göpfert.München ³1962.

Thukydides: *Geschichte des Peloponnesischen Krieges.* Übers. und mit einer Einf.und Erl.versehen von Georg Peter Landmann. München 1991 [*Geschichte*].

Vollrath, Ernst: *Die Rekonstruktion der politischen Urteilskraft.* Stuttgart 1977.

二　苏格拉底和柏拉图

苏格拉底

谁（曾经）是苏格拉底，我们只能从他自己的传记中了解到，并且他自己就是这些故事中的英雄。阿伦特认为，对于苏格拉底这个人，"尽管他从来没有写下一行有关他自己的思想，并且我们对他的思想的了解也远远少于对柏拉图和亚里士多德的了解，但我们对他却有一种比那些在他之前和在他之后的绝大多数哲学家都更好些的印象"（VA 178）。阿伦特并没有参与到许多围绕柏拉图式关于苏格拉底历史辨认的争执中去。苏格拉底对她来说，只是一个历史人物，一个思考型的男人，是众多市民中的一个市民，阿伦特把他作为一个模型，一个思想家和道德哲学家的理想典范，她想赋予他一种榜样的职能（比较 VZ 137）。阿伦特认为，苏格拉底是一种独特的现象，因为他不仅不同于许多仅仅满足于外表现象和意见的人，而且他也不同于那些仅仅满足于存在和真理的智者，他从他们之中脱颖而出（比较 DT 590）。对阿伦特来说，他可能不是一个最伟大的哲学家，但他是一个"出类拔萃"的哲学家（ÜB 94）。在雅典的那些哲学家中，只有苏格拉底不让自己安宁，因为他在思考。阿伦特认为，思考是不需要得出结论的，思考是一种持续不断、永无止境的过程。它从不以得出结论为目的，并且永远不会结束（比较，BwM 76）。一旦思考得出了结论，任何继续的思考就会成为多余。"思考意味着检验和质疑。"（ÜB 89）

阿伦特相信自己在苏格拉底那里，看到了对思考可能性的最初始的理解（比较 VA 243）。可以猜测，自苏格拉底以来，思考有了内心对话的特性，也就是人能够在自己的内心里与自己进行对话（比较 VA 283）。阿伦特把这种经历表述为"两个人在一个人之中"的对话（比较 LG 1，179 – 192；LG 2，62），是一种无声的对话；在这种无声的对话中，人们有着一种愿望，清除某些在这个自我和另一个自我之间可能的自相矛盾。而在进行自我对话的同时，阿伦特认为，也展现了多元性的一种特定的形式（比较 DT 521），因为人在思考中分享着两种不同的自己。但人又不能靠这种自相矛盾生活，人必须摆脱自相矛盾，因为那个人"在真实中，只是一个人"（DT 504）。

一个人与自己相一致，是苏格拉底的一种要求，阿伦特把这表述为苏格拉底的理性主义（比较 DT 437）。自那以后，维护两个人在一个人之中的和谐，就成为思考着的人们的最大的困扰（比较 LG 2，62f）。

苏格拉底在他的哲学中，详细阐明了思考作为一种询问和回答的方法。苏格拉底发现，人不仅与其他人相互交往，而且"人也习惯与自己交往"，恰恰是人与自己交往的这种——"在自己和与自己"——形式，规定了与其他人交往的规则（IG 291）。对阿伦特来说，这些规则就是良心的准则，它在原则上有着否定性的形态。良心的准则并不告诉一个人，他必须做什么，而是告诉那个人，允许做什么。"良心并不标示出一个人行动的原则，而是划出了一个人的行动不应该超越的底线。它警告人们，不要作恶，否则你就要与一个作恶者共同生活。"（IG 291）苏格拉底在《柏拉图的高尔吉亚》中坦陈，比自己与绝大多数人的对立相比较，更让他不能忍受的是，他陷入与自己的对立之中（比较 Gorgias，89）。因为"做无理的事，对于一个懂得什么是无理的人来说，是一种与自己的对立，而这种对立是不可忍受的"（VZ 347）。阿伦特认为，苏格拉底就此指出了行动着的人和思考着的人之间，以及政治和道德之间的关键区别："一个人，只要他在思考，他就无法做出无理的事，因为他必须在自己无声的对话中与自己对话的对象保持完整性，如果他没有能力去思考，也就是没有能力去推究哲理，那他就完完全全地丧失了自己。"（VZ 347）

在阿伦特看来，良心就是自身的声音；她从苏格拉底关于人与自己对话中，引申出了良心。苏格拉底的思考，如他自己所说：忍受无理比做无理的事，相对要轻松些；这对于人的实践行为，有着无比重要的意义。道德评判是一种主体性的评判；那些两个人在一个人之中的思考，解开了自相矛盾，那个人现在只是一个人了。这也就没有了如同在政治评判中所需的多元性前提，它画出了一个框架，在这个框架的范围内，我在思考："这在原则上是唯我主义的。"（DT 775）阿伦特就是以此来考察"身处黑暗时期的人们"的道德行为（见本书第2章第6节第3部分），以及在独裁统治下每个人对自己行为所负的责任。在独裁统治时，人们必须在道德的问题上，坚持寻找出总是与自己相一致的答案。

阿伦特手册

另外，阿伦特也认为，苏格拉底是一个通过反驳谈话对象而寻找认知的哲学家，并且他也一再强调他的不知道，即一再强调他并不掌握最终的知识；但与柏拉图的精英概念相反，他运用了一种大众化的哲学概念。苏格拉底希望能够以此迫使他的谈话对象去反思他们不加思索的表述，并能注意到自己所说的那些，到底是想说些什么。通过对话，苏格拉底在概念和观点中发现了"隐藏着的潜在含义"（U 58）。这就构成了认知角度，尤其是那些实际的和真实的事态被包含在人们的观点中，并且必然是人们表达自己观点的基础。正是在这一点上，阿伦特发现苏格拉底同时也是个政治思想家。在这种争辩的形式中，阿伦特看到了重新复活真正的政治的可能性，也就是以苏格拉底对批判性思考和争辩的理解来从事政治。在对别人的认知中，苏格拉底认识了自己：他只是一个人，因而也只能掌握部分的知识。但是通过他对自己的部分知识的探究，他在与别人的争辩中发现了真理，因而也发现了自己。对阿伦特来说，这两者同时都是符合人性、别人无法强加的真理（比较 DT 413）。

苏格拉底的不断追问，令雅典人反感。而苏格拉底则认为，雅典人在自愿地耽误他们的生活，因而他不能为了让他同胞满意而不再去追问（比较 DT 587）。按他的见解——在审判他的法官前他为自己所做的辩护中表述了这一见解——他对同胞的不断追问和探索，恰恰是雅典城邦曾经有过的最大财富。追问和探索使许多人融化在一个人之中（比较 DT 587），为单一的个人根本就能够作出一种评判而创造了前提。这是阿伦特伟大的发现，从一种苏格拉底的批判性思考的对话形式，经过康德扩展思维的形式，引导出政治思考的多元性方法。只有在认知上获取和整合了别人的意见，才有可能将自己已有的主观性意见客体化；用康德扩展思维的格言来说，这才证明了关于现象世界的反思性判断能力的批评思维，是一种政治性的判断。

阿伦特着迷于把苏格拉底的见解引导到思考的可能性中去，因为这种思考即使在它的纯粹形式上也从没断绝与行动，因而与真实的联系。但只有在与康德的思想相联结以后，才能重新获得思想和行动的联合。阿伦特认为，政治家无论如何都必须看重这种联合。她就此得出的结论是，品味的评判和政治的评判一样，"是无法强加于人的，它不同于认知的判断，是无法绝对证明的"（VZ 300）。政治的评判建立在事实的基础上，因而也是建立在一种事实真实性的基础上，而认知的判断则是建立在理性真理的基础上。那个评判者在对品味和政治作出评判时，实际上只能说服别人和谋求别人的赞同（比较 VZ 300，Anm. 18；见第 2 章第 8 节第 2 部分）。

柏拉图

在《思想日记》的编后语中，出版者着重指出，"阿伦特把自己的主要注意力集中在柏拉图思想上，其实并不令人奇怪。如阿伦特所写的那样，'柏拉图是西方政治哲学之父'，在苏格拉底被判刑和处死以后，柏拉图代表了当时的哲学发展；而在那个时代的哲学发展过程中，哲学和政治渐行渐远，甚至发展到一种'仇恨的状态'"（DT，编后语，831）。虽然在涉及政治理论的问题上，阿伦特把柏拉图看作她精神上的对立面，但是面对这样一个伟大的对手，她总是充满了敬佩，只是她不能容忍他的政治哲学。尽管在她的哲学文献中表现出对柏拉图的崇高敬意，但阿伦特坚定不移地对柏拉图持一种批判态度。她想在柏拉图的哲学中，对"传统哲学和政治关系"（BwH，145f）进行考察，并对柏拉图与城邦的关系提出质疑，因为她猜测其中隐含着柏拉图的政治动机。

阿伦特确信，西方传统的政治思想有一个在时间上可以确认的开端，那就是柏拉图和他关于《国家》的对话。关于国家的对话涉及的是哲学和政治之间的关系，柏拉图在对话中把哲学明确地放在政治之前，给政治硬性地强加上哲学抽象的概念。柏拉图认为，雅典危机时，在政治生活中所表现出的许多相互没有关联的多样性，只有在普遍的合法性中运用哲学的规范概念，才能获得内在关联（比较 VZ 33）。这对阿伦特就意味着，作为哲学家的柏拉图在关于国家的对话中，"提出了哲学统治政治的要求，但这一统治要求并不仅仅是为了统治城邦或政治，而是在第一层面上首先为了哲学，为了保证哲学家的利益"（VZ 173）。对阿伦特来说，柏拉图的政治哲学在整个对话中，有着一种"特别专横的特征"（VZ 335）。如果柏拉图能够实现他的设想，那就会在城邦中出现一种根本没有"言论自由"的境况；城邦的公民只能"按命令所允许的形式"说话，也只能"在服从所需要的形式内俯首帖耳"（WP 40）。

阿伦特认为，自那以后"大多数的哲学家都有一种对所有政治的敌视"（IWV

47）；从柏拉图开始，哲学家们不再以一种中立的态度看待政治。阿伦特并不把自己看成一个哲学家，而是一个政治理论家，因此她不想参与到对政治的敌视中去。关于这个问题，她写道："每个政治哲学家必须理解哲学和政治的关系，并以此作为自己哲学的前提。当然，'政治哲学'在表达上很可能是一种自相矛盾的说法。"（DT 683）阿伦特虽然区分了意图和效果，即柏拉图并不故意期望他的关于国家的对话会带来这样的效果，但由此所造成的后果却是不容忽视的。阿伦特确信，柏拉图的这种政治哲学传统，在马克思出现之后，也就走到了它的终点，阿伦特以她的这一论断表述了她对自柏拉图以来的政治哲学的拒绝（比较 VZ 23）。

阿伦特强调指出，柏拉图是构思乌托邦国家形态的第一个哲学家，他以技术来规范这个乌托邦国家中的人与人之间的共同生活。因此，柏拉图是"政治乌托邦思想的创建者"。他的乌托邦构想的失败，不在于他的构想不符合社会的现实，而是因为他的构想从没把社会的现实考虑进去，他的乌托邦是由于那些被阿伦特称为"人的网状形相互关系"而失败的，因为人与人之间的复杂关系，"无法用单纯的技术来加以监督"。但这却更显示出，柏拉图的乌托邦构想"在理论的自我理解和政治哲学的传统上，曾有着很重要的影响"（VA 222）。自柏拉图把政治思想的构成和它的范畴引进政治理论中去之后，他的政治思想理论便一直延续到了近代。（比较 VA 222）

柏拉图乌托邦构思中关于城邦的主导理念是正义。柏拉图规定了在政治中正义先于真理。他解释说，为了人能够相互在一起共同生活，大多数的公民首先需要的是正义。而且柏拉图认为，为大多数人的正义，只有通过少数人的统治才能实施，统治的概念就成了在正义之后第二个重要概念；这个概念之所以在政治中有着一种中心的地位，是因为只有通过统治才能保证正义。但是为了保证实施统治，政治的真理就必须让位于正义，善意的谎言，是可以被允许的（比较 VZ 352ff）。但在哲学中，真理仍然起着一种重要的作用，只是作为绝对的、不容改变的真理，它只能为极少数人所拥有。阿伦特批判道，政治见解的多元化已经不再允许将柏拉图的思想作为绝对的衡量标准，也不能再将这样的哲学前提转换到政治中去。柏拉图的思想会使每一种主观的评判，每一种通过主观评判而得出的见解成为多余，因为具有绝对特性的真理是不可商榷的。与此相反，阿伦特认为急需在正义的政治范畴中突出政治的真理和真实性的意义。这就清晰地显示出柏拉图的仅仅为哲学所保留的真理概念，与阿伦特为政治所设想的真理概念——即事实的真理——之间的区别。在她特有的真理概念的基础上，阿伦特发展了她自己的政治理论思想。对阿伦特来说，关于真理的问题，是一个对在政治中可以具体称为真实目的"真实"的应用和意义的问题（比较 VZ 327ff.；见本书第 2 章第 5 节第 6 部分）。

阿伦特认为，柏拉图标志着"随着希腊城邦走向没落，希腊哲学也走到了它的终点"。柏拉图的基本问题是："人怎么才能够没有城邦而继续生存下去，或者说，人怎么能够将城邦进行重组，以使得人在重组的城邦中没有城邦也能继续生存？这个问题，就是所有政治哲学的基本课题。"（DT 423）为了把善的理念运用到他的政治理论中去，柏拉图以善的理念作为最高理念，取代了以往作为最高理念的美的理念（比较 DT 457，459，500；VZ 179 – 181）。而在希腊的语言应用中，善只是意味着什么是好的，或者是有用的（比较 VZ 179）。善必须是有利的和有用的，善的理念因此而成了客体。而客体是可以辨认和制造的，因此同时也就成了衡量政治的标准。哲学家们应当以对这个理念的认知在"多样性中"创建"秩序"（VZ 180），给予城邦"一种相对的独立性，不再依赖于人的存在"，从而使城邦能够继续维持下去（VA 125），城邦是可以这样被"建立"起来的。但是以理念建立起来的城邦，只是在表面上与希腊原有的城邦相似，随着这些被人们称为政治城邦的建立，希腊原有的城邦也就不复存在（比较 DT 379）。在希腊原有的城邦中，公民们有着与其他人言论和经验交流的自由，而以理念建立起来的城邦，却剥夺了公民们的这一自由，但自由恰恰是政治特有的内容和意义。"在这个意义上，政治和自由是等同的。"（WP 52）阿伦特认为，以理念建立的城邦丧失了城邦原有的意义，因为对阿伦特来说，政治的意义就是自由。

京特·马奇拉

参考文献

Bluhm, Harald: »Hannah Arendts Freiheitsbegriff. Konturen und Aktualität«. In: *Die Welt des Politischen. Hannah Arendts Anstöße zur gegenwärtigen politischen Theorie.*Loccumer Protokolle 60/95. Hg. von Hans-Peter Burmeister und Christop Hüttig. Loccum 1996, 38–54.

–: »Variationen des Höhlengleichnisses. Kritik und Restitution politischer Philosophie bei Hannah Arendt und Leo Strauss«. In: *Deutsche Zeitschrift für Philosophie* 6 (1999), 911–933.

Gutschker, Thomas: »Polis-Nostalgie oder kritische Theorie der Moderne. Neue Beiträge zur Hannah-Arendt-Forschung«. In: *Philosophisches Jahrbuch* 107 (2000), 498–509.

Kelsen, Hans: *Die Illusion der Gerechtigkeit. Eine kritische Untersuchung der Sozialphilosophie Platons.* Hg. aus dem Nachlass von Kurt Ringhofer und Robert Walter. Wien 1985.

Nordmann, Ingeborg: *Hannah Arendt.* Frankfurt 1994.

Opstaele, Dag Javier: *Politik, Geist und Kritik. Eine hermeneutische Rekonstruktion von Hannah Arendts Philosophiebegriff.* Würzburg 1999.

Platon: *Gorgias.* Sämtliche Dialoge. Bd. I. Hamburg 1993.

Vollrath, Ernst: »Politik und Metaphysik. Zum politischen Denken Hannah Arendts«. In: Adelbert Reif (Hg.): *Hannah Arendt, Materialien zu ihrem Werk.* Wien/München/Zürich 1979, 19–57.

三　亚里士多德

　　亚里士多德是阿伦特政治哲学重构的重点。当德国的流亡者在第二次世界大战之后鉴于政治的衰落，又重新研读亚里士多德时，具有讽刺意味的是，他们那个共同的老师和政治上向纳粹妥协的海德格尔，竟然是德国复兴亚里士多德思想的现代根源。海德格尔不仅突破性地吸收了亚里士多德的思想，而且也为亚里士多德的政治层面留出了填补的空间。阿伦特因此认为，海德格尔是解释亚里士多德具有权威性的出发点和碰撞点（Gutschker 2002，14，168）。

　　如同埃里克·沃格林和列奥·施特劳斯（Leo Strauss），阿伦特的思想也是建立在西方民主基础上，并超越了现代思想的地平线，以说明怎样才能抵制极权主义。在通往亚里士多德的哲学道路上，为了获得作为亚里士多德思想基础的经验，这些作者——如海德格尔——混淆了解构主义和重构主义。他们三人都同海德格尔一样，限制了本体论对形而上学的要求；在《思想》一书中，阿伦特将存在和现象画上了等号（见本书第 2 章第 8 节第 1 部分）。海德格尔的学生也将海德格尔对于存在主义哲学的兴趣与古希腊联结在一起；在《积极生活》一书中，阿伦特区分了人的三项活动（见本书第 4 章第 3 节），并且重构了《尼各马可伦理学》中一个强调行动的概念（Gutschker 2002，184f.）。

自哈贝马斯（1976）以来，20 世纪的德国思想家在对亚里士多德的评价中，往往把新亚里士多德主义理解为带有黑格尔传统色彩的新保守主义；这一新保守主义的黑格尔传统不是去创建现代的规范，而是"削弱了现代对近代的突破"（Weiland 1992，6）。虽然阿伦特也认为，"只要我们还在应用政治这个词"，城邦就会长期潜伏在"海底"，但她还是坚持应当把城邦这个传统理解为"没有遗嘱的遗产"。中断传统的根源早在近代就已植下，19 世纪开始了宗教、传统和专制的三位一体的解体（见本书第 4 章第 37 节）；出现在纳粹时期的工厂型的关人仓库，最终导致历史的彻底断裂（见本书第 4 章第 18 节）。只有一种自由的评判，才能对不断延伸着的阿里阿德涅线团作出结论，而不是具有毁灭性的评判范畴。阿伦特尝试通过解构哲学，使过去又能展现在人们的面前，特别是亚里士多德哲学的瓦砾就此可以被用来作为新开端的起点（Gutschker 2002，130 - 136）。

采纳海德格尔对亚里士多德的评价

阿伦特的"解构"方法（LG 1，207ff.）可以追溯到海德格尔，并且这也影响到她对亚里士多德的态度。她对形而上学的批判，涉及两个世界的理论（LG 1，33），但也涉及传统的形而上学问题，即在旧哲学终结以后，必须以另一种形式提出传统形而上学未能解决的问题（VZ 130）。在对亚里士多德的评价中，阿伦特采纳了海德格尔反对没有基准点的哲学虚构，以及反对真理没有时间限制的思想纲领。只有解构和重新采纳传统，才可能真正开创一个进入新时代的起点。为了在相对主义和普遍主义之间寻找到一条出路，阿伦特和海德格尔一样，采取了向狄尔泰（Dilthey）、柏格森（Bergson）、克尔凯郭尔（Kierkegaard），以及尼采（见本书第 3 章第 1 节第 16 部分）学习的方法，并认识到只有抓住可疑的问题，那条要寻找的出路才会有坚实的土壤，阿伦特因此把存在的基本经验作为自己思想的出发点。阿伦特也和海德格尔曾经做过的那样，把诠释学理解为实际生活的自我解释（比较 Gutschker 2002，16f）。

对海德格尔同时也对阿伦特来说，亚里士多德是个可以用来反对笛卡尔

(Descarte）和胡塞尔（Husserl）狭隘的意识哲学的权威人物。从这个意义上说，亚里士多德是方法论上的典范，海德格尔把他看成一位现象学家。海德格尔把亚里士多德的"phainestai"，不是翻译成"断言"（behaupten）或"判断"（urteilen），而是翻译成在对话中"让人看到自己［……］"；把"aletheia"翻译成"提示"（aufweisen），把"nous"翻译成"听到"（vernehmen），把"aesthesis"翻译成"知觉"（Wahrnehmung），把"noesis"翻译成"思想"（Denken）。海德格尔对亚里士多德的这类解读，深刻地影响了阿伦特。但是海德格尔把实践（Praxis）翻译成"交往"，并且把交往应用在"为什么"的关系上，在这一点上，阿伦特则有着与海德格尔不同的看法。另外，海德格尔从时间性的角度，对胡塞尔的逻辑作了解构。阿伦特也追随海德格尔对历史按年代排列来认识理解，但并不像海德格尔那样，把"一切的善"都看成"人类的遗产"；阿伦特认为，海德格尔的这种解释就会使得过去可能存在的"风俗"得以重复流传（比较 Gutschker 2002，19－30，43）。

与亚里士多德不同，海德格尔认为，"实践智慧"高于"智慧"；并且，阿伦特也是这么认为的。实践智慧不仅是实践的智慧，或是道德的洞察力，而且也有整体把握人存在那一刻的意义（Gutschker 2002，34，37），阿伦特赞成海德格尔这一对实践智慧的解释，并为实践智慧又加上了"技艺精湛"的要素（Mahrdt 2007，594，596）。

以亚里士多德反对海德格尔、康德和柏拉图

阿伦特试图从政治的角度出发重新思考哲学。她最初挑选了她的老师海德格尔曾引用过的亚里士多德的那篇文章，但是通过阅读，却超越了他（海德格尔）对那篇文章的理解，并明确批判了海德格尔，认为他没有把自由、人的尊严和理性作为主题，因而把人简化为只是一种自我的存在（Arendt 1990，32）。阿伦特的政治反思以海德格尔的世界概念以及从"共存"中引申出的积极规定为开端（见本书第3章第2节第3部分），并引用了亚里士多德。被海德格尔理解为存在的共存，曾是亚里士多德的一个基本思想，现在阿伦特按他的"实践作为在共同存在中的存在"的规定，对"共存"这个概念作了进一步的追踪。海德格尔的"忧虑结构"（Sorgestruktur）

这一概念，也有着亚里士多德的根基，因为海德格尔把亚里士多德的欲望追求（orexis）翻译成忧虑。这个概念又被阿伦特扩展为对这个世界的忧虑。在海德格尔对亚里士多德规定的两个领域——"生产技能"和"理论"——的批判中，已经把这两个领域表现为实现存在的隐蔽领域；而阿伦特则把这两个领域用来批判海德格尔的自我哲学。海德格尔以死亡为最后的终极目的，取代亚里士多德作为终极目的的"肃然起敬"，并且认为良心的声音使终极的目的确实存在（Gutschker 2002，40－42，50，130）。而阿伦特在这里又一次以亚里士多德反驳海德格尔，并同时增补了苏格拉底的良心范畴。

反对传统：从亚里士多德开始

如同海德格尔，阿伦特也是以柏拉图和亚里士多德为传统的开端："西方的传统，有一个可以明确认定的开端，即从柏拉图和亚里士多德开始"（VZ 23），但是这个"开端把自己隐藏在开始的过程中"（海德格尔，见 DT 211，974）。古典思想不是以"理性"为起点，而是因为对"听到的事"感到惊讶，为解释现实而开始了思想（VA 284）。亚里士多德把惊讶解释为盲点，他的盲点不是如近代所认为的绝望，而应理解为困惑、惊愕和开端（LG 1，118 f.；见本书第 2 章第 5 节第 2 部分）。为了开始说话和思想，阿伦特自己也是以盲点来作为对"形而上学的谬误"的反映（LG 1，119）。阿伦特利用这些定义揭示隐藏在传统概念背后的经验，按玛丽·麦卡锡的说法，为以中世纪方法进行思考的那些不着边际的思想提供一些空间，并以一些定义和区分来占领这些被解放出来了的空间，阿伦特把这个方法称为"亚里士多德式"的方法（IWV 113）。

亚里士多德有两个关于人的"著名定义"，按这两个定义，人是一种政治生物，人天生就被赋予语言能力。阿伦特把这两个定义嵌入她的政治哲学的核心，并把希腊城邦的生活经验作为这两个定义的基础（OR 19）。她把对这个研究对象的规定，作为她的现象学的出发点："政治思想只是以语言来表现政治现象，而暴力是无言的；因此，'政治理论也极少谈论'暴力行为。"（OR 19）阿伦特对客体进行观察的这种方法，可以追溯到亚里士多德，并且也追随了她的老师海德格尔和胡塞尔。

她利用这一方法陈述她不按规范区分权力和暴力的理由，并因此得出结论，由于暴力是无言的（VA 29），就不能从政治的角度，而只能从"技术"的层面来对暴力加以观察。

通过把亚里士多德对"好的生活"，对幸运和真实性的重要规范，转换到她的政治理论中去，阿伦特同时也澄清了两种"误解"（VA 31，WP 37），从而把亚里士多德的"政治"从各种传统的枷锁中解脱出来。第一个误解导致了，就如海德格尔曾经抱怨的那样，把"人天生被赋予的语言能力"误解为"动物的理性"。要加以纠正的还有理性的意义，因为对亚里士多德来说，静观才是决定性的（VA 30）；但是以他的理性，他又重复了对城邦——最烦琐的国家形式（Burckhard）——的普遍看法，即"希腊的生活方式，是由谈话决定的"，阿伦特跟踪研究了这样的生活方式（VA 29f.）。第二个需要纠正的是把人翻译成动物的错误，以此把生活方式从生活中分离出来，这对阿伦特的积极生活活动的三个层次有着举足轻重的意义（见本书第 2 章第 5 节第 5 部分）：生活方式不是生活自身，生活方式是一种实践（VA 90）；因而按阿伦特的理论，出生和死亡在第一层面的意义上，不是一件自然性事件，而是一件世界性事件（VA 90；见本书第 4 章第 45 节）。自然性的生存和生存下去，只是为了好的生活，这将作为"合理的和好的生活"而出现在城邦中（VA 37f.）。对亚里士多德这一观点的强调，导致阿伦特在她的理论中采纳了颇有争议的希腊蔑视劳动的思想（VA 78），以及把自由最初规定为必要、需要和强制自由的一种政治自由理念，这种政治自由理念要求分离私人领域和政治领域，区分政治事务和社会事务，并对任职者和给人带来痛苦的社会加以批评（见本书第 5 章第 1、2、5 节）。

阿伦特把亚里士多德的幸运和好的生活这两个概念综合起来，将"好好生活和好好生活过"，分别作为两种不同的生活状况，使一个人获得一种"永久的认同"（VA 186）和他自己的特征，也就是说，"好好生活和好好生活过"构成了"这个人是谁"的特征。言论和行动会构成一种历史，而一种生活方式就会融入一个人的生活史中（VA 90）。由于言论和行动必须在别人面前，以及与别人一起才能展开，阿伦特又以亚里士多德的方式，描述这种语言的行动就像在"世界的舞台上"（VA

179），好的生活揭示了个人，他是个"谁"（就如演技和艺术形式），将这个人与他的行动和语言活动的过程联系起来（同上）。阿伦特认为，如海德格尔曾说过的那样，展现语言和行动的这个过程，就是哲学的出发点。

阿伦特以亚里士多德在《尼各马可伦理学》（NE Buch I）中区分两个终极目的概念的方法，从政治理论上阐明由海德格尔所指出的"共存"结构（见本书第 3 章第 2 节第 3 部分），并把行动不只是限制在生产上。按亚里士多德的看法，实践使得人的终极目的和人的目标得以实施，而生产技能只实现了被生产物件的结果。阿伦特把在现实中作为可能性反义词的亚里十多德的"能量范畴"解释为现实性，因而可以把现实性看成所有的活动，只要这些活动不去追踪一定的目的，现实性就是一种"无目的性"的活动。阿伦特借助康德把这种活动作为经验在"自找目的"这一似是而非的概念中的回响（VA 201；Villa 1996）。行动和语言活动的自身已经承担着人的终极目的，即目的已经蕴含在活动的自身之中；并在自身的实现中展开它另一方面的效用，即目的 – 方法范畴的效用（VA 201）。阿伦特认为，好生活的目的自身，经由实践和政治行动而转化为一种生活方式，与亚里士多德的生活自身相反，阿伦特把这种生活方式看成与古典城邦普遍意见有着相同的重要地位，因而不允许以生活方式的理论来贬毁它。在亚里士多德哲学专横的真理要求下，生产和行动的区别，被颠倒了过来（VA 294），政治科学受到鄙视（见本书第 2 章第 5 节第 2 部分），虽然比在柏拉图那里稍好些（VA 225）。因此，存在于亚里士多德理论中关于每个政治共同体都由统治和被统治所组成的这一危险的空洞套语（VA 216），已经否定了那个在亚里士多德那里刚刚开始的开端。

以友谊代替正义

阿伦特认为，强调应用一种原始"政治"语言，这会起到规范政治、权利和道德的效用。政治是多元性的，是自由的人际关系的"同义词"，因此政治决定了法律、平等、良心的概念，甚至人的身心关系。用亚里士多德的话来说，正义因此不再是必要的了（阿伦特 1993，387）。如亚里士多德，在阿伦特那里公民们的"好的生活"和机制存在的理由，实际上也同时是伦理学的问题（ÜB 31）。

按阿伦特的看法，康德的道德法则具有反叛性，因此是前政治型的，但是在关于"自由法则"自相矛盾的表述中，他应用了一种具有古典的原始意义内涵的政治语言，这些政治语言与命令、服从和必要性毫无关联（ÜB 37 – 39）。古典的自由诞生于城邦组织的内部，因此并不阻止排斥野蛮人、奴隶和妇女（WP 38）参与这种自由。自由尽管是通过平等而建立起来的，但阿伦特明确地说，这种平等并不等同于现代平等主义民主的平等。古典希腊的这种平等既不保证在法律面前平等的平等主义，也不保证对所有的人实施同等法律的普遍主义，而只是表明了"所有的人都拥有参与政治活动的同等要求"（WP 40）。这种平等"与正义毫无关系"（同上），因为这种平等完全取决于个人的状况。同时，政治的平等也不类同自然的同类性（见本书第 3 章第 1 节第 9 部分）；政治的平等是从外部加上去的，赋予不同以等同（VA 209），这是一种出于不同的视野角度，有着时间性的等同性。相反，自然的同类性却使我们大家从"内部相同"——这一相同，不仅表现在人的内在的状态，而且也表现在身体内部的器官（LG 1，44），但是这种内部的相同并不意味着外部的相同。与内在的相同相反，外部的不同表现为人的行为和爱情的表现形式的无限多样性（LG 1，45）。

阿伦特试图以亚里士多德来阐明心灵的情感是身体感受的表现（LG 1，43），是一种还"没有表现"出来的经验（同上，111）。但是一个人身体的表现，即使是他完全无意的自我表现，也并不完全等同于这个人的自我表述，（同上，43）；因为人在他的行动和话语中，表达了他与这个世界的关系，即他对这个世界的希望，他希望这个世界应当是怎样的。一个无所畏惧的人，并不是勇敢的；而是那个决定不表现出内心恐惧的人，才是勇敢的。语言并不是心理状态的单纯信号（同上，43 – 45）；不是心灵，而是精神要求语言（同上，103）。

以亚里士多德关于人是语言生物的定义，阿伦特也补充了她自己建立在苏格拉底基础上的对良心的理解（见本书第 4 章第 15 节），在良心无声的对话中，说话的并不是那个人与生俱来的声音，苏格拉底只是证明了人拥有语言的特性（ÜB 73）。亚里士多德的政治友谊的概念补充和阐述了良心的内在对话，可惜没有很清晰地说明，对话的前提是什么。道德的最终标准存在于孤独之中（同上，85），但是内在的对话已经决定这种孤独是一种积极的、友好型的对话形式（同上，82）；因为思考，就构成了一种与我或与别人的自我关系（同上，93）。在思考中，"多元性已经成为思考的核心"；在思考中，人把自己分裂为二，使得在孤独中的自我，依旧有着身临社会之中的痕迹（同上，93f）。按亚里士多德的看法，朋友是"另一个自己"，那么相应的，在思考中，不是自我的存在，而是友谊才是重要的生活经验；在与自己说话寻找答案以前，人最初是与别人说话（LG 1，187f）。而在意志中，亚里士多德把一切对于别人的友谊情感，都解释为是一种对抗自我情感的扩展（LG 2，81）。但是把自我对话想象为一种政治领域的典范，比如卡尔·雅斯贝尔斯和马丁·布伯所主张的那样，阿伦特认为这是一种错误，她写道："如果这样，单个的人永远不可能构成我们，那就不可能构成行动的那个真实的多元性。"（同上，191）这就是说，是"在我们之中"所拥有的多元性，促成了良心的自我对话。

　　按亚里士多德的看法，政治友谊不同于兄弟情谊（见本书第 3 章第 1 节第 19 部分），政治友谊不需要近距离和亲密（VA 238）。对阿伦特来说，以亚里士多德关于政治友谊的论点来反对柏拉图的真理专横，具有极大的意义，她甚至把可能是由亚里士多德流传下来的关于"真理"问题的格言①，作为她《真理与政治》一文的主题，并在她《思想日记》的一篇笔记中针对柏拉图写道："对真理的热爱，比做一个苏格拉底或柏拉图的朋友更重要。"（DT 595，1086）

基本美德：实践智慧作为实践理性

　　在对《尼各马可伦理学》的解释中，海德格尔把"实践智慧"理解为"存在自我发现的方式"；"决策"是一种要获取实践智慧的决定。海德格尔就此把实践智慧解释为良心（Gutschker 2002，32f）。但是阿伦特把良心（见本书第 4 章第 15 节）只理解为是否定性的，并以此纠正海德格尔，也用来纠正康德；她把实践智慧构想为积极领导行动的、不受强制的实践理性，它所拥有的不服从的意志，赋予人一种行动的

---

　　①　哪怕世界毁灭，也要讲出真理。——译者注

激情。

在公共性空间的内部不应以理性真理来取代意见，阿伦特以这一对理性真理的批判，重复了亚里士多德对柏拉图理想学说的批判。与理论不同，实践的认知来自单个的个人，按阿伦特的说法，世界出现在我的面前。现实性作为公共性的空间，形成和发展于意见所表达的观点的多样性之中（Gutschker 2002，167f）。

在阿伦特20世纪50年代和60年代发表的批判理论中，强调"说服"是一种行动的能力；以说服争取别人的赞同，在一种扩展了的思想方式中，构成自己的意见，与别人一起共同为一个目标努力。阿伦特后来又在《判断》中强调，观众的评判构成了行动的空间（U 85）。虽然关于活动者和观众这两种评判模型的竞争和反驳的争辩讨论，一直延续到20世纪90年代末，但在阿伦特当时的思想构思中，已经开始强调这两种立场的必要性（见本书第2章第8节第2部分）。按阿伦特的意见，这种必要性把康德关于品味判断的理论和亚里士多德关于实践智慧的理论综合了起来（Gutschker 2002；Mahrdt 2007）。

阿伦特在《意志》一书中，强调行动不仅是在执行理性的命令，而且也是"自我的一种理性活动"，因而具有一种"实践意义"，它不拒绝未来，不遵从命令，只是将"政治自由"转换为现实。阿伦特把这种理性活动称为亚里士多德的知性实践，"实践理性"和实践智慧（LG 2，58）。实践智慧这一范畴，虽然在阿伦特的各种文稿中常常在"知识和理解"之间游离（同上），但在她的晚期著作《论精神生活》中，却有着一种确切的意义；值得注意的是，这个范畴却没有出现在她的《思想日记》之中（Nordmann 2007，205）。

阿伦特曾说："伦理学起源于道德、风俗和习惯。"（LG 1，15）但是一种具有普遍强制性的道德传统，已不能再次重构。从打碎规则、思想自由中释放出来的判断力，替代了通常健康人的理解力和非反思性的隐性规则，并借助想象力的引导作出自己的判断（DT 317）。阿伦特以一种自由的判断能力取代传统道德哲学的这一尝试，也影响了她解读亚里士多德"实践智慧"的方法。

在《理解与政治》一书中，阿伦特运用康德来强调想象力的效能，有距离地观察事物，接受其他人观察事物的角度，以及对事物作出自由独立的评判，是想象力唯一的"方向盘"（VZ 127）。在《何谓政治？》一书中，阿伦特就已经把判断的分辨性能力作为服从规则的包容性的对立面（WP 20）。亚里士多德的实践智慧内涵有一种"自由公民交往方式的特性"，以及"政治基本美德"。这种对政治实情的洞察力，又重新出现在康德的思想中，并被康德表述为是一种扩展了的思想方式（WP 98）。康德把精神的这种自由活动，解释为是一种与身体的物理运动并行的自由的精神活动，这就使得精神的自由活动不必再与古希腊城邦不可变更地捆绑在一起（WP 97）。

在《论革命》一书中，阿伦特把"慎重"翻译成政治的"世界智慧"（ÜB 267），把它解释为"政治洞察力"，并在亚里士多德的基础上，把政治洞察力理解为实践智慧，是智慧的对立面（ÜR 393，Anm. 48）。这就成功地为行动提供了一种与世界的关系。在《文化与政治》一书中，阿伦特又从康德的思想出发，把政治洞察力解释为政治的能力，即为自己寻找方向的能力；这样，阿伦特就把以康德思想为基础的政治洞察力又重新与亚里士多德的实践智慧等同起来（VZ 299）。

按阿伦特的理论，想象力和"实践智慧"在政治行动中，会形成一种紧密的耦合；这种耦合表现为评估政治境况的能力，并且不加任何推导地具体化了亚里士多德所说的美德前提。在《自由与政治》一书中，阿伦特把想象力作为引导行动的力量（VZ 206），把马基雅维利（Machiavelli）的美德与精湛技艺联结起来。阿伦特认为，由理念启发的行动，要想进入政治世界中，就需要勇气和抛弃个人利益；但在《文化与政治》一书中，阿伦特又在这一行动中加上了康德的"对世界利益的'不感兴趣'"的色彩（VZ 300），并把它作为"个人情感"的对立面（同上）。这种双重的平行意义，既可以把实践智慧理解为"世界智慧"（ÜR 393）和"政治洞察力"，也可以理解为一种实施行动原则的能力。

"实践智慧"作为决策和咨询

按阿伦特的看法，在整个公共性领域内除了有关判断的问题外，也应当涉及决策，涉及这个世界应当是怎样的，以及涉及应当怎样在这个世界中行动等问题（VZ

300）。需要作出判断的内容，在亚里士多德那里是"好的生活"，在海德格尔那里是"对每个自我的洞察力"，而阿伦特却认为，这只是一种"中间状态"（Mahrdt 2007，599；见本书第 4 章第 30 节）。

在对《尼各马可伦理学》的阐述中，海德格尔把"实践智慧"解释为"存在自我发现的智慧"；而"决策"是一种决意去实现实践智慧的决定（Gutschker 2002，33）。与此不同，阿伦特对自我哲学和唯我主义意志概念的批评，也涉及亚里士多德的决策概念，这个概念在亚里士多德那里起着调节欲望和理性的作用（LG 2，59）。阿伦特却突出了这个概念的多面性，显然是想把以未来为方向的意志，与古典的具有世界关系的行动挂钩："只有在一个点上，也就是在形而上学之中"，"决策"才表现为"实践的开始"。"在所有其他对这个概念的定义中都丢失了这个概念拥有的对未来的延伸。"（ÜB 159f.）

通过这样的表述，阿伦特很可能是在试图把行动的决定时刻，从决策和问题众多的意志传统中完全解脱出来；把实践智慧作为作出决定那一刻的直接出发点，作为"已经能够实施的理性行动"，人们也可以此类推把它理解为一种自发的想象力。阿伦特的目的是想说明，在行动中内含有好感，以及与这个世界的关系（Rosenmüller）。亚里士多德把从伦理性转向咨询性的思想运动，作为意志的一种从普遍性转向特殊性的运动，有时也是一种双向运动；而阿伦特则把个人咨询性实践智慧的思维过程，描述为所有人的共同点。阿伦特可能在这里是针对被亚里士多德称为明智的一种能力，它起着判断的效用，作为一种行动的激情，把握实践智慧，并补充和扩展它。在阿伦特关于康德的解读中也可以重新找到关于判断脱离决策程序的可能性（Gutschker 2002，171f.）。

斯特凡妮·罗森穆勒

参考文献

Arendt, Hannah: »Philosophie und Politik«. In: *Deutsche Zeitschrift für Philosophie* 41,2 (1993), 381–400.

–: *Was ist Existenzphilosophie?* Frankfurt a. M. 1990 (zuerst in: *Sechs Essays*. Heidelberg 1948, 48–80).

Benhabib, Seyla: *Hannah Arendt. Die melancholische Denkerin der Moderne.* Hamburg 1998.

Gutschker, Thomas: *Aristotelische Diskurse. Aristoteles in der politischen Philosophie des 20. Jahrhunderts.* Stuttgart/Weimar 2002.

Förster, Jürgen: *Die Sorge um die Welt und die Freiheit des Handelns. Zur institutionellen Verfassung der Freiheit im politischen Denken Hannah Arendts.* Würzburg 2009.

Habermas, Jürgen: »Hannah Arendts Begriff der Macht« [1976]. In: *Hannah Arendt. Materialien zu ihrem Werk.* Hg. von Adalbert Reif. Wien 1979, 287–305.

Mahrdt, Helgard: »Phronēsis bei Aristoteles und Hannah Arendt. Von der Sorge um das Leben und um das Selbst zur Sorge um die Welt«. In: *Deutsche Zeitschrift für Philosophie* 55, 4 (2007), 587–603.

Nordmann, Ingeborg: »Die Vita activa ist mehr als nur praktische Philosophie«. In: Heinrich-Böll-Stiftung (Hg.): *Hannah Arendt: Verborgene Tradition – Unzeitgemäße Aktualität.* Berlin 2007, 199–214.

Straßenberger, Grit: *Über das Narrative in der politischen Theorie.* Berlin 2005.

Thomä, Dieter: »Heidegger und Hannah Arendt. Liebe zur Welt«. In: Ders. (Hg.): *Heidegger-Handbuch. Leben – Werk – Wirkung.* Stuttgart/Weimar 2003, 397–402.

Villa, Dana R.: *Arendt und Heidegger. The Fate of The Political.* Princeton 1996.

Vollrath, Ernst: »Politik und Metaphysik – Zum Politischen Denken Hannah Arendts«. In: *Hannah Arendt, Materialien zu ihrem Werk.* Hg. von Adalbert Reif. Wien 1979, 19–57.

Weiland, René: »Bruch und Vor-bild. Auf neoaristotelischer Spur«. In: *Merkur* 43 (1992), 613–641.

Wolf, Ursula: *Aristoteles' Nikomachische Ethik.* Darmstadt 2002.

四 西塞罗

古典哲学是阿伦特政治思想的最重要源泉。作为一个哲学家，她倾向于把从希腊到罗马的古典哲学理解为一种同质的延续，并因此把古典哲学置放在现代哲学的对立面。可是作为一个政治理论家，她又必须对于她的政治哲学有着重要意义的希腊古典哲学和罗马古典哲学作出区分。罗马没有造就出可与希腊相比的优秀政治哲学家，整个罗马的政治文化，不是建立在抽象或体系性的理论结构上，而是具有一种实用主义和习俗惯例的特色。比如马尔库斯·图利乌斯·西塞罗（Marcus Tullius Cicero），他在罗马的政治理论家中，是最无愧于一个政治哲学家称呼的，但在哲学史中，大都也只是被排列在罗马共和国斯多葛派（Stoa）中间柱廊的传统之中。但阿伦特认识到，罗马对于如何理解现代宪法国家有着重要意义。罗马共和国的思想在总体上对自由理念和宪法理论以及在特例上对美国的影响，正在逐步显示出它的重要性；对阿伦特来说，西塞罗恰恰是在这一点上很有他的价值。正是由于西塞罗理论中这种自由理念和宪法理论的相互关系，阿伦特开始钻研西塞罗的著作文稿，并把西塞罗的思想引用到她自己的政治理论中去，尤其是西塞罗有关"权力"和"权威"这一对概念的理论。

其实在 1933 年之前，阿伦特因为撰写关于奥古斯丁的博士论文，就与西塞罗的思想有了接触。奥古斯丁在《上帝的国家》中引用了西塞罗《论共和国》的一些重要格言，而西塞罗的思想，恰恰是通过奥古斯丁的思想史才流传后世的（见本书第 2 章第 1 节，第 3 章第 1 节第 5 部分）。但是西塞罗作为一个独立的政治理论家，是阿伦特在逃亡移民到美国以后才发现的。但这并不偶然，因为在盎格鲁－撒克逊语言国家，很看重罗马共和国时期以实践需求为取向的思维方式，而西塞罗的思想也属于当时一般哲学课程的内容——与德国的传统相反，西塞罗在德国的哲学思想界从没真正站稳脚跟（比较 Llanque 2007）。

阿伦特在卡尔·毕希讷（Karl Büchner）1952 年编辑出版的文稿中，也就是在当年的 12 月，摘录了西塞罗《论共和国》的内容（DT 250－259）；那时她使用的很可能是卡尔·雅斯贝尔斯送给她的那本书（BwJa 237；DT 762）。

除了《论共和国》，以后她也研读了西塞罗的《论义务》（DT 438f.，445f.）。最初是为她 1958 年出版的《积极生活》做准备，以确认她在文稿中对古典哲学的理解（DT 37，348）以及她对区分私人事务和公众事务的看法（VA 79）。尽管她事先从西塞罗的著作中摘录了许多素材，但她关于西塞罗的见解，在她整个的思想中只具有边缘性的意义，只起着一种辅助性论据的作用。

除了这些文摘，阿伦特也对西塞罗的《在塔斯卡卢姆的对话》以及西塞罗很少令人关注的文稿《关于命运》作了解读，并发现了西塞罗同时也是一个人道主义的哲学家。阿伦特关于西塞罗思想的解读主要发表在她《文化的危机》（1960，in: BPF，见本书第 2 章第 5 节第 6 部分）一文中。文中提到西塞罗的一段文字，自她第一次接触西塞罗的文章以来，再读这段文字又一次（可能是 1958 年 6 月，DT 595）激起了她对西塞罗思想的思考。西塞罗在那段文字中表述说，与那些即使甚至是代表了一种真实的构想，但却反对柏拉图的哲学家相比，他还是更喜欢与柏拉图打交道。

阿伦特对西塞罗的这段话的理解是：西塞罗看重自由，把自由置放在高于所有教条的地位上，即使这些教条有时可能更接近真理（VZ 302）。在她"关于道德哲学的一些问题"（1965；见本书第2章第6节第2部分）的讲座中，她也提及了西塞罗的这段话（ÜB 99f. 以及149），阿伦特把西塞罗的这段格言解释为：选择一种与个人具体交往的方法，比选择一些抽象的匿名的道德基本原则，具有更重要的意义。

在这一点上，阿伦特表述了她在政治理论中典型的思想活动的模式，而西塞罗则对她有着关键性的影响。阿伦特拒绝那种不言自明的公理化方法，因而也不再去顾及代表这种公理化方法论据的那些人。在《积极生活》一书中，她已经表述了自己的许诺和请求谅解，由于她自己的那种与未来和过去相关联的处理方式，没能去更多地关注那些公理化方式的思想代表人物。但是随着"建立自由"问题的出现，公理化的论据作为一种行动的模式引起了她的注意，便不再仅仅是一种个人抽象的和匿名的、不关注正在论证的个人论据。阿伦特的这一思想转变，更明显地表现在她以公理化论据阐述关于机制的政治理论中。最晚自1957年她《何谓权威?》（见本书第2章第5节）一文发表以后，她对西塞罗关于权威和权力的区分，已经把握得相当好了。她接受了西塞罗关于罗马共和国的宪法理论，按西塞罗的这一理论，权力在于人民，权威却是在议会的手中（见《立法》一书3，28，以及VZ 189，MG 44）。权力和权威构成了两个对应的范畴，在1963年出版的《论革命》一书中，阿伦特就已经阐明了怎么建立一种政治宪法的行动（ÜR 251－262；以及见本书第2章第5节第7部分）。有权索求权威的机构，如果与最初的源泉——人民——没有联系，那就必然寸步难行；但是如果权力不转型为法律，那权力也是非正式的，由此而需要立法者的权威，这种权威允许立法者不单纯是人民的代言人或代表者，而且也要允许立法者在法律允许的范围内去实施统治。这里就表现出了早已蕴含在共和主义之中的信念，即政治精英的活动可以相对独立于他们所代表的人民的意见，而这就构成了立宪制共和国与纯粹民主共和国间的区别。按阿伦特的看法，必须把权力的起源与权威作为法律的源泉区别开来（比较ÜR 284－292）。这种令人值得注意的区别是，在罗马共和国的政治体系中，议会掌有权威，而在美国则相反，最高法院富有成效地运用着它的权威。这两种情况都表现出共和主义思想以法律治国的原则，但与法治国家的原则不同的是，以这两种方式实施的统治已不再是隐形的，而是内涵于机制之中，并且关系到具体的人。随着时间的推移，阿伦特越来越清楚西塞罗价值观所享有的对马基雅维利、詹姆斯·哈林顿（James Harrington）、卢梭，以及最终是联邦党人文集的作者们的影响（比较 Llanque 2007）。

值得注意的是阿伦特和西塞罗之间各自政治思想的并行性：西塞罗的"新人"①，理想化了罗马共和国的宪法，在今天看来显然是受到颇有争议的特奥多尔·蒙森（Theodor Mommsen）那本著作的影响而把罗马共和国的宪法看作曾经存在过的；而阿伦特自己则更倾向于把美国的宪法理想化，当时她作为美国的一个新公民，显然对美国有一种特别的情感。

在西塞罗那里，阿伦特也找到了她的伦理学和她的政治哲学之间的链接：西塞罗以"理性和语言"的形式将言论和行动的政治价值观，表达为构建政治共同体的基石和比理论更重要的实践。（《De invent》，1，1，2；《De officiis》1，50；《De oratore》3，56ff.）阿伦特在她的《思想》一书中也使用了这种方法（LG 1，110）。雄辩和口才，不仅是真理黯淡表象的光泽，而且也是真理坚实的外壳，它联结了人存在的多元性和政治合作（比较 DT 462）。

当然对阿伦特来说，西塞罗更是罗马共和国政治思想的代表者，而不是一个有着自己独立体系性的作者。阿伦特认为不仅在西塞罗，而且也在维吉尔和加图（Cato）那里都表现出了罗马共和国的法律思想与希腊或罗马联盟（WP 80 – 123）思想的不同性。因此西塞罗从没有在她的政治哲学中获得最初是柏拉图和亚里士多德，后来是伊曼努尔·康德的那种重要地位（见本书第3章第1节第10部分）。稍后在她1970年的讲座《判断》中，阿伦特又一次提到西塞罗，但仅用以讨论各种关于公共意识和品味判断的观点（U 86 – 88；见本书第2章第8节第2部分）。放下这些在西塞罗

---

① 罗马政治中的术语，如一位当选执政官或者元老的候选人来自一个从来没有出过前执政官或元老的家庭，那么他就被称为"新人"。——译者注

那里随时可以轻易获取的思想素材，阿伦特宁可在康德的后期哲学，特别是在康德的《判断力批判》中费力地寻找和获取这些思想。阿伦特对康德的批判是，康德在他的判断力这一范畴中，从没（如阿伦特所希望的，并在以后作为信息交流的能量而被哈贝马斯接纳的范畴）把判断力构想为一种公民互动性的争辩，而是作为一种理性推理的自我活动。尽管康德的这些范畴与阿伦特的意向有所相悖，但康德仍是一个她始终寄予最大希望的思想家，而不是西塞罗。康德在哲学界享有极大的权威。

马尔库斯·利安奎

参考文献

Llanque, Marcus: »Die politische Rezeptionsgeschichte von Cicero«. In: Emanuel　Richter / Rüdiger Voigt (Hg.): *Res Publica und Demokratie. Die Bedeutung von Cicero für das heutige Staatsverständnis.* Baden-Baden 2007, 223–242.

五　奥古斯丁

奥古斯丁是阿伦特的一个"老朋友"。自她撰写她的博士论文以来，在阿伦特的全部文集中，都能找到她特有的对奥古斯丁的一种很现代的解读方式，她总是在与他进行着一种极有批判成效的争辩。

奥古斯丁是人类历史上第一个撰写自传的人，并且也作为教会神父走进人类历史；特别是他著作中具有指明方向意义的四个历史性碰撞：阐述生活史转变的《忏悔录》（《Confessiones》），以他的教条主义为基础的有关《上帝国家》（《De civitate Dei》）的文字，自近代早期一直影响到现代的《论自由意志》①［《De libero arbitrio》，以及有关自由意志问题的宽容学说（Gnadenlehre），对基督教的两大主要教派］都有

---

①　这里是指东正教和天主教。——译者注

着极大影响。阿伦特在准备她的博士论文时，就阅读了奥古斯丁的大量原稿，其中的许多文稿甚至直到今天还没有被翻译出来。奥古斯丁以对上帝的自我反思为基础所建立的关于爱的思想，是一种内在的自我否定；但阿伦特却断定，这种自我否定会导致"爱你周围的人"这一道德训条成为一件不可能的事，便断然以她自己对新约的注释来反对奥古斯丁的自我否定，并指责奥古斯丁是一个假惺惺的基督徒（LA 20）。由奥古斯丁发展了的思想，综合了他那个时代的众多思想潮流，尽管避开了他最初代表的摩尼教（Monichäismus）的"善恶二元论"，却仍有着明显的二分法式的两极极端对立的特征。在阿伦特的思想和文稿中，也能找到这类尖锐的对立和富有成效的争辩。

显然，更能激起阿伦特兴趣的是奥古斯丁的思想中关于"人因为自我质问而成为人"（《questio mihi factus sum》，LA 16）所含有的存在主义特性。对她来说，奥古斯丁这个教会的神父是一个过渡性人物，并且他不仅是一个在古代和中世纪之间的过渡人物，而且也是一个为现代作出铺垫的开拓者。他对阿伦特思想影响的程度，主要表现在一种现代的自我意识的矛盾心态之中。从奥古斯丁设立的自我意识范畴，经过笛卡尔，一直延续到当代，不是设法逃脱这个世界，就是把积极生活的行动简化为一种单纯的操作；但同时，阿伦特也在奥古斯丁那里接受了她非常看重的关于判断力和关于人的个性的理论（Frank 2001，131）。

与海德格尔一起，阿伦特追踪奥古斯丁关于本体论的假设，并从哲学而不是从神学的角度，解读他关于在存在之中的此在的理由，当然阿伦特并不赞同奥古斯丁所陈述的理由，在关于对这个世界价值观的问题上，阿伦特不仅不同于奥古斯丁，与海德格尔也有所偏离（Jaeggi 1997，71）。在博士论文中，她深刻地剖析了奥古斯丁简单地把两种时间模式聚集在一起的问题：一方面是超越一切时间、永恒并无法让人看清的彼岸世界的存在，另一方面是可以区分为基因和历史的自亚当以来的人的起源，而人起源于亚当的理论，必然引导出这个世界有一个开端的思想，阿伦特的论文因此获得了它应有的意义。在人是（历史的）"开端"的基础上——"为了有一个开端，因而创造了人"（《De civitate Dei》，12. Buch），建立了阿伦特后期关于出生的哲学理论，从而把奥古斯丁的理论改写为不断开创新的开端的可能性和人为自己承担责任的潜力。

经由奥古斯丁的转换而拥有了积极意义的逃避世界，被阿伦特运用到一个新的世界的概念中去，在这个世界中，人带着批判的意图，在相互间建立和不断建立一个拥有积极建设意义的空间形态，从而使这个世界成为他们自己必然的家园。在奥古斯丁的历史开端中，有着一种问题性的反射，它指出了爱情和自我话语的重叠；而阿伦特则把无世界性归结为相爱的两个人之间的关系。如果说奥古斯丁认为，人只能通过上帝来认知这个世界，而阿伦特则把人对世界的认知活动定位在爱情中；但恰恰是这样的认知活动具有排他性，因而也可以说它具有毁坏世界的效用（VA 308f.）。阿伦特把世俗的爱情理解为内在固有的，而把基于个人情感的爱情理解为超验的，从中能够看出，她关于无世界性这一概念，仍有着奥古斯丁消极否定的影响。

弗劳克·安内戈特·库尔巴哈

参考文献

Arendt, Hannah: *Der Liebesbegriff bei Augustin. Versuch einer philosophischen Interpretation.* Berlin 1929.
– : »Augustinus und der Protestantismus«. In: *Frankfurter Zeitung* Nr. 902, 12.4.1930.
Beiner, Ronald: »Love and Worldliness: Hannah Arendt's Reading of Saint Augustine«. In: Larry May/Jerome Kohn (Hg.): *Hannah Arendt. Twenty Years Later.* Cambridge, Mass. 1996, 269–284.
Frank, Martin: »Hannah Arendts Begriffe der Weltentfremdung und Weltlosigkeit in *Vita activa* im Lichte ihrer Dissertation *Der Liebesbegriff bei Augustin*«. In: Bernd Neumann/Helgard Mahrdt/Martin Frank (Hg.): ›*The Angel of History ist looking back*‹. *Hannah Arendts Werk unter politischem, ästhetischem und historischem Aspekt.* Würzburg 2001, 127–151.
Heuer, Wolfgang: *Citizen. Persönliche Integrität und persönliches Handeln. Eine Rekonstruktion des politischen Humanismus Hannah Arendts.* Berlin 1992.
Jaeggi, Rahel: *Welt und Person. Zum anthropologischen Hintergrund der Gesellschaftskritik Hannah Arendts.* Berlin 1997.
Jaspers, Karl: »Dissertationsgutachten«. In: *Hannah Arendt: Der Liebesbegriff bei Augustin.* Hg. von Ludger Lütkehaus. Berlin/Wien 2003.
Kristeva, Julia: »Lieben nach Augustin«. In: *Das weibliche Genie. Hannah Arendt.* Berlin/Wien 2001, 60–87 (frz. 1999).
Kurbacher, Frauke A.: »Liebe zum Sein als Liebe zum Leben.« In: Dies. (Hg.): *Hannah Arendt: Der Liebesbegriff bei Augustin. Versuch einer philosophischen Interpretation.* Hildesheim/Zürich/New York 2006, XI-XLIV.

六　尼科洛·马基雅维利

马基雅维利（1469～1527）是一个阿伦特很看重的思想家，但是马基雅维利的理论在阿伦特关于极权主义问题，《权力与暴力》以及关于艾希曼的文稿中，都没有显示出一种重要的作用。对马基雅维利理论的解读，有着一种被称为黑色的解读方式，所谓黑色是因为人们以这种解读方式只看到马基雅维利理论无耻地为罪恶的权力政治打开了大门，是一种邪恶学说；这种广泛传播的现实性解读方法，导致阿伦特在她关于极权主义的争辩中远离马基雅维利的思想，只是偶尔提到了马基雅维利和罗伯斯庇尔（Robespierre）（VZ 196）。一般来说，马基雅维利的思想只是零星地散布在阿伦特的文稿中，但是在《论革命》一书（ÜR 42－48，128－133；见本书第 2 章第 5 节第 7 部分）中，人们却可以找到阿伦特体系性地明显倾向于马基雅维利思想的痕迹，这一倾向甚至可以追溯到阿伦特自 1950 年以来主持的讲座和研讨会（比较 BwBl 360）。

阿伦特对马基雅维利的引用，主要取自于其《论国家与政治》中的思想，而不是《王子岛》，即不是通常被称为《王子之镜》中的内容。阿伦特解释说，他是一个开创性的共和主义思想家。这可能是由于阿伦特在对美国民主的思考中确认了美国民主中的共和主义传统，而共和主义传统的思想正是出自马基雅维利，由哲学家詹姆斯·哈林顿，传到了美国建国之父们的手中。马基雅维利有四个各自紧密相关的特殊成就：第一，尝试给予政治以它应有的尊严；第二，解开了政治与道德的紧密联系；第三，代表了一种新的政治行动的思想纲领；第四，深入探究了关于建立共和国的问题。

按阿伦特的看法，马基雅维利更新了传统的政治构思，把政治作为一个积极生活的中心场所，作为一种有着自身逻辑和理性的特殊活动。马基雅维利试图在这个框架内，将政治中原有的经常周期性变动的宪法形式，转换为永久和值得追求的形式。马基雅维利主张从政治自身的标准出发，对政治的事实前提和效应加以分析，他所表达的这些思想，恰恰是阿伦特追求的政治思想：以政治自身的标准，而不是以哲学来评判政治。阿伦特认为，人们要想理解马基雅维利去道德化的政治，就必须把握道德和政治之间的关系转换，即必须把握：道德是针对个人的，而政治却关系这个世界；也就是说，政治涉及一个由公民创建的空间，在这个空间里，公民们应该通过他们的活动和演讲赋予这个空间以意义，也就是公民们应该在这个空间里从事他们的表演活动、合作或争吵，以及与行动相关的成就或失败，以叙述的方式来证明各自的合理性。正是这一区分使阿伦特得出结论说，马基雅维利设想的完全是一个超验的世界。虽然他的这一思想并没有给政治带来多大的影响，但这却证明了，马基雅维利根本不是如许多人（比如：Leo Strauss 1958，阿伦特的一个对手）所认为的那样，是一个崇尚武力的无神论者（ÜR 129）。当然阿伦特的意见还并不能完全消除人们传统的对马基雅维利的批评，也就是认为他把政治简化为仅仅是目的和手段的一种去规范化关系。阿伦特也批判了他关于暴力在人类历史中所起的积极作用的理论（ÜR，46），但也指出了人们对马基雅维利暴力理论理解中的两个盲点：首先，似乎在历史的开创时期需要以暴力来开辟道路；其次，要想克服专制政治，新的立法必须建立在以人为目的但又超越人的关系的基础之上。

阿伦特通过对美德、活动的力度和品行，尤其是勇气的阐释，来建立政治和行动之间重要的平衡关系。这关及优秀人物个人的能量和能力，但这种能力也存在于普通公民之中，尤其存在于与普通公民自己处境相符合的行动之中；没有这种能量，政治的机制只是行动的一种外在形式。美德是一种赋予行动以灵魂的精神。没有能量和美德，就会构成人的懒散、个人野心和贪婪。美德在马基雅维利那里有着一个中心的位置，但又不是一个很清晰的范畴，这可以主要归结到他思维方式的问题上。阿伦特认为自己强调随机性为开端的行动思想，主要建立在马基雅维利政治理论的基础上。马基雅维利把美德作为"运气"的对立面，并指出政治领域的所有随机措施，都取决于决断力以及对此刻机会的把握和利用。阿伦特这里突出强调行动的精湛技艺，以便在意志行动层面之外，也展开以语言表现行动的层面。按阿伦特的理论，这两个层面（意志行动和语言行动）的空间，会自动展开在人的行动之中，而恰恰是这两个空间，构成了人的行动自由的根本特性。行动的第三个层面是竞争。阿伦特在反思马基雅维利政治的冲突概念中，强调这个概念在政治中首先关及的不是共识，而是一种表演性的行动。在这种行动中，个人不再仅仅为了得到别人的赞同，而且也是为了在公众面前表现自己出色的编导策划和演示能力。人们就是在这个表演的空间中进行着自己的政治活动。在这个表演空间里，那个关于表象和存在的古老问题已不是实质上的问题，这个问题只能在人类时间的长河中一点一点地加以阐明。阿伦特诉诸这样一种思考，在广泛和多样化的政治模式中，运用马基雅维利的见解，即他著名的关于狮子和狐狸的隐喻。马基雅维利以此规劝王子，不仅要让自己表现出狮子的强大，而且也要在幕后以狐狸的狡猾来操纵政治。正是这一点，强化了美德和精湛技艺的层面，但同时也明确显示出阿伦特与一种把"目的"和"手段"耦合在一起的目的论行动模式的距离。精湛技艺是一种精湛的表演艺术，但不是创造艺术作品的艺术（VZ 206）。阿伦特在马基雅维利的基础上强化了美德和运气之间的关系，谁有运气，谁就有了在这个世界舞台上表现自己的机会，就如这个世界为拥有美德的人所提供的机会一样（VZ 197f. ；比较 Palonen 1998，262 – 272）。

阿伦特强调马基雅维利比所有他之后的政治思想家（ÜR 132）都更深刻地认识到政治腐败的问题，这表明了她高度评价这位政治思想家。在思考政治腐败的同时，阿伦特也解释了她非常看重以空间范畴思考政治和政治事件："在马基雅维利看来重要的是，为了掩盖不道德的行为，人必须学会掩盖自己不道德的行为，但是马基雅维利并不幻想，人通过掩盖自己的不道德行为，而会变得更道德些，他只是认为，如果人不去表现自己的不道德行为，那么这个世界就会更好些。另外，暂且不顾所有的道德评价，不道德行为所能得到的一个合适的地点，也就是隐藏。"（ÜR 133）

通过马基雅维利思想的媒介，阿伦特领悟了罗马共和国政治思想的传统，这对她理解美国建国时期以及当代共和民主思想有着决定性的意义。她也以这种方式把自己对希腊和希腊城邦的偏爱，限制在一定的范围内（比较 Taminiaux 2000）。把罗马共和国作为建立当代共和国的典范，凸显出思想史上的多种不同见解：第一个问题是，在建立一个新的共和国时，通常总是由当时那个国家的一个卓越人物——即那个智慧的立法者——来制定宪法，而不是通过一种有许多活动家参与的立宪过程。第二个问题是，罗马共和国建立的真正意义，只能作为一种启发，通过这种启发而塑造一种当代的人与人之间的关系（VZ 188）。但是如果把这种建立作为一种照样复制来理解，就会导致一些致命的后果，因为立法会因此而丧失它的政治层面。除此之外阿伦特还确信，如果仅仅单纯地订立一个新的宪法，对马基雅维利的政治思想来说，只是一个理论问题，而对现代的革命家来说，却是一个很实际的问题，因为自18世纪以来共和思想有了一个集体性的、完全是新的开端，一种新的时代的概念已经成为共和思想的重点（比较 ÜR 42 – 48）。

自从20世纪50年代，在汉斯·巴隆（Hans Baron，1992）和菲利克斯·吉尔伯特（Felix Gilbert，1991）以"公民人道主义"为题出版的著作中，有些地方也使用了与阿伦特相近的对马基雅维利思想的解读方法，但阿伦特强调的政治见解，比他们都更强硬些，只是她没有在她的文章或专题论文中对此作进一步的研究。尽管如此，阿伦特仍对共和主义的思想发展（比较 Pocock 1975；Münkler 1982；Münkler u. a. 2004）有着非常重大的影响。

哈拉尔德·布卢姆

参考文献

Baron, Hans: *Bürgersinn und Humanismus im Florenz der Renaissance*. Berlin 1992.

Gilbert, Felix: *Guicciardini, Machiavelli und die Geschichtsschreibung der italienischen Renaissance*. Berlin 1991.

Münkler, Herfried: *Die Begründung des politischen Denkens der Neuzeit aus der Krise der Republik Florenz*. Frankfurt a. M. 1982.

–/Vogt, Rüdiger/Walkenhaus, Ralf (Hg.): *Demaskierungen der Macht. Niccolò Machiavellis Staats- und Politikverständnis*. Baden-Baden 2004.

Pocock, John G. A.: *The Machiavellian Moment. Florentine Political Thought and the Atlantic Republican Tradition*. Princeton, NJ 1975.

Palonen, Kari: *Das ›Webersche Moment‹. Zur Kontingenz des Politischen*. Opladen 1998.

Strauss, Leo: *Thoughts on Machiavelli*. Chicago 1958.

Taminiaux, Jacques: »Athens and Rome«. In: Dana R. Villa (Hg.): *The Cambridge Companion to Hannah Arendt*. Cambridge [3]2005, 165–177.

七 托马斯·霍布斯

托马斯·霍布斯的政治理论建立在现代科学地位不断提高和英国内战这两件历史事件的基础上。阿伦特发现，由于他的理论有着近代自然科学为之奠定的基础，霍布斯本人就极力拒绝一切以往的哲学，并坚持把人的"精神 – 智慧的能力与所有直接对世界和真实性的理解脱离开来"（VZ 67）。在真理的位置上，现在出现了人的"预期后果的能力"（VZ 67）。1652 年出版的他的主要政治著作《利维坦》，就是以机械性的假设为出发点："如果一件事情进入静止状态，而且没有人再去驱动它，那么它就永远地停止了"，同样可以推理说："一个物体一旦进入运动状态，那么就会永远地运转下去，直到有谁去制止它。"（《Leviathan》，第 2 章，13）霍布斯坚信，追求持续的自我运动，促动了人的努力，每个人内部和外部的活动，都只是为了自我持存。人的所有活动都是为自我利益所驱动；它寻找快感，避免不悦。霍布斯把快感理解为是那些有利于未来运动的行为，而不悦则是会威胁未来运动的行为。对于人类来说，没有比追求快感更高的善，也没有比追求快感更高的目标；除此之外，人类也竭力追求权力。霍布斯认为，权力是以"当代的手段去实现一种只有在未来才能显示出来的善"（《Leviathan》，第 5 章，66）。"只要我们在尘世中生活，就不可能有持续的心灵安宁，因为人生只是一种运动，因而也就不可能永远没有企求和畏惧，同样不可能没有感受。"（《Leviathan》，第 4 章，48）因此也可以说，人施行的每一个运动都是自利的，都是在追求着权力，并且以已经获得的权力，去追求更多的权力。

霍布斯在《利维坦》中构思了一种人的自然状态，在这种自然状态里，"每个人都拥有对一切的权利，也包括对另一个人的身体的权利"（《Leviathan》，第 14 章，99）。出于对相互都可能死亡的恐惧，使人们把原先自己可以支配的权利，转让给一种可以统治一切的权力。霍布斯这种社会契约构思的新意在于：以社会契约授予的权力而进行统治的君主，现在却有了比授予他权力的民众更优越的地位。也就是说，社会契约赋予了那个君主无限的权力："我授权这个人或这些人的集会，转让给他们统治我的权利，但前提是你也应该把你的权利交给他们，认可他们所采取的一切行动。"（《Leviathan》，第 18 章，134）社会契约是授予君主的一份"自由礼物"，他可以就此而不受这份礼物的任何制约。

霍布斯对汉娜·阿伦特《极权主义的要素和起源》一书的影响，尤其详细表现在这本书的英文版《极权主义的起源》对帝国主义的分析中。阿伦特《在过去和未来之间》这本论文集中的许多文章，特别是在《传统与现代》（VZ 23 - 53），《在现代中的历史和政治》（VZ 54 - 79），以及在她关于权力分析的《论革命》一书中，都表现出她所受到的霍布斯的影响。阿伦特确信，霍布斯对权力的理解，使他成为一个帝国主义的哲学家。如阿伦特所强调地那样，这是一种为获取权力（EU 351）的权力，是一种为他们自己服务的权力。所有的一切——不管是知识的形式还是财富的形式——都被简化为权力："因此，获取权力的意志，就成了个人的基本激情；个人获取权力的意志规定了个人和社会的关系；所有其他的努力，如对财产、知识、尊严的追求，都可以最终归结为对权力的追求。"（EU 243）对霍布斯来说，人的平等，只是获取更多权力的狡猾的平等；也就是说，在这种狡猾的平等中，人没有自己内在的价值。因此阿伦特强调，对霍布斯来说，个人并不拥有要求尊重的那种内在尊严，个人的价值完全取决于对权力的依赖，只有权力才能使他享有别人对他的尊敬。霍布斯在原则上排除了人类的理想；阿伦特认为，这就在 19 世纪造成了灾难性的后果，霍布斯的哲学为种族主义意识形态提供了理论基础：

> 这是真实的，霍布斯的哲学没有任何现代种族理论的内容。现代的这些种族理论不仅煽动暴徒，而且也主张在明显的极权主义形式的框架内建立组织形式；这样的组织形式会使人类在资本和权力积累的过程中，通过实施他自己的逻辑而最终导致自我毁灭。但霍布斯政治思想至少有着建立一切现代种族主义学说的必要条件，即在原则上把唯一有规则效用的国际法思想，排斥在人类思想之外（OT 157）。

阿伦特认为，关于人类的思想是人的权利唯一具有连续性的基础，而人的权利又构成了国际法的基础（见本书第4章第22节，第5章第9节）。值得一提的是，阿伦特认为，出于一个与外界隔绝的君主权力利益的需要，而排斥人类思想和递减人的权利，不仅为19世纪"一切都是允许的"的帝国主义打下了理论基础，并且最终也为20世纪"一切都是可能的"极端种族主义意识形态，提供了理论基础。

阿伦特强调，因此对霍布斯来说"在某个共同体形式中的成员，只是一种有着时间和内容限制的身份，不会在本质上改变一个人孤独和私人性的特性，或者成为他和他人之间一种永久的负担。谁会没有自己的快乐？而在团体的共同行动中，虽然那里没有权力在威吓他，却常常有着许多忧虑"（OT 140）。阿伦特认为，被霍布斯从简化后的自然权利中衍生出来的共同体主权，实际上是一种自主的、以自我利益为导向的、个人所拥有的权利，即一种个人最初曾有过的"对一切的权利"。如阿伦特所论证地那样，霍布斯关于共同体所行使的权力，实际上是由竭力追求权力的私人性的个人所构成，因而代表了所有个人利益的总和："霍布斯的《利维坦》是唯一一种建立在个人利益自身的基础上，以致个人的利益同时也与公众利益相一致的政治理论；在霍布斯之前，不管上帝的法规、自然法则，还是社会契约的法，都规定了个人利益与公众事务利益关系中的对和错，而霍布斯却认为，国家并不建立在这样一种确切法律基础的形式上。"（OT 139）。权力的代表起源于国家无所不在的权力，国家的这种权力构成了一种"垄断化了的权力"，它要求绝对服从。"国家产生于权力的代表，而不是产生于法律。国家因此获得了允许杀人的垄断权，并以此作为交换，为反对其他人的杀人提供一种有条件的保护机制。法律保护民众的安全，但这种法律既不是建立在一种自然法规之上，不是建立在上帝的意志之上，也不是建立在人类的某些关于正义和非正义的标准上（甚至与在传统意义上的正义和非正义的范畴，根本没有丝毫的关联），而是作为一种国家垄断权力的直接发散。"（EU 244）

对阿伦特来说，将权利集中为国家主权的权力，实际上直接来自为自我利益所驱使的个人对国家权力的理解。这些人聚集在一起决定放弃他们自己个人的权力，并以此作为交换，以换取国家对他们个人利益的保护。阿伦特对现代民族国家思想的批判，在很大程度上被人们理解为是对由霍布斯发展了的国家权力概念的批判。阿伦特认为，正是这样一种权力理念构成了现代国家法制思想的核心（见本书第 4 章第 21 节）。

佩格·伯明翰

由斯特凡妮·罗森穆勒从英语翻译成德语

参考文献

Brunkhorst, Hauke: *Hannah Arendt.* München 1999.
Hobbes, Thomas: *Vom Menschen. Vom Bürger.* Hamburg 1990.
– : *Leviathan.* Hg. und eingel. von Iring Fetscher, übers. von Walter Euchner. Frankfurt a. M. 41991.
: *Elements of Law.* Hg. von J.C.A. Gaskin. Oxford 1994.

八　查尔斯·孟德斯鸠

　　自 1951 年发表了《极权主义的要素和起源》一书后，阿伦特便集中精力主要钻研孟德斯鸠的理论，"从孟德斯鸠出发，对各种国家形态进行分析。阿伦特的意图是想搞清楚，'统治'这个概念是怎么进入到政治之中去的（在每个共同体内，总是有着统治者和被统治者），以及各种政治领域空间的构成"（BwH 145）。阿伦特在这里碰撞到的是"孟德斯鸠的两个伟大的发现"（DT 184）。首先，孟德斯鸠并不仅仅停留在政府形式这个核心问题上，而是借助各种政府形式的原则，把各种政府形式理解为一种历史性行动的组织；其次是他的权力划分学说。"评判一个共同体业绩和劣迹标准"的原则，"在共和政体中是美德，在君主政体中是尊严和荣耀，在亚里士多德的政体中是克制，在暴政政体中是恐惧和猜疑"（LG 2，192）。此后在 1953 年，她又高度赞赏了孟德斯鸠思想中的三个观点，这三个观点也极大地影响了她自己的政治理论：第一，美德不应当定义为自我克制，而应定义为共和主义的原则；第二，政治不等同于统治，而是与"处理问题的风格"有关（DT 328）；第三，不应把利益作为行动的准则。

阿伦特手册

第一个发现促使阿伦特按孟德斯鸠的思想（《*Geist der Gesetze*》，1748），把极权主义描述为一种新的国家形式，并把这种对极权主义的新的分析，写进了她那本1955 年先是以德语出版的书《意识形态和恐怖：一种新的国家形态》（《*Ideologie und Terror：eine neue Staatsform*》，见本书第 2 章第 4 节第 1 部分）。

作为一个"有意识的孟德斯鸠的后继者"（EU 710），阿伦特接受了孟德斯鸠关于区分一个政府的本质和准则之间关系的理论：本质造就了这个国家究竟是怎样一个国家，也就是造就了这个国家的自身；而影响着基本衡量标准的准则，是能够加以商讨和交涉的。与此相应，阿伦特把恐怖定义为一种极权主义统治的本质，把意识形态定义为这种极权主义统治的准则，因为它"对双方——统治者和被统治者，对执行人和被害人都具有同样的有效性和强制性"（Eu 716f.）。孟德斯鸠主张在各种行动标准的背景中定义准则，而阿伦特则认为，意识形态的准则实际上根本不是行动的准则，而是涉及极端化过程中的意识需要，以毁灭人的模式替代行动的准则，极权主义统治也因此比以恐惧为准则的暴政更稳定些。但可以肯定，这种统治形式得不到民众的赞同，暴政作为最糟糕的国家形态必然会最先走向灭亡。作为极权统治职能方式的第三个要素，阿伦特接纳了孟德斯鸠探讨的有关历史文化同一性的问题以及与此相应的基本经验，认为正是这种经验导致了各种不同的公共性行动的准则。对阿伦特来说，极权主义统治体系中的基本经验，就是人被遗弃的经验。

孟德斯鸠的第二个发现——权力的划分，对阿伦特来说不只是意味着国家的权力可以丝毫无损地分摊给各个权力机构，而且也意味着，个人的主权并不是决定国家权力的主要因素，国家权力既不由意志产生，也不主要是一种意志的客体。权限的划分正是表明了，国家权力是怎么最初通过共同的行动而诞生的。"这实际上是排除了权力的败坏和它的主体性；并且使人们认识到，权力的主体性是以一种非法垄断为依据的。"垄断权力就是"对某些'客体'的一种主体化占有，这些客体只允许存在于人与人之间，而不允许存在于某个人手里，或依赖于某个人"（DT 184）。孟德斯鸠激发阿伦特去思考对政治权利现象的一种新规定，这种新的规定不仅能把权力与暴力区分开来，而且也能使权力不落在哪个人手里。阿伦特诉诸孟德斯鸠的理论，规定了

阿伦特手册

"行动"和"权力"是一种中间状态，在政治领域内是暴力、意志和主体化的对立面。在她的《积极生活》（见本书第 2 章第 5 节第 5 部分），《论革命》（见本书第 2 章第 5 节第 7 部分），《论精神生活》第 2 卷：《意志》（见本书第 2 章第 8 节第 1 部分）以及她的论文集《权力与暴力》（见本书第 2 章第 7 节第 1 段）中，都对这些相互关系作了详尽的探讨。

在《论革命》一书中，阿伦特认为孟德斯鸠对美国的独立有着与卢梭对法国大革命相似的意义，因为他关于权力划分的理论，符合当时美国新移民的经验和建国之父们的需求——在联盟和各个独立州之间建立一种相互平衡。阿伦特强调说，"分权能使一个共同体比集权变得更强大"（ÜR 198），孟德斯鸠的这样一种认知，最为美国的第二个总统约翰·亚当斯（John Adams，1735~1826）所赞赏。阿伦特进一步指出，孟德斯鸠以权限限制权力的思想，显然与在他之前和在他之后通常的权力概念有所不同。同样，他关于如果美德不应成为专横，也必须对美德加以制约的认知，已经预见到了罗伯斯庇尔美德统治的灾祸。

中间状态作为行动和权力的空间，如阿伦特所强调的那样，表明了孟德斯鸠是所有革命先驱中唯一一个没有为政治领域设计一种上帝原则和超验惩罚等理论需求的先驱者，而只想把政治领域与它的自身捆绑在一起。所以阿伦特强调说，对孟德斯鸠来说，就如对在基督教之前的古典时代和美利坚合众国的建国之父们一样，法律建构了人与人之间的关系。这就是说，法律的自身就已经内涵有一种相对性，并因此构成了这样一个事实：法律也不可能拥有绝对的权威。法律将人变成公民，法律保障在公民相互的关系中每个公民都有自己的行动空间和自我塑造的自由，不会因为政治的强制而遭受压抑或压制。阿伦特赞誉"孟德斯鸠有着一种伟大的政治理解力"，因为对孟德斯鸠来说，"美德和理性已经作为要素——即作为权力，而不单纯是技能或特性——出现在政治领域中；美德和理性能让人信服和影响人，因而构成了潜在的权力"（ÜR 197）。

孟德斯鸠区分了法律与规范公民或人的行动的道德的不同，因而也区分了公共性的政治生活和社会之间的区别。孟德斯鸠确认，一个国家走向没落，是从削弱国家法制开始的，只是依靠社会道德和风俗传统的延续，才有期限地再苟延喘息一段时间罢了。这就促使阿伦特也得出一种相应的结论：19 世纪的工业革命震撼和动摇了社会道德和风俗传统。这时候这个社会虽然还有着它的理解和判断能力，但是当 20 世纪对旧传统习俗的巨大挑战出现时，这个社会已经不再能够捍卫它的理念和标准，"我们历史悠久的传统也就只能是令人惊讶地保持沉默"（VZ 120）。阿伦特也赞誉了孟德斯鸠的预言：人不仅能认识自己，而且同样也能丧失自己。阿伦特补充说，孟德斯鸠的"丧失自己"，意味着人不再能够理解关于自身的意义和需求的问题。

　　孟德斯鸠是唯一一个认为从分权理论中就能得出这样的结论——"自由和权力，在真理中是相互隶属和共有的，是一个整体，根本不是互相对立的；也就是说，在概念的表述中，政治自由不是存在于意志之中，而是在能力之中有它的根源和位置，因此必须按权力和自由集于一身的原理来设计和建构政治空间"（ÜR 197f.）——的思想家。权力一词在法语中既表达"权力"也表示了"能力"，比德语有着更清晰的词义。意志和能力的区别，不仅表现在意图和可能性的区别之中，也表现在单个个人的区别之中，他是在他自身之中，还是与其他人在一起行动。这就是哲学意义上的自由和政治意义上的自由的区别。在自由意志中表述的是哲学意义上的自由，在能力和没有胁迫的情况之中表述的是政治自由。但是这里也表现出孟德斯鸠还是没有从哲学意志自由的传统中独立出来，他还是把自由表述为"人应该可以做一切他想做的事"（VZ 215）。

　　阿伦特非常欣赏孟德斯鸠作为一个纯粹的文人（即人们通常所说的骚人墨客）对政治反思所具有的那种胆识和无偏见性，这要感谢他特有的双重独立性——有保障的生活和拒绝进入政治社会。出于贵族对社会的蔑视，他拥有对社会作反思观察的天赋，并把他的这种天赋又反馈应用到政治领域中去，但可惜没有应用到古典哲学中去（比较 ÜR 157）。阿伦特就此得出的结论是，孟德斯鸠与马基雅维利和博丹（Bodin）一样，很少从事哲学研究。

沃尔夫冈·霍尔

参考文献

Amiel, Anne: »Hannah Arendt lectrice de Montesquieu«. In: *Revue Montesquieu* 2 (1998), 119–138.

九　让－雅克·卢梭

　　1965 年，阿伦特在给雅斯贝尔斯的信中写道："我不喜欢卢梭，但人们必须认识到，卢梭的政治理论有着极其重要的意义。"（BwJa 629）阿伦特不喜欢卢梭的原因是，按她的理解，卢梭主张政治行动应当服从于一种非政治性的平等，因而导致政治有了一种灾难性的传统，这种传统从罗伯斯庇尔经过马克思一直延续到新左派，极大地影响了 20 世纪的社会科学，并把一种由内在激情为导向的无世界性（Weltlosigkeit）引进到政治思想中去。对阿伦特来说，卢梭完全是孟德斯鸠的对立面。她对卢梭各种基本观点的评价，都详细地表述在《论革命》一书中，并把自由在美国的成功奠定与以恐怖手段从封建统治中获取解放的法国大革命作了比较。她遗留下来的讲稿《从马基雅维利到马克思》（1965）以及《政治理论的历史》（1955），都对卢梭作了思考和批判，她的这一系列思考的准备工作也都记录在她的《思想日记》中。阿伦特对卢梭的批判主要是针对卢梭有关社会批判理论，即他把"普遍意志"作为政治统一化的现象，把同情作为行动的动机，以及那些由非政治性所推导出的理论。

　　社会批判和"普遍意志"

　　卢梭认为在君主专制体制中的社会和上流沙龙，面对民众的痛苦（ÜR 112）却表现出无比的冷漠，因此严厉批判了专制君主的腐败和暴敛。但是按阿伦特的看法，卢梭对专制君主的批判，在三个方面导致了一种无世界性：首先他以自然存在为由拒绝社会现象，就否定了现象领域同时也是一个政治领域；其次他呼吁人应当回归自己的内心，把"同情［……］作为一种从外界反射到自身的情感"（ÜR 112），并依此替代一个人内心的自我对话，但这些并不能构成一个世界，而只能是停留和封闭在内心的无世界性和"黑暗"之中（ÜR 12）；最后是他主张以普遍意志作为政治基础统一民众，而他这种在普遍意志上的统一，只能出现在一种亲密的关系中。卢梭不仅要求回归到人的自己和自己的感情上去，而且他也是第一个在马克思之前就给异化这一范畴，打上了现代意义的印记（《From Machiavelli to Marx》，LoC，Box 57，Blatt 023489）。他就此在政治中引进了私人的原则，从而给政治带来了毁灭性的后果（《History of Political Theory》，LoC，Box 58，Blatt 032301）。一个从自然本身来说的好人，却堕落在贵族社会中；基于这样的社会现实，卢梭认为与贵族相反，被贵族排除在外的民众却总是有着正义感和善良心，因此这些有正义感和善良之心的民众应当是新的民族统一的担当者。在《积极生活》的第二章中，阿伦特就是从卢梭的这个观点出发对他作了批判，并超越卢梭的理论对现代社会以及社会与私人之间关系的形成作了研究，认为在社会和私人的关系中，政治和私人性因为要让位于社会和亲密关系而遭受摧毁。

卢梭内涵广泛的普遍意志的概念，为法国大革命的革命者所用，阿伦特认为这绝不是偶然的，因为一场革命的方式和进程，总是取决于要推翻的那个政权的特性。因此要推翻君主专制，就要求同样的专制手段，但与君主的专制有所不同，推翻君主专制使用的专制手段是在普遍意志的形态中所允许的，"一个国家的一大群人都在设想寻找一个人，这个人能够毫无阻碍地替代专制国王的权力意志"（ÜR 203f.）。这一大群人就是人民，现在他们也与国家有着同等的地位。卢梭的"原文"（DT 260）提出了一些问题，比如单个的个人怎么才能够在一个国家中生活，要是这个国家没有了像自然强制或上帝等至高无上的权威？卢梭的回答是：以普遍意志作为个人行动的准则，因为普遍意志代表了公众的意志。

阿伦特相信自己在卢梭的回答中，找到了卢梭自己还没有意识到的一个自我矛盾。卢梭最初把普遍意志构思为法律的主体，这个主体有着如同法律那么普遍的普遍性，但接着却又把普遍意志转换为立法者，必须把一种普遍性作为自己的主体。"正是由于立法者把这种意志认同为人民的意志，就产生了一系列问题。"（DT 244）如果法律是从一种统一意志出发，必然与单个人的意志有所碰撞和抵触。这样普遍意志就总是在我的自我中与我的特殊意志进行着斗争（DT 639），这里就在政治思想中第一次引进了作为"个人利益"对立面的"公共利益"的范畴。为了解决公共利益和个人利益两者间的冲突，就得把法律转换到个人的身上，"我命令我自己——我就有了我自己，政治成了个人的扩张"（DT 335）。对阿伦特来说，"这个解决问题的方案从多元性中引出了单一性，是化圆为方，如水中捞月，也许是一种最具有毁灭性的解决方案"（DT 242）。"如果一个人的内心没有了原则，那么只剩下一种偏离普遍意志的个人意志，普遍意志要反对的恰巧就是这类个人意志。在人类迄今为止的历史上，总是以外国或外族的敌人来激起一个民族或国家统一的情感，而卢梭却远远越过这个历史门槛，把所有的共同敌人置放在公民自己的内心之中。"（ÜR 98）"事实上，在普遍意志中，每个人都是他自己的刽子手。"（DT 242）

同　情

同情在卢梭的思想中起着两种效用：一是以对别人的同情心，来超越个人意志对普遍意志的反抗，从而把自己的个人意志融入普遍意志中去（ÜR 99）；二是作为对自己内心情感波动的认同，同情是一种对自己的情感，而不是因为别人的不幸反射产生的情感，为了保持同情心，就需要有经常性的不幸存在（ÜR 112f.）。阿伦特在这里证明自己是一个很细心的心理观察家，她把卢梭的世界描述成一种"弃世"（Abkehr von der Welt），并指出卢梭把公共性和私人性之间的区别，解释为内心一种理性和阴暗之间的区别。卢梭就是这样把思想转换为一种自我内心对话的冲突，并通过内心的分裂把心灵转化为一种内在的"同情"，"这种同情有着耐力和激情的双重意义"（ÜR 102）。不是普遍意识，不是与别人的团结互助，而是一种内心的意识，应该引导我们进入一个建立在痛苦和快乐这种无声情感之上的世界，安全地在这个世界中漫游和生活。阿伦特批评说，在卢梭的思想中，政治的原则不是行动，而是激情，而激情恰恰是行动和理性的对立面。

莱辛曾给友谊附加上一种公共性的效用，卢梭则把友谊退回到亲密关系的领域，认为只有在亲密关系中，人们才可以相互敞开自己的心扉。对阿伦特来说，这恰恰表现了"现代个人远离尘世的世界异化"（MZ 40）。至于卢梭自己在现实生活关系的情感上只是感受自己，而不是别人，他情感上的不敏感性，阿伦特在他的传记中找到了许多充分的证明（ÜR 115）。如同在萨特那里，阿伦特也在卢梭那里看到了一种倾向，即以一种极其真诚的姿态叙述一些似乎是前所未闻的"真理"，"只是为了能够更好地掩盖事实上发生的那些事情"（BwM 265）。卢梭就是以这样的方法，在他的《忏悔录》中，描述了一个真实的自己；但实际上他却描绘了自己是怎样出现在人们面前的，是怎么得到别人认可的。甚至奥古斯丁还想出现"'在上帝面前'，而不是出现在'人类面前'！"（DT 664）

废除政治

卢梭的思想取代了一切传统的政治现象。除了前面已经提及的一些观点外，阿伦特还批判了他的普遍意志不是建立在各人不同意见的交换和共识上，而是建立在自身的不可分割上；卢梭尽了一切努力，试图为普遍意志寻找一种新的统治模式，却仍然把自己禁锢在一种命令和服从的政治思想中（IG 444）；他把政治的重点从"共和国"转移到"人民"（ÜR 96），却极度削弱了政治机构的意义；一个人要从内心去适应普遍意志，却揭示了一个道德服从的问题，道德服从使人们对法律的赞同变成了一个良心问题，而不是公众对法律的共识。卢梭也因此把希望寄托在公民教育上，把教育作为政治手段，认为政治行动不是一种目的，而是一种教育形式（VZ 257）。阿伦特在卢梭的思想中看到的，如同在康德那里，不是政治行动，而是义务和服从的效用（IG 306）。卢梭和康德一样，对政权的模式并不感兴趣，他们两人感兴趣的只是一个问题，即这种统治是宪制的还是专制的；但这对阿伦特来说，却是一个可靠的信号，他们两人都把权力只看成一种必要的弊端（DT 545）。

阿伦特认为，卢梭关于一种普遍平等的构思，与在多元性基本条件中才显现出来的差异性，是相矛盾的。民众的统一（Einheit），只有在他们相互理解的可能性中才能够实现，统一促成人们的团结互助，但是如果把存在于民众统一中的同一性（Gleichsein）误解为划一性（Uniformität），把统一误解为是一种普遍的宗教、哲学或权力模式，统一也就失去了它的人性。而"同一性实际上与划一性离得很远；就如男人和女人，正因为他们完全不一样，才有了相同性，即人的特性；各个国家的人民也是那样，只有保持自己的民族特性，才能以不同的民族出现在人类的历史中。"

（MZ 108）为了普遍的同一性而否定差异性，也反映在对多元性和共同行动的否定中，为了公众舆论的普遍性而否定多元性，为了个人的意志而否定共同的行动（比较 Tassin 2007；Kohn/Young – Bruehl 2007）。

因此按阿伦特的理解，卢梭的平等是与自由相违背的："普遍统治意义上的普遍平等，仅仅是一种自相矛盾。"（《Karl Marx and the Western Tradition of Political Thought》，LoC，Box 75，Part V，31）。因为只有当政治的空间有了确切的界限，才能行动（ÜR 354，358）。

在《论革命》中，阿伦特描述了法国大革命期间，一种受卢梭启发出于同情心的政治行动，是怎么被革命者的非政治性激情所淹没。因为"卢梭被撕裂的心灵和内心的冲突，一旦出现在政治中"，就会"很快走向谋杀和凶杀"（ÜR 124）。由于"厌恶生物所受的苦难"（Rousseau）是与生俱来，人就会从这种厌恶中形成一种强制性的同情心，这种同情心自法国大革命以来，总是顺理成章地被加以论证，由此带来的结果却是极端暴力和独裁统治。阿伦特指出，美国革命和匈牙利 1956 年的起义，就是反驳了这种强制性。这就表现出在阿伦特对卢梭的批判中，同时也表述了她对政治自由的理解。

沃尔夫冈·霍尔

参考文献

Arendt, Hannah: »Karl Marx and the Tradition of Western Political Thought«, 2nd Draft, 1954. LoC, Box 75.

–: »History of Political Theory«, 1955. LoC, Box 57.

–: »From Machiavelli to Marx«, 1965. LoC, Box 58.

Kohn, Jerome/Young-Bruehl, Elisabeth: »Critique de la souveraineté et de l'État-nation«. In: Anne Kupiec u. a.(Hg.): *Hannah Arendt. Crises de l'État-nation*. Paris 2007, 265–299.

Tassin, Étienne: »Le peuple ne veut pas«. In: Anne Kupiec u. a. (Hg.):Hannah Arendt.*Crises de l'État-nation*. Paris 2007, 301–315 (engl. »The People Do Not Want«. In:*HannahArendt.net* 3 (2007), http://hannaharendt.net/research/researchIII.html).

十 伊曼努尔·康德

阅读康德的著作，阿伦特最早是从《纯粹理性批判》开始的。但是她整个的哲学思想，她对哲学的政治兴趣，她对康德的高度评价，甚至她的很大一部分著作，都基于她对康德《判断力批判》的解读。特别是当她把康德的这本著作作为政治理论来构思的时候，那么这本著作对她的影响显然就更重要了（U 17；Vollrath 1977；Hermenau 1999）。可以这么说，康德的第三批判伴随着她整个的思想创作过程，也引导了她纵横贯穿他的思想。但她还是批判了康德把判断力归类到纯粹的美学之中去，与此相应的是在哲学史上造成了严重后果：把人的判断能力仅仅限制在对美的审视上（Benhabib 2006；Kurbacher 2003；2005）。阿伦特同时也接受了由康德赋予判断力的审美感受的美学要素，并把它贯穿在她后期的著作之中，而且是在一种从根本上理解现象学的意义上，即认为美学要素也有着内在感受人的一切精神能力的效用。在二战后的思想发展过程中，阿伦特认为有必要重新把人的一种判断力作为人的定向能力。在这一点上，她那个时代的一些思想家都与她有相同的看法，如汉斯－格奥尔格·伽达默尔（Hans-Georg Gadamer），让－弗朗索瓦·利奥塔（Jean-Francois Lyotard）和雅克·德里达（Jacques Derrida）（Kurbacher 2003；2005）。这样的历史背景使阿伦特在对判断力的基本评价中，不仅对康德的实践理性，他的道德思想，也对历史哲学作出了激烈的批判——并总是在一种主要与政治相关的角度上。

除了《判断力批判》，阿伦特也研究了康德的其他一些重要著作，如《道德形而上学》《实用人类学》，以及他的晚期著作中一系列关于教育、宗教和历史哲学的文章。阿伦特吸收了康德著作中所独有的世界主义思想，并用来创立她自己哲学中的世界概念。在康德的著作《论适应理论而不适应实践的共同格言》中，可以找到阿伦特区分生活中积极行动和沉思冥想的行为方式的思想开端。实践检验在康德那里最终只是为了走向理论，而在阿伦特那里却得到了具体的实施：阿伦特对一种思想作高度评价，如同她对另一种作坚决批判一样，这两者都是阿伦特的行为受到康德影响的特征，都可以在她对一种批判性思想的构思中找到有着这两种特征的表达，在她构思的具有独立性的思想领域里，单个的个人承担着对共同体的责任。在这样的背景下，一种不负责任不加思考的错误行为，才清楚地表现为人类学上的和当代的基本问题。

政治中的判断力批判

《判断力批判》在康德的思想理论中，起着沟通其他两种批判——纯粹和实践理性批判——的桥梁作用，因而与自然和自由的概念有关，并结合了必要性领域和意志自由领域。从阿伦特的人类学角度来看，这里不再以相同的方式表现问题，因为人通过他们的行动同样可以创造一些不仅是属于自然领域的条件。人运用的条件没有一件是"绝对的"（VA 21）。阿伦特认为，这里所需要的中介，是一种人与人之间的人际交往。判断力作为一种特殊的能力，能够对普遍与特殊作出综合思考，这就似乎注定了要作为一种中介的能力来研究"人与人之间的关系"（见第 4 章第 30 节）。

康德以他的第三个批判（即判断力批判），作为一个判断力的思想家，对阿伦特的思想产生了不可低估的影响。即使在有些地方并没有明确地提到判断力，但判断力在阿伦特的著作中，不仅是一个主要的范畴，而且也标志着一种对实践的关注。这样就显示出，不仅是阿伦特对康德的理解，而且阿伦特对自己著作的理解都受到了康德的判断力概念的影响。

阿伦特对《判断力批判》的阐释，不仅在她对人类学、社会学、哲学和政治学范围的研究中，而且也在她后期的全部著作中，表现出她对后现代思维方式的一种靠近（Paetyhold 2000）。标准和价值的丢失，以及危机的自身，对判断力来说，都是决定性的。不仅是对世界状况、时代精神和品位的描述，对社会的分析和对现代化的批判，而且个人的私人角度，都离不开批判的判断力。在判断力的基础上，具体化和随机性自身同时构成了来自精神力量——被理解为是人的行动——的脆弱的创造性。但正是由于人的判断力的局限性和有限性，因而人的判断力也需要多元性。这里，阿伦特再一次地追随了康德。必须以批判性和多元性来扩展人的思维，并且也需要公共性的领域，因此思想作为批判性的、判断性的思维方式，自然就属于政治本身。

个人和哲学家——影响和修正

康德不仅出现在阿伦特的哲学评论中，而且也出现在她的个人评论中。鉴于他的思维方式，也由于与他个人有关的生活方式，阿伦特用了一个象征性的词"多愁善感"来描述康德（U 38f.），实际上她把自己也列入这一类人之中（Benhabib 2006）。康德与"其他思想家"的区别在于，康德对"人的多样性比任何一个其他的思想家都要懂得多"（LG 1，101）。被阿伦特解读为隐性的政治理论著作的《判断力批判》（U 17），成为她阐释康德的重点，因为只有在判断力的基础上，其他结构性的关系才能表现出来，正是在这一点上，她是赞同康德的。有判断，自然会形成判断的群体，以阿伦特的见解，这就是人类学现实和多元性条件的证明。尽管如此，阿伦特还是批判了康德的超验性方法。阿伦特也赞同康德关于现象的特殊原因的论点，因为对阿伦特来说，现象是以我们生活现象的经验为基础的。阿伦特认为超越客体的关系中所缺少的正是这一有着决定性意义的经验基础，"事物在自身"，只是"一种想象"而已（LG 1，51）。同时，阿伦特也很注重想象力在判断力中的作用（U 104 – 111），因为想象力赋予我们一种能力，即使没有参与某件事，也不拥有对某件事的具体经验，但是我们可以想象。阿伦特认为这是人的判断必不可少的一种功能。

另外，阿伦特也受到康德其他思想、理念和范畴的启发和影响。对她有着特别影响的，除了她完全接受的把判断力作为"世界的意义"（DT 570，572），还有康德把共通感规定为"共同意识"，而她正需要共同意识作为她对社会生活的考虑。"想象力"被看作一种创造性能力，它构成思想和代表缺席者（U 104 – 111）。在从康德那里获取哲学审美感受的基础上，阿伦特拒绝了其中的超越要素，却爽快地接受了康德有关"人的健康理解力的三条格言"（KD § 40）。这三条格言是：首先是个人的独立和独立思考；其次是人际交往的能力，随时都可以进入某一个其他人的角色中去，站在他人的位置上考虑问题——这就是所谓的"扩展了的思想活动的方式"；最后是有一种自我一致性的定位，没有自相矛盾。

康德在道德哲学的范围内，对革命、历史或极端的邪恶所做的思考和研究，都出现在阿伦特的著作中（EJ，LG 1，LG 2，U；见第 4 章第 6 节；Volk 2005，116ff.；Bernstein 2002，12），她把康德的哲学思考和探讨主要看作对政治理论或关于意志问题的研究。另外，她也在康德那里批判地研究了启蒙作为进步的思想，以及关于法国大革命的争辩。她因此把康德看作一位与她同时代的哲学家，强调了历史事件是一种对康德有着影响的生活经验。

在许多出色的思想家中，阿伦特尤其赞赏康德，这表明了她想进入传统的关于哲学只是为学院还是为生活世界的争辩中去（比较 Paetyhold 2000）。康德为了提倡独立思考，而把哲学从学院式教条主义中解放了出来（LG 1，72），可惜的是他那些后继者却追踪"笛卡尔的确定性理念，似乎康德从没存在过"（LG 1，25）；正是康德的独立思考，才使他"摆脱所有特定的哲学负重，获得极大自由，拥有充分的自我意识，才能够参与到普通人中去，和他们一起笑"（LG 1，88）。因此对阿伦特来说，康德的思想既有着多元性的特征，又有着以笑声和幽默而保持的一种自己的独立主权（Wild 2007）。他是众多人中的一个，但又以自己的思想脱颖而出。

在对格尼斯堡哲学家的有创新意义的解释中，康德有关"品味"的研究，给了阿伦特决定性的启发，有助于她把社会构思为一种存在于我们之中的"多元性"（DT 583）。康德也指出了人的共同所属性——"这是唯一可以信赖的"（DT 578），并且也指出了一种在共同体中所获得的判断，它的"地点"是这个世界。因此与我们自己可能的一致性，也是一种与别人一致的可能性（比较 Benhabib 2006，295）。康德在后期著作中又一次地指出了这一点，索求哲学思想引进一种世界公民的理念。这种世界性的思维方式相应地合乎于——当然，这只是阿伦特愿意这么认为——康德的有着公共性需求的理性，阿伦特把对公共性的需求修改为对"哲学的需求"（比较 LG 1，83f.，89）。

从阿伦特的角度来看，康德的另一个功勋是区分了科学和"共同理解"（或共通感）之间所存在的差异。这种区分，可以说是与理解和理性、真理和意识之间的区分有着相同的意义。康德以这种差异性的区分，使自己从目的性中解放出来，获得了一种无目的性的"思想自由"。无目的性是自由思想最重要的标志，与此相连的当然是对环境的观察，而对这个世界上的这一切思考，并不一定需要得出一个什么结果的（LG 1，72）。

阿伦特非常看重康德为自由所做的无条件斗争（LG 2，140），因此对阿伦特来说，康德关于自由思想的理论，为开始一种自发思想创造了可能性，尤其是给予异类思想、反对思想和个人自己对现状的看法以一种可能性。至少阿伦特假设性地认为，康德想以思想新开端的理念，与时间连续性的构想作一种和解（LG 2，32），这是一个自阿伦特早期研读奥古斯丁有关时间分析以来就一直盘旋在她头脑中思考的问题，也是一个与她建构出生理论有关的问题。但是在康德那里，自由的问题不是一种在意志层面上的问题，而是一种局限在实践理性哲学内部的问题；并从实践理性哲学出发，在他的道德实践中再假设自由也可能是一个实践性的问题（LG 2，14）。阿伦特在康德的伦理、意志和喜好的基石中，加进了历史性的元素。按她的说法，这种历史性实际上在中世纪就已经出现了。但是在阿伦特对康德具有敏锐观察力的阐释中，"好的意志"，即使不含有欲望，也只是出于一种"值得注意的两难境况"：它或是完全的好和自主，那它就根本没有其他的选择；或是它内涵有绝对命令的法则，那么它就不再是自主的了（LG 2，61）。但阿伦特还是认为，意志是实现自由的能力（LG 2，366），它的代价是偶然性，因此所有现代哲学都围绕着偶然性在做着自己的探讨（LG 2，128；185）。这个在总体上被阿伦特确认但又指责有着缺陷的哲学上对意志的遗忘，即使不完全"一再否认这种（意志）能力的存在"（LG 2，26），也由于把偶然性与无意义性等同起来而造成错误。阿伦特对康德的这种广义批判，主要是用来反对一种忽视意志自由的哲学，即这种哲学所持有的精神立场，剥夺了人与其他生物的区别（LG 2，130）。忽视意志的哲学当然也忽视了有关个人责任的问题。按阿伦特的见解，一个敢于承担责任的人，他的思想就不能没有判断力；而在意志中，阿伦特看到了判断力的要素，即在意志经常的自我矛盾中，个性化的原则就会使每个个人感受到自己承担责任的潜在能力。虽然阿伦特的思考有一定的道理，但她还是明显地让意志哲学家康德以著名的《什么是启蒙》一书，以及康德的人类学文稿，来解释这个问题。

与此相关并同样重要的是康德所倡议的一种个人自己的目的性，它帮助——虽然这种帮助少得可怜——近代和现代的人，反抗无意义性，但阿伦特在她的思想构思中，对于康德的这一重要思想，却几乎没有提及。人们猜测，这个关于人的自然目的性的问题，可能对阿伦特来说，已经综合在对康德的出生原则的反思中了（Paetzhold 2000，194）。人们总是可以看到，阿伦特似乎常常自相矛盾地把持续性、连续性和开端混淆起来一起思考（LG 2，31　36）。

虽然阿伦特批判康德把意志仅仅看成一种构成人的理解力的纯粹器官，但她却又高度评价了康德，认为康德的绝对命令不是把上帝和单个的人，而是把人际交往置放进绝对命令的关系中去（DT 138）。康德以他的"哥白尼革命"，与奥古斯丁的"悔改"一起，共同造就了思想的一种主体化（LG 1，50－55）。对阿伦特来说，在顾及现存的理论和实践框架的条件下，要想回答关于个人和社团关系的这个问题，康德就是最好的人选。奥古斯丁以及康德，这两位思想家都在他们创立的思想中勾画了革命，他们是另类思想和在思想中进行反馈的"活生生的榜样"。阿伦特认为，在思想中进行对自我目的和自律的沉思，以及把判断力作为自己的一种能力，这是康德哲学有着方向性意义的成就（DT 109，502，141），但康德最终却没有特别关注自己的这一特别成就（DT 505）。

尽管阿伦特认为，从康德美学出发理解判断力已经非常深刻，但她还是对判断力作了有着她自己反思价值的修正、移植和反驳。对阿伦特来说，康德思想的自身，更多蕴含着特殊和多元的元素，而不是对理性的过分强调。通过康德对判断的自主要素的强调，便在个人和社团之间挖掘了一条潜在的鸿沟。相反，阿伦特却更强调共通感，并确信：个人和众人之间可能存在冲突，但这是一种个人"与少数人，而不是与多数人的冲突"（U 43）。这里的基本问题是：在对一种可能的自相矛盾的理解中，个人怎样才能与别人可能的期望要求——这至少为各种判断的存在提供了一个框架——进行调解？但这个问题在阿伦特那里同样也没有得到最后的解决。

研究、阐释的方法和继续深入

许多学者在对阿伦特接受、批判和置换康德思想的研究中，作了各种不同的评价，有的甚至也对阿伦特提出了反驳。比如萨拉·本哈比研究了那些阿伦特在康德那里感受到的"多愁善感"和"现代人"的关联，认为人们能够在阿伦特各种关于由现代人彻底的"无根性"而陷入困境的理论中看到这种关联；并且也能从中看到阿伦特本人以及她一直强调的"无家可归"的伤感。但本哈比同时更强调从康德道德哲学的角度，来理解阿伦特对康德的批判。本哈比认为，阿伦特反驳康德的那些问题，只有当她只是针对康德的第三批判时才拥有合理性。

从本哈比的角度来看，阿伦特对康德的批判仅仅停留在以欲望和不快等生活感受为基础的范畴上，因为生活感受对阿伦特这个哲学家来说，是一种特有的、较少情感和审美感受的方式，它更多的是自我意识在这个世界中所应取的立场（DT 573）。本哈比因此认为，阿伦特在这个问题上有着一种认知主义的粘着（Benhabib 2006，300）。事实也是如此，对阿伦特来说在康德的判断力中并不那么重要的"爱好"，才是独立于生活的情感，绝不会影响到一个人的道德行为（DT 573），因为对美的爱好，也就是一种"对世界的爱好"（同上）。按本哈比的看法，阿伦特经由康德的美学但又超越康德的美学，发现了一种在公共性领域保障有助于主体互动的程序；而按理查德·伯恩斯坦（Richard Bernstein）的看法，阿伦特的这一思想虽然以康德的理论为基础，但另一方面她也懂得，她的思想已经不妥协地远离了康德的立场。（Benhabib 2006，292）。阿伦特的这种断然立场建构在正义和非正义间的区别之上；在康德的理论中，这种区别属于实践哲学，而阿伦特则在她的理论中，将这一区别归属于反思性的判断力。

按达格·J. 奥博斯塔勒（Dag J Opstaele）的见解，康德对阿伦特来说，是个与其他哲学家不同的、过问政治的哲学家（Opstaele 1999.30）；尤其是在当代哲学的危机中，康德的这种优点对阿伦特所察觉的当代共同体的一种历史性崩溃，也就有着特别重要的意义（同上，33f）。劳蕾·阿德勒（Laure Adler）认为阿伦特追随康德以及他与其他思想家立场相反（《vers dautres points de vue》；Adler 2005，4900）的开放性哲学，因而置身于当代哲学最伟大的理论家之中，同时也是一种新道德理论的创立者。可以这么说，阿伦特最有成果的地方，可能就是她对康德美学的研究。朱莉娅·克里斯特瓦（Julia Kristeva）则强调了在阿伦特的现象学内部，有着受康德影响的判断力回归到品味能力的思想（Kristeva 2001，287）。恩斯特·福尔拉特很早就在阿伦特理论的基础上，引申出一种"政治判断力的重构"（Vollrath 1977）。这种重构被赫尔梅瑙所接受（Hermenau 1999），在对其所做的现实解读中，富有成效地重构了阿伦特另一个广义和决定性的机制概念（Förster 2009），并强调阿伦特对从判断力的权利（Volk 2010）或一种公共意识的宪法权利中所引申出的政治规则的理解，是一种司法判断（Rosenmüller 2011），因而赋予重构政治判断力以一种新的分量。费劳克·安内戈特·库尔巴哈则突出了阿伦特把康德的美学判断很有成效地扩展为人基本的批判能力（Kurbacher 2003；2005）。海因茨·佩茨霍尔德（Heinz Paetzhold）指出了阿伦特在继承和发展了康德思想后所构成的后现代化和文化哲学的优势（Paetzhold 2000）。瓦尔特劳德·迈因茨在阿伦特那里则看到了她的 种思想史的连续性，因为把政治判断力作为理清思想的重点，早在《论判断》一书之前，就已经出现在《极权主义的要素和起源》和《艾希曼在耶路撒冷》等著作中了（Meints 2011）。

阿伦特在她的不断进步的对康德的解读和阐述中，从一种政治判断力的意义出发主张思想、理性和判断等范畴的开放性。但是她直到今天仍有着对康德的争辩和对各个思想家的广泛影响，却很少得到人们的关注和研究。这里也有一些其他的思想发展线条可以加以研究，比如比较盛行的从阿伦特到哈贝马斯以及到霍耐特（Honneth 2002, 44f）的思想发展。常常以雅斯贝尔斯和海德格尔的学生出现的阿伦特正在不断被人们发现，其实她也是其他思想家的榜样和老师。

阿伦特自己最终也特别注意到康德思想的实践意义，对阿伦特来说，这种实践背景意味着为个人提供了可能性，以实践作为自己的立场，是个人在社团中构成自己经验、情感和理想判断的基础。阿伦特非常看重康德哲学启蒙的时代意义，对康德来说，一个哲学家，同时也是一个有着生活实践经验的人，"就如我们日常生活中的人。［……］对他来说，哲学家仍是一个普通的人，就如你和我，他生活在他周围的人中间，而不是生活在他的那些哲学同事之中"（U 42）。康德因此认为，对生活的评判首先是以欢乐和痛苦为标准，随后才是人的健康的理解力。这是一种常识。"每个人，只要他对生活作些思考，都会确认这种常识。"（U 42）

费劳克·安内戈特·库尔巴哈

参考文献

Adler, Laure: *Dans les pas de Hannah Arendt*. Paris 2005.

Beiner, Ronald: »Hannah Arendt über das Urteilen«. In: Hannah Arendt: *Das Urteilen. Texte zu Kants Politischer Philosophie*. München 1986, 115–197.

Benhabib, Seyla: *Hannah Arendt. Die melancholische Den kerin der Moderne*. Frankfurt a. M. 2006 (engl. 1996).

Bernstein, Richard J.: Radical Evil: A Philosophical Interrogation. Oxford 2002.

Ferrara, Alessandro: »Judgment and Exemplary Validity. A Critical Reconstruction of Hannah Arendts Interpretation of Kant«. In: Frithjof Rodi (Hg.): *Urteilskraft und Heuristik in den Wissenschaften. Beiträge zur Entstehung des Neuen*. Weilerswist 2003, 159–183.

Förster, Jürgen: *Die Sorge um die Welt und die Freiheit des Handelns. Zur institutionellen Verfassung der Freiheit im politischen Denken Hannah Arendts*. Würzburg 2009.

Hermenau, Frank: *Urteilskraft als politisches Vermögen. Zu Hannah Arendts Theorie der Urteilskraft*. Lüneburg 1999.

Heuer, Wolfgang: *Citizen. Persönliche Integrität und politisches Handeln. Eine Rekonstruktion des politischen Hu manismus Hannah Arendts*. Berlin 1992.

Honneth, Axel: »Die Chance, neu beginnen zu können. Der Frankfurter Philosoph Axel Honneth über Hannah Arendt und die Bedeutung ihres Werks für das 20. und 21. Jahrhundert«. In: *Literaturen. Das Journal für Bücher und Themen* 9 (2002): *Die doppelte Hannah Arendt*, 44 f.

Kristeva, Julia: *Das weibliche Genie. Bd. I: Hannah Arendt*. Berlin/Wien 2001 (frz. 1999).

Kurbacher, Frauke Annegret: »Urteilskraft als Prototyp – Überlegungen im Anschluß an Kants ›ästhetisch reflektierende Urteilskraft‹«. In: Frithjof Rodi (Hg.): *Urteilskraft und Heuristik in den Wissenschaften. Beiträge zur Entstehung des Neuen*. Weilerswist 2003, 185–195.

–: *Selbstverhältnis und Weltbezug – Urteilskraft in existenzhermeneutischer Perspektive*. Hildesheim/Zürich/New York 2005.

Meints, Waltraud: *Partei ergreifen im Interesse der Welt: Eine Studie zur politischen Urteilskraft im Denken Hannah Arendts*. Bielefeld 2011.

Opstaele, Dag Javier: *Politik, Geist und Kritik. Eine hermeneutische Rekonstruktion von Hannah Arendts Philosophiebegriff*. Würzburg 1999.

Paetzhold, Heinz: »Die Bedeutung von Kants dritter Kritik für die politische Philosophie in der Postmoderne. Zu Hannah Arendts Lektüre der ›Kritik der Urteilskraft‹ als Kants politische Philosophie«. In: Ursula Franke (Hg.): *Kants Schlüssel zur Kritik des Geschmacks. Ästhetische Erfahrung heute – Studien zur Aktualität von Kants ›Kritik der Urteilskraft‹*. Hamburg 2000.

Rosenmüller, Stefanie: *Der Ort des Rechts. Gemeinsinn und richterliches Urteilen nach Hannah Arendt*. Berlin 2011 (im Erscheinen).

Villa, Dana R.: »Thinking and Judging«. In: Joke J. Hermsen/Ders. (Hg.): *The Judge and the Spectator*. Leuven 1999, 9–28.

Volk, Christian: *Die Ordnung der Freiheit. Recht und Politik im Denken Hannah Arendts*. Baden-Baden 2010.

Vollrath, Ernst: *Die Rekonstruktion der politischen Urteilskraft*. Stuttgart 1977.

Wild, Thomas: »›Der Ton ist in diesem Fall wirklich der Mensch‹. Überlegungen zur Ausstellung ›Das Lachen der Hannah Arendt‹ von Volker März«. In: Wolfgang Heuer/Irmela von der Lühe (Hg.): *Dichterisch denken – Hannah Arendt und die Künste. Literatur und Kunst im Denken Hannah Arendts*. Göttingen 2007.

十一　埃德蒙·伯克

伯克（1729～1797）的政治思想有三个主题：（1）对理性主义理论的批判；（2）倡导以自己的理性从事政治实践以及与此相连的对知识分子的批判；（3）对法国人权宣言的批判，认为自由和宪法有着渐进发展的特点。在这三个主题中，阿伦特显然最感兴趣的是伯克的第二个主题。在她的心理深入的过程中受到伯克所倡导的实践影响，虽然还是把行动看成一种创造新事物的活动，却想在伯克的进化思想中为自己汲取些什么。但最终在著名的实践思想家和议员伯克那里，只接受了他关于实践的动机。

阿伦特在关于人的权利和公民权利问题上之所以诉诸伯克思想的历史背景，是鉴于她早年因为她的犹太人身份而遭受排挤的生活经验。还在上中学的时候，她已经总结出一条格言：如果你作为犹太人受到别人的攻击，那么你不一定作为一个人，而必须是作为一个犹太人来捍卫自己。这一生活背景和以后失去国籍的生活经验，导致她对普遍人权宣言的批判。至于她怎么开始接触伯克思想的，人们只能依靠猜测了。有人说，阿伦特在撰写关于拉埃尔·瓦恩哈根传记时，与伯克的思想有了接触（见第2章第2节第1部分），但在那本书中根本就没有出现关于伯克的文字。只是可以这么说，阿伦特清楚康德和伯克之间关于理论和实践的那场经典性争议，她欣赏和赞同伯克把政治理解为一种实践性活动的立场，因而不能以理论来衡量政治的对错。伯克原则上反对对政治作抽象的、纯粹理论性的思考，反对政治投机，并把政治仅仅作为一种工程项目。另外，伯克的经验科学和他对亚里士多德理论，特别是对实践智慧所做的部分更新，是阿伦特很感兴趣的地方。不过，阿伦特在她的著作中并没对这些作过直接的表述。

如果从关于《极权主义的要素和起源》一书（见第2章第4节）的中心思想来看，阿伦特在与伯克的关系上有着一种自相矛盾。在那本书的第6章里，她激烈地批判了民族主义和种族思想，而这些恰恰属于伯克所颂扬的英国人对自由的理解。并且正是出于对自由的这种理解，为种族主义铺垫了道路：因为如果把亚里士多德的自由理念扩展到整个民族，而又没有规范人的权利的新宪法，那么必然激起一种民族主义－种族主义的情感，造成英国人以自己的民族权利来反对其他民族。尽管事实上伯克是一个英国在爱尔兰、印度和北美施行帝国殖民主义的批评者，也是早期英联邦理念的一个权威性代表，但阿伦特还是在原则上把伯克看成一个帝国主义思想的倡导者。只是针对美国和美国革命，阿伦特又相应地认为，按伯克的理论，全美国人也都有权享有英国人的权利，这不多也不少正是法治国家的特性。在接下来的第 9 章中，阿伦特又极度赞扬了伯克对人的权利的批判；伯克认为人的权利这一说法，由于缺少可以实施人的权利的机制，就显得太抽象和太有问题。阿伦特对伯克的阐释也因为她对民族国家的双重看法而缺少一种明确性：一方面她认为民族国家是实施人的权利的必要机构，但另一方面她又预见了民族国家必定会有它的危机，因而赞同联邦制的解决方法。

如果人们从她的信中看到她的感叹，那么就能看出伯克似乎把她从一种很尴尬的处境中解救了出来。1946 年她在给海因里希·布吕歇尔的一封信中写道："我们每天出去散步；我读托克维尔和莎士比亚，绝望地思考着人的权利。我怎么也搞不清这一历史。"（BwBL 141）阿伦特的答案是，她终于发现人的权利这个问题是一个难题；认为民族国家按照宪法为主动保障人的权利，提供了一种有限的可能性，并且在最微小的框架内确认了人的一种普遍和基本的权利，也就是有权利拥有自己作为人的权利。阿伦特的这个答案通常也表现为共和主义理解的自由与倾向于以基督教为基础的平等理念之间的对立关系（比较 Brunkhorst 1999），标示出必须在普遍权利要求与部分权利，或是更确切地说，与社团权利之间进行调解的问题区域。阿伦特试图在批判人的权利与批判讨论人的权利——参与这种讨论的经常是一些以多愁善感和人道主义进行争辩的思想家——之间，保持最大的距离。

《论革命》一书表明（见第 2 章第 5 节第 7 部分），阿化特是经由托克维尔（见第 3 章第 1 节第 14 部分）和以他为代表的批判法国中央集权和平等高于自由的思想，而间接接触到伯克的。托克维尔不仅阅读伯克的著作，而且也在他的第一本书《旧制度与大革命》中，研究了伯克的思想。这两位思想家相互统一在对远离实践的知识分子的批判上，而这种统一又使他们以一种共同的立场反对法国大革命，并且尤其是共同反对法国大革命的抽象特性。"伯克的精神放射着仇恨的光"（Tocqueville 1978，20），主要反对的是知识分子、革命者，以及这些人的革命活动所造成的后果；而托克维尔则深刻分析了这些事件造成的国家结构的改变——也就是中央集权国家的出现，社会关系的分崩离析，以及一种"集体的个人主义"，从而进一步补充了伯克的理论。但他也以自己的方式对法国大革命的抽象特性作出了与伯克不同的解释：法国大革命是一场披上了宗教外衣的政治革命，因为它只是抽象地，而不是在风俗、机制和文化等互动中来理解人与社会。阿伦特全盘接受了这些思想，却对这些问题作了另一种转换。她不是把法国大革命作为一种宗教或知识分子的革命来加以批判，而是认为社会问题在当时占了主导地位，但许多知识分子把自己仅仅局限在这些问题上，从而阻止了对这些问题作真正的政治解决。这就可以明显看出，阿伦特改变了伯克和托克维尔原有的思想动机。

尽管阿伦特并不把宪法理解成是渐进性的，但她还是比较倾向于伯克的思想：宪法涉及的是几代人的关系。宪法和宪法的机制，以及对政治秩序（它的精神和各种道德风俗）所做的阐释，阿伦特从一开始就都加以综合考虑了。只是阿伦特不像伯克那样通过传统，而是通过一种建国神话和它的更新版，来把这些相互关系现实化。伯克强调的是死者、生者和未来者的传统、共同性以及缓慢的递增，阿伦特却恰恰不能接受自身递增这个概念，因而把自身增长转换为创造新事物（建立共和国，制定宪法）的开端，是对这种新开始的一种叙事性保存；而叙事性的保存，不仅有着保证认同性的要素，也为以后再一次的新的开端，提供了可能性。今天我们把宪法进化，它对人的活动的保障，它的扩展，维护"机制的健康手段"，以及属于机制范围的一定的社会前提和一种特殊精神，都称为政治文化。这些政治文化的要素在阿伦特那里有着显著的但仅是第二层面的位置。阿伦特的思想并不只是简单地围绕一种具有持续性的政治秩序，它更关注一种有着自身动力的政治秩序。

虽然伯克只是出现在阿伦特的两本著作中，但他在阿伦特的理论中绝不是一个单纯的配角，阿伦特以另一种语言重新解读伯克的理论特点。在一本早期党派政治纲领的文稿《对现状不满的原因的思考》（Burke 1770，302）中，伯克提出了"采取一致行动"，即强调共同志向的人的共同行动，这成为阿伦特经常引用的格言，也成为她的"一致行动"。阿伦特赋予"一致行动"以一种远远超越伯克市民性的意义；对阿伦特来说，这就是把政治作为一种共同行动的本身，作为一种公共性的行动。

阿伦特引用伯克的格言，并不是因为他是一个保守的思想家，而是因为内在于他思想中的选择性和非传统性。也因为当时的美国正处在一个主要讨论话语术语的时期，阿伦特就此认为有非常充分的理由，把伯克看成一个自由－保守主义的议会议员，毕竟他曾经为美国殖民地的自由奋斗过。罗素·柯克（Russel Kirk）曾试图把伯克崇尚为保守主义的祖先，也表明了伯克在当时美国政治思想中的地位。

哈拉尔德·布卢姆

参考文献

Brunkhorst, Hauke: *Hannah Arendt*. München 1999.

Burke, Edmund: »Thoughts on the Cause of the Present Discontents« [1770]. In: *Writings and S-peeches of Edmund Burke*. Hg. von Paul Langford. Bd. 2: Party, Parliament, and the American C-risis, 1766–1774. Oxford 1981, 251–322.

Kirk, Russel: *The Conservative Mind* [1953]. Chicago ⁷1994.

Tocqueville, Alexis de: *Der alte Staat und die Revolution*. München 1978.

Villa, Dana R. (Hg.): *The Cambridge Companion to Hannah Arendt*. Cambridge ²2002.

十二 联邦党人

联邦主义是一种建立在政府分权管理原则基础上的政治哲学，即有一个团体的人相互约定借助政治权力分配，以实施分权管理。联邦主义意味着，将权力和权威在地方和中央之间通过各种权力关系和管理结构进行一种分配，以使地方和中央共同行使国家的权力和权威。这个方案的原则是，由宪法确定国家主权在各个管理层面上的分配。通常有两种不同的联邦主义管理机制：联邦制和邦联制。邦联制意味着地方有自

阿伦特手册

己的主权，并且中央和地方都不能单方面改变这种既定的主权状态。联邦制的特点是，有一个强有力的中央管理机制，相对于地方的权力，中央管理机制有着一种更高的权力权威。而邦联制标示着一个较弱的中央权威，地方有着比中央更多的权力权威。

阿伦特的政治哲学，特别是她对人的权利和政治权力的理解，显然是建立在托马斯·杰斐逊（1743～1826），亚历山大·汉密尔顿（1755～1804），以及詹姆斯·麦迪逊（1751～1836）邦联制的原则之上，但是阿伦特对权力和权利的理解又稍稍不同于杰斐逊、汉密尔顿和麦迪逊，比较倾向于一个更弱的中央政府的权威。这并不令人惊讶，因为阿伦特的政治思想受到孟德斯鸠的强烈影响，而孟德斯鸠则是早期联邦主义的竭力赞成者（见第 3 章第 1 节第 8 部分）。在《论法的精神》（1748）一书中，孟德斯鸠主张一种分权形式的联邦制度，以防止中央政权滥用权力。在《联邦党人文集》中，麦迪逊和汉密尔顿都倡议一种受制约的联邦制结构（Federalists 10，45，51，62）。在孟德斯鸠理论的基础上，针对孟德斯鸠防止中央滥用权力的方法，汉密尔顿确信，如果把权力和权威在各个权力领域作一一分摊，那么就不太容易出现权力滥用的情况。

阿伦特觉得自己特别应当致力于联邦党人的思想，即不是把权力建立在单一的契约基础上，而是建立在中央和地方的相互协定上。阿伦特对权力作这样的理解，自有其历史根源，这可以追溯到《五月花号公约》（1620）——普利茅斯殖民地的政府文件，这是一份美洲殖民地的政府第一次没有王子或国王指令书写的文件，标志着普利茅斯有了自己独立的行政主权。那个时代盟约（compact 或 covernant）的原则是，各盟主有权利要求行政权力，但不能超越自己的行政权力去要求国家主权的权力。阿伦特认为，这样的原则，"既不是扩张，也不是占领［……］而仅仅是一种既定权力团体的相互合作"（ÜR 218）。阿伦特提出论证，认为"盟约"就是在古老的罗马共和国联盟意义上的政治联合："联盟结集了各联盟者之间原先相互分离的力量，并把它们聚集在一种新的权力结构之中，而这种新的权力则有着'相互许诺自由和诚挚的信任基础'。"（ÜR 220f）阿伦特确信，这种相互协定不同于契约，因为在契约中，个人把"他的权利和对权力的要求转让给作为社会代表的国家，以此来获得国家对自己的生命和财产的保护"（ÜR 219）。协定是一种"盟约的行为"（act of covenant），"契约"（act of consent）是一种同意的行为，这两者的区别在于：盟约有着多元性的原则，通过盟约而增长的权力，来自对其他盟主的承认；同意则内含着一种一致性的原则，表决同意者必须为承认国家的主权而放弃自己的权力。

经由相互合约（mutal covenant）而形成的权力，既不是绝对的，也不是既定的；既不是规章，也不是强加的标准，而是平衡各个权力领域的机制。这就为综合考虑权力的多元性和政权提供了一种可能性。阿伦特又一次从孟德斯鸠的理论出发，主张权力"绝不应当［丧失］它固有空间的本意，也就是最初为它'设想的，一个有边界的空间，或一个［有限的］区域，在这个空间或区域内，允许合法地实施一定的暴力'"（ÜR 241）。

阿伦特特别欣赏联邦主义者的见解，即人的权利并不来自其固有的自然性，而是来源于政治。她称赞性地强调指出，联邦主义者在美国宪法中加进了《人权法案》（Bill of Rights），阿伦特认为，这就表示了对联邦主义者来说，权利总是政治的权利，它作为政治的权利写进政治文件中，而不是基于人的自然性。阿伦特论证说，联邦主义者懂得，在法律和政治的意义上，单独一个人的权利由宪法赋予并受到宪法保护。荒谬的是，《人权法案》最初只是为了能够对政治权力划定一种持久的界限，但是在政治团体（body politic）和政治权力存在之前，事实上就已经有了这类界限，因为任何一个政治团体和一种政治权力都必须以这类界限为前提。

联邦主义者对权力的理解，以及在中央政府和各个地方或区域政府之间共同分摊管理权力的理解，不仅极大地影响了阿伦特对战后欧洲的看法，也极大地影响了她20世纪40年代和50年代早期所写的关于巴勒斯坦的详细报道。阿伦特在1945年冬季为美国政治和文学季刊《党派论坛》所撰写的文章《关于德国问题》，是她第一次尝试对国家主权的问题进行探讨。她在文章中举证反对一种广泛传播的关于德国问题的思想，并确信在德国问题存在的同时，其实也存在一个欧洲的问题，德国问题和欧洲问题的根源，都存在于民族主权国家的原则之中：阿伦特拒绝重新修复欧洲各个民族国家主权的任何尝试，认为这类尝试有着三个完全错误的前提，并预言这类的尝试必然失败（比较 ZZ 37）。首先，这种修复建立在一种错误的理论之上。这种理论认为只要各个民族国家都能达成一种集体安全的共识，就能重新修复各个民族国家的主权。但是阿伦特反驳这种带有意识形态要素的理论，指出各民族国家之间这样一种相互共识是根本不可能达成的。其次，这种修复试图明确划定各个利益集团之间的界限，以避免各种意识形态力量之间的冲突。而阿伦特则认为，这是一种起源于帝国殖民主义的模式，正是这个模式自身导致了第二次世界大战，导致了民族国家的崩溃。因而这个模式，不应该是人们想要重新复活的模式。最后，这种修复注重"双边联盟"，以保障民族国家的主权。但是对阿伦特来说，这样的联盟完全等同于 19 世纪的"权力政治 ［……］"（ZZ 39），这种联盟最终也将导致强者对弱者在政治上和意识形态上的操纵。阿伦特拒绝这三种形式中的任何一种修复，主张一个有着联盟形式的欧洲。阿伦特以荷兰的反抗为例，认为这使人们懂得，"不能通过让战败国又获得原先失去的国家主权的方法，来解决各国之间平等权利的问题，而只有给予战败国在欧洲议会或欧洲联盟一种确定的但又是有限的影响，才能保证各国之间的平等权利"（ZZ 35）。因此，她又重新引用了法国抵抗力量的口号："自由和联盟"（Liberer et Federer）（ZZ 33）。阿伦特认为，国家主权应该由区域性的联盟来替代，而区域性的联盟又受制于国际机构的管辖。这个区域性联盟应该只是一个"主权的汇集处"（pooled sovereignty），受国际法的制约。

在她 1957 年发表的短文《卡尔·雅斯贝尔斯：一个世界公民》中，阿伦特以雅斯贝尔斯来反对全球一体化（Globalisierung），主张一种"全世界范围内的'联盟'"（MZ 103）。这种全世界范围内的联盟，将由各个民族国家组成。阿伦特认为，"只有这样的联盟才是以政治上的多元、区别和相互制约为前提。公民这个概念在根本上就是意味着：在国家众多公民之中的一个公民，而这个国家又有着与其他国家共存的关系。国家公民的权利和义务，不仅是由那个公民所生存的那个国家的其他公民来定义和限制，而且也应越过领土的界限，由其他国家的公民来加以定义和限制"（MZ 99）。虽然阿伦特也希望有一个世界范围的国家组织，"没有这么个组织，这个世界就不会有持久的和平", 但同时她也认为, 持久的和平只有通过区域性的国际组织才能实现 (EIU 156)。

在她关于以色列的详细报道中, 阿伦特代表了一种以非民族性政治解决巴勒斯坦问题的立场, 主张在犹太民族和阿拉伯民族之间, 建立一种与她所赞同的与欧洲式联盟相似的联盟结构。她认为邦联制比联邦制更能给这两个民族国家带来更多的希望, 可以持久地避免这两个民族之间的冲突。她提议, 在巴勒斯坦的阿拉伯人和犹太人之间建立一个标志着互不攻击、共同防卫和经济合作的联盟。在她关于欧洲和巴勒斯坦的其他一些文章中, 她也主张一种有着开放性国界、国际性法律和经济机制的国家及区域主权汇集的联盟 (见第 2 章第 3 节, 第 5 章第 7 节)。

佩格·伯明翰

由斯特凡妮·罗森穆勒从英语翻译成德语

参考文献

Beer, Samuel H.: *To Make a Nation: the Rediscovery of American Federalism*. Cambridge, Mass. 1993.

Braybrooke, David: »Can Democracy Be Combined With Federalism or With Liberalism?« In: J.R. Pennock/John W. Chapman (Hg.): *Nomos XXV: Liberal Democracy*. New York 1983.

Buchanan, James: *Federalism, Liberty and the Law. Collected Works* Bd. 18. Indianapolis 2001.

Choudhry, Sujit, »Citizenship and Federations: Some Preliminary Reflections«. In: Kalypso Nicolaidis/Robert Howse (Hg.): *The Federal Vision: Legitimacy and Levels of Governance in the US and the EU*. Oxford 2001, 377–402.

Dahl, Robert A.: »Federalism and the Democratic Process«. In: J.R. Pennock/John W. Chapman (Hg.): *Nomos XXV: Liberal Democracy*. New York 1983, 95–108.

Habermas, Jürgen: *Faktizität und Geltung*. Frankfurt a. M. 1992.

Hamilton, Alexander/Madison, James/Jay, John: *Die Federalist Papers*. Darmstadt 1993 (engl. 1788) [Federalists].

Kant, Immanuel: »Beantwortung der Frage: Was ist Aufklärung?« [1784]. In: Otto Heinrich von der Gablentz (Hg.): *Immanuel Kant. Politische Schriften*. Köln 1965, 1–8.

–: »Zum ewigen Frieden. Ein philosophischer Entwurf« [1795]. In: Otto Heinrich von der Gablentz (Hg.): *Immanuel Kant. Politische Schriften*. Köln 1965, 104–150.

Kymlicka, Will: »Minority Nationalism and Multination Federalism«. In: *Politics in the Vernacular*. Oxford 2001.

McKay, David: *Designing Europe – Comparative Lessons from the Federal Experience*. Oxford 2001.

Montesquieu, Charles-Louis de Secondat, Baron de La Brède et de: *Vom Geist der Gesetze*. Tübingen 1992 (frz. 1748).

Taylor, Charles: *Reconciling the Solitudes: Essays on Canadian Federalism and Nationalism*. Montreal 1993.

Tocqueville, Alexis de: *Über die Demokratie in Amerika*. 2 Bde. München 1976 (frz. 1835/1840).

Tully, James: *Strange Multiplicity: Constitutionalism in an Age of Diversity*. Cambridge 1995.

十三　G. W. F. 黑格尔

导　言

阿伦特对黑格尔思想的态度，是很不明确的。1946 年雅斯贝尔斯在给她的回信中写道，她给他的信中有一种"黑格尔的思想"，并且在她阐述黑格尔思想的原则中，有一种"理性的狡诈——或者更确切地说，是一种魔鬼的狡诈"（BwJa 82）。相反，阿尔布雷希特·魏默尔却在 1972 年一次多伦多的讨论会中观察到，阿伦特的思想缺少了"那么一点黑格尔的要素"（IWV 100）。在这个问题上，我们暂且放下一些新的对阿伦特的评论（Fine 2001；Speight 2002；Tsao 2004），光是从她对黑格尔历史哲学的尖锐批判，以及她与黑格尔和马克思思想的关系来看，直到今天仍给人一种强烈的印象，即阿伦特对黑格尔思想的态度以拒绝和否定为主。当然尽管阿伦特对黑格尔的哲学体系持批判态度，但她对黑格尔在政治思想中的成就，一直给予一种高度的评价（Forti 2005，101）。

著作和主题

阿伦特在她的许多文稿中，都写下了她对黑格尔著作的研究和探讨；特别详细的是在她的《对欧洲近来的政治与哲学思想的关注》（EIU），《在过去和未来之间》，《论精神生活》（Bd. 1 und 2），讲座《从黑格尔到马克思》（PP），还有一些没有发表的演讲，以及在《思想日记》中的许多评论。阿伦特大都引用黑格尔的《历史哲学》、《精神现象学》、《逻辑学》、《法哲学原理》、《哲学全书》、《耶拿逻辑》、《形而上学与自然哲学》、《耶拿现实哲学》等著作。阿伦特并不去追究这些著作的细节，她感兴趣的只是黑格尔的思想过程和他的研究主题，并把它们作为自己哲学思考的基础：比如对哲学、历史和政治、思想、意愿与行动、革命与和解、自然与时间概念等所做的思考。20世纪50年代初，在对传统的极权主义根源的研究和批判中，她就很关注黑格尔的思想，特别是在她准备撰写《论精神生活》一书时，她更是集中研讨了黑格尔思想。（DT 666 – 669，722 – 727；Young、Bruehl 1982，454）。同时，阿伦特也自愿接受了 J. 里特尔（J. Ritter），A. 柯瓦雷（A. Koyre），A. 柯杰夫（A. Kojeve）对她思考黑格尔的影响。另外，也可能格雷的关于《精神现象》的讲座，E. 魏尔的著作（Speight 2002，534），以及海德格尔的著作（Forti 2005；DT 726；BwH 178）都对阿伦特有着影响。

传统，政治，历史

阿伦特确信，与"解决形而上学问题"相比，黑格尔更感兴趣的是政治史、行动和政治（LG 2，283）。他的《历史哲学讲演录》，"也就是过去史"（LG 2.278），对他的全部哲学著作包括逻辑，都有着一种决定性的影响（PP 92）。《历史哲学讲演录》与所有以前的哲学有着最大可能的对比度（VZ 87），因此阿伦特对黑格尔的研究，主要是在这么个框架内进行的。但是，就如她对康德所做的研究相似，她对黑格尔那些无可争议的政治文稿和他的辩证法，并不那么感兴趣（Forti 2005，108）；而是尝试通过研究黑格尔著作突破西方政治思想传统的贡献（见本书第4章第37节），来批判地评价黑格尔的历史哲学对政治哲学以及政治思想所造成的影响。阿伦特认为重要的是，黑格尔试图理解与人的所作所为相关的领域，而他以前的哲学除了少数一些例外，都只是仅仅把这个领域"看成绝对标准的源泉或出发点"（ÜR 63）。

可以说，黑格尔的全部思想都受到了他当时非常热情关注的法国大革命的影响（LG 2，283f）。法国革命不仅把理想和发生的事件，把思想和人的活动全都聚集在一起了（是上帝与这个世界的和解），而且按黑格尔的看法，它也表现为一个世界历史事件，是思想自身首先认识到了这个历史事件。阿伦特认为，黑格尔在这里想表达的显然是，"在人的活动领域里的哲学自身原有的绝对性"（ÜR 63）。黑格尔哲学中现代历史范畴的出现，是"法国革命一个最重要最有成效的结果"（ÜR 63）。它宣布了与以往的哲学和政治传统的决裂。当黑格尔关注人的行动，并且把时间－历史的进程只是作为一条历史持续性的线条的时候，黑格尔不仅动摇了所有以往哲学体系和信仰的权威，同时也使自己置身于"所有传统的和权威"之外，也就是抛弃了以往的传统和权威（VZ 37）。阿伦特宣称，这种决裂对黑格尔以后的思想界有着极其深刻的影响。

阿伦特认为，这种决裂意味着黑格尔把有关人的活动、行动和政治事件的讨论放在了首位。与以往的传统不同，人的这些活动、行动和政治事件在黑格尔的思想中，拥有了一种新的历史意义。因为只要思想自己进入了历史，那么在传统上彼此分裂的沉思生活和积极生活，绝对真理和与时俱变的人世间的关系，也会最终被质疑（《Philosophy and Politics》，LoC，Box 76，023385；Forti 2005，103）。尽管黑格尔以一种精心制作藏有理性狡诈的理论在世界历史的发展中解释了这个领域的不确定性和不可预见性，但是黑格尔的理论至少为历史开创了一种全新的人世间的视野（见本书第4章第13节），在这种新的视野中，人的活动自身就已构成了真理。

在黑格尔的这样一个思想框架内，阿伦特看到了黑格尔哲学的本质和目的，并认为这是为了在历史－哲学思想和人的行动的世界，在思想和真实，在绝对和历史之间进行一种调解。如果哲学的主要任务是回答："什么是应该被理解的"？那么按阿伦特的见解，黑格尔就为思想提供了一种新的视野，因而"对思想作出了最重要和最有影响的贡献"（LG 2，278）：他在思考中的那个自我，不必再远离这个世界或设立一种彼岸世界的方式——这是他与以往哲学的不同之处，就能够在自我意识中以概念的方式一字一句地接受现象世界所发生的一切有意义的事件。阿伦特称赞说，这是"思考着的自我还从没有过的一种胜利"（LG 22，278），另外，思考着的自我也赋予了真理、存在和时间一种全新的内容。

时间性维度和它的矛盾性

与传统哲学中不受时间限制的真理相比（Parekh 1981，41），黑格尔作为一个哲学史家，已经不再去关注从一种永远无所不在和静态的存在中所引申出来的意义和真理，而是更倾向于在"发展与运动"和时代进程的自身中寻找它们的意义（VZ 38，87）。值得注意的是，只要黑格尔谈论起"人的时间性"，那么这种"重新发现"的发展，就不是由过去，而是由未来所决定。在这一点上，阿伦特和柯瓦雷有着相同的看法。在黑格尔思想中，"未来"所拥有的这种优先地位，完全等同现代哲学在人的活动领域里给予意志的优先地位（LG 2，259），意味着时间和人依靠意志的精神力量而成为时间的一种自成体系的结构（同上，281）。但是在精神生活与思想、意志——各种时间维度中的两种精神能力——相互碰撞（见本书第 2 章第 8 节）的具体境况中，这种优先地位不仅使思想失去了对现存的延续（思想仅仅成为对过去的预见），也会使思想失去对过去的追忆（思想自身被未来所规定，被未来"投机性地所创立"）（LG 2，259）。与过去有关的思想，因此而成为"意志的结果"（同上）。这不仅使过去失去了它的尊严，也使思想只有当精神的发展完全终止以后，只有当一个"完成了的时代"开始的时候，才能进行思考。也就是说，只有当一直把自己的发展推向极端的意志平静下来以后，未来才失去了它对过去的威力，那个哲学家才能瞥见真理，才能使自己与过去的事实达成和解。

意志在哲学中躁动，思想却要求整体的安宁和所谓"已经告一段落的历史"，黑格尔试图在他的思想体系中以"思想与时代的一致性"来解决这两者间的相互抵触，并通过运动辩证法否定之否定的旋转过程所带来的周期性（有终点的）和直线型（无终点的）统一以达成意志与思想的统一。如此这样，意志对时间的思索与思想延续的视野，便"统一在同一个点上"了（LG 2，285）。当然，尽管这种构思能够在一定程度上帮助时间去追踪事实的变化，但是按照阿伦特的看法，这种构思也抹去了人的时间性自身的各种不同维度，但恰恰是在人的时间性的这种不同维度中，人与人之间才能展开各自独立的活动。

由此，阿伦特坚信——与海德格尔相似，但却出于另一种理由——黑格尔并没有成功地引入一种新的时间性范畴。意志与思想活动之间，以及哲学与政治之间的和解，是依靠这两者所付出的代价而达成的。黑格尔的辩证螺旋"既不是建立在自我思考的经验上，也不是建立在自我的意志上"（LG 2，286）。这样就不仅失去了自我意志的新的未来，因为未来已经永远地被"世界精神"的发展事先就规定了；并且也使得自我思考的时代感，消失在时间的永恒性中。尽管黑格尔的整个体系都"建立在自我思考的经验上"（同上，157），但是黑格尔的精神作为意志，却因此而内涵有反思维性（Youg-Bruehl 1982，456）。

黑格尔历史哲学的问题

黑格尔的历史哲学，一方面，"打破了传统的思想和行动层次等级的平衡"（《Philosophie and Politics》，LoC，Box 58，023385），因此标志着在从思想到意志的过渡中，"思想"单方面地"让位于行动"（同上，023384）。但另一方面，"黑格尔的思想也拯救了哲学和沉思"（同上，023386），但却牺牲了时间性。意志所带来的躁动，在精神中经过未来和不可预测性的相互转换，便又消失在一种哲学反思的客体中（Forti 2005，106）。因此阿伦特的结论是：黑格尔并没能超越传统哲学意义上的存在。传统哲学的存在出现在"永恒的（历史性的）时间"形态中，作为永恒的现在，作为"精神永恒的运动"（LG 2，282），在永恒的运动中作为"时间的实现"而达到"现在、过去和未来的统一"（同上）——这就是永恒（同上）。从思想到意志，又从意志返回到思想，精神通过这个过渡，就在黑格尔的历史中引进了一种事先就规定了的和谐要素，这使得历史更成为一种"涌入各种事件的潮流"，而不是一种"行动和活动的历史"。用另外的话来说，哲学的真理在这里需要"时间性和人来充实自己的表现形式"（《Philosophy and Politcs》，LoC，Box 58，023386），以强化人的活动，启发人的思想（EIU 431）。这与现代的哲学学说相符，按这种学说，我们"只能知道，我们自己所做的那些事"（EIU 430）。它为马克思关于人自我创造的理论提供了一个出发点（CR 128-130），帮助了马克思和他的后继者成功地把历史学家和哲学家政治化，并给政治加上了"历史的法则"。

但是这个事先已对一切作出规定的世界，必然会剥夺活动者的行动潜力和自发性，积极生活和个人历史的意义也就会随之消失。哲学家虽然可能会认真地对待在社会中所出现的那些历史-政治"活动事件"，却只能在传统的、与以往一致的真理范畴内观察这些活动事件，因此也就保留了哲学对真理的特殊权利（EIU 431；ÜR

65）。尽管黑格尔以极大的兴趣关注这个世界和它的政治，但他的方法却因为前面陈述的原因而基本上没多大的益处，因而也就不能建立一种把"人作为行动的生物来对待"的政治哲学或一种新的"政治科学"（EIU 433；VZ 96f.）。黑格尔的方法把所有的政治事件都简化为历史，因而也把人简化为"历史的执行者和［……］历史必要性的代理人"（ÜR 65）。黑格尔也部分地顾及人的自发性和人性的多样性——如阿伦特所强调的那样，但是在他那里，"每个存在也已经是另外一种存在了"（DT 722）。尽管如此，黑格尔还是在世界历史中引进了"一种极大规模的生产程序，每个单一的主体［……］最终都作为书写历史的终端而有着他存在的意义［……］"（《Philosophy and Politics》，LoC，Box 58，023388；Canovan 1999，76）。但这个单一的个人仅仅是一个世界历史的观察者，他的存在只是为了给那个孤独的哲学家思考世界历史的发展提供素材（ÜR 63f）。由于黑格尔把观察者严格定位为单个的人，自然也就排除了在康德那里还存有的观察者的多元性（LG 1，101）。

此外，阿伦特也批判了黑格尔把自由的理念，只看成历史的目的、意志的展开，而没有行动的意义。对黑格尔来说：自由，首先意味着"被解放了"的思想的辩证发展（如在法国大革命中发生的许多事件），而不是政治的开端（见本书第 4 章第 11 节）。尽管黑格尔通过辩证法和否定之否定试图把事实上的历史性变化也引入历史哲学之中，但是在他辩证法转换的背后，总是隐藏着一种直线形的运动，这就无异于有着世界进展没有开端也没有终结等特性的现代历史意识和意志的统一主体性理论。黑格尔对历史的解答，虽然在一定程度上容许以新的开端来解释"文化内部的上下波动"，也允许我们把"每一个终结都看成一种新的开端"（LG 2，288），但黑格尔仍然没有能力把新的开端作为一种无限的不可能事件得以出现的起点加以思考，而正是这类思考，对阿伦特来说是最重要的政治要素。出于这个理由，阿伦特就把他和马克思紧紧地捆绑在一起，认为这两个人都站立在伟大的西方传统哲学的终点上，他们各自的历史概念有着根本的相似性，尽管他们相遇在一个奇怪的矛盾和另一个的奇怪的对应点上（PP 71）。黑格尔否定之否定的辩证法，在马克思那里则转换为方法，"使思想成为一种有着 19 世纪意识形态特征的过程"

（PP 74）。

以另一种表达来说，阿伦特认为：尽管黑格尔对行动感兴趣，但他创立的哲学基础，却是为了把政治与历史运动中新的反政治机制融合在一起，只是这种机制超越了人类事务的领域，试图从哲学的角度控制人的事务，这就意味着使人的事务拥有了理性，因而也变得是可预测的了。黑格尔思考着的"自我"的胜利进军，是以牺牲不可预测性、偶然性和时间性为代价。尽管如此，在黑格尔和马克思之间，仍存在一种极其重要的区别（PP 70）：黑格尔诉诸历史概念以获得理论的认知，但是黑格尔似乎没有意识到［……］历史这个概念或是他在历史中发现的法则［……］也可以作为行动的准则来应用（DT 72；VZ 97）。

共同性

阿伦特认为，黑格尔关于精神生活在各个时间维度模式中矛盾对立的经验，对她有着重要的意义，因为她试图寻找出一种思维模式，这种思维模式不会对人世间的经验不加思索地就予以抛弃。黑格尔在关于时间内部思想法则上的失败，表明了在思想与行动、哲学与政治之间不可能有一种和解。没有任何哲学家对"意志的自我与思想自我的碰撞，比黑格尔描述得更有情感、更有洞察力，以及对精神史更有效用"（LG 2，277）。阿伦特想把思想和意志的这类能力与它们的各种时间模式区分开来——但不是通过它们在精神生活中争夺主导地位的斗争，而是通过它们之间的"和平条约"（Young-Bruehl 1982，465）。阿伦特批判了把思想和意志这两种活动融化在一起，批判了把行动哲学性地简化为意志的精神能力。她指出了尼采和海德格尔等黑格尔哲学的批判者对黑格尔批判的欠缺，因为他们自己也相信，思想的自身就是行动的一种方式（Young-Bruehl 1982，46；LG 2，48）。

与他们相反，阿伦特试图强化我们对过去和未来之间的空隙的感觉，因为在这两者之间的空隙中，思考着的自我必须坚持反抗超验或躲进行动之中的诱惑（VZ 7 - 19；LG 1，198ff.）。从中可以看到，思想所拥有的空间，只是一个在时间断裂中微小的"没有时间的空间"，在这么小的空间里形成的思想，不可能成为稳定与和解的手段。阿伦特怀疑"人的精神［……］是否曾经找到过，或是否应当找到一个从容的空间"(LG 2，386)。由于法国大革命所带来的理性的自由成果，为黑格尔提供了与恐怖作一种思想上与事实上和解的希望。但是极权主义统治的极端现象排除了这类和解的可能性："［……］黑格尔式的出于对政治的关注而作的逃避，在历史的解释中已经不再可能出现。［……］谁还敢把自己与纳粹集中营的现实调和起来，或将命题 - 反命题 - 综合命题的游戏一直推进到他的辩证法，却发现里面竟然是关于奴隶劳动的'意义'?"(EIU 444)。

但是，黑格尔对思想的真正活动有着一种清晰的见解（LG 1，95），因而他实际上已经站立在传统哲学之外。思想对黑格尔来说，意味着"主要是对一种直接现存的否定"(LG 2，210)；而对阿伦特来说，则是"不间断地批判性思想，以及永不间断的反对立场"。思想，销蚀着"死板的规则和共同的信念"（IWV 125)。这就是阿伦特所说的"思想之风"，并以此来研究"精神的生活"；黑格尔则把这说成是"真理的生活"，真理把自己展开在思想着的自我面前，并在思想中变得"生动活泼"（比较 Jaeschke 2003)。思想陷入在"放肆的狂喜"之中，并极其费劲地将自己"稳固"在体系中：黑格尔作为一个思想家，海德格尔也同样，总是不断重新废除他自己原先得出的结论（DT 72)。黑格尔和阿伦特两人都对政治有一种极大的兴趣，都对思想和意志（见本书第 2 章第 8 节第 1 部分)、思想和其他活动领域之间的排斥关系进行了分析和阐述。除这个共同点以外，他们还有一些共同感兴趣的课题，只是他们其他的那些共同点，并不如阿伦特对黑格尔的批判关系那么著名罢了。比如，黑格尔以哲学应当成为智慧和科学的自身这样一种自相矛盾的要求，企图尝试把思想从为现代科学服务的境况中挽救出来。同时他也对哲学传统中"一大堆偶然性"，"一大堆木乃伊的集合"（Hegel 1958，40)，作了深入探究。

不仅亚里士多德（Speight 2002，533）而且孟德斯鸠，都影响过黑格尔和阿伦特；不仅斯多葛派的自由概念，而且还有革命者的自由概念，都曾受到黑格尔和阿伦特的批判。阿伦特与黑格尔的特别共同点在于：在阿伦特对极权主义和恐怖主义的分析中，她也把法国大革命作为一种实现"共同的"社会自由的努力，而不仅是单纯的政治自由（Villa 1999，285)；他们的共同点也表现在他们各自对国家意义和权利

（《das absolute Rechte，Rech zu haben》，Hegel 1983，127）的思辨与公民社会问题的思考中（Tsao 2004；Fine 2001），以及有些自相矛盾的是，也在他们各自对不可预测的行动特征和谅解机制的思辨中（Speight 2002）。一种黑格尔历史分析的要素，同样也存在于阿伦特对传统延续的反思中（Parekh 1981；Brunkhorst 2000）。另外，黑格尔《现象学》的主题和阿伦特的《论精神生活》之间，有着显而易见的平行性，也是不容忽视的：从现象世界的开端，科学和共同理解之间的关系，到对斯多葛主义的批判，最后是关于对自由、行动、邪恶、道德等问题的思辨，以及寻找和解的答案，他们两人的思想都有着共同点。阿伦特与黑格尔很相似，也计划运用各种哲学思想模式，不仅按精神"生活"、思想能力和思想经验这些名称，而且也按其内容，研究它们的现实性。

但是应当指出，阿伦特对黑格尔的批判，绝不是没有自我矛盾，也不是没有错误的：比如，黑格尔并不是简单地接受法国革命的恐怖主义，而是——阿伦特也如此——同时也对绝对自由理念的自身提出了质疑。黑格尔认为，自由是一种人的行动的"自身"（an sich），是人的行动的历史"准则"，而不是人的行动的终极目的。除此之外，与一种历史性变换的终结或时间相反，黑格尔的"历史终结"也能被理解为只是一个历史时代的终结，因而——如阿伦特自己所希望的那样——那个"自身"同时也许诺了一种新的开始（EU 730）。那个所谓的与过去的暴力和解的倾向，更接近于康德的"普遍历史"，而不是黑格尔对"时间的理解"（Fine 2001，73）。在《极权主义的要素和起源》一书的主导线中也部分地出现了阿伦特自己对时间的这类"理解"。在 20 世纪 50 年代，阿伦特还曾拒绝了与过去暴力的"和解"，主张在"理解"的框架内反抗现实性，以后却认为"和解"是思想最重要的要素（《Versöhnung des Menschen als denkendes und vernünftiges Wesen》，IWV 75；　《Philosophy and Politics》，Box 76，024461f.）。

尽管阿伦特对黑格尔作了尖锐的批判，而且她的批判缺乏全面分析，也并不与他的著作有一种直接的关系，但阿伦特还是与黑格尔有着比她自己愿意承认的更多的共同点。当然至少在以下这些点上也有着一种明显的区别和距离：对黑格尔来说，"人的事务，值得成为哲学的兴趣［……］因为它们内含有一种哲学的内容"（Parekh 1981，42），而且可以被精神所吸收；而阿伦特则认为，政治思想的形成是出于一种"迫切的需要"，并且是由这个世界的问题自身召唤而形成的。阿伦特努力寻找一种思想和行动的人世间关系，即既不使思想向行动"投降"，也不使行动向思想"投降"（Arendt 1969，023384）。

弗拉斯塔·雅鲁斯科

参考文献

Arendt, Hannah: »Philosophy and Politics: the Problem of Action and Thought after the French Revolution«. Vorlesung 1954 (4 Ordner), Ordner 1. LoC, Box 76.

–: »Philosophy and Politics: What Is Political Philosophy?«. Vorlesungen und Seminar 1969 (2 Ordner), Ordner 1. LoC, Box 58.

Brunkhorst, Hauke: »Equality and elitism in Arendt«. In: Dana R. Villa (Hg.): *Cambridge Companion to Hannah Arendt*. Cambridge 2000, 178–198.

Canovan, Margaret: *Hannah Arendt. A Reinterpretation of her Political Thought*. Cambridge 1999.

Erler, Hans: *Hannah Arendt, Hegel und Marx. Studien zu Fortschritt und Politik*. Köln/Wien 1979.

Fine, Robert: *Political Investigations. Hegel, Marx, Arendt*. London/New York 2001.

Forti, Simona: »The Guilt of the Tradition. Arendt's Critique of Hegel and Marx«. In: Williams Garrath (Hg.): *Hannah Arendt: Critical Assessments of Leading Political Philosophers*. London 2005, 100–119.

Hegel, Georg Wilhelm Friedrich: »Differenz des Fichteschen und Schellingschen Systems der Philosophie«. In: *Sämtliche Werke*. Bd. 1. Hg. von Hermann Glockner. Stuttgart 1958.

–: *Phänomenologie des Geistes*. Frankfurt a. M. 1972.

–: *Philosophie des Rechts. Vorlesung 1819/20*. In einer Nachschrift hg. von Dieter Henrich. Frankfurt a. M. 1983.

Jaeschke, Walter: *Hegel-Handbuch. Leben – Werk – Wirkung*. Stuttgart 2003.

Kateb, George: *Hannah Arendt, Politics, Conscience, Evil*. Totowa, NJ 1984.

Meyler, Bernadette: »Does Forgiveness Have a Place? Hegel, Arendt, and Revolution«. In: *Theory and Event* 6. Jg., 1 (2002).

Parekh, Bikhu: *Hannah Arendt and the Search for the New Political Philosophy*. London/Basingstoke 1981.

Ritter, Joachim: *Hegel und die Französische Revolution*, Frankfurt a. M. 1965.

Speight, Allen: »Arendt and Hegel on the tragic nature of action«. In: *Philosophy and Social Criticism* 28. Jg., 5 (2002), 523–536.

Villa, Dana R.: Politics, *Philosophy, Terror. Essays on the Thought of Hannah Arendt*, Princeton, NJ 1999.

Tsao, Roy T.: »Arendt and the Modern State: Variations on Hegel in The Origins of Totalitarianism«. In: *The Review of Politics* 66, 1 (2004), 105–36.

Young-Bruehl, Elisabeth: *Hannah Arendt. For the Love of the World*. New Haven/London 1982.

十四 亚历克西斯·德·托克维尔

自 20 世纪 40 年代中期以来，阿伦特多次着手研究托克维尔（1805～1859），并在对这位伟大政治思想家的解读中，发展了一种自己独特的方法。阿伦特高度评价托克维尔的思想——清晰，具有深度，以及他的共和主义倾向。阿伦特解读的重点是托克维尔对美国民主的理解（比较 BwBL 156），其中也包括他对公民社会的理解，对 1789 年的法国革命的探讨，以及对在法国革命中有着关键地位的自由与公共性内在关系的探讨。阿伦特接受了托克维尔所提出的建立一种新的政治科学的要求，并在建立这一新政治科学中，他们两人都发展了一套预测政治危机的现代批判机制：在托克维尔那里是尽可能转换为民主，而阿伦特则提出了关于现代化有着向极权主义转换的一个内在的转换点的诊断，以及她在《积极生活》（见本书 2 章第 5 节第 5 部分）一书中所表达的有效期限的概念。

他们两人的共同之处是他们都采纳政治具有一种中心状态的假设，并以此作为自己理论体系的起点。他们把这种政治中心论看作批判现代化的基础，并通过行动的规划而阐明自己；在政治中心论的内部，政治行动似乎是开放的，自相矛盾的，因而它的效应也是极难预测的。政治行动的这种普遍矛盾性，是由政治行为的特殊性所导致，因为政治行为既有着社会－文化的前提，也与多个行动者的不同操作有关。托克维尔和阿伦特在他们各自对自由的理解中，都首先预置了一种消极的自由概念，而这种消极的自由概念在现代社会却越来越以平等的权利为前提；为了表现自由也具有积极性的层面，他们两人又都以公民的行动和努力来补充那些作为前提条件的权利平等。因此，他们关于自由的构思，既不是地方中心论，也不具有集权性。他们两人都认为公民在物质上和精神上的独立性是极其重要的，这导致了托克维尔走向一种特别的贵族政治，而阿伦特则走向一种特殊的精英政治。同时他俩也都认为这里并不涉及一种训导，关键在于人的自我学习，设法在团体、党派和公众活动的政治实践中提高能力。在托克维尔身上，阿伦特不仅看到了一个孤独的共和党人，以自己独特的方式追求着自由主义，而且也看到了当时较少几个主张多元性理论的一个先驱。

如果说，托克维尔以一种立体的眼光来观察许多政治机制的有利和不利之处，那么阿伦特在这里更看重他具有普遍性的意见，而较少解释他对政治机制的具体分析。在运用托克维尔思想的基础上，阿伦特常常强调指出在欧洲关于国家的意义上，美国并不是一个民族国家。这里主要是指共和国的邦联特性，由于这种特性，就不能把共和国看成单一的政治体，政治权力也不再具有一种紧密的主权形式。阿伦特不仅以这种方式批判了卢梭（见本书第3章第1节第9部分）提出的通过民族认同而构成统一意志的民主构思，而且也批判了一切将中央集权置于首要地位的国家构思。阿伦特认为，这样的国家结构有损于共和主义的自由和多元性。美国政体较少受到托克维尔所抱怨的那种中央集权化的影响，也有着一种公民意识和周期性的更新。但是这种强大的政治氛围却有着社会的扭曲，占有主导地位的经济不仅给社会带来许多问题，而且也负面影响了民主的结构。虽然有这么多的对美国政治危机的诊断，阿伦特还是在20世纪50和60年代的美国人权运动以及这一运动创造性实施的公民抗命中，看到了保障美国民主的动力机遇。她认为，公民抗命是托克维尔曾关注到的联合体的另一种形式，并且强调托克维尔的宪法制度化符合美国宪法精神（比较 IG, 318）。

阿伦特与托克维尔对那些不愿参与政治的知识分子也有着相同的看法，认为这些知识分子常常以他们自己远离尘世的标准来衡量在他们之外的真正的政治经验。阿伦特在总体上也抨击哲学家，认为他们通常不能认识到，政治不是在真理的传播中，而是在舆论、被以为的真实、信念和游说的媒体中进行。正因为如此，这些哲学家自柏拉图以来，总是不断地陷入仅以知识理论为基础的精英主义和个人崇拜。由于无法在他们自己舆论构成、应变能力和同步的认同保证的层面上理解政治的公共性讨论，从而断绝了他们进入公共性领域的道路。阿伦特扩展了托克维尔所设立的叙述性自我理解的基点，因而发展了一种建立在承诺和谅解思想上的范例。应当以叙述号召行动来领悟失败，阿伦特和托克维尔这两位作者都是在叙述中阐述自己的理论，在阿伦特那里是要素的耦合导致极权主义；或是尝试挖掘和振兴嵌藏在美国革命和它的结果——宪法——中的宝藏。阿伦特的这种尝试不仅被看成描述历史的一种新的叙述方法（比较 Benhabib 1998，153ff），而且也被看成由于她追随托克维尔而产生的问题，托克维尔把美国民主归因于宗教，以及民间宗教的根本意义（比较 Villa 2003，203f）。在还有待研究的阿伦特和托克维尔之间的多种关系中有 点是，托克维尔在他悲剧性的历史认识的背景下，已经辨认出一种由于现代化而导致的对传统的决裂，因为过去不再照亮未来——这是一句出于阿伦特《关丁美国民主》（第 2 卷；1987，482 页）最后一章的名言（比较 VZ 10f）。

尽管阿伦特比托克维尔有着更好的哲学研究方法，特别是一种更广义的对世界的构思，这种思想包括了共同行动、诠释，以及体制和机构，但这两位作者的理论发展却在微观和宏观的领域内有着令人惊讶的相同点。对那位出色的 19 世纪民主危机的分析家托克维尔来说，一种新的工业型专制主义的可能形成，以及植根于现代公共性中的多数人暴政，虽然有着结构性的根源，但它们都有着一种个人的另一面，也就是心灵的专横，由于私人事务的原因而造成他们的霸道。与托克维尔相似，阿伦特也将公共性的衰落，官僚主义的"无人统治"归结为产生于个人层面上的世界异化。

关于个人和团体之间紧张关系的看法，也是他们两人的共同点。现代社会的这种紧张关系，只有依靠公共性——一种脆弱和人为的空间才能加以消除。按阿伦特的看法，在协会、团体和党派中的共同行动建造了人与人之间的联结，而在现代社会中经济动力和个人主义对这种联结提出了质疑。他们两人在方法论上也都有着一种对空间思想的偏爱，以这种空间思想区分现代的各个领域，并规定了各领域间的相互关系。稍有不同的是，托克维尔没有严格区分行动理论和结构性解释，就赋予这两者以相同的地位；而行动理论在阿伦特那里则享有优先权。在对现代批判的领域里还有一系列其他的构思，这些构思或是阿伦特与托克维尔共有的，部分也是她从托克维尔那里汲取并加以改形的。其中值得一提的是，由于市民阶层的衰弱而出现一群没有社会关系的大众，对福利国家的批判，以及政治思想的效用。特别是这两位作者都提出了自由，但同时又都强调了自由与实践经验有着一种特别紧密的关联。脱离经验的思想被认为难免是有问题的，就是意识形态。阿伦特和托克维尔就是如此批判嵌入平等思想中的顺应潮流主义（比较 VA 40ff.）。

哈拉尔德·布卢姆

参考文献

Benhabib, Seyla: *Hannah Arendt. Die melancholische Denkerin der Moderne*. Hamburg 1998.

Jacobitti, Suzanne D.: »Individualism and Political Community: Arendt and Tocqueville on the Current Debate in Liberalism«. In: *Polity* 23 (Summer 1991), 585–604.

Lloyd, Margie: »Tocqueville's Shadow: Hannah Arendt's Liberal Republicanism«. In: *The Review of Politics* 57, 1(Winter 1995), 31–58.

Reinhardt, Mark: *The Art of Being Free: Taking Liberties with Tocqueville, Marx, and Arendt*. Ithaca, NY 1997.

Tocqueville, Alexis de: *Über die Demokratie in Amerika*. 2 Bde. Zürich 1987.

Villa, Dana R.: »Arendt und Tocqueville. Öffentliche Freiheit, Pluralität und die Voraussetzung der Freiheit«. In: Winfried Thaa/Lothar Probst (Hg.): Die *Entdeckung der Freiheit. Amerika im Denken Hannah Arendts*. Berlin/Wien 2003, 201–236.

十五　卡尔·马克思

1951 年在《极权主义的要素和起源》一书发表之后，阿伦特曾向约翰·西蒙·古根海姆基金会提出申请，要求对她关于"马克思主义中的极端主义元素"的研究工作提供经济资助（见本书第 2 章第 5 节第 1 部分）。在从事了对"西方"历史的精神思想潮流，如种族主义、帝国殖民主义、民族的种族主义和反犹太人主义的研究之后，现在她想转入对政治和哲学传统的研究，从充分的历史性和概念的基础上对布尔什维克主义意识形态的背景展开研究（WP 145）。首先是研究马克思的政治概念，尤其是在马克思关于历史理解的关系中研究他的劳动概念；其次是在对历史的研究中，探讨欧洲马克思主义和社会主义一直到 1917 年俄国革命爆发的发展，以及从列宁到斯大林的过渡；最终是关于斯大林主义统治体系的研究。

鉴于伴随着新时代的革命，阿伦特在她的第一个研究中，就注意辨别劳动和生产的概念差异（见本身第 4 章第 3 节），关注孕育新时代的革命打乱了"人的活动原有的全部平衡"（Young-Bruehl 1986，387）这一事实。阿伦特对马克思的研究，并没有使她走上对马克思主义极权元素的研究，而是走向了反驳"整个政治哲学传统"的道路（BwBlu 94），因为这种传统为政治引进了暴力。就如她在给海德格尔的信中所写到的那样，她因此要追踪三个问题：第一个是从孟德斯鸠出发的问题，"统治这个概念是在哪个点上切入到政治中去的"？（见本书第 3 章第 1 节第 8 部分）第二个问题是从马克思和霍布斯出发，源自生产模式的劳动和活动这两种完全不同的活动方式是怎么取得相互和解的？第三个问题是，哲学思想是怎么主宰政治思想的（BwH 145f.）？阿伦特研究马克思的文章，主要集中在六篇作为遗稿发表的 1952 年在普林斯顿大学的讲稿《卡尔·马克思和西方政治思想的传统》（见本身第 2 章第 5 节第 3 部分），论文集《传统和现代》（1954，in：《Fragwürdige Traditionsbestände der Neuzeit》，见本身第 2 章第 5 节第 3 部分）；以及至今还没有发表的她在伯克利大学的讲稿《政治思想史：从马基雅维利到马克思》（1956），论文《现代的历史和政治》（1957），发表在《对现代传统状况的质疑》论文集，以及在《积极生活》（1958，见本书第 2 章第 5 节第 5 部分）和《论革命》之中（1963，见第 2 章第 5 节第 5 部分）。阿伦特最初开始研究马克思，起因于雅斯贝尔斯的著作《马克思名誉的一种拯救》，她起初认为"马克思是被正义的激情所缠绕"（BwJ 196），但在研究的过程中她却绕开了自己研究的初衷，并在给雅斯贝尔斯的信中写道："您是对的，他（马克思）既不对自由，也不对正义感兴趣。（极其讨厌）。"（BwJ 252）

在她的论文《权力与暴力》中，她又一次提到了马克思，指出了在新左派的马克思主义辩论术和他们的道德特性之间存在一种极大的自我矛盾（见第 2 章第 7 节第 1 部分）。

西方传统的终结

从阿伦特的角度来看，马克思并没有与传统的思想决裂，他只是站立在西方传统的终点上。"西方政治思想的传统有着一个可以清晰表明的开端，它以柏拉图和亚里士多德的学说为起点。我相信，它在卡尔·马克思的理论中找到了一个可以明确定义的终点"，"为了在政治中'实现'哲学，而背弃哲学"，马克思就是这样的一个哲学家（VZ 23f.）。因此马克思搞混乱的不是黑格尔哲学，而是传统哲学，却又没有开始一种新的哲学。马克思的思想"只是使传统哲学极端化，并没有一种新的开始，也没有对开端和过去在继往开来的意义上作一种真正的重新振兴"（VZ 37）。就如克尔凯郭尔和尼采，马克思和其他的思想家也看到了"新的问题进入了我们生活的世界"，但却没有为我们提供能够帮助我们解决这些问题的方法。他们只是在情感上拒绝了传统，"但却像一些迷茫的小孩在树林里，大声叫喊地唱着歌"（VZ 36）。因此对阿伦特来说，尽管马克思和布尔什维主义之间有着一种紧密的关联，但她还是认为在马克思和斯大林之间不可能形成一种直接的关系。同样的，在尼采和希特勒之间也没有一种直接的关系（Arendt 2002，276）。

虽然对阿伦特来说，只是在马克思的思想形成之后，才出现了与传统的决裂；但她仍认为在黑格尔的时代，传统就已经丧失了它的权威，黑格尔以世界史作为持续的发展过程取代了传统原有的地位。马克思对于阿伦特来说，如同克尔凯郭尔一样，是一个黑格尔派学者，因为这两人都把历史和哲学史看成一个整体。尽管马克思曾想摆脱哲学，但是他进入政治的跳跃，却使他不仅没有摆脱哲学，反而以他的运动辩证法在理论上导致政治依赖于那个"我们今天称之为意识形态的东西"（VZ 39）。他就是以这种方式，把政治和哲学降格服务于历史和社会。在马克思描述的意识形态中，"完全没有提及历史与自然的对抗性，而只是宣称有一种不可抗拒的运动过程不仅主导着自然，而且也掌控着历史"（EU 709），因此阿伦特认为，恩格斯把他"那位逝世的朋友称为'历史科学的达尔文'"，这绝不是偶然的（EU 708f.）。马克思试图为社会变迁寻找出一个答案，这就使得他以他关于黑格尔的历史理论在世界事务的潮流中成为一个游泳者，为了在潮流法则的内部操纵潮流，他试图理解潮流的规则。但

"马克思的这一尝试却是徒劳的：那位泳者只是加快了他自己被浪潮冲击的速度——也就是加速了他自己的下沉"（DT 45）。马克思希望重新赋予人以尊严，就此尝试赋予政治以历史的尊严，赋予劳动以生产力的尊严，但他都没有成功。他只是成功地使人们把劳动和历史理解为是有着决定意义的现代问题（同上，264）。

尽管如此，阿伦特还是认为马克思如同克尔凯郭尔和尼采一样，鉴于过去时代权威丧失的原因，成为一个不设思考障碍的思想家，从而带动人们能够不带偏见地观察过去（VZ 38）。阿伦特认为，只是借助于马克思恰如其分但又不尽正确的分析，才能认清传统的错误。

社会科学方法之父

马克思站立在通向现代的门槛上，他在思想中引进了历史观，颠倒了活动价值观的层次，发现了暴力和压迫的专横，并使哲学政治化。作为一个"彻底的伟大的革命理论家"，马克思对自由的行动根本不感兴趣，他更感兴趣的是揭示历史和社会的运动规则，因此"他更是一个历史学家，而不太是一个政治家"（ÜR 76）。现代社会以它政治和科学的变更，不仅深度动摇了哲学的思想，而且也动摇了对真实表现方式的信任，以及对理性的运用。马克思的思想所拥有的历史视野，可以追溯到由黑格尔在哲学思想中所引进的时间性。马克思不仅把文化、政治、社会和经济带进了一种职能相互关联的关系中去，而且也认为这种相互关联是可以随意移动的，"粗略地说，从这种关联出发，对什么都可以加以解释，而不需以传统权威意义出现的任何一种联结的真实性"（比较阿伦特：《从黑格尔到马克思》）。以辩证法作为方法，就可以把自己从内容中解放出来，而迄今为止的任何一种方法总是与内容联结在一起，脱离了内容的辩证法发展成为一种程序性的思维方法。这种程序性的辩证思维方式，诱导了马克思"根据需要而打乱了自己的范畴"（ÜR 81）。就是这样，原本有着压迫和剥削等消极意义或在某些必要情况下具有中性意义的暴力，最终因为它作为解放的手段而拥有了积极的意义，因此而令人仰望。

以往人们普遍认为，语言既可以掩盖真实也能够揭露真实，与以往的普遍看法不同，马克思认为语言只是意识形态的工具。因此阿伦特称马克思为社会科学方法之父

（VZ 312），马克思不会认真对待人的语言，他看重的是人的活动。对阿伦特来说，这就是政治的一个决定性特征。在阿伦特看来，马克思思想的特点不在于它以黑格尔的思想为基础，把黑格尔的"辩证唯心主义"转换为一种"辩证唯物主义"，而在于它对传统的人的能力的层次结构提出了质疑。他不仅颠倒了思想和活动之间传统的层次结构——也许他自己也不知道——而且也在积极生活的内部颠倒了行动、生产和劳动的层次结构，从而把人独立的行动能力降格为一种单纯的社会生产关系效用。同时他也协助"现代的在政治上无论如何都最有害的学说——生活是最高的善，社会生活程序是一切政治的目的和归宿——获得了一种最终的胜利"（ÜR 79）。

重新评估生活，并把它解释为最高的善，这在阿伦特《积极生活》一书中，有着一种重要的地位。但是阿伦特并不把这种重新评估归结为是马克思的一种发明，而认为这只是马克思对现实的理解："马克思亵渎神明的表述——是劳动（而不是上帝）创造了人类，或者是劳动（而不是理性）使人类区别于一切其他动物，只是以令人震惊的极端讲出了整个近代在根本上一致的意见。"（VA 80）比如他对事物价值的解释，只是把事物价值中既定的互换性和相对性标示了出来；他有关利益和意见耦合的理论也是同样情形，在这种耦合中，意见拥有了表现利益的职能（ÜR 292）。马克思的名句："暴力是每个已经孕育着新社会的旧社会的助产士"，只是表述了"整个近代的基本信念"（VA 223）。同样，他关于国家必将灭亡的预言，只是与他那个时代国家管理机构越来越成为只是一种包括全民族在内的家政式的行政管理这一事实相符合，在 20 世纪的"国家机构则越来越成为一个无限制的和完全不近人情的管理机构"（VA 59）。最后，他那些似乎乌托邦式的目标，也只是对后来真实出现的事实的一种预言，他的预言之所以有着乌托邦式的表象，只是因为近代的发展趋向无法在传统的概念框架内加以理解。就是这样，政府在传统的意义上只是有着一种单纯的管理地位，劳动的解放在不断增长的自由支配时间的意义中找到了自己的表达。马克思认为只有在无阶级社会才会出现的社会化的人，事实上却只有在阶级和马克思经济学的社会前提下才会出现。

马克思思想中的自我矛盾

除了马克思思想的这些重点外，对阿伦特来说，马克思的每个重要表述都有着一种基本的矛盾，而这些矛盾在他自己的概念体系中是无法得以解答的。这类"根本和明显的矛盾"，阿伦特认为很少出现在二流作家的身上，她愿意引用那些伟大的作者作为她著作的重点，"从而真正理解他们的问题以及他们新的见解"（VZ 33）。与传统有着公然矛盾的马克思的基本表述是：一，只要人在劳动，他就在创造人。这就断言，不是上帝，而是人自己创造了自己；不是理性，而是劳动使人区别于动物；是劳动，而不是理性造就了人的人性。马克思和"一切国家工人运动的先驱"（VA 120）希望：自由支配的时间将把人们从必然性中解放出来，从而使他们的生活更有成效。阿伦特认为，这是建立在一种机械性世界观的幻想之上，因为在一个劳动社会的劳动缩减，必然导致消费的增长。二，暴力是已经孕育着新社会的旧社会的助产士这一论断，将会使得各种国家形式的问题变得根本不再重要，因为"政治行动的所有领域都主要以暴力来表现自己的特征"（VZ 30）。阿伦特批判说，这就使得行动等同于暴力运用，使生活必要性的强制成为屈从的强制。反过来说，现在每一种暴力行为都可以得到理直气壮的辩护，因为暴力已被解释为"具有历史必然性的铁的法则"（ÜR 79）。阿伦特认为正是马克思对理性和逻辑的否定，以至对语言的否定，比他为承认人是劳动的动物而否认人是理性的动物，造成了更严重的后果。三，他所提出的理论："迄今以来的哲学只是解释了世界，而现在需要的是改变世界。"阿伦特认为，这是一种挑战，它要求人类事务的世界与哲学家的世界相互融合在一起，从而期望以常人对社会的健康理解与哲学家思想的社会具有同一性。

阿伦特所发现的在马克思理论中的那些根本性矛盾，按阿伦特的见解，是无法在马克思理论的内部得以解决的。因为这里涉及确认劳动作为最人性的活动与自由领域解除劳动之间的矛盾，涉及暴力作为人类行动的最有意义的方式与在无阶级社会中暴力必将消失之间的矛盾，最终涉及的是废除哲学和由此带来的问题，即"急功近利的算计会带来哪些后果"？（VZ 32）

稍后，1966 年在芝加哥大学的一次关于马克思的讲座中（阿伦特：《卡尔·马克思》，LoC，Box 59），阿伦特把马克思在总体上描述为不是一个特别奇怪的人。他的劳动概念建立在洛克（Locke）和斯密（Smith）理论的基础上，他把黑格尔的过程概念运用到劳动的概念之中，因而使历史的概念和范畴受制于经济的过程。他最有持久性的一些观点，也包括异化概念，都是些对社会进行普遍批判的"不自然"的观点，这些观点早已出现在卢梭和罗伯斯庇尔的思想中（同上，Blatt 024294），实际上也可以在蒙田（Montaigne）和帕斯卡尔（Pascal）的理论中找到这些观点（同上，Blatt024298）。

对国家问题不感兴趣

由于马克思把行动和政治受制于劳动和历史的合法性，他就把行动和政治等同于强制和暴力，因而也就否定了自由、权力、既定事件以及相应的国家形式的意义。阿伦特指出，马克思的国家理论几乎等同于 19 世纪民族国家中一种资产阶级非政治性的国家理论，这种非政治性的国家理论只要求保护私人财产，而不在意以哪些国家管理形式怎么来保护私人财产（ÜR 240f.）。

另外，也能够在马克思对待叛逆的态度中找到他自我矛盾的心态，他的叛逆虽然有着人道主义的底线，但是"他年轻时代那些真正革命者的热情"，在他《共产党宣言》发表以后的所有文章中，都"以伪科学和经济学概念的方式冷却了下来"（ÜR 79）。他试图教导穷人，贫穷并不由命运所决定，把历史描述为一种阶级斗争史，因而应当在历史的描述中增补被以往历史描述所遗忘的穷人，他"赋予人的行动以尊严，反对现代历史观察中的相对性和对政治隐秘的蔑视"（VZ 40），但是他的这种关于自由的观点马上又受制于必然性的制约。可以说，劳动在理论上的升值，并没有使劳动者获得解放；以哲学的实践行为而废除哲学，并没有解放思想，而是受制于"必然性的无情强制"（同上，42）。马克思把自由出卖给必然性，颠倒了古典哲学关于自由是对必然性的征服这一对自由的想象，并把政治转让给了社会。马克思作为历史学家和社会理论家把所有的行动都置放在他通过黑格尔而熟悉的历史概念与社会职能的关联之中，并把行动解释为一种生产，是一种"历史创造"，因而必须服从人类的最终目的。由于历史进程的力量，社会事件变得毫无意义。国家的死亡则意味着公共性的消失（同上，26）。

阿伦特认为，语言自身就反映了过程性，因为政治行动在它辩论术的隐喻应用中，借助于戏剧的方法，而使行动清晰可见。可是那些革命的历史学家和理论家，比如马克思，却把政治行动比喻为"新生儿出生前母体的阵痛"（ÜR 135），导致政治行动者消失在一大群人之中。巴黎公社最初曾促使马克思考虑撰写一份有着共和主义标志的全国性公共宪法，但是不久，如他自己所说的，却又回到了无产阶级的"现实政治的"专政中去了（同上，329）。

马克思思想中的极端元素

在阿伦特研究马克思的开始阶段，只是在她的《思想日记》中，明确提及了"马克思思想中的极端元素"：以历史替代政治，把人定义为劳动的生物，把劳动等同于生产，混乱了劳动和生产这两个不同的概念，采纳了黑格尔关于设置孤独目标的人的图像，因为追踪必然性而闯入其他人的"世界"（DT 102f.）。对阿伦特来说，不是马克思单纯的关于阶级或无阶级社会的思想有着极端性，而是在劳动创造历史的这样一种观点中，已经表现出马克思思想的极端性（IG 232）。当然，马克思和黑格尔还不至于让人消失在他们复杂的辩证法的过程中，只是让人成为单纯"切身利益的思考者"，而这需要"现代蛊惑人心的迷信情感"（EU 400）；这种迷信情感给予人们一种感觉，不是通过马克思的理论获得了自我意识，而是很简单地站立在正确的一面，有意识地参与了一种能给予人一种"自己正置身于表现人类历史的伟大戏剧中感觉"的过程（《卡尔·马克思》，Blatt 0242298）。把劳动阶级的解放与高度评价劳动活动联结起来，是很有助于达到极权统治的目的的。在一种最终建立的社会秩序中，行动和政治都将被废除，那么这整个的戏剧也就结束了。20 世纪的极权统治体系，"正是由于它诞生于这种思想，并以此为自己的最终目的，因而比以往史更具有破坏性"（VZ 109）。

阿伦特就是这样把马克思阐释为一个预言家，同时也是一个现代理论家，他的思想，如同尼采，并不直接导致极权统治，但却极大地贬低了行动的政治、自由和自发性的意义。

沃尔夫冈·霍尔

参考文献

Arendt, Hannah: »Von Hegel zu Marx«. LoC, Box 79.

– : »Karl Marx« [Seminar]. LoC, Box 59.

– : : »Karl Marx and the Tradition of Western Political Thought«. In: *Social Research* 69,2 (2002), 273–319.

Erler, Hans: *Hannah Arendt, Hegel und Marx.* Köln/Wien 1979.

Forti, Simona: »The guilt of the tradition: Arendt's Critique of Hegel and Marx«. In: Garrath Williams (Hg.): *Hannah Arendt. Criticial Assessments of Leading Political Philosophers.* Bd. IV. London/New York 2006, 100–119.

Niggemeyer, Lars: *Gesellschaft und Freiheit bei Hannah Arendt. Ein Vergleich mit Karl Marx.* Köln 2008.

Parekh, Bikhu: »Hannah Arendt's Critique of Marx«. In: Melvyn Hill (Hg.): *Hannah Arendt: The Recovery of the Public World.* New York 19979, 67–100.

Ring, Jennifer: »On Needing Both *Marx* and *Arendt*: Alienation and the Flight from Inwardness«. In: *Political Theory* 17 (1989), 432–448.

Suchting, Wallis A.: »Marx and Hannah Arendt's The Human Condition«. In: *Ethics* 73,1 (1962), 47–55.

Young-Bruehl, Elisabeth: *Hannah Arendt. Leben, Werk und Zeit.* Frankfurt a. M. 1986.

十六　弗里德里希·尼采

　　阿伦特与每个她那个时代的德国思想家一样，都受到尼采的影响。尼采对她的这种影响，是阿伦特的许多左翼崇拜者至今仍感到害怕的根源，他们很尴尬地看待这件事情，或认为这简直就是件丑事。举例来说，如果我们听到，那个年轻的列奥·施特劳斯（1899～1973）曾被尼采的思想所迷惑，或者卡尔·勒维特（Karl Löwith，1897～1973）痴迷世俗化，在他关于虚无主义问题的看法中有一种明显的尼采影响，我们都不会为此感到惊奇。但是阿伦特的情况与他们有所不同，因为她首先是一个政治思想家，她认为区分统治者和被统治者，是一种"反政治"关系的典型范例。另外，阿伦特又不知疲倦地一再强调，政治的空间是一个平等的空间（见本书第 2 章第 5 节第4、5、7 部分，第 4 章第 30 节）。因此如果现在在阿伦特的思想中出现明显的尼采的思想维度，那么我们必须对她坚持的平等提出疑问：公民间这种平等是道德意义上的，还是纯粹"民间"意义上的？——或者我们必须对她本人提出质疑：她的思想是否还有一致性?

在阿伦特政治思想的哪些地方有着尼采的思想维度?这里将按其重要性在思想中不断递增的顺序排列出来:首先是在《积极生活》中将斗争普遍化,其次是在同一著作中以戏剧－美学来构思对政治行动的认同,再次是她的现象本体论以及与此相应的透视主义学说,最后是她对反人类的自然局限性不满情绪的分析,认为正是这种不满人的自然局限性的情绪,促进了现代科学、技术和资本主义的发展。这里,我们先对这四个层面发表一些评论,然后再去关注阿伦特的各种各样的方法——有些是显然的,有些是较含蓄的,有些是极端的,阿伦特正是以这些方法使自己在总体上疏远尼采和尼采的思想。

首先是关于阿伦特的竞争理论(VA 187)。阿伦特思想的这一层面,在最近 10～15 年间得到了人们极大的关注。当代竞争理论的代表普遍认为竞争主义是一种鼓励公开竞争、挽袖实干的政治,它从竞争的角度来对待它的敌对者,也不惧怕因此而成为别人的敌对者。总体上可以这么说,竞争理论的代表在政治理论上,是以自由主义的理论和实践所推动的"反政治化"对一系列事实作出反应的,或至少人们是这么感受到的——我们在这里运用了卡尔·施米特(1888～1985)的概念(Schmitt 1963)。举例来说,这类反政治化的理论,首先是高度评价共识或以共识为目标的商榷规范,以及政治行动中司法程序的优先权,对"强大"民主以及由民主带来的政治热情感到恐惧,最后是以放弃一种坚实的,即使并不完全不受政府管理的公众领域为代价,以集中换取一种程序性的正义。

尽管阿伦特并不是这类竞争思想的理论家,但却至少是一个竞争理论的"追随者"。近代以来以一种"家庭"管理式国家集权的政治,取代建立在公共性领域里相互讨论和辩论基础上的一种富有生机的政治,她曾对此有过极大的担忧。与尤尔根·哈贝马斯不同,阿伦特并不把她对政治作为话语的设想表述为类似一种由理性共识为终极目标而驱动的商榷模式。阿伦特认为与此相比更重要的是在公共性领域中具有决定性价值的论点、辩论和商榷,应当拥有一种持续性的、还没有最终决定的特征。这样一种话语形式表达了所有参与者的公共性精神,在形式上构成公众自由的具体实现，而这种自由对阿伦特来说，就自然拥有了决定性的价值。这并不涉及一种在形式上导向正义目标的交流方法。

但是这一切都很容易导致过分突出阿伦特政治行动理论中假定的竞争理论的层面。为什么？人们很可能错误地运用尼采的方式把行动和竞争主义等同起来。以这一观点出发，"积极"的政治当然同时也必须是竞争的。这就意味着，有着相同思想的个人共同积极行动的政治，有助于他们特有的意识形态"事务"。这样一种政治，将不会畏惧竞争或斗争，就更不会试图去掩盖竞争和斗争——用司法语言委婉地表达，即他们不会放弃使用由公众权利或一种民主商榷的理论为他们提供的竞争或斗争的权利。

这样一种启发实干和意识形态、人们"相互以'语言和行动参与'"的政治（VA 191），实际上与阿伦特自己的理论相比，更接近韦伯政治理论的意义。对韦伯来说，斗争是真实的现实政治中心，与行政管理的专横和官僚统治有着最大的对立性。因此韦伯要求一种强大的、公开竞争的议会体制，与官僚主义的缺陷相反，议会应当选举出真正拥有政治天才的实干领袖。虽然韦伯的议会竞争主义走进了历史死胡同，但韦伯构建的一种实干型的、具有意识形态和竞争性的政治以反对官僚统治死规则的思想，则被几乎所有竞争主义后继者的代表，从卡尔·施米特到尚塔尔·穆芙（Chantal Mouffe），拥戴为准则。

这里令人很感兴趣的是，阿伦特与这种政治观点几乎没有什么共同点。如果她在《积极生活》中写到关于竞争精神的内容，那么就总是提到在一种激励公众参与的文化中，如雅典的民主，每个单一的公民都力图以他为政治事务所作的努力和以他个人优秀的话语和行动来超越其他的公民。阿伦特甚至注意到很具有讽刺意味的是，这类个性化的才能来自于竞争的精神（VA 187）。与此相同的个性化重点也出现在《论革命》一书中，阿伦特在书中主要阐述了现代政治行动的自然特性（见本书第 2 章第 5 节第 7 部分）。

我们应该怎么开始对这些问题加以探讨？最荒谬的可能就是去指责阿伦特，说她幼稚地延续了社会契约传统中对个人的许多偏见，哈贝马斯就曾在他的文章中对阿伦特有过这样的指责（Habermas 1987）。其实，阿伦特在这个问题上完全懂得，那个"自我"只有在与他同类的互动中，才能展现自己，并进而充分实现自己。如黑格尔和尼采，她也完全没有虚构一种具有自然性的道德主体，这种主体只是上帝以超验的手法或是自然以所谓的自然法规制造出来的。

阿伦特的政治个人主义向我们表明，不受单子化任何影响而使政治成为话语和意见的一种特殊概念，大众的公开意见作为反映意识形态和团体利益的表达在这个特殊概念中几乎没有什么地位。我们还记得阿伦特在《论革命》中写道："意见［……］按其本意来说，绝不可能是团体的意见，而永远只能是个人的意见。"（ÜR 292）阿伦特的那个政治行动者，是一个个人；这个个人出现在他那些作为观众的同胞面前，并与他们进行着互动，以他特有的语言、行为和意见展现出他个人"本质"的唯一性（VA 169）。这种"自我展现"（VA 187）源自自然的竞争和竞争能力，不是因为那个活动者是他自身的奴隶，或想推进一种意识形态的议程，而是因为他特别想出现在作为观众的其他公民面前。他想表现出，他是他们中那个最出色的（VA 186f.）。

不管人们把这样的画面看成有吸引力的，是令人讨厌的，是怀旧的，或者简直是荒谬的，重要的是确认这种理论与韦伯和施米特政治作为竞争斗争的概念已经几乎没有什么关系，并恰恰是与他们的政治概念相对立的。在他们两人的政治观点中，各个意识形态团体或各个有着自我认同的团体是为了争夺政治权力进入竞争状态。相反，阿伦特几乎拒绝所有的党派政治和任何形式的民族主义，主张构思一种个性化的竞争行动，这种竞争行动以在一个共同拥有的公共性世界的一种共同义务为前提。这个公共性世界将通过法律、制度机构和实践而成为一个特殊的公众－政治领域。

这种个性化竞争行动的构思，更接近于尼采的竞争主义，而与我们看到的韦伯、施米特和当代其他的竞争主义代表则稍远些。以真实的政治行动才能，作为追求不朽的手段，只有在这个意义上的竞争行动才更接近尼采的思想，也比竞争精神的希腊根源更真实些。但这距离尼采仍很远，因为有着高贵话语和行动的竞争是要求在公共性的场合进行的，这就意味着是在一个有着制度和机构场景的空间中进行，而这样的空间是各种不同的公民都能同样参与的。阿伦特的竞争主义是以一种在公共性中的话语为灵魂，保护和扩展这个公共性空间既是竞争的条件也是竞争的目的。不管我们怎样坚持以这样的方式阐释尼采，仍很令人怀疑的是这两位思想家在这个问题上的接近是否可能。

　　尽管有着这样的差别，但阿伦特强调以伟大的行动追求不朽，与尼采藐视基督教的彼岸性，寻找永恒，以及伴随永恒而来的被动的主体形式，具有相同性。如同尼采，阿伦特也认为要评价一个人，不能离开这个人的所作所为。如同尼采拥有主权的个人，阿伦特的活动者也完全身处这个世界的中间，不是以某种方式站立在这个世界的后面，也不是站立在这个世界之上，或者以一种形而上学的距离远离这个世界。如同尼采，阿伦特认为一切典型的柏拉图式的、基督教式的和康德式的超越现象世界的尝试，是一种比欺骗意图更值得怀疑和更危险的表现。

　　这一切尝试都是通过被尼采称为"复仇的精神"（Nietzsche：《Also sprach Zarathustra》，357ff.），或是由阿伦特稍稍作了修改，表述为人对自然限制的不满——即人对他有终结的、被局限在地球上的和多元的特性不满的心态——而得以实现的。正是因为这种不满，人便能够在形而上学－神学的形态中接受一种被动的形式，那个自我就能离开此岸世界进入时间和事件的彼岸世界，或者也可以接受一种积极的形式，如同在现代，以科学技术来超越死亡、世俗世界和多元性所规定的界限。这两种情形都接纳了自然对人的限制，拒绝暴利和自杀。尼采把这称为"肯定生命"（Nietzsche：《Ecce Homo》，第3章）。

　　但这又提出了更深刻的问题：什么是一种反形而上学态度的政治意义？反形而上学能接受尼采关于"上帝已经死亡"这种文化上的解释吗？在《论精神生活》一书的导言中，阿伦特引用了海德格尔后期关于尼采的名言，"可以说，'废除超感性的，也是一种纯粹的感性，因而排除了这两者间的区别'"（LG 1，21）。"最终排除感性和超感性间的根本区别的，至少是自巴门尼德（Parmenides）以来的构想，即所有的一切都不是感性的，上帝、存在、最初的原理和原因或思想，都比现象更真实，更具有真理性，因而也更有意义；这不是单纯地超越感性的感受，而是超越这个感性的世界。'死亡'不只是更接近这种'永恒真理'的条件，而且是这种区别的自身。"（LG 1，20）

　　阿伦特赞同可以标志为后尼采主义的本体论，并为自己的存在和现象加上了一种不严格的与自身的等同。以柏拉图的语言来表达，只存在洞穴的世界，而人永远无法从洞穴中爬出来。但是如果存在的空间或现象的彼岸意义消失了，洞穴也便结束作为洞穴而存在；从而使存在的假定或甚至对存在假定的感激又成为可能。存在主义的不满精神，尼采"永恒回归"的思想实验对象，至少作为可能性而被超越。

我们愿意赞同一切往正确方向迈出的步伐。但是这一切的政治后果是极不确定的，这会把我们引向一系列完全相反的方向：比如会把我们引向马克思和青年黑格尔的具有攻击性的人道主义中去，或者引向思想的民族形式中去，如我们在年轻的尼采和中年海德格尔那里所看到的那样，或者把我们引向一种政治自由主义的形式，如晚年的罗尔斯或理查德·罗蒂（Richard Rorty）后现代的资产阶级自由主义。

在阿伦特后尼采主义本体论的情形中，拒绝现象的彼岸世界有一个思维的空间，引导关注公众世界的现象学特征，以及从不同角度观察同一事件的方法。在《积极生活》中，阿伦特写道：

> 虽说这个共同世界提供了所有人都能共同聚会的场所，但所有来这里参加聚会的人都各自坐在自己的位置上，因此每个人的位置很少与别人的位置重叠，就如两个物体都有着各自的位置一样。被别人所看见和所听到，是通过每个人都被为一个人从另一个角度出发听见和看见这个事实，因而拥有了意义。[……] 物体，只有出现在一个能够被许多人从各种不同的角度加以观察的地方，才是有意义的，才不至于丧失自己的特性；这使得那些聚集在一起的人们懂得，一个自我只有在别人面前以各个不同的角色表现自己，才能真实可靠地表现尘世间的真实性。（VA 56f.）

在这段话中令人感兴趣的是那种方法，即阿伦特是怎样靠近尼采的观察视角的学说，而又同时标示出与尼采的一种清晰的毫不含糊的区别。尼采坚持"只有一种角度的观察，只有一种角度的'认知'"（Nietzsche：《Zur Genealogie der Moral》，861），尼采的角度主要是情感性的，而阿伦特则把角度首先看成空间性的。尼采反对的是沉思性的认识论，是笛卡尔和康德没有自己意志、单纯追求知识的主体；而阿伦特反对的是观察视角的等同性，这种等同性来自一种在家庭生活中度过的私人生活，却不顾及这里涉及的究竟是由一个单一家庭操作的家庭管理，还是涉及在民族或国际市场的规定下对国民政治经济的管理。

一个世界如果没有一个强大的公共性领域作为政治辩论和论证的空间，以满足公民最高程度的个性化和一种公共性精神，就不可避免地把自己局限在一种单一视角和单一观察的方法中，那么这个世界就是一个不真实的世界。阿伦特认为，如果人们把世界这个概念理解为一个显然由人设置的文化、体系结构和司法机构构成的物化世界，而正是这么个物化世界站立在人和自然之间，那么这就是一个不会长久存在的世界（见本书第 4 章第 45 节）。阿伦特在《积极生活》的最后并不是偶然地指出了劳动动物的无世界特性（VA §45）：一种作为人的生物，生活在一个稳定的人为创建的和持久的公共性世界中，就被剥夺了他们作为"自然人的家乡"（IG 387）。

尼采和他当代那些竞争主义后继者所缺少的，就是在人的创造中强调一种世界性、稳定性和持久性，而人的创造是经由一种政治观念得以实现，然后通过我们作为公民的共同行动而得以持续和扩展。尼采关于从意志到权力学说的魅力所在——尤其是通过吉尔斯·德勒兹（Gilles Deleuze）极有影响的阐释——就在于它把一切确定的，因此被看作形而上学的解释都消失在一种积极和反应力的游戏中。福柯接受了尼采和德勒兹这种方法，并通过他的文章《哲学游戏》传播开来，这篇文章向许多后结构主义新生代的追随者解释了新潮思想和后形而上学哲学。尼采以及德勒兹和福柯作为一种哲学流派，把世界和每个稳定的单子溶解在一种能量的游戏中，这在好的方面也在坏的方面主宰着我们时代有着左翼倾向的尼采思想：好的方面是因为它相对于机制合法性的学说发展了一种极端的怀疑主义，坏的方面是因为它对"河"的一种庆祝，只是为了那条"河"。

具有讽刺意义的是，对河的这种有着破坏性和海浪冲岸般的庆祝，只助长了后现代资本主义和技术世界原先已有的趋向。我们的世界在事实上是一个综合了人、资本、信息的能量和潮流的世界，在这个世界中有着令人沮丧的规则和重复，这让所有固体都融化在空气中（Berman 1982）。阿伦特出于对我们这个公共性世界的担忧，才从根本上对这个世界作了批判，人们不必为了接受她的这些观点而支持她这个世界就是她的家乡的渴望。这是通过政治章程、法律对权利和自由的机制化而创建的一个相对稳定的世界，它只是被全球市场化和资本扩张的需求机械化而招致降格。美国私有化的意识形态在一种已经持续了200年的程序中——这一程序就是把公众世界和它的机制仅仅是对经济实力不断变更和扩张的反射，并成为其附属物地位的演变过程——又迈出了一大步。

我们这个世界更具有讽刺性的是，貌似极端的政治使用一种受尼采启发的力量游戏的语言，以掩盖那些早已不存在的东西。我们生活在一个资本主义和技术"不断"革命的时代，一个创造性的加速毁火的时代，这个时代潜在的灾难性挑战表现为，在这个世界中的自由只有通过自由民主主义、资本主义和共产主义的进程而机制化。与这个挑战和它极端的反射画面作斗争，是阿伦特终生的目标。她坚持关注设立和维护各个生活领域之间界限的必要性，她的这种主张表现在她对政治脱离以国家领土为所属性的部落民族主义，对原始极端政治的反制度主义运动，对帝国殖民主义为了扩张而相信扩张——正是这种相信刺激了欧洲的殖民主义——的分析中。从阿伦特的角度来看，维护人的存在的世界因此有了风险。因为正是存在的世界使人区别于自然界的重复和机械性的自动，并给予人一个家乡，使人有可能过上一种合适的文明生活。

这就是这个存在的世界一切有限的公共性和法律－机制性的特征，它试图摧毁所有从左到右的极端运动，以加速摧毁所谓的历史法则——阶级斗争，或自然法则——种族斗争，这些法则把各种意识形态解释为历史发展的根源。《积极生活》中的主要论点是：对"人所创造的对象世界"的攻击，并没有随着民族社会主义的败落或斯大林共产主义的崩溃而结束。相反，对人的自然限制的不满和那个与超越人的力量联合的愿望又回归到具有现代特征的形式中，因为这种力量给人一种无所不能的感觉，同时又不需承担任何责任。这种情况表现在无限制的经济扩张，资本主义全球化的加速，对经济－技术的推动，以及把宇宙性的进程，如核融变，引进到人的物化的世界中去。我们不想再试图改变历史或自然法则。但是为了我们更好地越过那些规定公共性世界的对象化和持续性的界限，我们有意识地尝试适应那些既不是自然，也不是虚拟自然，而是人的生活的节奏。

这里要指出的是最有阿伦特特性的描述：尼采的反柏拉图主义，并不把我们引向一种更新了的把公共性领域作为"现象空间"的价值评价（VA §28）。恰恰相反，尼采留给我们的是一种生命的庆典，而这种对生命的庆典的根源——阿伦特写道——深植在基督教传统之中。这也与近代的主导趋向相符合，把"生命看成最高的善"（VA §44）。现代的、基督教的对政治的贬低，以及被看作没有生产性的公共性领域在反基督教和反现代的尼采那里找到了它们的回响，这就在健康的动物和一种杰出文化的可能性之间，构造了一种确定的相似性。这里我们应该自己回忆一下，那个年轻的尼采关于争取一种自由的、符合宪法的、民主的威力的运动所说的最好的话是："文化上的独眼巨人"（Nietzsche：《Menschliches，Allzumenschliches》，598）将阻止一定的滥用形式。

那么现在阿伦特就是一个尼采主义者了？如果我们看一下尼采以一种精湛技艺形式作为对自由的标识，以及他反对柏拉图的唯美主义的斗争，那么我们就能回答说：是的。但是如果我们设法去看一下阿伦特对近代的恐惧和她的具有决定意义的努力——教导我们要懂得看重对象化世界、法则和体制机构以及既持续又有界限的公共性空间的人性化特性，那么我们的回答是：几乎不是。阿伦特接受和运用尼采思想的多样性，以主张一些被人们标志为最不尼采式的思想。如果我们推想，阿伦特使得我们或是成为一个秘密的基督徒或是一个秘密的柏拉图主义者，这是对尼采的不忠，那么我们自己就误会了，阿伦特既不是这一个，也不是那一个。

达娜·R. 维拉

由沃尔夫冈·霍尔从英语翻译成德语

参考文献

Berman, Marshall: *All that is Solid Melts into Air. The Experience of Modernity*. New York 1982.

Biskoivski, Lawrence J.: »Politics Versus Aesthetics: Arendt's Critiques of Nietzsche and Heidegger«. In: *The Review of Politics* 57, 1 (1995), 59–89.

Diprose, Rosalyn: »Arendt and Nietzsche on responsibility and futurity«. In: *Philosophy & Social Criticism* 34, 6 (2008), 617–642.

Foucault, Michel: »Theatrum Philosophicum«. In: Gilles Deleuze/Ders.: *Der Faden ist gerissen*. Berlin 1977, 21–58.

Habermas, Jürgen: »Hannah Arendts Begriff der Macht«. In: *Philosophisch-politische Profile*. Frankfurt a. M. 1987.

Honig, Bonnie: »The Politics of Agonism: A Critical Response to ›Beyond Good and Evil: Arendt, Nietzsche, and the Aestheticization of Political Action‹ by Dana R. Villa«. In: *Political Theory* 21, 3 (1993), 528–533.

Lemm, Vanessa: »Memoria y promesa en Nietzsche y Arendt«. In: Miguel Vatter/Horst Nitschach (Hg.): *Hannah Arendt: Sobrevivir Al Totalitarismo*. Santiago 2008, 139–154.

Nietzsche, Friedrich: *Also sprach Zarathustra. Werke in drei Bänden*. Hg. von Karl Schlechta. Bd. I. München 1966, 275–561.

–: *Ecce Homo. Wie man wird, was man ist. Werke in drei Bänden*. Hg. von Karl Schlechta. Bd. II. München 1966, 1063–1159.

–: *Zur Genealogie der Moral. Werke in drei Bänden*. Hg. von Karl Schlechta. Bd. II. München 1966, 761–900.

–: *Menschliches, Allzumenschliches. Ein Buch für freie Geister. Werke in drei Bänden*. Hg. von Karl Schlechta. Bd. I. München 1966, 435–1008.

Schmitt, Carl: »Das Zeitalter der Neutralisierungen und Entpolitisierungen« [1929]. In: *Der Begriff des Politischen*. Berlin 1963, 79–95.

Villa, Dana R.: »Beyond Good and Evil: Arendt, Nietzsche, and the Aestheticization of Political Action«. In: *Political Theory* 20, 2 (1992), 274–308.

–: »Democratizing the Agon: Nietzsche, Arendt, and the Agonistic Tendency in Recent Political Theory«. In: Ders.: *Politics, Philosophy, Terror: Essays on the Thought of Hannah Arendt*. Yale 1999, 107–126.

–: »Friedrich Nietzsche: Morality, Individualism, and Politics«. In: Ders.: *Socratic Citizenship*. Yale 2001, 125–185.

十七　罗莎·卢森堡

罗莎·卢森堡究竟属于哪一派?

阿伦特在《论革命》一书中(见本书第 2 章第 5 节第 7 部分),只提到过一次罗莎·卢森堡,但却是在一种极有影响力的语境中。阿伦特在书中称她是一个"稀有的政治珍宝"(ÜR 361),叙述了这个珍宝的能力——实施行动和开创新事物,以及在专制政权中所遭到的毁灭。罗莎·卢森堡在关于俄国革命的评论中写道:"整个国家对政治生活的压制,使人们对在苏联的生活越来越感到厌倦。没有普遍的选举,没有不经检查的新闻自由和集会自由,没有自由的意见交换,窒息了在每个公众机制中的生活;在官僚主义中的表面生活,就成了唯一的活动要素。"(引自:ÜR 340)卢森堡的这种具有地震式的评论,把自己的手放在了党和议会的冲突之间。直到《论革命》发表三年以后,阿伦特才又为"这位革命的英雄"写了一篇短文,这篇短文最初发表在美国《纽约书评》杂志上,后来又以修改过的版本收集在《身处黑暗时代的人们》论文集中。写作那篇短文的诱因是当时约翰·R. 内特尔正好出版了一本关于罗莎·卢森堡的传记,放弃有关围绕罗莎·卢森堡"传奇式"的左派或右派的话题,阿伦特能够与该书作者展开一种对话式讨论,而且对话的内容远远超越了单纯的书评。阿伦特不仅通过该书作者接触到了许多关于罗莎·卢森堡生活新的材料,而且作者对卢森堡的描述也为在美国公众对美国独立运动——这被阿伦特解释为一种成功的政治实践而在她的《论革命》一书中享有着一种中心的位置——的幸运感受与罗莎·卢森堡这个社会主义者和后期的共产主义者之间架起一座沟通的桥梁,给出了可能性。阿伦特在《论革命》一书中,不仅对于罗莎·卢森堡,而且关于俄国革命,只是作为意识形态失误和法国大革命的暴力元素的大幅度递增,作为一种畸形革命的严峻事实而略微地提及了一下。现在内特尔的书却在阿伦特的手中塞进了许多关于罗莎·卢森堡的生平和历史知识,引导阿伦特在她自己的政治见解中对罗莎·卢森堡这个人和这个政治家作出自己的理解。

阿伦特手册

"不寻常的"马克思主义者

关于卢森堡的传奇大都或者把她看成一个"有争议的"和从没有"得到承认的"政治家，或是一个在私人生活中挚爱"鲜花和动物"的人，"当她从监狱里被释放时，许多监管人员都含着眼泪与她告别"（MZ 52），总是把作为私人的卢森堡和作为政治家的卢森堡分离开来加以观察和评价；而对阿伦特来说，把卢森堡的个人性和政治性综合起来加以观察和评价，恰是她自己阐释卢森堡的一个关键点。可以作为范例的是内特尔把政治传记作为表现的方法，这在相当的程度上反映了那些人设想将私人生活与政治分离的荒唐性。阿伦特认为作为一个政治传记的个人，罗莎·卢森堡可能不太会成为一个主题。因为这一类型的文章传统上常常只是写一些"伟大的政治家"和极成功的个人，而罗莎·卢森堡"并不是这类人"（MZ 49）。她曾是一个"边缘性人物"，到处都没有她的家乡，她既不属于德国社会民主党，也不属于共产国际。因此，阿伦特强调了卢森堡属于非循规蹈矩的社会主义者的波兰－犹太团体（内特尔把这个团体表述为"伙伴团体"），认为这个团体的政治和伦理标准至今仍有着它的效用（比较 MZ 57f.）。

阿伦特把卢森堡看成一个典型的被剥夺了权利的犹太人，她无法置身于传统或民族的认同中，面对循规蹈矩的强制，她细腻的感受在判断上就发展成为一种特有的独立性。她在卢森堡的《高度发展了的对实际差别的理解》一文中看到了这种独立性（MZ 54）。关于被剥夺了权利的犹太人这个主题，贯穿了阿伦特的所有著作，从《拉埃尔·瓦恩哈根》，《隐秘的传统》，（见本书第 2 章第 2 节），到关于瓦尔特·本雅明的短文（见本书第 3 章第 2 节第 4 部分），并在分析罗莎·卢森堡的情况下成了一种方法，以区分她基于经验和参与民主的态度与社会主义、马克思主义运动断然的、远离现实的教条主义之间的不同，但同时也追忆她的"革命精神"，这种革命精神也是一种"开创新的事物精神"（比较 ÜR 360）。而正是这种开创精神被消失在共产主义的专制中，但同样也消失在强硬反共产主义的麦卡锡时代，以及联邦德国死硬拒绝供出杀害罗莎·卢森堡的刽子手的名字，以符合"战争法"，从而是一种"合法"的过程来加以搪塞（比较 MZ 50f.）。同样，1953 年在普林斯顿大学关于马克思的克里斯蒂安·高斯的讲座中（见本书第 2 章第 5 节第 1 部分），阿伦特也把卡尔·马克思放回到欧洲政治哲学的历史之中，以这种方法把马克思从脱离传统的一个极端的局外人的处境中解放了出来。人们只要想一想，麦卡锡直到 1954 年还在掌管着美国的意识形态，阿伦特迈出的这一步是极有勇气的。

获取经验的能力和现实感

在有关罗莎·卢森堡的文章中，阿伦特完成了一次特征性转变，即她的文章运用了一种自发性或者说是一种显而易见的自我意识。这种自我意识规定了那些不易确定的自发性空间，阿伦特认为，这些自发性的空间就是自由和判断力的源泉。如苏格拉底和法国启蒙运动时的文人墨客那样，在罗莎·卢森堡那里也出现了一种历史上罕见的个人独立和经验能力相互结合的特定状况，这在她的内心激起了一些充满激情但又不受约束、愿意参与到错综复杂的现实中去的心理需要。阿伦特以罗莎·卢森堡和列宁为例，比较了他们个人不同的性格，并进一步揭示不同的个人性格对政治产生的不同影响。列宁有着一种非常清晰的特性，他是一个看重"行动的人"，"在任何情况下都进行着他的政治活动"（比较 MZ 54），为夺取政权，他可以"不择手段"（同上，72）。罗莎·卢森堡相反，按她自嘲性的自我描写，她是作为一个"看鹅姑娘"[1]来到这个世界的，如果不是她生活的那个时代伤害了她对"正义和自由的感受"，她可能会深入到植物学、动物学或国民经济史的研究中去（同上，55）。与内特尔不同，阿伦特强调卢森堡从不是一个职业政治家，因为她不具备作为职业政治家特征的那些好胜心和平步青云的生涯；她对革命这个问题也很少激情投入，革命对她来说和列宁一样，总是当代的问题，可以与狂热等同。在关于权力的问题上，卢森堡与列宁相反，她不相信"会有一种没有广大民众参与和没有广大民众话语权的胜利"（同上，72）。在她的论辩文章《俄罗斯社会民主党的组织问题》中（1904），她既反对列宁的"极端集中主义"，也反对德国社会民主党人的"官僚主义式的刻板"以及德国工会关于"群众罢工、党派和工会的辩论"（1906）；认为只有参与到历史的运动

---

① 在德语中意味着这是一个简单的女孩。——译者注

中去，在"公众生活的学校里"，才能清楚解释运动的持续性政治机制和组织的问题。正是在这个意义上，与革命的"不成功"相比，她更担心一种"变形的"革命（同上，72）。也正是在这个意义上，卢森堡理解了政治行动最根本的核心。阿伦特在其中看到了卢森堡为"政治理论所作出的最重要贡献"（同上，71），阿伦特因此希望，卢森堡的这种贡献"应当在西方世界的政治性课程中拥有一定的位置"（同上，74）。

20 世纪革命的失败

卢森堡不知疲倦地呼吁"大众－自我"应拥有获取经验的能力，却最终只是停留在多义的层面上。这种对经验能力的诉求，一方面永远不会终结、不可递减，也不可能以任何形式普遍化。在这个意义上，卢森堡有理由强调对经验的期待，错误的见解和决定可以通过现实性来加以纠正。但是另一方面，如果政治空间的一切错综复杂的结构都简化为经验，经验就不堪重负。阿伦特指出，在关于爱德华·伯恩斯坦修正马克思主义的讨论中，卢森堡与"党派意识形态的一致性"（MZ 66），是她的一个严重错误。伯恩斯坦观察到的所有能够递减危机的现象，如信贷系统的发展，生产部门的不断分化，或者改善工人社会处境的举措，都被卢森堡认为是些资本主义秩序框架内的问题，并没有自己独立的意义；与此相同，她也认为资产阶级民主的政治权利和机构都有一种暂时和流于形式的特性。卢森堡这些观点的结果是，在她的思想中丝毫没有反映出共和主义宪法与直接民主的关系。此外阿伦特也提及了，卢森堡教条化的国际主义和程式化的社会主义运动成为工人阶级的故乡，这些思想在反对民族主义的斗争中因为脱离现实而变成空洞的口号。同样的缺陷也表现在卢森堡有关犹太人的问题上，卢森堡认为犹太人问题并没有自己独立的政治意义。相反，阿伦特则认为尼采就已经由于犹太人在欧洲的地位和功能，把犹太人不仅看成犹太民族的成员，而且更把他们看成模范的欧洲人。阿伦特在她的论文集《隐秘的传统》中进一步强化了这个观点的立场。在所有这些情况中，卢森堡提出的论证都是马克思主义的教条，因而她也常常在提出这些论据的同时为她自己运用这些"公式"和"刻板"感到不安（zit. Nach Hahn 1994，72）。一战期间卢森堡在监狱中写成的伟大著作《资本积累——有关帝国主义的一种经济解释》（Luxemburg，GW Bd. 5），没有任何修饰，没有任何卖弄，也没有任何炫耀，只是按预定的解释模式写成，因此阿伦特认为这是"对资本主义关系极其接近现实的一种分析"（MZ 56）。这本著作的主题是：只要国家不是按资本主义的生产方式生存，而是不断地通过帝国主义的占领方式来实现对原始资本的积累，那么资本主义的灭亡就会因此而推延。

阿伦特认为，内在于卢森堡思想中的这种自我矛盾，是她的精神变化发展的一个最明显的标志；但这一现象并没有成为阿伦特分析的对象，她在她的讲座中仅仅对马克思作了这方面的分析。使人容易感到误解的不仅是因为卢森堡关于出于经济理由的革命在客观上是必要的，似乎一种"唯一法则"的运动就可以决定社会进展的观点，而且也表现在有关卢森堡设想的直接民主的问题上，卢森堡的设想与阿伦特的直接民主设想没有任何相同点。

显然，卢森堡的马克思主义语言，在阿伦特看来并没有什么决定性意义。因为在那种语言中可以看到的，只是一种思想独特的反抗能力。这种反抗力既不会因为出于策略上的理由而重新调整自己的观点，也不会牺牲历史的客观性来祭祀上帝。因此她在她的态度中现实化了的，只是那些被阿伦特看成行动思想的政治真实性：一种判断能力，即使在极其困难的一方面是俄国的党派教条，另一方面是德国社会民主党（SPD）无声息地告别革命（比较 MZ 66）的情况下，也总是试图找到回归现实的道路，并也试图开辟提出异议的途径。通过这个在描述卢森堡中概括出的问题，阿伦特清楚地看到，卢森堡的失败根本就表达了革命的失败："是否可以这么说，她的一切努力［……］之所以失败，是与我们这个世纪革命的悲剧性失败连在一起的？"（同上，50）1950 年 5 月 20 日，在阿伦特针对美国革命遗产的衰弱为《极其匆忙和极其愤怒》一书而写的（引自 ZZ 212）有关纪念美国革命 200 周年的讲话中，阿伦特在断言现代政治所陷入的那种绝望境况时，又一次提到了卢森堡。

英格博格·诺德曼

402

参考文献

Blättler, Sidonia/Marti, Irene M.: »Rosa Luxemburg und Hannah Arendt: Gegen die Zerstörung politischer Freiheitsräume«. In: *Krieg/War: Eine philosophische Auseinandersetzung aus feministischer Sicht*. Hg. vom Wiener Philosophinnenclub. München 1997.

Ettinger, Elzbieta: *Rosa Luxemburg. Ein Leben*. Aus dem Amerikanischen von Barbara Bartfeldt. Berlin 1990.

Hahn, Barbara: »Rosa Luxemburg. Leidenschaften und Verfehlungen«. In: Dies. (Hg.): *Frauen in den Kulturwissenschaften von Lou Andreas-Salomé bis Hannah Arendt*. München 1994, 63–80.

Luxemburg, Rosa: *Gesammelte Werke*. Hg. vom Institut für Marxismus-Leninismus. 5 Bde. Berlin 1974 ff.

–: *Politische Schriften*. Hg. von Ossip K. Flechtheim. 3 Bde. Frankfurt a. M. 1975.

–: *Gesammelte Briefe*. Hg. vom Institut für Marxismus-Leninismus, 5 Bde. Berlin 1982 ff. (Bd. 6. Hg. von Annelies Laschitzka. Berlin 1993).

Nordmann, Ingeborg: »Erfahrungsfähigkeit und Differenz«. In: *Die Neue Gesellschaft. Frankfurter Hefte* 40. Jg., H. 5 (Mai 1993), 459–464.

十八　莱纳·玛利亚·里尔克

1927 年 10 月 27 日，住在柯尼斯堡的阿伦特在给她的朋友欧文·勒文松的信中写道，一个对她来说"无所谓的人""几乎'很偶然'"地送了她一本里尔克的《杜伊诺哀歌》，"从那一刻起，这些哀歌就完完全全成了我的书"（1927 年 10 月 7 日阿伦特写给勒文松，DLA，A：Loewenson，76.955.3）。没有令人心烦的低声呻吟，诗人以语言表现了悲痛和爱情的充满人性的神圣经验，飘入了她的耳朵："哦，你们会怎样，如果我宁愿黑夜来临，//虽然痛苦。但我不会向你们跪下，伤心欲绝的姐妹们，我接受我的命运，不化解在你们之中//把你们掉下的头发给我。我们逝去的痛苦。"她在信中引用了《杜伊诺哀歌》中的第 10 悲歌（同上）。在接下来的那段时间里，里尔克的诗歌成为他们两人通信的内容，成为联结他们两人的使者。这一时间里，阿伦特正在研究奥古斯丁（见本书第 2 章第 2 节第 1 部分），与海德格尔探讨"从存在到死亡的过程中，所能爆发的原始能量"。1928 年 4 月在给海德格尔的一封信中，阿伦特以里尔克翻译的诗作为结尾："如果上帝真的存在，那我会在死后更爱你。"（BwH 66）在《葡萄牙十四行诗集》中写下伟大爱情誓言——我会像我无处不在的灵魂那么深沉和无限地爱你——的巴雷特·布朗宁夫人懂得：此岸世界的爱，究竟能持续多久，掌握在上帝的手里。

　　在1930年出版的关于里尔克哀歌的短文中，阿伦特与她当时的丈夫京特·施特恩（后改名为京特·安德斯）共同写下了"一行又一行的注释评论"（Arendt/Stern 1930，855）。他们的文章涉及一个没有上帝的世界将会出现的思想危机，这是一种人与人之间的危机。里尔克对生活在人不再信仰上帝的地方的那些人，提出了这一问题。他"积极的虚无主义"（同上，871）是以传统的概念和画面思考现代经验；里尔克所认为的所谓一个生活着的人，如阿伦特和施恩特所表述地那样，其实是一个"存在于一种感受之中的人"（同上，857），一个停留在期望中的人（同上），只存在于隐喻的叙述中，并保留了世界最初的可能性。里尔克诗的成就是以极端自相矛盾的画面来描述那个时代的世界异化性，为反对不断增长的冷漠这一现代社会的危机（《Tun ohne Bild》，9. El.），拯救和赞誉诗歌而创作（"向天使歌颂世界［……］向它展现，我们是多么幸运，多么纯洁"，9. El），显然吸引了当时阿伦特那一代人。许多作家都写道，里尔克的功绩是以画面、旋律、声韵勾画了受到消失威胁的此岸世界，并把此岸世界作为存在的第一根源："尽管这样的思考有着宗教上的模糊性"，阿伦特和施恩特共同写道，"但这是里尔克的世界，正如每个真正的教徒都有他自己的一种表达"（Arendt/Stern 1930，856）。在传统宗教的体系之外，存在与虚无主义（Gottlieb 2005，140）一起就是如此在诗歌中赢得了一种神话般的思维视野。

　　"诗人是为了被别人引用而存在的，至于人们关于他们写些什么，大多是多余的"，阿伦特在论及布莱希特的散文时这样写道（MZ 240）。引用里尔克的诗句充实和扩展了阿伦特人生的思想世界，这不仅表现在她的书信中，也表现在她的著作中。现代人单子化"没有呼应性"的经验，不再是一种"出于义务的呼应"（Arendt/Stern 1930，856），而是需要"一种同时代人的呼应"（VA 232），以及与里尔克躁动的画面相反的"没有画面的行动"（9. El.）。

　　《积极生活》一书中，在关于重新定义公共性空间的关键点上，阿伦特想到的就是里尔克的诗《魔术》（"由无法描述的转换构成的这些形象"，在那里叫作艺术；Rilke 1986，960）："自近代以来，把我们的内心生活引向一种阴暗存在的能量，必须被加以去私有化和去个性化的转换，以致这些能量能够找到一种表现公众现象的合适形式。"（VA 49；比较 Hahn 2005b，109f.）正是在与传统决裂的时代，里尔克"诗一般的信仰认知"（布罗赫关于里尔克在 MZ 134）和艺术力量极有必要在思想中转换为一种"强有力的存在"（1. El）。"诗使封闭走向思想。"（HC 170）里尔克的诗为受单子化威胁的人的内心世界，创建了一个以艺术进行转换的空间，并把这个空间还给了人的世界。"没有任何地方，亲爱的，会在这个世界上，超过人的内心。"（7. El）

里尔克的诗篇向阿伦特传达了一种双向的知识：一方面是他的诗篇构思了这个世界存在的全部紧迫性（"因为似乎我们所有人都需要这个世界"），以及有必要在（"废除"）这个世界中寻找人经由相互协商而构成一种自由的共鸣。"在废除这个世界中诞生的自由人，为自己的能力感到高兴。"阿伦特在给卡尔·雅斯贝尔斯的一封信中，引用了里尔克的诗句（BwJ 372，比较 Hahn/Knott 2007，67）。但在另一方面，里尔克又揭示了人的内心世界存在着一些人逃避这个世界存在的空间，这些空间没有意图，只有悲痛和爱情以及被动生活的经历（"vita passiva"，Tömmel 2008，90），这其中有的只是苍凉之感和陌生的创造之手。"你来吧，最后的你，我认识的你，/在身体中留下的，是不会逝去的悲痛。"（VA 327，Anm. 43）

自阿伦特在英语国家（美国）生活以后，里尔克的现代人画像"以别人完全无法想象的特性"（Arendt/Stern 1930，855），成为阿伦特与美国诗人的谈话主题，阿伦特协助他们翻译里尔克的诗集，其中有罗伯特·洛厄尔和伊丽莎白·休厄尔（Elizabeth Sewell，比较 Hahn/Knott 2007，101ff.）。

每个思想家，如果他已够成熟，就会重新思考自己曾经的思想。在阿伦特身后出版的《论精神生活》第二部分的《意志》两次引用了莱纳·玛利亚·里尔克的诗篇：在关于奥古斯丁和关于海德格尔的章节中（LG 2，90；LG 2，176f.）。在对里尔克的赞美——在现代世界异化危难中，人又有了自己根源——中，阿伦特又加上了另外两种声音，并设想莱纳·玛利亚·里尔克在精神中就是这样构思了一个当代世界："在第一部分中我想表达的是对古代希腊的想象。所有的现象，只要它出现，不仅是以有能力感受它的生物为前提，而且也要求承认和荣誉。这种构思是诗歌与视觉艺术一种哲学自我辩解的形式；在斯多葛派和基督教思想兴起前的世界异化，虽然能把这样的构想从我们的哲学传统中驱除出去，但却从没在诗人的想象中完全消失。"（LG 2，90）阿伦特在引用 W. H. 奥登和奥西普·曼德尔斯坦（Ossip Mandelstam）诗篇的同时，也引用了里尔克的诗："大地，亲爱的，我愿意爱你。哦，请相信，这是必需的//不是你的春天使你更能赢得我。"（9. El.）对里尔克的这几行诗句，阿伦特在 1927 年 11 月 17 日写给欧文·勒文松的一封信中作了扼要的评论："你看，我感觉自己真的很好。"（阿伦特 1927 年 11 月 17 日写给欧文·勒文松的信，DLA，A：Loewenson，76. 955. 6）

玛丽·路易·克诺特

参考文献

Arendt, Hannah: »Briefe an Erwin Loewenson«. Nachlass Loewenson. DLA Marbach, 76.955.3 und 76.955.6.

–/Stern, Günther: »Rilkes ›Duineser Elegien‹«. In: *Neue Schweizer Rundschau* 23,11 (1930), 855–871.

Gottlieb, Susannah Young-ah: »›Seit jener Zeit‹. Hannah Arendt und ihre Literaturkritik«. In: Heinz L. Arnold (Hg.): *Hannah Arendt*. Text+Kritik 166/167. Göttingen 2005, 138–149.

Hahn, Barbara: *Hannah Arendt – Leidenschaften, Menschen und Bücher*. Berlin 2005a.

–: »Wie aber schreibt Hannah Arendt«. In: Heinz L. Arnold (Hg.): *Hannah Arendt*. Text+Kritik 166/167. Göttingen 2005b, 102–113.

–/Knott, Marie Luise: *Hannah Arendt – Von den Dichtern erwarten wir Wahrheit*. Berlin 2007.

Heuer, Wolfgang/von der Lühe, Irmela (Hg.): *Dichterisch Denken. Hannah Arendt und die Künste*. Göttingen 2006.

Nordmann, Ingeborg: »Gedankenexperiment und Zitat montage«. In: Heuer/von der Lühe 2006, 162–186.

Rilke, Rainer Maria: *Die Gedichte*. Frankfurt a. M. 1986.

Tömmel, Tatjana Noemi: »…wer anders als die Liebenden?« Der Liebesbegriff bei Martin Heidegger und Hannah Arendt. Magisterarbeit. Freie Universität Berlin 2008.

十九 弗兰茨·卡夫卡

卡夫卡一目了然地出现在阿伦特所有的反思性文章中。《在过去与未来之间》一书的前言在谈及卡夫卡的时间寓言时，把卡夫卡描述为她自己思想的线索，并且与勒内·夏尔一起称卡夫卡为"我们的没有遗嘱的遗产"（VZ 9，10）。阿伦特把一种"思想结果的精神结构"描写为那个时代的空隙（VZ 13），在传统线索出现断裂以后，这个空隙就不再是一种单纯的思想经验，而是一种所有人都能理解的世俗社会可把握的真实性，一种"政治意义的事实"（VZ 17）。

阿伦特把卡夫卡的寓言"确实"解读为一种围绕和反映社会现象的"比喻"，这种比喻就如 X 光的射线，穿透和展示了精神发展隐秘的内在结构（VZ 11）。尽管人自出生就被置放进了时间的持续性中，但作为他的思想所在地，并不只有纯粹的当代，他想得更多的是维护一个反对过去和未来的时代空隙（VZ 14）。只是因为人被置放进了时间，只是因为他站立在地球的这个点上，只是在这个程度上，时间随机的长河才没有被中断，才诞生了新的时代（VZ 14）。人因此是一种现在的开始，不是一种新的时间的循环，这就意味着与奥古斯丁相反，是"一种开始的开始"（VZ 14）。"卡夫卡正确指出：一个人，只有作为一个特定的'他'（Er），而不是作为某个人的时候，只有当他在思维和永恒之中的时候，才能够生活在一种完整现实中，而这种现实是在过去和未来时间空隙之间的他的具体存在。"（VZ 16）

阿伦特借用黑格尔说：鉴于 20 世纪的精神没有能力使自己与真实性达成一种理解性的和解，那么这种永恒的现在，"静止的当今"（LG 1，202，206），在精神上就会如同一个过去与现代力量相互对战的"战场"（VZ 13）。卡夫卡中断了时间的直线运动，使得那个"他"在时间运动中几乎没有足够的站立位置（VZ 14），他必须与过去和未来作斗争，以捍卫他在现在中的空间。他"梦想"能跳出过去和未来斗争的线路，进入一个"彼岸的领域来超越那些斗争；这是一个古老的梦，不是吗？这个梦把一个没有时间、没有空间、超自然的领域，作为思想原本的领域，而这正是从巴门尼德到黑格尔的西方形而上学所梦想的"（VZ 15）。

这里，阿伦特在一种空间维度的问题上"纠正"了卡夫卡。指出正是未来和过去的力量使人进入断裂的时间持续性之中，因而形成了在对话中出现的第三种力量，作为思想隐喻（VZ 15）在力量的断裂平行性中（VZ 15），在人的世俗的"'时间和空间'里找到自己的道路"（VZ 17）。"他"继续停留在当前，但不是停留在斗争中，而是作为"裁判员"（VZ 16）在作评判。因为思想在一个扩展了的现在，在"时间最初的中心的一个小小的没有时间的空间里，就远离了过去和未来冲打过来的波浪"（LG 1，203；VZ 14），就会获得自由的评判能力。

"他"在"时间中找到了自己的位置"，只有从这个角度出发，他才能看到和忽略"一些只有以他自己的由于他自己的加入而形成的现象"，也正是从这个角度出发，他才能对过去和未来"这两种力量做出自己无党派性的判断"（VZ 16）。这种扩展了的思维因此而能够运用传统的评判标准，来评判最原始现象的真实性。人的精神的这种令人惊讶的能力——在特别之中对特别作出评判（见本书第 2 章第 8 节第 2 部分），而不需归入对与错、好与坏等一些现存的标准中。1944 年阿伦特在她"重估"卡夫卡的《诉讼》和《城堡》（EIU 69 - 80，dt. VT 88 - 107）时，也曾使用了这一评判标准。17 年后，阿伦特又重新思考这个标准，并在她最后撰写的著作《论精神生活》（见本市第 2 章第 8 节第 1 部分），在她生后才得以出版的第一卷结尾，为她自己的思想，也为了拆卸形而上学的所有范畴（LG 1，198ff.，207），又一次追溯了卡夫卡的隐喻。

至今仍无法确定阿伦特最初阅读卡夫卡的时间，大概最晚是在 1933 年和 1940 年间，即她停留巴黎期间（Knott 2005，151）。与现代文学的任何一个作家相比，阿伦特的思维方式与卡夫卡有着更多的一致性，因此也可以猜测卡夫卡的画像绝不是偶然地挂在阿伦特公寓进门对面的过道里。可以说，她傍晚回家就是回到卡夫卡，如同苏格拉底比喻说，他回家，就是回到"某个不断向他提问的年轻人那里"（LG 1，187，189f.）——当他离开与其他人的聚会后，他必须以某种方式询问自己的良心。阿伦特关于思维和现代特性之间关系著作中的一个重要论题，是苏格拉底与他"审问者"的统一，阻止了他去做一些特定的他不应该做的事。当他被控告败坏雅典的年轻人，以提问的方式使他们陷进无法解脱的困惑中的时候，苏格拉底拒绝承诺不再提问。当法院因为他的拒绝而判处他死刑的时候，他又拒绝了别人为他提供的逃亡帮助。阿伦特阅读《尤西弗罗》《道歉》和《克里托》，不是为了辨明对苏格拉底的控诉是否正确，所判的刑罚是否公正。对阿伦特来说，这些著作中的对话，既不是虔诚的、公正的，也不是苏格拉底有欠于众神或亚当的法律。按阿伦特的看法，这些对话只是揭示了，谁是苏格拉底：这是某个人，他想表明，思想的活动——而不是思想的结果——对他来说，比他的生命更重要；一个男人，他坚信自己的使命：引导雅典的年轻人不顾后果地去探索自己生命的价值。当然对于阿伦特每天傍晚聆听卡夫卡的"审问"，只是一种猜测，但是如果人们在后脑勺仍牢记着，审讯苏格拉底的诉讼对阿伦特意味着什么，那么就很容易从她对卡夫卡小说《诉讼》的回答中，感受与卡夫卡的亲近。

值得注意的是，阿伦特撰写这些是在 1944 年第二次世界大战期间，并且是卡夫卡已经去世 20 年之后。阿伦特在她的文章中写道，卡夫卡针对世界的神化和它的狂妄，把人的自由这样一种简单的事实，表述为一种神圣的必要性（VT 100）。阿伦特对卡夫卡世界的描述，许多部分甚至在词语的选择上，都与她后来对极权社会的分析相似。她预测机械性的顺利运作，以及人作为必要的机械操作者必将被妄想所打败，他们必须在对进步和自然法则无条件的信服中，屈服于一种过程。卡夫卡的思想虽然并不是阿伦特分析极权主义的理论根源，但人们能够从中"感觉到，在与卡夫卡的历史和画面，以及与他的写作风格的相逢中，阿伦特获得了思考如何克服极权主义危险的力量"（Knott 2005，157）。

在《诉讼》中，那个被控告犯了罪行的约瑟夫·K 发现，在他被捕这一事件的幕后隐藏着一个极大的组织，这个组织的"主旨是，逮捕无辜的人，并把这些人引进一场审判他们无意义［……］的诉讼程序中去"（同上）。一个律师劝告他，不要批评"现时的状况"，而是应当让自己去"适应"这些状况（同上）。在陀思妥耶夫斯基的荒诞小说《宗教大法官》中，那个大法官向耶稣基督讲解了宗教审判和它剥夺一切人的自由的特性。比陀思妥耶夫斯基的《宗教大法官》更荒诞的是，监狱牧师说明了"隐藏在体系后面强大的能量"（VT 97），认为这种体系比世界的实用秩序更必要些。而在卡夫卡作为散文发表的寓言《在法律面前》中，牧师向因犯 K 解释说，即使诉讼堆砌了谎言，那它——那个牧师如是说——也是一个必要的谎言，而 K 则认为，这是一个令人沮丧的观点，因为它会使"谎言成为世界秩序"（VT 97f.）。

卡夫卡对这种充满谎言的必要和必要的谎言的描述，成为阿伦特解读卡夫卡著作的钥匙，阿伦特把这种谎言和它的必要性称为"一个官僚的蓝图"（见本书第 4 章第 7 节），认为它会像一架自动的机器那样不受阻挠地顺畅运行。那个牧师论证了，如果"机器"拽住了 K，使他成为牺牲品，并最后杀死他，那么既不是他也不是任何其他人应当为此承担责任。作为官僚主义专横最高机构的法院，既不惩罚有罪的，也不保护无罪的人；反过来它也既不惩罚无罪的，也不保护有罪的人，它只是一架按惯性运转着的中性的机器。

从卡夫卡的约瑟夫·K 的故事中，阿伦特引申出一个对第二层面问题的回答，即 K 的那些"内心的发展"。在监狱里，当他在自己的人生中探索自己的良心时，他才知道他确实并不是"无罪的"（见本书第 4 章第 34 节）。因为没有人能够不依靠别人而独立存在，每个人的存在都会在某种程度上欠着别人，K 通过他的扪心自问认识到，他的存在同样也欠着别人些什么。这样，K 就以他的一种负罪感取代了他的无罪。阿伦特写道："出于必要性的目的，他被杀害了"，并且正是"为了服从必要性［……］他自己也屈服了"（VT 99）。阿伦特认为，K 深度的"心理困惑"在于他把普遍的人类罪责与他周围世界有组织的和怀有恶意的罪过混同在一起了。阿伦特注意到，当 K 自觉地投入诉讼程序，不仅使自己成为这一体系的一个牺牲品，而且也成为这个体系中的一个"恭顺成员"的时候（VT 99），他甚至感到了高兴，因为与别人相比，只有他一个人能够做到放弃他的自由和行动的权利。在最后，（"最后"也是《诉讼》最后一章的标题），当 K 没有任何抵抗也毫无怨言地屈服于对他的野兽般屠杀的时候，他外在现实性的层面和他内心发展的层面重叠在了一起。但在 K 的自我欺骗中仍还有着一丝积极的光线，那就是"羞愧"，他曾在采石场当他把自己交给死亡的时候，经历了希望的最后的火花。"这就是，羞愧应当比他活得更长久。"（Kafka 1980，193）

尽管对 K 的审判与对苏格拉底的审判有着结构上的共同点——诉讼（不管是对或错）、审判（不管是公正还是不公正）和死刑，但是他们个人各自在法庭和刑场的表现，却没有丝毫的相同性。苏格拉底的道德决定——喝下那杯毒药，是与深植在他自身的道德观念相一致的，即与对他来说必不可少的思想的行动相一致。与此相反，K

被动地接受他的死刑，能被人理解为是一种自我对话的错误。K 不是一个思想家，而是一个银行襄理，他既不能从他的困境中找到一条出路，也不能至少认识到这种困境的实际性质。以致在思想中，阿伦特不是与 K 本人，而是与他的创造者联结在一起。阿伦特选择了在卡夫卡逝世 20 周年的纪念日，高度评价卡夫卡著作的新版。对阿伦特来说，"卡夫卡的预言，在当时无异于冷静地分析了深层结构的不自由"（EIU 74），也就是在第一次世界大战前的奥匈帝国———一个多民族的国家，卡夫卡作为一个工人意外伤害保险机构的职员，对这个国家的官僚主义，肯定有着亲身的体会。以"历史的地下潮流为基准"这句话，与管理替代政府、任意颁布法律一起，后来被阿伦特看作为极权主义的根源———一种统治形式，卡夫卡虽然还从没经历过，但却预测到了。

在《诉讼》出版大约七年后，卡夫卡又撰写了小说《城堡》。在《城堡》中，阿伦特清晰地看到了，卡夫卡的艺术是对"一些未来世界的表达"（EIU 159）。似乎卡夫卡或许可能已经生活在一个还没有出现的世界里（同上），这不仅使他在他那个时代成为一个孤独的人物，而且也突出了我们与他的距离。因为他主张一个不受自动运作官僚机器统治的世界，而这样一种官僚主义世界的形成，绝不是不可避免的，阿伦特认为即使我们知道它会成为我们的未来，也是可以避免的———如果我们根本有什么前途可言的话（同上）。

在《城堡》中，卡夫卡叙述了另一个 K 的故事，一个有着典型"良好意愿"的土地测量员的故事（VT 71）。阿伦特并不是偶然阅读"卡夫卡的《城堡》小说，她想以此研究犹太人同化的问题"（Knott 2005，151）。在散文《弗兰茨·卡夫卡：一个有着良好意愿的人》（VT 68ff.）中，阿伦特描写 K 是一个犹太人，是这个国家的一个外来者，他来到这个国家是为了打工，但为了与他的那些邻居看上去没有什么区别和异样，被迫放弃了所有"典型的犹太人的特性"（VT 71）。阿伦特从这篇小说中看到了犹太人同化的过程，它与《诉讼》中约瑟夫·K 放弃自己的自由有着一些共同点。要走上这条良好意愿的道路，就意味着要真正严肃对待同化的承诺。如果我们想以与那个时代相应的政治状况来阐释卡夫卡的格言，"在人之中生活，不力竭而亡"，那么只能说，一个人，只有在一个民族的内部拥有自己的政治权利，才能在其他人中与其他人共同生活（Knott 2005，151f.；见本书第 4 章第 22 节）。

但阿伦特也注意到，卡夫卡把 K 在《城堡》中的放弃，不是作为犹太人的问题，而是一种人类普遍的问题，要想"与别人没有区别"，就意味着，"只能对那些最普遍的，所有人都感兴趣的事，感兴趣"（VT 73）。这类有着良好愿望的人，想"进入到自己所生活的那个社会中去，在那个社会中成为一个与其他公民相同的公民，创建自己的生活，结婚成家，有份工作，简而言之，成为人类社会中一个有用的成员"（VT 101）；只有那些最普通、最基本的权利，对他才有意义，因为这些权利"原本是人作为人自出生以后就得以保障的权利"（同上，见本书第 5 章第 9 节）。但是在 K 生活的那个村庄，虽然 K 曾想与这个村庄的居民共同过一种平平常常普普通通的生活，但这些居民却总觉得 K "不正常"，不是他们的同类人，因为只有他一个人拒绝了由城堡规定的那些条件，城堡的官僚主义与《诉讼》中的官僚主义很相似，只是卡夫卡在这里把城堡的官僚主义描写得更深刻些。正是 K 的良好意愿阻止了他把村庄变为他的家乡，阻止了他成为城堡中的一员；因为与村庄的其他居民不同，他不愿接受这样一种理论：一切人性的和正常的生活、爱情、工作和社团，都是城堡赠予他们的恩典（EIU 73）。他并不因为他拒绝人生活的权利而孤独；他的孤独，恰恰是因为他要求人的生活的权利。

阿伦特认为，《城堡》的主要意义在于，最普通和最基本的人的权利"是值得为之奋斗的，因为城堡定下的规则并不是上帝的法则，是可以对此提出异议的"（同上）。在小说的结尾，卡夫卡以口语的形式叙述了，K 成功地争取了村庄的一些居民，睁开了自己的眼睛；K 也因此成了村民的榜样（EIU 73）。尽管他竭尽全力为了他的维权斗争而死去，但这是一种没有羞愧的死（比较 Kafka 1980，193）。尽管那些把自己的希望和恐惧、把自己的命运都放在城堡手里的村民曾经回避过 K，但 K 却会在一些村民的回忆中，以他自己足以成为别人榜样的特性继续留存下去。阿伦特在对卡夫卡作品的重新评价中，也加进了对卡夫卡自身的评价：如果"在天才中人类自己对'艺术定下了规则'"（VT 114），那么卡夫卡肯定是一个天才。但他令人感动的愿望是，"不想做一个天才或成为某个伟大客体的代表［……］而只是一个世界中的一个成员，在那个世界中，人的行动不依赖任何其他条件，能够从自身出发，只是按人自己原本的意志去行动"。阿伦特补充说，一个按"人规定的法则进行管理的世界，而不是由权力规定的世界"，"不管人们把权力解释得比人性更高或更低些"（VT 115）。从阿伦特的角度来看，《城堡》中的 K 已经在无意中不知不觉地就这样行动了，在他的眼中似乎那个由官僚主义管理的世界已经不复存在。尽管卡夫卡向往摧毁他那个时代的世界秩序，但他本人并不是一个摧毁者，他只是一个摧毁那个社会的"设计师"，一个"世界的建设者"，一个"世界的制造者"（EIU 80）。阿伦特认为她之所以这么评价卡夫卡的理由是，K 只是一个匿名人物——卡夫卡把一种纯粹最初的、心理学上还无法完全定义的有着良好意愿的人的模型，作为某个人来追问他的动机——　这就使得我们感觉到这件事与我们有关，意识到"人的生活和世界与人类是如此复杂，有着如此可怕的利害关系，我们一定要从中找出这些事实的真相"（EIU 77）。似乎卡夫卡是想告诉我们："正因为这个 K 有着良好意愿，也可能是某个人和每个人，甚至也许是你和我。"（VT 116）可以确定的是，不管自 1924 年以来发生了什么，阿伦特对这个世界的执着的爱，也受到卡夫卡的影响：聆听卡夫卡的声音，在思想的默默对话中与他进行沟通。

耶罗梅·科恩

由亚历山德拉·洪特从英语翻译成德语

参考文献

Kafka, Franz: »Er«, aus »Aufzeichnungen aus dem Jahre 1920«. In: Ders.: *Beschreibung eines Kampfes: Novellen, Skizzen, Aphorismen* (aus dem Nachlaß). Gesammelte Werke in Einzelbänden. Bd. 5. Hg. von Max Brod. Frankfurt a. M. o.J. [31954], 300.

–: *Der Prozeß*. Frankfurt a. M. 1980.

–: »Vor dem Gesetz« [1915]. In: *Die Erzählungen*. Hg. von Roger Herms (Originalfassung). Frankfurt a. M. 1997.

Knott, Marie Luise: »Hannah Arendt liest Franz Kafka 1944«. In: Heinz L. Arnold (Hg.): *Hannah Arendt*. Text+Kritik 166/167. München 2005, 150–161.

Liska, Vivian: »Die Tradierbarkeit der Lücke in der Zeit. Arendt, Agamben und Kafka«. In: Eva Geulen/Kai Kauffmann/Georg Mein (Hg.): *Hannah Arendt und Giorgio Agamben. Parallelen, Perspektiven, Kontroversen*. Paderborn/München 2008, 191–206.

第 2 节　与当代思想家的关系：交织与分歧

一　卡尔·雅斯贝尔斯

卡尔·雅斯贝尔斯（1883～1969）是除马丁·海德格尔外，对阿伦特最有影响的老师。雅斯贝尔斯先是在哥廷根大学，后又在海德堡大学学习医学，1908 年在海德堡大学获得医学博士，1913 年又在海德堡大学哲学系通过大学教授资格考试。1922年被聘为海德堡大学哲学教授。1933～1945 年的岁月，雅斯贝尔斯是在"内心的流浪"中度过的，在当时特定的历史条件下，他被逐步排除在学术生涯之外，最后甚至被剥夺了授课和发表文章的权利。由于他的妻子是个犹太人，要不是美军 1945 年及时解放了海德堡，否则几天后雅斯贝尔斯就将与他的妻子一起被押往集中营。在参与了海德堡大学的战后重建后，出于对联邦德国的政治发展感到失望的原因，他在1948 年应聘为瑞士巴塞尔大学教授，此后便一直在那里授课直到退休。他一生写作众多，最著名的著作有：《普通心理病理学》（1913），《世界观心理学》（1919），《现代精神状况》（1931），《哲学》（三卷本）（1932），《负罪感的问题》（1946），《关于真理》（1947），《历史的起源和目的》（1949），《伟大的哲学家》（1957），《原子弹与人类的未来》（1957），以及《联邦德国往何处去?》（1966）。

友谊作为精神联系的基础

按阿伦特自己所说，1920 年她 14 岁时，就阅读了雅斯贝尔斯的《世界观心理学》（IWV 53）。她的大学生涯在师从海德格尔和胡塞尔以后，于 1925 年和 1926 年交替的秋季学期转到海德堡大学雅斯贝尔斯教授的门下，1928 年以她博士论文《奥古斯丁爱的理念》（见本书第 2 章第 1 节）结束了在那里的大学学习。也就是说，她在雅斯贝尔斯那里度过了大部分的大学学习生涯。毕业以后，阿伦特和她的老师仍保持着私人间的联系，直到 1933 年因为阿伦特逃离德国而中断。战后，他们又恢复了联系，并再也没有中断过，直到雅斯贝尔斯 1969 年逝世。阿伦特与卡尔·雅斯贝尔斯这种精神上的联系，是与他们间最初由老师和学生关系发展而成的至深友谊分不开的。他们俩的信件交换（见本书第2章第10节第5部分），不仅反映出他们间一种频繁的科学上的交流，而且在总体上也有着相互启发和汲取。阿伦特与雅斯贝尔斯的密切关系，以及他们的谈话所表现出的公开性，虽然不是很直接，但却对阿伦特的创作产生了一种持久的影响。几乎没有一本阿伦特的著作，没有在总体上与雅斯贝尔斯商讨过。阿伦特总是一再采纳雅斯贝尔斯的启示，并且雅斯贝尔斯的严谨学术态度也给她留下了终生的深刻印象："如果说有谁能够使我的头脑冷静下来，那么只有他能够做到。"（IWV 69）

阿伦特绝大多数褒义的有关雅斯贝尔斯的言论，表明了他在她的思想和人生中的位置。这也表现在她与别人的书信交流中——特别是与海因里希·布吕歇尔（见本书第2章第10节第1部分）和玛丽·麦卡锡（见第2章第10节第8段），以及在1964年京特·高斯对她的电视采访（IWV 69f.）中，在雅斯贝尔斯荣获德国图书贸易和平奖颁奖会上的感谢词（MZ 89ff.）中和在巴塞尔大学雅斯贝尔斯纪念会上的讲话（BwJa 719f.）中。唯一的只有在给布吕歇尔（BwBl 146ff.，160f.，242f.），海德格尔（BwH 146）和布卢门菲尔德（BwBlu 151）的信中，偶尔可以找到对雅斯贝尔斯的批评，但从不是原则上的问题。每当别人对雅斯贝尔斯提出批评或有所误解时，阿伦特总是站出来为她的老师和朋友辩护，或要求别人的宽容："人们只有认识雅斯贝尔斯，才能理解他。在他的著作中，总是只表现出那个只是一半的他。没有人能够这么倾听和回答这持续许多天的总是相同的谈话，直到这整个可能的徘徊出现在一种奇妙的光芒中，出现在一种真实的光明中。"（BwBlu 68f.）这种可以与雅斯贝尔斯进行私人谈话的特权，两个人相互之间直接的交流，也可以被看成雅斯贝尔斯所以没有直接出现在阿伦特理论著作中的证据。同时值得注意的是，这也表明了雅斯贝尔斯对阿伦特的影响只是在她谈论或写到雅斯贝尔斯，她才使用雅斯贝尔斯的词汇。除此之外，雅斯贝尔斯的那些如"光明""信息交流"和"信任"等概念，几乎不会出现在阿伦特的表达中。但是阿伦特的名句"我期望理解"（IWV 46），却又直接来自雅斯贝尔斯对哲学的理解，不仅雅斯贝尔斯而且阿伦特都认为，思想的过程有着一种比要求与绝对性相连的思想内容更重要的地位（比较 MZ 104）。雅斯贝尔斯的哲学态度对阿伦特的这种影响，可以一直追踪到阿伦特《思想》这一著作（见本书第2章第8

节），这本书的主题就是关于思想是一种行动。

雅斯贝尔斯对汉娜·阿伦特思想的影响，也反映在阿伦特对雅斯贝尔斯著作和思想的介绍中。比方说，我们可以在赫尔曼·布罗赫小说《无罪》的开头（BwBr 19f.，238f.），找到通过阿伦特而出现的雅斯贝尔斯《负罪感的问题》中的文字。当然不仅如此，阿伦特与雅斯贝尔斯之间那种无条件友谊的体验，也影响着阿伦特自己的思想反思（见本书第 4 章第 12 节）

阿伦特对雅斯贝尔斯思想的汲取以及这对她著作的意义

阿伦特在她的著作中，几乎没有明确地提到过雅斯贝尔斯和他的哲学。只有在很少的一些文字中，才给予我们一些有关信息，提到了雅斯贝尔斯思想影响阿伦特工作的可能意义。这就使得关于他俩关系的研究一直比较滞后，有关阿伦特思想的研究文章只在很少几处指出了她受到雅斯贝尔斯思想的影响。由于缺少对他俩具体的思想关系的研究，对阿伦特的研究就只能停留在主要揭示他俩私人关系的层面上，特别是主要停留在他俩通信中阿伦特对雅斯贝尔斯所说的那些内容上。阿伦特在她的著作中，只有很少几处指出了雅斯贝尔斯是她思想发展的源泉，如在《极权主义的要素和起源》一书中。当然，雅斯贝尔斯自己也为此撰写了德文版的前言。书中提到雅斯贝尔斯是经典著作《现代精神状况》的作者，并引用了雅斯贝尔斯关于"极权主义"思想的语境（EU 578，比较 Jaspers 1979，v. a. 68ff.）。但即使依靠这些较少的原始资料，也能重构出阿伦特接受雅斯贝尔斯思想理论的大致情况。接下来的一些例子，可能会因此而对我们有些启发。

早在 1948 年，可能还留有着海德堡大学时期雅斯贝尔斯对她的影响，阿伦特就把雅斯贝尔斯作为一个与海德格尔不同的、存在主义哲学中真正具有吸引力的代表人物（Arendt 1990，39ff.）。所谓吸引力也涉及对她自己思想的影响。阿伦特在对雅斯贝尔斯哲学的描述中提到了在内容上可能对她有影响的基本要素，以后在《积极生活》一书中这些要素便以多元论的思想被表述出来，并且不仅在本体论，而且也在政治领域和整个世界已经引起回响（见本书第 4 章第 28、30 和 45 节）："存在自身在本质上是从不孤立的；它只存在于信息交流和关于其他事物存在的知识之中。人与人之间的关系并不是（如海德格尔所认为的那样）一种虽然在结构上是必要的，但又被迫妨碍个人自我的存在要素；而是恰恰相反，在一个既存的共同世界中，只有依靠人的齐心合力，存在才可能得以发展。"（Arendt 1990，47）阿伦特在大学期间就已接受的雅斯贝尔斯的存在主义哲学重点，主要放在历来就由众多人构成的多元性中的单一个人，阿伦特以后的哲学兴趣就是在这个基础上展开探讨人存在于多元性中这一事实的意义（u. a. VA 213f.）。对他们两人来说，那个历来就已经"存在的共同世界"，是多元性的基础。雅斯贝尔斯的哲学——与海德格尔的《存在与时间》相反——以询问世界的概念作为出发点，建立存在主义哲学的思考。"存在的实现"对他来说，就是"世界"（Jaspers 1956，2）。这里对雅斯贝尔斯哲学至关重要的一点是信息交流这个概念（同上、50）。它源自这个世界共同交往的必要性，又为这个世界提供了必要交往的共同性。研究可交往性的认知、科学和历史，以及探讨在他说的"情况"（概要：Jaspers 1979，23ff.）下仍坚持的信息交流，贯穿了雅斯贝尔斯的全部著作。雅斯贝尔斯把"存在的信息交流"这一概念，作为他信息交流最高层次的概念，总是只能一个直接面对另一个（Jaspers 1956，58）——他与阿伦特的关系在这里可以成为一种典范——而阿伦特却把信息交流的要素转换为人"在同类之间的相互关系"（VA 220）。在《人类生存条件》（《积极生活》的英语版）出版的两年前，阿伦特《卡尔·雅斯贝尔斯：一个世界公民》（MZ 99ff.）的短文中，显然就已依据雅斯贝尔斯的理论，表述了她自己的多元性构思，"不是那个人［……］居住在地球上，而是所有相互交谈和相互理解的人，都居住在这个地球上"——"并且最后谁也无法抑制的就是那些可以共同交流的事物"（MZ 109）。在《积极生活》的第五章（见本书第1章第5节第5部分）中，阿伦特对"话语和行动"共同性的强调，反射出她对雅斯贝尔斯的信息交流概念的研究和探讨。同样，阿伦特的理论发展以及著作《论精神生活》都源于她对雅斯贝尔斯持续不断的研究。直到在《意志》一书中，她才对雅斯贝尔斯的"存在主义的信息交流"的要素作了批判，认为仅仅直接面对某个人是不完全的（LG 2，191）。阿伦特要求信息交流具有公共性（见本书第4章第25节）。这里应当指出，不管是阿伦特还是雅斯贝尔斯都对公共性这个概念有着一种自相矛盾的关系。比如在雅斯贝尔斯荣获德国图书贸易和平奖（MZ 89ff.）的颁奖会上的谢词中，阿伦特就清楚表述了自己对公共性这个概念的矛盾心理（比较 BwBI 469f.）。尽管如此，阿伦特还是在雅斯贝尔斯哲学的公共性概念中找到了一种与哲学和政治有关的联系（MZ 92ff.），阿伦特通常比较批判性地面对这个概念。她著作的语境中在总体上并没有出现一种明显的雅斯贝尔斯存在主义哲学的痕迹，也没有——如她在与雅斯贝尔斯的信件交流中所出现的那样——特意刻画各自内容上的区别。

两个可以看作方法论上的观点，构成了雅斯贝尔斯的思想：极限势态（Grenzsituation）以及来自马克斯·韦伯的理想模型（Idealtypus）。极限势态的概念，描述了一种人无法躲避的、不得不应对处理的境况。比如说，死亡就表现为这样一种极限势态（Jaspers 1956，201ff.）。在《思想》（LG 1，191）一书中，阿伦特援引了雅斯贝尔斯的哲学，把极限势态的构思用来使原本被她看成非政治性的思想行动政治化（见本书第2章第8节，第4章第9节）。被阿伦特多次引用（BwJa 185）的理想模型也是如此，理想模型表现了一种启迪学的方法，是对现象的一种转换，即把现象总括为现实，由此而带来一种对现象按理想化的模型加以讨论的可能性。在雅斯贝尔斯的意义上，理想模型是一个极限概念（Grenzbegriff），表现了极限势态。尽管阿伦特对雅斯贝尔斯的理想模型——在严格的韦伯意义上把它理解为是一种科学研究的方法——表示了怀疑（BwJa 186），但在新的研究中却得以证明，理想模型的思想被阿伦特以独特的解读方法汲取到她自己的理论发展中，并有助于人们对阿伦特理论的理解（总括：Bajohr 2011，v. a. 15ff.）。雅斯贝尔斯试图从理想模型概念的角度阐明极限势态，阿伦特则相反，她引进极限概念是为了阐明在现实范围内部的现实发展趋向。

阿伦特在《卡尔·雅斯贝尔斯：一个世界公民》一书中汲取了雅斯贝尔斯在《历史的起源和目的》（Jaspers 1963）中的思想，赢得了人们对她解答叙述性历史概念可能性的关注；人们通常总是认为这个概念是由瓦尔特·本雅明创造的（见本书第3章第2节第4部分）。雅斯贝尔斯关于大约在公元前800～公元前200年"时间轴"的构想认为，各自相互独立的文明基础在世界范围内的各种不同文化圈里，创建了一种共同的世界历史（Jaspers 1963，19）。阿伦特在其中，与雅斯贝尔斯一起，看到了一种机遇，即经由对过去的理解和交流，建立一个大同世界，一种"人类哲学"，以及一种"世界哲学"。雅斯贝尔斯依靠理想模型在既定的不同性中的一种共同的历史开端，解除了历史纪年顺序的强制性，从而使历史成为叙事，而这也正是阿伦特所强调的（见本书第 4 章第 13 节）。

对阿伦特有着极大影响的是雅斯贝尔斯《关于真理》一书（Jaspers 1991）。她称赞那本书是他的所有著作中"最优秀"的作品（比较 BwJa 193），使思想获得解放（同上，196）。特别是雅斯贝尔斯在"真理和谬误"（Jaspers 1991，475ff.）一节中的那些思考，明确地被阿伦特汲取到自己的研究中（BwJa 171；比较 VZ 327ff.）。雅斯贝尔斯在哲学上并不把自己局限在决断逻辑的真理上，而且也总是以既有的"非真理的可能性"，把真理与一种它应当满足的要求联结起来；同样，阿伦特也反对一种绝对的真理概念。她对雅斯贝尔斯真理概念分析的研究，可以看作她从多种角度研究真理问题的基础（见本书第 4 章第 44 节），这不仅表现在她的政治著作中，而且尤其反映在她的《思想》一书中。从雅斯贝尔斯那里接受的真理和信息交流统一的思想（MZ 104f.），为阿伦特构思行动概念增加了另一个可能的思想源泉（见本书第 4 章第 3 节），使这个概念在《积极生活》中得以进一步发展。除了阿伦特早年在大学期间就已经解读的《世界观心理学》和《哲学》以外，雅斯贝尔斯《关于真理》一书中的思想虽然不是阿伦特通过与她老师的直接交流（如她学生时代师从雅斯贝尔斯时那样）获取的，但可以看作雅斯贝尔斯对阿伦特产生的一种最为重要的影响。

雅斯贝尔斯的信息交流概念，也影响了阿伦特对康德的研究，特别是把"开拓思想活动的方式"作为"政治〔哲学〕上出类拔萃的思路"（MZ 97）。她在雅斯贝尔斯的哲学中真实看到了这一点，因此阿伦特认为，不管"从怎样的角度来看，雅斯贝尔斯都是康德曾有过的唯一后继者"（MZ 92）。雅斯贝尔斯遵循康德思想所引申出的理性概念——"在实践"中的理性，可以看作阿伦特在《思想》一书中研究探讨康德理性概念的基础（LG 1，62ff.）。阿伦特思想中这个"实践理性"概念的基础最初形成于雅斯贝尔斯的《世界观心理学》（Jaspers 1994），特别是他关于康德的"理念学说"（同上，463）。雅斯贝尔斯的时间性概念（IWV 53）与康德早期著作中的时间概念的交叉性，使得雅斯贝尔斯的康德阐释早就影响着阿伦特。在《卡尔·雅斯贝尔斯：一个世界公民》中，阿伦特强调他的《世界观心理学》给了她以后在康德的基础上批判形而上学的极大动力，这尤其表现在《思想》一书中（MZ 103，109）。阿伦特重新阅读《判断力批判》，想把它引入自己对政治判断力的思考中，而她所做的就是在第一时间向雅斯贝尔斯说起了此事（见本书第 4 章第 39 节）。对康德判断力的重新研究，与她阅读卡尔·雅斯贝尔斯的《伟大的哲学家》正好在同一时间，她特别强调了那本书中"对康德的出色分析"（BwJa 354）。甚至在她《思想日记》的"康德篇章"中，仍可找到对雅斯贝尔斯康德分析的称赞（DT 822f.）。从这个意义上说，在阿伦特的康德研究中，也可以看到雅斯贝尔斯对阿伦特的理论发展的影响（见本书第 3 章第 1 节第 10 部分）。

尽管雅斯贝尔斯对阿伦特有着不可争辩的影响，而且他俩拥有许多共同点，但他俩之间在思想上的差异性还是很明显的。只是这些差异在公开或私人场合仅提起过那么极少的几次。他们俩的论战主要通过两人的信件交往。但阿伦特的著作还是经常表现出她与雅斯贝尔斯思想的差异性，即不同的知识兴趣和判断。阿伦特在她的专著中更关注具体的事实情况，单一事物的存在，政治关系或新的现象学，而雅斯贝尔斯则在他的著作中试图对存在总体作存在主义哲学的解释，从《世界观心理学》直到有关原子弹的文章，他都试图以哲学的整体意向将单一的事实综合化和抽象化。与此相比，大都关于政治问题的短小文章，比如关于罪过问题（见本书第 4 章第 34 节），反倒更明显地表现出他们俩对具体政治关系各自不同的评估。特别是阿伦特不断重复的对哲学作为整体的批判，以及在自己的著作中对哲学强调划定界限的批判，都表现出她与雅斯贝尔斯的一种差异性。

总结阿伦特和雅斯贝尔斯精神关系之间的根本区别，可以得出这么个结论，即阿伦特关注的是"政治"的具体要素，而雅斯贝尔斯则更看重具体要素在哲学普遍性中的位置。这是在信息交流概念之外，雅斯贝尔斯普遍性的观察角度，而阿伦特就是运用这种普遍性作为她建立（政治）理论的哲学基础。但在总体上来说，除了阿伦特自愿接受的理想模型以外，雅斯贝尔斯对阿伦特的思想影响并不是表现在她所接受并运用的某个方法上，而是表现在一种态度中，正是这种态度使得那些显然是真实的、可以认知的事实，不被绝对性所淹没。

霍尔格·塞德斯特勒姆

参考文献

Arendt, Hannah: *Was ist Existenz-Philosophie?* Frankfurt a. M 1990.

Bajohr, Hannes: *Dimensionen der Öffentlichkeit. Politik und Erkenntnis bei Hannah Arendt.* Berlin 2011.

Baehr, Peter: »The Grammar of Prudence: Arendt, Jaspers, and the Appraisal of Max Weber«. In: Steven E. Aschheim (Hg.): *Hannah Arendt in Jerusalem.* Berkeley 2001, 306–324.

Barley, Delbert: *Hannah Arendt. Einführung in ihr Werk.* München 1990.

Braun, Martin: *Hannah Arendts transzendentaler Tätigkeitsbegriff. Systematische Rekonstruktion ihrer politischen Philosophie im Blick auf Jaspers und Heidegger.* Frankfurt a. M. 1993.

Garret, Jean-Luc: »Die Bestimmung eines völlig erneuerten Menschenbildes bei Karl Jaspers und Hannah Arendt«. In: Hanna-Barbara Gerl-Falkovitz (Hg.): *Europäische Menschenbilder.* Dresden 2009, 361–372.

Heuer, Wolfgang: *Citizen. Persönliche Integrität und politisches Handeln. Eine Rekonstruktion des politischen Humanismus Hannah Arendts.* Berlin 1992.

Jaspers, Karl: *Philosophie Band II: Existenzerhellung.* Berlin/Göttingen/Heidelberg 1956.

– : *Die Atombombe und die Zukunft der Menschheit.* München 1960.

– : *Vom Ursprung und Ziel der Geschichte.* München 1963.

– : *Die geistige Situation der Zeit.* Berlin/New York ⁵1979.

– : *Von der Wahrheit.* München/Zürich ⁴1991.

– : *Psychologie der Weltanschauungen.* München/Zürich ²1994.

– : *Die großen Philosophen.* München ⁸2007.

Lambrecht, Lars: »Vom ›Geist unbefangener Menschlichkeit‹: Hannah Arendt und Karl Jaspers als Beispiele kritischer Haltung in der Zeit des Nationalsozialismus«. In: Hans Jörg Sandkühler (Hg.): *Philosophie im Nationalsozialismus.* Hamburg 2009, 297–322.

Merlio, Gilbert: »Hannah Arendt im Zwiegespräch mit Karl Jaspers. Über das ›deutsche Problem‹ und die ›deutsche Schuld‹«. In: Klaus Hildebrand/Udo Wengst/Andreas Wirsching (Hg.): *Geschichtswissenschaft und Zeiterkenntnis. Von der Aufklärung bis zur Gegenwart.* München 2008, 699–706.

Schulz, Reinhard: »Was dürfen wir hoffen? Natur und Geschichte bei Arendt und Jaspers«. In: Antonia Grunenberg/Waltraud Meints u. a. (Hg.): *Perspektiven politischen Denkens. Hannah Arendt zum 100. Geburtstag.* Frankfurt a. M. 2008.

Sederström, Holger: »Karl Jaspers, Hannah Arendt und das Böse«. In: *Jahrbuch politisches Denken 2001.* Stuttgart 2001.

Young-Bruehl, Elisabeth: *Hannah Arendt. Leben, Werk und Zeit.* Frankfurt a. M. 1986.

二　赫尔曼·布罗赫

"一切政治都起源于人，由人所操纵，为人所用，但也常常被用来反对人"，布罗赫在他的《大众狂想理论》（通常也翻译成《狂想理论》）（1979，458）中如此写道。在移民美国之前，他就在他的《在一种极端民主内部的人道主义专制》的文章中要求制定保护人的尊严的法律，其后不久又提议要求为此设立一个世界性的管理机构。布罗赫关于政治可能被用来"反对"人的观点，不同于阿伦特对政治的想象。阿伦特想象的政治，是人与人之间在多元性中的磋商（见本书第 4 章第 20 节）。阿伦特也不赞同布罗赫关于人权与生俱来的思想（见本书第 4 章第 22 节），布罗赫要求给每个人都颁发"南森护照"（Nansen-Pässe）①），把人权与生俱来的思想推向了顶峰。在《只有唯一的一种人权》的文章中，阿伦特在不提及布罗赫名字的同时，明确地表述了，人的最重要的权利，就是参与一个政治团体。没有这种参与，那么"人所有的其他权利都不可能现实化"（1949，770）。阿伦特的这一思想，被卡罗尔·绍尔兰特（Karol Sauerland）正确地看作只是对赫尔曼·布罗赫思想的复制，并在 1953 年美国反共产主义高潮中又激起回响，因为当时许多早先的共产主义者在美国遭遇到被强制剥夺国籍的威胁，阿伦特要求把这一事件作为危害人类罪，加以谴责（Young-Bruehl 1986，383）。但阿伦特主要强调的是一种比她对极权主义分析更具有普遍性的见解：政治机构创建契约和法律，只要还没有新的契约和法律来替代这些已经创立的，那它们就对所有人仍具有效用。只有在契约和法律制约的框架内，单一个人的存在才是有保障的（见本书第 4 章第 36 节）。不是抽象的权利，而是确切参与一个这类起着保护效用的权利团体——按阿伦特的设想——才应该是人与生俱来的权利。

虽然布罗赫很称赞阿伦特的人权文章，但他对阿伦特的人权思想还是提出了自己的异议，这里涉及"应该"（Sollen）在政治中的职能。确实，这就是他俩之间的差异：对阿伦特来说，政治并不是可以被强制的，政治是一种协商，"因为政治见解除

---

①　1922 年开始为无国籍难民颁发的护照。——译者注

了能够开展商讨外，并不能干成任何其他事情（当然奇迹又另当别论）"（同上，119）；政治行动只是一种创建法律的行动。而布罗赫则相反，他固执在他的文章——阿伦特为他的文章在德国发表，作了很多努力——中寻找那些能够"必然促成"他构思的政治进步力量（同上，127）。

阿伦特并不反驳布罗赫有关法律递减的权威已经通过提高惩罚的意义得以补偿的分析，但她不赞同他的结论，即因此必须以惩罚来实施人道主义目标；从阿伦特在信件中表达的思想来看，她更坚持把法律作为一种有着制约效用的诺言，法律中可以有刑罚，但只是次要的（BwBr 94）。这就是法律不同于法令之处，法令直接就是刑罚，并取代了作为社会相互协调意识的民众法律意识。这是阿伦特对布罗赫"一种'国际主义乌托邦法律权利和职责'意见"的一半回答，在他的这一意见中，布罗赫出于对惩罚和保护人的必要性的理解，认为在已有的世界组织和国际法院的同时，也还应建立一个拥有经济制裁和国际警察等相应权力的机构，以便在世界范围内保护和实现人的尊严。阿伦特却在其中看到了对政治和自由的威胁，因而在她的文章中反对这种直接干预，并解释说，由各社会团体共同制定的主权国家的权利和规则，可能不充分或不完善，但是只有当"人们甚至被自己国家的法律剥夺了本来就少得可怜的那些权利"的时候，也就是成为无国籍的人被"囚禁在难民营"的时候，才允许打破原先的主权国家民众共同制定的权利和规则。因为："唯一能给政治社会自身造成损失的，就是剥夺人的人性。"（Arendt 1949，761）

玛丽·路易丝·克诺特

参考文献

Arendt, Hannah: »Es gibt nur ein einziges Menschenrecht«. In: *Die Wandlung 4* (1949), 754–770.

Broch, Hermann: *Dichten und Erkennen. Essays I.* Hg. von Hannah Arendt. Zürich 1955.

–: *Erkennen und Handeln. Essays II.* Hg. von Hannah Arendt. Zürich 1955.

–: »Massenwahntheorie«. In: *Kommentierte Werkausgabe*. Hg. von Paul Michael Lützeler. Bd. 12. F-
rankfurt a. M. 1979, 101–563.

–: »Zur Diktatur der Humanität in einer totalen Demokratie« [1939]. In: *Kommentierte Werkausgabe*.
Hg. von Paul Michael Lützeler. Bd. 11. Frankfurt a. M. 1979, 24–71.

Sauerland, Karol: »Hermann Broch und Hannah Arendt. Massenwahn und Menschenrecht«. In: *H-
ermann Brochs literarische Freundschaften*. Hg. von E. Kiss/Paul Michael Lützeler/Gabriella Racz. T-
übingen 2008, 319–337.

Young-Bruehl, Elizabeth: *Hannah Arendt. Leben, Werk und Zeit*. Frankfurt a. M. 1986.

三　马丁·海德格尔

汉娜·阿伦特的政治思想与马丁·海德格尔哲学之间的关系是多层面的，其中也有着历史负重的纠结。要想更好地理解他们之间的关系，就必须顾及她思想的全部发展过程。为了探讨极权主义这一具有极端破坏力的现象怎么会在欧洲文明的中心成为一种现实，阿伦特深刻研究了卡尔·马克思（见本书第 3 章第 1 节第 15 部分）思想中的原始极权倾向，也对从柏拉图到马克思的西方政治思想传统（见本书第 2 章第 5 节）作了一种全面和深远的思辨。阿伦特的结论是：西方政治思想的传统，正是在许多完全表现它的特性的应用、利益攸关的事件和由此带来的后果中，表现出它日益递增的反多元性，甚至反政治性。

阿伦特得益于海德格尔的，不是海德格尔对政治的理解，也不是作为一个"政治存在主义者"继承了海德格尔存在主义的遗产。对阿伦特来说，很难想象自己作为一个彻底的海德格尔哲学政治的批判者，而不忘却那些倾向于法西斯主义的知识分子。阿伦特借助于海德格尔的，主要是他的方法论。它并不涉及他们两人绝对不同的"政治本质"，而是只涉及方式方法，即以怎样的方式方法来获得那些因为被罩上了一层雾化的传统而深陷在黑暗中（如果不是甚至完全陷于遗忘的话）的经验和意义。

就如海德格尔的思维方式有着一种"他特有的深刻挖掘的标志"（MZ 175），阿伦特的思想也被一种愿望所驱使——一直进入到过去历史的海底，从西方传统现象学的深处，挖掘一些"具有丰富意义和稀罕"的事件，并让它们浮出海底（MZ 233）。

《积极生活》一书的意义，并不在于以某种形式收集一些确切的规章，并解释那些可能早就存在于公共性领域中的规章，哪些可以属于那个领域，哪些应当被排除在外，或者极端地说，它属于谁，或不属于谁。在那些允许我们称为"纯粹"的实践被整合进哲学概念并最终掏空它们的本质之前，公共性领域只能以短浅的眼光看待这些实践。阿伦特以一种极其复杂的"蒸发精选程序"研究希腊和罗马的"非文学"，有着一个完全特殊的非规范化目标，即从"非哲学文学的自身，即从诗、戏剧、历史、政治等著作中，筛选出那些能够把经验提升到辉煌的境界，但又不是概念性的思想领域"（BPF 164）。用乔治·凯笛的话来说，是"为了做一些前人还没有做过的事"。这是特意为"政治行动的意义提供哲学思考"，是一种"自我的终结"，（Kateb 1984，7），是一种"内在于自我的目的"，也就是说，是一种已经确认被丢失或遗忘的生活方式的中心。

政治行动的特性

但是为什么必须沉入海底，才能寻找到"富有历史意义的稀有事件"？为什么确认纯粹实践的短浅目光是如此重要？为了理解阿伦特及其解构主义的策略，我们应当先说一下她对从柏拉图到马克思的"伟大传统"的解读。因为只有了解了她对传统的诠释，才能理解她的政治行动理论的意义，她对政治领域的构思，以及她在知识方法论上对海德格尔的诉诸。在《积极生活》中，阿伦特强调指出，由多个活动者在一个有限的公共性空间实施的政治行动，比如雅典的集会或集市，会显示出一些各种不可递减的特性。

第一，"法律规定"的公民（ÜR 36）或不施行统治的人的平等，是（如同希腊所称呼的那样）"具有平等权利的人"的前提条件（ÜR 35）。这就意味着，一个真正的"政治公共性的领域"（WP 96）不仅不能有如一个主人对他的奴隶，或一个统治者对他的被统治者所施加的强制和暴力，而且也不应有如柏拉图和亚里士多德（尽管他是在较低的程度上）那样，试图以他们的政治哲学把专制等级引进到希腊的政治社会中去。

第二，政治行动是以确认活动者的多元性为起点，这就是说，政治行动应当有一群众多的完全不同的公民参与，他们每个人都应从自己不同的角度观察"公众事务"。如阿伦特所说，人们在"一个共同的现实世界［……］基础上，显然能够排除个人处境和由此导致各种观点的不同，共同去关注一些相同的事件"（VA 57）。人们的这些不同观点，既不是既定的，也不具有如我们今天所说的对一个团体的一种认同或所属性。它们是一种个人立场的表述，一种只有通过不断的意见构成以及与其他人积极的意见交换才能构成的表述。"意见"与利益不同，阿伦特说，"按意见的原意，意见绝不可能是团体的意见，而永远只能是单个人的意见［……］并只形成于人们习惯相互自由交流和有权利公开表达自己意见的社会和国家"（ÜR 292）。与柏拉图不同，阿伦特的"意见"（希腊语"doxa"，德语"Meinung"），并不是一种有缺陷的表现模式，并不如柏拉图所说的那样，是在个人自己真实认知、完全无知和非存在之间的某个点上的意见（Platon 474b – 480），而是人类共同生活中一种政治方式的基本媒介。

第三，政治行动的基本模式是令人信服的演讲。有着相同政治立场的人们以论证、商榷和修辞的方式不仅能够互相沟通和决定应该一起去做些什么，而且人们也以此展现自己，表现出一个不同于其他人的自己，以及对一个共同生活世界的理解。这是阿伦特最早的行动理念，同时也是她关于世界和自我表现的一个主题，阿伦特在这里引用了海德格尔关于人和人的本质有着展示或显示自己特性的思想："展示性是人的存在的基本形式，从这个意义上说，人的存在就是展示性的存在。"（Heidegger 1986，200）尽管这样，海德格尔强调行动和话语的展示性，与阿伦特的主要观点并不完全一致。令人信服的演讲是一种话语表达的方式，它出现在所有形式的集会讨论、政治争辩、宪法审议中，因而也是一个社会政治活动者从事政治行动的唯一模式。阿伦特大都从雅典伯里克利喜爱讲话的政治中学来的关于政治活动的总体思想是：任何形式的暴力、强制和统治等级都应被排除在真实的政治事务领域之外。

第四，政治话语是结果尚未确定的商讨，是持有各种不同观点的政治活动者们以相应的有关政治研究所从事的审议咨询。政治演讲，至少也意味着可以讨论法律和机制的结构，如果人们愿意，也可以讨论区域性政治公共性世界的宪法。

　　第五，也是最后一点，把政治行动理解为是意见各不相同的同类人在一个受宪法保障的公共性领域中展开的话语与行动，他们的话语与行动涉及的是完善常受"脆弱性"威胁的自由领域的问题（VA 180）。政治世界完全贯穿着人的多元性这一基本事实。作为政治活动者，我们"总是在其他同样行动着的人之中"（VA 182）。同样，政治活动家"从不只是一个简单的活动者，他同时也总是一个容忍别人参与政治活动的人"，因为"行动和容忍属于一个整体，容忍是行动的另一面"（VA 182）。

　　按阿伦特的看法，政治行动的这种"双重性"，来自政治行动的"无限性"（VA 183）。任何一个政治行动都会给自己在公共性领域造成一种不确定的后果，因为它是在一种媒体中行动，"稍有风吹草动马上就会自动引起一系列的连锁反应，每个过程都会成为别人的过程"（VA 182）。政治行动的无限性就是政治行动极少能够（如果根本能够的话）实现自己目标的一个理由。阿伦特在这里指出了政治行动明显的无限性层面。这种自身在多元性情景中起着行动结果效用的无限性，最终给自己带来一种与结果无关的内在"独立性"（VA 185）。由于政治行动的能量，往往因为一句简单的话就会使"局势［……］发生根本的变化"（VA 183），造成许多潜在的无法预料的后果，因而我们从不能事先知道，一种政治行动究竟会走向何方。

　　政治行动的这些特征可以总结为：无目的性，无限性和结果的不可预测性；这是一种最具有脆弱性的行动，即使不说它甚至是人的所有的活动中最易消逝的行动。正是由于它的脆弱性和易逝性，以及缺乏道德责任感——这显然是政治自身的特性，从柏拉图到马克思那些哲学家都试图重新调整政治行动的内容，以"生产"取代政治行动这一原先深植在人的多元性基本前提中的活动。把实践作为一种诗的形式，把政治行动先是作为一种手工业者的生产方式，然后又作为在其他活动者中间起着融合作用的活动者，西方的哲学传统以为能够以这些方法消除政治行动中的各种困境。

　　关注和形而上学批判

　　面对西方传统自柏拉图以来多多少少对政治哲学"不真实性"的公开谴责，阿伦特汲取了最激进和最赋予人启发的海德格尔解构传统的方法。如同海德格尔，阿伦特也这样思考：传统哲学把一种远离生活的隐喻运用到真实存在这个具有唯一性的一种人的真实生活领域中去。海德格尔认为人的真实生活领域，是一个个人在一种存在的层面上关注自身存在的领域，这与人为日常生活的忙碌，有着决然不同的区别。而阿伦特则认为人的真实生活这个领域就是公共性的空间，这是一个自由的空间，人的日常生活、生理和经济再生产的惯性都将在这个空间里得以克服，并与其他人一起进入"世间的"自发行动的形式中去。在这方面可以这样解读阿伦特，她把"存在与时间"的主要区别"空间化"了，并把人的私人性特殊自由置放进公共性领域；也就是说，不仅超越和排斥社会的日常生活行为领域，也排斥个人关注自身的私人领域。

与此相反，传统哲学不仅拒绝个人存在的没有界限的自由，也否定与别人的行动自由。它倾向于使用一系列表面稳定的形而上学标准，或提出"第一原则"，以引导个人的行动方式和政治生活。传统哲学认为政治行动并不是一种具有内在价值的行动，即使在最好的情况下，也只是一种单纯的"手段，以达到政治所设立的一种较高的目标"（VA 224）。在这个意义上被理解为形而上学的哲学，忽视了人的自由的非主权特性，而且追逐那些即使不能说成是统治与控制的狂想思想。用另外的话来说，阿伦特接受了海德格尔以一种"没有界限"的自由取代存在的一种颇有根基的统治的基本主题，并把这个主题与西方政治哲学的教规联系起来加以研究。她从中发现了传统哲学的教规对政治公共性领域的行动、多元性和自由的非主权性具有一种持续的毁灭性（VZ　213f.）

应当承认，阿伦特的关注是合理的，但她的指责是过分的。可以肯定，柏拉图和一系列"反政治"的西方哲学传统确实想逃避由公众事务和人的多元性所造成的那个特有的不确定性误区。他们明显地倾向于主权和创造人类的图像，以便完全控制政治的世界并对它作内容的塑造。但是我们不禁要问，整个西方传统，从柏拉图到马克思，都是如此的吗？阿伦特怎么能够提出这么一种极端的断言？

这里必须顾及，阿伦特受尼采和海德格尔西方哲学思想宏伟叙事的影响，把哲学等同于柏拉图主义了。尽管怀特海（Whitehead）的一句名言是，"所有的哲学都是对柏拉图的注释"，但西方政治哲学的传统，绝不能这么被简化。虽然柏拉图对传统曾有着极其强大的影响，但显然仍有些以亚里士多德为开端（阿伦特当然知道）的其他传统，已经开始把政治和多元性综合起来考虑。

　　虽然有些极端，但阿伦特受海德格尔启发的对传统的解读，大都还是击中了其要害。必须承认大部分传统，如同在法国大革命之前的大部分欧洲文化，都是反民主，反平等的。这种传统总是持续地不仅坚守等级观念，而且也坚持理性主义幻想有着一系列针对人类不断产生的道德和政治问题的正确回答；这是一种更倾向于一元论而不是多元论的思想状态（Berlin 1991）。这就导致公共性领域和意见交换的经常性贬值，并把这个领域等同于愚昧无知、相对主义和道德上的无责任心。

　　由此可见，不管研究哪些人的思想摘录，多元性在传统中的境况并不怎么好。主权意志、一种独一无二的道德真理，或一种道德均质化的人类形象，已经太久地堆压在我们传统政治生活这一非常重要的层面上，并占有了重要位置。因此，玛格丽特·卡诺凡完全正确地把在人的多元性和政治之间的重点，作为阿伦特政治思想最鲜明的特点（Canovan 1992，205）。

　　这个重点在含义中不仅有着鲜明特性，而且也具有革命性和深远性。阿伦特提醒我们，从现象学的角度来看，政治领域不会去分辨统治者和被统治者的区别。它也不关注某些作为"集体的主体"，如拥有主权的人民或无产阶级。我们作为多元性的单一公民的联结，是通过我们的相互共存，通过那些存在于我们之间的事件（见本书第4章第30节），通过一个由机制创建的公共性领域（VA 52）。正是这种联结和分离，使我们能够构成自己的意见，而意见作为被阿伦特高度赞赏和善于言辞的政治的重要部分，它只能由个人来表述，而不是由团体或作为集体的主体（ÜR 292）。

与海德格尔的差异

　　鉴于多元性在阿伦特思想中的突出地位，便立即可以提出一个问题：如果阿伦特的观点在总体上不同于柏拉图的政治哲学传统，那么是否也因此特别与自己的老师海德格尔有所不同？

　　可以以一个确切的"是"，来回答这个问题。海德格尔完全意识到区别实践和生产技艺的重要性，并且自他1927年在马堡大学讲课以来，就把注意力放在古典希腊本体论的"生产"特性上，他的真实存在概念出人意料地没有任何确实可行的互动层面，尽管他把"共存"定义为人类存在的结构性标志（Heidegger 1986，117ff.）。对海德格尔来说，把理解存在的生产经验转换为宇宙是一个整体的理念，导致了希腊本体论的幼稚视角（Heidegger 1975，140 – 165）。如果重新强调亚里士多德与海德格尔实践和生产技艺概念的区别，是以真实和不真实的存在为基础，如果正如雅克·塔米尼奥（Jacques Taminiaux）所指出的，那么海德格尔的这种改写在事实上并没有分辨清人的多元和互动——即阿伦特称为"共同的行动和话语"——的重要性。在《存在与时间》第二段中，真实存在的主要个性化特征在一定程度上与第一段中与相对关系和笛卡尔的本体论有所矛盾，并且将第五章（"时间性和历史性"）第二段的主题在真实社会中继续演绎下去。一个统一的民族形象承担了真实的自我角色，回到声名狼藉的校长致辞中（1933），也重新进入《形而上学导论》（1935）一书中（Taminiaux 1991，133 – 146）。

在这些文稿中，海德格尔越来越以一个"人民"的思想家出现，要求国家承担起重要的思辨职能，要求净化思想领域，以便让这个有着特殊历史的民族的唯一优秀代表在这个领域里登场。一个历史民族的"世界"，在国家政治组织中宣告成立。这个国家的权力、道德和机构不只是简单地表现为一个公共性世界，更是在一种本体论角度上，把自己作为文化的整体。与此相应的是，不仅对海德格尔而且也对阿伦特来说，政治团体是一个"解蔽空间"，而且是一个有着最基本意义的"解蔽空间"。海德格尔 1942 年在巴门尼德讲座中，提到了政治团体思辨本体论职能的要点：

> 什么是城邦？［……］城邦是一个有磁场的极点。一切在希腊文化中正在形成的存在，都在以自己特有的方式围绕这个极点转动。极点是一个地点，是所有存在着的事物都要面向的一个点［……］。极点让正在形成的存在，各自以它们的整体状态出现在它们的存在之中。这个极点自身并不用干什么，也不在存在中创建正在形成的存在，而是作为极点，是正在形成中的存在作为整体的解蔽地点。［……］是在城邦和"存在"之间存在着的一种最初始的关系。（Heidegger

1982，132 – 133）

　　海德格尔的这一构思建立在城邦思想的基础上，海德格尔把城邦称为"真理进入运转"的范例。一个真正的艺术品不表现什么，也不表达什么，它只是"打开了"一个有历史意义的民族的世界。海德格尔在 1935 ~ 1936 年间撰写的短文《艺术作品的起源》中写道："艺术作品作为作品呈现的是一个世界。"（1950，34）

　　城邦是这类世界探索的一种独特状态。这种类型的世界探索，不需通过互动这一在公民平等综合情景下的公民"实践"。这里更多涉及的是"技艺"的一种基本和令人惊讶的状态。城邦是一个创造者的作品，这个创造者置身于与自然和神话黑暗背景的争执和冲突，并为创建一个"人的世界"，一个解蔽自我隐蔽的空间而斗争，海德格尔把这个空间称为"地球"。这种最原始的斗争，并不由相同但又相互竞争的公民之间的冲突构成，如阿伦特在《积极生活》中提到"亚里士多德"或希腊思想时所表述的那样，而是在"世界"和"地球"之间的"公开"与"隐蔽"之间的一种冲突。1935 年，海德格尔在《斗争》一书中写道：

　　　　（通过斗争）最初是揭示了"未听说的"，接着是"未说过的"和"未想过的"。这种斗争是由创造者、诗人、思想家和国家政治家所从事的斗争。他们把自己的作品砸向巨大的隐蔽世界，并迷恋于他们以自己的作品打开的世界。只有依靠这类作品，所有在场的人才拥有能力和体格。正在形成中的存在，只有在此时才成为符合它们特性的正在形成着的存在。这个世界成为世界的进程，也就是真正意义上的历史。（Heidegger 1953，47f.）

　　这种解蔽世界或创建世界的技艺，可以以各自不同的形式出现。它能够出现在一个思想家的世界里，也出现在一个诗人、一个神父或一个戏剧家的世界里。这个城邦的建设者以一种新的城邦形式创建了一个政治的世界，他是一个孤独但重要的人物。因为城邦是一个"历史地点，人类的历史在城邦中形成，人类的历史来自城邦，并只是为了城邦而出现"（Heidegger 1953，117）。这样一种极端的、根本性的开端，按海德格尔的说法，只有依靠"暴力活动者"愿意使用"暴力，愿意在历史的存在中作为创建历史的精英，作为暴力的实施者"（同上）。严格说来，这样的创建者恰恰是非城邦的，他"没有城邦和家乡，孤独一人，令人惧怕，也没有出路"（同上）。

海德格尔的这篇文章表明，虽然海德格尔曾对古希腊本体论"生产性"的偏见作过分析，但他仍被生产技艺在一种极端化的形式上所吸引。在那个"诗人般"的创建城邦的立法者所创作的孤独的、几乎神话般的作品中，并没有清晰的人的多元性和等同性。海德格尔通过把索福克勒斯，特别是把对安提戈涅（Antigone）第一合唱诗的解释作为出发点，使他得出一种可以令人惊讶地回忆起马基雅维利和卢梭的结论。他的结论是：所有的一切都取决于一个创建城邦的立法者的可能性。没有他，不会出现城邦，不会出现共和国，也不会形成一个人类自己独立的世界。

没有比强调一个"孤独"的、极端的、使用政治暴力的创造者，与阿伦特宪法立国的思想，有着更远的距离。在《论革命》中，阿伦特以极大的努力，把解放被压迫者的暴力（ÜR34f.）与辩论、商榷和陈述论据的争执区分开来，只有辩论、商榷和据理力争才是创建一个新的、具有法律意义以及机制性"自由空间"的前提。对阿伦特来说，美国的建国之父才是典范式的人物，她因此也把她经常赞赏性引用为制定宪法而在费城举行的议会辩论，看作极有示范性的政治演讲。用另外的话说，在最初关于国家的政治理论中，就已经有了多元性和平等性的要素。这是阿伦特非常值得注意的偏离海德格尔的地方，但也偏离了法国和马克思的革命传统，他们的理论都强调在革命最初阶段必须应用暴力，以及整个有着神话般立法者阴影的西方政治思想传统。从这个意义上说，尽管海德格尔并不愿意，但他的理论仍然是传统的一部分，而作为他的学生和批判者的阿伦特却超越了他。

达娜·R. 维拉

由斯特凡妮·罗森穆勒

从英语翻译成德语

参考文献

Berlin, Isaiah: »The Pursuit of the Ideal«. In: Ders.: *The Crooked Timber of Humanity*. New York 1991.

Birmingham, Peg: »Heidegger and Arendt. The Birth of Political Action and Speech«. In: François Raffoul/David Pettigrew (Hg.): *Heidegger and Practical Philosophy*. Albany, NY 2002, 191–202.

Canovan, Margaret: *Hannah Arendt: A Reinterpretation of Her Political Thought*. New York 1992.

Ehrlich, Leonard H.: »Heideggers Seinsdenken aus der Sicht von Arendt und Jaspers«. In: Richard Wisser u. a. (Hg.): *Karl Jaspers' Philosophie. Gegenwärtigkeit und Zukunft*. Würzburg 2003, 107–114.

Flakne, April N.: »Beyond Banality and Fatality: Arendt, Heidegger and Jaspers on Political Speech«. In: *New German Critique* 86 (2002), 3–19.

Großmann, Andreas: »Rhetorik und Politik. Zu einer unausgetragenen Kontroverse zwischen Hannah Arendt und Martin Heidegger«. In: *Philosophisches Jahrbuch* 115, 2 (2008), 314–327.

Grunenberg, Antonia: *Hannah Arendt und Martin Heidegger. Geschichte einer Liebe*. München/Zürich 2006.

Heidegger, Martin: »Der Ursprung des Kunstwerkes« [1935/1936]. In. *Holzwege*. Frankfurt a. M. 1950, 1–72 (GA 5).

–: *Einführung in die Metaphysik* [1935]. Tübingen 1953.

–: *Die Grundprobleme der Phänomenologie* [1927]. Frankfurt a. M. 1975 (GA 24).

–: *Parmenides*. Freiburger Wintervorlesung 1942/43. Frankfurt a. M. 1982 (GA 54).

–: *Sein und Zeit* [1927]. Tübingen 1986.

–: »Die Selbstbehauptung der deutschen Universität«. Rektoratsrede an der Universität Freiburg (27. Mai 1933). In: Ders.: *Reden und andere Zeugnisse eines Lebensweges*. Frankfurt a. M. 2000 (GA 16, 107–117).

Kateb, George: *Hannah Arendt. Politics, Conscience, Evil*. Totowa, NJ 1984.

Lütkehaus, Ludger: »»Ich will, dass Du seiest, was Du bist«. Hannah Arendt – Martin Heidegger: eine Liebe in Deutschland«. In: Heinz L. Arnold (Hg.): *Hannah Arendt*. Text+Kritik 166/167. München 2005, 728–41.

Magiera, Günter: *Die Wiedergewinnung des Politischen. Hannah Arendts Auseinandersetzung mit Platon und Heidegger*. Frankfurt a. M. 2007.

Maier-Katkin, Daniel: *Stranger from Abroad. Hannah Arendt, Martin Heidegger, Friendship and Forgiveness*. New York 2010.

Mehring, Reinhard: »Zwischen Philosophie und Politik. Hannah Arendts Verhältnis zu Heidegger«. In: *Zeitschrift für Religions- und Geistesgeschichte* 53 (2001), 256–273.

Önay, Sözer/Tomkinson, Fiona/Öge, Sanem Yazicioglu (Hg.): *Metaphysics and Politics. Martin Heidegger & Hannah Arendt*. Istanbul 2002.

Platon: *Politeia*. Übers. von Friedrich Schleiermacher, erg. von Franz Susemihl. Hg. von Karlheinz Hülser. Frankfurt a. M. 2006.

Taminiaux, Jacques: »The Reappropriation of the Nichomachean Ethics: *Poiesis* and *Praxis* in the

Articulation of Fundamental Ontology«. In: Ders.: *Heidegger and the Project of Fundamental Ontology*. Albany 1991, 133–166.

–: *La Fille de Thrace et le penseur professionnel: Arendt et Heidegger*. Paris 1992 (engl.: *The Thracian maid and the professional thinker: Arendt and Heidegger*. New York 1997).

–: »Sur deux lettres à Heidegger«. In: Ders.: *Sillages phénoménologiques. Auditeurs et lecteurs de Heidegger*. Bruxelles 2002, 69–90.

–: »La déconstruction arendtienne des vues politiques de Heidegger«. In: Anne Kupiec/Martine Leibovici/Géraldine Muhlmann/Étienne Tassin (Hg.): *Hannah Arendt. Crises de l'état-nation. Pensées alternatives*. Paris 2007.

Thomä, Dieter: »Heidegger und Hannah Arendt. Liebe zur Welt«. In: Ders. (Hg.): *Heidegger-Handbuch. Leben – Werk – Wirkung*. Stuttgart/Weimar 2003, 397–402.

Villa, Dana Richard: *Arendt and Heidegger: The Fate of the Political*. Princeton 1995.

Vollrath, Ernst: »Hannah Arendt und Martin Heidegger«. In: Annemarie Gethmann-Siefert/Otto Pöggeler (Hg.): *Heidegger und die praktische Philosophie*. Frankfurt a. M. 1988, 357–372.

Vowinckel, Annette: »Hannah Arendt and Martin Heidegger: History and Metahistory«. In: Steven E. Aschheim (Hg.): *Hannah Arendt in Jerusalem*. Berkeley 2001, 338–346.

四　瓦尔特·本雅明

如果说在阿伦特的著作中有一个没有完全挑明，但却如同宁静的中心（Broch 1955，II，355），那么与瓦尔特·本雅明对话在汉娜·阿伦特的著作中，就有着这么一个中心的地位。这两位思想家之间因为本雅明的早逝而被迫最终中断的激烈对话，如果不是本雅明的早逝是否就会继续下去，是不明确的；汉娜·阿伦特从没提起过本雅明对她的影响，也几乎没有在表述她的思想过程中对他有过肯定的或批判的评语。只是1936~1940年在那个他们几乎同时流亡的友谊期间，相互交换过一些信件（Schöttker/Wizisla 2006）。此外，本雅明也在他的日记中记录了一些他们之间的争辩，大都涉及纳粹主义与斯大林主义之间的平行性问题（Knott 2007，53/54）。1940年夏天，他们在法国南部的最后一次相遇中，瓦尔特·本雅明托付给阿伦特一篇题为《历史哲学论题》文章的手稿；之后不久，他便因为没能越过西班牙的边境而自杀身亡。阿伦特到达纽约后，立即积极努力传发本雅明的文学散文，特别是他的《历史哲学论题》，但阿伦特最初的一些努力，都以无果告终：1942年，她试图说服瓦尔德马·格里安在《政治评论》杂志上翻译发表《历史哲学论题》一文（LoC，Box 70）；1944 年，她又向格斯霍姆·肖勒姆提议，在巴勒斯坦出版本雅明的全部著作；1947 年她又计划和肖勒姆一起在纽约的"朔肯图书出版社"以英语出版一本本雅明的散文（Hahn/Knott 2007，19 – 27）。最终在 1968 年，由她编辑出版了一本英语版的主要是文学散文的《夜光》第一卷。当她 1975 年去世时，《夜光》的第二卷在她的促动下正处在准备阶段（比较同上，129 – 139）。戴维·祖霍夫（David Suchoff）（USA）赞扬了阿伦特在美国出版本雅明和卡夫卡著作中所起的作用。

阿伦特在流亡法国并等待进入美国期间仔细阅读和深入思考了（Young-Bruehl 1986，236）本雅明的《历史哲学论题》中关于历史的概念，此后在 1944 年和 1949 年间，阿伦特以这本书为基础在她的《卡夫卡散文》（Kafka-Essay）和《极权主义的起源》中，引用了本雅明《历史的天使》中第 9 个论题。这是一幅强烈的画面，作者在其中激烈和极紧迫地概括了两个基本思想，而且这两个基本思想也贯穿了阿伦特的一生：一是关于历史和思想碎片连续性断裂的经验，我们今天应当把它们抢救出来；另一是因为相信历史进步而带来的灾难，由于这种信念，历史学家只能把历史写成胜利和胜利者的历史——"因为胜利者不会停止去胜利"（Benjamin 1977，253）。

阿伦特在一篇为本雅明散文集《夜光》撰写的引言中，有着一些对本雅明比较全面和深刻的评价，并以本雅明的思维方式创造了"充满诗意的思想家"这个概念，这意味着这个思想家的思想不仅反映了那个时代传统的断裂和权威的递减，而且也能在隐喻中把这些仍处于隐形的事件形象化地表现出来。本雅明在《夜光》中摘录了歌德的"原始现象"，布莱希特的"笨拙的思考"，莎士比亚描绘的关于"遗产丢失的晶体形画面"，卡夫卡"在失败中的成功"，以及海德格尔的"回听"（MZ 240），阿伦特以本雅明的这些摘录揭示了本雅明具有宇宙性思想的深度，也以此阐述了《夜光》的影响力，认为《夜光》正是通过对这些摘录的整理显示了本雅明的认知火花，也无疑是对过去的一种拯救，从而勾画了本雅明这个朋友的画像（比较 Nordmann 2006，167 – 171）。

瓦尔特·本雅明、赫尔曼·布罗赫以及弗兰茨·卡夫卡，这三个冲破传统的犹太思想家和诗人，都在灾难深重的时代以"无与伦比的强烈表述，描绘了那个时代前所未有的变化"（布莱希特），以及想象了一个不是作为过渡的当代，而是一个让时间栖息、停止的时代（本雅明）。阿伦特在自己的文章中都曾对他们有所摘录，这使他们三人在战后的最初年代紧紧地交织在一起：阿伦特在文章中援引了赫尔曼·布罗赫和本雅明关于现代小说的评论："传统的小说无法给予读者一些启发"（BwBr 175），在她关于卡夫卡的文章中，则援引了赫尔曼·布罗赫关于读者不再从小说中寻找"娱乐和教育"的预言（VT 89），而在关于布罗赫的文章中，又援引了卡夫卡的自我介绍。阿伦特在"带有野性意志的诗人"（Broch，BwBj 185），"带有诗意般的思想家"（Benjamin，MZ 242）和那个在散文中试图"逃脱事物进程的诗人"这三个作者之间构建了一种特殊形式的综合情景。这三个作者都在他们的作品中追求内容上的一种思辨与诗意的统一（BwBj 9），阿伦特也和他们一样，寻找被本雅明称为"真正思想"的思想："真正的思想是新颖的思想。它是今天的思想。应当承认，这个今天可能有些浅薄，但可能——当然只是如果人们愿意——必须顶住这类评判。"（Benjamin 1991，259）

瓦尔特·本雅明，尤其是他的《历史哲学论题》究竟在怎样的程度上影响了阿伦特的写作，类似这样的问题至今仍只能是一些推想而已。马蒂娜·莱博维奇（Martine Leibovici）（2000）追踪研究了本雅明的犹太弥赛亚主义的思想与阿伦特的出生构想多少有些相似的关系；近来，贝尔纳多·科雷亚（Bernardo Correa）也将诗人思想家的概念与贴近现实的概念在阿伦特并同时在本雅明那里作了研究（2000）；安娜贝尔·赫尔佐克（Annabel Herzog）（2000）也追寻过本雅明对阿伦特"历史叙述"这一概念的影响。但仅仅在行动理论中引用了"那种跳跃历史连续性的意识，是革命阶级在眼前特有的行动"（XV. These）这么一条摘录，能说明些什么呢？按阿伦特的行动理论，"人通过出生中断了时代的持续性"，这里涉及的是由出生而促成一个新的开始；反过来说，通过阅读阿伦特的著作，能在怎样的程度上使本雅明的著作和思想获得一种新的光芒，至今没有确切的答案。阿伦特在对外表印象和陈规俗套具有的破坏性影响力的批判中写道："所有的思想都以日常生活的语言开始，但当我们感觉到这些语言的通常意义反而会使一件事情变得模糊不清，而不是使这件事情变得更清晰明白些的时候，那么我们就会离开这类语言［……］。"（DT 770，772）这里就很难辨清本雅明的语言分析对阿伦特的这一评判，究竟有着多大的影响。但阿伦特的思想和写作风格都有着本雅明构思的关于重新复活经验和回归历史叙事的基本思想的标记。

对本雅明这个"时代最有影响的批判家"（MZ 203）来说，在各种摘录之间甚至能够构成一个世界；如同阿伦特，他非常懂得诗篇特有的认知功能。

这两位思想家都显然接受了荷马的思想：（无意的）联想、范畴和隐喻在诗篇和思想中超越了日常生活，并促成了"世界的统一"。

玛丽·路易丝·克诺特

参考文献

Arendt, Hannah: »Politische Erfahrungen im 20. Jahrhundert. Seminarnotizen 1955 und 1968«. In: Wolfgang Heuer/Irmela von der Lühe (Hg.): *Dichterisch Denken. Hannah Arendt und die Künste.* Göttingen 2007, 213–223.

– : Briefwechsel Gurian, Waldemar and Edith (1948–1969). LoC, Box 70.

Benjamin, Walter: *Illuminations,* Hg. von Hannah Arendt. New York 1968.

– : *Gesammelte Schriften III. Kritiken und Rezensionen.* Frankfurt a. M. 1991.

Broch, Hermann: *Erkennen und Handeln. Essays. II.* Hg. von Hannah Arendt. Zürich 1955.

– : *Hofmannsthal und seine Zeit* (mit einem Geleitwort von Hannah Arendt). München 1964.

Correa, Bernardo: »Arendt y el pensar poetico«. In: *Hannah Arendt – pensadora en tiempos de oscuridad. Al Margen* 21/22 (2007) (dt. *Arendt und das dichterische Denken.* In: www.hannaharendt.net, articles/research notes 2008).

Hahn, Barbara/Knott, Marie Luise: *Hannah Arendt – Von den Dichtern erwarten wir Wahrheit.* Berlin 2007 (darin:»Walter Benjamin«, »Franz Kafka« sowie »Schocken Books«).

Herzog, Annabel: »Illuminating inheritance. Benjamin's influence on Arendt's political storytelling«. In: *Philosophy & Social Criticism* 26,5 (2000), 1–27.

Knott, Marie Luise: »Die ›Verlorene Generation‹ und der Totalitarismus. Hannah Arendt liest Bertolt Brecht«. In: Wolfgang Heuer/Irmela von der Lühe (Hg.): *Dichterisch Denken. Hannah Arendt und die Künste.* Göttingen 2007, 50–61.

Leibovici, Martine: »Dans la faille du présent: messianisme ou natalité? Hannah Arendt, Walter Benjamin et l'histoire«. In: *Drôle d'Epoque* No. 7, Nancy 2000, 199–206.

–: *Hannah Arendt et la tradition juive – Le judaïsme à l'épreuve de la sécularisation*. Paris 2003.

Mahrdt, Helgard: »Hannah Arendt über Walter Benjamin«. In: Wolfgang Heuer/Irmela von der Lühe (Hg.): *Dichterisch Denken. Hannah Arendt und die Künste*. Göttingen 2007, 31–49.

Nordmann, Ingeborg: »Gedankenexperiment und Zitatmontage«. In: Wolfgang Heuer/Irmela von der Lühe (Hg.): *Dichterisch Denken. Hannah Arendt und die Künste*. Göttingen 2007, 162–186.

Schöttker, Detlef/Wizisla, Erdmut (Hg.): *Arendt und Benjamin. Texte, Briefe, Dokumente*. Frankfurt a. M. 2006.

Young-Bruehl, Elisabeth: *Hannah Arendt. Leben, Werk und Zeit*. Frankfurt a. M. 1986.

五　贝托尔特·布莱希特

诗句作为同伴、觉醒和思想动力

当诗人贝托尔特·布莱希特（Bertolt Brecht）1956 年去世时，汉娜·阿伦特在给一个远方的朋友，犹太复国主义者库尔特·布卢门菲尔德的信中写道："我亲爱的库尔特［……］布莱希特去世了。哦，这 20 年就这样在这一天也消失了。我们常常发泄的那些牢骚，原来是如此美丽。"（BwBl 164）"原来是如此美丽"这句诗，来自歌德的一首诗（"你们幸运的眼睛，/你们看见的，/它，因为它愿意，/它是如此美丽！"浮士德 II，诗篇 11300ff.），正是在这种不经意的轻描淡写中，表述了一种寻找"非人的"纯真向往，因为那个时候她对意识形态的思考还没有进入揭示它的极权主义的那一层面。同时，阿伦特轻描淡写的诗句"它原来是如此美丽"，也道出了布莱希特的"笨拙思想"在汉娜·阿伦特的生活和思想中有着多么重要的意义。

阿伦特是否在 1933 年以前就认识那个诗人贝托尔特·布莱希特，至今还没有找到确切的记载。但至少她当时的丈夫京特·安德斯（见本书第 1 章），曾为广播电台写过一篇介绍布莱希特作为哲学家的文章，这以后布莱希特为他介绍了一份在柏林交易所做快递的工作。在政治上，那时的布莱希特可能会离阿伦特较远，因为那时尚还年轻的她并不属于左派。直到她与海因里希·布吕歇尔和瓦尔特·本雅明相遇之后（BwBl 39），她才在流亡巴黎期间与一个爱唱歌和写作的布莱希特，一个热爱生活和与人为善的布莱希特，一个有着政治意识的布莱希特开始交往。阿伦特的母亲在1930年和1931年之间购买了一套布莱希特的系列图书《尝试》，从阿伦特在书中的批注看出，她全部通读并终生保留了这些图书。此外，人们在她的遗物中也找到了一本私人印刷的流亡者诗篇《施特芬诗集》（《Steffin'sche Sammlung》），这是贝托尔特·布莱希特在流亡期间为朋友复印的诗集（Hahn/Knott 2007，198－205），肯定是他送给了阿伦特或布吕歇尔。可以这么说，阿伦特和布莱希特那时已经相互认识，也曾有过几封信件的交换（Hahn/Knott 2007）。

诗句是同伴，布莱希特的诗句也曾是阿伦特人生之路的重要同伴：布吕歇尔是这样摘引布莱希特的诗句，"现在，这就是一切，但还不够"，以寄托对母亲去世的哀思（BwBl 158）。海因里希·布吕歇尔去世时，阿伦特也特意抄写了布莱希特《马泽帕民谣》中的诗句（DT 797，s. u.）。在1950年撰写的短文《诗人贝托尔特·布莱希特》中，阿伦特分析了他对这个世界的友善和他的"笨拙思想"，布莱希特的这些品行在一个知识分子身处危机的时代，就显得更加难能可贵，令人尊敬。也许人们以为，"笨拙的思想"就是抛弃精神负担，其实却是一种通过强烈的画面和富有生活经验的研究，就能径直进入新的真理中去的简易方式。

在巴黎流亡期间，阿伦特报道了一个故事，说明了诗和诗的意境对人的生活的极大影响。瓦尔特·本雅明把布莱希特的诗集《道德经诞生在老子流亡路上的传说》带到了巴黎，本雅明解释说，这本诗集实际上涉及与人为善，因为如果没有那个疑惑的税吏官员的善良，那么也许那个智慧的流亡者就永远不会获得写道德经的灵感。这本诗集很快就在流亡者中间传播开来：

温柔的水，在波动，用时间战胜坚硬的石头。你理解，坚硬反而导致失败。

这行诗句给人以安慰，阿伦特就此写道："诗句如一把野火，在（法国的）集中营中传播开来，人们口口相传，如同在传播一个令人喜悦的消息，只有上帝知道，没有任何地方比躺在毫无希望的草垫上，更需要这样的诗篇。"（MZ 277f.）1942年，

阿伦特手册

第 3 章　总体境况

阿伦特第一次在美国广播电台报道了这一诗篇，并说："这是一个诗人的责任，去找到那些我们可以与此一起生活的语言。"在一些年后，针对诗篇维护世界的力量，她说：

> 祷告，请告诉我，你怎么管理美国？从不在黑暗和寂寞的时候，学习和背诵心爱的诗！那么谁是你的同伴？（Weiss 1987，392）

由此可见布莱希特的诗，对阿伦特的著作起着一种重要的启发思想的效用。直到 1970 年，阿伦特的每本著作都摘录有布莱希特的诗句，《积极生活》就是以摘自布莱希特《巴力诗集》中的诗句为全书的开篇（VA 7）。阿伦特两次在她的短文中谈论到诗人贝托尔特·布莱希特，一次是 1948 年到 1950 年间，另一次是 1967 年。1948 年那一次，阿伦特在《肯扬回顾》杂志上发表了关于布莱希特《自选诗集》的文章，并且在 1950 年以稍加修改的形式用德语发表（《诗人贝托·布莱希特》）。但是这篇文章没有一个字提及了这样一件事，也就是 1947 年贝托尔特·布莱希特被"请"到"非美活动委员会"加以审问，他因而仓促慌忙地离开了美国。从这个意义上来说，阿伦特关于布莱希特诗集的文章，是一种高度政治性地反对约瑟夫·麦卡锡追捕迫害共产党人的表白（Knott 2011，69－78）。不能够以政治言论来评判一个诗人，不能够以一种对普通公民的标准来衡量一个诗人，应当以诗的艺术水平来评判诗人。阿伦特引用歌德的话说（MZ 241），诗人多少总会有些过错。"如果一个伟大的艺术家，比如毕加索，在我们时代的政治迷宫中，因为搞不清那些政治纠结而成为一个共产主义者，那么也只有当他因此而开始画一些糟糕的图画创作时，我们才能说这是他的政治信仰带来的不良后果"（IG 228），阿伦特就是以这样的话语在 1953 年明确地批判了"非美活动委员会"。

"非美活动委员会"对布莱希特的主要指责，是他的戏剧《措施》。美国"非美活动委员会"认为这个剧本是布尔什维克的拙劣作品，阿伦特则认为这是布莱希特无意间的一件优秀作品，因为它揭露了党派间极权主义潜规则的真相。针对对布莱希特的指责——崇尚牺牲生命，将群众运动出卖给"摩洛克"（Moloch）等，阿伦特论证了布莱希特在这个剧本中主要只是公开了"党"不惜任何代价想保守住的秘密：个人应当随时待命为全党的利益作出牺牲。布莱希特只不过是把不该和别人说的事说出去了，而正是这一点，恰恰证明了他是一个诗人（Arendt 1950，55）。"他所做的，只是一个诗人通常习惯做的事，如果人们不去干扰他；不管怎样，他只是说了真实的情况。"（MZ 274）

行动和自由面临的毁灭性威胁，强制性逻辑正在胜利进军的威胁，这些通常都是阿伦特著作的主题，围绕这些主题，阿伦特多次在头脑中想到过布莱希特那个敢于对这些威胁"说不的人"，正是他所说的"不"，捍卫了行动的自由：谁说了 A，不是必须继续说 B；他享有自由，去认识，A 是错的。阿伦特与布莱希特的"说不者"共有的真理，引导了她进入了一个反对内在于极权主义趋向的层面，即反对一种放弃所有的生活经验、独立思考和崇尚强制性运作的极权主义内在倾向（EU 970）。

在迷惘的人群中

与他同时代的作家不同，贝托尔特·布莱希特是一个共产主义者和"迷惘的一代人"的代表（Knott 2007；见本书第 2 章第 6 节第 3 部分），他以幽默和激进坚守"世俗社会"的纯洁，以与人为善的冷漠在这个世界上为自己和读者创作了一种非常独特的诗韵。但即使是布莱希特也难免受教条主义思维模式的影响。阿伦特认为，他的主要过错在于，他有一段时间（在 20 世纪 30 年代的早期到中期）曾尝试过社会主义的现实主义。阿伦特在这里举了一些很具体的例子：当纳粹德国消灭了饥饿和失业的时候，布莱希特在第三帝国的恐惧和苦难中，以社会主义–现实主义的方式描述了生活在国家社会主义中的工人们的饥饿和失业处境，尽管他应该懂得，也应该看到，"压迫"这一陈旧的唯物主义范畴"与极权主义的真实性有那么多共同点，就如月亮与天堂的关系那么紧密"（Arendt 1950，54）。阿伦特认为，正是布莱希特坚持对压迫的分析，使他无法看见真相，即工人们正是在纳粹统治的德国有了饭吃、屋住和就业。他的事实上的历史哲学既不与社会主义的现实主义，也不与无产阶级专政有关，这种历史哲学只是涉及了一种非常普遍同时也是非常确切的理念，也就是涉及一个世界的构成，在这个世界中的所有人都应有同样重要的意义；涉及对一种历史的设计，这种历史珍惜回忆，不忘却过去。

关于善

阿伦特写道：唯一的，仍还相信这个世界的人，是那些艺术家；并且只有诗人才能坚守人类记忆的储存，"因为他们找到并铸就了语言，我们其他人只是守护着他们的语言"（ÜR 360）。阿伦特确信，布莱希特的诗有着一种创造世界的力量。1936 年 8 月 8 日，在阿伦特参加日内瓦世界犹太人大会期间，在给她刚刚爱上的海因里希·布吕歇尔的信中写道，此刻她正坐在咖啡馆，心中默默地唱着（布莱希特的）《海盗民谣》和其中的那段"圣玛丽"：

> 哦，蔚蓝的天
>
> 疾风鼓起风帆！
>
> 让风和天自由纵横，只要
>
> 把圣玛丽湖，赠予我们。

在这段诗的下面。阿伦特注释道："这同时也是一种转向布莱希特的尝试。"（BeBl 39）1950 年，她又在《诗人布莱希特》的短文中提到了这段《海盗民谣》的诗句，并写道："与这种欢庆式的玩世不恭相比，似乎所有 20 世纪 20 年代漫步在传统的路上（以传统的方式）写就的诗篇，都自愿或非自愿地参与了价值的大拍卖。"（Arendt 1950，64）戈特弗里德·本（Gottfried Benn）和路易斯·费迪南德·席琳（Louis Ferdinand Celine）"与布莱希特早期诗作的那种激动人心、充满野性和凯旋喜悦的美，几乎没有共同性"。在布莱希特的许多诗句如"被太阳晒得焦黑，被雨水完全淹没/抢来的月桂，散落在凌乱的发"中，阿伦特首先看到的是 20 世纪 20 年代不受约束的生活情趣。"布莱希特诗篇中的英雄，有着一种超乎常人的纯洁［……］完全符合那个世界超乎常人的清新；大屠杀从这个清新的世界里，抹去了一切人类的痕迹〔……〕，只剩下一些纯洁的要素"（同上，63f.）；生活在这个世界上的，似乎只有一些野性的冒险者。

在她保留的一本英义第一版的布莱希特《自选诗集》（New York 1948）中，阿伦特用德语写下了显然有深刻印象的布莱希特一首诗的开始几行。

> 因为一些人是在黑暗中
> 而另一些人则在光线中
> 人们只看见在光线中的
> 却看不见在黑暗中的人。

对这几行诗，阿伦特评论说："民谣是民众走出黑暗，迈向光明的尝试。"布莱希特为他的诗选择了为受压迫者叫喊的形式：布莱希特选择了儿歌、赞美诗和民谣这些早期文学和口头流传的形式来表达自己的诗意。布莱希特运用了民众自古以来试图保护自己的一种诗意般地的"不朽"形式（MZ 271），公开表达了对早期文学和口头流传等传统文学的超乎寻常的崇敬。这些传统文学以纯粹工艺性的精确，表达出令人惊讶的美丽。但同时也就能够清楚看出，谁不能掌握传统形式的优秀技巧，谁也就根本无法理解一个德国诗人的诗作技艺（Arendt 1950，65f.）。阿伦特摘引了布莱希特的诗句："赞美寒冷、黑暗和厄运！/看吧：/这一切根本不取决于你们！/你们可以死去，毫无牵挂。"借用传统赞美诗的形式说出自己的语言，就在事实上为布莱希特完全非超验性的、此岸世界的虚无主义赋予了一种天堂般的音响。由于虚无主义在布莱希特那里是一种诗意的境界，他不把虚无主义理解为是绝望的根源，而是一种对纯粹此岸世界的庆贺，如阿伦特所说的那样，因为既然已经失去了天堂，那也就没有了对地狱的恐惧。阿伦特认为，我们在任何祈祷中都无法听到比《马泽帕民谣》死亡颂歌所歌唱的更具有欢庆性的生活情趣：

> 脱了个精光，

与大地和骏马，

与宽容和沉默同在，

还有那天空和秃鹰。

1970 年当她的丈夫海因里希·布吕歇尔去世时，阿伦在她的《思想日记》中写下了布莱希特的这几行诗句（DT 797）。

与对布莱希特诗篇的赞美相反，阿伦特认为布莱希特对共产党和斯大林的赞颂是对他自己艺术的一种伤害。"诗人的责任是铸就一些我们能够接受的语言。"（MZ 282）阿伦特多次引用的"黑暗时代"的诗句就是出于布莱希特的诗篇《致后人》这一诗篇：

我真的生活在黑暗时代！……

战争间隙，是我吃饭的时间

在杀人者中，我躺下睡觉

对爱情，我已经习惯于漫不经心

我没有耐心去看大自然

就这样，度过了我的时间

我在人世间的时间。

阿伦特认为，这段诗表达了布莱希特的一个"重要的主题"，即"斯多葛派"反市民社会的真实要素（Arendt 1950，60），也是一种尝试——在一个善良几乎成为不可能的世界里，做一个善良的人。阿伦特的著作贯穿了在黑暗的时代坚守善良的主题。在后期（1960 年）发表的有关布莱希特的短文中，她又提到了这一主题。在作为遗稿出版的布莱希特《墨子——转换的书》（1965）中的一篇《审讯好人》，就是描写了"一个走上坏道的'善良人'"。阿伦特引用了一段关于审讯的描写：

听你说了

我们就知道

你是我们的敌人。因此我们想把你

毙了。但顾及你的一些功劳

和你的善良心肠

我们会把你靠在一堵好的墙上，用好

枪好子弹枪毙你，用一把好铁锹找

一个好地段埋葬你。

　　从诗中可以看到，没有人比布莱希特把一切善良意愿的深渊描绘得更难以捉摸。对阿伦特来说，布莱希特的两难境地是：出于善良愿愿的冲动，无法眼看别人遭受的苦难；以党派偏见愿意成为那些苦难者的代表，尽一切努力把他们从苦难中解放出来，以早日结束他们所遭受的灾难。布莱希特自己也曾在《审讯》中表达与阿伦特相似的意见，那个在 40 年代认识布莱希特并翻译了他作品的诗人 W. H. 奥登也说："他可能会把他靠在墙上毙了，但不会不在事先准备最可口的晚餐和最醇香的葡萄酒。"（MZ 281）阿伦特也因此选了奥登的诗句作为她后期关于布莱希特短文的主题（MZ 237）。这次涉及的主题又是他们两人的共同点——做一个善良的人的梦：

你希望，是的，

你的书会原谅你

帮你摆脱地狱：

虽然

不要以悲伤的眼光，不要以某种方式

这只是表面的过错

上帝会饶恕你

法庭上是羞愧的泪水

吟咏你还记住的诗篇，你会

把它写下，

你的生活因此而过得很好

作为对布莱希特诗篇超越力量的一种最后的隐秘的爱的宣言。

玛丽·路易丝·克诺特

参考文献

Arendt, Hannah: »Beyond Personal Frustration: the Poetry of Bertolt Brecht«. In: *The Kenyon Review* 10/2 (1948), 304–312.

– : »Der Dichter Bertolt Brecht«. In: *Die neue Rundschau* 1 (1950), 53–67.

– : »Gestern waren sie noch Kommunisten«. In: *Aufbau* (New York), 31.7.1953 (wiederabgedruckt in: Dies.: *In der Gegenwart. Übungen im politischen Denken II*. Hg. von Ursula Ludz. München 2000).

– : »Quod licet Jovi … Reflexionen über den Dichter Bertolt Brecht und sein Verhältnis zur Politik«. In: Merkur 23 (1969), Nr. 6, 527–542 und Nr. 7, 625–642.

Brecht, Bertolt: *Selected Poems*. New York 1948.

Hahn, Barbara/Knott, Marie Luise: *Von den Dichtern erwarten wir Wahrheit*. Ausstellungskatalog. Berlin 2007 (darin: »Die Mappe Bertolt Brecht«, 198–205).

Knott, Marie Luise: »Die Verlorene Generation. Hannah Arendt, der Totalitarismus und Bertolt Brecht«. In: Wolfgang Heuer/Irmela von der Lühe (Hg.): *Dichterisch Denken. Hannah Arendt und die Künste*. Göttingen 2007.

– : *Verlernen. Denkwege bei Hannah Arendt*. Berlin 2011.

Schöttker, Detlev/Wizisla, Erdmut (Hg.): *Arendt und Benjamin. Texte, Briefe, Dokumente*, Frankfurt 2006.

Weiss, Ted: »A Living Room, for Hannah Arendt and Heinrich Blücher« (Gedicht). In: Ders.: *From Princeton One Autumn Afternoon*. New York/London 1987, 392.

六　海因里希·布吕歇尔

阿伦特的第二个丈夫是她在 1936 年流亡法国时认识的，并于 1940 年结婚。他是她一生中最重要的谈话伙伴，也是她的"心灵之家"；反过来也同样，她也是他终生的思想伙伴和他的"心灵归宿"。他们的信件交往（见本书第 2 章第 10 节第 1 部分）中关于极权统治、罪恶现象或自己与世界关系的讨论，只反映了他们相互讨论的很少一部分内容。事实上，他们间的相互商讨一直伴随着阿伦特著作的主题。

共产党员

布吕歇尔 1899 年出生在柏林的一个无产阶级家庭，在柏林北边的瓦利茨长大。他的父亲在他出生后不久，就在工厂的一场工伤事故中去世。由于在第一次世界大战期间缺少教师，布吕歇尔在国民小学毕业后，参加了青年教师培训班，1917 年应招参军，因在战场上遭遇煤气中毒而被送往战地医院，经过较长一段时间的治疗后，才又回到青年教师培训班学习。但不久德国就爆发了革命暴动，他参加了德国斯巴达克同盟，离开了培训班，因为他认为"不谙世事的科学"是毫无用处的。他参加了以罗莎·卢森堡和保尔·勒维（Paul Levi）为首的德国共产党（KPD），20 世纪 20 年代在共产党的机构中工作，在政治大学汉斯·德尔布吕克（Hans Delbrück）那里学习"军事史"，并成为德国共产党秘密军事机构的成员。阿伦特后来有时把他称为军事史家。他与流行歌曲《是的，这是水手的生活》和《投向蒙特卡洛的炸弹》的词作家罗伯特·吉尔伯特是好朋友，并来往于印象派画家马克斯·霍尔茨（Max Holz）的画家朋友圈。他在与阿伦特结婚前就已结过两次婚，第一次婚后不久就离异了，第二次结婚主要是为了帮助那个立陶宛人娜塔莎·耶夫罗基（Natascha Jefroikyn）获得德国国籍。

1934 年布吕歇尔越过布拉格逃往巴黎，1936 年在阿伦特的一次讲座中，结识了她。同年他与其他一些"和解者"一起在斯大林主义者和以后联邦德国的社会民主党主席赫伯特·魏纳（Herbert Wehner）在场的情况下，被开除出党（比较 Müller 2004，89）。"我们寻找事物自身中的辩证法，被谴责是知识分子；而那些手舞着纸糊的剑的经院哲学英雄却把自己称为现实政治家"（BeBl 62），他在给阿伦特的信中这样写道。1938 年与他和阿伦特的共同朋友本雅明展开了一场关于布莱希特的《为城市居民所写的书》的争论。随后，本雅明反思性地这么写道："布吕歇尔指出《为城市居民所写的书》的有些要素无非是表现了苏联秘密警察的实际手段",是有道理的。接着又写道,这里涉及的是一种程序形式,"在这种形式中,共产党最糟糕的那些东西与国家社会主义最无廉耻的东西进行了沟通。也许可以因此猜测,与革命工人们的一种交往,可能会阻止布莱希特将工人运动中苏联秘密警察实践的危险和后果错误地诗意化,从而可以避免这一错误给工人运动带来的后果"(Benjamin 1985,540)。

布吕歇尔在法国曾被关进拘留营,最后与阿伦特一起越过里斯本逃往美国。在那里他作为国民士气全国委员会的助理研究员主张美国参与战争,以笔名"瓦利茨"撰写参与收集"轴心国大战略,全面战争的蓝图"(The Axis, 1942)工作的文章。

苏格拉底式的公民

20 世纪 50 年代初期,布吕歇尔曾想唤起人们的兴趣,建立一套以程序性思考的国际法联盟问题的体系,但没有获得成功;同样没有结果的是他的求职申请:"我相信,所有的人都对我有一种深刻的怀疑。我向他们自我介绍那些适合我做的事情,把他们吓坏了,我越是从容不迫不事张扬地出现在他们面前,他们就越是认为我傲慢。"(BwBl 227)最后,他没有任何形式的正规教育文凭,却在纽约新社会研究学院以自学者、哲学思考者、艺术和政治理论家的身份开办艺术哲学讲座,1952~1967年在巴德学院担任教授,受命建立一门普通常识的公共课(比较 BwBl 567 – 580),课的内容是关于自由、创造性思考与非个性的、理性思考之间的矛盾性,苏格拉底哲学与形而上学、意识形态的对立性,以及人的生活世界与科学机制化之间的关系。他主张一种能够有助于建立相互交流关系的教育,反对因循守旧、循规蹈矩和虚无主义;主张从一种纯粹的理解方式出发使自己成为一个对自己、对别人以及对整个人类负责的人(比较 BwBl 574)。他的讲座涉及的是:现代艺术作为反对独裁思想的保障,创造性力量的源泉,以及共和主义的思想和行动。

除了入门课程的内容和一次涉及两份关于艺术文章的谈话,他并没有撰写其他什么文章。他的强项是他能抓住人心,以及他对知识的渴望、他的提问和以他的辩论热情为基础的演讲术。而写作则是他的苦难,为此他自嘲说:"那个善良的仙女说过,

'这个男孩应当有判断力'，而那个凶恶的仙女打断了善良仙女的话，接着说了一句，'否则什么都不是'。"（BwBl 211）

布吕歇尔不愿继承他在康德、尼采、马克思和克尔凯郭尔那里看到的那种仍与"梦想和替代天堂"相联结的哲学传统，他想作为一个"未来的公民"从事自己的独立思考。他全身心地投入讲座以及一根接一根地抽烟，讲座内容简明扼要、攻击挑衅，不使用任何专业语言，他的讲座曾很受学生喜爱。他甚至公然宣布："我要把哲学导论课搞成一个真正令人震惊的炸弹。"（BwBl 251）既不是耶稣也不是马克思，既不是形而上学也不是自由主义应当成为思想的限制。很简单，就是要扔弃这些，因为思想没有任何框架。

> 存在主义的结论［……］人的绝对独立和自由思想的构思，这都陷入了灾难。我向你们宣布的［……］是它们自身对虚无主义的超越，它们期待这一超越能成为对舒适的自由主义的一种回归。［……］它们所需要的是犹太教法典的耶和华或他的儿子所能给予的内心慰藉，也称为安慰；但同时也有马克思想向他们许诺的外在慰藉。我想让他们抛弃这两者。尽管他们对我的"清晰思路"都感到敬佩，但他们仍发出了悲哀叫喊（BwBl 271f.）。

当警察在学潮期间出动干涉时，布吕歇尔常爱做一些有利于学生的调解。

布吕歇尔切身的斯大林主义体验对阿伦特关于极权统治的分析颇有启发，她的这本书是献给他的。当然她自己的思想和情感——比如对马克思的批判、对委员会和自发行动的热情、对罗莎·卢森堡的好感，以及她对赞同麦卡锡的那些曾经的共产党人的批判等——都给这本书打下了印记。"平庸的邪恶"这一表达，间接地来自布吕歇尔，他曾把"邪恶"表述为"一种表层的现象"（比较 Young-Bruehl 1999，51；BwJa 578）。阿伦特对哲学传统的批判，鼓励了布吕歇尔转向苏格拉底的思维方式，而他对专制和极权政治模式的批判，又激励了她对政治行动作出新的定义。

阿伦特的政治理论是以他们两个人共同的人生经验为基础的：布吕歇尔的行动经

验以及行动必须与党的统治保持必要独立性的经验，阿伦特自己作为犹太人的生活经验以及在联邦体制中获得摆脱少数种族成员处境的经验。他们两人致力于的哲学和政治、思想和行动的开放，使他们以沉思和积极的生活方式建立了一种新的相互关系，如同阿伦特在她的《积极生活》和《论精神生活》中所表达的那样。这样才能够，如布吕歇尔给雅斯贝尔斯的信中所写的，"证明真实行动的自由和真实思想的真理的不可分割性"（BwJa 488）。通过布吕歇尔，阿伦特也进入了与他友好的艺术家阿尔弗雷多·L. 科普莱（Alfrede L. Copley）、卡尔·海登赖希以及卡尔·霍尔蒂（Carl Holty）等人的朋友圈。在他的艺术哲学讲座中，他特别强调了现代艺术的反专制性。

布吕歇尔和阿伦特都爱为某件事争吵，因此布吕歇尔写道："你是家里的小魔鬼，我是家里大声嚷嚷的老幽灵。"（BwBl 271）他们俩共同的朋友，作家兰德尔·贾雷尔在他的小说《一个机构的画像》中，把他们两人化身为罗森鲍姆（Rosenbaum）这一对夫妻，经常因为歌德和荷尔德林而激烈争吵。

雅斯贝尔斯在给阿伦特的信中写道："［……］在我看来你们两人似乎就如柏拉图的思想不能没有苏格拉底，你的思想，就你思想的形成过程来看，也不能没海因里希。"（BwJa 652）并且他也敬佩布吕歇尔的那种无所顾忌、准确而又简洁的表达方式（BwBl 566）。而布吕歇尔的朋友德怀特·麦克唐纳则把他描写为一个"真正的、彻底的无政府主义者"，他的论证能够像一个百发百中的神箭手无意中就射中了目标（BwM 398）。他解释说，他想过"一种隐秘的生活，以至于人们不能把他与别人搞错"（BwBl 402）。他的每一次生日都会使他感到高兴（BwJa 398）。

1968 年他获得了大学授予他的荣誉博士，1970 年他因为心机梗死去世。阿伦特找不到一家出版社愿意出版他的讲课录音。后来他最后的学生亚历克斯·巴策洛夫（Alex Bazelow）把这些录音放在了巴德学院的网站上（http：//www. bard. edu/bluecher）。

沃尔夫冈·霍尔

参考文献

The Axis Grand Strategy: Blueprints for the Total War. Compiled and Edited by Ladislas Farago. New York 1942.

Benjamin, Walter: *Gesammelte Schriften.* Bd. VI. Hg. von Rolf Tiedemann und Hermann Schweppenhäuser. Frankfurt a. M. 1985.

Blücher, Heinrich: *Lecture transcripts.* Bard College, Stevenson-Library. In: http://www.bard.edu/bluecher/lectures/index.htm.

Müller, Reinhard: *Herbert Wehner – Moskau 1937.* Hamburg 2004.

Neumann, Bernd: *Hannah Arendt und Heinrich Blücher. Ein deutsch-jüdisches Gespräch.* Reinbek bei Hamburg 1998.

Young-Bruehl, Elisabeth: *Hannah Arendt. Leben, Werk und Zeit.* Frankfurt a. M. 1986.

–: »An unpublished Letter from Hannah Arendt to Karl Jaspers«. In: *Hannah Arendt Newsletter* No. 1 (1999), 51–55.

第4章 概念和构思

第1节 竞争

竞争这一概念来自希腊语（agon），是阿伦特借助由希腊城邦理念发展而成的以一种公共性作为表现行动空间的一个概念。阿伦特只是偶尔运用这个概念，并且也只是以形容词的形态出现，比如作为"竞争精神"（VA 187），但从这个概念事实上的意义来说，却在阿伦特的思想中有着重要的意义，比如在对阿伦特思想的研究中，霍尼希去掉了这个词的阳性冠词（1995，1993）；维拉曾对这个概念作过批判（1999）；本哈比（1998，201）区别了阿伦特同一概念里的两种行动模式，即竞争性和信息沟通。按阿伦特的观点，城邦为它的成员开拓了一个"最激烈最强硬竞争的表现空间"（VA 42），在这个空间里，每个人事实上都在以语言和成就表现自己的优秀，以在其他人中显示出自己。这种通过自己与别人相比而显示自己的行为（VA 187），是希腊城邦区别于现代社会的标志，因为在现代社会里，自由行动的自我行为在很大程度上已经被排斥在社会之外。同时近代的政治公共性衰落，也表现在对"不朽"关注的消失。对古希腊人来说是城邦，对古罗马人来说是共和体制，帮助他们作为一个凡人在人间永生（不朽），只要他能够以他的出色成就被写进历史。城邦或共和体制的责任是"有规则地提供场所，使人们能够有一个赢得'不朽荣誉'的地方；或是为人们提供机会，能够利用这样的机会以语言或行动表现自己，以他特有的、不同于别人的才能来表现他是谁"（VA 190）。但这只能在与别人的竞争中完成。

这个受尼采启发的（Villa 1999）作为替代模型的竞争主义思想，与卡尔·施米特范畴中一种朋友－敌人的政治关系，与马克思的阶级斗争，有着以下三个方面的区别。

首先，阿伦特的政治竞争与公开形式的斗争或甚至战争的区别，在于它远离暴力，最终只是涉及一种演讲竞争（WP 96）。希腊城邦的竞争行动是由法律制定框架，竞争自身并不是行动的产品，而是被理解为生产的一种方式。同时，在行动和语言中，城邦的每个成员都有可能构思自己表现精湛技艺的模式，这类似于笛子演奏、跳舞或演剧等一类"无利可图的艺术"（VA 202），这些表演的价值实现在表演的过程之中，而不是如同一件产品只有在生产完成后才拥有价值。

其次，这种竞争并不要求竞争活动的参与者，也就是那些原本意义上的"英雄"，拥有英勇或甚至好战的特性。在荷马那里的一个英雄，只是一个参与了特洛伊战争的"自由人"。那个英雄表现出来的勇气，并不是壮烈的，而是一种每个人都可以拥有的勇气，只要这个人敢于跳出个人隐蔽的空间，进入公共性"耀眼的、能获得荣誉的光明中去"（VA 170），进入其他人的眼球中。也正是出于这个理由，阿伦特才把在公共性中的行动与戏剧，与出色的政治艺术相比较（VA 180）。尽管在行动中并不排除涉及展现自我，但是希腊城市国家最初的行动模式，就是由展现自我的现象所规定，人们以这种模式阐述自己的竞争精神（VA 187）。

最后，竞争行动有着互患性和多元性的规则。城邦是一个"'观众'的观察空间，在这个空间里，每个在场的人既是观众也是行动的参与者"（VA 191）。因此在演讲竞争中，那些在荷马特洛伊战争的叙事诗里仍还存在的敌对两面的结构原理都被城邦所打破，城邦就此构筑了一种观点视野角度的多样性，这意味着有利于"无穷尽的多面性"，即便那个演讲对象并没有表现出自己的所有方面（WP 96）。不是两个对手以竞争性目光，在一种谁胜谁负的意义上构成了政治；而是竞争观点视野角度的多元性构成了我们的政治。

奥利弗·马夏尔特

参考文献

Benhabib, Seyla: *Hannah Arendt. Die melancholische Denkerin der Moderne.* Hamburg 1998.

Honig, Bonnie: »The Politics of Agonism. A Critical Response to ›Beyond Good and Evil: Arendt, Nietzsche, and the Aestheticization of Political Action‹ by Dana Villa«. In: *Political Theory* 21,3 (1993), 528–533.

–: »Toward an Agonistic Feminism: Hannah Arendt and the Politics of Identity«. In: Dies. (Hg.): *Feminist Interpretations of Hannah Arendt.* Pennsylvania 1995, 135–167.

Villa, Dana R.: *Politics, Philosophy, Terror. Essays on the Thought of Hannah Arendt.* Princeton 1999.

第 2 节　反犹太人主义

阿伦特很早就确信以新的特征表现出来的现代反犹太人主义，与受宗教影响的反犹太教之间有着一种内在联系（比较 JW 65）；当其他人（其中包括犹太复国主义者）都认为反犹太人主义会"永久"存在下去的时候，阿伦特却强调了它的间断性和历史性。因此在对"极权主义"这个概念作更精确表述的过程中，她也试图同时把握这种新形式的极权专制的焦点是什么。从这个意图出发，她引进了一种新的方法，以区别现代的、前极权时期和极权主义时期等各种不同时期的反犹太人主义，并把前极权主义时期的反犹太人主义又分为两种不同的反犹太人主义，即一种社会的反犹太人主义和一种政治的反犹太人主义。反犹太人主义经由极权主义而成为一种真正的意识形态："它成了所有世界观的中心"，并且"不受任何犹太人事实生活经验的束缚"（EU 368f.）。

一方面，阿伦特认为，前极权主义时期的反犹太人主义，仍还是以"犹太人和非犹太人之间那种长期以来纠结在一起的历史关系为基础"（EU 18）。当资产阶级对国家财政还没有直接兴趣的时代，国家为了财政需求首先可做的便是转向犹太银行家。虽然以独立解放为目的的民族国家，假定了所有个人，不管他属于哪个族裔群体都享有同等权利，但民族国家需要一个与众不同的、生活在欧洲内部却又没有融合进社会其他民众中去的犹太人群体。这就是反犹太人主义的政治根源，罗斯柴尔德

（Rothschild）家族的神话就表现了这个中心主题。但是当所有其他阶层团体的人群一个接一个地起来对抗国家的时候，这些团体和人群就把全部犹太人都看成国家的可耻代表（比较 EU 39）。19 世纪遭遇的金融危机，导致这类反犹太人主义极端化，比如在法国出现了"巴拿马事件"的行贿丑闻。人们抨击国家和共和主义的机构，猜测在金融资本和政治之间存有一种秘密的协约，而犹太人就是这种秘密协约的象征。

　　但在另一方面阿伦特也发现，如果犹太人"越是"试图将自己的生活习惯近似于自己生活环境周围的人，"反而在周围环境中更惹人注意，更显示出犹太人与周围其他人的不同"（EU 110）。犹太人并不构成　个社会阶层，而是作为社会中的单一个人，越来越试图把自己融合进社会，希望自己不再看上去像个犹太人。作为犹太人种，似乎每个犹太人都有了　种神秘的特征，因此："必须有一个人从'犹太人'［……］中站出来［……］说：是社会的歧视，而不是政治上的反犹太人主义，造成了'犹太人'现象。"（OT 61）一种自然性的、无法解除内在于每个犹太人的综合特征，越来越成为衡量是不是犹太人的标准。因而使得反犹太人主义利用"种族"和"恶习"为借口的拙劣行径，似乎变得令人信服。这必然导致那些反犹太人主义的人说："如果人们想完全消除犯罪，只有一种惩罚可以行使，那就是彻底根除恶习。"（EU 161）德雷福斯事件是一个关键点，在这个点上，政治和社会上的反犹太人主义发现了他们调动暴民的能量："这些暴民全是由那些失去社会地位的人聚集在一起的。"（EU 188）

　　按阿伦特的见解，最终出现极权主义形式的反犹太人主义的那个世界，已经不是在 19 世纪，而是第一次世界大战后不久。由于帝国主义扩张而造成的去社会化、民族国家的危机以及大批单子化和与世隔绝的人群成为那个时代和社会的标志。在泛日耳曼主义等运动的历史综合背景下，反犹太人主义离开任何单一的国家问题，决然把这一切问题都归结为种族问题。散布在中欧地区的那些混合人群，都把犹太人看成一个遍布各地、自以为被上帝选中并比其他民族优秀的民族。这就给予反犹太人主义以黑白颠倒的机会，使其成为那些也认为自己是被上帝选中并试图以与生俱来的种族特性证明自己是优秀民族的聚集点。

按照阿伦特的看法，国家社会主义作为泛日耳曼主义思想遗产的继承人，接受了所有反犹太人主义的思想潮流，为了给这些思潮添加意识形态的内涵，他们使用了"犹太世界阴谋"的口号，并被用来解释一切社会和政治问题。

但是阿伦特相信，奥斯威辛集中营的恐怖，并不一定是一种反犹太人主义持续发展的必然结果。当然，"对犹太民族所施加的"这种反人类的罪恶，以及对"牺牲品的选择"，都有着"仇恨犹太人和反犹太人主义的长久历史根源"（EJ 318）。但是集中营大屠杀对犹太人犯下的罪恶，"不仅在数量上，而且也在本质上与以往的反犹太人主义有着根本的区别"（EJ 317；见本书第 2 章第 6 节第 1 部分）。

> 马蒂娜·莱博维奇
>
> 由拉尔夫·克劳斯（Ralf Krause）
>
> 从法语翻译成德语

参考文献

Brokoff, Jürgen: »Hannah Arendts Antisemitismustheorie und die Entstehung des deutschen Antisemitismus aus dem Geist romantischer Geselligkeit«. In: Eva Geulen u. a. (Hg.): *Hannah Arendt und Giorgio Agamben. Parallelen, Perspektiven, Kontroversen.* Paderborn/München 2008.

Schulze Wessel, Julia: *Ideologie der Sachlichkeit. Hannah Arendts politische Theorie des* Antisemitismus. Frankfurt a. M. 2006.

第 3 节 劳动、生产和行动

阿伦特在她的《积极生活》（1960，见本书第 2 章第 5 节第 5 部分）一书中思考道，"如果我们从事活动的话，我们究竟应当做些什么？"（VA 12；比较 Young-Bruehl 2006，79；Auden 2006，7）。劳动、生产和行动，人类的这三种活动都以自己特有的方式参与了使这个世界［……］成为一个人化世界的活动，以致"这个世界成为每个人的家乡"（VA 14，156，153；DT 251，310；比较 Young-Bruehl 2006，79f；）。劳动保证了"个人的生存和人类的延续"（VA 15），生产"创建了一个人为的世界"（同上），也就是说，生产为这个世界创建了"相对持久、能够超越人的生命［……］的有限性和短暂性的事物和结构"（同上）。行动为政治共同体代代相传的持续性［……］建立了前提，从而"起着建构和维护政治共同体的职能；此外，政治活动是所有行动中最出类拔萃的活动"（同上）。人类的这三种活动都是以出生为导向，因为这三项活动都"始终承担着创建未来的使命［……］"（同上；比较 Saner 1997，109f.，比较本书第 4 章第 23 节）。在《积极生活》一书的这三种活动中，行动是唯一的一种"直接在人与人之间进行的活动"（VA 14；DT 61）。行动的基本条件是"多元性要素"，也就是，"生活在这个地球上和居住在这个世界上的不只是一个人，而是许多的人"（VA 14；见本书第 4 章第 28 节）。

劳动和生产

阿伦特采纳了亚里士多德对"制造技艺和实践"的区分。行动或是有着一种外在目的，"比如对某项决定的实施"（VA 188），然后留下"一种确切的终端产品"（同上）；或是将自己的目的隐含在自身，除了它自身以外，并不留下最终的结果，它自身的实现过程就是它"全部意义［……］的所在"（同上，201）。阿伦特认为，第一种状态所涉及的情况，"根本不再是行动，而只是一种依靠制造技艺所进行的生产"（同上，188）。为了进行生产，就需要在生产中添加作为劳动的活动。"作为人与自然之间物质交换的劳动"（同上，104），是一种"潜在的、永远不会终结"（同上，104）的过程，这个过程"被囚禁在人身体的自身循环之中"（同上，130），它"既没有开始也没有终结"（对阿伦特关于人的身体这一概念的批判，请比较 Major 1979，144f.；对她关于劳动和生产理念的女权主义批判，请比较 Pitkin 1998，v. a. 165ff.）。人的生活就全靠这艰辛的劳动。

在这样的状态下，人就不仅是一种从事劳动的生物，一种劳动的动物，而且也是一种从事生产，以生产区别于其他动物的生物。作为从事生产的生物，他为自己在"这个地球上建造了这个世界和自己的那个家［……］"（VA 122）。他通过生产为维持持久性提供所需的物资，因而为这个世界的"稳定和持久"作出了贡献。这个由生产建构的物质世界，即一个"人和自然之间的世界"（同上，125），是"人类的一个真正具有人的文化的家乡"（同上，124；VZ 289）。物质生产是一种操作，这种操作不仅有"构思或模型在先，而且在产品完成之后也不会消失［……］因为它使同一产品的继续生产成为可能"（VA 129f.）。

生产过程的自身，"在本质上由目的和手段的形式所决定，生产制成的物品是终端产品，生产的过程在这个终端产品中终结，这就是生产的目的；相对于目的而言，生产过程自身只是一种手段而已"（VA 130；VZ 292f.）。劳动的活动，也有一种"目的"，就是消费品。但"劳动的产品会即刻成为手段"（VA 130），作为"劳动力再生产所需的生活资料而被消费"（同上）。所有的劳动过程都内含着一种自身不断重复的循环［……］而生产的活动则有着"一个确切的开端以及一个可以预先确定的终端"（同上 130f.）。

人，只要他还是一个生产型的生物，他就会以利益的角度观察这个世界。那种目的－手段的思维方式虽然能够建设一个世界，但是如果要探究这种生产操作行为的意义，那么那个从事生产的人，便会勉为其难，回答不了有关意义的问题，因为他"除了目的－手段的理念，不懂得任何其他的道理"（同上，141）。

行动和言论

物质［……］的世界是一个以人为目的的手段世界（DT 46），而"行动则在本质上不同于生产"（同上，47，80f.，471）。行动是人有才能去开始做一些事情，"在这个意义上，行动和开端也就是内在于人的所有活动中的行动要素"（VZ 222f.）。人采取一种自己的主动，也就是"主动地表现自己"（VA 165），人的这一"自我启动，就如同他的第二次出生，不仅以赤裸裸的事实证明了自己的诞生，而且同时也为此担当起自己的责任"（同上，165）。在这里重要的一点是，行动不是以理性为根据，而是建立在人的多元性这一事实上："行动需要一种多元性，虽然在多元性中所有的人都是同类，即大家都是人，但多元性却以一种奇特的方式方法，使没有一个人与其他在这个地球上曾经生活过、正在生活着或将要生活的某个人，完全一模一样。"（同上，15；DT 15；见本书第 4 章第 28 节）"人自身就是一种开端，一种主动"（WP

49），这对政治自由有着极其重要的意义，只要是一种行动，"那么政治自由实际上就是行动和言论的自由"（WP 49）："行动自由与进入一种开始状态和发起启动，有着完全相同的意义。"（同上，49，34；ÜR 274）

阿伦特认为，在古希腊和罗马的政治经验中，"要求自由与开始（行动）是相互耦合的"（WP 49）。在古希腊"开始"（archein）这个词有两重意义，"既有开始的意义，也有统治的意义"（同上；为比较"archein"的多重意义，也请见 VZ 218），在拉丁文中是"采取行动（agere）［……］和实施（gerere）"这两个动词（VA 181）。这两种语言清楚地表达了"实施行动特有的双重性，即如果已经开始，那就必须完成这之间的一种确切关联，由此而造成那个启动者和领导者不得不依赖能够帮助他完成他已经开始的行动的那些人"（同上；ÜR 224f.；比较 Canovan 1992，141）。行动和语言需要"整个社会的人作为自己的对象"（VA 180）；行动和语言以一个可以表现自己的空间，即一个受政治保护的公共性领域为前提；同时在活动和话语中形成了"一种第二层次的中间关系"（同上，173；WP 99）。"这种中间关系有它自己的、客观的但又不可捉摸的现实。"（DT 61）这种中间关系尽管在物质性上难以捉摸，但是它的真实性并不少于"作为客观对象的物质世界"（VA 173）。由于那个行动着的人，在一种既存的、"无数相互抵触的意图和目的的关系网络中，以自己的线（意图和目的）总是只能与别人一起参与网络"（同上，174）的编织，"几乎根本无法纯粹按他自己最初的设想去实现他的目标"（同上）。只有作为生产者，人才能获得他的独立主权，但不是作为行动者。作为行动者，他只能在"其他人中间，即在那些同样行动着的人之中活动，因此他就绝不可能是一个单一的活动者，只能是一个容忍别人的人。行动和容忍相辅相成"（同上，182；DT 526f.）。

如果不顾生产和行动之间的这种根本区别，硬是把生产性的劳动标准应用到政治上去，那么就会"产生两种情况：一，就会把多元性主要看成单一个人［……］的简单总和。或是二，就会把多元性曲解为通常被称为人类的魔怪个人"（DT 80）。伴随着行动不一定会出现一个合符自己意志和眼前想象的未来（比较 Jacobitti 1988；

Martell 2008）。"行动所能带来的，如同孟德斯鸠在对国家形式的分析中所指出的，更多的是一种原则。"（VZ 206；Kateb 2000，137；为比较行动的动机、目的和原则，请见 Knauer 2006；Williams 2006a；见本书第 3 章第 1 节第 8 部分）最好按一种表演艺术的模式来理解行动，因为"在表演艺术中，演出自身就是成就，而不是某个依赖于活动并在活动之后才制造成的终端产品"（VZ 206；比较 Ricoeur 2006）。如果人们硬要坚持行动有一种结果，那么"只能说行动有一种历史的特性，只要在行动，历史就在延续；但是没人能预测和构想历史的终点和最终结局，即使是那个推动历史的人也无法做到这一点"（VZ 224）。

如同精湛技艺的表演艺术要依靠"观众在演出过程中的在场，在一个政治空间里具有表演特性的行动，也需要有其他人在场"（VZ 207，240；LG 1.31f.；见本书第 4 章第 30 节）。已做过的事情的"不可预测性"（VA 231）和"不容撤回性"（同上，231）是行动最突出的两个特征。但是应对不可预测性和不可撤回性的手法已经植根在人的行动能力之中，这就是人在行动中所拥有的"原谅和承诺的能力"（见本书第 4 章第 41、43 节）。

行动和言论都在最后给出"这个人是谁"的结论（VA 167）。如果没有能够表明"这个人是谁"的特性，那么"行动只是一种形式上的成就"（VA 170），"言论［……］就只是一种空谈"（同上，170）。那就给"使用武器的暴力行动开辟了道路"（同上），就会把"暴力等同于政治行动"（VZ 314）。"按暴力的定义，暴力［……］是无言的［……］是人的一切行动中唯一不以语言为媒介、不需运用语言的一种行动"；除了暴力以外，"我们所有其他种类的政治或非政治的活动［……］都是以语言作为行动，我们的话语自身就是行动"（VZ 315；VA 29；DT 340，345；比较 Kateb 2000，133）。

阿伦特也明确区分了一个演讲者"在正确的场合寻找出正确的语言"的那种作为行动的演讲，与他传传递给其他人的信息和交流的内容之间的区别"（VA 29；比较 Kohn 2000，128）。这里涉及的实际上是在话语和行动中的政治特殊性（比较 Villa 2006，110ff.；见本书第 4 章第 29 节）。这个世界"向每个不同的人表现出自己的不同性；我的辉煌是荣耀（δοξει μοι = δοξα）。正确演讲中（而且只有在演讲中）我展现了我的荣耀（δοξα）。这就是我的那部分世界，是我从我的角度出发所看到的整个世界。在倾听演讲中，我又经历了别人怎样从他们的角度看待这个世界。世界把自己展现在每一种不同的荣耀中。世界不只是一种意见，并且世界只是在荣耀中展现自己"（DT 399，233f.，406）。这种我所能提出的观点"只具有部分意义的荣耀，[……]只能在与其他人的沟通、理解和争辩中得以完善"（同上，402）。演讲是"与别人共享思想；至于究竟演讲些什么，只要人们相互说话，无非是说些人与人之间的事"（同上，246；比较同上，391）。为了让人们能够说说相互之间的事，"言论自由必须受到保障，也就是说，人必须拥有在公众场合演讲和听演讲的权利"（VZ 248；WP 51；见本书第4章第25节）。这是前提条件，有了这个条件，人们才能听到"公开和明确"的舆论意见（IG 95）。在这个前提下，诗人的责任就是要"造就出一些我们能够与此一起生活的语言"（MZ 288；比较 Pachet 2007，935），因为"联结着思想和行动的语言起着沟通的效用"（DT 528）。因此"只要涉及语言的关键点，就不得不让政治登场"（VA 10）。

黑尔佳特·马尔特

参考文献

Auden, H. W.: »Thinking What We are Doing« [1959]. In: Williams 2006, 7–14.

Canovan, Margaret: *Hannah Arendt. A Reinterpretation of Her Political Thought.* Cambridge 1992.

Heidegger, Martin: *Sein und Zeit.* Tübingen 1972.

Jacobitti, Suzanne: »Hannah Arendt and the Will«. In: *Political Theory* 16,1 (1988), 53–76.

Kateb, George: »Political Action: Its Nature and its Advantages«. In: Dana Villa (Hg.): *The Cambridge Companion to Hannah Arendt.* Cambridge 2000, 130–148.

Keenan, Alan: »Promises, Promises: The Abyss of Freedom and the Loss of the Political in the Work of Hannah Arendt«. In: *Political Theory* 22,2 (1994), 297–322.

Knauer, James T.: »Motive and Goal in Hannah Arendt's Concept of Political Action« [1980]. In: Williams 2006, 289–312.

Kohn, Jerome: »Freedom: the Priority of the Political«. In: Dana Villa (Hg.): *The Cambridge Companion to Hannah Arendt*. Cambridge 2000, 113–130.

Major, Robert W.: »A Reading of Hannah Arendt's ›Unusual‹ Distinction Between Labor and Work«. In: Melvyn A. Hill (Hg.): *Hannah Arendt: The Recovery of the Public World*. New York 1979, 131–155.

Martell, James: »Amo. Volo ut sis. Love, Willing and Arendt's Reluctant Embrace of Sovereignty«. In: *Philosophy & Social Criticism* 34,3 (2008), 287–313.

Pachet, Pierre: »The Authority of Poets in a World without Authority«. In: *Social Research* 74,3/1 (2007), 931–940.(Dt. in: Wolfgang Heuer/Irmela von der Lühe (Hg.): *Dichterisch Denken. Hannah Arendt und die Künste* Göttingen 2007, 62–69).

Pitkin, Hanna Fenichel: *The Attack of the Blob. Hannah Arendt's Concept of the Social*. Chicago/London 1998.

Ricœur, Paul: »Action, Story and History. On Re Reading *The Human Condition*« [1983]. In: Williams 2006, 43–53.

Saner, Hans: »Die politische Bedeutung der Natalität bei Hannah Arendt«. In: Daniel Ganzfried/Sebastian Hefti (Hg.): *Hannah Arendt – Nach dem Totalitarismus*. Hamburg 1997, 103–119.

Villa, Dana R.: »Arendt, Aristotle and Action«. In: Williams 2006, 88–134.

Williams, Garrath (Hg.): *Hannah Arendt. Critical Assessments of Leading Political Philosophers, Volume III: The Human Condition*. London/New York 2006.

–: »Love and Responsibility: A Political Ethic for Hannah Arendt« [1998]. In: Williams 2006, 313–329 [2006a].

Young-Bruehl, Elisabeth: *Why Arendt Matters*. New Haven/London 2006.

第4节 同化

在她对同化（Assimilation）的评判中，阿伦特确定了自己与"同化主义者"的界限，"同化主义者永远也无法解释，事情怎么会如此糟糕"，而且也与犹太复国主义者保持了距离，"他们从不去关注解释那些已经很好地解决了的事情的事实"（JW 51），尽管犹太复国主义对同化主义的批判，如库尔特·布卢门菲尔德曾是她思想的一个源泉。犹太复国主义批判同化主义，认为同化主义在获得解放的框架内，把犹太人与社会其他人群的融合仅仅看成一个在民族国家内享有同等权利的个人行为；因而要求犹太人融合进入他生活所在地国家的民族之中，使犹太人不再是犹太民族的一员，而只是作为一个与国家承认的其他宗教并列的犹太教的信徒。

就某种程度上来说，这就不再是同化，而是同化主义；它的问题在于："同化是

阿伦特手册

一个事实，它只是在后来才成为意识形态。"（JW 22）这个不可逆转的事实是，犹太人的生活方式被彻底作了变革：他们现在必须服从普遍的法律规则，拥有自由迁徙的权利，接受了他们生活的社会和他们在家庭以外经历人生经验的社会那个地方的语言和文化。如拉埃尔·瓦恩哈根那样的犹太人，在以自己的力量走上解放的道路经历第一代的同化以后，人们可以从中得出结论说：这是一种幼稚的同化，一种不会因为自我牺牲或自我否定而带来某种效用的生活方式。把同化作为一种事实来理解，意味着也必须承认犹太人特有的、与生俱来的那部分文化。出于那些与深刻的社会、政治变革，特别是民族国家形成相关联的理由，似乎除了犹太人自己的自发行为，"解放"在根本上改变了犹太团体的地位，因而也改变了作为个人的未来。这使得解放无法与同化分离。

然而事实是一回事，人们给这件事添加上去的意义，又是另外一回事。在添加的意义这个层面上，涉及的不再是幼稚的同化，而是同化或"同化主义"的意识形态；在阿伦特看来，在这种意识形态中，最有影响的代表是那个哲学家赫尔曼·科恩（Hermann Cohen，比较 JW 48）。实际上，同化并没有什么深刻的意义，"只是一种必要的适应——使自己去适应那个我们出生所在地的国家，适应那个我们恰巧也使用他们语言的民族"（ZZ 18f.），而通过添加的意义，就把同化主义转换为"在犹太人和法国人、犹太人和德国人、犹太人和匈牙利人等各种民族之间的一种预先确立的和谐"（同上）。解放应当显示犹太人和他们客居国家之间的那种根本性的认同。以这些努力证明犹太人已经百分之一百地认同了他们应当融入的那个民族；而同化主义却没有看到这样一个事实：人的一个群体是不可能在总体上完全进入另一个民族中的，只能是使自己融合进一个或多个社会领域中去，而这也就已经有了冲突。阿伦特认为，同化主义制造了一种典型的犹太人的恐惧，不敢面对事实和真实的敌人。同化主义意识导致无数犹太人无法严肃看待欧洲当时正在日益高涨的反犹太主义，特别是在德国；为此，同化主义要承担其中的很大一部分责任。在"黑暗的年代"，无数的犹太人被迫逃亡流浪。1933 年之前还能以一种"滑稽的形式出现的爱国主义"（JW 53），1933 年以后就成了一种"绝望的悲伤"（ZZ 17）。一些犹太人几乎还没有到达避难的国家，就想表明自己是多么愿意忘记过去，忠诚于新的祖国，在新的祖国中开始新的生活。他们以新的祖国替代了那个已经过去的国家。与库尔特·布卢门菲尔德一起共同拒绝同化主义，是阿伦特在道德和政治上的一种基本态度。

按照同化主义构思的融合，犹太人必须以所在民族国家的基本条件——即在"先前还是一个单一民族的国家，并要有以政府［……］的积极赞同为前提——融入这个国家广泛的政治背景中去"（EU 221）。这就使每一个新的民族群体的融合都会显现出同化主义的问题。第一次世界大战后出现的民族国家的危机，以及民族国家没有能力接纳战后众多无国籍人的避难，这些问题也是一种同化主义的危机。阿伦特在1942年就曾预言，同化主义的时间已经不长："在欧洲，不会再有同化；那里的民族国家已经太发达，也太古老了。"（AM 229）美国的历史和邦联体制向我们展现了融合不同起源的民族群体和公民，而不必经历强制性同化程序的可能性。

马蒂娜·莱博维奇

由拉尔夫·克劳斯从法语翻译成德语

第5节　权威

阿伦特指责传统的政治理论，抹去了"权力""暴力""力量""强大"和"权威"这些概念之间的差异性（见本书第2章第7节第1部分，第4章第21节）。特别是"权威"比其他几个概念，更易被人误解和错误使用。为了精确理解这个概念的意义，必须首先回顾一下这个概念最初形成的历史背景和历史经验。阿伦特针对这一概念的相关文章有《何谓权威?》（VZ），《权力与暴力》中的第2章，《论革命》中的第5章，《论精神生活》中的第2卷《意志》。

按阿伦特的见解，"权威"或是表现为个人的权威，如家长或老师等个人所拥有的权威，或是机制性的权威。在后一种情况下，权威取决于那个人的地位和职务，如一个法官或牧师所拥有的合法性权威。这种权威以尊敬为基础。相反，嘲笑和蔑视就会使这种权威声名狼藉。一个机构只有当它拥有合法性，并被人们随时服从的时候，才拥有权威；并且这种服从应当没有任何强制和被迫性成分，比如不受一种暴政的强制，或也不受政治竞争劝说的影响。"如果人们想对权威作出定义，首先就必须清楚地把它与暴力的强制和借助论据的劝说区分开来。"（VZ 160）另外，权威的合法性是以对一个超验领域或本质，以及对一种原则如对上帝或自然的信念为基础。这个基础既支持但又限制着权威的实施，它使权威不需任何论证性的理由，便享有一种"没有质疑的承认"（IG 175）。

权威的结构有着等级或金字塔形的形象特征，权威的移动是从上往下。尽管权威常常限制着自由，但阿伦特还是认为，与所有极权运动和统治形式相反，权威绝不是多余的。自由与权威除了相互限制外，更多的是各自都以对方为自己生存的前提。"权威的责任历来都是限制自由，但也因此而保障了自由，以致一种具有权威性的国家形式如果完全废除自由，那么也就丧失了自己真正的实质。"（VZ 162）

另外，"权威的原则在所有关键点上都与极权主义的统治原则，有着截然的不同"（EU 629）。如阿伦特所认为的那样，极权主义运动更像"洋葱形"，而不是金字塔形（同上，639），因为站立在洋葱中间的是那个领袖，围绕着领袖的是领袖的一层层的追随者，这一层层的追随者断绝了领袖和中心层接触外界真实的可能性。恐怖总是与极权主义相伴，权威消失了，极权只能以强制替代它。由此，对"权威"机制的攻击，如我们在20世纪60年代所能够观察到的那些状况，总是没有击中真正的目标，就是因为这些目标通常来自刚刚崩溃的真正权威。

阿伦特认为权威这个概念的起源可以一直追溯到古罗马，那时它与传统和宗教有着一种紧密的关系，并通过它们的支持而得以发展（见本书第4章第31、37节）。随着时间的推移，古罗马建立了城市，这也是罗马城的开始，因而具有一种近乎宗教性的神圣象征。"对建城的神圣性的确信"（VZ 187），不仅表现为人们对建城者的尊敬和感谢，而且也表现在人们决心无论如何要保护这份遗产。只要罗马的管理者一代代不中断地往下传，那么参议院继续代表建城者和继续他们权威的诉求，就会继续被人们所接受（ÜR 259）。

阿伦特手册

阿伦特强调罗马三叠系中的权威、传统和宗教每个要素的可行性和可持续性都是以另外两个要素的互动参与为前提。按她的理论，只有保持宗教和传统的不可侵犯性，政治的权威才能真正得到保证（VZ 189）。

以此为出发点，阿伦特又引申出另一个观点：作为这种类型的权威，在现代社会已不再是一种活生生的现实，而只能是过去的遗留物。西方近代早期的宗教和传统的衰败，也递减了政治的权威，从而导致世俗社会的持续性、连续性和不朽性的丧失。这些衰变造就了大革命的时代。但是按阿伦特的见解，革命绝不消灭权威，而是以一种极端质疑合法性和民众暴动的方法，为创建新政治秩序和机构造就潜在的可能（VZ 198）。值得一提的是，阿伦特在美国最高法院中看到了几乎被其他地方已经遗忘的权威原则：既不以使用暴力来实施自己的决定，也不需以某个代表来证明自己的合法性（ÜR 256f.）。可是人们却几乎总是服从它的判决。因此如果联邦最高法院阐释宪法，它总是一再呼唤人们对美国建国者们权威的记忆。以此赋予一种由契约而形成的秩序原先并不具有的稳定性和持续性。

阿伦特认为，"权威"与"权力"有着一种根本性的区别；与权力不同，权威不需要一个充满活力的公共性空间，即一个人们各自能够作为在政治上平等的人而相遇，并共同行动的空间（VZ 189）。权威同时也使自己远离暴力：只要一种权威性的统治结构因为它的合法性而受到人们的尊重，它就不需要依仗强制措施来实施自己的命令（同上，168）。最后，权威不仅区别于"强大"，强大只能是单个人的强大；也区别于"力量"，力量只是一个术语。按阿伦特的看法，我们应当在严格的意义上，即只能在涉及自然的领域里使用这个术语（IG 175）；作为比喻，它也能描写由一种社会运动而产生的"量子能源"。

刘易斯·P. 欣克曼/

桑德拉·K. 欣克曼

由朱莉娅·舒尔茨·韦塞尔（Julia Schulze Wessel）从英语翻译成德语

参考文献

Antaki, Mark: »The Critical Modernism of Hannah Arendt«. In: *Theoretical Inquiries in Law* 8,1 (2007), 251–275.

Gordon, Mordechai: »Hannah Arendt on Authority: Conservatism in Education Reconsidered«. In: *Educational Theory* 49,2 (1999), 161–180.

Heuer, Wolfgang: »Éducation pour un monde commun«. In: Marie-Claire Caloz-Tschopp (Hg.): *Lire Hannah Arendt aujourd'hui. Pouvoir, guerre, pensée, jugement politique*. Paris 2008, 521–530.

Pachet, Pierre: »The Authority of Poets in a World Without Authority«. In: *Social Research* 74,3/1 (2007), 931–940 (dt. »Die Autorität der Dichter in einer Welt ohne Autorität«. In: Wolfgang Heuer/ Irmela von der Lühe (Hg.): *Dichterisch denken. Hannah Arendt und die Künste* Göttingen 2007, 62–69).

Rivera García, Antonio: »Crisis de autoridad: Sobre el concepto político de autoridad en Hannah Arendt«. In: *Daimon: Revista de filosofía* 26 (2002), 87–106.

Schulze Wessel, Julia: »Über Autorität«. In: Hans Vorländer (Hg.): *Die Deutungsmacht der Verfassungsgerichtsbarkeit*. Wiesbaden 2006, 57–65.

第6节　邪恶

1950 年 6 月阿伦特在她的《思想日记》中这样写道："不能与极端的邪恶和解［……］也绝对不能把它默认为一种命运。"（DT 7）这种邪恶既无法惩治也无法原谅（比较 EU 700f.），人们根本无法以人类学的范畴去理解这种邪恶，它是人与人之间关系的空前绝后（比较 DT 116），既不能以自利的动机加以解释，也不符合合法性，只是一种逼迫人进入纯粹机械运作的强制性程序中去的逻辑（比较 DT 128）。如此描述邪恶，出自阿伦特从历史的角度对极权主义统治这一"政治的边缘现象"（DT 68）所作出的新的评判（比较 ÜB 14）；并认为与斯大林的罪恶相比，极权主义统治相对来说已是一种过了时的模式（比较 ÜB 14）。国家社会主义甚至造成极普通的人的道德沦丧（比较 ÜB 16），并且许多参与谋划的人既不是狂热的意识形态理论家，也不是通常意义上有着犯罪前科的罪犯，正是在这样的情况下，才显示出什么是真正的邪恶。阿伦特一再重复的那句"这绝不允许发生"，表现出一种面对这些已经发生的邪恶以及因此造成的传统断裂而无可言说的惊恐，也表明了以往道德哲学的基本假设并不能承受住"历史的风暴"（ÜB 48）。

阿伦特首先把她对邪恶的分析与康德关于极端恶的概念联系起来。康德认为极端的恶是一种自我招致的自我过错，可以归咎于自由意志（比较 Kant 2007，39）。康德在一种与理性相反的本能动力中寻找恶的根源，并把恶称为"残暴"，因为这种恶败坏了我们心中的道德法则和"一切原则的基础"（同上，45）。按康德的理论，"恶的人"不是追随自己的理性而是放任自己的偏爱，故意把自己对道德的偏离看作对道德法则的一次例外而迁就自己（比较同上，27；ÜB 28，42f.）。但是在《极权主义的要素和起源》一书中，阿伦特已经没有完全采纳康德的定义，她并不在罪犯和他的本能动力中寻找残暴的邪恶。残暴的邪恶，否认由我们的生存和多元性设定的边缘界限，从而把极权主义意识形态带进这个世界。它扼杀了其他民族的人的存在，以便只剩下一个单一民族的一些人，而这些人便成为全能的人，也就能够因此而"为所欲为"（DT 768）。由于残暴的邪恶使人成为这个世界上多余的人，从而毁灭了人的本性（比较 BwJa 202f.）。

自报道艾希曼审判案件以来，阿伦特否定了邪恶的极端性，反对神学和哲学历来的一种思想传统，即总是把魔鬼的神力或人的欲望作为邪恶的行动的根源（比较 LG 1，13f.）。罪行的可怕和罪犯的浅薄之间的不平衡性，不允许把罪犯行动的邪恶，仅仅追溯和归咎为一种存在于他自身之中的本质，认为这仅仅是一种自我意志或自我选择的现象。阿伦特在作为个人的艾希曼那里，在他那种极其普通性中，感受到了一个令人极其不安的地方：他的罪行有着无法以通常为人所理解的动机的不可解释性（比较 ÜB 150），这是一种缺乏想象力的平庸，拒绝自己的独立判断，没有能力从他人的角度去想象一件事情。封闭的自我意识空间、关闭的想象世界以及缺少认错的自我意识，这一切都表明（比较 EJ 15ff.，48 - 63），他拒绝自己是一个人（比较 ÜB 101）。这种"最大的邪恶"是一种依附在机体表层的肿瘤（比较 ÜB 86），它会糟蹋整个机体，即整个世界；它非常极度，但不是根本性的，"它没有根底，但也正因为它没有根底，它也就没有界限"（ÜB 77）。

阿伦特不是以道德（比较 LG 1，15；ÜB 75ff.）或情感世界（比较 ÜB 96）的概念，而是以思想的邪恶，去分析邪恶。邪恶的恐怖性存在于一种阿伦特称之为思想的轻信或缺乏中（比较 EJ 6，78；LG 1，14；DT 740）：对习俗的抵触、停止和阻止所有批判性的质问和怀疑（比较 LG 1，61；ÜB 155）、缺少内心的自我对话，而没有内心的自我对话也就没有深度（比较 DT 622；LG 1，14），也就导致没有良心的肆无忌惮（比较 EJ 132，152，163）。阿伦特直到她的生命终点都没有放弃思考关于轻信和邪恶之间关系的这个问题（比较 LG 1，13ff.，179）。在关于伦理问题的讲座中，她详细地列举了苏格拉底对思考程序的描述，思考过程中的"二在一之中"（ÜB 70；比较 LG 1，179 – 192），"是如此重要，因为我们从中发现了我们几乎没有期待的多元性"（ÜB 93f.）。如果我在思考，那我就是我自己的一个同伴，我就能为找自己提出一些建议和劝告。"作恶，意味着自我对话能力的不健全"（ÜB 75），或者已被"毁坏"（ÜB 73）。思考是否是阻止人去作恶（比较 LG 1，15）的一个前提条件？阿伦特从关注人的尊严和自我思考的角度（比较 ÜB 35f.）回答了这个问题：如果一个人想要与自己保持一致，不想欺骗自己（比较 ÜB 29），不想失去自尊，他就无法与一个犯罪的人共同生活。

克里斯蒂娜·蒂尔迈尔 – 罗尔

参考文献

Heuer, Wolfgang: »Hannah Arendt über das Böse im 20. Jahrhundert«. In: Detlef Horster (Hg.): *Das Böse neu denken*. Frankfurt a. M. 2006.

Kant, Immanuel: *Die Religion innerhalb der Grenzen der bloßen Vernunft*. Stuttgart 2007.

Knott, Marie Luise: *Verlernen. Denkwege bei Hannah Arendt*. Berlin 2011.

Villa, Dana: *Politics, Philosophy, Terror: Essays on the Thought of Hannah Arendt*. Princeton 1999.

第 7 节　官僚体制

阿伦特把官僚体制理解为一种新的统治形式，在这种统治形式中，政治的原则

阿伦特手册

第4章 概念和构思

（见本书第4章第29节）基本上被单纯的职能主义以一种管理机构和官员的形态所取代。官僚体制作为一种新的组织原则，完全不同于作为近代国家不可缺少一部分的那种以往既存的官员体制（EU 307）。官僚体制的形成更多的是与民族国家的衰弱，帝国主义、大众社会和"种族社会"（EU 308）的形成有关联。随着官僚体制的扩展，也因此增大了构成极权主义统治的风险。确切地说，官僚体制的现象是解开现代国家和权力彻底转向一种新的、全球性统治形式的钥匙。在这种新的统治形式中，欧洲的民族国家与殖民主义的统治体制紧紧地绑在了一起。官僚体制为政府在前台以统计的法则施行着对（大众）社会的管理（VA 45）。在官僚体制中，"政府的规定替代了法律，办公室的一个匿名的指令替代了一种公开法律的决定［……］"（EU 307）。在这样一种"没有人的统治"中（EJ 18），即在那个按阿伦特的说法几乎到了废除国家边缘的"最新的"统治形式中，确实"没有人可以再为发生的一切事件承担责任"（MG 41f.）。官僚体制就像一只"看不见的手"（VA 45），把管理人的生活过程（见本书第4章第19节）作为自己的主要任务，并以它对社会正常运作（见本书第4章第14节）的追求，而使人的行动成为多余（见本书第4章第3节）。人因此而成为一种"被动态"的生物（VA 45；比较 Canovan 1999，119），成为一种（权力）体系的执行者，在这个体系中没有人是真正负责的，却给人一种印象，似乎所有的人都承担着同样的责任，因而如果出了什么差错也就人人同样有过错（EU 126）。在这么个体系中，每个单一的个人都可以装模作样地表明，自己"似乎"只是在执行一种更高意志，自己只是执行这种更高意志中的一个"小小的轴承"（Vetlesen 2005，84－89；Jalusic 2007，1179f.）。但是艾希曼的所作所为，已经完全超过了他的责权要求他做的范围（EJ 174f.），由此可见，极权主义官僚体制的统治形式涉及的不仅仅是一种服从，这里面也存在着自我意志对法律源泉的一种认同（同上）。

这种新的权力形式之所以可能出现，是由于对现代"民族"国家的新定义，即把国家作为"［……］事实上的有组织［……］的暴力持有者"（MG 71），也由于国家权力的巨大膨胀而造成一种印象，"似乎这里发现了一个随时都能解决政治问题的永动机"（EU 249）。最初是为了保障资本的出口投资和资产阶级的经济扩张而建立的国家权力，作为实现其他非（民族）国家目标的权力手段，以帝国主义形式实施一种新的统治模式，以便"不需建立一个与此相应的政治体系，就能扩张自己的政治权力范围"（EU 234），以及一种趋于超越所有政治、法律和国家界限的绝对扩张。为了辨清官僚体制在极权主义形成中所曾起过的作用，阿伦特同时研究了两种似乎决然不同的要素：种族主义和官僚体制。这两者虽然在先前都有着自己的独立发展，但在 19 世纪末期却在一种帝国主义的框架内聚集在了一起。这两者的耦合，为"权力和破坏性膨胀构成了一种极端可能性"（同上，309），从而允许一切不可思议的实践。以南非为例，阿伦特描绘了一种"混合的统治形式"（Lord Cromer）的开端，这种混合的统治形式是一种"无法定义的政府模式"，在这一模式中偶然与绝对、专制与独断在一起运作（Lee 2007，71）。这种政府模式拼凑了民族国家的"最佳要素"即作为"高度文明"的白人的使命和类似暴民的种族意识（OT 344），才有可能在殖民地施行有规则的压迫。这给人一种规则性结构的假象，而在真实中却如卡夫卡的故事（比较 VT 62－73，88－107）所描述的那样，那里不仅有着极其专断的统治，而且也有着极可怕的冷漠，导致许多根本不可能发生的事，如由行政施行的大规模谋杀的最终发生（EU 209；EJ 17）。

阿伦特把官僚体制的统治描述为一种新的统治形式，即一种以专断作为关键要素而不是韦伯的现代国家理性原则的递增的统治形式，不仅帮助我们理解毫无先例的罪行，如犹太人大屠杀是怎么可能的，以及新型的"坐在写字台边上的罪犯"，如艾希曼，是怎么能够产生的；而且也向我们指出，为了深刻理解现代的民族屠杀，我们必须把"种族主义的意识形态和官僚体制的效能统一置放在一种新的权力结构中加以研究"（Mamdani 2001，78）。在殖民地和帝国主义的体系中就是以这种新的权力结构进行统治和管理的；以后又作为极权主义的重要因素回到欧洲。通过对种族主义和官僚体制的综合研究，阿伦特不仅以此描绘了"国家权力在非洲的一种深思熟虑的范例"，而且也很早就意识到，"殖民主义与民族国家统治的主权形式共同构成了一种具有唯一性的统治体系"（同上，69、71；Lee 2007）。

阿伦特的理论同时也证明了官僚体制的现象毁坏人以和平的、不一定是直接的恐怖方式进行行动和判断的可能性（Villa 1996，207）。在官僚体制管理结构的广泛和继续的生存中，以及对权力作一种"管理性的理解"中，潜伏着后极权主义的复活和不断出现有组织的犯罪的危险。政府就是因为这些而总是陷入那种危险的、似乎自己拥有一切权力的神话泥潭中。从这个角度来说，可能人们还会继续看到一些"有组织"的自我欺骗，比如阿伦特就在"地球上最强大"的修辞性表述背后的"政治谎言中"，认出了美国（IG 347）。

弗拉斯塔·雅鲁斯科

参考文献

Canovan, Margaret: *Hannah Arendt. A Reinterpretation of her Political Thought*. Cambridge 1999.

Jalušič, Vlasta: »Organized Innocence and Exclusion (›Na-tion-states‹ in the Aftermath of War and Collective Crime)«. In: *Social Research* 74, 4 (Winter 2007), 1173–1200.

Lee, Christoper J.: »Race and Bürocracy Revisited. Hannah Arendt's Reemergence in African studies«. In: Dan Stone/Richard King (Hg.): *Hannah Arendt and the Uses of History. Imperialism, Nation, Race, and Genocide*. London 2007, 68–86.

Mamdani, Mahmood M.: *When Victims Become Killers. Colonialism. Nativism, and the Genocide in Rwanda* Princeton/Oxford 2001.

Parekh, Bikhu: *Hannah Arendt and the Search for the New Political Philosophy*. London/Basingstoke 1981.

Vetlesen, Arne Johan: *Evil and Human Agency. Understanding Collective Evildoing*. Cambridge 2005.

Villa, Dana: *Arendt and Heidegger. The Fate of the Political*. Princeton, NJ 1996.

第8节 人类生存条件

人类生存条件这个概念，或称为"人的受制约性"，以一种表现人的多元性的政治概念取代了"人的自然性"这个形而上学的概念。要想研究人类生存条件这一问题，就必须分析在极权主义集中营中对人的摧毁："极权主义意识形态的根本目的，就是［……］要改变人的自然本性［……］。集中营所做的一切都是为了强制施行这种改变"（EU 701）。阿伦特指出，这种改变人的自然本性的企图甚至会导致对人的摧毁，因为只有"当'自然性'给人自由，使人成为一种最高的非自然性的生物的时候，也就是使人成为人的时候，'自然性'才具有'人性'"（EU 696）。为了避免误解，阿伦特在她的《积极生活》（见本书第2章第5节第5部分）中采用了"人类生存条件"这个术语，以取代她在《极权主义的要素和起源》（见本书第2章第4节第1部分）中仍还使用的"人的自然性"的概念，因为人的自然性在内涵上只是稍稍多于纯粹的自然生存的受制约性。人在这个世界上进行着生产活动，并在一个由人的多元性构成的政治领域中，以自己的活动实现自己的可见性，这就是人类生存条件这一概念的政治性；"并且政治与人的社会状况有很大的关系，也就是不管人有着怎样的自然性（比如人有一种说话的自然能力），一个单一的人，不论他是否道德或邪恶，都不构成政治；而是许多人共同居住和生活在这个地球上的这一事实才构成了政治。没有社会中的人的多元性，就没有政治；但这并不是说人的自然性中有多元性，而是他社会生活状态的本质决定了多元性"（Arendt："Authority"，1）。

也就是说，人的人性是与他生活的各种条件的组合相关联的。只要改变或摧毁了这些条件组合，就足以使人消失，集中营（见本书第4章第18节）就是证明。因此从人的活动类型出发，构思这些条件的组合状态，有着重大的意义："人的受制约性和人的自然性，并不是同一件事；包括人的活动和能力的总体，只要它们仍受制于人的受制约性，它们就并不表现为人的自然性。"（VA 16）那么应当怎样去理解人的受制约性呢？"人类生存条件，是人的受制约性的总和，它在内涵上多于人类在这个地球上与生俱来所获得的生存条件。人类是由生存条件决定的生物，因为任何一件与人类有关的事物，都会直接转化为人类生存的条件。"（同上）人类生存条件表现出的原则是，所有进入人的活动范围的事物，都会转换成为人性的条件。那就是说，人的这种条件性并不是简单地与生俱来的或出生之初就拥有的。劳动、生产和行动，我们人类正是通过这些活动，才摆脱了原始自然规定我们的生存条件，但同时这些活动也以它们在这个世界的效用规定和制约着我们（见本书第4章第3节）。

阿伦特关于条件的这一理论，既不在康德思想的意义上把条件理解为一种形式上的可能条件，也不从马克思思想的意义上把条件理解为一种存在的物质条件。条件是一种过程，在这个过程中，人以他自己的活动作为条件决定了自己，而他的活动自身又总是只能从既定的条件出发。因此，生存作为劳动的条件，同时却又有着它的另一面，即生存是由以生存为目的的活动所决定的。世界之所以是生产的条件，是因为世界是由人的活动创建的，而创建世界的活动又受创建者自身的制约。多元性是行动的条件，而行动又是非稳定性团体中的活动者的行动。不管正在从事着什么，人都是受条件制约的生物。人的这种受制约性是人作为行动生物的一个标志，而不是人存在的一种方式。人的受制约性同时也是一种人间的和世俗的制约："世界的客观性，即它的客体以及物质的特性，与人的受制约性有着一种互补性和依赖性，因为人的生存决定了人需要物质，而如果物质只是一堆没有内在联系的客体，如果每个事物不是在为自己的同时也成为人类共同生存条件的话，那么这就不是一个完整的世界。"（VA 16）即使在非极权主义的民主主义的社会中，人类的生存条件也受到经济和科技活动的自我毁灭性的威胁，而这些活动的最初意图却是为了把人从他的受制约性中解放出来：特别是在人工繁殖生命、自动化以及征服太空等领域里的活动（VA 导言注释）。为排斥这些威胁，阿伦特倡议一种能够"关注这个世界"的政治（WP 61）。

艾提娜·塔辛

由卢卡斯·屈布勒（Lukas Kübler）从法语翻译成德语

参考文献

Arendt, Hannah: »Authority« [1953]. In: Between Past and Future. First Draft. LoC, Box 62.

Frampton, Kenneth: »The Status of Man and the Status of his Objects: a Reading of ›The Human Condition‹«. In: Melvyn A. Hill (Hg.): *Hannah Arendt: the Recovery of the Public World*. New York 1979, 101–130.

Gottlieb, Susannah Young-ah: »Arendt's Messianism«. In: Dies.: *Regions of Sorrow: Anxiety and Messianism in Hannah Arendt and W.H. Auden*. Stanford 2003, 135–160.

Krüger, Hans-Peter: »Die condition humaine des Abendlandes. Philosophische Anthropologie in Hannah Arendts Spätwerk«. In: *Deutsche Zeitschrift für Philosophie* Jg. 55,4 (2007), 605–626.

第 9 节　思想

阿伦特在《论精神生活》的第一卷中，着重研究了思想（见本书第 2 章第 8 节第 1 部分）。但是在她的短文《关于思想与道德的内在关系》（VZ 128 – 155）中，思想这个概念已经成为她思考的对象。在《积极生活》（见本书第 2 章第 5 节第 5 部分）一书中，相对于"沉思生活"她更突出了"积极的生活"，因而使她觉得有必要对沉思生活这一概念重新作出定义。阿伦特在《积极生活》中曾提出"如果我们正在活动，就要思考那些我们真正在做的事"（VA 12），在《论精神生活》一书中她又进一步分析了这个问题，即"如果我们只是在思想，那么我们会'做'些什么"（LG 1，18），她认为我们思考经验的目的，是要把握思想的时代条件。艾希曼案件（见本书第 2 章第 6 节第 1 部分）以及《积极生活》末尾出现的那些疑问，导致阿伦特竭力去理解：思想活动是否能够阻止人去作恶？人的思想活动能够在多大的程度上是政治性的？

阿伦特把思想首先想象为一种"远离尘世"的活动，其次是苏格拉底式的对话，并把自我隐匿的认同作为思想的基础，最终是这种精神活动拥有的政治内涵。

阿伦特以知识和思想的分离作为自己研究思想活动的出发点，认为由康德开始的这种分离有一种决定性意义，即它为思想活动开拓了空间（LG 1，25；比较《理解与政治》VZ 110 – 127；《关于思想与道德的内在联系》VZ 128 – 155；《真理与政治》VZ 327 – 370）。虽然我们思想活动的模式面临危机，但我们并没有因此丧失我们思想活动的能力。面对这样的事实，阿伦特的结论是：作为人，我们是思想型的生物。应当要求每个人都去思想。按阿伦特的理论，思想是一种活动，它不需具有可见性的对象，也不需一定得出什么结论，正如亚里士多德所强调的那样，它是一种能量。思想的活动就如同生活自身，它的自身就是活动的目的。为此，阿伦特强调说："精神生活唯一可以想象的比喻，是活着的感觉。"（LG 1，128）

有了这个起点，接下来要解释的问题就是，怎么能够把有着不可见特性的精神活动表现出来，使其可见？阿伦特认为解释这个问题，需要分两个步骤：首先，将思想

阿伦特手册

第 4 章　概念和构思

作为一种远离尘世的思考活动和过程。其次，将思想作为一种与自我的对话，并且这一自我对话先于与别人的对话。但是马丁·海德格尔确信，一个人只有置身于一切秩序之外才能从事思想活动，因为思想的活动"中断了行动"（VZ 134；见本书第 2 章第 10 节第 4 部分），思想要求暂停行动，以便使远离尘世的思想者通过思想的活动又回到他身处其境的尘世中："思想，必须首先置身于一切秩序之外，才能寻找行动意义，而思想寻找意义的持续，不会超越这一思想活动自身所需的时间，因此一个人在思想活动结束后再开始寻找行动意义的行动，是很有必要的。"（LG 1，127f.）如同苏格拉底，阿伦特把思想描写为一种对话活动（见本书第 3 章第 1 节第 2 部分）。

"可以把精神活动，特别是正在默默自我对话的思想活动，理解为是我与我的自我意识之间的一种原始的双重性或分裂。"（LG 1，80）从这一角度出发，阿伦特认为处于脱离尘世的思想活动与现象世界之间的矛盾，只有依靠判断力才能得以解开（见本书第 2 章第 8 节第 2 部分；第 4 章第 39 节）。可以将作为寻找人生意义的思想的必要性与叙事等同起来，如同叙事总是在回忆过去，思想也总是包括对过去的反思（见本书第 4 章第 42 节）。但思想又总是在刻不容缓的那一刻中进行，而这一刻就构成了过去和未来之间的一个空隙（见本书第 2 章第 5 节第 6 部分）。

被阿伦特在这里称为"自我意识"的，其实是一份个人自我认同的证明，它囊括了我们所有的想象、经验，以及对一个已经生活过的时代的回忆："在这个意义上"，阿伦特引用康德说，"'我思'表达的是一种我决定我现实存在的行动"（KrVB 157；LG 1，80）。如同康德（见本书第 3 章第 1 节第 10 部分），阿伦特也认为思想的特点是，思想者自我的隐秘身份将不会因为思想而被公布于众。虽然我决定了我自己的存在，但通过思想决定我自己存在的方式和方法，仍然是我的隐秘，别人无从得知。"我思"似乎造就了一个隐秘的空间，以一种忘却自我意识的方法，远离"感性的当代世界"（LG 1，81）和行动。思想活动所需时间的长短决定了这个空间的生存期；思想活动一旦结束，这个空间也就随之消失。按阿伦特的看法，思想的历史性决定了，远离行动是思想活动的前提，因为只有观众而不是行动者，才能看透这种人世间的表演。观众身处表演的游戏之外，才能够理解表演的意义，并对此作出自己的判断。

阿伦特手册

第4章 概念和构思

阿伦特就是以此解释了以怎样的方式才能使原先不可见的思想人人可见。在此，阿伦特提出了一个问题：究竟是什么促使我们去思想？阿伦特为此研究现实中的一些方式和方法（形式和手段），正是这些方式和方法迫使思想着的自我，离开原先的隐蔽处去表现自己。阿伦特把这种现象解释为思想者与自我的统一，并引用了苏格拉底的名句："我宁愿与许多人不一致，也不愿与我自己相矛盾。"（LG 1，180；VZ 148）阿伦特对这句话补充道：如果一个人对他的自我有了一致的认同，那他也会进一步努力追求与自我的和谐。阿伦特认为，思想最初的不可见性是双重的，思想的活动会导致一种自我分裂，而人们所见的只是外部的现象。

因此对阿伦特来说，思想活动是一种回归自我的行为，但绝不是与世隔绝；是一种隐退，而绝不是一种孤独。在这种情况下，精神对话的标准不再是真理，而是与内在自我的统一。"简而言之，人的意识特有的、在思想活动中实现与自我的对话，表明现象世界充满了区别和差异，如同人在许多事物之间的各种不同位置，是人的精神自我存在的条件，因为这个自我只存在于双重性中。"（LG 1，186）这一切都表明，自我默默对话的双重性，是思想最初的源泉，也是理解思想政治含义的钥匙。（见本书第4章第29节）

阿伦特认为思想在人的生活中享有这样一种必然性，是人作为人的特权。思想活动有一种使人的真实性得以清晰的层面，人在思想活动中对自己的所作所为（事实和话语）进行反思，是想知道自己能否可以心安理得地与内心的自我继续保持一致。可是每个人都可能会出现没有能力去思想的状况，比如艾希曼，阿伦特在他身上观察到了那种漫不经心、不会思想的现象（见本书第2章第6节第1部分），这就出现了思想的政治内涵。

思想的另一种政治内涵是如果反过来，有一些人不是不加思索地去做一切，而是拒绝参与任何一种行动。"这种非常境况要求思想清除自己不直接参与政治的那一层面。"（LG 1，191）这也反过来证明了思想隐含着政治，通过思想对不直接参与政治的这种"清除"，便使判断获得自由释放："这就对人的另一种能力，即判断能力，起着一种解放的效用。而判断力有理由被称为是人的精神能力中最政治化的能力。"（LG 1，191）

判断使思想获得自由，也因此使思想能够表述自我，使思想原本的不可见性拥有了可见性。阿伦特认为这是哲学与政治达到和谐的关键因素，以此为基础，我们就可以对积极生活与沉思生活之间的关系作出新的规定——不是行动，而是观众的判断构成了"政治空间"（见本书第4章第30节）。思想活动是行动的另一种形式，是一种在关系中相互行动的形式。用莱辛的话来说，思想是为了行动，而不是为了装模作样地推理，莱辛决意要思想，"因为他在思想中发现了一种让自己在这个世界中自由活动的方式和方法"（MZ 23）。因此，思想"总是一种具有批判性的思想，它确实会销蚀那些死板的规则和一般的信念"（IWV 123）。一种没有限制的思想不会以陈旧的评判和简单的偏见来判断新的事物。

伊诺斯·坎皮洛

由克劳斯·弗雷德（Klaus Wrehde）

从西班牙语翻译成德语

参考文献

Berkowitz, Roger: »Solitude and the Activity of Thinking«. In: Ders. u. a. (Hg.): *Thinking in Dark Times. Hannah Arendt on Ethics and Politics*. New York 2010, 237–246.

Bernstein, Richard J.: »Arendt on Thinking«. In: Dana Villa (Hg.): *The Cambridge Companion to Hannah Arendt*. Cambridge 2000, 277–292.

Birulés, Fina: *Una herencia sin testamento: Hannah Arendt*. Barcelona 2007.

Canovan, Margaret: »Socrates or Heidegger? Hannah Arendt's Reflections on Philosophy and Politics«. In: *Social Research* 57, 1 (1990), 187–209.

Gray, J. Glenn: »The Winds of Thought«. In: *Social Research* 44, 1 (1977), 40–62.

Jonas, Hans: »Handeln, Erkennen, Denken. Zu Hannah Arendts philosophischem Werk«. In: Adelbert Reif (Hg.): *Hannah Arendt. Materialien zu ihrem Werk*. Wien/München/Zürich 1979, 353–370.

Kohn, Jerome: »Thinking/Acting«. In: *Social Research* 57, 1 (1990), 105–134.

Schmitz, Hans-Gerd: »Die perspektivische Konstitution des Politischen. Überlegungen zu Hannah Arendts Wirklichkeitsbegriff«. In: Karl Graf Ballestrem/Volker Gerhardt/Henning Ottmann/ Martyn P. Thompson (Hg.): *Politisches Denken*. Jahrbuch 2001, 18–31.

Taminiaux, Jacques: *La fille de Thrace et le penseur professionnel: Arendt et Heidegger*. Paris 1992.

Tassin, Étienne: »La question de l'apparance«. In: Miguel Abensour u. a. (Hg.): *Hannah Arendt. Ontologie et Politique*. Actes du Colloque *Hannah Arendt. Paris* 1989, 63–84.

Vollrath, Ernst: »Hannah Arendt und die Methode des politischen Denkens«. In: Adelbert Reif (Hg.): *Hannah Arendt. Materialien zu ihrem Werk*. Wien/München/Zürich 1979, 59–84.

Young-Bruehl, Elisabeth: »Thinking and Judging«. In: Lewis P. Hinchman/Sandra K. Hinchman: *Hannah Arendt. Critical Essays*. New York 1994, 331–364.

第10节　逃亡者、少数族裔和无国籍人士

阿伦特是最早研究少数族裔、逃亡难民和无国籍人士现象的学者之一，这在学术界已是无可争议的事实。她的这些研究并不只局限于民族国家的历史背景，还在政治理论上从批判反思的基本立场出发，对民族国家、关于国家主权的思想以及人权与国家公民权之间的关系等做了研究（Marrus 1985；Benhabib 1998，2008；Meints 2003；Heuer 2007；Birmingham 2006；Menke 2008；Volk 2010）。阿伦特有各种以逃亡者、少数族裔和无国籍人士的现象为主题的文章。其中最精辟的分析出现在她的那些句子中："只有唯一的一种人的权利"，"我们逃亡者"，以及在《极权主义的要素和起源》一书中有关《人权的困惑》的著名段落。无国籍人士是政治本身造成的后果或副产品，少数族裔是 1919～1920 年凡尔赛和平条约的产物，而逃亡者这个概念随着 20 世纪发生的灾难改变了内涵。在这之前，如果说某个人由于他自身的行为或政治信念遭到迫害，不得不在另一个国家里寻找接纳之处和立身之地而成为逃亡者，那么在灾难发生以后，逃亡者只是因为"他是谁"（即他属于哪个民族）这个标记而遭到迫害和被迫逃亡。阿伦特在逃亡到美国时说道，当代史又有了一门新的分类学科，"人被他们的敌人关进了集中营，又被他们的友邦送进了拘留营"（《我们逃亡者》，ZZ 9）。

"第一次世界大战后，如果谁不具有从属于一个民族国家所要求的民族、领土和国家这三个条件，那么谁就丧失了家乡和国籍，就是无国籍者。而谁丧失了由国家保障的公民权利，那么谁就是没有权利的人。"（EU 560）奥匈帝国和沙皇俄国走向崩溃后，东欧和南欧的民族性问题成为欧洲政治的关键问题。凡尔赛条约原本应当解决民族冲突问题，但是它把民族的所属性区分为国家主要民族和少数民族，也就无从解决民族问题了。那些作为同是战争受害者的少数族裔成员，被看成不同于国家主要民族成员的人，他们不仅失去了自己原本的社会地位，更糟糕的是他们也因此丧失了一种"通常被认为是不可剥夺的、不受特殊政治环境影响的权利，也就是做人的权利"（EU 562；见本书第4章第22节）。阿伦特认为之所以出现少数族裔、逃亡者和无国

籍人士这些非常态现象，是因为国家既不代表他们也不保护他们。只是靠着受国际社会保障、作为少数族裔条约的紧急状态法，少数族裔才得以生存，或者就像无国籍人士那样没有任何的法律保护（EU 562）。通过这样的分析，阿伦特确定了"法律上"和"事实上"无国籍的区别。

按照劳福德·希尔德斯（Lawford Childs）的说法，阿伦特把少数族裔的人看成"无国籍人士的堂兄弟"（EU 563）。1919 年和 1920 年的凡尔赛条约许诺"民族的自我决定权，以及囊括所有民族和所有欧洲国家的民族解放的原则"（EU 565），从而造成一些民族在一个原本自己祖祖辈辈生活的国家里成为少数族裔。国际联盟虽然在理论上保证少数民族条约，但却避开对"民族"（national）这个概念作出规定，只是简单地采纳了"种族的"（rassische），"宗教的"（religiöse）和"语言的"（sprachliche）少数民族概念。少数民族这个概念是按犹太人的模式构思的。在这以前，少数民族的概念意味着脱离自己民族的民族分离者；而在凡尔赛条约之后，人们就要求"属于少数民族的人应当感受到自己是生活在国家主流民族中的少数民族"（EU 569）。阿伦特以"无国籍人士"的命运为例，解说了逃亡者、少数族裔和被打上"多余"印记的人所共同经历的遭遇。在第一次世界大战后欧洲就有众多无国籍的人，他们被弃之于任何法律的保护以外，而那些接受他们的地方，也只是容忍他们暂时在那里生活。这些无国籍的人失去了他们原先的家乡，却又找不到新的家乡："这是没有历史先例的，不是因为（他们）已经失去的家乡，而是因为（他们）从此再也无法找到新的家乡。（他们）突然在这个世界再也没有生活的位置，不管流浪到哪里，都会在那里受到最严格的限制；没有一个国家让他们同化进入这个国家的社会，也没有一片可以建构一个新的社会团体的土地。"（EU 608）作为流离失所的人，他们确实在这个世界上没有了生活的位置，没有一个属于他们的地方。阿伦特把人的这种处境称为"无世界性"，认为这些人正是她的"无世界性"概念的典型例子（见本书第 4 章第 45 节）。无国籍的人不再属于任何政治团体，也不再属于任何人的团体。他被强行剥夺了与这个世界的关系，他的生活被简化为赤裸裸的生存，因此被抛回到一个"自然人的状态"。阿伦特认为，无国籍人的状态表现出人类退回到野蛮时代的恐怖画面："似乎一个原本到处都交织着文明的世界突然从自身出发产生了野蛮，在一个内部分解的过程中把无法计算的数百万人推到生活的边缘，他们从此只能像野蛮部落或生活在所有文明之外的野蛮人那样生活。"（EU 624）

对阿伦特来说，无国籍的人恰恰表现出民族国家的自相矛盾性。这些人被置身于国家的法律社会之外，却又生活在民族国家的边境以内。由于他们的国家所属性不被承认，他们就成为没有任何社会性的人。从这些人的这种境况中，我们可以看出：他们不仅是不受任何法律保护的人，而且也确确实实是一无所有的人。他们不仅没有一个国家公民参与公众事务的权利，而且也被剥夺了自由、法律上与其他人的平等权利以及人的尊严。无国籍人所遭遇的这一切，完完全全否定了莱辛的纳坦。当一个人只是单个人的时候，他作为人的身份便毫无用处。因为单纯的个人本身，在事实上既没有法律权利，也不受法律保护：

> 这个抽象的人，没有职业，没有国籍，没有见解，也没有成就，并无法通过这些作为自我认同，这正是国家公民的反面画像，是国家公民和无国籍人政治领域内永久的不同性和差异性，因此可以说：正是使所有人都平等的国籍造成了所有这些差别；作为一个没有权利的人，这个人无法凭受保障的平等权利与其他人进行平等的交往，只能龟缩在自己绝对独一无二、一成不变和沉默的个性中。人们剥夺了他所有能够让他作为个人进入到社会中去并表现自己个人的手段，因而也断绝了他通往一个相互理解的共同世界的道路。这个人既是一个人又是他自己的个人，这个人同时具有最普遍性和最特殊性，这两者都有着同样程度的抽象性，因为这两者都有着同样程度的无世界性。（EU 623）

在《人权的困惑》中，阿伦特做了这样的概括，为了被承认是人的权利的承担者，人必须是一个政治团体的成员，也就是必须是一个国家的公民。

瓦尔特劳德·迈因茨

参考文献

Arendt, Hannah: »Wir Flüchtlinge« [1943]. In: ZZ 7–22.
–: »Es gibt nur ein einziges Menschenrecht«. In: *Die Wandlung*, 4 (1949), 754–771.
Benhabib, Seyla: *Hannah Arendt. Die melancholische Denkerin der Moderne.* Berlin 1998.
–: *Die Rechte der Anderen.* Frankfurt a. M. 2008.
Birmingham, Peg: *Hannah Arendt and Human Rights. The Predicament of Common Responsibility.* Chicago 2006.
Heuer, Wolfgang: »Europa und seine Flüchtlinge. Hannah Arendt über die notwenige Politisierung von Minderheiten«. In: Heinrich-Böll-Stiftung (Hg.): *Hannah Arendt: Verborgene Tradition und unze-itgemäße Aktualität?* Berlin 2007, 331–41.
Marrus, Michaël: *The Unwanted: European Refugees in the Twentieth Century.* Oxford 1985.
Meints, Waltraud: »Globalisierung und Menschenrechte«. In: *Mittelweg 36* Heft 5, 6 (2003), 53–68.
Menke, Christoph: »Die ›Aporien der Menschenrechte‹ und das ›einzige Menschenrecht‹. Zur Einheit von Hannah Arendts Argumentation«. In: Eva Geulen/Kai Kauffmann/Georg Mein (Hg.): *Hannah Arendt und Giorgio Agamben. Parallelen, Perspektiven, Kontroversen.* Paderborn/München 2008, 131–147.
Volk, Christian: *Die Ordnung der Freiheit. Recht und Politik im Denken Hannah Arendts.* Baden-Baden 2010.

第 11 节 自由

"政治的意义在于自由",阿伦特强调说（VZ 210；WP 28；见本书第 4 章第 29 节）。她认为，这对我们来说有些难于理解，因为我们几乎无法想象政治和自由之间竟然有着这样一种关系；或更确切地说，我们通常并不理解政治和自由之间有着一种紧密的相互关联，并且我们经历的恰是与此相反的经验：只有在结束政治的地方，才开始有自由（WP 36）。

阿伦特认为，在西方哲学传承给我们的自由思想中，自由意味着"意志和选择的自由，是在既定的善和恶之间作出的一种选择"（VZ 205）。此外，阿伦特也指出，自由也意味着在既定的各种可能性中作出自己的选择，因而自由也可以被理解为一个主体的主权标志，即在与其他主体的交往中，一个主体以不受限制的和有目的的行动确认自己的自由。

总括来说，传统意义上对自由的理解，是把自由作为主体的主权特征，作为个人意志的表达，或是作为一个主体独立于其他主体的标志；与此相反，阿伦特则认为自由是一种主体相互共同行动的自由（见本书第 4 章第 46 节）。一个人首先必须在政治公共性领域内与其他正在行动的人们共同建立一种社会关系，才可能获得自由。"一个人只要在行动，他就是自由的，不是在行动之前，也不是在行动之后，因为行动和自由是同一件事。"（VZ 206）自由不只是一个单纯的"我愿意"，而总是以"我能够"为前提。阿伦特写道，用孟德斯鸠的话来说，"自由意味着我有能力做的，应当是我的意愿"（同上，215）。阿伦特自己则强调做和行动，而不是能否；因为她认为，"我愿意"是否与"我能够"相符合，与她的理论没有关系，她看重的是这个"能够"是否可以作为一种公共性的事件。"我能够"表达的并不是一种自我的意愿，而是一种受制于其他人行动的社会现实。"自由以行动为起点，如果（哲学）的意志自由仍完好存在，'不能够行动'和'不能自由'便有着相同的意义。"（同上，216）

　　与西方哲学传统和基督教强调意志的内心体验相反，阿伦特严格拒绝这种内心自由的理念。阿伦特认为，自由是一种政治现象，需要公共性空间来展现自己。自由在原则上是一种对别人的信任，并把这种信任引进自己思想的范畴。那些把自由理解为意志自由的人，就会因他们固执地坚守自己主权的错觉，而无法获得自由。获得自由，意味着放弃主权（见本书第 4 章第 35 节），"人只有在非主权的前提下，才能被赠予自由，这是人生存的特性"（VZ 214）。当然，我们很难理解这种放弃，因为我们已经习惯把非主权等同于依赖性，而依赖则意味着人只有依靠其他人才能继续生存（同上，213f.）。为了理解阿伦特定义为政治现象的自由，不仅必须摆脱自由等同于意志自由的理念，而且我们也应当思考到，共同行动主要以单纯的生存为基础。政治并不建立在人因为生存而相互依赖的基础上，当然阿伦特并不反对人为了生存而相互依赖，但政治的相互依赖性是指人的绝对的多元性，即生活在这个世界上的不只是一个人，而是众多的人（见本书第 4 章第 28 节）。阿伦特认为，人在单数中这一现象甚至是无法想象的，因而不属于我们所认为的"人"的范畴。

　　阿伦特不仅以多元性批判了错误且危险的个人主权的想象，而且也提出建立一种新的以多元性为基础的自由构思。如我们前面已经解释过的，这种新的构思以共同行动为基础，而不是意愿。从这个角度出发，阿伦特把自由理解为"能够开始新的开端的自由"，也就是说，自由就是在这个世界创建新事物，这些新事物在共同行动前甚至是既不可想象也无法构思的（VZ 225；WP 34，49）。在这个意义上的自由，完全不同于我们前面提到的意志自由，自由并不意味着在既定的事物之间作出选择，而是去开始一些新的开端（见本书第4章第23节）。

琳达·策丽理

参考文献

Kateb, George: »Freedom and Worldliness in the Thought of Hannah Arendt«. In: *Political Theory* 5 (1977), 141–82.

Kulla, Ralf: *Revolutionärer Geist und republikanische Freiheit*. Hannover 1999.

Reist, Manfred: *Die Praxis der Freiheit*. Würzburg, 1990.

Rosenmüller, Stefanie: »›Virtue or Will‹. Two Notions of Freedom in the Concept of Arendtian Politics«. In: *HannahArendt.net* 3 (2007).

Schäfer, Gert: *Macht und öffentliche Freiheit*. Frankfurt a.M. 1993.

Zerilli, Linda M.G.: »›We Feel Our Freedom‹: Imagination and Judgment in the Thought of Hannah Arendt«. In: *Political Theory* 33, 2 (2005), 158–188.

第 12 节　友谊

按阿伦特的见解，"对友谊的渴望"是出于人的一种"原动力"（Young-Bruehl 1986，15）。她对她"伟大的朋友和守护神奥古斯丁"（Arendt an Erwin Loewenson am 7.10.1927，DLA，A：Loewenson 76.955.3.）以及她最好的"女朋友拉埃尔"（BwBI 45）所做的充满激情的评判，就是一些关于渴望友谊的最好例子，并同时也勾画出了阿伦特关于友谊的一些主要观点。

阿伦特的著作在总体上可以作为一种与朋友的对话来理解，"阐释、摘引，但这一切只是为了有佐证人，即使是朋友"（DT 756），她并没有向她的哲学和政治读者阐明她关于友谊的理念，而是撰写了许多获奖答谢词和演说、来往信件，以及《思想日记》。除了亚里士多德和西塞罗之外，为她佐证的主要还有莱辛和雅斯贝尔斯（见本书第3章第2节第1部分），从雅斯贝尔斯的信息交流学说中，阿伦特获得了决定性的动力。

阿伦特在她的博导那里继承了这样的观点：提问和具有竞争性的争辩并不是一种违背友谊的行为，而是一种承认别人是与自己同等的人的标志和条件。友谊的威严并不存在于和另一个原有自我的一致性当中，而是朋友相互间毫无保留的信任（IWV 115）。尽管友谊由个人间的直接关系构成，因而如爱情（见本书第4章第20节）那样属于亲密关系的范围（DT 529），但朋友之间相互并不融合为共生或共栖："在友谊中，朋友们有着相对紧密的关系，但在这种关系的内部每个人仍是他的自己，尽管他已经与原先的他有所不同。"（an Loewenson am 23. 1. 1928，DLA，A：Loewenson 76. 956. 2.）正是朋友间的这种距离，允许并且要求对话，因为在朋友之中和在朋友面前只有以对话相互展示自己，才能使一个人的个性得以发展。

友谊也有着政治的内涵（DT 12），因为朋友间的对话除了谈论一些个人的事情以外，当然也会讨论涉及他们共同的生活世界（见本书第4章第45节）的问题："只有当我们谈论我们共同的生活世界的时候，当我们真实说出我们内心对一些事情看法的时候，我们也就赋予了这个世界上发生的事情以人性。"（MZ 41）对话显然是一个转换点，内心的思想能够在这个点上通过对话而转换为在这个世界中的行动。阿伦特赞同莱辛在友谊中看到了人性的基石的观点（同上，27）：对话在一定程度上使友谊成为政治，并把人性引入政治，而人性又教导政治：人高于原则。"宁愿对柏拉图不公正，也不愿为了真理而伤害人——这就是尊重人的政治原则。"（DT 595）以抽象真理为方向的绝对，尤其会给政治带来严重的后果，因为它使得能够接受别人观点的那种"豁达广阔的思维方式"成为多余（MZ 43-47）。

我们不应疏忽，阿伦特在友谊的政治意义中也看到一种排外的与其他人较少关联的关系。因此，友谊不同于"兄弟情谊"，兄弟情谊的理念强调所有人包括所有无家可归和无世界性人的团结互助（MZ 28f.）。具有排外倾向的友谊应当以亚里士多德的政治博爱加以补充和完善，亚里士多德的政治博爱是一种对所有人都能够和应该表现出"尊敬"或"尊重"的形式（同上）。

从这个意义出发，友谊不仅是行动的条件，也是思想和自我认同的条件，因为

"不是与自己的关系，而是与其他人的关系才是人的一切行为的标准"（DT 695）。友谊是一种状态，人只有在这种状态中通过人际间的交流，才能构成对自我的理解。阿伦特由此得出结论："亚里士多德认为朋友不是'另一个自己'，而自己是另外一个朋友，是错误的。"（同上，688）

塔特雅内·内尔米·特美尔

参考文献

Assy, Bethania: *Hannah Arendt – An Ethics of Personal Responsibility*. Frankfurt a. M. 2008.

Hahn, Barbara: *Hannah Arendt. Leidenschaften, Menschenund Bücher*. Berlin 2005.

Knott, Marie Luise: »»Das Glück, Dich gefunden zu haben.‹ Eine Freundschaft unter Frauen: Hannah Arendt und Hilde Fränkel«. In: *Frauen. Jüdischer Weltalmanach 2006*. Hg. von Gisela Dachs. Frankfurt a. M. 2006.

Young-Bruehl, Elisabeth: *Hannah Arendt. Leben, Werk und Zeit*. Frankfurt a. M. 1986.

第 13 节　历史

历史事件是阿伦特的主要研究对象。在阿伦特研究的所有历史事件中，有两件事为战后历史学打下了明显的印记：《极权主义的要素和起源》成为关于国家社会主义是一种极权主义模式还是法西斯主义模式争辩的一部经典著作，《艾希曼在耶路撒冷》带动了围绕邪恶在 20 世纪的极端性和平庸性的讨论（见本书第 2 章第 4 节第 1 部分，第 6 节第 1 部分）。这些讨论远远超越了仅仅单纯围绕国家社会主义的结构性和国际性的辩论，并且这一辩论从 20 世纪 80 年代到当今一直影响着人们对纳粹问题研究的阐释（比较 Friedländer 1984；Kershaw 1989）。

与此同时，阿伦特又很怀疑历史是一门科学。她批判历史基于她确信历史学研究的对象没有法则可循，人们因此也就不能对它们做系统的研究；历史性在根本上只起着保存历史的效用，因此不适用于描述现代社会病态的一面。阿伦特把历史学家称为太监，没有能力站立在自己应当站立的位置上；或者把他们称为法官，通过在现代的历史信任感中评判过去，为人的尊严的回归铺展道路（比较 LG 1，212）。此外她还认为，历史有时会摆脱理解的过程："真实性最终能够在我们这个世纪里如此受推崇，可能只是为了让人们能够自我安慰地说，哎呀，现实确实是'太过分'了。"（BwJa 212）

阿伦特历史思想的绝大部分都只是回归到对黑格尔和马克思的批判上（见本书第 3 章第 1 节第 13、15 部分），从而仅仅停留在历史形而上学的解构主义这一共同点上：由于采纳了现象主义的方法和来自黑格尔的从事件中揭示真理的思想，使得她实际上离黑格尔很近，这不仅表现在她对历史的评估中，表现在她为主张政治行动而批判历史阐释的功能化问题上，也表现在她的反历史哲学上，她认为反历史哲学对无所不在的新开始的可能性具有一种指示性的意义。阿伦特的反历史哲学的表述第一次出现在她的《极权主义的要素和起源》一书中（EU 730），以后又出现在她的其他一些著作中，如《积极生活》（见本书第 1 章第 5 节第 5、7 部分）。

此外，对"历史是一个过程的思想"的批判，也构成了阿伦特历史思想的一个重要部分（VA 290）。之所以反对历史是一个过程，是因为她担心单独的历史事件会在历史过程的潮流中消失，从而得不到应有的关注。与现代社会学史或深度心理学史不同，阿伦特一再强调是人的行动创造了历史，而人通过行动至少能够摆脱行动的部分条件，因而也就能够随时改变与原先预见不同的事物发展进程。

与此相应的是阿伦特否认历史中的因果联系；虽然可以追溯一个事件的"起源"，但在历史中没有"决定论"：

> 谁相信历史科学的因果关系，那他就会以同样的理由否认那些总是突然和不可预知、能够改变一定时代整个面貌的事件的存在。没有事件就根本没有历史，但如果只有千篇一律的死者在时间中展现自己，那么他就在事实上否认了他自己的科学对象。（Arendt：《The Nature of Totalitarianism》，LoC，Box 76，7）。

作为评判历史行动的标准，阿伦特引进了在古希腊总是不断被引用的"伟大"的概念。她因此而完全不自愿地陷进了那些专门描写"伟大男人的伟大举动"的历史中，尽管阿伦特也关注"小人物"的伟大举动，或者以相反的意图（也就是以解体一种所谓的伟大个性为目的）针对那些平庸的人，如阿道夫·艾希曼。

由于阿伦特对历史和历史描写的表述的有些部分缺乏连贯性，导致她的历史概念最终几乎没有明确的定义。但是她毕竟代表了一种观点，认为历史是不存在的，历史只是无数历史事件的一种聚集，即是一种人类历史书籍的形式；但是历史必须继续叙述下去，以便使某些原本无意义的经验成为有意义的经验。正是因为这个原因，历史叙述者现在便站立在历史学家的位置上。但历史终究既不是说书人的历史，也不是历史学家的历史；历史必须跳出过去的牢固框架，甚至在一定程度上要反其道而行之。在这个意义上，阿伦特的历史思想不仅受到早期存在主义哲学的影响，而且也受到了瓦尔特·本雅明《历史哲学论题》（Benjamin 1980，见本书第3章第2节第4部分）的影响。

安妮特·福温克尔

参考文献

Arendt, Hannah:»The Nature of Totalitarianism«. LoC, Box 76.

Benjamin,Walter:»Geschichtsphilosophische Thesen:Über den Begriff der Geschichte«. In:*Gesammelte Schriften Bd. I/2*. Hg. von Rolf Tiedemann und Hermann Schweppenhäuser. Frankfurt a. M. 1980, 693–704.

Friedländer,Saul:»From Antisemitism to Extermination«.In:*Yad Vashem Studies* 16. Jg.,1(1984),1–50.

Kershaw, Ian: *Der NS-Staat*. Reinbek bei Hamburg 1989.

第14节 社会

虽然阿伦特对社会的理解，会让人想起黑格尔的作为"需求系统"的"市民社会"概念，或马克思的"必要领域"（Benhabib 2006，56f.；Jaeggi 1997，8f.；

Niggemeyer 2008，32f.），但仍不能说她的社会概念拥有一种经典的社会学、社会哲学或批判的社会理论的意义。在阿伦特的哲学中，社会表现为政治的反义词，并受到来自政治自由角度的批判。在阿伦特看来，社会是"一个奇怪的中间领域"（VA 36）。这个概念的全部意义只是表述了"一种共同生活的形式，在这种形式中人为了生活不得不依赖他的同类而构成了公共性意义，致使原先那些单纯为了生活而从事的活动，现在不仅出现在公共性中，而且也因此决定了公共性空间的面貌"（VA 47）。

《极权主义的要素和起源》和《积极生活》这两本著作是阿伦特展开理解社会这个概念的重要文字。在这两本著作中，阿伦特以她对现代社会的特性描述，强调了社会相对于政治所具有的毁灭性效应，因而提议应当区分公共性和私人性空间。政治结构和机制效用保证社会的有限性和持续性，而经济和生产的结构却要求社会不断地扩展（EU 292），致使社会有"一种不可抵御的扩张倾向"。这种扩张倾向不仅导致公共性的政治领域中充斥了过多的社会性，而且也导致"社会甚至替代了政治"（VA 34）。社会不仅威胁着公共性的政治生活，而且也"侵入了私人生活有限的空间"（VA 66）；它是人类共同生活中一种正在毁灭世界的形式，由这种形式造成的"自然性的不自然增长"，不仅毁坏了由生产活动创造出的"物质世界"，以及在机制和宪法形式下的行动结果，而且也毁坏了由行动的活动构成的"人世间事物的关系"（VA 47，174）。生产丧失了它的使用价值，所有的生产品都被消费掉或不再需要；行动性的活动因为被塞进目的－手段的范畴内，不仅被剥夺了它自身的意义，同时也因此失去了它"启发性的特质"，这一特质指行动的人在一种共同行动中以语言和行动表达自己的观点，从而构成一个为每个人都能在其他人面前展现"真实的自己"的公共性空间。

阿伦特研究了造成这种发展的两个要素："客观世界的去实体化"和"一个共同的公共性世界的去世界化"（VA 66f.）。去世界化是人由于被没收财产（被占有财产）而被剥夺了在这个世界上生存位置的一种过程（VA 60）。阿伦特认为，私有财产是"展现人的世界性存在的最重要的政治条件"（VA 248）。与产业和富有不同，财产是"一种世界性现象"，它"在我们共同世界中显示了我们私人所拥有的部分"（VA 248）。

资本在现代社会里是通过对财产的盗窃而积累的（VA 62f.）。生产的自身结果之所以造成世界的去实体化，是因为现代社会不再生产必需品，而只生产消费品。随着世界客观实体的丧失，以及由此导致的人所依赖的世界性基本条件的丧失，人也就相应地丧失了"存在于这个世界中并构成他人的关系的条件，即那些使人相互联结同时却又相互区别的条件"（VA 14，173）。阿伦特以她的"无世界性"和"世界异化"概括了这么一种过程（见本书第4章第45节）。伴随着现代社会开始的，不是"生活的政治化"，而是"生活的去政治化"，以突出"政治与社会之间的距离"（VA 43）。阿伦特的社会概念并不以行动理论为基础；恰恰相反，阿伦特认为完全独立于社会的发展状况，对社会这个概念有着关键的决定性的意义；社会的现代现象应当排除行动，如同早先在婚姻家庭中（VA 42）以和谐与家庭团结为名的顺从常被用来替代政治行动那样。这类顺从是"所有社会的标志，社会要求它的子民如同一个大家庭的成员服从家庭那样服从自己，因为在家庭中只能有一种观点和一种利益"（VA 40）。

阿伦特还区分了社会的各种历史发展阶段，即社会在近代的形成、19世纪的现代社会，以及20世纪的大众和劳动社会（见本书第4章第24节）。人们通常把近代社会的形成称为历史的转折点，在这个转折点上，"家庭的活动、家庭内部的照顾和组织模式都从原先对外人来说是黑洞的家庭内部，曝光在公众政治空间的众目睽睽之下"（VA 38），近代社会的公共性政治空间以没收和废除私有财产、使被没收者陷于绝对贫困化境地为前提，以对一无所有的劳动者施行毫无怜悯的剥削为前提；与此相比，现代社会的优越性不仅在于它"在人类历史上第一次使劳动大众也获得了在公众领域中的同等权利，而且把所有活动都解释为是劳动，也就是不管我们在做什么，只要它是出于谋生的必要，即使是最低层次的活动，即使只能提供最低层次的生活境况，都可称为劳动"（VA 251，116）。在现代社会中，社会的阶级所属性取代了家庭"成员的自然性"。如果说前现代时代所属性的认同标志是家庭的私有财产，那么现代社会的认同则以国家的领土作为集体的共有财产为标志，这种共有财产直到20世纪阶级社会的崩溃都为没有财产的阶级提供了"一种类似家园的私有财产的替代形式"（VA 251）。"在一定程度上，社会替代了家庭，因而也就要求'血和土壤'决定一个人的民族所属性；即使在那些这种意识形态还没有完全形成的地方，民众的同质性和土生土长的特性也成为构成民族的根本标准。"（VA 251）社会强制推行一种类似家长专制权力的所有家庭成员的平等（VA 40）。以"人在行动中的自我表现取代人际关系的等级，从而在社会内在服从的基础上建构了一种现代平等主义"（VA 42）。

20 世纪大众社会否定了阶级社会，"是社会发展的根本性胜利"，它使得"再也没有任何一个团体站立在社会之外"（VA 52）。社会中资本主义扩张的动力风蚀化了阶级的环境和组织。大众不再认为有共同的利益，不再有阶级意识，对"公共性的事物抱有一种无所谓的态度"（EU 667）。这里批判的对象不是大众性，而是在大众性中的世界"丧失了凝聚力，这就是说，没有了分离和联结的力量"（VA 66）；生活在人众社会中的个人，他们共同的公共性世界也因此"破碎了一部分"（EU 515）。

阿伦特认为，社会进程最后一个阶段的标志可能是"欧洲民族国家"的崩溃，即不再把地球仅仅缩减为地理和经济的状态，以及与此同时"一个共同人类的诞生"（VA 252）。与"人应当拥有人的尊严这一常规理念"相违背，在这个世界的所有国家都出现了"无根的大众化人和遭受冷落的大众运动"等一些现代社会的现象（VA 252）。

瓦尔特劳德·迈因茨

参考文献

Benhabib, Seyla: *Hannah Arendt. Die melancholische Denkerin der Moderne.* Berlin 1998.

Benhabib, Seyla: *Another Cosmopolitanism.* Oxford/New York 2006.

Brokkoff, Jürgen: »Gesellschaftlicher Antisemitismus und romantische Geselligkeit. Hannah Arendts Kritik des Gesellschaftsbegriff und der klassische Begriff des Politischen«. In: Eva Geulen u. a. (Hg.): *Hannah Arendt und Giorgio Agamben. Parallelen, Perspektiven, Kontroversen.* Paderborn/München 2008, 241–263.

Jaeggi, Rahel: *Welt und Person. Zum anthropologischen Hintergrund der Gesellschaftskritik Hannah Arendts.* Berlin 1997.

Meints, Waltraud: *Partei ergreifen im Interesse der Welt. Eine Studie zur politischen Urteilskraft bei Hannah Arendt.* Bielefeld 2011.

Niggemeyer, Lars: *Gesellschaft und Freiheit bei Hannah Arendt. Ein Vergleich mit Karl Marx.* Köln 2008.

Seitz, Jakob Stefan: *Hannah Arendts Kritik der politisch-philosophischen Tradition.* München 2002.

第 15 节　良心和道德

阿伦特关于良心和道德的思想有着典型的复杂思路。除了在早期有一些重要的表述外，阿伦特主要在对艾希曼"良心"（EJ 25ff. u. passim）的研究中，提出了道德问题最为明显的焦点。其他一些重要文章集中在她身后发表的《关于道德哲学的几个问题》（1964/5，德文版《Über das Böse》），《公民抗命》的第一部分（1970，德文版《Ziviler Ungehorsam》，in ZZ），讲座《关于思想与道德的内在关系》（1971，德文版《Über den Zusammenhang von Denken und Moral》，in VZ）以及在《论精神生活》第一卷"思想"中的第17、18章的一些相关思考。阿伦特认为艾希曼的行为使我们看到，良心和道德的主要问题在于以一种尽义务的本分去参与邪恶的活动。阿伦特认为不需过多解释大家便能理解什么是通常的犯罪，而艾希曼良心的现象却令她感到困惑，但她又认为艾希曼的事件并不少见。她对此所做的解释是：艾希曼以自愿为主的义务感，使他在纳粹执政初期就决定追随与社会的上层保持一致（比较 Arendt 1991，15；ÜB 16）。

这就引导阿伦特去思考"道德"和"伦理"这两个概念的本意。在思考中，她多次感受到"突然间道德毫无遮掩地站立在这个名词的本意上，成为一种'习俗'的规则，也就是成为礼仪和礼节，从而不费多少周折就将习俗改换成另一种规则，比如作为单一个人或整个民族的'餐桌礼仪'"（ÜB 11；比较 NA 92；VZ 145；LG 1，177f.）。阿伦特又补充说："这种轻而易举就能在一定条件下对习俗作如此的改变，会给人一种印象，似乎在那个时间段里，谁都睡得很沉。"（LG 1，177）从这个意义上来说，道德在战后又回归常态，不仅令人不安，而且令人惊慌失措："必须承认，我们不是一次，而是两次经历了这种'道德'秩序的彻底崩溃。"（ÜB 17）

为了理解这种在道德和政治上都被证明是灾难性的"单纯固守某些习惯"（NA 94）和"没有经由自我思考的信念"（VZ 145；《Never Making Up［one's］》，RJ 178），阿伦特以艾希曼为例解释了"思想完全不在其位"的现象（VZ 129）。而在苏格拉底那里，她又找到了与艾希曼相反的例子：苏格拉底的思想在总体上得益于他的不确定性，既没有道德理论，也没有规则和定义。事实上阿伦特总是固执地认为，对她具有范式效用的苏格拉底思想，会对所有形式的良心以及我们在道德和伦理上所遵守的"那些习俗和规则"（VZ 143）都起着分化的作用。

苏格拉底只坚守了两条最低限度的格言："宁可遭受不公正，也不愿去施行不公正"（ÜB 59；Platon 1990 469ff.，489ff.）和"宁可与整个世界不一致，也不愿与自己不一致"（ÜB 144，70；ZZ 127；VZ 148ff.；LG 181；Platon 1990，482）。

如同柏拉图的对话所展示的，虽然无法证明这两条最低限度的格言是否对苏格拉底的对话者起到了效用，但对苏格拉底自己的效用则是确切无疑的。这两条格言与那种拒绝参与极端邪恶的行为有着一种明显的相似性，那些拒绝参与邪恶行为的人通常会说："我可不能做这种事。"（ÜB 52；NA 93）或者以另一种语言表达：如果我这么做了，我就不能与我自己在一起共同生活下去；我宁可承受不参与这件事对我产生的不利后果，也不能与一个凶手或一个谗侫者为伍；即使整个世界都在命令我，"你应该去杀人"，我也宁愿与这个世界不一致，而不愿与我自己不一致（比较 LG 1，188）。

按阿伦特的见解，这两条格言的主观确定性经验的前提条件最终是出于一种自愿与自我在思想交流中共同的生活，也就是在一种通常的非哲学思辨的"每个健康的人［……］都'应拥有'的思想"中与自我的统一（VZ 132f.；LG 1，23）。这种通常情况下自我的内心对话，会赋予一个人以力量，拒绝参与邪恶的行动；但反过来，阿伦特也注意到："人如果不去思想，那就如同得了夜游症。"（LG 1，190）但这并不意味着，思考的人因此就会从自己出发去行动。阿伦特坚持："与我们心中的上帝声音或天然的智慧不同，这类的良心并没有一种积极的规则，即使是苏格拉底的神灵，他的上帝般的声音，也只是告诉他，他不应该做什么；正如莎士比亚所说，'良心只为人设置了一些障碍'。"（LG 189）在这个意义上，良心并不要求为世界或为某些政治事件承担一种积极的责任（见本书第4章第10节）。良心说，"我不能去做这事"，"从政治角度来看［……］是不负责任的态度；在这里，良心的标准是自我，而不是这个世界，不是改善或改变这个世界"（ÜB 53）。

此外，良心也受到与它有亲缘关系的主体的谴责（RJ 99f.，129f.）。因此阿伦特常常敦促"自我应当［站立］在关于人的行为［……］的道德考虑的中心。而站立在关于人的行为的政治考虑中心的是世界"（Arendt 2002，11）。在政治事件中只关注自我，就会导致堕落，但如果让自己去迎奉其他政治活动者的内心信念，那就更加堕落（ÜR，第2章）。针对这一观点，阿伦特在她的《思想日记》中写道："关于信念道德，只有在极端的情况下［即在无能为力的情况下］，人才有权利，不再对这个世界承担责任。"（DT 818）除了一些"紧急情况"外，良心一般来说只具有极少的政治意义："如果每个不思考的人都被其他有着不同信仰和不同行为方法的人所淹没，那么那些思考的人就会从隐蔽走向明处，他们拒绝跟从在所有人后面的行为，就会因此而惹人关注，就会成为一种行为的楷模。"（VT 154；LG 1，191）

在阿伦特关于良心的阐释中，她把良心完全区别于善，把拿撒勒（Nazareth）的耶稣作为历史人物实例的善（VA，第10章）。良心和善虽然出于各种不同的理由，但都在政治上无足轻重。善要求完成好的行动，不轻易疏忽由主体界定的恶。善必须隐藏自己，如果它不想在公众面前出现和献丑。它甚至不允许在自我对话中出现："谁有意识地去做一件好事，那么就不再是一件好事；因为这个人已经成为一个有用的社会成员或是一个明确自己义务的教会成员。"（VA 71）这就要求善有一种自我忘却；与此相反，良心有着一种与自我的"友谊"，在良心内部的思想对话中，自我是必须在场的。

阿伦特把思想与良心和道德联结起来的努力，由于她自己认为哲学家经常被专横的国家解决方案冲昏头脑的见解，而变得复杂。虽然柏拉图的哲学统治仅仅是一种理论问题，而海德格尔与纳粹主义（见本书第3章第2节第3部分）的纠结却给自己带来了一种与邪恶同谋的事实（见本书第4章第6节）。阿伦特虽然从没忘掉过海德格尔的过错，却无法对此给出一个简单的回答（比较 Arendt 2008；MZ 172ff.）。哲学思想（见本书第4章第9节）似乎与每个人都可以从事的思想活动相反，不一定是以一个与其他人共同拥有的世界为出发点，因而也不去关注处于世俗社会边缘的人的行为和困难。另外我们还必须提到的是，取向和植根于社会关系的这两个观点，在阿伦特所有著作中都与内涵的经验概念一样有着不可或缺的意义。

从这个角度来说，阿伦特60年代中期关于伦理（ÜB）的讲座甚至比至今很出名的讲座《关于思想和道德的内在关系》，更能够帮助我们理解阿伦特的思想（VZ 128 – 157）。她的这一讲座明确地把思想与自我的追忆和深度联结起来。鉴于海德格尔令人奇怪地特别健忘自己的言行，阿伦特在一封信中着重指出了海德格尔的"薄弱意志"（BwJa 178）。阿伦特在讲稿中写道："对人类来说，对过去事件的思想，就是让自己进入到深度的层面，从根本上［……］构建一个明确作为人的我［……］。"（ÜB 77，比较85）阿伦特认为，追忆过去的意义可以帮助人类实现良心的本意。"良心是一种能力，只有借助于这种能力我们才能够认识自己和感受自己。"（ÜB 49）

加拉斯·威廉姆斯

由布约恩·乌里希（Björn Uhlig）从英语翻译成德语

参考文献

Arendt, Hannah: »Persönliche Verantwortung in der Diktatur«. In: Eike Geisel/Klaus Bittermann (Hg.): *Israel, Palästina und der Antisemitismus*. Berlin 1991, 7–38. (Anm. der Hg.: Diese Version des Artikels ist länger als der in NA abgedruckte Beitrag und entspricht dem ungekürzten Manuskript von Arendts BBC-Vortrag aus der Library of Congress, vgl. Ludz in IWV 326).

: »Kollektive Verantwortung«. In: Heinrich-Böll-Stiftung(Hg.): *Debatte. Politik und Moderne Band IV*. Bremen o. J., 4–16.

–: »Concern with Politics in Recent European Philosophical Thought«. In: Antonia von Grunenberg/Waltraud Meints/Oliver Bruns/Christine Harckensee (Hg.): *Perspektiven politischen Denkens. Zum 100. Geburtstag von Hannah Arendt. Hannah Arendt-Studien 4*. Frankfurt a. M. 2008.

Bernstein, Richard: »Did Hannah Arendt Change Her Mind? From Radical Evil to the Banality of Evil«. In: Larry May/Jerome Kohn (Hg.): *Hannah Arendt: Twenty Years Later*. Cambridge, Mass. 1996, 127–146.

Canovan, Margaret: *Hannah Arendt: A Reinterpretation of Her Political Thought*. Cambridge 1992, Kap. 5 und 7.

Platon: *Werke in acht Bänden: griechisch und deutsch*. Hg. von Gunther Eigler. Darmstadt 1990.

Villa, Dana: »Conscience, the Banality of Evil, and the Idea of a Representative Perpetrator«. In: Ders. *Politics, Philosophy, Terror. Essays on the Thought of Hannah Arendt*. Princeton, NJ 1999, 39–60.

第16节　意识形态

阿伦特对"意识形态"这一主题的研究，可以追溯到20世纪30年代，那时她在

阿伦特手册

第4章　概念和构思

一篇关于卡尔·曼海姆（Karl Mannheim）的科学社会学著作《意识形态和乌托邦》（Ideologie und Utopie）的评论文章中，批判了曼海姆认为意识形态具有普遍性和相对性特征的见解（比较 Arendt1930，175f.）。只是她自己独有的对意识形态概念的解释，直到许多年后在她具有历史意义的著作《极权主义的要素和起源》（见本书第 2 章第 4 节第 1 部分）中才有了一种体系性的发展，意识形态成为她的主要研究对象。在回顾和分析历史的框架内，阿伦特把文化以及与精神科学有重大关系的欧洲历史上的政治变动和作为精神载体的民族与国家，按她对意识形态的理解分为三个等级的谱系：早期形态，前极权形态和极权形态。阿伦特以逻辑和结构为标准深入研究了各种充塞偏见的世界观（比较 WP 78f.）和舆论（见本书第 4 章第 44 节）在 18 世纪社会中的激烈斗争和变动。意识形态早期阶段的标志是它内容中的可支配性、不稳定性和易受外在影响的渗透性，比如早期的种族原理就证明了这一点（比较 EU 267f.）。直到这些不同的舆论和世界观经过漫长的"聚集整合"（EU 268），才转型为一种封闭的世界观，也就是意识形态概念意义上的前极权时期。这是一个恰到好处的历史时刻，"正在形成中的意识形态坚信自己拥有了解开历史的钥匙，或有解答世界之谜的答案，或认知了所有隐秘的自然规则和人类生活进程的统治法则"（EU 268）。

在这样一种似乎单一专横，但又可信的基本构想的基础上，自我封闭的、在体系上还没有完全成熟的世界观体系，才逐渐变得明朗起来，才能够充分满足人对生存和政治的期望。在阿伦特的评判中，这类体系作为"现代世界的智者"由于单方面地持续重新解读意识形态，而把自己最初的内容缩减为单纯的现存事实，以便不必为世界真实的事件和行动承担政治责任。这种对既定事实的接受，在帝国主义时代表现为一方面使仇恨犹太人发展成为一种粗俗的现代反犹太人主义（见本书第 4 章第 2 节），另一方面则发展成为民族主义和种族主义、大陆和殖民地的帝国主义扩张。按阿伦特的判断，在 19 世纪的众多世界观中，有两种世界观演变为意识形态的极权变种：马克思关于阶级斗争是"历史发展动力"的学说和受社会达尔文主义影响的、把人类历史限定为反映自然法则的"种族斗争"学说（EU 268）。世界观在质和结构上转型为全方位的极权意识形态的标志是它极端地背弃了与社会真实的主体互动基础的最后联结，以及作为"我们原来的政治意义"（DT 335）所建构的以多元人际世界经验为基本方向的共识。这导致第三帝国和斯大林（见本书第 4 章第 36 节）的极权主义成为新型的统治形式，极权主义的意识形态成为一种超级意识（EU 699），在简单和极端地解释过去与当前的模式，以及预测未来历史的目的中，它都起着一种虚构现实的效用。

阿伦特断言："人们也许可以说，这就是意识形态的本质，它把一种思想变成一种前提，把对某个真实事物的见解，变成一种强制性见解的先决条件。"（EU 721）她那个时代的政治理论家，如雷蒙·阿隆（Raymond Aron）在极权主义的意识形态中看到了作为替代超验信仰的一种世俗宗教（比较 Gess 1996，264ff.）；而阿伦特则认为，极权主义意识形态主张人的一种自动和封闭的、与真实和经验没有任何联系的思想过程，表现出它的"逻辑推理"（EU 722）有着绝对一致性的特征。这就最终导致诉诸制造谎言的极权主义意识形态对所谓的自然和历史进程施加长期的政治影响，这种意识形态对待人"就像一块正在下落的石头，但是人却有意识的天赋，因而有能力观察牛顿的万有引力法则"（VZ 308）。这就迫使人追问自己的自然性："极端的邪恶"（EU 702；VA 236）不仅是可以想象的，而且依仗恐怖的专横手段，迫害持有不同意识形态见解的人，将他们关进集中营，使他们成为既不可被原谅也无法以接受刑罚来赎罪的多余的人，"极端的邪恶"因此也就成为现实。

阿伦特注意到："极权主义意识形态的根本目的，不是为了改变人生存的外在条件，不是为了变革社会秩序，而是为了改变人的自然本性，即人的那种与生俱来的、总是反对极权主义过程的自然本性。"（EU 701）对阿伦特来说，极权主义的意识形态意味着是对人的生存条件所做的最后一种攻击：被离弃的体验、共通感社会关系的中断、倒退到逻辑 – 意识形态式推理的心态，这一切都将使人类的共同生活作为人的交往无法在社会对话的多种观点中继续存在下去而导致最终的毁灭。

布丽吉特·格斯

参考文献

Arendt, Hannah: »Philosophie und Soziologie. Anläßlich Karl Mannheims Ideologie und Utopie«.
In: *Die Gesellschaft* Bd. 7, 1 (1930), 163–176.
– : »Die Menschen und der Terror«. [1953]. In: Waltraud Meints/Katherine Klinger (Hg): *Politik und
Verantwortung. Zur Aktualität von Hannah Arendt*. Hannover 2004, 53-63.
Canovan, Margaret: *Hannah Arendt. A Reinterpretation of Her Political Thought*. Cambridge 1992.
– : »Arendt's Theory of Totalitarianism: A Reassessment.« In: Dana Villa (Hg.): *The Cambridge Comp-
anion to Hannah Arendt*. Cambridge/New York/Melbourne/Madrid 2000, 25–43.
Gess, Brigitte: »Die Totalitarismuskonzeption von Raymond Aron und Hannah Arendt«. In: Hans
Maier (Hg.): ›*Totalitarismus*‹ *und* ›*Politische Religionen*‹. *Konzepte des Diktaturvergleichs*. Paderborn
u. a. 1996, 264–274.
Schulze Wessel, Julia: *Ideologie der Sachlichkeit. Hannah Arendts Theorie des Antisemitismus*. Frankfurt
a. M. 2006.
Young-Bruehl, Elisabeth: *Why Arendt Matters*. Yale 2006.

第 17 节　文化

　　阿伦特认为存在这样一个事实，即一方面"文化"这个词自身常会激起那些
"受过教育的人"或文化工作者的不适感；但是另一方面 1957 年"第一次由人制造
的器件飞向太空"（VA 7），正是我们重新反思文化的契机。她确信，建立在原子物
理基础上的技术正在开始"拆除自然力量和人类世界［……］之间的保护层"（VZ
75）。这就意味着，"人不再作为一种自然性的生物，而是作为一种［行动］的生物
［……］便能够在宇宙中找到自己的位置"（WP 85）。因此，人作为会死的凡人，如
今又不再生存在一个"不朽的自然"之中，就对自己提出了这个问题：怎样"才能
够设立一道防止自己死亡［……］的堤坝"（VZ 288）。确保这个世界的存在，是人
作为"一种政治生物的责任"（VZ 296）；所谓政治生物，也就是说，这种生物为自
己创建了一种共同生活的政治形式。一些事物为确保这个世界的存在作出了贡献，但
不是那些作为必需品或消费品生产出来的事物，而是"有着出色意义的文化事物"
（VZ 296）。对阿伦特来说，"文化"是"一种世界现象"，文化产品是为整个世界而
生产的，并将"超越人的生命期限而留存下来"（VZ 289）。同时阿伦特为此担忧，
文化在 20 世纪不免受到"世界社会化"的威胁（VZ 281）。

　　除了这种新时期的威胁外，还有另一种古老的对文化的不信任感。阿伦特在古代

希腊人中发现了这种古老的不信任感，古希腊人以"城邦和政治"（VZ 285）给"原本的文化"设立了一条界线。当然，人的行动和作品在"公共性世界的内部"有着它们的位置（VZ 286），"文化和政治是一种相互依赖的关系"（VZ 297）。一方面"通常被我们称为美"的艺术品的出现，需要一个安全的现存世界，一个"公共性政治的空间"（VZ 196），而政治承担的就是这个任务。从另一方面来说，政治也需要艺术，因为政治的言行"自身是如此易逝，一旦讲过或做过之后就会随之消失"（VZ 289），因而政治需要记忆和有生产能力的人，如他们的作品通过诗人和艺术家的帮助使政治行动留在人们的记忆里。但阿伦特同时又指出，艺术的价值绝不仅仅在于它通过自己的作品把政治行动留存在集体记忆里的这种职能。艺术的标准是美。就此而言"职能〔……〕还从来没有创造过美的事物"（VZ 297；比较 Kate 2006，267f.）。

文化和政治之间的冲突涉及的问题是，究竟谁应当在先，"是艺术创造者在先，还是政治行动者在先？"（VZ 287）在古代希腊，人们赋予政治以优先权，以便把"暴力和目的—手段—思想的功利主义"排除在人的相互关系领域之外（VZ 292）。他们想保护政治领域不受"纯粹为了制造"（VZ 292）的心态的侵袭。他们要抵制的是"内在于人的主权中的生产性"（VZ 295；见本书第4章第3节，第35节），是人的"统治和超众"；古希腊人担忧，一旦为这些敞开了政治领域的大门，就会"导致罪孽"（VZ 295）。对古希腊人（同样也对阿伦特）来说，不是生产，而是行动才"在公共性政治领域中反映了人相互关系的特性"（VZ 292）。行动"没有从自身出发的目的〔……〕按对行动的构思，它无论如何没有能力去实现某种目的"，因为"所有的行动〔……〕都是在一种网状的关系"（VZ 294）中进行的。如果"类似有着生产特性的心态侵入政治的领域，将会给我们带来怎样的灾难"（VZ 292），自极权主义统治以来我们已经懂得，它有着决定生死的最高权力。"在文化和政治，即在整个公共性生活的领域中"（VZ 300），阿伦特倡议以讨论、劝说和信服的方式来反抗极权。这个领域涉及的不是认知，而是"判断和决定，对判断的审查，对整个世界的讨论，并作出决定：这个世界应当有怎样的面貌，以及应当以哪些方式和方法在这个世界中行动"（VZ 300）。由于艺术品位的判断有着对抗物理性暴力的效用，并且脱离了"围绕认知的哲学对话的强制性证明",艺术品位成为一种"政治能力,并通过文化得以真正人性化"(VZ 302;比较 Beiner 1998,135;关于判断,见本书第 4 章第 39 节)。

黑尔佳特·马尔特

参考文献

Beiner, Ronald: »Hannah Arendt über das Urteilen«. In: *Hannah Arendt. Das Urteilen. Texte zu Kants Politischer Philosophie.* Hg. u. m. e. Essay von Ronald Beiner. München/Zürich 1998.

Kateb, George: »The Judgment of Hannah Arendt«. In: Garrath Williams (Hg.): *Hannah Arendt. Critical Assessments of Leading Political Philosophers. B d.4: Arendt and Philosophy.* London/New York 2006, 265–282.

第 18 节 集中营

阿伦特认定集中营和死亡营是极权统治的核心机制,极权统治与这些"集中营和死亡营"有着一种同生共灭的关系(EU 677)。这两者为至今还从未存在过的统治形式构成一种"决定社会方向的模式",不仅起着灭绝人种和屈辱个人的职能,而且也试图改变"人的自然性"本身,剥夺人的思想和行动的自发能力(同上,701)。改变人的自然性就意味着灭绝人性,它的过程是把人"制作成标本并毁灭他"(同上,686)。这个过程大致可以分为三个步骤:首先是人作为法律个人的死亡,其次是人作为道德个人的死亡,最后是人作为有个性的人的死亡。作为法律个人的死亡是实现极权统治的第一步,也是决定性的一步(同上,687)。剥夺那些在名单上的受害者所有原先受国家保障的权利,并把他们没有任何法律依据地关押进集中营。被关进集中营的受害者特殊的自然性标志①就成了他们无罪却要受到惩罚的理由,而绝不是因为犯罪或卑鄙的罪行应当受惩罚才被关进监狱。第二步是摧毁作为道德的个人,与此同时也摧毁了共同的公共性世界。最后一个步骤是通过集中营不断以系统性组织的酷刑摧毁人的个性。

---

① 如民族性或种族性。——译者注

最后的结果是把人性缩减到公共"认可"的最低程度（同上，696f.）。对个性的摧毁是改变人的自然性的终结点。个性给予人以依靠自身的资源去从事一些新的事情的能力，那么摧毁了人的个性也就是摧毁了前政治（prä-politischen）的自由、自发性和作为自由可能性的根本条件所表现出来的在每个人个性中的多元性基础（LG 2，107）。

阿伦特按西方国家关于人死后生活的三种想象把集中营分为几种类型：在阴间的死，在炼狱涤罪的死，以及在地狱的死。"在阴间的死，主要用来清除那些不受人们关注的人，如逃亡者、无国籍者、社会害群之马和失业者，是一种相对温和的形式，这在非极权主义的国家甚至也正在成为一种模式；这些国家设置了 DP-居留营所（Displaced Person-Camps），这也叫作集中营，现在是专门为那些在战争中存活下来却因为流离失所而成为社会负担和多余的人设置的。炼狱是指苏联的那些劳改营，被关那里面的人没有人的尊严并被强制劳动。最后，按地狱在字面上的理解，是由纳粹和那些受过严格训练的人设置的地狱，体系性地对人的整个生活施行最大可能的折磨。"（EU 684）这些各种类型的集中营都有一个共同点：它们对待人的方式，"似乎这些人已经不再存在，似乎不管在这些人身上发生了什么，都已无所谓了；已经没人对他们再感兴趣，似乎他们已经死亡，似乎赶紧在他们允许获得他们最后的安宁（死亡）之前还可以拿他们再取笑一下；更为糟糕的是，似乎还要把他们在生和死之间的挣扎再拖延一会儿"（EU 685）。集中营的标志并不是带刺的铁丝网，而是把人隔绝在人的世界之外，使人失去作为人的任何效用。虽然与外界隔绝也是监狱、与外界隔绝的犹太人居住区（Getto）或劳动营的特点，但这些设置仍还与社会有那么一丁点的联系，或是通过劳动，或是如犹太人隔离区与家人住在一起，并不是完全孤独的一个人。社会的联系在那里还能够继续下去（NA 23f.）。而纳粹的"死亡工厂"（同上，11、50、53）则相反，断绝了任何与社会的联系，也没有维持这些社会关系的可能。纳粹的集中营是"极权主义统治的实验室"（同上，24），从而把人改造为"一种完全受调节控制的生物"（同上）。

瓦尔特劳德·迈因茨

参考文献

Aharony, Michal: »Hannah Arendt and the Idea of Total Domination«. In: *Holocaust and Genocide Studies* 24, 2 (2010), 193–224.
Arendt, Hannah: »Das Bild der Hölle«. In: Dies.: *Nach Auschwitz. Essays und Kommentare 1.* Hg. von Eike Geisel und Klaus Bittermann. Berlin 1989, 49–63.
–: »Die vollendete Sinnlosigkeit«. In: Dies.: *Nach Auschwitz. Essays & Kommentare 1.* Hg. von Eike Geisel und Klaus Bittermann. Berlin 1989, 7–31.
Owens, Patricia: »Humanity, Sovereignty and the Camps«. In: *International Politics* 45 (2008), 522–530.

第 19 节　生存和自然

在阿伦特的理论中，生存和自然是构成人的世俗或人世间生存框架及空间的最基本条件。自然事物、动物和人，以及他们的多样性和他们的周期性生存过程所表现出来的活生生的现象世界，都从属于自然。但是阿伦特的自然概念并不表现为一种与人世间脱离的"客观事物"。阿伦特认为在自然与人之间不只是存在一种"中间状态"，其实在自然和人之间、在生物性的生存和人的社会生存之间都还存在一个共同的世界。所有的生物都是世间的，甚至"［每种］特殊的动物都生存在它们自己的世界中"（LG 1，29 – 30）。

阿伦特主要从人与自然的三种内在的相互关系的角度出发，研究了生存这个概念：（a）作为基本的自然生存过程，在这个过程中生物出现和消失（同上），是人类"积极生活"的生存条件，这种生存条件的基本要素是人类特定的出生和人的再生产（见本书第 4 章第 23 节）；（b）作为"自然"和"人"的生存中间状态的各种形式，这些形式出现在传统生活模式（见本书第 4 章第 37 节）的历史转换进程中，在这些转换中，阿伦特特别关注的是"生存与世界之间关系的根本性变化"（VA 310）；（c）通过在《论精神生活》（见本书第 2 章第 8 节第 1 部分）中对积极生活和沉思生活之间的传统关系的批判，在纯粹积极意义上理解生存的"活生生"意义（LG 190）。与此相应的是，一方面由于生存形式转换给人、自然和地球带来的后果，以及与历史概念的内在关联，人应对自然这个概念提出质疑和加以讨论；另一方面人也应顾及近代以来的实验活动的进行给自然（VA 226；VZ 79f.）和社会所带来的后果。

生存作为积极生活最基本的条件，与自然以及它的生殖力的生活必要性和周期性是联结在一起的；人和地球上的所有生物都需要一种自然的代谢，并通过劳动和消费完成这种代谢（VA 58ff.）。但人的生存绝不是一种单纯的自然现象，人的生存属于世界（见本书第 4 章第 45 节），因为人在世界中出生，并且作为生物依赖于世界。在这个意义上，生存总是一种既定和现存的共同性的延续（DT 548）。人懂得自己并非永生的生物，"不会因为自己是一个种类的成员，这个种类通过繁殖超越了死亡"而使自己获得永生（VA 25，89）。人的生存现象具有时间性，并与人世间紧密相连，出生帮助人的生存摆脱绝对的自然生物周期，使人生存的开端成为非常重大的事件。因此，一种生存从生到死总是一种唯一的、个性化的、直线条的生存历史；在生存的历史期限内，生存演绎的地点是一个与自然过程分离的人为世界（VZ 58f.）。阿伦特在著作中完整地描述了这种个性化的人的生存（比较 Kristeva 2001）。

阿伦特的生存概念作为一种限制，并不表现出是人积极生活的一种共同的自然的"基础"，而是与每个人生活方式的特定历史状况的关联。在关于传统的积极生活（见本书第 2 章第 5 节第 5 部分）结构的讨论和对其后期转换形式的批判中，阿伦特从生物学上根本区别了生存的三种形式：政治的生存形式被看成最好的形式，另外两种劳动和生产的生存形式，并没有表现出生存的真正意义，即"自由还没有出现在这两种生存形式中"（见本书第 4 章第 3 节）。这两种生存形式威胁着生存的必要性，造成政治生存中的暴力，因此必须把生存的这两种形式限制在最低程度上。政治生存具有最少的自然性，是一种必要的生存形式，但也因此与其他两种生存形式相比是一种最脆弱的生存形式（见本书第 4 章第 29 节），它除了自身外没有任何目的和"生产性"。阿伦特以这些生存形式的差异性和状况为重点表述了它们间的不同，而不是强调这些生命形式的等级地位（DT 548；VA 22）；同时她也抱怨存在着过高评价这三种纯粹理论和哲学意义上的生存形式的问题。

这种生存形式哲学理论的意义被看成亚里士多德的思想状况（VA 20ff.），它的特点是把整个世界作为自己的中心，而不是那种纯粹的保存生命，即那种在"自然"、"单一"或"纯粹生存"（Agamben 2002，199）的意义上保存生命，确切说是根本不"存在"（Finlayson 2010）的，并在西方传统的历史中曾有过两个层面的变化。首先是通过基督教的传播和对个人永生的强调，造成了人的生活重点从人世间的此岸世界转向神的彼岸世界。阿伦特主要批判了这种传统在古典社会尊重哲学生活方式以及稍后尊重沉思生活的基础上，抹去了人世间作为积极生活的三种生存形式之间的区别，以致在近代"主体"概念中取消了作为最基本的人的活动（VA 22；LM 154）。其次是伴随着近代的科学和技术的应用，这种传统转向把原本平衡的"实践活动"作为检验真理的标准，转向贬低沉思生活，最后是转向颠倒理论与新的还没完善的实践概念之间的关系。

这一切一方面为"以劳动为本的世界"的胜利敞开了大门，（VA 314），使人的生存成为"最高的善"（VA 306ff.）。另一方面，也导致原先有界限的生存必要性进入早期的政治领域。特别是劳动和消费社会的形成，以及现代历史概念的发现，使社会生活的新形式在现代国家中进入到"政治"和权力（见本书第4章第21节）的中心，被理解为维护和保存社会生命程序的重要手段，并加以运用（WP 77）。现代（民族）国家在它的建立之初就成为"政治"管理的机器，是那种被我们所有人（WP 71）看作"赤裸裸生存"的生存形式的保护者和管理者。民族国家以它的暴力机器最终又表现为是对个人生存最危险的威胁（同上，72）。在以往并不被"看成那种"既定的绝对生存现象，现在却作为新现象出现的不是一种个人的生存或一种生存形式，而是人类的生存过程，它造成无数的人在社会中成为多余的人（EU 698f.），过着没有生气的生活，这种生活虽然使人远离了劳动的辛苦和灾难，但也使人远离了政治行动。这些状况证明了不仅是人的"政治生活"被挤到了现代"政治"和政治概念的边缘，而且整个人类生存条件、人的能力和他们的方法（VZ 79），以及他们与地球和自然联结的关系都成了问题。为了反对阿甘本（Agamben 2002）以及其他许多人的这种假设，阿伦特以她自己的生存概念支持把政治生存理解为是一种独立的，或甚至完全脱离生物性的生存，从中可以引申出，阿伦特认为"单纯生存"不能再作为某种生存方式来理解，人作为"社会人"的形成，是伴随着"整个人类的社会生活过程"（WP 72）出现的，而不是因为那个所谓生活与精神的经典对立（比较 Agamben 2002；Vatter 2006，146）。这就不仅对政治的生活方式，而且对人的所有活动，包括劳动和其他精神性活动都提出了质疑。

除了已经提到的积极生活形式和关系，阿伦特也特意研究了"精神生活"的转型。与精神生活在传统上被确认为静止的沉思生活相反，阿伦特把精神生活也看作积极生活中不可或缺的部分："思想是生活和一种活着的标志［……］。"并且如果生活没有思想是可能的话，那么"那些思想的人就是夜游者"（LG 1，190；比较 Kristeva 2001，314f.）。自从"理论"和"实践"的关系颠倒过来后，这种颠倒的关系不仅影响到直接与世界联结在一起的生存方式，而且也影响了人的精神生活，因为人从此开始以科学和技术为手段在自然界和社会中从事他们的行动（VZ 77）。这就招致了类似强制自然（因而是独立于人的）的过程，对自然以及对世界现象都起着决定性的影响。古希腊人曾习惯以他们人为的世界严格防御"自然"和它的暴力（βια），"自然"和它的暴力就以这么一种双面的形式或现象进入了人的世界——作为历史和社会的一种不可抵御的类似自然的生活过程，和作为自然力量的一种新的形式，一种伪自然，作为行动的一种新的社会化形式，支配着人的精神和人的其他的能力，支配着人在沉思中的思想，支配着劳动和生产。

尽管自然和自然事物严格地来说是自生自长，是由"地球决定"的（VA 137），但是与"永远正在形成中"的宇宙不同，阿伦特把纯粹"出于自身的"物理性的自然概念，描写为也是由人决定的，因为物理性自然总是由人的生存和劳动能力所决定，因而也就由"历史概念"所决定（DT 533f.）。近代特有的自然和历史概念的互补性（DT 482；VZ 54ff.），见证了近代的思想过程，由于人与世界和地球的异化而在这两个领域中寻找一种共同的法则，并且找到了这一种适应于两者的法则。在历史概念中，个人的生存最初通过转换为超验的人类历史生存而永久化，并且遵循属于自然和人类历史的超验性法则——但因此也是极其脆弱的。历史对人的意义就成了如同种属性对动物的意义。与传统的把人规定为说话的生物或作为"理性的动物"不同，近代的人恰恰自相矛盾地通过"生存自身"——因而也就是通过人以前那些与动物共有的一些特性——区别于自然。

由此可见，阿伦特关于自然和生存的概念根本没有浪漫和生存哲学意义：在阿伦特的概念里，"自然"世界作为一方面，与"人"的世界作为另一方面，二者有着一种决定性的张力关系（Canovan 1999，105f.；Whiteside 1997，163）。而解除这种张力，就会威胁到人的生存的特殊条件。通常并不提及"人的自然"和"人的自然性生存"的阿伦特，把人的自然性解释为人积极生活的特殊条件，它包括出生、多元性和自发性，并以此批判了极权主义试图改变"人的自然性"（EU 701）的灾难性意图。阿伦特认为自然人权的思想是有缺陷的，她也批评了比如康德的自然权利的概念（DT 173）。阿伦特把改变人的自然性的企图作为出现现代极权主义和构成后极权主义的根源，因此使我们注意到，人的权利是"人为"的，而不是"自然"的，因而只有依靠政治责任感才能得到人的权利。

从这个意义上来说，人的生存条件要求一种双向的保护：一方面要防止原本的自然过程的解构，另一方面要防备伪自然的过程，即原先曾是自然的，后来通过人的自然和精神科学性的技术而招致的伪自然，甚至比自然的过程更具有危险性。人为制造生存的企图（VA 9）表明了人也能够"创造"自然（VZ 71），阿伦特在这一点上看到了可能会出现一种"自然的终结"（Whiteside 1994，356f.）。要想不以解构的方法处置自然，便要求对自然和世界进行一种特殊的非主权性的保持和维护，也就是说，对那些非人的自然事物"既不随意为所欲为也不简单地任意放纵"（Whiteside 1997，168）。

弗拉斯塔·雅鲁斯科

参考文献

Agamben, Giorgio: *Homo sacer. Souveräne Macht und bloßes Leben*. Frankfurt a. M. 2002.

Braun, Kathrin: »Biopolitics and Temporality in Arendt and Foucault«. In: *Time & Society* 16, 1 (2007), 5–23.

Canovan, Margaret: *Hannah Arendt. A Reinterpretation of her Political Thought*. Cambridge 1999.

Duarte, André: »Hannah Arendt, Biopolitics, and the Problem of Violence «. In: Richard H. King/Dan Stone (Hg.): *Hannah Arendt and the Uses of History. Imperialism, Nation, Race and Genocide*. New York/Oxford 2007, 191–204.

Finlayson, James Gordon: »»Bare Life‹ and Politics in Agamben's Reading of Aristotle«. In: *The Review of Politics* 72 (2010), 97–126.

Kristeva, Julia: *Hannah Arendt. Das weibliche Genie I.* Berlin/Wien 2001.

Vatter, Miguel: »Natality and Biopolitics in Hannah Arendt«. In: *Revista de Ciencia politica* 26, 2 (2006), 137–159.

Whiteside, Kerry H.: »Hannah Arendt and Ecological Politics«. In: *Environmental Ethics* 16, 4 (1994), 339–358.

–: »Von Natur zur Freiheit – von der Freiheit zur Natur: Hannah Arendt über die Sorge zur Welt«. In: Daniel Granzfried/Sebastian Hefti (Hg.): *Hannah Arendt. Nach dem Totalitarismus*. Hamburg 1997, 155–175.

第 20 节　爱情

爱情在阿伦特的著作中是一个多义的概念，没有一种比较一致的解释。阿伦特思想中爱情概念的多面性、复杂性和前后矛盾，可能就是导致她的爱情概念在以后的研究中并没有获得多大进展的原因，而且她自己的私人关系也给这一研究主题笼罩了一定的阴影。

阿伦特认为，爱情是任何一种以多元性（见本书第 4 章第 28 节）为自己毋庸置疑的出发点的哲学基本理论主题（比较 DT 295）。在这样的思想基础上，阿伦特的研究是从"爱情能在多大的程度上为相爱的人提供一种共同生活的可能性条件"这个观察角度出发，研究爱情与世界的关系（见本书第 4 章第 45 节）。她对爱情的探讨主要移动在"爱情的无世界性"和"对世界的爱情"这两个矛盾冲突的区域间。

在她的早期著作中，阿伦特主要探究了哲学与神学的爱的理念。爱情这个概念在她中期和后期的著作中并不占据第一层面的位置，但仍无所不在。尽管阿伦特在她的博士论文之后，没有再对爱情现象作过专一的研究，但"爱情"这个概念仍然是她一贯的理论研究主题（Hahn 2005，78）。理论家历来较少研究爱情这个概念，为什么会出现这类疏忽呢？可能是与这个主题比较难以表述有关（同上，78f.），因为把亲密关系的现象公之于众，就会有导致爱情破裂的危险："永远不要告诉（别人）你的爱/爱是从来不可说的。"（William Blake，引自 RJ 10）

阿伦特博士论文《奥古斯丁爱的理念》（见本书第 2 章第 1 节，第 3 章第 1 节第 5 部分）的研究对象是有关博爱作为一种人类共同生活可能性基础的问题（比较

Kurbacher2006，XIII）。在这本处女作中，阿伦特就已经批判了对此岸世界的上帝的爱的否认，认为这种否认"荒芜了我们的世界，而不是让我们把这个世界看作我们的家乡"（LA 36）。一个人如果丧失了关于其他人的世俗生活经验，不仅仅只是丢失了自己特有的个性，"而且也丢失了对自己的爱"，这就导致尽管有着博爱的训条，"单个的人仍处在与外界隔绝的境况中"（LA 72）。面对这种逃避现实的传统，阿伦特在1930年又追踪研究了里尔克有关没有具体对象的爱的理论（Arendt 1982），认为即使在没有最终对象的爱之中，其他人仍是一个人学会爱自己的诱因。在拉埃尔·瓦恩哈根（见本书第2章第2节）的传记中，阿伦特继续批判了这种逃避现实的传统。她分析了拉埃尔·瓦恩哈根怎样以浪漫爱情为手段，把自己从被感受为平庸的现实中解放出来（RV 65）。"从浪漫的爱情中诞生了两个深深爱着的人［……］任何一个其他的情人再也无法去骚扰他们，任何一种现实再也无法使他们的感情困惑。"（同上，20）

在对传统爱情概念的批判中，阿伦特明显摒弃了她自己原先对爱情的理解：她一方面批判人们过高估计个人亲密关系和内心世界在公众事务中的价值，并与此保持距离；但另一方面，她又同时批判了那种泛化的去个性化的爱情。阿伦特甚至更为深远地把"泛泛地爱一个人，把一个人变成一个普遍性的人"这种爱的行为，比作一种"潜在的谋杀"和把人当作"牺牲品"的行为（DT 15）。这种批判令人期望，她的爱情概念将会使这个世界更有价值地进入爱情中（比较 Kurbacher 2008）。但如果一个人因为自己的特异性而被别人爱，那么这种爱情同样是一种特异反应并具有偏差（比较 ZZ 107）。阿伦特在传统中发现的爱情反政治特征，似乎内在于每个人的爱情之中，只有这种爱情才是"在我们通常意义上的爱情"（LA 88），也就是一种有选择的排外性爱情。这种爱情与政治领域是不一致的，因为政治领域是一个公共性的、由多元性和等同性所决定的空间："在以热烈的爱情征服另一个人的心的激情中，火焰燃尽了这两个人之间的任何人世间空隙［……］。"（VA 237）爱情是一种"纯粹的激情"（DT 249），如同生活中其他的"负债现象"，如情感、欲望和情绪等一些同属于亲密关系的领域，不允许与公共性领域互换或混淆："鉴于内在于爱情的无世界性，所有以爱情改变或挽救这个世界的尝试都会使我们感到这是毫无希望的欺骗。"

（VA 51）但这却导致阿伦特隐含提出的有关爱情应当关注一个人的特殊性和爱情不应当逃离现实世界这两个要求，是相互矛盾的。

当然，在阿伦特的著作中也有些地方表现出爱情和这个世界富有成果的联结。首先是在无世界性的爱情的同时，也存在她经常提及的对这个世界的爱的思想。这个概念源自奥古斯丁关于爱世界和爱上帝的对立，奥古斯丁把爱世界这个概念理解为没有上帝误导的人的爱。阿伦特不仅把奥古斯丁排列的爱的等级颠倒过来，而且也列举了许多新的相反例子来证明对世界的爱的意义：在回归内在的自我的同时，"爱世界"在阿伦特的哲学思想起源的存在主义语境中，被理解为是反对尼采的爱命运以及他的同行海德格尔和加缪的反模式的（比较 EIU 171）。正是因为爱这个世界，人就有义务不是无条件地屈服于命运，而是以创造性开始（见本书第 4 章第 23 节）在这个世界中与其他人一起行动。那就是说，爱情也意味着参与到这个世界中去，这是一种在这个世界中行动的模式。爱世界的悲剧在于，为了使自己的爱在一种深刻的意义上现实化，人们必须改变自己的爱，因为爱这个世界虽然会促使人们去行动，但这种爱又不能行使政治论证的职能。

研究阿伦特的学者本哈比（1996，214f.）和杨－布吕尔都强调了阿伦特思想中的亲密关系对公共性的间接意义："爱的特性是训练人重新回到世界，并在公共性领域中行动。"（Yong-Bruehl 2006，206）这样，就可以把爱作为一片"绿洲"，人能够在这片绿洲中保护自己免遭世界毁坏的灾难，而不用去否认这种灾难（比较 WP 183）；或者它能够成为两个爱着的人的一个"微型世界"（MZ 96），只要这两个人［……］的关系不陷入幻想中。这里似乎提供了一种可能性，把两个人的关系作为一种活动空间来观察，人们可以在这个空间中为自己参与世界做些事先的准备（比较 Tömmel 2008，114）。人的个性作为政治责任心的一种必要条件，只能够在这样的既有世界性又有个人性的关系中得以发展（比较 MZ 41－47）。

个性和自发性也影响了阿伦特把爱情设想为"意志"的构想（比较 Tömmel 2008，98）。这一构想的核心是奥古斯丁的"我爱你：希望保持原来的你"这句格言，阿伦特从海德格尔那里接触到了这句格言（BwH 31），并在她的博士论文中对这句格言作了批判（比较 LA 71）；但她在以后的著作中却对这句格言从批判转向了肯定，认为它是爱情的最高形式（比较 LG 2，102）。这句格言的爱情构思是："我希望，你能够成为一个你自己所愿意成为的人"，这是一种有所选择的自由，并且出于对一个人的无条件的爱，而不愿去占有这个人。在爱情中，人也通过他的意志自由实现了他具有生命延续意义的后代的出生（比较 LG 2，130f.），这是一种天生的世俗美德。

阿伦特认为逃避现实的利己主义和趋向于泛化的形而上学爱情，是危害爱情的两个要素；她的爱情概念中关于异质性的思想就是她对这个问题的回答。正是多元性的爱情模式赋予了公共性和亲密关系各自所需的保护。为了走出旷野创造一个新的世界，人需要这两种不同的保护。

塔特雅内·内尔米·特美尔

参考文献

Arendt, Hannah/Stern, Günter: »Rilkes Duineser Elegien« [1930]. In: Ulrich Fülleborn/Manfred Engel (Hg): *Rilkes Duineser Elegien. Bd. 2. Forschungsgeschichte.* Frankfurt a. M. 1982, 45–65.

Beiner, Ronald: »Love and Worldliness: Hannah Arendt's Reading of Saint Augustine.« In: Larry May/Jerome Kohn: *Hannah Arendt. Twenty Years Later.* Massachusetts 1996, 269–284.

Benhabib, Seyla: *The Reluctant Modernism of Hannah Arendt.* Thousand Oaks 1996.

Bernauer, James (Hg.): *Amor Mundi – Essays on the Faith and Thought of Hannah Arendt.* Dordrecht 1987.

Hahn, Barbara: *Hannah Arendt. Leidenschaften, Menschen und Bücher.* Berlin 2005.

Kristeva, Julia: *Le génie féminin. Hannah Arendt.* Paris 1999.

Kurbacher, Frauke A.: »Liebe zum Sein als Liebe zum Le ben. Ein einleitender Essay«. In: Hannah Arendt: *Der Liebesbegriff bei Augustinus. Versuch einer philosophi schen Interpretation.* Hg. von Frauke A. Kurbacher. Hildesheim/Zürich/New York 2006, XI–XLVI.

–: »Intimität des Abwesenden«. In: *Tà katoptrizómena* 53: Intimität (Juni 2008) http://www.theomag. de/53/fk9.htm.

Thomä, Dieter: »Verlorene Passion, wiedergefundene Passion. Arendts Anthropologie und Adornos Theorie des Subjekts.« In: *Deutsche Zeitschrift für Philosophie* 55, 4 (2007), 627–647.

Tömmel, Tatjana Noemi: »*...wer anders als die Liebenden?*« Der Liebesbegriff bei Martin Heidegger und Hannah Arendt. Magisterarbeit Berlin 2008.

Young-Bruehl, Elisabeth: *Why Arendt Matters.* Yale 2006.

第21节 权力、暴力和统治

汉娜·阿伦特的政治理论是一种关于权力的理论："所有政治机制都只是权力的

象征和物化；只要人民所掌有的活生生的权力不再是政治机制的后盾并推翻它，那么这些政治机制就会变得僵化和走向没落。"（MG 42，见本书第 2 章第 7 节第 1 部分）阿伦特坚信，公共性权力特有的那种内在的联结力量，只能从"被统治者同意"这样一个角度出发来加以解释（CR 140）。这一来自 1776 年《独立宣言》的著名表述，是早期解释公共性权力的精神。它把"被统治者的同意"看作一种只能在公共性领域使用的政治权力，并且内涵有创立新的政治共同体所需的一种革命力量。阿伦特也把这解释为是伯克的"一致行动"（VZ 224）。尤尔根·哈贝马斯很恰当地把这个权力概念表述为信息沟通的权力。

阿伦特在《积极生活》（见本书第 2 章第 5 节第 5 部分）中第一次引入了政治权力这个概念；对阿伦特来说，政治的权力或信息沟通的权力总是一种否定性的和短暂的现象。政治或信息沟通的权力的第一个特征是否定性，它的出现只是为了消除不再被有着"活生生权力的人民"所接受的统治和暴力关系。它不是有组织的，而是形成于自发的舆论争辩中。它要求行为的偏离、否定、对立和反驳，并因此有着永恒的创新性（Natalität：见本书第 4 章第 23 节）。它是一种"否定的权力"（Hegel：Phän.，29）。在这个意义上，它并不是伯克所认为的"一致行动"，而应解释为"在一致和冲突中的行动"。

政治或信息沟通的权力的第二个特征是短暂性，这种权力只形成于一个公民团体的共同行动中，并在那个共同行动如集会等结束的时刻，这种权力也就随之消失。如果人们自发和公开地聚集在一起，就会不可抗拒地出现这种权力；如果人们聚会后又各自散去，那么它也就失去了自己存在的意义（VA 194），因此它只存在于那些与会者的聚集和行动中。这种交往权力效应的现实例子是多样性的：2011 年一些阿拉伯国家的革命，2009 年到 2010 年的德黑兰事件，1979 年的伊朗革命，1989 年的柏林墙倒塌，南非种族隔离政权的垮台，以及格哈德·施罗德①的大选竞争——他懂得以演讲对抗串通一气的媒体来动员民众，集贸市场的竞选活动帮助他使民众的情绪由不利

---

　①　德国前总理。——译者注

于自己转向了利于自己。信息沟通的权力是一种日常现象。这种权力也会在由民众的不服从（阿伦特的例子：1968年的学生抗议）或有着方向性意义的竞选活动（布什与奥巴马）而造成政治变动的特殊情况下或者在革命的状态中膨胀起来；阿伦特在这里感兴趣的主要是革命的变动。信息沟通权力效应的跨度可以从管理上无法解决的日常政治问题扩展到大的革命。如阿伦特引用马克思所说的，在伟大革命中能够有效改变世界的信息沟通权力，将会继续留在社会机制和日常生活的记忆中，它"不会被遗忘"（Kant：Streit，361），并会不断地制造新的骚动。

但阿伦特的权力概念并不只有她最早在《积极生活》中所展开的否定性的和行动理论的意义。她在《论革命》（见本书第2章第5节第7部分）中也对权力概念做了第二层意义上的补充，即权力概念的建设性和结构性意义。阿伦特不仅采纳了权力概念在《独立宣言》宪法理论层面上的意义，而且又进一步拓展出这个概念的第三层意义，即她曾在极端主义研究中运用过的，在一种极端的否定运动中出现的权力概念，论证了演示性的信息沟通权力在作为革命宪法范例的同时，也有可能发展成为官僚主义、帝国主义和极权主义的权力，并进而否定了政治权力的短暂性。

权力的概念和理论可以按压制性和本质性，以及执行和体系这个格式交叉列表（见表1）：

表1 社会权力的层面（参照 Strecker 模式，2006，60，729）

概　念　　参考数据	执行器	体系
压制性的权力	①机械性的/策略性的权力	③管理性的权力
本质性的权力	②信息沟通的权力	④表现为机制性的基本权力

①以执行为方向的压制性权力。在霍布斯或韦伯的权力理论中，这种权力是执行者通过自己的决策联络别人的行动能力（Arendt：potentia）。

②以执行为方向的根本性权力。这是一种公共性信息沟通的权力（Arendt/Habermas）。

③结构性的压制性权力。这是一种管理主义组织的权力，但存在于马克思的意识形态或哈贝马斯的体系性变形的信息沟通之中，表现为结构性的权力，它不使用暴力就能营造一种独立于被统治者的服从意愿。

④结构性的根本性权力。这是一种以机构为基础的表现（Sieyes，Madison，Jefferson）为机制性的、具有高度效率的权力（Foucault）。不使用强制性手段，就能获得民众的自由追随，因为它以"被统治者同意"的原则为自己的基础，因而也就受到"人民手中的活生生权力"的庇护。

阿伦特手册

第4章 概念和构思

阿伦特的权力理论不像通常被限制在信息沟通行动权力的概念，而是运用了这里提及的四种不同权力概念的状态。下面四个格式里的每一种权力都可以归纳进她的其中的一本书中（见表2）：

表2 阿伦特的权力理论

概 念　　参考数据	执行器	体系
压制性的权力	①可支配的暴力《论暴力》	③帝国主义/极权主义的权力《极权主义的起源》
本质性的权力	②信息沟通的权力《人类生存条件》	④建设性/本质性的权力《论革命》

阿伦特《论革命》或哈贝马斯《事实与效用》中关于结构性根本性权力（见表2第4例）的重要标志和例证是，宪制和不断进行革命的权力保障了根本性权力的稳定，但也可以随时收回这种保障。

由于阿伦特在区分权力和暴力的问题上并不太成功，使她失去了对自己的权力理论复杂性的判断，把暴力归入压制性的权力机制（见表1，格式1和格式3），如同海德格尔把权力置放在诗意世界范围的边界，阿伦特将暴力保留给权力作为其根本性的应用手段（格式2和格式4）。但她的这类区分连她自己也没有完全坚守到底，因为她常常把暴力等同于在行动中可以支配的暴力的潜在性，并把信息沟通的行动权力追溯到拉丁语的潜在性概念。如同政治活动者没有暴力就无法施行权力一样，权力与暴力的关系也是如此：没有与暴力的关系也就不存在权力。如同装甲车与武警部队，表现了压制性权力掩护体的后备，用于在发生冲突的情况下应急调动，以维护统治权力；街头的信息沟通权力也是如此，只要街的另一头打出了第一颗子弹，民众就被迫跳出来以报复的暴力回击，维护自己信息沟通的权力。

阿伦特最初在极权主义研究中发展了她的权力概念。她仿效马克思解释资本和资本积累的概念，把"权力"的概念解释为一种有着自我特性的扩张过程，权力和资本一起将通过这个扩张过程而相互得以强化："无限制的资本积累过程需要一种无限制的'权力'以确保自己，这就导致了资本积累的过程同时也是一种权力积累的过程；在这个过程中，权力积累除了受资本积累需要的限制外，不受其他任何可能的限制。"（EU 248）这两种积累过程都是系统性的自然。它们建立在一种自反机制的基础上，阿伦特把这种自反描写为"为扩张而扩张"、"为权力而权力"（OT 215，217，351；EU 211，222，347，351，361，643f.；关于自反机制，请比较 Luhmann 1974）。"权力似乎是一种无形的机制，随着这种机制的每一个动作都会制造更多的权力。"（EU 646）由此可见，资本和权力有着一种封闭的、不顾周围环境、为自我运作而自我运作的自我参照职能体系的结构。

《积极生活》以及阿伦特晚期著作特别是《论革命》中的权力概念的基础，从第一眼看上去是可以追溯到对《极权主义的要素和起源》中的权力概念令人惊讶的重新解读（见本书第2章第4节）。随着它的每一个动作而集聚更多权力的"自反权力"，不仅表现为帝国主义的压制性权力或官僚主义的权力，而且也表现在一种完全不同的公共性形态中，即在西塞罗民众意义上的许多人的政治行动；这种政治行动已经有着共和国的起源，以及由斯宾诺莎首先提出但没受到阿伦特关注的把现代的权力概念与一种早期的人民主权联结起来的思想。

不仅在帝国主义或极权主义的压制性权力中，而且在许多人多声部合唱的根本性权力中，权力都是为了"不断增长"和"无限的扩张"，并且它只有通过权力才会"更有权力"（ÜR 198f.）。许多人的权力没有单个的成员，因此与帝国主义极权主义的权力完全相反，许多人的权力是社会的包容性。这种权力"从最初起就为所有的人敞开了大门"，只要这些人愿意创建一个新的开端。并且这种权力也不是无声的或如同官僚主义权力或领袖极权那样异口同声的单声部。许多人的权力由"各种不同的意见组成，经由许多公共性的协商才达成共识"（MG 45，ÜR 96）。它建立在以话语表述否定的能力上，"如果人与人共同行动"（VA 194），只能通过主体的互动而形成。这样的权力是自发、不可挫败、具有创造性和追求新颖的权力，它有勇气"渴望实验"（ÜR 222f.）。它也是公共性的，并且如同一种有效用的职能体系，只能被摧毁，而不能从外部加以控制。但它又不是一种真正的效用职能体系，或这种职能体系的媒介。由于它没有下属也没有从属关系，它便不属于任何人，也不是某个人的私有财产（VA 194）。这种共和主义的权力与帝国主义权力的区别在于它的行动特征。作为集体行动，它没有超越其他人意志的权力（同上）。如同在斯宾诺莎、黑格尔或约翰·杜威的权力理论中，个人的权力不会消失在集体的权力中，而是与它同步增长（Brunkhorst 2000，225f.）。在无暴力的公共性集会和在纯粹的相互演讲和商榷中，阿伦特看到了一种可以与专制国家的帝国主义权力相抗衡的"巨大的潜在权力"（ÜR 228，218）。

通过把原本有着帝国主义和极权主义意义的权力概念转换为有共和主义意义权力概念的重新解读，阿伦特成功地为有效用的、现代与古典同在的、孕育在帝国主义权力背景中的共和主义思想，赢得了作为真实自反权力的一种现代的表现形式。唯一能够使极权主义必然遭到失败的权力，起源于民众共同行动的权力。"人民起义反对一个在暴力手段上有着绝对物质优势的国家，反而会给自己造就一种几乎不可战胜的权力"，这种"无限的权力"（VA 194，OR 178）是所有革命运动留给我们的经验。

之所以说是"无限的权力"，是因为阿伦特在这里把权力设想为一种纯粹的、非暴力的权力，从而疏忽了只有当军队不愿再执行国家的命令或跑到对立面去的时候，已成为障碍的国家权力才会败落，或是如同 1989 年，权力的拥有者不再相信自己的意识形态，主动放弃命令坦克投入镇压。但如果掌权者不这么做，那么就会出现镇压，即查尔斯·蒂利（Charles Tilly）所说的"强制工程"（"Coercion works"，Tilly 1992，70）。

不管怎样，把一种高度活泼无限递增和完全自反性权力的现代概念与传统的把政治作为公共性事件的理解令人惊讶地综合起来，是对政治理论的一种印象深刻的革新，它表明阿伦特有着一种明显的、被阿多诺称为现代主义的"现代的前卫"意识。同样明显的是她对我们政治文化中的真实或可能的古典根基的偏爱。

但如我们前面已经提到过的，信息沟通权力的特点是缺乏持久性。它只存在于"共同行动的那一稍纵即逝的瞬间"（VA 195），并且如果聚集在一起共同行动的人们"又各自散去"，"它也就随之消失"（VA 194）。打出的第一颗子弹，就能把沟通的权力打散；随之而来的民众报复，虽然被看作最后的出路，但极少会赢得革命的胜利。并且即使是革命胜利了，街头的沟通权力也会很快转换为议会的集会或市政厅的会议。

怎样才能使信息沟通的权力得以维持、稳定和长期递增？怎样才能使街头沟通权力的自反性机制政治机制化？在对美国革命做了一番认真的研究之后，阿伦特在她的著作《论革命》中写下了她对这两个问题的回答。她的回答是：宪法。只有通过作为政权统治基础的宪法，才能使信息沟通的权力得以维持、稳定和长期递增，才能使造就街头沟通权力的自反性机制在政治上机制化。必须制定一种能够以制宪权长期保障在革命中获得解放的信息沟通权力的宪法。宪法的唯一目的就是为了民众的权力不断获得"新的稳定"，"而不是为了限制民众的权力"（ÜR 193，200）。为了这个目的，并只是为了这个目的，作为宪法创建的那些技术手段，来自三权分立的学说。国家暴力的职能和联邦形式不应当限制民主，而是应当促进民主，帮助人民的权力，即人民自己造就的权力，稳定和增长。在这一点上，阿伦特与其他一些思想家如赫尔曼·海勒（Hermann Heller）或英格博格·毛斯（Ingeborg Maus）的观点完全一致。

三权分立的目的乍看上去似乎有些自相矛盾：通过把权力分散在许多权力中，并加强这些权力的权力来达到维护和增长权力的目的。按卢曼的说法，美国的建国之父就已经懂得，"绝对的权力"，最好是"小的权力"。阿伦特引用约翰·亚当斯的话来说，由于宪法面对的是"权力的权力"，是"力量的力量"，是"强中之强"，是"理性的理性"，因此造就了它成为"更强的权力"，"更有力量的力量"，"更强之中的强者"和"更理性的理性"（ÜR 199）。这种检测和制衡体系应有的效用是保障结构性的国家暴力相互不要妨碍各自官僚权力的应用，不去摧毁"民众原本的"信息沟通权力，而是通过各种分散的"权力中心"，使之获得进一步释放和发展（ÜR 196，200）。

豪克·布伦克霍斯特

参考文献

Brunkhorst, Hauke: *Einführung in die Geschichte politischer Ideen*. München 2000.

Canovan, Margaret:» A Case of Distorted Communication: a Note on Habermas and Arendt«. In: *Political Theory* 11, 1 (1983), 105–116.

Göhler, Gerhard: » Constitution and Use of Power«. In: Henry Goverde / Philip G. Cerny / Mark Haugaard/Howard Lentner (Hg.): *Power in Contemporary Politics*. London 2000, 40–68.

Habermas, Jürgen: »Die Geschichte von den zwei Revolutionen«. In: *Philosophisch-politische Profile*. Frankfurt a. M. 1987, 223–228.

–: Jürgen »Hannah Arendts Begriff der Macht« [1976]. In: *Philosophisch-politische Profile*. Frankfurt a. M. 1987, 228–248.

–: *Faktizität und Geltung*. Frankfurt a. M. 1992.

Hegel, Georg Wilhelm Friedrich: *Phänomenologie*. Hamburg 1952 [*Phän.*].

Kant, Immanuel. *Der Streit der Fakultäten*. In: Werke XI. Frankfurt a. M. 1977 [*Streit*].

Luhmann, Niklas:»Reflexive Mechanismen«.In: Ders.:*Soziologische Aufklärung 1*.Opladen 1974,92–112.

–: *Macht*. Stuttgart 1988.

Ricœur, Paul: »Power and Violence«. In: *Theory, Culture & Society* 27, 5 (2010), 18–36.

Strecker, David: *Logik der Macht*. Diss. phil. Otto-Suhr-Institut Berlin 2006.

Tilly Charles: *Coercion, Capital, and European States, AD 990–1992*. Cambridge, Mass. 1992.

第 22 节　人权

按阿伦特的说法，她的这一思想来自切身的经历（VZ 18），她对人权的考虑主要以生活经验为前提。她自己作为逃亡者和无国籍者的生活经验，促使她回想和反思这些生活经验："如果某个人并不置身于法律的保护范围之内，而向法律提出要求保护这个人的平等权利，这是毫无意义的。"（EU 460）

这种灾难性的境况是由于人的权利和公民权利的完全分裂而造成的，它出现在第一次世界大战后。由于从根本上否定了法国大革命的人权思想，无数的人被排斥在民族统一、国家和领土之外，成为流离失所者、少数民族、逃亡者和无国籍人士。作为被驱逐出家乡的人，他们被剥夺了公民身份，失去了国家的保护，也就在事实上不再享有人的权利。鉴于在 20 世纪这个完全由政治组织起来和占领的世界里，这些没有公民身份的人从此再也找不到自己生存的位置，成为对任何其他的人来说都是不受欢迎的"多余"的人。极权主义统治的历史经验表明：人，如果被降低到类似原始人的前政治性层面和单纯的生存程度时，就只能依靠友谊、同情和爱情这些不可预测的无世界性范围的关系。在这样的情景下，避难权被证明没什么效用，遣返因为无处可返而并不适合，而加入国籍的前景则更不明朗。

极权主义政权大幅度地剥夺人的权利，极大地影响了其他的国家，而在那些国家中生活着许多无身份证的人，也就是说这些人没有居留许可，生存在国家的有效法律之外。合法驱逐无国籍人士的不可能性，导致那些周边国家不得不采用非法的驱逐手段把人赶出国境，致使地方政府无视和违背法律。权利逐步被剥夺，直到完全丧失，以及把这些人作为多余的人示范于众，都是纳粹"根除这部分人"的前期准备（EU 461）。它的后果是，人似乎可以如一件物品那样被扔掉。

针对这种在实践中和逻辑上毫无效用的人的权利的"自然属性"，阿伦特总结说："从来就没存在过什么平等。所谓平等，只是在我们都是人的行动的产品这个意义上，才是平等的；真正的平等，只有当我们成为一个团体的成员，并在这个团体中依靠我们自己的决定相互保障我们平等权利的时候，才能赢得。"（EU 468）因此对阿伦特来说，"有权利享有人的权利"，才是唯一的"人权"（EU 462）。人，只有首先拥有进入法律和政治秩序的权利，进入一种"关系的系统［……］并在其中只按他的行动和意见被作出评判的时候（EU 462），所有其他的权利才是切实有效和可以提出诉讼的"。

平等是人类共同生活的一种政治建设，它以人的多元性为基础，使人在这个地球上与其他人共享自己的生活。因此，唯一的人权必须"由人类自己"（EU 465）通过相互担保和合约作出政治上的保障。

阿伦特以艾希曼在耶路撒冷的审判为诱因，研究了一种多元性人类的政治概念，它的组成部分也包括土生土长和新入籍的人共同承担责任的义务，并赋予其以新的深度。把纳粹的种族灭绝认定为一种屠杀整个犹太民族的"反人类罪行"，是阿伦特的有关分析中最精辟的地方。阿伦特认为，虽然纳粹主义极权暴力迫害蒙难者是以现代反犹太人主义为借口，但是这种种族灭绝危害了整个人类的多样性和多元性（比较EJ 329；关于阿伦特的评论，请见本书第5章第9节）。

塞尔索·拉弗尔

由沃尔夫冈·霍尔从葡萄牙文翻译成德语

参考文献

Birmingham, Peg: *Hannah Arendt and Human Rights. The Predicament of Common Responsibility.* Indianapolis 2006.

Brunkhorst, Hauke: »Menschenrechte und Souveränitätein Dilemma?« In: Ders./Wolfgang R. Köhler/ Matthias Lutz-Bachmann (Hg.): *Recht auf Menschenrechte.* Frankfurt a. M. 1999, 157–198.

Lafer, Celso: A reconstrução dos direitos humanos (Um diálogo com o pensamento de Hannah Arendt). São Paulo 1988 (span. 1991).

Menke, Christoph: »Die ›Aporien der Menschenrechte‹ und das ›einzige Menschenrecht‹. Zur Einheit von Hannah Arendts Argumentation«. In: Eva Geulen/Kai Kauffmann/Georg Mein (Hg.): *Hannah Arendt und Giorgio Agamben. Parallelen, Perspektiven, Kontroversen.* Paderborn/München 2008, 131–147.

Michelman, Frank I.: »Parsing ›A Right to Have Rights‹«. In: *Constellations* 3, 2 (1996), 200–208.

Rancière, Jacques: »Who Is the Subject of the Rights of Man?« In: *South Atlantic Quarterly* 3, 2/3 (2004), 297–310.

Rosenmüller, Stefanie: »Hannah Arendt«. In: Georg Lohmann/Arnd Pollmann (Hg.): *Menschenrechte. Ein interdisziplinäres Handbuch.* Stuttgart/Weimar 2012 (im Erscheinen).

Twellmann, Markus: »Lex, nicht Nomos. Hannah Arendts Kontraktualismus«. In: Eva Geulen/Kai Kauffmann/Georg Mein (Hg.): *Hannah Arendt und Giorgio Agamben. Parallelen, Perspektiven, Kontroversen.* Paderborn/München 2008, 75–100.

第 23 节　出生和开端

出生（Natalität，也有人译为"创生"或"创生性"）这个概念（英语 natality），由阿伦特引入德语成为德语原有的出生（Geburtigkeit）这个词的转换形式（VA 167），是人开始新的可能性的生存条件或"事实"：人，是"开端的开端，或者说是开端的自身"（同上，166），因为人自己就是作为一个新出生的人来到这个世界；因此，人出生的这个事实，是其行动能力的基础。只要我们在行动中证明了我们出生这一事实，并承担起我们应当承担的责任，那么行动就是我们的第二次出生。与此相似，阿伦特借用康德把自发性能力定义为一种开始一系列新事物的能力（EU 723）；借用奥古斯丁，以及他的名言"因此，人被创造，这是一个开端；在此以前不存在任何一个人"，说明人的出生就是开端（同上），并且给予人以主动行动的可能性（VA 166）。就人的出生所拥有的这种普遍意义来说，阿伦特认为"行动和新的开端，具有同样的意义"（同上）。但行动绝不会发生在无中生有之前。人创造这个世界，并不等同于上帝无中生有地创造了这个世界；因此，阿伦特不允许把人的开端与世界的起源混淆起来，人只能以他身处的既定世界为基础，通过自己的行动去改变它（IG 323）。如果要想行动不是毫无结果，就必然编织进别人已经进行着的行动中去。虽然人们也总是可以自己单独开始一种新的开端，比如人是作为单个的人出生的，但每一个新的开端都必须得到别人的帮助，才能继续发展。这就是一切政治行动本质上的多元性。

阿伦特指出，在政治领域中的新开端是行动自由的标志，所以古希腊语中的"开端"与拉丁文中的"行动"都不仅有"率领"的含义，也有"将什么推进运动的意思"，这就是新的开始（VA 166）。阿伦特在《积极生活》中描述人的三种基本活动，阐述了人与新的开端的三种不同关系：劳动因为受到身体再生产周期的强制，既没有开端，也没有终结；生产具有一个可以明确定义的开端以及一个与目的相连的终端；行动虽然具有一个明确的开端，但却没有一个事先可以预测的终端（同上，130），也就是说，只是开始在行动（见本书第4章第3节）。在人类历史中，革命是唯一的一种政治活动，它"直接和不可避免地迫使我们面对一种新的开始"（ÜR 23），建立一个时代的新秩序。革命作为一种事件，站在时代秩序连续性的外沿，从而构成了新开端的一个重要特征：每一个新的开端，只要它没有确定的因果顺序并且"仿佛不知从哪冒出来的"（同上，265），都隐匿着一种随意性的要素。因而要现实地估计政治行动结果的不可预见性以及它在这方面的奇迹性（VZ 222）。人类借助于出生而有能力不断地开始一种新的开端，并且正是在这个意义上也就是在"创造奇迹"。

与此相反，极权主义统治的特点是只允许绝对可以预见的政治行动（EU 544）。极权主义统治的目的是一劳永逸地毁灭人类开始一种新的开端的能力，这便导致只有依靠恐怖手段才能达到这类的统治目的。阿伦特正是在这种恐怖手段中，看到了极权主义统治（同上，549）的真实本质。极权主义统治试图以恐怖手段，随时准备毁灭任何一种新的开端，使其成为一种一了百了的终端。只有施用极端的手段才能绝对清除出生、自发性和主动性，因为"自发性不仅与人的自由，而且也在单纯生活的意

义上根本就是与人的生活联结在一起的"（同上，677）。直到被关进极权统治的关键
机器集中营之中，人才被降格为一个消极反应的机械，再也不能从自身出发开始一种
新的开端。集中营"不仅灭绝人类、贬低人格，而且也施行恐怖的实验，以严格的
科学手段毁灭人的行为方式中的自发性，把人转变为一种在同样的条件下总是有着同
样反应的物品"（同上）。正是集中营这种极端恐怖，从根本上剥夺了人开创新的开
端、主动性和行动的能力。

奥利弗·马夏尔特

参考文献

Bowan-Moore, Patricia: *Hannah Arendt's Philosophy of Natality*. New York 1989.
Lütkehaus, Ludger: *Natalität. Philosophie der Gegenwart*. Zug 2006.
Marchart, Oliver: *Neu beginnen. Hannah Arendt, die Revolution und die Globalisierung*. Wien 2005.

第 24 节　近代与现代

　　对阿伦特来说，近代开始于 16 世纪，并有三个主要的步骤：首先是发现美洲以
及由欧洲人所进行的第一次地球表层的研究和占有；其次是宗教改革、剥夺教会财产
推动了现代社会的社会资本积累过程；最后是望远镜的发明，促进了新科学的现代化
发展。这些历史事件激起一股"现代化的冲击波"（Arendt 1954，66）。阿伦特把现
代化描写为一种动态的过程。第一次世界大战是进入现代的转折（同上，61）。现代
在政治上的开始是第一颗原子弹的爆炸（比较 VA 13）。从社会经济的角度来看，现
代化构成了一个全球性的科学和劳动社会，阿伦特把这样的社会描述为一个鼓励工作
的社会。政治的现代化，按阿伦特的认知，主要表现为民族国家的崛起和败落，以及
一个政治上不相统一的世界性社会的形成。

　　在传统思想观点的根本变革中，阿伦特观察到了近代文化的根本性变迁。在传统

思想中极其重要的对最终真理的信仰，以及在沉思生活中的智慧思虑，在新兴科学中都被一种以实验研究自然现象的实验性科学取代。

近代的信仰丧失，是伽利略用望远镜发现天体绕日心运行规则导致的后果，伽利略的发现在根本上促进了科学的进步和对地心说态度的转变，在近代有着重要意义的关于"人的理解力"的比喻，即"人从太阳出发观察星球"，表现出人有能力，借助一个器具就找到了阿基米德支点。以自己的理论去思考宇宙，从而能够按宇宙的规则作为行动的准则运用到地球上去（比较同上）；阿伦特在其中看到了现代化最重要的观点。她把现代的时代看作一个将人的"所有能量都集中在行动的时代"（VZ 79）。

随着数学代数和笛卡尔解析几何的完善，"人成功地运用数学把所有的一切，只有人自己除外，都简化为公式，转换为符号［……］人以自己的理解力发明了这些公式和符号"（VA 260）。从此，人就找到了自我反思的道路。笛卡尔对直接感官知觉准确性的怀疑，就这样被推至一旁。因此阿伦特认为，现代自然科学以它们的测量仪器来探究被猜测躲藏在存在背后的自然现象的隐秘力量（比较 VA 269ff.）。原本在传统自然概念中安宁的存在，现在成为一种动态的过程，成为实验研究的对象（比较 VA 289；VZ 72）。

关于过程的思想，在理论上得到了现代历史科学的支持。现代历史科学冲破了传统的周期性时间概念，把时间想象为一种直线型的过程："我们完全生活在一种直线型的时间想象中，尽管这条时间的直线既没有开端也没有终点。"（VZ 87）

阿伦特认为，自然研究者和科学家是"最早的现代人"（VA 271），他们勤奋、诚实和富有成就的工作伦理是现代社会的重要美德（比较同上）。他们的成就增长了人类的知识和权力。从"科学中发展出来的技术完全决定了现代社会的外表面貌"（VA 290），并使社会得益于不断增长的富裕程度。但是原子能和生物技术的发展也显示出了它们的风险，如果一旦发生问题，就会危害整个地球上的生命。阿伦特担忧地把这些风险称为现代人的矛盾心态（VA 256）。

在阿伦特的理论中，近代是一个人的两种活动，即原本出现在传统的私人空间里的生产和劳动的活动，得以转换的时代。如今在家庭和公共性之间出现了社会，造就了人类这两个领域的现代化。鼓励工作的现代社会，只关注可以交换的效用，把发展推到了最后的终点。

从家庭的私人领域解放出来的劳动改变了公共性空间；这以后的公共性空间不再仅仅是一个政治行动的地点，而且也是劳动的空间。同时这也使劳动有了一种完全新颖的生产模式（比较 VA 48）。现在，工人们是在新建成的企业和工厂中进行劳动；劳动分工在那里被用来作为一种新的合作形式，给自然自身带来了"一种非自然的增长率"（VA 47）。企业的社会性空间扩展到了全球。

阿伦特把生产首先理解为一种按构思制造物品的生产活动。产品完成后，创造这件产品的人就把它送往交换市场。在现代物品市场的推动下，人对产品的需求越来越让位给隐藏在资本期待背后的产品交换价值（比较 VA 299）。与此同时，人为劳动分工发明了机器。阿伦特认为，人因此加速了生产方式的技术进程，并成为消费社会的工程师。最终，在现代鼓励工作的社会里，技术的发展减轻了工人们的劳动强度和痛苦，并且越来越多的自动化进入了人的生命进程的潮流。整个现代消费社会都在往垃圾经济［……］的方向发展，对待每一件物品就像一件要扔掉的废品（VA 122）。

社会的发展也改变了人的私人生活（比较 VA 58）。在宗教改革时期，社会发展是以资本主义剥夺农民私有财产为起点的（比较 VA 60，63，251）。在当初新形成的交换市场上，那些被剥夺了财产的农民只能提供自己的劳动力进行交换。随着家庭中天然成员关系的破裂，形成了新的"与各自社会地位相符合"的社会团体（VA 40）。这样原先的封建社会就发展成为现代的阶级社会（比较 VA 251）。随着阶级社会转换为大众社会，就出现了大批现代人的孤独感（比较 VA 58）。阿伦特认为，个人化和单子化是现代大众社会的社会象征（比较 EU 513ff.）。

近代政治的开始，以资本占有阶级的出现为标志；这个阶级把国家作为"一种以警察国家为目的的必要组织"（EU 240），以便调节行业竞争："资产以资产占有阶级利益的形式授权给公共性。"（VA 65）阿伦特在现代社会中看到了一种匿名的官僚主义统治，"不仅把经济社会利益假定为具有整个社会的一致性，而且把通常的舆论也假定为一致"（VA 41）。社会以各种形式规定了"无数规则来规范个人的社会行为，并期待个人如此行为"（同上）。我们可以把阿伦特的这些论点作为对社会劳动的批判性描述，并在这样一个背景下来理解她的这些观点。

18 世纪的革命开辟了在政治上走出近代进入现代的道路。按阿伦特的理论，美国革命以政治宪法的构思，即三权分立的原则、自由选举和保护少数民族，保障和开辟了现代化的未来途径（比较 VZ 244ff.）。法国革命则以它的恐怖暴力和对民族国家的发现，走上了另一条道路（比较 Schindler 1998，163ff.）。

民族国家的模式自 19 世纪以来又发展成为官僚主义，使匿名的统治完全机制化。工人运动以它的政治行动传播了一种议会体制的革命思想，但却使自己在与现代社会的融合中成为一个"对社会施加压力并依此调节社会的团体"（VA 213）。阿伦特认为对民主的民族国家起着融合效用的民族社会的团结，在总体上成就了"一个具有相当社会性的立法"（VA 251）。但她也预见到：社会会继续它的资本积累，并最后导致民族国家的没落。在帝国主义和极权主义统治之后的 20 世纪，"现代社会在全球的扩展"，必将会在整体上导致一种较少组织起来的人类社会（同上）。世界性的社会在政治上只能依靠相互的合约在"一个由结盟国家组成的全球性结构"（MZ 112）中共同成长。

罗兰·W. 申德勒

参考文献

Arendt, Hannah: »Tradition and the Modern Age«. In: *Partisan Review* Jg. 21, 1 (1954), 53–75.

Benhabib, Seyla: *Hannah Arendt. Die melancholische Denkerin der Moderne*. Hamburg 1998.

Collin, Francoise: *L'homme est-il devenu superflu?* Paris 1999.

Roviello, Anne-Marie: *Sens commun et modernité chez Hannah Arendt*. Brüssel 1987.

Schindler, Roland W.: *Rationalität zur Stunde Null. Mit Hannah Arendt in das 21. Jahrhundert*. Berlin 1998.

Tassin, Étienne: »Un monde acosmique? Mesure du mondeet démesure de la politique«. In: *Épokhè* 5 (1995), 205–238.

第25节 私人性和公共性

区分私人性和公共性之间的差异性，是阿伦特政治思想的基础，这种区分可以追溯到苏格拉底对在古代希腊只生存了较短时间的希腊城邦的态度。阿伦特在城邦中看到了新政治思想的一种历史性范例，它有极大的启发性，也指明了政治的发展方向。阿伦特认为曾经存在过的城邦是历史的运气（比较 WP 42），因为与以后任何一个时期相比，城邦的"政治公共性空间［……］都拥有一种较高的尊严，也与人的生活紧密相连［……］"（VZ 282）。农贸市场或集市的全间领域象征着多元性、自由和行动的政治意义，也意味着远离暴力。在引用苏格拉底的基础上，阿伦特不知疲倦地回顾城邦这一被丢弃的遗产，认为城邦是一种反传统，使十以它来反对近代政治理论的发展；并同时也可用来反对由哲学给政治带来的降格。

在古代希腊，私人性和公共性相应于自己和公共的区别，有着两种不同的存在规则（比较 VA 28）；有一条明确的分界线把它们各自分开，但也同时保护了它们各自的空间互不遭受侵犯。统治者和被统治者在私人性空间都从属于家庭，而公共性领域则是一个保证不受统治者影响的自由和权利的空间："我们所理解的统治和被统治［……］简短地说，就是我们所有的政治秩序概念［……］并不有权在公共性领域，而只是在私人性领域施行着它们的统治和被统治；所以统治这个概念在词的本义上，是非政治性的，因而也不属于城邦。"（VA 34）由自然造成的不平等性、自然的必然性以及由奴隶和妇女从事的维持生存的劳动，规定了私人性空间的特性。私人性领域被看成神圣不可侵犯的，因为它保证和保护了生活；但它的地位又低于公共性领域，因为它作为自然代谢的空间永远只得屈服于自然的强制（比较 DT 530）。在家庭事务内部不可能存在一种自由（比较 VA 34），这个事实解释了为什么在古代希腊会对一些只是在私人性空间运作的人表示蔑视（比较 VA 46）。自由，最初意味着能够按自己的意愿随时离开家务和家庭（比较 WP 44）；这是一种特权，只有家庭的首脑才拥有这种特权。对一个希腊人来说，私人性似乎就词的本义来说有些"荒谬"（WP 52），作为一种"剥夺生活"，如同无国籍的身份，是一种身份"被剥夺的境况"

阿伦特手册

（VA 39），因为私人性拒绝一个人去经历作为自由人应当经历的那些事情，比如不依靠暴力和强制，就能以平等的身份与同等的人交往（比较 WP 39），思考关于现实的各种观点（比较 WP 52）和敢于承担公共风险，将自己的理解在康德的意义上也与其他人的理解进行沟通（比较 DT 601）。公共性是一个人们表现自己的空间，是一个看见和被看见、竞争和攀比、一切演讲和相互说服、听和被听的空间，是一个有其他人在场的空间。只有在公共性中，简单的事件才能成为一种借助想象力进入别人角度思考的广阔思想（比较 DT 570；ÜB 141）。

　　这一切都取决于理解人特有的多元性的难度（DT 70）。多元性被排除出政治这一事实，促使阿伦特探究区分私人性和公共性之间的差异性，并以这两者间的区别严肃拒绝把家庭共同体的模式作为公共性共同生活的模式。私人性是一些"有权要求隐秘性的事务"（VA 70），这就不同于那些只能在公共性展开的事务。家庭作为私人性区域以自然同一性的标准，联结着作为自然性的"我的同种类人"的我们，并由出生、血统、亲戚关系、起源和自然性决定了这些人相互之间的从属关系："建立家庭是未来在一个荒凉陌生的世界里给家庭成员提供住宿和一个坚实的城堡，使他们愿意处身于亲属之中的方式。但是私人性的这种企图进入到政治中去，就会导致政治的根本变态，因为政治将由于亲戚关系的进入而根本排除自身应有的多元性的根本特性［……］。"（WP 10f.）如果政治团体采纳了家庭的原则，排除异己就有了合法性，内部关系中也就没有了差异性；如果政治团体中的成员都把自己看成一个大家庭的成员，大家都必须在基本观点上保持一致，只允许有一种观点和一种利益，那么大家都变成一群同样的人，必然毁灭作为多元性区域的公共性。

　　蔑视公共性和私人性之间的界限，不仅忽视了这两个领域各种不同的需求，而且也毁掉了政治的本意，即"各种不同意见的人的共同和相互存在"（WP 9），为导致民族超越国家以及民族退变为种族的民族主义思想、民族认同思想、极权主义思想、强制性一致、排斥其他民族和灭绝其他民族提供了土壤。这种在内敌视多元性在外敌视人的平等的家庭原则，一旦进入政治成为政治原则后，必然以血缘关系和血统关系、民族性和同一种族的自然国家为由，否定一切人的多元性与平等。把国家当作家庭所发生的那些事，究竟意味着什么，纳粹政权就是最好的明证："人类长久以来把国家想象为家庭的画面，在纳粹政权那里真实地达到了它的极端，它给人类所造成的结果是：任何一个人，如果被排斥在这类政治团体之外，也就被排斥在所有家庭形式的国家之外，因而也被排斥在人类之外。"（EU 457f.）

阿伦特对公共性和私人性原动力的区分，是她为争取公共性生活重新政治化的努力。极权主义的国家形式曾经毁灭了这种公共性生活，而在现代大众社会中，它又受到了日渐衰败的威胁。阿伦特通过划定私人性和公共性区域的界限，坚守了古希腊对家庭内部世界的怀疑，以防止它们潜在的不着边际及过度；出于同样的理由，阿伦特也对现代的私人性解放持怀疑态度，因为古希腊根本就否认私人性的自由。如果私人性的状况蔓延到公共性的领域中，家庭内部的意见成为公共政治生活的标准，那么政治自由的概念就会变形："主观意识与公共性毫无关系。"（MZ 90）阿伦特之所以对私人性进行界定，以及让个人的内心世界和自我内心的动荡远离公共性，是因为怀疑主观意识会不遵从多元性的原则，只考虑自己，不认可一种与别人共有世界的约束，不愿受到某个其他人的制约。以阿伦特的观点来看，人的内心世界如同私人性不容忍多元性那样，我们大家都有这样的感觉——"在内心，［我们都是］相同的"（LG 1，44）。只有当人现身在外面的世界（比较 LG 1，41），并登上一个为他建造的舞台的时候（LG 1，31），人才表现出与别人的不同之处以及自己的特别之处。

但是如果人被拒绝参与他的"第二种生活"，即不允许积极参与公共性事务（比较 VA 28），那么这个人的私人生活的幸运是不完美的（比较 ÜR 169）。参与公共性事务，不是责任和负重，不单纯是为广大民众服务；参与公共性事务也能起到让自己满意和为自己带来高兴的效用，而且这一切都不取决于一个人原有的地位和名声（比较 ÜR 355）。没有公共性的自由，没有公共性生活造就的自我满意，那么政治行动和一切革命就都是不可想象的（比较 ÜR 299）。但同时也要认识到，应当为行动者和协商者指出方向的公共性，由于对正确意见的曲解，由于滔滔不绝的长篇大论，并且由于谎言（比较 IG 322、353），正在逐渐地变得毫无光芒，成为人们怀疑的对象："如果在公众面前说的是谎言，那么就欺骗了这个世界；如果这是一个荒谬的谎言

[⋯⋯] 那么这个世界也将变得荒谬。"（DT 630）

阿伦特与公共性的关系并不是一成不变的。早在面对一种她报道艾希曼案件后退出的公共性之前，她就写道（1956）："公共性不容忍任何形式的生活，只要这种形式的生活曾经存在过。"（DT 566）并且也广为人知的是，她通常"只是非常迟疑甚至非常沮丧勉强地在公众前露面"（MZ 89）。她曾说过，只要我在"公共性"中生活，就不再有"仁慈"来保护我了（DT 518）。私人性作为一个隐秘性地点非常不可或缺，并有着它日益递增的意义。只要看一下一个人作为公共性人物和作为私人之间的那种紧张关系，就表明了私人性与公共性脱离的重要意义。阿伦特对此的建议是：真实地出现在这个世界上，可以获得认同［⋯⋯］但不要被规定，要经得起轰轰烈烈众多粉丝的这种诱惑（Arendt 2005，11）。1975年她逝世前不久在"松宁奖"颁奖大会上的讲话中，阿伦特暗示了她将退出公众的视线，说出了自己在公共性中所感受到的那种永远的陌生感，并认为能够在人生存的这两种模式中交替生活，也许是对自己的一种安慰。

克里斯蒂娜·蒂尔迈尔－罗尔

参考文献

Arendt, Hannah: »Die Sonning-Preis-Rede«. In: Heinz L. Arnold (Hg.): *Hanna Arendt*. Text+Kritik 1-66/167. München 2005, 3–13.
Pitkin, Hannah Fenichel: »Justice. On Relating Private and Public«. In: *Political Theory* 9, 3 (1981), 327–352 [auchin: Garrath Williams (Hg.): Hannah Arendt: Critical Assessments. Bd. III: The Human Condition. London 2005].
Zaritzky, Eli: »Hannah Arendt and the Meaning of the Public/Private Distinction«. In: Craig Calhoun/John McGovern (Hg.): *Hannah Arendt and the Meaning of Politics*. Minneapolis 1997, 207–231.

第26节　贱民和新贵

在获得解放之前，犹太人作为外来民族是马克斯·韦伯社会学意义上的一个下等民众的民族，必须遵守外部和内部的隔离措施。这些措施针对的是19世纪生活在东普鲁士以及许多由于大屠杀和生活的困难而移民到一些被认为是较为富裕和自由的国家的犹太人。但是即使在犹太人被从这些强制性的措施中解放出来以后，他们也从未真正融合进入市民社会和工人阶级之中。虽然从法律的角度来说，他们现在拥有与其他人相同的权利，但却被一个反犹太人主义盛行的社会继续冷落在社会的边缘。在追随记者及无政府主义者伯纳德·拉扎尔理论的基础上，阿伦特使用了"贱民"（Paria）和"新贵"（Parvenu）的范畴来分析犹太人解放后的处境。按阿伦特的见解，这些范畴之所以不仅有助于理解犹太人被解放后的处境，并且也有着一种更广义的应用范围，是因为这些范畴所描述的现象在其他"至今还存在着被贬低的民族或阶级"（EU 128）的地区和国家，仍很贴切。

在废除强制性隔离措施之后，尽管有些犹太人成了暴发户即经济上的新贵，但他们仍是属于社会下等民众的贱民，人们不愿看到和承认他们的经济成就。在这样的背景下，"贱民"和"新贵"提出了两种可能的反应方式，表现出由阿伦特重构的两种典型的行为模式。贱民和新贵都是一种伴随解放而来的新的犹太人形象（比较 R 118ff.；EU 122-127）。这种形象在表层表现为对经济崛起的追求，在深层是对自己出身的否认，不愿被别人看成一个还没同化的犹太人；他们之所以屈服于同化的压力，是因为在他们移民的德国或法国，人们一眼就能看出，谁是还没同化的贱民。对贱民和新贵的划分，导致在犹太人中出现了一种令人憎恶的社会关系。新贵成为慈善家，贱民成为"面包屑的乞讨者和依靠慈善家的理想维持生活的人"（VT 63）。由于慈善家被理想化，人们便把政治的责任也转交给他们。于是，行动，特别是反对反犹太人主义的行动，便成了新贵的责任。新贵和贱民共同构成了一个互补的系统。贱民所处的地位，绝不是一个革命者的地位，他们甚至无法成为一个批判者。如果说他们还有一些新贵已经丢失了的道德和人的特性（比较 R 186；ZZ 20），那么也只能表现为一种无世界性的形态，而这又决定了他们在政治上的无能为力（比较 MZ 32）。

贱民不仅与新贵不同，甚至还是新贵的对立面，因为贱民的生活方式拒绝谎言，反对他的犹太和非犹太人的环境；贱民"以他们社会贱民的特性作为社会外围

［……］的个人，反映出整体的人民政治生活"（VT 51）。犹太作家和艺术家以这种生活经验创造的文学人物，表现了贱民拥有"一种对现代人类非常有意义的关于人类的新思想"（同上），借助艺术超越了贱民的无世界性。文学上的贱民形象从这一代到下一代都是各种各样的：在海涅那里是"倒霉的人物和梦想的世界统治者"，在卡夫卡那里是"有善良意愿的人"，在卓别林那里是个"猜疑的人"（VT 64 – 67）。这三种艺术形象当然有别于伯纳德·拉扎尔有自我意识的人物形象，伯纳德·拉扎尔笔下的人物尝试将"人民的政治存在这样一个基本事实，转化为一种新的政治范畴"（VT 64）。有自我意识的贱民是一个叛逆者，他"越是了解社会的贱民和与他们相对的新贵"（ZZ 20），那么他就越既不愿成为贱民，也不愿成为新贵。与社会的新贵相反，他公开承认自己的出身，但他又拒绝把自己归为社会的贱民，他因此而对这个世界提出了公正和建立新的政治组织形式等普遍性要求，期望以新的政治组织形式启迪民众自己对贱民和新贵这样的社会结构提出质疑。

但是可惜由于拉扎尔的短命，他无法体验犹太民族是怎么被剥夺权利的。由于被剥夺了权利，所有的新贵不仅被迫成为社会上的贱民，而且也被迫成为政治上的贱民。政治贱民是20世纪被剥夺了所有权利的人，即不具备"行使权力的权利"这一重要特征（EU 462）。欧洲犹太民族的政治基础就此倒塌，因此犹太民族也就丧失了个人选择贱民或新贵的生活方式的意义：这两种生活方式在整个世界都成为"一种政治上的非法行为"（VT 79）。在纳粹迫害犹太人期间，没有一个犹太人能够希望在社会中找到一个属于自己的位置，甚至不可能逃避到社会的边缘。作为唯一的一条出路，只能是"为政治信仰和全民族的荣誉而斗争"（VT 94）。鉴于阿伦特自己对这个世界的立场，她认为各种犹太贱民的形象仍常是一种犹太民族的认同形象，并且由于美国战后的状况又现实化了（比较 BwBlu 241）。

玛蒂娜·莱博维奇

由拉尔夫·克劳斯从法语翻译成德语

参考文献

Bernstein, Richard J.: *Hannah Arendt and the Jewish Question*. Cambridge 1996.
Leibovici, Martine: *Hannah Arendt et la tradition juive: le judaïsme à l'épreuve de la sécularisation*. Genf 2003.
Martine Leibovici (aus dem Französischen von Ralf Krause)

第27节 个人

　　"个人"在阿伦特那里不是心理学、道德或法律意义上的个人，而是一个政治概念。这个概念与她对"行动"的理解有着不可分割的联系。"个人"是在公共性中的话语和行动所造就的个人（VA，第24章）。通过行动而显示自己的个人，已经不再是在行动之前就已存在的那个潜在主体。行动使个人获得了"第二次新生"。与他是"什么"不同，行动揭示了"谁"是行动者。一个人是"什么"，由一系列诸如性别、宗教信仰、民族等特征以及一系列诸如天赋、才能和缺陷的特性所构成；而以行动出现的个人则有着一种个人的独特性。当然，个人在行动中的诞生并不是从无中生有，但是个人原有的身份认同并不直接与公共性领域有关，它不是必然地表现为公共性，也不包含行动的真理和意义。我们必须以阿伦特描写历史事件的方式来理解她对个人的揭示：一个人的行动总是比这个人的自我介绍史能说明，"他"是怎样的人，行动会突然揭示一个人的历史，他曾经是谁。

　　从这一点出发，人们可以引申出个人的两个显著特性。一方面那个人在行动中显示了自己是"谁"，而不是显示自己是行动的主体或行动的倡导者。不把个人作为他自己行动的主体，而是作为行动着的个人，在此阿伦特想表达已经包含在道德或政治的个人概念中的人的自由和自治的意志，并不能用来定义个人这个概念。另一方面个人显示自己与建构一个个人能够出现的空间有着不可分割的关系；正是在这个空间里个人与其他正在行动的人，才形成了一种相互依赖的关系。以行动造就个人的这三个要素是显示自己、建构一个相互表现自己的空间以及与其他行动者的关系。与这三个要素相对应的是其他三个条件，即表现个人唯一性的出生，表现现象可见性的公共性–政治空间，以及表现多元性的共同行动（比较 VA；见本书第2章第5节第5部分）。通过行动表现自己的个人，将以他的唯一性和可感受性的特征来区别于那些与他平等的其他行动者。

由此可以得出三个重要的结论：首先是允许存在个人的唯一性与个人通常的身份认同之间的概念上的区别，通常的身份认同并不显示个人在公共性文化和社会认同过程中自己独有的政治观点。文化的认同经由承认共同所属一个团体为中介，而在行动中以自己独有的政治观点出现的那些人，则并不能够简单地通过他们既定的共同性，如阶级、民族、宗教和职业被加以确认。其次，每个人都只存在于多元性中。个人是按"二在一之中"的结构而构成的，思想自身就总是一种精神与自我的对话（dialegstthai；LG 1，121.，183ff.）。那些在那个人是谁和那个人是什么之间的差异，便会出现在"二在一之中"的分裂中；在这种分裂中，话语揭示了这个人是谁，因为这个人总是在与另一个人说话，而这另一个人则是他通常认为的自己。作为个人，行动者和观察者是同一个人，但不是一个统一的人，"而是［……］一个在一种自我持续的'二合一'之中来回徘徊［……］"的人（ÜR 130）。最后，阿伦特就此最终可以从个人作为行动者和作为"二合一"的双重规定中展开她对人物的阐释："人物这个词来自戏剧语言，表示演员的面具，独立于他所属社团的权利要求"，后来又转换为法律语言，以表达公民作为公共性的行动者与没有任何政治意义的自然人的区别（同上，136）。因此当雅各宾派试图在自然人的背后寻找这个自然人的政治面具时，雅各宾派的恐怖既不会给人民带来解放，也不会给人民带来现实的平等，而只能说是"在一定程度上解放自然自身，将自然的人从公民中解放出来"的一种尝试。雅各宾派认为一个自然人，不管他从属于哪个社团，自出生起就拥有他与生俱来的权利（同上，137f.）。如果从不同于公民权利的角度来理解人的权利，那么对人的权利的批判也适用于个人这个概念（EU，见本书第4章）。只要还不存在可以进行行动和行动者公开表示自己意见的政治空间，就不可能有个人的权利。

艾提娜·塔辛

由卢卡斯·屈布勒从法语翻译成德语

参考文献

Arendt, Hannah: »Die Sonning-Preis-Rede«. In: Heinz L. Arnold (Hg.): *Hannah Arendt*. Text+Kritik 166/167. München 2005, 3–13.

Jaeggi, Rahel: *Welt und Person. Zum anthropologischen Hintergrund der Gesellschaftskritik Hannah Arendts*. Berlin 1997.

Étienne Tassin (aus dem Französischen von Lukas Kübler)

第 28 节　多元性和自发性

在阿伦特的理论中，多元性这个概念有着三种层面的意义，即多元性作为事实、作为法则和作为条件。首先，多元性这个事实来自本体论，没有任何规范性内容，它只是要求我们应当关注世界的多元性，即关注不管是文化还是生物意义上的多样性。其次，阿伦特在这里谈及的是"地球法则的无穷尽性"（LG 1，186）。在一种原则的意义上把多元性作为法则来理解。任何一种对多元性原则的损害，也同时是对作为人类基本生存条件的地球的损害（HC 2；以及 VA 8）。作为地球的法则，多元性也是人类自身生存条件的法则（见本书第 4 章第 8 节）。没有一种由个人、个性、社团和国家构成的四维度的多元性作为人类生存的基础，就没有我们人类。多元性使我们能够成为不同于别人的人，承认我们有不同的个性，允许我们分属于各种不同的社团、文化或民族，并要求国家必须保证我们在这个世界上的生活位置。违反多元性法则，则意味着损害了人的人性。极权主义统治"把所有人都如同一个人那样地组织起来，剥夺了人的无穷尽的多样性和多元性"（EU 676），违背了多元性法则。一旦抛弃这种结构性的多元性，这个世界从这个时刻起就不再是人的世界（见本书第 4 章第 45 节）。

但是我们必须从多元性作为地球法则这一思想的基础上，再迈出一步进入作为最后一点的一种完全不同的设想中，即把"多元性作为行动的条件"。阿伦特在《人类生存条件》（见本书第 2 章第 5 节第 5 部分）中展开的人的活动和条件的三叠系中，多元性便是行动的条件。"多元性如同一种有着良好关系的人与人之间的政治；它不仅是一种必要条件，而且也是一种充分条件"（VA 14f.）。多元性是一种条件，便意味着：（a）人只能与别人一起实施行动；（b）与别人一起的行动是政治存在的真实方式；（c）是多元性直接规定了行动，而不是生活或在这个世界的生存。尽管政治也关注这个世界和在这个世界中生活的人的问题，但政治只受制于多元性。经由这几步的推理，人的多元性现在就与人的平等有了直接的关联。"人的多元性这个事实，不仅是人的行动的基本条件，也是人的语言的基本条件，它以人的平等和人的不同这两种方式来表现自己。"（同上，164）只有相互相似但又平等的人，才能够相互有所区别。这种区别不是一种简单自然的差异。阿伦特在这里将多元性作为条件，而不是作为简单的事实或作为法律来加以思考，因此她强调不是在事实的层面上以人的自然性来区分人与人之间的不同，而是通过人的积极的话语和实践，通过人的活动来区分人与人之间的不同。如果人作为自然的生物有着一种相互认同，如果人作为人世间的生物又有着一种相互的不同，那么他们就在他们的多元性中既是平等的，又通过他们的行动表现出各自的不同。他们的不同便显而易见，即具有独特性和唯一性。

由此可见，决不能把多元性简化为一种简单的"多元论"。因为多元性不仅出于对意见的考虑，而且也涉及行动。对行动的强调修正了以多元论的自由主义理解为基础的共识主义的局限性。多元性作为事实、法则和条件，就在现实中把多元性固定在人类相互行动的任何一个社团的核心部分。但是仅仅承认没有多元性就无法构成政治空间和人与人之间的共同世界还是不够的；我们必须在这个基础上认识到，只有通过分裂人以及社团甚至直至其各自对立的多元性，只有通过把人真正相互联结在一起的冲突，政治空间和人的共同世界才能出现和继续生存。多元性也不允许建构一个世界性的国家；多元性追求的并不是一个统一的世界，而只是一个共同的世界。这个世界永远是一个自身分裂的世界，它的共同性只存在于它的多元性之中。阿伦特认为，这就是"人的团结"的自相矛盾性，因为人类总是期望一个只是稍稍有些不统一的世界（MZ 101f.）。

艾提娜·塔辛

由卢卡斯·屈布勒从法语翻译成德语

参考文献

Ahrens, Stefan: »Überlegungen zu Pluralität und Politiknach Hannah Arendt«. In: Waltraud Meints/Michael Daxner/Gerhard Kraiker (Hg.): *Raum der Freiheit. Reflexionen über Idee und Wirklichkeit.* Festschrift für Antonia Grunenberg. Bielefeld 2009, 263–273.

Axtmann, Roland: »Globality, Plurality and Freedom: the Arendtian Perspective«. In: *Review of International Studies* 32,1 (2006), 93–117.

Bösch, Michael: »Pluralität und Identität bei Hannah Arendt«. In: *Zeitschrift für philosophische Forschung* 53,4 (1999), 569–588.

Campillo, Neus: »›Mundo‹ y ›pluralidad‹ en Hannah Arendt«. In: *Intersticios* (México) Jg. 10, 22–23 (2005), 87–100.

Großmann, Andreas: »Denken im Zeichen der Pluralität«. In: *Philosophische Rundschau* 50,4 (2003), 311–316.

Leibovici, Martine/Tassin, Étienne: »Qu'est qu'une pluralitéspécifiquement humaine?«. In: Waltraud Meints/Michael Daxner/Gerhard Kraiker (Hg.):*Raum der Freiheit. Reflexionen über Idee und Wirklichkeit. Festschrift für Antonia* Grunenberg. Bielefeld 2009, 275–290.

Park, Hyok: *Politik und Pluralität. Die Pluralität als das politische Phänomen bei Hannah Arendt.* Erlangen/Nürnberg 2009.

第 29 节 政治

政治在阿伦特的所有著作中都占有一个中心地位。尽管她并没有系统性地撰写有关政治或政治概念的著作，她甚至从未把这两者特别加以区分（比较 Ludz，WP 219），但她关于政治的"思想"（Sternberger 1980）和她无数有关政治的具体意义的表述，为她作出一种符合时代的政治评判，提供了不可或缺的要素。

阿伦特对政治和政治事件的兴趣，主要表现在她对极权主义统治（见本书第 4 章第 36 节）的批判上（Ludz，WP 143）。鉴于理解如集中营（见本书第 4 章第 18 节）这类恐怖现象的难度，阿伦特认为人类已有的对政治事件和它范围的理解，虽然已经过时，但"作为过去了的［……］却仍极其有效"（Vollrath 1979，49），只是同时也有它的危险。类似海德格尔的存在问题，阿伦特把自己的重点放在了关于政治以往和未来的意义上，而不是放在关于政治的"本质"和"目的"上（比较 WP 28ff.；Ludz 1993，203）。她的主要思考角度是质疑由恐怖实验构成的西方政治传统的作用（见本书第 4 章第 37 节），批判传统的政治形而上学概念，政治在哲学中的降格以及受目的论实践理论影响的把政治主要设定为生产（见本书第4章第3节）、主权的主体性和形式高于内容的构想。对政治的错误理解会重新消除构成政治的一些重要因素与条件，尤其是人的多元性（VA 16）、国家形式（WP 196）、世界性（见本书第4章第45节）以及总是有新出生的人"涌入"我们的世界的现象，和他们作为在这个世界上新出生的人而具有重新开始能力的出生（见本书第4章第23节）的多元性。

与这些错误理解相反，阿伦特把政治首先理解为公共性的行动和语言，是形成于行动和语言中的权力（VA 193f.；MG）。政治起源于人开创新的开端的能力，以人的多元性的事实（见本书第4章第28节）作为自己存在的基础，是"把各种不同的人［……］组织起来"的一种可能性（Sontheimer，WP II）。只有在一个以这些条件构成的政治空间里，各种不同的人才有可能作为（总是相对）平等的人开始活动（WP 12）。阿伦特的理论并没有提供有关人特有的政治或政治事件的构思，阿伦特认为人在本质上并不是政治生物，作为单个的人，他恰恰与政治生物相反，是非政治的；政治的潜在性存在于人与人"之间"的这个空间里（VA 172f.；见本书第4章第30节），因而立身于人之外。另外，政治的中心点是关注一个共同的世界，而不是关注人或人的生活（WP 11；VZ 210；见本书第4章第19节）。在政治之中蕴含着一种促成自发性开创新的开端的可能性，政治的积极意义是对"自由的认同"；反过来说，自由一直就是政治的原因："政治存在的理由是自由，而它的实验领域是行动。"（BPF 146；VZ 202；WP 28；IG 2，422）

阿伦特揭示出那些充满偏见违背政治本意的现代政治概念和当代的政治事件，实际上只能归入目的－手段的范畴（VZ 202；WP 13ff.）。由于生产进入了传统的行动中（VA 214ff.），由于"历史过程"和"社会主义的胜利进军"进入了晚期和现代的政治中（VA 29f.；38f.），以及最新的极权主义统治的经历，政治成为达到另一种目的的手段；从这个时刻开始，政治便等同于行政管理和暴力（VA 223；WP 79）。尽管政治从近代起在一种行政管理的政治（见本书第4章第7节）中，实现了自己宣告的以保护人的生活和安全为目标的许诺，但正是这种对"政治"的反政治理解，似乎导致了我们时代最糟糕的邪恶和灾祸。对现代社会（见本书第4章第14节）和社会问题起着调节作用的现代管理，由于越来越无法控制的管理程序，导致我们不仅面临着丢失政治原本意义的危险，而且也面临着政治将在这个世界中遭遇毁灭的危险（WP 13）。

与这种反政治的，如今通常被称为生物政治（Biopolitik）的政治概念相反，阿伦特试图让政治回归仍是作为决定人的事务的领域，尤其是把有着自发性、不可预见性和不可逆性的行动（VA 239f.）看作"卓越的政治活动"（VA 16）。这样一种对政治的构思是完全非自然性和人为的，不具有必然性、自动性或永久性（WP 41），它总是出现在人们的共同行动之中，并且一旦行动的权力不再存在，它也就随之消失（VA 240）。尽管阿伦特研究了希腊城邦时代的政治和公共性的起源，后来间或出现的政治的原本意义（VA 185ff.），以及政治的建立、革命（见本书第4章第33节）和议会等，但她并不因此而成为一个"真实"政治事件的理论家，无法以过去的时代来"挽救"政治事件免遭现代的摧毁。通过对极权主义的分析，她推断出人的所有活动，包括政治行动，都取决于对这些活动的实施程度（Villa 1996，206）。因此，"真正"的政治活动并不因为"它的本质"或它的"自然性"是政治性的，而恰恰是通过它与人的其他活动有着特定"意义"上的区别而表现出自己的政治性。但这种意义（以及因此而带来的政治的具体内容上的区别），绝不是已经确定了的真理或一种预先设定的标准，而是正在实施和正在形成中的自身。这就是为什么阿伦特否认政治行动先验的政治内容的主要理由。由于阿伦特设想的政治行动具有非工具性特性和面向社会的，完全偏离了政治是"规则综合"的现代想象，这就导致阿伦特似乎把政治理解为一种纯粹的恶性循环（Grunenberg 2003，134）。但这并不意味着，如一些评论所猜测的那样，她的政治构想是空洞没有"内容"的，是精英主义、审美和钦慕城邦的，或是反机制性的。阿伦特的文稿详尽地指出了，宪法、国家的框架、权威（见本书第4章第5节）、法律秩序和政治原则，以及正义和人的权利的平等（见本书第4章第22节），对于政治和政治潜力的保护有着不可或缺的重要意义。

弗拉斯塔·雅鲁斯科

参考文献

Canovan, Margaret: *Hannah Arendt. A Reinterpretation of her Political Thought.* Cambridge 1999.

Grunenberg, Antonia: *Arendt.* Freiburg/Basel/Wien 2003.

Heuer, Wolfgang: *Citizen: Persönliche Integrität und politisches Handeln: Eine Rekonstruktion des pol itischen Humanismus Hannah Arendt.* Berlin 1992.

Kateb, George: *Hannah Arendt, Politics, Conscience, Evil.* Totowa, NJ 1984.

Kemper, Peter (Hg.): *Die Zukunft des Politischen. Ausblickeauf Hannah Arendt.* Frankfurt a. M. 1993.

Ludz, Ursula: »Kommentar der Herausgeberin«. In: WP, 137–187.

Passerin d'Entreves, Maurizio: *The Political Philosophy of Hannah Arendt.* London/New York 1994.

Sontheimer, Kurt: »Vorwort«. In: WP, I-VII.

Sternberger, Dolf: »Die versunkene Stadt. Über Hannah Arendts Idee der Politik«. In: Ders.: *Schriften.* Bd. IV. Frankfurt a.M 1980, 171–190.

Villa, Dana R.: *Arendt and Heidegger. The Fate of the Political.* Princeton, NJ 1996.

Vollrath, Ernst: »Politik und Metaphysik. Zum politischen Denken Hannah Arendts«. In: Adalbert Re if (Hg.): *Hannah Arendt. Materialien zu ihrem Werk.* Wien/München/ Zürich 1979, 19–57.

–: *Grundlegung einer philosophischen Theorie des Politi- schen.* Würzburg 1987.

第 30 节　政治空间和"中间状态"

按阿伦特的理论，希腊的城邦与美国革命一样，是人类历史中的一种"伟大机遇"（WP 42）。阿伦特认为，正是这种机遇才使得政治有可能在一个政治自由（WP 40f. ）的"空间"里作为平等的权利（Isonomie），代表人与生俱来的平等站立在公民之间而充分表现了自己的意义。在城邦中，"政治公共性的空间［……］拥有一种以后任何时期都无法比拟的尊严，并对人的生活也有着一种更高程度的意义［……］"（VZ 282）。自 18 世纪的革命以来，人类形成了一种新的有关"开创一种绝对新的政治也完全可能"，并且政治"不再仅仅属于少数人"（ÜR 57）的自我意识。

"中间状态"这一概念作为一种"政治空间"，构成了阿伦特政治思想的一个特定的概念联结点，是她分析极权主义、探究哲学传统与她自己的政治思想之间的桥梁。自这个概念在她的思想中得以持续发展后，她总是把这个概念作为政治的范畴应用在她的著作和访谈中。

阿伦特手册

第4章 概念和构思

从对极权主义的分析到中间状态这个概念的形成

在对人权状况的批判中，阿伦特曾说："人的概念，如果要想应用在政治上，那么必须在这个概念中已经包含人的多元性。"（EU 454）为不可剥夺的公认人权而进行的近代革命，却"根本只考虑到一个人"的权利，阿伦特认为这么一个人是根本不存在的。这就导致这类的权利对无国籍者毫无用处，并使那些众多不再享有法律权利的人成为"多余的人"（见本书第4章第24节；第5章第10节）。

另外按阿伦特的意见，极端恐怖也导致了人的极端"单一性"：极端恐怖"成功地把人组织起来，似乎在人之中再也不存在多元性，而只有单一性"（EU 714）。通过毁灭作为人的自由空间和行动空间的人与人之间的生活空间（同上）而实现了这种简化。阿伦特写道："恐怖的外部强制毁灭了自由的空间，因而也毁灭了所有人与人之间的关系；被强制性地与所有其他的人挤压在一起，实际上每个人与其他所有挤在一起的人完全是隔绝的。"（Eu 723）

阿伦特把这种人与人之间的中间状态看作构成多元化权力的空间，而多元化权力与孤独和极权统治毫无关联。"如果谁真的想把握权力，那么他就必须［……］在一定程度上放弃统治，使自己进入构成权力的空间中去，也就是进入构成人与人之间关系和人在其中进行着共同行动的那个中间状态的空间中去。"（EU 726）极权主义有针对性地毁灭了这个处于中间状态的空间。阿伦特分析极权主义恐怖的"意识形态和恐怖"（EU 703 – 730）那一章节，最初发表在1953年纪念雅斯贝尔斯的文集中（见本书第2章第4节第1部分）。阿伦特在这段时期加深了自己对"极权主义统治严格的理论本质的认识"（EU 474f.），并大约从1950年开始探讨和研究哲学传统。1950年8月，阿伦特写道："什么是政治？政治就是人的多元性这个事实。上帝创造了那个人，而众多的人则是一种人和人世间的制作品，是人的自然性的制作品。由于哲学和神学总是只研究那个上帝创造的人，所以它们都没有在哲学上找到有效的答案来回答'什么是政治？'这个问题。"（DT 15）

与此相似，阿伦特1951年春给卡尔·雅斯贝尔斯和埃里克·沃格林的信中写道：她猜测，正是因为上帝创造的那个人无所不能，所以导致人类众多的其他人成为多余。她因此怀疑西方哲学，并认为西方哲学在这个问题上"并不是完全无辜的"（比较 1951 年 3 月 4 日的信件，BwJa 202 - 203；和 1951 年 4 月 8 日写给沃格林的信件）。从这种立场出发，阿伦特也批判了亚里士多德关于人是政治动物的理念："似乎在人之中存在着某些属于人的本性的政治性。而这恰恰是不正确的；上帝创造的那个人是非政治性的。政治形成于人与人之间的那个中间状态，也就是完全是在人之外的那个空间。因此，人根本不具有政治的本性。政治形成于中间状态，并使自己成为人与人之间相互联结的关系。"（DT 17）为了能够恰当地理解人的多元性这个事实，阿伦特创造了中间状态这个概念："自由只存在于政治特有的那个中间状态的领域中。"（同上，18）

中间状态的构思

阿伦特的中间状态这个概念，在与世界这个概念的耦合中赢得了更多的含义。1955 年 7 月，她以一种"纯粹的中间状态"将"世界"解释为是时间和空间："爱这个世界，就意味着把这个世界看成一个由自身构成的时间和空间，只要人在这个多元之中，不是在他人之中或在他人之旁，而是一种纯粹的多元性，这就足够了！人将在这种纯粹的中间状态中看见和被看见，听见和被听见。"（DT 539）在《积极生活》一书中，两个不同的世界概念，即那个以客体形式表现的"物质世界"和那个以行动形式表现的"人相互关系的世界"之间有着一种内在的联系（VA 172f.；比较 Marchart 2005，83；见本书第 4 章第 45 节）。

"这个世界更像是一个人用双手完成的创造物，而世界这个概念则表述了所有在人与人之间发生的事件。"（VA 52）持续的生产过程造就了物质世界，而人的相互世界则在行动和语言中诞生（VA 172f.）。"利益"，"在最初的词义上，表示相互之间，即处于中间状态和建立相互关系"（VA 172）；在世间社会可以证明的既定现实中，利益最初构建了人类共同的客体，即在人与人之间机制化了的、既联合又分离的人的关系。在这个"客体性的中间状态的空间"（VA 173）中，那些作为个人的人各自同时自发地以行动和语言显示自己，因而每个身在其中的人构成了中间状态的一种组成部分。这就形成了"不及物"（比较 Speth/Buchstein 1997）的关系体系，阿伦特把这种关系称为第二种中间状态:"这第二种中间状态 [……] 是无形的,因为它不是由物构成,无法对它进行物化或客体化;[……] 我们把这种现实性称为人的事务的关系网络,以便用网络的隐喻来正确表述这类现象物理上的无形性。"(VA 173)阿伦特区分了"物质的世界或相互关系的世界,由生产造就的中间状态和由行动造就的中间状态",但却又"强调了它们相互间的媒介作用"(Marchart 2005,84)。那第二种中间状态也同样是一个个人表现自己的空间,只是这个空间并不超越行动的持续性。"人的每一次聚会中都有它的潜在存在,但只是潜在的。"(同上)这个空间构成了不同于暴力手段的潜在性权力。"但在这种状态中,没有人把握着权力;只有当人共同行动的时候,权力才诞生于人与人之间的那个中间状态;而当人的共同行动消失的时候,权力也就随之消失。"(VA 194)在作为当代中间状态的政治空间中形成的那些事件,中断了直线型的"历史进程",出现了一些新的历史现象(Grunenberg 2003,130),中间状态因此也是一种开始新的开端的空间。

中间状态在黑暗时代的消失,或:同情和爱

在1959年莱辛奖的答谢词中(见本书第2章第6节第3部分),阿伦特在提及西方哲学自古典哲学之后开始退出政治时,以同义词的意义(MZ 18)使用了"世界"和"中间状态"这两个词。同时她也在丧失世界的意义上引用了布莱希特关于"黑暗时代"的悲叹。黑暗时代的形成,并不是由于道德败坏,并不是由于恶的行为,甚至也不是由于极权主义的新的邪恶(比较 MZ 15);只要人们避开或无视中间状态的公共性空间,就已构成了黑暗的时代(Young-Bruehl 2006,6)。阿伦特断言:"世界和人类,只要人居住在世界上,那这两者就不是不相同的。世界是在人之间的中间状态,而这个中间状态 [……] 在今天已是最令人担忧和最令人震撼的题材 [……]。如今丢失的是那个特有的和几乎无法替代的中间状态的空间,也就是那个恰巧在人与人之间和人相互之间构成中间状态的空间。"(MZ 18)阿伦特强调,在一个世界和公共性受到极少关注的黑暗时代,形成了一种"特定形式的人性"(MZ 27)。她认为卢梭是18世纪人性的捍卫者,对卢梭来说,在人与人是兄弟的这种情谊中表现出同情有着一种重要的效用(见本书第3章第1节第9部分)。人们可以在所有被压迫的贱民民族中找到这种兄弟情谊般的人性，但这也导致那些已经丧失了世界的被压迫的民族，因此而丧失了"那个我们称之为世界的、那个在他们遭受压迫前自然存在的，并使他们各自保持距离的中间状态。与此同时，在他们中间形成了一种略微温暖的人际关系，这［……］几乎让人感觉到像一种物理性的现象"（MZ 28f.）。阿伦特在《论革命》中讨论了中间状态在同情中的另一种消失。爱和同情会消除人际关系中的距离，"与此相应也就排斥了人世间中间状态的空间"（ÜR 109 – 110）。

　　阿伦特把自己对中间状态的理解用来作为由于艾希曼报道而引起的与其他思想家论战的标准。当肖勒姆质问阿伦特，她是否爱犹太人的时候，阿伦特回答说："我认为事实上情感在政治中的作用是很值得质疑的。关于这个问题，我在《论革命》中已经对革命者人物形象中的同情作了详尽的讨论。"（IWV 31，见本书第 2 章第 10 节第 9 部分）当君特·高斯在一次采访中向她提问关于在政治行动中是否有一种爱是对一个团体的爱的时候，阿伦特以"爱"和"利益"的区别回答了这个问题："属于一个团体，首先是一种自然的既定现象。首先总是因为出生而属于某个团体。而您问的是这个问题的第二层面上的问题，即人自己组织的团体，这就是一个完全不同的问题。组织起来的团体总是在世界的关系之中。人们通常把这［……］称为利益。"（IWV 63）

矢野久美子

参考文献

Arendt, Hannah: »Brief an Voegelin vom 8.4.1951«. In: LoC, Box 15.

–: »Ideologie und Terror«. In: *Offener Horizont: Festschrift für Karl Jaspers*. Hg. von Klaus Piper. München 1953.

Grunenberg, Antonia: *Arendt*. Freiburg 2003.

Marchart, Oliver: *Neu beginnen. Hannah Arendt, die Revolution und die Globalisierung*. Wien 2005.

Speth, Rudolf/Buchstein, Hubertus: »Hannah Arendts Theorie intransitiver Macht«. In: Gerhard Göhler u. a. (Hg.): *Institution – Macht – Repräsentation. Wofür politische Institutionen stehen und wie sie wirken*. Baden-Ba-den 1997.

Young-Bruehl, Elisabeth: *Why Arendt Matters*. Yale 2006.

第31节 宗教

阿伦特几乎总是在罗马共和国的背景下，来理解"宗教"这个概念。追随西塞罗，她也把宗教看成"一种'返回绑定'——即返回绑定在创造根基、打下基础和建立一切永恒之中，并以此为自己的义务"，因而宗教是一种几乎超人般无限伟大的神奇努力（VZ 187）。按阿伦特的理解，宗教这个概念不可分割地联结了传统和权威这两个概念。传统把人类共同体返回绑定在建构共同体的权威上，并且这种返回绑定通过传统而在权威中获得了一种时间的持续性。阿伦特把这种具有捆绑力和神圣创世纪的权力称为宗教性。她引用西塞罗的话说："在虚无中，人的完美性是如此靠近了上帝的道路（守护神），似乎在上帝新的创世和守护中已经建立了人类共同社会。"（VZ 187f.）

尽管在维护创世的不可侵犯性上，宗教和政治都起着相似的效用，阿伦特仍坚持自己的见解，定义一个概念必须以一种区别开始，因而坚持宗教和政治这两者中的一种区别：按阿伦特的理解，政治这个概念是通过自由和行动来标示的（见本书第4章第29节）；而宗教则相反，对上帝的信仰表现了宗教的特性。创建政治，是为了建立一个自由和行动的公共性空间；而创建宗教是为了回答上帝的起源和权威的问题。如果宗教竟然对自由感兴趣，那么按阿伦特的解释，也只是为了"从政治中分离出来的、在古典世界还没有出现过的自由，一种根本就处于和停留在人世间社会领域之外的自由"（VZ 310）。

随着建立在怀疑和不信任现象具有揭示真相特性基础上现代科学的兴盛，打破了传统、权威和宗教的三位一体，为政治创造了在现代神圣世界中发展的机会；在这个新的世界中，"宗教的信仰知识和机构不再具有为公共性所承认的权威［……］而是恰恰相反，政治生活不再受到宗教的制裁"（VZ 309）。

阿伦特虽然把宗教和权威与传统捆绑在一起，但她还是认为权威这个概念并不建立在宗教的基础上，"以传统为基础的权威，很可能起源于罗马政治，只是后来当教会成为罗马帝国政治和精神的继承人后，才为教会所垄断"（VZ 310）。反过来，"一切权威的崩溃"和"传统线条的撕裂"也同样没有多少宗教根底，"这使得作为公共性机构的教会权威陷入危机"（VA 310）。

但按阿伦特的见解，在基督教里面仍存在一种对保存神圣的权威很有效用的要素：关于地狱的学说。这可以在柏拉图那里找到这一学说的根源，特别是他最后一本著作《国家》。在这本著作中，柏拉图把少数逃脱了地狱的人，置放在许多人的对立面，这许多的人有必要因此而知道"关于最后的警告和惩罚这些最终的神话"（VZ 320，比较 VZ 176ff.，180f.）。阿伦特认为，政治意义在近代世俗化的原因在于，"与宗教一起，原先在传统宗教中唯一的政治要素，即对地狱的恐惧，从公众的生活中被清除出去了。政治的这一损失［……］是我们当代与过去的世纪最显著的区别"（VZ 323）。

尽管如玛格丽特·卡诺凡所论证地那样，阿伦特的政治思维方式，尤其是她关于出生的概念，都深植于奥古斯丁的思想中，但阿伦特并不把奥古斯丁解读为一个宗教性人物，而是一个以罗马帝国陷于没落这一黑暗时期的经验进行思考的思想家（Canovan 1992）。阿伦特也在她关于犹太人的著作中，把犹太民族 20 世纪的生存经验引用到纯粹的政治概念中去；更确切地说，她把犹太人在近代的经验首先看成犹太人自身政治的明显错误（Bernstein 1996）。苏珊娜·戈特利布（Susannah Gottlieb）极大地拓宽了卡诺凡和理查德·伯恩斯坦关于阿伦特宗教思想的视野，并从弥赛亚（Messianisch）的角度来理解阿伦特的思想（Gottlieb 2003）。戈特利布反对伯恩斯坦的观点，强调阿伦特关于行动的构思是她政治思想的中心点，并植根于犹太－弥赛亚的传统之中。按戈特利布的理论，阿伦特的阐释具有最严格的拉比式的特性，这与弥赛亚式犹太研究的倾向完全一致，在这些研究文稿中，我们被召唤拯救世界免遭毁灭。比如阿伦特在《积极生活》关于行动的这一章里，从以赛亚书（Jasaja）中引用了弥赛亚的文章段落（9，5）："因为我们的一个孩子出生了。"（Gottlieb 2003）

阿伦特在出生（见本书第 4 章第 23 节）中看到了行动本体论上的基本条件，出生意味着历史不会中断和终结，是一个新时代的开始，正是出生拯救了这个世界使其不走向灭亡。阿伦特关于"宽恕"和"承诺"的讨论也可以与出生联结起来解释

（见本书第4章第41、43节），从弥赛亚关于一个新的时代和一个终会到来的那个角度来理解行动内在固有的救赎要素。

佩格·伯明翰

由斯特凡妮·罗森穆勒从英语翻译成德语

参考文献

Bernstein Richard: *Hannah Arendt and the Jewish Question.* Cambridge 1996.
Canovan Margaret: *Hannah Arendt: A Reinterpretation of Her Political Thought.* Cambridge 1992.
Gottlieb, Susannah Young-ah: *Regions of Sorrow: Anxiety and Messianism in Hannah Arendt and W. H. Auden* Stanford 2003.
Moyn, Samuel: »Hannah Arendt on the Secular« In: *New German Critique* 105 (2008), 71–96
Vries, Hent de: *Philosophy and the Turn to Religion.* Baltimore/London 1999.
– /Sullivan, Lawrence E.: *Political Theologies: Public Religions in a Post-Secular World.* New York 2006.

第32节　共和国和民族国家

汉娜·阿伦特从共和国的起源出发，把共和国定义为一个拥有持久性机制的客观世界的基础（WP 99）。共和国表现了它所代表的人和精神，正是这些人和精神赋予共和国以生命和"公共性精神"，也表现了社会共同生活的原则和理念：法律面前人人平等，全民团结互助，成年公民的政治平等，以及法律高于一切个人，包括那些代表人民的人；法律也高于某个党派社团的利益。

在"反犹太人主义"（EU，见本书第2章第4节第1部分）这一章节中，阿伦特描述了法国作为共和国在德雷福斯事件时期的原则和精神，以及作为共和国代表的那些人物。虽然当时的法国有着共和体制，但是由于腐败和朋党意识，政治的官位变态为纯粹职业生涯的台阶，国家的机构蜕变为实现经济目标的机制，共和国和它的理念已经崩溃；在这样一种政治前景下，公民们（Citoyen）又登上了公共性舞台，他们不在朋党圈之内，他们作为个人也不担当任何政治职务，但他们感受到这些朋党之流和政治腐败已经构成一种对共和国的威胁，尽管他们在德雷福斯事件中持有各种不同的看法。在当时的社会里，中产阶级将公共机构为他们的私人利益所用，并且作为一个阶级或朋党的成员，只要没有涉及他所在的社会团体的利益，他对政治冲突通常漠不关心；与中产阶级不同，共和国公民关注公共性事务，"关注共和主义理念在公共性生活中的实施；按共和主义理念，对任何一个单个人的权利的伤害，就是对所有人的权利的伤害"（EU 169）。公民有公共性意识，就意味着必须声援德雷福斯，而在美国则必须支持民权运动（IG 261）。这里主要不是指与司法的某个错误斗争（EU 192），捍卫某个人或某个社会团体，主要是为了拯救共和国，以及作为共和主义和公民意识的正义，这是关系所有人的事务。

按这样的规定，要把一种国家的形式称为共和体制，那么公共性就应当是这种国家形式的唯一精神力量，并赋予所有人——不分社会地位，文化或职业的所属性——以关注公共性事务的权利。在传统的希腊民主中，公民这个词包括了社会中所有的人：这意味着所有的人都享有同等的权利，能够在为个人批评统治者而设置的公共性领域中参与政治。阿伦特认为，古希腊的这种政治形式将会在议会形式的共和国里又获得重生（见本书第4章第29节）。在这个意义上的共和国，与其他多种政治统治形式相比，是一种杰出的政治统治形式。但是阿伦特也完全懂得这种共和国形式的人为性，所以她总是提出关于政治和国家公民机制化的问题，因为国家公民这个概念缺少一种绝对的基础，不管这个公民获得他的公民资格途径是先天的或自然的，都只有通过决定、实践和双方承担的义务才能成为真正的公民。

美国的国家形式为我们提供了一种典范：美国并不是建立在一种完全自然的民族特征的基础上（Arendt 1989，250），而是在共同法规的基础上聚集了许多各种不同的团体，因而有一种明显的人为性。在《论革命》（见本书第2章第5节第7部分）中，阿伦特明确表述了共和国作为一个共同世界基础的思想：她把共和国创建者和人民的关系作为一种共同的、人世间的和持续的机制加以分析，这种机制的生存将超越它的创建者（ÜR 170），这种机制的价值就在它的自身，而不是某个社会团体或个人的目的。这种机制也构成一种公共性的空间，在这个空间里，每个公民都可以参与公共性的事务。在政治行动的经验中和参与公众事务的荣幸中，共和国和革命有着一种共通性（见本书第4章第33节）。如果在美国国家的共和体制一旦发展到取消公民的直接参与行动，将政府的职能简化为只关注个人财产的单纯管理，那么就意味着美国的共和体制正在走向没落。

只有当建国者设立的法律仍然有效地允许融合进不同种族的民族团体，支持社会团体和政治意见的多样性，那么美国才仍然是一个共和国（EU 110）。传统的民族国家是无法做到这些的，因为它建立在一个单一民族对政府的积极支持上；并且在民族国家中，亲戚关系和共同的历史与义务和契约相比显然有着更重要的地位。这就最终导致国家只能成为自然化和绝对化了的既定现实，即民族的一种工具。

尽管如此，阿伦特还是认为民族国家并不是一个确切的反政治的概念，因为民族国家的构思同时具有政治和文化的双重性。阿伦特就此在"帝国主义"（EU）这一章中描写了民族国家体制的失败以及民族思想的社会和政治意义。帝国主义和种族主义摧毁了 19 世纪和 20 世纪民族国家的思想，民族国家铸就了民众拥有文化和历史统一性的自我意识，维护着确定的、"有着明显历史痕迹"的国家边界（EU 369）。在这个意义上，民族国家是与一个有界的、受保护的领土联结在一起的，因此民族的生存无法脱离民族国家的体系，也无法应用民族平等和团结互助的思想（关于少数民族的问题，见 EU 229）。一个国家内部在法律面前人人平等和领土立法机制的思想的引导下，决定了民族国家是一个政治国家。在这样理解的民族主义中，社会和国家的各自分量有了一种相等的平衡（EU 372）。

可是帝国主义却把民族"变换为"种族（EU 266）；不再以国家这一政治组织的概念来定义人民的所属性，而是以生物性和"永久"的集体人群作为划分的标准。阿伦特认为，这种定义的标准就是一种部落型和种族性的民族主义，它不是以客观的结构，而是以单一个人的心理为基础，假设了个人的心理代表了民族普遍的特性。这就否定了国家作为政治国家的存在，因而也废除了民族国家作为政治、领土和历史，以及文明的统一体。与民族相反，种族不受制于国家的界限和法律，并且各个种族又各不相同。因此，种族主义具有扩张性，解除了国家、人民和领土的三重性，也就毁灭了政治的世界性和人的互助性。

从中我们可以看到，阿伦特并不认为民族国家自身是反政治的，而是民族国家在民族与国家关系发生变态的情况下，当民族取代了国家的时候，才是反政治的（EU 372）。这种情况常常出现在如果民族有了高于法律的地位，国家不再是由法律，而是通过一种共同的历史和一种共同的意志建构而成的状况下。在这种状况下，民族国家就可能"超越法律"，将原本应为这个世界服务的法律用来服务于他们自己的私利。国家就因此而成为单纯为民族服务的警察，如特权那样专断地分发参与政治和受国家保护的权利。

民族主宰国家是民族国家的一种内在风险，因为这违背了国家的革命性，尽管这风险可能有着许多矛盾心理的背景。按阿伦特的理论，民族主权和国家主权、政治自由和民族文化独立性之间的不清晰的关系，以及国家职能与民族意识（EU 368）的叠加，必然导致国家从一种法律机制转换为一个民族的工具。这样的风险必然导致共和国的灭亡。

政治上强调民族的根和无根的辩证术，就来自民族国家的这种政治自我矛盾。要建立一个人为的共和国，只能依靠那些"没有民族根底"的民众的努力，才能创建一个共同的世界并超越自己前政治性的认同。当今的民族国家思想却拒绝接纳这些没有民族根底的民众，而正是这些人构成了政治开发的条件。这就意味着作为国家和国家公民基础的民族国家，因此而失去了以民族共同性为组织形式的共和国的精神。当然在另一方面民族国家也以自己提供的一个世界和一堵保护墙抗拒极权主义把人赶出家园的手段，极权主义的这种手段不是用来开放政治空间，而是毁灭了原本用来保护政治自由和允许人参与共同行动以及作为共和国生存的所有社会机制、国家边界和法律。

瓦莱丽·格拉尔德

由尤迪特·贝格斯（Judith Berges）从法语翻译成德语

参考文献

Amiel, Anne: *La non-philosophie de Hannah Arendt, révolution et jugement.* Paris 2001.

Arendt, Hannah: »L'Amérique est-elle une société violente par nature?« In:Dies.:*Penser l'événement.* Hg. von Claude Habib. Paris 1989.

-: »Zur Minderheitenfrage«. In: *Vor Antisemitismus ist man nur noch auf dem Monde sicher. Beiträge für die deutsch-jüdische Emigrantenzeitung ›Aufbau‹ 1941–1945*. Hg. von Marie Luise Knott. München/Zürich 2000.

Kupiec, Anne/Leibovici, Martine/Muhlmann, Géraldine/Tassin, Étienne (Hg.):*Hannah Arendt,crises de l'État-nation*. Paris 2007.

Leibovici Martine: *Hannah Arendt, une juive, expérience, politique et histoire*. Paris 1998.

Tassin, Étienne: *Le trésor perdu: Hannah Arendt, l'intelligence de l'action politique*.Paris 1999.

第33节 革命

革命是一种建立以自由为目的的政治行动的形式，它的特点是行动参与者的多元性。同时，革命也是唯一使我们在历史中直接面对一种新的开端的政治事件（ÜR 23）。一种行动的激情激起了革命，这种激情以存在主义共同经验开创一种新的开端的能力，它的标志就是革命。这种开创一种新的开端的能力，起源于被阿伦特称为出生的这种人的基本前提，这一基本前提赋予人有能力去开始一种新的开端。一旦在历史进程中的革命中断了，那么我们就有权利要求革命，任何一种新的开端的现实事件都从要求革命开始。因此，革命也就如同一个"奇迹"（VZ 221）。革命标志着它作为出乎意料和不可预测的事件，中断了一种旧制度并继续运作。虽然这种绝对新的开端的构思已经比较古老，但"直到在18世纪以及它的革命进程中，人们才形成了一种意识，懂得即使在政治中也能有一种绝对新的开端，也就是行动的人们能够以自己的双手开创一种新的开端"（ÜR 57）。

从阿伦特应用这个概念的角度出发，可以把革命这个概念理解为应急的套式。革命是一种失物招领，所谓的革命者的职责，是捡起"出现在大街上"的权力，而不是去进行革命。阿伦特指责1968年的学生运动没能看清这一点（MG 51）。阿伦特列举了革命的一些必要先决条件：如国家机器的崩溃、人们对政府信任的丧失以及公共性职能的失效。但是这一切并不自然而然导致革命的爆发，就如革命有着一种应急特性的标志，这一切也可能为应急而导致出现一种反革命、一种专制或出现一种如同德语成语中所说的"霍内贝格尔城的射击比赛"，也就是雷声大雨点小，开始轰轰烈烈，结果却一事无成的状况；这整个状况就会使革命变得"根本不再需要出现"（同上，111）。

阿伦特在她的《卢森堡》（MZ 65）中所写的有关革命会自发地爆发、革命总是由下层民众进行的观点，源自她信念中所形成的有关革命委员会的思想。阿伦特确信通常形成于革命时期的任何一个短期的这种革命委员会，都会将一种极端共和国形式的（自我）管理形式付诸实施。绝大多数的革命，从1789年革命的巴黎地方委员会到1871年的巴黎公社，1905年和1917～1918年间的俄国革命，德国在第一次世界大战后的革命以及1956年的匈牙利革命，都建立了这类委员会。这类委员会的实验奠定了一种新的国家形式，以理想的方式延续美国建国时期的自由行动，即使一种邦联制议会共和国的国家形式成为可能。一种全面完成了的革命，意味着除了解放和行动自由外，还必须建立一种新秩序，一种新的开端，以及在宪法上保障自由的空间。

但是这些努力在历史上也常常往相反方向发展，自由行动的意识几乎还没有形成，就已经被淹没。进入近代后，产生了一种在理念上受不断加速的生产和消费进程影响的思想。这种思想的灾难是它自身的功能性过程，表现在世界精神启示过程或阶级种族斗争以及各种文化的兴衰中（VZ 81）。这种思想在历史科学的领域表现为一系列的因果关系。但如果政治是一种自己发展的历史程序，那么这种意识就会在一种开创新的开端的意义上和在一种革命的形式中，可能导致历史内部因此而遗失历史。

奥利弗·马夏尔特

参考文献

Habermas, Jürgen: *Philosophisch-politische Profile*. Frankfurt a. M. 1987.
Marchart, Oliver: *Neu beginnen. Hannah Arendt, die Revolution und die Globalisierung*. Wien 2005.
Thaa, Winfried/Probst, Lothar (Hg.): *Die Entdeckung der Freiheit. Amerika im Denken Hannah Arendts*. Berlin/ Wien 2003.

第34节　罪过

在阿伦特发表《艾希曼在耶路撒冷》（见本书第2章第6节第1部分）报道的18年前，也就是在1945年，她已经在自己发表的短文《有组织的罪过》（VT 35 – 49）

中，反驳了当时流行的这样一种观点：鉴于当时"全国上下［行政大屠杀］的总动员，导致德国民众参与当时的纳粹活动，人因而也就不可能再有对正义的需求"（VT 42）。阿伦特认为这样的说法，几乎就是在说："当所有人都有罪过的时候，那么谁也根本不用再接受审判"（VT 42；见本书第 4 章第 39 节），即不能把责任等同于罪过，并且根本不存在什么"集体罪过"。阿伦特虽然承认当时纳粹德国（见本书第 4 章第 7 节）行政大屠杀暴力机器的特殊性，但认为这里面仍有着一个责任的问题，并反驳了把责任等同于罪的想法。阿伦特研究了第三帝国影响民众遵守行政管理的意识形态，并强调："［……］必须在客观事实上加以证明的罪和无罪，即使 8000 万德国人都参与了阿道夫·艾希曼这类罪犯所从事的罪行，参与人数的众多，也不是他们无罪的托词。"（EJ 328）

关于"小齿轮在一架大机器"（Arendt 1991，20）中，即人在一个体系内，不再作为个人在运作而是被"机械运转"所驱动，因而不能因为他们的道德过错，让他们承担法律和个人罪责这样的理论推断，阿伦特认为，即使绝大多数人在官僚主义机器运转中，只担任了一个微不足道的职务，也不能排除他们个人的过错，因为"只有那些完全退出公共性生活和拒绝任何形式政治职务的人，才能避免卷入政治犯罪中去；也就是说，只有这些人才不必承担司法和道德上的责任"（NA 84）。阿伦特在《艾希曼在耶路撒冷》报道中，分析了艾希曼怎样以他不是作为个人，而是这个体系中的一个雇员为借口解脱自己的罪责；并强调指出，不管艾希曼在纳粹对犹太人采取最终解决的这架运转机器中是大的或小的"齿轮"，他都参与了这种罪恶；阿伦特认为一个罪恶机器的所有"齿轮"，都是同样的罪犯，他们都必须因为他们的罪过而受到审判（见本书第 4 章第 6 节）。

20 世纪 60 年代，在发表了《艾希曼在耶路撒冷》的报道后，阿伦特又写下了众多探讨责任和罪过这些问题的短文和手稿，主要有：《因为沉默而无罪?》（RJ 214 - 226），《专制时代的个人责任》（Arendt 1991，7 - 38），《在极权独裁下的道德责任》（LoC，Box 76），《集体责任》（Arendt o. J. 4 - 16）以及《知识分子与责任》（LoC Box 74）。在这些文章中，作者都坚持区分政治（集体）责任与道德及法律上的（个人的）责任（罪过）。阿伦特解释这里的主要问题是罪过与责任的区别不太清晰，并在文章中把个人的责任从政治的责任中分离出去。她反驳了关于集体罪过的说法，因为"罪过这个概念，只有当它应用到个人的时候，才构成这个概念的意义"（Arendt 1991，20）；并指出法律和道德对个人罪责的惩罚的相互兼容性，论证了法律和道德惩罚都有着一种重要的共同特征，即这两者都总是针对一个人，并总是针对这个人犯下的罪过。"因为在法庭上，法官会试图清楚地阐明，不是针对什么体系，不是什么历史，不是什么历史的倾向，也不是针对什么'主义'，比如反犹太人主义，这场审判是针对这个人的审判。即使这个被审判的人恰巧是一个骨干或干部，但他仍是一个人，而正是作为一个人，他将会受到起诉。"（Arendt 1991，21）

在签订1998年罗马规章的三十多年之前，汉娜·阿伦特就通过她参加的艾希曼审判，建议讨论意义重要且至今仍很现实的国际刑事法。她在个人的法律责任和政治的责任之间划了一条明显的界线。通过在纽伦堡审判中第一次提出的个人罪责的构思，从根本上改变了国际刑事法庭的审判方向。

与此相反，阿伦特则把政治责任认定为是较少的一种可能由集体负责的形式（Arendt 2002，8）。政治的责任总是伴有个人作为一个政治团体的成员而承担的责任。即使我们绝不因为以前的同伙在道德和法律上的错误而被看成有罪的，但我们仍然背负着过去的罪过。因此，政治责任是集体责任唯一一个恰当的例子。

极权主义统治（见本书第4章第36节）最终曝光了特殊的极端状态，从而移动了政治和个人责任（见本书第4章第40节）之间的分界线。如果个人拒绝参与政治谋杀，个人责任也就成为一种政治回答的形式。正是在不参与意义上的不行动，在这里成为一种反抗和行动的形式。反过来，阿伦特也在《因为沉默而无罪？》（RJ 214 - 226）一文中指出了教皇皮亚斯十二世（Papst Pius XII）的情况，不行动或沉默也是一种行动，是政治上不负责任的表现，也就是那个沉默或不行动的人仍然留在那个集体之中，并与那个集体的政治环境达成一致。

贝萨尼亚·阿希

由比约恩·乌里希从英语翻译成德语

参考文献

Arendt, Hannah: »Moral Responsibility under Totalitarian Dictatorships« (o.J.). In: LoC, Box 76.
- : »Intellectuals and Responsibility« (1967). LoC, Box 74.
- : »Persönliche Verantwortung in der Diktatur«. In: *Israel, Palästina und der Antisemitismus.* Hg. von Eike Geiselund Klaus Bittermann. Berlin 1991, 17–38 (Anm. der Hg: Diese Version des Artikels ist länger als der in NA abgedruckte Beitrag und entspricht dem ungekürzten Manuskript von Arendts BBC-Vortrag aus der Library of Congress, vgl. Ludz in IWV 326).
- : »Kollektive Verantwortung«. Übers. von Frank Stühlmeyer und Ute Vorkoeper. In: Heinrich-Böll-Stiftung (Hg.): *Debatte. Politik und Moderne.* Band IV. Bremen o. J., 4–16.
Garner, Reuben: »Adolph Eichmann: The Making of a Totalitarian Bureaucrat.« In: *The Realm of Humanities Responses to the Writings of Hannah Arendt.* New York/Bern/Frankfurt a. M./Paris 1990, 67–100.

第 35 节 主权

由让·博丹在 1576 年体系化并在 17、18 世纪被现代自然权利理论家所采纳的主权理论，对现代政治思想的发展起着一种重要的影响。主权，最初被用来表述国王权威的特征，在 19 世纪和 20 世纪则成为共和主义和民主运动争取人民主权的目标。伴随着这样的运动和目标，人类历史上出现了民族国家。建立民族国家的思想基础，是有关由人民主权构成的一种具有合法性统治的理论；这种合法性统治被卢梭确立为在社会契约的社会公意或人民普遍意志中，同时也代表了民族的主权（见本书第 3 章第 1 节第 9 部分）。汉娜·阿伦特针对这一理论展开了一种独特的，但同时又有极端批判性的争辩。阿伦特曾在《极权主义的要素和起源》一书中研究了民族国家的没落。面对民族国家的危机，她觉得自己发现了，为什么主权思想是理解政治的一种认识论上的障碍，是阐释现代革命经验的一种政治障碍。在第一次世界大战后的国家兼并过程中，无国籍人士被剥夺人的权利的遭遇，揭露了民族国家的封闭效应：虽说人有着与生俱来的主权，但是一旦被排斥在民族国家的框架之外，人就会被剥夺公民权，被否定享有法律权利，甚至被排除出人类社会，因为一个人的社会所属性，是以认可这个人的公民权和法律权利为基础的（EU 614；见本书第 4 章第 22 节）。

主权思想之所以是理解政治的主要障碍，其根源在于它的理论基础是从斯多葛派哲学和基督教思想发展而成的一种把自由归于意志、把意志又作为自我克制的谬论（见本书第4章第46节）。斯多葛派以及以后的保罗和奥古斯丁都把自由定义为一种意志的力量："现在，行动的重点已经决定性地转向意志，自由的理想就再也不是人与其他人共同行动的精湛技艺，而是主权、不依赖于任何人的独立性，以及在必要时也能反对他们来贯彻自己思想的意志。"（VZ 213）与此相反，阿伦特则（在民主城邦自由公民的意义上）把自由表述为行动者之间的政治关系体系（见本书第4章第3节，第11节）。斯多葛派等学说的这种把自由作为一种行使主权意志的思想，在进入政治领域后，最初被用来表述君王帝制的主权，后来也被用来表述人民的主权。阿伦特认为卢梭是把这种主权意志转换为政治术语的一个最具承前启后作用的思想家，卢梭把共和国的政治权力看作个人主权的写照，并把意志的力量写进了"公意或人民普遍意志"的内容中。这种转换不仅是"有害的"（同上），而且也是最具有反政治性的：由于把意志置放在主权的中心，这就否认了民主社会中的冲突和意见的相异性；由于这种意志又是一种共同意志，主权就成为以多元性为基本条件的行动的对立面（VA 164）；由于意志必须强制地成为主权，它就否定了作为自由实质的"共同行动"（VZ 224）。阿伦特就此得出的结论是极端的："如果他们（人民）想获得自由，那么就必须放弃主权。"（同上，215）主权在一定程度上是政治理性的超验幻想。

　　阿伦特运用美国革命后开国元勋所采纳的孟德斯鸠三权分立思想，来反对卢梭的幻想（ÜR 194ff.；见本书第2章第5节第7部分，第3章第1节第8部分）。这些开国元勋们非常清楚地懂得，在"人的事务［……］的领域中，主权总是最终会因为一个暴君而演变为暴力统治"（ÜR 199f.）。美国的自由宪法不是为了保护主体的主权，尽管这种主权就是人民的主权；而是为了保护国家的机构和制度，因为这些机构和制度保障了各种不同的政治行动者都有可能以语言和行动来表现出他们的多元性。伴随着主权思想的解构，出现了权力概念的解构。在这以后，权力概念不再被定义为实施统治的强制性力量和手段，而是形成于人的共同行动（EU 973；见本书第4章第21节）。与此同时也解构了国家的形象，此后的国家再也不能依仗它的主权来否认其他的主权、否决人的权利或是把人相互之间的共同关系简化为单纯的权力关系。

艾提娜·塔辛

由康斯坦斯·布洛克曼

从法语翻译为德语

参考文献

Arato, Andrew/Cohen, Jean: »Banishing the Sovereign? Internal and External Sovereignty in Arendt«. In: *Constellations* 16, 2 (2009), 307–330.

Bodin, Jean: *Sechs Bücher über den Staat*. München 1983.

Hayden, Patrick; »From Exclusion to Containment: Arendt, Sovereign Power, and Statelessness«. In: *Societies Without Borders* 3, 2 (2008), 272–293.

Kohn, Jerome/Young-Bruehl, Elisabeth: »Critique de lasouveraineté et de l'État-nation«. In: Anne Kupiec/ Martine Leibovici/Géraldine Muhlmann/Étienne Tassin (Hg.): *Hannah Arendt. Crises de l'État-nation*. Paris 2007, 265–299.

第36节 极权主义

按阿伦特的理论，极权主义是一种极权统治的体系，它解除了政治，使世界成为一个令人诅咒的无意义性的世界。理解极权主义的本性，不是为了宣告一种新的统治形式的到来，而是出于与这个世界和解的目的，需要了解这种系统性毁坏世界的统治形式究竟能够走多远（VZ 110）。以"起源"这个概念作为自己研究极权主义著作的标题，阿伦特希望通过她的研究揭示出的不是极权主义的原因，而是极权主义的要素和根源，这些要素和根源在纳粹主义德国和斯大林主义苏联的特定历史条件下，聚变为极权主义："这些元素是反犹太人主义、国家的衰变、种族主义和为扩张而从事的扩张以及资本与暴徒之间的联盟。"（引自 Canovan1992，28）

极权主义既不是一种权威性的独裁政权，也不是一种专制政体。权威建立在信任、一种上下井然有序的等级秩序以及一种对责任的共同承担之上（VZ 159ff.）。然而极权主义却摧毁了所有信任，抹去任何区别，以等同于恐怖的法律强制整个社会的统一化和均质化。在专制体制下仍还存有一些私人自由，然而极权主义甚至清除了人意识中即使是最微小的自发性火花。人们可以在意大利法西斯主义的执政中看到，尤其"如果一党专制掌握了政权，它仍会保留国家与党派之间原有的权力分配关系"（EU 868）。但极权主义与此相反，"在极权主义统治的国家，国家只是一种门面"（同上，869），它掩盖了统治的真实核心：秘密警察和某个领袖。极权主义就是以这种手段抹去了合法政府与暴君式不受制于法律的专横［……］这两者间的区别。在原则上伤害了"所有以往设定的积极权利之后，极权主义统治现在虽然是非法的，［……］；但绝不是擅自的。它以'历史的法则'或'自然的权利'替代了［……］原有的积极权利，历史法则或自然权利的效用就作为一种如同积极权利的机制形式，成为极权统治永久的合法性源泉"（同上，947）。极权主义为自己所做的辩解是要实现所谓高于通常法律的自然法则或历史法则，并以此作为它实施恐怖统治的理由。"如果我们［……］在合法统治中看到了这个宪制政府的实际本质，那么我们就能把恐怖确认为是极权主义统治的实际本质。"（同上，954）恐怖是真正的杀人法律（同上，953），它以潜在罪犯的名义清除对手和反对派，并在这以后又会最终转过身来迫害那些施行恐怖的人。极权主义的逻辑就是一种毁灭世界的逻辑。

极权主义决不允许人民创建一个可以从事政治活动，并通过自己的政治活动建设和发展一个共同世界的空间；它把所有政治都判为无效。极权主义是一种"没有国家体制，也没有纯粹国家暴力机器的统治形式，它是一种在不断运动的运动，通过运动而对每一个人施加永久和全面的控制"（EU 702）。这种运动控制了社会的所有事务，这时手段就成为目的，而运动的目的就是为了毁灭人和世界，以创造新型的人，但这只会导致极权主义统治的毁灭。极权主义统治是荒谬的，但被极权主义捧为"经典的特级意识形态"弥补了它的这种荒谬性（同上，939），以一种内在协调一致的虚构来掩盖所有事件的无意义性。通过对人的极端控制而导致似乎所有的统治都是"多余"（同上，938）和荒谬的，因为人的自身已经成为多余。

极权主义的关键机制是集中营。通过摧毁人的个性并把人关起来与世隔绝，迫使人"改变和扭曲自己的自然本性"（EU 940）。对人作为法律、道德和心理个人的摧毁，意味着这个人被排斥出政治机制化的世界，被排斥出与其他人共有的道德社会，最终是他排斥了对自己的认同。"不管出于哪些个人的理由，把一个人驱逐出这个世界所造成的遗弃，是一个人所能经受的最极端最绝望的人生经历。"（同上，977）与寂寞和孤独不同，极权主义的遗弃是人完全被逐出经验世界的不可化解的矛盾经验。这就是"极端邪恶"的真实核心（同上，916），它并不出自"一切都是允许"的虚无主义逻辑，而是源自"一切都是可能的"这样一种非宇宙学说的变异。这种极端邪恶的根源，却是来源于在人世间一种矛盾的丧失根基的经验。没有根基的邪恶，因为没有根基而肤浅，因为肤浅而平庸，自界限意义的自身已经变得无意义以来，只能把这种极端的邪恶理解为一种对世界的拒绝，它内在于极权主义恐怖之中。极权主义的恐怖使得"不可想象的事成为可能，但却证实了它只是一种怎么惩罚也不为过的、不可饶恕的极端邪恶"（同上，941）。

艾提娜·塔辛

由康斯坦斯·布洛克曼从法语翻译为德语

参考文献

Bernstein, Richard J.: »›The Origins of Totalitarianism‹.Not History but Politics«. In: *Social Research* 69, 2 (2002), 381–403.

Birulés, Fina: »El totalitarismo, una realidad que desafía lacomprensión«. In: Manuel Cruz Rodríguez (Hg.): *El si- glo de Hannah Arendt*. Madrid 2006, 37–62.

Brudny, Michelle-Irène: »Introduction aux origines du totalitarisme par Hannah Arendt«. In: *Magazine Littéraire* 410 (2002), 91 ff.

Canovan, Margaret: *Hannah Arendt. A Reinterpretation of her Political Thought*. Cambridge 1992.

–: »Arendt's Theory of Totalitarianism: a Reassessment«. In: Dana Villa (Hg.): *The Cambridge Companion to Hannah Arendt*. Cambridge/New York/Melbourne/Madrid 2000, 25–43.

Forti, Simona: *Il totalitarismo*. Bari 2001.

García de la Huerta, Marcos: »Totalitarismo y dictadura«. In: Miguel Vatter/Horst Nitschach (Hg.): *Hannah Arendt: Sobrevivir Al Totalitarismo*. Santiago 2008, 43–64.

Grunenberg, Antonia (Hg.): *Totalitäre Herrschaft und republikanische Demokratie. Fünfzig Jahre »The Origins of Totalitarianism« von Hannah Arendt*. Unter Mitarbeit von Stefan Ahrens und Bettina Koch. Frankfurt a. M. u. a. 2003.

Kohn, Jerome: »Arendt's Concept and Description of Totalitarianism«. In: *Social Research* 69, 2 (2002), 621 ff.

Roviello, Anne-Marie: »The Hidden Violence of Totalitarianism: The Loss of the Groundwork of the World«. In: *Social Research* 74, 3 (2007), 923–930.

Taminiaux, Jacques: »The Philosophical Stakes in Arendt's Genealogy of Totalitarianism«. In: *Social Research* 69, 2 (2002), 423–447.

Tassin, Étienne: »Hannah Arendt et la spécificeté du totalitarisme«. In: *Revue Française d'Histoire des Idées Politiques* 6: Dictature absolutisme et totalitarisme (1997), 367–388.

Tsao, Roy T.: »The Three Phases of Arendt's Theory of Totalitarianism«. In: *Social Research* 69, 2 (2002), 579–621.

Young-Bruehl, Elisabeth: »On the Origins of a New Totalitarianism«. In: *Social Research* 69, 2 (2002), 567–579.

第 37 节　传统

阿伦特关于传统的研究建立在她对一种传统破裂的基本假定上。"传统"这个词来自拉丁语，表示流传的意思。没有人比阿伦特更懂得古代罗马长期的政治生活在多大的程度上起源于一种宗教的命令，强制每一代罗马公民都有义务把既定在他们神圣城市建立中的公共性习俗和习惯传给下一代。

阿伦特为研究人共同生活领域的稳定，首先研究了这个领域在罗马共和国时期的最高发展阶段并将研究范围一直延续到它的崩溃，即当所有政治、法律和道德评判的传统标准都用尽以后的崩溃。这种崩溃在人共同生活的国家中以一种极权主义的形成，宣告了一种政府形式，目的是为了根除过去（见本书第2章第4节，第4章第36节）。但是阿伦特认为，它与传统真正的决裂，并不在于它迎合大众口味中对传统的蔑视，而是在于它"并非有意的特性"（VZ 37），这种特性造成了它的不可逆性（WP 80－133；VZ 36）。但即使传统的链接再也不会组装在一起，人也不必如同"夏天的昆虫"那样，失去自己的尊严（Burke 1967，158）。

当然传统有着各自不同的意义。阿伦特强调，如果思维在"伟大传统"（Arendt 2007a，713；2007b，941）中从事政治思考，就会寻找手段来达到行动领域以外的目的，比如在一个法制社会或在一种沉思而不是积极的生活中，以致把人体验自由的行动，降格为偶然和毫无计划性（PP 6）的行动。目的－手段的范畴就不再来自行动，而派生于生产（见本书第 2 章第 5 节第 5 部分，第 4 章第 3 节）。

黑格尔在他的历史哲学中具体说明了对传统的理解，以一种预先决定的必要性取代任何行动的偶然性，他认为这种预先决定是隐藏在行动后面的动机，它导致行动的辩证法。运用这种解释，黑格尔把传统最终归纳和保存在他历史认识的系统中（JW 100－111；见本书第 3 章第 1 节第 13 部分）。与此相反，阿伦特观察的是过去，认为在过去的历史事件中并没有流传给我们可以与历史的发展进程相一致的道德和政治学说，历史只留给我们许多独立的事件，这些事件独立于那些叙述它们的历史学家，不管那些历史学家是否喜欢这些事件；阿伦特把历史事件作为独立的现象，因而历史事件与历史发展的进程也就不可能或不必然是一致的。即使历史被加以无党派性的评判，即使历史的成就不再被作为评判的标准，"我们也只能从被称为历史的现代神像中追回我们作为人的尊严，或是说在一定的程度上又重新获得人的尊严"（LG 1，212；见本书第 4 章第 39 节）。

阿伦特与一些解构主义者的不同点在于，她并不欢呼传统评判标准失去权威（见本书第 4 章第 5 节）。相反，她确信，如果历史遗留给我们的道德信念和宗教信仰完好无损的话，那么极权主义史无前例的邪恶是可以被阻止的；同时她也确信，极权主义的意识形态填补了由于缺乏道德信念和宗教信仰而造成的空隙。由极权主义所造成的整个哲学和政治传统的破裂，隔断了未来与过去的连接，在这两者之间留下了一个空间或者说一个空隙，如同在传统"价值"中设立了一道因没有桥梁而无法逾越的鸿沟。这是过去和未来的鸿沟，阿伦特现在就是站在这个位置上，如她曾说过的那样，为了"不受任何限制"（IWV 113）地思考。

阿伦特也以各自不同的方式来看待传统的破裂。一方面，她发现传统的破裂可以追溯到 18 世纪的政治革命和 19 世纪的工业革命，那时的传统破裂影响了人的积极生活的条件，而这以后又慢慢地反过来，人积极生活的条件影响了传统的破裂。阿伦特甚至追溯到更远，一直到近代诞生的 16 世纪和 17 世纪。人在这个地球上和这个世界中生存，需要一种方向性的理性，这是当时对健康的人的理解；这种理解第一次把怀疑作为考核传统的原则（VA，Kap. 4，6）。另一方面，阿伦特发现在马

阿伦特手册

基雅维利、孟德斯鸠和康德，以及最后在马克思那里都有着对哲学－政治传统的修正和颠倒（VZ 23－53，159－200；PP 40－92；见本书第 3 章第 1 节第 6、8、10 和第 15 部分）。

阿伦特《身处黑暗时代的人们》一书是黑暗中的希望之光，记录了那些人如何思考反对消除传统价值，并写下了他们为此所做的一切（见本书第 2 章第 6 节第 1 部分）。阿伦特也以《艾希曼在耶路撒冷》以及因此而受到启发所撰写的一系列短文，论证了在我们今天生活的那个后极权主义世界中，传统的道德和宗教规范在政治上的无效用性（EJ；RJ 17－189；ÜB，VZ 128－155，Arendt 1991；7－38；Arendt 2002，4－16；见本书第 2 章第 6 节）。

阿伦特不止一次地指出，在公认的传统后面还隐藏着一种隐性的传统，她试图把这种隐性的传统展现在社会的面前（VT46－73，Arendt 2007b）。但是只有中断传统，这种新的过去才有可能从隐性中被挖掘出来并展现在社会面前："也许只有中断传统，才能展开过去，以给我们意想不到的新鲜感，并告诉我们那些至今还无人知晓的事情。"（BPF 94）这个过去，并不是以往展现在我们面前的过去，这对阿伦特有着一种决定性的意义，否则我们将会面临一种极大的危险：作为"隐藏在人的存在的深层中的过去，极有可能会被遗忘"（VZ 161）。如果遗忘了过去，就将对行动造成严重的后果；而行动则是人开始一种新的开端的能力，也是人改变历史进程的能力（ÜR，Kap. 6；VZ 6－19，201－226，227－304）。

传统的这种中断，对阿伦特来说既不是一种思想史的范畴，也不是一种通常意义上的抽象，而是一种事实，是积极生活和精神生活这两种活动在今天和未来都具有政治意义的一种事实（VZ 7－20，23－53，110－127；EU；LG 1、2；Arendt 2004）。

耶罗梅·科恩

由萨拉·金斯基从英语翻译成德

参考文献

Arendt, Hannah: »Persönliche Verantwortung in der Diktatur«. In: *Israel, Palästina und der Antise - mitismus*. Hg.von Eike Geisel und Klaus Bittermann. Berlin 1991, 7–38.
 – »Kollektive Verantwortung«. Übers. von Frank Stühlmeyer und Ute Vorkoeper. In: Heinrich-Böll-Stiftung (Hg.): *Debatte. Politik und Moderne*. Band IV. Bremen 2002, 4–16.
 – »Über das Wesen des Totalitarismus. Ein Versuch zu verstehen«. In: Waltraud Meints/Katherine K-linger (Hg.): *Politik und Verantwortung. Zur Aktualität von Hannah Arendt*. Hannover 2004, 15–52.
 – »The Great Tradition I. Law and Power«. In: *Social Research* 74,3 (2007a), 713–726.
 –: »The Great Tradition II. Ruling an Being Ruled.« In: *Social Research* 74,4 (2007b), 941–954.
Burke, Edmund: *Betrachtungen über die Französische Revolution*. Frankfurt a. M. 1967.
Grunenberg, Antonia: »Hannah Arendt und Martin Heidegger. Denken im Schatten des Traditions-bruchs«. In: Heinrich-Böll-Stiftung (Hg.): *Hannah Arendt: Verborgene Tradition – Unzeitgemäße Aktualität?* Berlin 2007, 75–92.
Kohn, Jerome: »The Loss of Tradition«. In: Heinrich-Böll- Stiftung (Hg.): *Hannah Arendt: Verborgene Tradition Unzeitgemäße Aktualität?* Berlin 2007, 13–23.

第 38 节　美德

　　阿伦特通过美德（Tugend）这个概念的范畴，更新了一个欧洲古老文化的术语，她把这个概念用来表示道德观念，也用来描述诗人、哲学家和其他一些人的道德行为，并且她对政治美德的理解是有创造性的。直到 18 世纪欧洲革命前和革命中，"美德"一直是一种政治主导原则，被用来描述公民、统治者、政府管理人员在道德规范中已有的或欠缺的道德素质、能力和才智。实际上在 17 世纪已经开始了从激情到兴趣（Hirschmann 1987），以及从美德到权利的一种语义学上的部分重叠的转换。自那以后，美德这个范畴退到了政治理论的背后，但仍出现在道德哲学中（比较 MacLntyre 1995）。诉诸一些真正的政治思想家，如马基雅维利、孟德斯鸠和托克维尔（见本书第 3 章第 1 节第 6、8 和第 14 部分），阿伦特试图针对"以法为本"的理论，重新展开一场有关公民的政治才智和能力的讨论。

　　阿伦特把勇气作为政治的基本美德，并以此突出了主体的能力：拓展一些新的开端，不惧怕羞辱和失败，敢于在社团中从事公共性事务，在遵守法律和宪法的框架内实施自己的活动。阿伦特认为只有诉诸古典思想家，尤其是亚里士多德和西塞罗（见本书第 3 章第 1 节第 3、4 部分），才能复兴政治美德。按阿伦特的理论，除了以上提到的勇气、遵守法律和宪法之外，友谊、谦虚谨慎和判断力也应属于政治美德的范围。尽管这些美德不是有形的，而是易逝的，但它们对机制系统的稳定却有着不可或缺的效用。政治美德在公众幸福的框架内，被理解为是在公共性空间中行动的自我价值。政治和公共性的败坏，将造成"私人"美德的政治化，比如诚实就从未属于政治美德（IG 323）。特别针对民族社会主义，阿伦特强调指出，服从绝不是一种美德，而是涉及对专制政府支持与否这样一个大问题（比较 NA 95）。阿伦特也严厉批评了把同情作为政治美德（比较 ÜR 93 - 124）的想法。阿伦特认为，同情总是与具体的个人相关。卢梭（见本书第 3 章第 1 节第 9 部分）把同情转换为一种人的内心的激情，消除了同情对具体某个人（她或他）的关系。正是经过这样的意义转换后，罗伯斯庇尔才能够把同情转为对团体的同情，并去掉了同情中的人道主义层面的内涵。但只是对团体和阶级的同情，就使同情成为抽象政治的暴力手段，社会替代了政治（比较 Canovan1995，169 - 173）。

阿伦特在 1970 年撰写的《公民抗命》一文中，深刻研究了美德的问题。她在文章中写道，"人与人的任何一种联合，不管是社会形式还是政治形式的联合，最终依托的是人给出承诺并信守承诺的能力。国家公民唯一一个在严格道德意义上值得提及的义务是一种双重的准备，即这个公民在涉及自己未来的行为中，如果给出一个确定的承诺，那么就要信守它。这种双重准备在一定程度上是前政治时代所有其他特殊政治美德的前提。"（IG 313）

如西塞罗所强调的那样，共和主义美德构思的强大之处，在于这种构思中的政治美德不是其他活动的结果，而只能在政治行动的媒介中再生（比较 DT 250f.）。另外，阿伦特也考虑，通常遭人指责的虚伪，是否在事实上却是向美德的一种致敬，因为虚伪也属于政治的表现空间，而在这个空间里，人必须信守他所说的，也就是与他所表现出的自己相一致（比较 ÜR 129）。以现时的话语来表述阿伦特的想法即：公民社会和公民道德品行具有互补性，这两者都各以对方为前提，并通过对方而完善自己。当代政治科学从政治文化、政治价值和政治观点的角度出发对阿伦特倡议的那些美德进行了研究，结论是这些特有美德并不需作太大的改动，这些美德在当代仍有它们的效用。需要更新的是哲学对道德的过分影响，这种过分影响招致美德成为一个问题范畴，迫使美德追随时尚不断现实化。

哈拉尔德·布卢姆

参考文献

Canovan, Margaret: *Hannah Arendt – A Reinterpretation of Her Political Thought*. Cambridge 21995.
Hirschman, Albert O.: *Leidenschaften und Interessen*. Frankfurt a. M. 1987.
MacIntyre, Alasdair: *Der Verlust der Tugend. Zur moralischen Krise der Gegenwart*. Frankfurt a. M. 1995.
Münkler, Herfried: »Die Idee der Tugend. Ein politischer Leitbegriff im vorrevolutionären Europa«.
　　In: *Archiv für Kulturgeschichte* 73, H.2 (1991), 379–403.

第 39 节　判断力和想象力

汉娜·阿伦特从没发表过一本专门关于判断力的著作（见本书第 2 章第 8 节第 2 部分）。但同时，她的著作又留下了她终生研究判断问题的痕迹。阿伦特认为，判断的问题更是一个政治的问题，而不是一个纯粹的哲学问题。阿伦特认为，人的批判性判断能力，由于极权主义的登台而消失。与批判性判断能力一起消失的是以判断为标志的所有流传下来的道德基本水准和人的健康的理解力；因此极权主义对阿伦特来说，是标准的政治事件，而政治事件恰恰要求人在那个所有批判性判断都在传统的概念框架内崩溃的时刻，作出批判性判断（VZ 120；EJ 22f.）。对于在欧洲的心脏设立集中营作为"死亡工厂"的行为（NA 11，50，53），阿伦特说，这使我们就此不得不面对一种从未有过的"无意义性"的感觉（NA 7ff.）。我们应当怎样评判这一导致我们的思维逻辑和判断水准走向没落的事件？

这个问题是阿伦特关于艾希曼审判（见本书第 2 章第 6 节第 1 部分）一系列颇有争议的报道的出发点，并促使她进一步深入研究 20 世纪的这一政治灾难，以寻找这个问题的答案。阿伦特写道，"在所有这些战后的审判中，当然也包括艾希曼的审判"，都涉及"人的判断力的本质与职能"这个问题（EJ 64）。按阿伦特的看法，许多人都确信没有参与纳粹恐怖的人，也就无法对那些参与的人作出评判，无论这些人在什么职位上（ÜR 24）。艾希曼的律师辩护说，艾希曼只是因为拒绝命令他自己就要被判处死刑，才执行了杀人的命令；并质问：我们每个人在这样的状况下，不是也会作出同样的选择吗？汉娜·阿伦特对这一妖魔化辩护的反驳是众所周知的：艾希曼是一个恶棍，他从来没有感觉要遵守道德法则（EJ 15f.）。鲜为人知的是她也反驳了另一种为艾希曼所做的辩护，即艾希曼毕竟也是个人，我们作为局外人无法对他的行动加以评判。阿伦特认为，这一辩护不只是向我们提出了这样的问题，即我们是否应当对艾希曼和他的同类作出评判；而且也向我们提出另外一个问题：当我们的评判标准遭受夭折的时候，我们怎么才能对他们的行为作出相应的评判。

阿伦特对人的反抗意志有所顾忌，因为那些是流传下来的规则，即使已不再适应当前的政治现实，人们也不一定会放弃它们。对阿伦特来说，问题的关键不完全是我们已经习惯了的一个概括了政治生活特殊事件和特定规则的内容，而是一种荒唐的事实，即我们根本没有可以对政治生活中的特殊事件加以概括的规则。规则如同一根精神上的拐杖，我们借助拐杖是因为我们害怕，如果没有拐杖的帮助，我们根本无法理解那些事件或对它们作出评判（VZ 145，155）。在阿伦特看来，当我们通常对一种政治事件，比如极权主义，做出评判所需依据的标准崩溃时，我们被迫从一种新的角度观察判断这个问题和它的可能性。

阿伦特从传统标准崩溃的角度，重新详细研究人的判断能力；她的这一尝试最令人惊讶的特性，也许是她应用了康德《判断力批判》中关于审美判断的理论。如果我们懂得阿伦特理解的判断，首先是发现特殊事件的特殊性，那么阿伦特关于判断理论中这个让人惊讶的特性，就有它的逻辑性。人无法评判特殊事件，因为无法以一条规则来概括它。与规则相应的三段论演绎是："人都是凡人，苏格拉底是凡人，所以苏格拉底是一个人。"（U 14）阿伦特之所以把审美判断用来作为政治判断的范例，是因为对她来说批判性的判断意味着反思的判断，也就是不依靠一种概念或一种规则的媒介而作出的判断："如果人们说：'这朵玫瑰有多么美丽'，这是一种反思性的判断。但是如果人们首先运用三段论的演绎法，说：'所有的玫瑰是美的，这朵花是一支玫瑰，因此这朵花是美的'，那就不可能得出以上具有反思性的判断。"（如阿伦特在遗作《判断》中所说的那样，U 25）这两种判断的区别在于，从一种反思性判断获得的认知判断，不是玫瑰的范畴，而是一种特殊性，是那朵特定的玫瑰的特性。这朵特定的玫瑰是美的，并不以玫瑰的自然性为依据，因而不是表述那朵玫瑰自身的特性，而是从事判断的主体添加在客体（即那朵特定的玫瑰）上的一种价值。这就意味着，其他（或不同）的判断主体会对同一个客体（那朵玫瑰）作出不同的判断。

阿伦特认为，正是这些并不构成认知的对象，为批判性的判断力自身提供了发展的可能性。因为正是在那些通常的判断无能为力或失去效用的地方，才开始出现真正的判断。在那些无法以概念加以评判的情况中，人的判断能力不再受制于概念理解的法则，而是从中获得了一种解放，一种自由的和谐。以康德的语言来表达，在"认知能力的自由发挥中"（KdU§20，B 64），想象力就不再受制于认知逻辑。而通常情况下，对缺席客体在想象中的再现或再生产，总是必须按认知逻辑保持理解与以概念为主导的时间直线一致。但如果想象力一旦以它的自由状态来观察事物，想象力便因为它的自由而拥有了生产性和自发性；它所再生产的不只是已经众所周知的事情，而且也创建新的形式和形象（U 105）。这种品味性的判断不必加以证明，阿伦特引用康德的话说，"但却'又要能够争取其他人赞同'的判断"（VZ 300）。这种争取"不是任何别的，而是在古希腊被称之为说服的那种争取"（VZ 300）。

虽然阿伦特自己从没明确地认可想象力的生产性层面，她只是说想象力的再生产层面（U 105，以及 DTB 317），但是她很清楚康德在第三批判中提供了一种可以替代纯粹逻辑思维的方法，帮助想象力摆脱理性赢得自由。生产性的想象力使我们有可能在既定的事物中看见一种新的内在关联，并超越任何逻辑概念的许可，从另一个角度观察这些事物。重要的是，想象力使我们有可能从一种不同于我们以往的角度重新观察事物，并因此拓展了我们对这个世界的感受。

判断力需要有能力顾及其他主体作出判断的角度；需要能够想象其他人是怎么从他们的角度来看待这个世界的。想象力在判断力中起着一种程序的效用，阿伦特把这一程序称为"代表性思维"（VZ 342），从而使判断成为可能。这里涉及的不是一种广义的、试图站在其他人角度思考的"换位思考"，也不涉及去"探知某种多数，然后让自己加入到这种多数中去"的思考（同上，342）。这两种方法都只能是以别人的偏见取代我们自己的偏见。阿伦特寻找的是一种有代表性的思维，这种思维将会成功地帮助人们在这个世界中获取一种新的立场，而又不放弃自我认同。康德在《判断力批判》中把这称为"扩展了的思维方式"（KdU B 159）。这种思维方式伴随着一种能力而出现，即能够首先把其他人的出发点与自己的观点进行一场批判性对话，然后作出判断。

由此可见，想象力不仅对把特殊性归入一种普遍规则的判断力有重要意义，而且也对必须在特殊性中寻找相应规则的反思性判断力有着重要的意义。按阿伦特的理论，想象力不仅提供了康德在《纯粹理性批判》中称为我们感知能力钥匙的"模式"，而且也提供了康德在《纯粹理性批判》中称为判断力学步车（KrV A134/B174）的范例。阿伦特解释康德的表述："这个范例就是特殊性，它内涵了一种概念或一种普遍规则，或被认为是内涵了这些。"（U 110）这个范例使反思性判断作为范式有效性而被接受。阿伦特解释说："如果古希腊人想把一种活动评判为有勇气的活动，他们会很自发地想到'阿喀琉斯'（Achilles）的例子。"（同上，111）

从客观或普遍意义上来说，这样的有效性根本无法被理解为是真实的。它总是会局限在阿喀琉斯的特殊经验上，或是作为他同时代人或是间接通过一种传统而获得这些特殊经验。按阿伦特的看法，这种带有局限的有效性，并没有什么可遗憾的，而是应当被认可的。"在历史和政治科学中的大多数概念都有着类似这样的局限，都有着一种来自于特定历史事件的根源，我们进入到这些历史事件中去，并把这些概念作为'范例'，是为了在特殊情况下进行考察，这些范例的有效性是否能够不仅仅只适用于一种情况。"（U 111）用另外的话来说，赋予我们想象力的范例为我们提供了作出反思性判断并依靠反思性判断与人的行动的特殊性建立一种不同于传统传授给我们的关系的可能性。任何行动都是特殊的，特殊的行动虽然无法归入某种特定的规则，但却能够成为一个范例，因而特殊的行动，并不如同哲学常常试图强调的那样是毫无意义的，特殊的行动是意义和理解的一种新的源泉（见本书第4章第42节）。

琳达·策丽理

参考文献

Ferrara, Alessandro. »Judgment and Exemplary Validity. A Critical Reconstruction of Hannah Arendt's Interpretation of Kant«. In: Frithjof Rodi (Hg.): *Urteilskraft und Heuristik in den Wissenschaften. Beiträge zur Entstehung des Neuen*. Weilerswist 2003, 159–184.

Kant, Immanuel: *Kritik der Urteilskraft*. Werke Bd. 8. Darmstadt 1983.

Wellmer, Albrecht: »Hannah Arendt on Judgement. The Unwritten Doctrine of Reason« [1985]. In: Ders.: *Endspiele. Die unversöhnliche Moderne*. Frankfurt a. M. 1993, 309–329.

Zerilli, Linda: »Wir fühlen unsere Freiheit: Einbildungskraft und Urteil im Denken Hannah Arendts«. In: Gerald Raunig/Ulf Wuggenig (Hg.): *Publicum. Theorien der Öffentlichkeit* Wien 2005, 56–66 (online: www.Republicart.net, 2005).

第40节 责任

尽管阿伦特在她的著作中提到责任的地方都分散在各篇著作中，但这个概念仍应得到我们的特别关注。特别是在她的《极权主义的要素和起源》以及以后发表的短文《集体责任》和《专制体制中的个人责任》中，阿伦特表述了责任的意义，以及她关于政治行动责任的观点。

《极权主义的要素和起源》一书探究的是无国籍民族和个人（见本书第4章第10节）的命运，这些人的处境已经清楚地显示出，他们不能进入一个民族国家的框架系统，特别是犹太民族。阿伦特在该书的开始就首先驳斥了犹太人"无辜"的理论，这类理论总是把犹太人看成一种永恒的反犹太人主义的牺牲品与这个世界的替罪羊。阿伦特坚持认为，"历史是由各种不同团体组成的，如果其中有一个团体被历史安排成了一种具有这样或其他特点的角色，那么肯定有它的历史理由。因此，那个替罪羊必须停止把自己看成纯粹偶然的出气筒和无辜的牺牲品；［……］在这样的历史纠结中，人们不能因为自己是不公正的牺牲品而放弃自己对历史的共同责任"（EU 29）。阿伦特尖锐地指出，犹太人的失败是因为他们总是逃避自己应负的政治责任。犹太人绊绊磕磕地"从一个角色进入另一个角色［……］但从没感觉到自己对某件事应当承担责任"（同上，32）。阿伦特批判了她经常在犹太人那里观察到的趋势，即总是寻求统治者和精英的保护，而不在反犹太人主义中寻找一种政治的原因（OT 120）。尽管她对犹太复国主义（见本书第 4 章第 47 节）的支持是有限的，但犹太复国主义却印证了她的评价：犹太复国主义是一种唯一确切反映犹太人生活状况的具有政治特性的运动（比较 OT 120）。这种观点建立在她激烈呼吁组建一支犹太军队以进行反希特勒斗争的基础上（比较《犹太军队——一种犹太政治的开始？》1941，in AM 20 - 23，以及此后发表在杂志《建设》中的文章）。

在《极权主义的要素和起源》中，阿伦特也写下了她对丧失国籍的人的不愿承担责任的苦涩观察。在某种程度上，犹太人正是"这种完全缺乏责任感的无辜"，才为此付出了昂贵的代价，这不仅标志着他们不受法律保护，而且也"打上了他们失去政治地位的印记"（比较 OT 295）。在民族社会主义中的那个罪犯，即使作为最严厉的法律的受刑人，也还没有完全失去他的法律地位（EU 459）。如同阿伦特确认的那样，以犹太人无辜为由的历史解释找到了一种肤浅的证明，认为"犹太人是在因完美而无人性的无辜中和在没有人际关系的情况下，成为牺牲品的"（同上，32）。阿伦特这些思考的基础是她这期间著名的关于"有权利拥有权利"的讨论："如果一个人失去了在这个世界上的位置，也就失去了作为人的权利，一个人只有依靠在这个世界上的地位，才有可能拥有权利，而权利则构成了使他的意见具有分量、他的行动显得重要的条件［……］这样一种拥有权利的权利［……］等同于在一种关系体系中生活，一个人的行动和意见才是评判这个人的理由。"（同上，460 - 461；见本书第 4 章第 22 节，第 4 章第 44 节）

鉴于 1968 年的特定状况（Arendt 2002），阿伦特以《集体责任》一文，又回到了无国籍和无法自卫的人的困境上。按阿伦特的理论，无国籍民众不仅不可能承担集体责任，甚至他们根本无法实施集体行动，由于缺乏资金和独立的政治结构，他们完全不可能组织他们的成员共同行动。在这里阿伦特又重复了已经在《极权主义的要素和起源》中构成一个著名主题的冷酷嘲讽："集体不负责任的代价，明显高于［集体负责的代价]。"（Arendt 2002，8）她提出了一个令人信服的论据，承担别人的行动成本，不仅是政治共同体的前提，而且表现了自己的政治行动："代替别人承担自己没做的那些事情的责任，接受我们完全无辜的那些事情的后果，是我们不仅为我们生活于其中的生活，而且也为我们的同伴生活于其中的生活这么个事实所付出的代价。之所以付出这个代价，是为了有能力实施行动，因为行动的能力同时也是一种卓越的政治能力，而政治能力只能在一个有着多种形式的人的共同体中得以实现。"（Arendt 2002，15f.）

与此同时，阿伦特也严格区分集体责任中个人的过错（见本书第 4 章第 34 节）或无辜。特别是在她的讲座《专制时代的个人责任》（Arendt 1991）中对这两者作了明确的区分，并以此回答了艾希曼事件中的一些有争论的问题。阿伦特又一次指出，"如果所有的人都有罪，那就意味着没有人有罪"（Arendt 1991，12；比较 EJ 328）；并且"只有当罪过这个概念确实具体落实到某个个人的时候，这个概念才具有一种意义"（NA 82）。但是这并不意味着只有少数个人才承担政治犯罪的责任。除了绝对的无力和无助（NA 94）外，阿伦特认为如艾希曼所愿意强调的，自己是一个拘泥于上级命令的官僚主义者（见本书第 4 章第 7 节），仅仅是这架机器中一个简单的"小齿轮"等言论，只不过是以无条件服从为借口逃避个人责任而已。"我们要求这类新的罪犯为他们所犯下的罪承担责任的理由在于，在政治和道德事件中不存在什么服从。"（NA 97；比较 EJ 329）阿伦特坚持，我们应当舍弃服从而提出我们的，或是给予那个要求"服从"的人以一种个人的积极支持。

由于她坚持行动的不可预见性和反对在政治中应用目的－手段范畴的思想在理论界颇有争议，导致阿伦特构思了较为复杂的政治行动责任的思想过程（见本书第 4 章第 3 节，第 2 章第 5 节第 5 部分）。她关于道德（见本书第 4 章第 15 节）与政治之间的复杂关系，也造成了一些理解上的困惑。阿伦特坚持，任何政治行动者都不是他自己行动的"主人"，因为他的行动总是依赖于和别人的互动，因而必须承受别人对他的行动的反应，而别人的这些反应大多都会骚扰他原本的行动意图。但是个人行动不充分的主权性（见本书第 4 章第 35 节），并不意味着可以解脱他对自己行动的责任，也不能成为他逃避自己行动责任后果的一种借口。因此阿伦特赞赏把适度也作为一种政治美德（VA 183），高度评价独立的政治判断，在对原谅的表述（见本书第4章第43节）中强调悔恨的意义，正因为行动的后果是不可预见的，所以能够悔恨自己在行动中犯下的错误，便具有一种重要意义（VA，Kap. 33）。

　　阿伦特的《思想日记》中有一段精彩的话语，强调了政治判断示范性的意义（见本书第4章第39节）："重要的是，责任就意味着：你懂得，如果你率先作出一种示范，别人都会'跟从'你；那么你就以这种方式改变了这个世界。"（DT 644）政治行动不只是一种达到目的的手段，并且不仅只有助于行动者追求的一种目的，它同时也是对我们正在形成中的世界的一种贡献。日常生活中的行为是以传统道德为衡量标准的，而政治行动恰恰就是以改变我们的观点以及甚至改变我们的机制为目的。因此衡量政治所应用的道德，必须是一种具有政治特殊性的道德，必须涉及一种对世界的责任，并不只是单纯关注已有的道德标准或个人的道德认同。阿伦特经常引用马基雅维利的语言，并远远超过了通常的马基雅维利主义所表达的世界关系与个人责任比个人的心灵安慰有着更重要地位的意义的观点："我爱我的家乡超过爱我的灵魂。"（ÜR 44；ZZ 126；U 69；比较ÜB 55，见本书第3章第6节）

加拉斯·威廉姆斯

由布约恩·乌里希从英语翻译成德语

参考文献

Arendt, Hannah: »Kollektive Verantwortung«. In: Heinrich-Böll-Stiftung (Hg.): *Debatte. Politik und Moderne Band IV*. Bremen o. J., 4–16.

–: »Persönliche Verantwortung in der Diktatur«. In: Eike Geisel/Klaus Bittermann (Hg.): *Israel, Palästina und der Antisemitismus*. Berlin 1991, 7–38. (Anm. der Hg: Diese Version des Artikels ist länger als der in NA abgedruckte Beitrag und entspricht dem ungekürzten Manuskript von Arendts BBC-Vortrag aus der Library of Congress, vgl. Ludz in IWV 326).

Birmingham, Peg: *Hannah Arendt & Human Rights: The Predicament of Common Responsibility*. Bloomington 2006.

Isaac, Jeffrey C.: »A New Guarantee on Earth: Hannah Arendt on Human Dignity and the Politics of Human Rights«. In: Ders.: *Democracy in Dark Times*. Ithaca 1998, 74–99.

Williams, Garrath: »Love and Responsibility: A Political Ethic for Hannah Arendt«. In: *Political Studies* 46. Jg., 5 (1998), 937–950.

第 41 节　*承诺*

　　"尼采曾说：我们想在我们的生活中，坚守生活曾给予我们的承诺，海因里希（布吕歇尔）也是这么想的。"（DT 14；对尼采的引用，见 DT 912）阿伦特早期在《思想日记》中写下的这段话，记录了她对个人由出生进入生活，并与生活建立联盟的设想；当然与生活结成联盟的前提是，这个人能够成功地将他与生活的联盟"适合时代地现实化"（DT 9），而不是让过去或未来"消耗"（同上）自己的力量。如此，宽恕（见本书第4章第43节）与承诺就在《积极生活》一书中成为人保障自己自由的重要能力。阿伦特认为，如果不能够宽恕和遗忘，那么以往所做的一切都不可撤消，当代就会遭受过去的统治；而如果没有承诺，那么未来的一切都不可预见，当代就会受制于未来的一切不确切性。在对尼采的另一个思想——培育和繁殖一种允许承诺的动物（Nietsche 1930，287）——的探讨和思辨中，阿伦特在她 1951 年的《思想日记》中分析了承诺的政治含量，并在《积极生活》中指出，它植根于罗马法的契约理论（比较 VA 239），因而也就植根于宗教、官方权力和传统之中。为了反对尼采有关人必须受到惩罚的威胁才能被迫接受平等，以及人必须经过重新培育繁殖才能坚守承诺的命题，也就是人必须披上减少焦虑的"社会强制性皮袄"（Nietsche 1930，287）的观点，阿伦特在《思想日记》中论证说，只有出于自由的相互承诺，才具有约束和联结人的效力。只有当人们回忆起自己所作出的具有约束力的意志决定，曾是以自由为前提的，人们才能自由地认可自己的"意志记忆"的约束（Nietsche 1930，286）。因此，在阿伦特的眼里那些能够并愿意为自己承诺的那些未来担保（Nietsche，引自 DT 135）的意识，是一种增长了的权力和自由意识。

　　反对公共领域和社会生活的去个人化，为政治重新赢得自由和行动的思想，从这些角度出发，阿伦特在《积极生活》中将宽恕和承诺这两个概念从人与人相互关系的范围转换为政治概念，并把它们置放在她的政治理论的中心。人的宽恕和承诺的能力不仅使人能够避免成为他自己过错或恐惧的囚犯这两种危险，并且也宣告了人能够自由地开始新的开端的好消息（VA 243）。

阿伦特关于承诺的政治构思建立在这一思想基础上，即在穷人和富人，病人和多愁善感者，在演员、女司法人员、管理机构的官员或花卉栽培者的日常生活中日趋衰败的民族国家或共和国，正是通过在建国过程中做出的共同政治意向声明而使大家能够维系在一起，并且如阿伦特在《论革命》一书中所称赞的那样，并且也能够依据契约和法律让外来或以往的敌对民族部分地融入进来（ÜR 242）。为了证明人的自发性能力，这种共同政治意向必须能够由每一代人加以更新，或以一种新的承诺（类似宪法附加条款）作为它的约束力量。（谁已经说了 A，就不必再说 B，比较 EU 723）。阿伦特在 1973 年也是从这一精神出发，主张在美国的宪法中写进关于公民有权不服从的条款（比较 ZZ 119 - 159）。权利和法律保障人们共同生活的领域，并只有在这个受国家保护的空间里，自由和政治行动才成为可能。

玛丽·路易·克诺特

参考文献

Hagedorn, Ludger: »Verzeihen und Versprechen als ›Mächte‹ politischen Handelns? Ansätze bei Hannah Arendt«. In: Giovanni Leghissa/Michael Staudigl (Hg.): *Lebenswelt und Politik. Perspektiven der Phänomenologie nach Husserl*. Würzburg 2007, 275–292.

Nietzsche, Friedrich: »Zur Genealogie der Moral 2«. In: Ders.: *Jenseits von Gut und Böse. Zur Genealogie der Moral*. Stuttgart 1930, 285 ff.

第 42 节　理解

阿伦特把理解表述为自己政治思想的主要动机（比较 IWV 48）："理解是一种值得惊讶的行为"（VZ 126），是一种不会终结、不会中止，甚至无法避免自身恶性循环的活动；简而言之，理解是人的精神与人的本性之间的一种永远不会终结的对话。这里，阿伦特感兴趣的并不是理解在诠释学上的意义。诠释学上意志这个概念的失败在于它以脱离传统的理解方法去研究理解，因而无法找出理解的文化意义。尽管阿伦特 1948 年在给雅斯贝尔斯的信中写道，如果人们没有理解集中营，那么也就"根本没有理解其他的一切"（BwJa 148），但阿伦特之所以这么说，并不是为了让人们更容易地接受和考虑这个主题，而是为了向人们提出这个现实并希望人们能够面对这个现实（比较 EU 22）。

阿伦特的理解不依赖于是否能获得传统意见的"同意"，因而也就能在很大程度上远离对异议和误解的顾忌。如同行动必然要承担自由的风险，理解也有着它无法完全摆脱的误差风险。阿伦特的理解有着惊人的坦直，它记载了独立性的平衡（比较 BwJo 119，165），但间或也有一种诠释学的神秘（比较 Benhabib 1998，33）。

对阿伦特来说，建立在理解之上的意见赞同，只存在于朋友之间。它是较少一些相互在心灵和头脑以及欣赏品味上都彼此非常理解的朋友之间的一种礼物和慰藉（BwBlu 217）。这种亲密关系的明证是阿伦特对拉埃尔·瓦恩哈根生活历史的阐述，她把她看成自己"最好的朋友"（BwBl 45），并且愿意能够如拉埃尔·瓦恩哈根叙述自己的故事那样复述她的故事（比较 RV 10）。这种罕见的以共同经历和一致意见为基础、能够一起分享各自心灵的理解，在阿伦特后期的政治理论中成为政治的反构思。"同意"，可以"在一个荒凉陌生的世界里获得一些支持，使人们愿意像亲戚那样地交往"（WP 10），尤其对那些没有任何财产保护的下等社会的贱民而言，这是一种生存的必要性（BwBlu 23）。但"同意"仍停留在如同家庭的那种政治水准上，无法坚守对这个世界的责任，无法认清多元性是政治生存的基本条件，是多元性为思想开辟了广阔的视野，并赋予其他不同思想的人一个他自己的立足点。

阿伦特运用如"家乡"、"在家里"、"和解"、"心"等这些带有极大情感色彩的词语间的综合效用，赋予理解以一种有力的音响效果。如果一个人能够与某个（或某些）人分享自己的理解，那么他们之间就会形成一种如同家乡的情感："我必须理解。[……]但是如果其他人的理解与我的理解有着相同的意义，那么这就赋予我一种如同家乡情感的满足。"（IWV 48f.）库尔特·布卢门菲尔德对此评价道，阿伦特的这句话不仅制造了一种被这个世界遗弃的恐惧，如同那个失去了"生存土地的人"

（BwBlu 56）；而且在这句话中也有着她政治理论的主要的基本思想，让理解出现在与思想、行动、判断的亲缘关系中。理解构成深度。"政治就是如同在这个世界上找到一个家乡，使自己有一种在家的感觉［……］。如果我们说，我们不再能够理解，那就是我们认为：我们无法探究根底，我们太肤浅了。"（DT 332f.）阿伦特回忆起所罗门国王的梦，在梦中他请求上帝赋予他"一颗'能够从事理解的心'，作为一个人所能获得和期望的最宏大的礼物"（VZ 126）。这种完全远离感伤的愿望建立在所罗门对政治行动理解的基础上。他懂得，唯有人的心，才愿意承受行动可能带来的负重和后果，是一种"体现出深度的伟大［……］"（DT 452）。

阿伦特为理解摆脱了构建意义的任务和必须有所成就的意图，使理解不必再去寻找那些显而易见的成果，也不必再去寻找那些正确的认知。"理解，并不理解意义，也不构成意义"（DT 331），意义只是它的对象（比较 DT 721）。理解是思维的一种特殊的政治方式（DT 332），这就使理解成为一种不断增加思考层面的思维活动，并且不再停留在寻找单一事件的意义上（比较 DT 453），也不再在过程的终点才期待寻找到意义（比较 DT 416）。在关注这个世界中那些可以使这个世界不再无意义（比较 DT 491）的过程中，意义已经脱颖而出（DT 490f.）。

阿伦特的理解是与这个世界的一种和解，它产生于行动之中，并使行动成为可能（比较 DT 331）；它是"在行动中的和解"（DT 316）。与行动结合后的理解，便成为一种特定的人性方式：有活力，能够部分地修改或完全改变现实（比较 VZ 110）。我们作为陌生人出生在这个世界上，并且因为我们各自的差异性和唯一性使我们在这个世界上永远是个陌生人，理解就是与我们生活的这样一个世界的和解。理解就是为了试图"在这个世界有一处我们的家乡"（VZ 110）。"和解意味着参与共同的行动；从现在起，我作为一个行动者进入到这个现实中去。和解在理解中实现。"（DT 331）这条通往世界的通道，是一种与这个世界友好交往的过程，它离开了贱民的无世界性和贱民间的相互支援，并且也脱离了家庭。如此，理解联结的不再是一致与亲和，而是联结了包含其他人和其他命运的一个共同的世界（比较 DT 433，541）。理解，因此有了一种多元性、非均质和不纯净的要素，成为盲目反对差异和歧视不纯净性的对立面（比较 DT 316f.）。

理解依靠的是与思考着的我的对话，与我自己的对话使我成为一个孤独的思考者，但同时又感受到共同性（比较 DT 317），由于在我们之中的多元性（比较 DT 458；583），使得"与我自己的对话"，从一开始起就有着与别人的联系（DT 283）。这个世界通过想象力而拥有了或是与一些事物保持距离的能力，或是跨越与别人之间深渊的能力（比较 VZ 127）。特别是当通常由"阿里阿德涅线"（VZ 114）构成的理解支撑点变态和倒塌的时候，理解就完全依靠这种与自己对话的想象力的支撑。没有传统的道德指南罗盘，人就只能依靠自己的特殊性，即每个人特有的个性，来与这个世界进行和解，并使理解的过程成为一种自我理解的过程（比较 VZ 113）。

"我们的理解程度，决定了我们在多大程度上是同时代的人。"（VZ 127）极权主义对传统的断裂，不仅毁灭了人的正常认识能力，也造成人与人之间相互理解的破裂。因此阿伦特说："理解极权主义，就意味着我们与一个竟然出现这类事件的世界进行和解"（VZ 110），这是为了重新建立我们的判断能力（比较 BwM 258ff.），也是使我们有权作出决定，哪些是应当承担的责任，哪些是我们不能够承担的责任（比较 EU 704；Arendt in：Yong-Bruehl 1986，292）。与别人共有这个世界，并不要求我们只是与那些有自己特性（比较 WP 25f.）的人进行友好交往，而是要求我们的行动能够摆脱我们的自然本性和暴力。这个世界需要理解如同需要记忆，以使得"人能够在一个（除了人自己）一切都能超越死亡的自然界中，找到自己的位置和家乡"（VZ 61），而人是这个自然界所有一切中最短暂的，比如人的行动。与这个世界的友好交往，也就是与多元性这个政治基本原则的和解：多元性能够赋予我们这个共同的世界以意义，使这个世界得以持久（比较 WP 25f.，122），使这个世界的居民有一个自己的家乡。

阿伦特的理解尝试是一种和解的尝试。它有一种凝聚力，以结束一切相同和不可判定的惰性。写作要求决定和确认，只有这样，这篇文章才有可叙述性和可记忆性，才能交付给同时代人阅读；如同写作，和解也需要决定和确认，只有依靠决定和确认，才能使和解对抗一切人间事务的脆弱性，才能为人类创建一个"有条件的家"

（比较 VA 180ff.）。由陌生引起的焦虑，会给人带来一种独立的视野（比较 BwJa 393），因而有勇气认真观察，使自己能够有针对性地作出判断。如果人们敢于确认，敢于讲话和回应（比较 Arendt1991，11），以及敢于公开自己的政治所属性，人们就因此而在这个世界上盘根错节。谁有理解的意愿，才真正生活在这个世界上。阿伦特强调人有权利在这个世界上要求一个生活的位置，这就是指一个不能完全摆脱理解的世界。如果没有理解，那么政治就会变得无法挽救，与其他人在同一个世界上生活也会变得无法忍受。

克里斯蒂娜·蒂尔迈尔－罗尔

参考文献

Arendt, Hannah: »Persönliche Verantwortung in der Diktatur«. In: Eike Geisel/Klaus Bittermann (Hg.): *Israel, Palästina und der Antisemitismus*. Berlin 1991.
Benhabib, Seyla: *Hannah Arendt. Die melancholische Denkerin*. Hamburg 1998.
Young-Bruehl, Elisabeth: *Hannah Arendt. Leben, Werk und Zeit*. Frankfurt a. M. 1986.

第 43 节　宽恕

汉娜·阿伦特关于宽恕和理解相互约束、相互补充以及提高人的自由能力的双向思维，在她的行动理论中有着最高层次的意义。在《积极生活》中，她清楚地解释了宽恕在政治上的重要意义，她使用了与宽恕很相近的同义词"原谅"，认为与承诺（见本书第4章第41节）相反，宽恕几乎完全被西方政治思想传统所忽略。唯一的例外是罗马时代关于对战败者要仁慈的格言（比较 VA 234）。虽然她在拿撒勒耶稣的实践道德和圣经的传统中看到了西方关于宽恕概念的最初源泉，但按她的猜测，那些关于宽恕的最初思想却被人们简化为带有个人复仇裁决的、反政治的、无世界性的博爱（比较 VA 236f.）。由于个人的行动总是受制于一种人与人之间的既定关系，并在行动者个人无法控制的反对行动模式中构成历史，所以对阿伦特来说，宽恕的政治意义与个人行动的悲剧性和怀疑性有着直接的联系。针对在行动过程中出现的过程的不确定性、偶然性和无限制性，阿伦特提出以"宽恕"和"承诺"，以及起着修正和稳定效用的机制米克服行动的这些不可测因素。

　　阿伦特发现，在她的著作中经历了一番转换的宽恕（Knott 2011，61-91），是反对人的行动的"不可撤销性的一服良药"（VA 31），宽恕能够使在过去曾经发生过的罪恶又重新消失，否则为了报复这些"罪恶，达摩克利斯（Damokles）的剑将永远悬挂在每个新生代人的头上，并最终不得不相互埋葬［……］"（VA 232）。宽恕作为互动性行为有着一种中断时间连续性的效用，它的特性是相互不受约束的行动者，自动停止已经犯下的日常生活错误（DT 312），转为接受"尊重个人"的道德底线（VA 238）。对此，阿伦特解释说："如果没有一个人如同我们饶恕我们的那些过错者那样宽恕我们的过错，那我们就不能宽恕我们自己的罪和错，因为被封闭在自身中的我们，缺少承担我们共同犯下过错的个人。"（VA 238；VZ 74）阿伦特认为，宽恕最终只是对罪犯个人的宽恕，而不是宽恕他已经被确定的过错，宽恕这个作为罪犯的个人，是为了让他能够回到行动原先的起点上，建构一种自发的新开端。人与人之间的这种饶恕，依赖于作为行动者个人之间的相互尊重，依赖于个人有"足够的意愿，宽恕那个犯下过错的人，满足这个人的心愿，让他成为他的自己"（VA 238）。

　　尊重是公共性领域中"一种政治友谊的形式"（VA 238）。只有在这个基础上，宽恕才是人力所能及的，因为宽恕行为解除了活动者那些原先已有的、自然的和个人的等同（比较 DT 3ff.）。阿伦特赞赏那种揭示个人并建立与其他人关系的宽恕，明确指出这种宽恕是"人的一种最伟大的能力，也许是人最勇敢的行动"（VZ 110）。作为一种政治原则，和解正好与宽恕相反，和解是一种自愿承担别人的过错，重建人与人之间存在性的、以平等促进团结的行为，以接受现实为基础。阿伦特把与宽恕相矛盾的第二个自然属性，定位在一种单纯反应性的复仇上，这种自动机械般的复仇锁定过去和罪犯，被囚禁在可预测的连锁反应中，因而又犯下新的罪恶。阿伦特认为唯一真正可以替代宽恕的，是以法律为依据的惩罚；与宽恕相同，法律惩罚也最终结束了过错的过程。人们无法宽恕一些他们不能加以惩罚的事，而无法惩罚的事，就是不可宽恕的事；这就是宽恕的界限。对阿伦特来说，极权主义统治的"极端邪恶"（EU 701）表现为不可宽恕和无法惩罚的重叠，极端的邪恶摆脱人与人之间任何可能的限制，以它的邪恶毁坏了公共性领域以及人的共同世界。

布丽吉特·格斯

参考文献

Arendt, Hannah: »Letter to W. H. Auden«, 14.2.1960. LoC, Box 8.
Derrida, Jacques: *Pardonner: l'impardonnable et l'imprescritible*. Paris 2005.
Jankélévitch, Vladimir: *Das Verzeihen. Essays zur Moral und Kulturphilosophie*. Frankfurt a. M. 2003.
Knott, Marie Luise: *Verlernen. Denkwege bei Hannah Arendt*. Berlin 2011, 61–91.
Kodalle, Klaus-Michael: *Annäherung an eine Theorie des Verzeihens*. Stuttgart 2006.
Perrone-Moisés, Claudia: »Forgiveness and Crimes against Humanity: A Dialogue between Hannah Arendt and Jacques Derrida.« In: www.HannahArendt.net, Research Notes 02/06.
Ricœur, Paul: *Das Rätsel der Vergangenheit. Erinnern – Vergessen – Verzeihen*. Göttingen 2004.

第44节　真理、意见和谎言

真理是思想的最高标准，但不是（自由的）行动或（美的）生产的最高标准。真理从来没有成功地成为行动和生产的标准，只是使行动或生产因为它而富有生气；这就是关于真理的传说。没有思想，就没有真理，而思想只是我与自我的对话，那个与我对话的自我也能由其他另一个人代表，这就是思想的对话。如果没有思想的对话，就没有深度，就是肤浅。我们时代的整个公共性领域的生活，在趋向肤浅。祸害出自肤浅，而不是来自我们已经丢失的深度（DT 622）。

对阿伦特来说，致力于研究真理是一种政治理论的但并非哲学的必要性。她从真理与政治之间冲突的角度出发分析真理，因为正是真理和政治的冲突在历史上曾激起两种完全不同的生活方式——哲学家的生活方式和公民的生活方式。一方面是哲学家的真理，理性的真理，以及一些事物因为它们自身的自然原则而能推导出它们有着稳定城邦生活的效用；另一方面是公民们关于人类事务的意见。"纯粹的意见"通常被解释为哲学家真理的反面，在这个意义上也就贬低了意见的意义。

政治的真理建立在不可改变的事件和事实的基础上。相反，理性真理往往研究的是一些不可分辨究竟是什么的事情。只是政治真理的对象也常常可能是一种与其他事实不同的事实。一旦"理性真理跻身于意见和意见争执中去，那么它也会因此变成只是一些纯粹的意见"（VZ 338）。事实真理建立在政治真理的基础上，是涉及许多人的事件和状况，有证据支持，并且若有疑问就必须加以证实。事实真理必须受到言论自由权利的保障。事实真理的对立面不是疏忽或错觉，而是故意编造的谎言。在我们生活的世界中，事实真理和意见之间的冲突是必须消失的（比较 VZ 335）。但是直到今天仍存在着表现为事实真理和政治之间冲突的这类已经古老的敌对主义现象，因此"有必要重新研究真理和意见相互对立的这个古老但又似乎不再现实的问题"（VZ 337）。对阿伦特来说，真理是非政治性的，甚至是反政治性的，并且真理并不是一种政治美德（比较 VZ 327）。但是有两个"在公共领域已经扎根并受到统治权力支持和维护的机构：法院和教育机构。这两个机构向来以真理和真实为自己决定的标准，并把自己所有的一切都以这一标准为取向"（VZ 365）。

意见是政治的一部分。它支持权力，但不是真理。劝说的艺术不以真理为基础，而是以意见为基础（比较 Arendt 1993，385）："劝说的艺术或暴力能够毁灭真理，但它们并不能够替代真理。"（VZ 364）意见能够向人们展现一种真实性，并以此构成一个"共同世界"的前提。意见构成政治空间。

阿伦特认为，在苏格拉底传统中的"多克萨"（doxa），表示意见、光辉和荣誉，而每个人都有他的多克萨。每个人要想实现自己的多克萨，重要的是能够通过在自己的多克萨中认识真理，以及向其他人坦率承认他在别人意见中所看到的真理（比较 Arendt 1993，386）。因此意见与公共性领域，与政治统治紧密联结在一起（比较同上，385）。按苏格拉底的见解，对多克萨有着决定性启示的是人与自己的统一（同上，389）；而人与自己的统一是通过他能够让其他人表现他们自己和他们的多克萨。

阿伦特手册

第4章　概念和构思

阿伦特认为，为了能够追随苏格拉底的建议，人就必须接受这个事实："如同世间的一切事物，人生存在多数之中。"（同上，390）由此可以推导出："即使我必须完全只是与我自己一个人生活，只要我生活着，我还是生活在多元性的环境之中。"（同上，389）我们之所以从没真正地单独过，是因为我们总是处在一种与自己的对话中。

谎言是以另一种真实来介绍一件事的能力，它区别于故意的伪造，比如在五角大楼关于越南战争的文件中所发现的那些故意的伪造（比较 IG 322ff.）。谎言是不多的几种情况中一种可以证明人的自由的能力（比较 VZ 352）。阿伦特以莱布尼茨所提议的区分必然的理性真理和偶然的事实真理出发，反思政治中的谎言。她的结论强调，事实和事件表现了公共性领域统治的有效结构。混淆事实真相和意见之间的分界线，表现为一种可以接受的谎言的形式（比较 VZ 352）。操纵事实和意见的故意伪造，是一种有组织的谎言。阿伦特认为，极权主义政权就是这种有组织的谎言的最典型例子。谎言是政治行动的重要部分（比较 VZ 328）。故意伪造的反面是事实真相，但事实真相几乎总是被政治权力所淹没（比较 VZ 331）。有组织的谎言总是会压制那些他们想以谎言否认的事实，极权主义政权以谎言开始了他们走上毁灭道路的第一步。一切谎言在核心上都以暴力为基础。但是对阿伦特来说，在现代的谎言中也存在着一种巨大的变化："传统谎言的特点是，所编的谎话总是只针对某个单一的人，而不是为了欺骗每一个人；传统谎言的目的主要是为了不让一个敌对者获悉某些事的秘密，才编造谎话迷惑这个敌对者。"（VZ 356）另外，也有一些并无多大危害的谎言，比如一些由政府部门发言人杜撰的谎言和一些变相广告的谎言。但也有一些危险的谎言，比如在五角大楼文件中所发现的那些谎言。这些谎言由专家编造，并被用来解决和掩饰一些棘手的难题。这些谎言的特点是为了应急而故意偏离事实。但在现代的世界中，谎言没有了界限，编造谎言已经常常"不是为了保密，而是针对一些广为人知的事实"（VZ 355）。按阿伦特的见解，现代的政治谎言已经达到了改变实际的行为方式和设置另一种"事实"来包装自己的程度："什么还能阻止这种编造的事实替代事实真相的有效性？"（VZ 357）"没有真相和谎言的区别，事实也就失去了它的效能"，因而以谎言替代真相就会导致"毁灭人在事实领域的方向感"（VZ 361）。最终，阿伦特认为谎言对人在内心中与自我的对话会有所影响，如果我在说谎，我就必须懂得，我从现在起将与一个说谎者一起生活。

克劳迪娅·佩罗 – 莫塞斯

由沃尔夫冈·霍尔从葡萄牙语翻译成德语

参考文献

Arendt, Hannah: »Philosophie und Politik«. In: *Deutsche Zeitschrift für Philosophie* 41, 2 (1993), 381 –400.

Enaudeau, Corinne: »Hannah Arendt: Politics, Opinion, Truth«. In: *Social Research* 74, 4 (Winter 2007), 1029–1044.

Grunenberg, Antonia: »Totalitarian Lies and Post-Totalitarian Guilt: The Question of Ethics in Democratic Politics«. In: *Social Research* 69, 2 (Summer 2002), 359–379.

Kohn, Jerome/Young-Bruehl, Elisabeth: »On Truth, Lies and Politics: A Conversation«. In: *Social Research* 74, 4 (Winter 2007), 1045–1070.

Nanz, Patrizia: »Die Gefahr ist, dass das Politische überhaupt aus der Welt verschwindet.« In: *Hannah Arendt und Patrizia Nanz über Wahrheit und Politik*. Berlin 2006, 63–87.

第 45 节　世界和世界异化

尽管"世界"这个术语在阿伦特的著作中有着一种中心地位，但她从没对世界这个概念作过系统的解释。这里需要区别一下这个概念的一些不同解释。

世界作为被创造的世界：在第一层面上，世界主要需要感谢人的存在，人对物品的生产［……］以及由人的行动而在人生活的社会中所形成的政治关系（VA 27）。"世界"包括了由生产而建构的"物的世界"，是生产过程的结果，是由人创建的机构。在这两种情况下，世界都是通过一种"物化"的过程而形成的，即世界是通过人的活动而留下一个长久物化产品的客体化（见本书第 4 章第 3 节）。阿伦特把世界表述为人为"自己设立的条件"，因为世界"在一定程度上为人提供了一个家乡，一个超越人的实际生命［……］并相对于人作为客观物化世界出现的家乡"（VA 14）。阿伦特认为，研究世界这一概念许多各种不同观点之间的关联，有着重要的意义：

阿伦特手册

（1）人为性：这是指人克服了对自然的依赖性，以文化代替自然（见本书第 4 章第 19、21 节；Knott 2011，91－113）。世界具有非自然性，是由人为实现自己生活而创建的，但又超越人单纯生命的生活关系。

（2）稳定性：世界以它自身拥有的稳定性对抗自然的多变性，来保护人的"生命进程不会轻易地被中断"（VA 14）。世界所拥有的（相对的）持久性是对人的生命短暂性的补充，它以自己的"稳定和持久"克服了人的生存中的有限性和唯一性（VA 15）。这样生命就能够被看作一个时间周期，出生和死亡决定着生命的周期，这个世界在你之前就已经存在，并且在你之后还将继续存在下去（LG 1，30）。

（3）物的世界的产生以及公共政治机制的建立都有着先前性和事实性，也有"物质性"和对抗性。因而所谓的"客体性"（VA 16）也就意味着，世界对于人来说，是独立于人的，是以一个既定的先前世界出现在人的面前的。它是人的生存条件。因此人们能够在这个世界上建立相互关系进行互动，却又独立于这个世界。正因为如此，这个世界的"陌生性"（Fremdheit）反而成了人的行动可能性的背景条件。

世界作为公共事务的表现空间：在第二层面上，世界是显现"人的事务关系的空间"（VA 174；见本书第 4 章第 30 节）。"世界"作为人相互关系的网络而构成。在《论精神生活》中，阿伦特解释说，这个世界"［有着］许多对象［……］并且所有这些对象都有一个共同点，即它们应当如同它们被看见、被听见、被感觉、被品尝、被嗅觉那样地被表现出来"，以至"存在和现象是同一的"（LG 1，29）。世界是人"表现自己存在"可能性的条件。被表现出来的，就是真实的。世界因此就成为一个有着基本公共特性的舞台，如果没有其他人的参与这个世界就会变得不可想象（见本书第 4 章第 25 节）。

世界作为共同的世界：世界使得（人类的）共同性成为可能。反过来说，世界只有作为共同的世界才是可以想象的。阿伦特把世界描写为一种既相互连接又相互分离的"中间状态"（见本书第 4 章第 30 节）。她认为这就"如同一个桌子站立在那些围绕它而坐的人之间；如同任何一种既连接又分离的中间状态，世界也既连接又分离着那些把它作为一个共同世界的人"（VA 52）。只要是世界站立在我们的中间，我们就不是直接地相互联结在一起；但我们又共同生活在这个我们共同的世界上，我们相互间就有了一种以语言、机制为媒介的联系。相反，一个"大众社会"之所以如此不可忍受，是因为这个世界在大众社会中丧失了它既连接又分离的力量（VA 52）。世界构成了主体互动，因而也不可避免地有着"多种不同的观察角度"。世界不再"围绕着我"而形成（比较 Theunissen 1975，29），而是形成于"我们之中"。世界表现出的根本就只是针对它的各种不同的观点。人"只有从许多各种不同的角度观察事物的时候"，才会看出"世界的真实性"（VA 57）。反过来说，人"如果只从一种角度来观察世界，那么一个共同的世界就会消失；世界只存在于多种不同的对它的观察角度中"（VA 57）。

政治的世界性和社会的非世界性：阿伦特对世界这个概念的态度，影响了她的政治概念和她对社会的批判（见本书第 4 章第 14 节）。"政治的中心总是只关注这个世界，而不是关注人；而且政治关注的是这样一个世界［……］其中如果没有政治［……］生活就没有价值，就不再值得生活。"（WP 24）政治行动的目的是建构这个世界，而不是再现生活。建构将更有助于这个世界（见本书第 4 章第 29 节）。

如果真正的政治行动想在与它有关的领域里认真对待此岸性和有限性，那么它面对的第一个问题必然是关于世俗的问题。在政治与世界关系中的第二个问题是在自由和限制之间设置一种确定关系的问题。"世界"不是一个有着无限可能性的空间。拥有这个"世界"，并不是基于人无法逃避的人类学意义上的基本事实，而是意味着一种并不总是能够实现，而且经常受到威胁的可能性。

世界的损失、无世界性和世界异化

可以把失去"先前物化"的特性和失去作为表现空间的世界，诊断为世界异化和无世界性。

"世界的去世界化"：世界异化在第一层面上表现为两种异化过程。第一种异化过程是物的世界作为人生存的客体对象领域的异化。阿伦特认为，最初被作为资本主义生产方式条件的剥夺财产过程，就是一种"去世界化"的过程，它剥夺了"一定阶层的民众在这个世界上的位置，不得不为简单地延续生命而斗争"（VA 249；见本书第5章第4节）。阿伦特把第二种异化过程描述为财产作为"这个世界上稳定地点"的异化（VA 60）。在受资本主义影响构成的工人社会中，世间的事物失去了它们原有的稳定特性；财产被"占有"（比较 VA 57ff.）。这就使得"现代的生产程序成为毁灭世界的过程"（VA 248）。

资本的原始积累极大地推动了世界异化原则的发展："只有依靠世界［……］为此作出牺牲，才有增长社会财富［……］的可能。"（VA 250）

世界异化作为公共性领域世界的异化：如果世界的事物消失了，外在可见的表现空间也会随之消失。社会化了的人，现在已不再与稳定的外在相联结，没有了世间的"表现自己的地点"（见本书第4章第14节）。"世界异化"在这里就意味着"表现空间的消失和与此相关的共同意识的递减"（VA 204），并同时也是一种世界逃逸，作为私人的个人和主体退回到自身和他的内心世界。阿伦特认为，这就会造成一种去现实性的后果，导致个人不能够面对作为对象的世界，而且人与人也不再能够相互面对。随着作为对象的客体和世界意义的丧失，这个世界作为一个既连接又分离个人的"桌子"也就随之消失（VA 40）。

"世界异化"在同等的程度上毁坏了人与人之间连接的可能性，以及社会关系的内在差异性。阿伦特在《极权主义的要素和起源》一书中将世界异化的这种状态，描述为现代大众的被遗弃状态（见本书第2章第4节第1部分）。世界异化因此也毁坏了主体互动的特有形式，而阿伦特正是把主体互动作为能够连接一个共同世界的共同行动。

伴随着世界的丧失，首先失去的是个人与一个（共同）行动空间的关联，因为没有关联，人们相互之间就再也不会觉察到各自的差别。因此，世界异化的自身，必然导致人与这个（共同）世界的关系的异化和人与人之间关系的异化，导致世界表现空间的消失。

拉埃尔·耶吉

参考文献

Barash, Jeffrey Andrew: »Die Auslegung der öffentlichen Welt als politisches Problem: Zu Hannah Arendts Heidegger-Deutung«. In: Dietrich Papenfuss/Otto Pöggeler (Hg.): *Zur philosophischen Aktualität M. Heideggers*. Frankfurt a. M. 1990.

Belardinelli, Sergio: »Martin Heidegger und Hannah Arendts Begriffs der ›Welt‹ und ›Praxis‹«. In: Dietrich Papenfuss/Otto Pöggeler (Hg.): *Zur philosophischen Aktualität M. Heideggers*. Frankfurt a. M. 1990.

Benhabib, Seyla: »Modelle des öffentlichen Raumes: Hannah Arendt, die liberale Tradition, Jürgen Habermas«. In: *Soziale Welt* 42 (1991), 147–165.

–: »Der öffentliche Raum bei Martin Heidegger und Hannah Arendt«. In: *Mittelweg* 36 6 (1994), 74–83.

Förster, Jürgen: *Die Sorge um die Welt und die Freiheit des Handelns: Zur institutionellen Verfassung der Freiheit im politischen Denken Hannah Arendts*. Wurzburg 2009.

Heidegger, Martin: *Grundbegriffe der Metaphysik*. Gesamtausgabe Bd. 29/30. Frankfurt a. M. 1983.

Kateb, George: *Hannah Arendt – Politics, Conscience, Evil*. New Jersey 1993.

Knott, Marie Luise: *Verlernen. Denkwege bei Hannah Arendt*. Berlin 2011.

Theunissen, Michael: *Der Andere*. Berlin/New York 1975. Young-Bruehl, Elisabeth: *Hannah Arendt. Leben, Werk und Zeit*. Frankfurt a. M. 1991.

第 46 节　意志

　　按阿伦特的理解，思想总是在思考"这是什么"这个问题，思想作出"什么是应该的决定"和作出"什么不再是它自身判断的一种必不可少的准备"。这是因为由意志作出的决定，从不出于自然欲望或事先理解性的思考（LG 1，209）。但是理性虽然决定什么是应该做的，却并不一定强求为此而行动；为了以非理性的欲望推动行动，并使它获得与理性的和解，亚里士多德对"决策"这个概念作了规定：有意识的决策，是一种基于经深思熟虑后的意愿的行动。这里，自由被限制在纯粹的选择上；在这个意义上，决策是意志的一种较弱的先兆（LG 2，60）。只要自由应当是由意志来实现，那么意志的自身就有一个盲点：或者它是一种自由的自发性的机制，能够打破一切束缚它动机的因果链接；或者它就是不自由的，因而只是一种幻想（LG 1，209）。一些思想家由此而怀疑，是否根本存在意志这样一种能力（LG 2，10）。

　　即使意志被假设为一种独立能力，它的自身却有着一种内在的自我矛盾："由于每个人的意志对他自己来说都是最高的命令，因而任何意志都会导致相反的意志。"

（LG 1，210）决定去行动，必然同时也带出反对这个强制性命令的决定。阿伦特试图反驳这类所谓的形而上学的论点，以进一步靠近"纯粹自发性的深渊"，解开自由行动的秘密（LG 2，206）。阿伦特关注的是行动自身的能力以及体现人能够开始一种新开端的能力（奥古斯丁），阿伦特把这种新开端称为出生（见本书第4章第23节）。

只要行动"不是为了达到某种未来的目的，对行动的构想是当前的，因而也能为意志所理解，那么这种行动就是自由的"（VZ 206；见本书第4章第3节）。对行动施行命令的意志，"面临的不是自由的问题，而是强弱的问题"（BPF 150）。自由涉及的是一个有关能力的问题，而不是意志的问题（见本书第4章第11节）。能力不能以意志而是应当以能够做些什么的技能来定义。衡量政治自由的，不是我想做什么，而是我能做什么。但是如果在政治和自由的关系中，不再涉及意志自由或选择自由，意志就会极大地影响我们通常对政治自由的理解，大都会使政治自由拥有等同于主权的地位。

这种形而上学式的自由通常被理解为意志的产物："意志的权力建立在它独立自主的决定之上，意志只需把握那些在人的权力掌控中的事物，而这种权力属于人的内心世界。"（LG 2，76）爱比克泰德在文稿中奠定了有关自由的构思：为了不屈从于一种与自我斗争的意志，自由为此要付出的代价是一种具有决定意义的自我控制。这一构思又前后经由保罗和奥古斯丁得以完善。保罗在写给罗马人的信中描述了灵与肉的冲突，以及与此相应的意志的无能为力，"我当然有我的意志，但完全实施我的意志，我认为并不好"。这句话表达了意志与能力之间的分离（VZ 212）。"意志存在于一种要求自愿服从命令的经验中"，但同时这种经验又揭露了意志的无能为力，面对任何一个"我愿意，都会出现一个我不愿意，即使在服从和遵从法律的情况下，仍会有着这种内心的阻力"（LG 2，66ff.）。在这个基础上，奥古斯丁发现了隐匿在意志构思核心中的自相矛盾："一个人构成意志时总是有一种自己的意志与自己的能力相冲突的过程，而所有的意志都形成于这种意志与能力最初冲突的境况中。这就是说：我愿意的意志确实回击了我，它激励我，鼓动我，或是我因为它而毁灭。"（VZ

213；见本书第 3 章第 1 节第 5 部分）意志必须时刻愿意反对自我。这里涉及的不是两种意志之间的冲突，而是意志自身的一种结构性的要素。由于意志力量在确认自己的那一刻却又体验了自己无能为力，便成为一种"夺取权力的意志"，充满了"权力欲"（VZ 213；见本书第 4 章第 23 节）。

这种意志在政治中表现为卢梭普遍意志的模式（见本书第 3 章第 1 节第 9 部分）。为了达到自我统一和不可分割，意志必须克服自己内在的自我矛盾，即每个公民都会在政治中表现出代表个人利益的个人意志与普遍意志相冲突的矛盾。普遍意志要求个人意志服从普遍意志，个人利益服从民众利益，从而强制性地消除个人利益间的差异性。主体之间的相互制约，保证了公民们的守法。以个体的牺牲解决了灵与肉的冲突，因对抗自我而分裂了的意志的冲突。如此，"一个人如何对抗他追求自己利益的冲动的程度和偏激，成为评判这个人的标准 [……]"（ÜR 100）。以普遍意志的名义排除行动的特殊性是完全对抗政治行动的。以普遍意志这种自我矛盾的方式迫使主体屈服，而使大家统一在一个集体的主体之中，是完全对抗自由的。

艾提娜·塔辛

由康斯坦斯·布洛克曼从法语翻译成德语

参考文献

Tassin, Étienne: »Le peuple ne veut pas«. In: Anne Kupiec/ Martine Leibovici/Géraldine Muhlmann/ Ders. (Hg.): *Hannah Arendt. Crises de l'Etat-nation.* Paris 2007, 301–315.

Young-Bruehl, Elisabeth: »Reflections on Hannah Arendt's ›The Life of the Mind‹«. In: Garrath Williams (Hg.): *Hannah Arendt. Criticial Assessments of Leading Political Philosophers.* Bd. IV. London/ New York 2006, 149–174.

第 47 节　犹太复国主义

阿伦特常说，"犹太复国主义在犹太民族中展开的自我批判 [……] 在很大程度上影响了她"（IWV 51）。犹太复国主义的批判维度赋予它面对同化主义时有一种实践性的优势（比较 JW 50）。同化主义主张犹太人与其他民族同一化，而犹太复国主义放弃这种绝望的努力，使得犹太人能够认同自己的犹太民族，也给犹太民族带来了以个人为目标而没有获得的解放。特别是在德国受库尔特·布卢门菲尔德影响的犹太复国主义超越了一种纯粹的道德动机，把自己的目标定义为抗议一种以折断脊梁为代价的生活（JW 55）。尽管阿伦特也曾解释自己与犹太复国主义在政治上毫不相干［……］（IWV 51），但却承认犹太复国主义是第一个把"所有问题都置放在政治层面上，并要求建立一种'新的政治规则'的犹太人运动"（KdZ 70）。犹太复国主义强调（在其他民族中）建立一个独立的犹太民族的必要性，即"按民族需要多元性的原理"（EJ 35），要求生活在其他民族中的犹太人联合起来结成一个民族，犹太复国主义就此成为犹太人最有意义的努力，是身处社会下层的犹太贱民克服无世界性状况的努力。

在人们积极评价犹太复国主义的同时，也出现了一系列对它的批评，这些批评最初指出它在理论上的不足，这是因为犹太复国主义继承了 19 世纪意识形态的缺陷。同化主义者强调犹太人百分之一百完全与其他民族相同，而犹太复国主义者则认为犹太人与其他民族有着百分之一百的区别，把犹太人和非犹太人之间的关系看作"外来人和本地人之间永恒的彼此斗争"（JW 55），再一次没有对反犹太人主义作任何历史差异性的状态分析，并因此而得出一个简单的结论：犹太人总是到处都生活在"公开和隐蔽的敌人之中"（KdZ 78）。当然，民族社会主义年代的迫害经历，使这样一种四面临敌的感觉有了一种"正常人的理智的表象"（KdZ 79），但它却有导致一种灾难性的政治错误的危险；因为即使在 1948 年，"阿拉伯人和英国人［……］都不是犹太人的敌人，没有理由以关及生死存亡的态度去反对他们。我们必须与这两个民族和睦相处［……］并且正确判断敌友是一个关系以色列国生死存亡的问题"（KdZ 110）。在犹太复国主义运动的一些政治决定中，阿伦特挑出了两条基本相反的意见。第一条是巴勒斯坦中心主义，阿伦特用它作为在犹太民族国家的统一中对纳粹反犹太人主义的回答。虽然阿伦特从没对建设巴勒斯坦给犹太政治带来的意义提出过疑问，但她却指责犹太复国主义运动，当犹太人的生存在欧洲并且也在巴勒斯坦遭遇现实危险的时候，犹太复国主义却在全球范围内放弃了一种有利于犹太人的政治，没有以一种融合全部犹太人的前景来建设巴勒斯坦。出于这个理由，阿伦特为在盟军中设立犹太军队的原则作了辩护，因为盟军在欧洲的占领区域都是些迫害和灭绝犹太人事件发生的地点。

另一条涉及另一个重要问题的意见，是针对还在英国人统治下的犹太殖民地所提出的问题："巴勒斯坦的犹太人应当建构哪种形式的政治体制?"（VT 143）犹太复国主义运动的回答是：在英国管辖下的巴勒斯坦地区内，建立一个犹太人的民族国家。这在当时的情况下，无疑是向阿拉伯国家宣战，因为阿拉伯国家拒绝犹太人建立犹太民族国家的要求；即使在犹太人获得战争胜利的情况下，在一个完全充满敌意的环境中，自我保卫的需要决定了犹太人的生存方式；更不容置疑的是这一切又自然不可避免地强化了民族主义。

另外，在巴勒斯坦有着与当年凡尔赛和约之后民族国家在中欧招致失败的一切可比性条件。生活在巴勒斯坦的民众并不属于同一民族，而是阿拉伯人和犹太人混合生活在同一领土上。建立一个民族国家必然会导致一个少数民族的构成，少数民族的人民就不会受到一种忠诚于这个国家的感情的约束，并且还会多多少少因此而被迫流亡。

尽管这样，人们还是在1948年建立了以色列国，以解救集中营生还者和无国籍犹太人的生存困境，为犹太人基于他们的民族所属性颁发了国籍。对这些人来说，这种方式解决了他们的犹太人问题。但不幸的是，解决这些犹太人问题的方式，却带来了"一个新的种族问题——阿拉伯难民"（EU 452）。

玛蒂娜·莱博维奇

由拉尔夫·克劳斯从法语翻译成德语

参考文献

Bernstein, Richard J.: »Hannah Arendt's Zionism?« In: Steven E. Aschheim (Hg.): *Hannah Arendt in Jerusalem*. Berkeley 2001, 194–203.

Zimmermann, Moshe: »Hannah Arendt, the Early ›Post Zionist‹«. In: Steven E. Aschheim (Hg.): *Hannah Arendt in Jerusalem*. Berkeley 2001, 181–193.

Martine Leibovici (aus dem Französischen von Ralf Krause)

第 48 节　公民抗命

自 19 世纪中叶以来，以反对派人士和反对运动形式表现的公民抗命是美国政治文化的一个固定组成部分。比如亨利·大卫·梭罗曾拒绝向一个容忍奴隶买卖和劳作的政府交付税款（Thoreau 1849/1993）；他的文章被看作出于良心而为非暴力公开反抗法律规范进行辩护的经典。20 世纪 50 年代的美国民权运动和 20 世纪 60 年代的反对越南战争的活动就依据了美国历史中公民抗命运动的传统，并因此而带动新闻界、法学界和哲学界对公民抗命的合法性展开的一系列热烈讨论（比较 Bedau 1961 和 1969；Laker 1986）。

令人吃惊的是，阿伦特在她作为献给美利坚合众国的《论革命》一书中，却既没有提及美国的这一传统，也没有涉及当时关于公民抗命的讨论。似乎直到 20 世纪 60 年代末在学生运动和反越战的背景下，当她又一次想参与关于现实政治冲突的讨论时，才发现美国历史传统中公民抗命的现象。与讨论中的普遍共识不同，阿伦特在这期间发展了她自己的并打上了她所强调的政治行动概念印记的一种关于公民抗命的构思。特别是她拒绝即使在今天仍很有影响的区分合法性和合理性的传统理论（比较 Rawls 1975；Habermas 1983；Frankenberg 1984）。不是为以普遍和高度正义基本原则（比较 Rawls 1975，402）或经过相关各方深思熟虑（Habermas 1983，37）制定的宪法普遍性原则为由而冲击法律规范的行为进行辩护，但阿伦特在公民的反抗中看到了一种曾经被托克维尔（见本书第 3 章第 1 节第 14 部分）表述为典型的美国式自愿联盟的现实形式，也就是一种基于共同意见的政治行动。阿伦特从两个角度论证了公民抗命的合法性。第一是公民抗命的违法行动由一种更高的权力（比如宪法）而合法化；第二是把权力自身回归公民的政治行动，也就是回归相互承诺的基点。她论证说，美国的法律认知并不要求严格服从法律的道德义务，即那种如同卢梭（见本书第3章第1节第9部分）和康德（见本书第3章第1节第10部分）出于个人自治原则而提倡的道德义务；按卢梭和康德的个人自治原则，在一种理性法则的统治中，人并没有什么自由意志，人所能做的只能是自我服从（比较 ZZ 144）。与此相反，美国法律的"精神"自早期移民经历以来，一直是基于一种广泛的社会契约而凝聚了"社会所有单个成员的'联盟'，社会的所有成员相互承诺各自义务，并决定关于他们的国家和政府的模式"（ZZ 146）。

对阿伦特来说，公民抗命以它对政府措施或某个单一法律的抵触来进行，是符合宪法精神的。公民抗命既不是出于自然权利，也不是出于理性考虑或某些需要普遍赞同的原则，而是出于承诺作为宪法基础的表演性行为。与可以理性证明或可以普遍化的规范相反，承诺（见本书第4章第41节）是不可改变的。虽然许诺者为承诺承担着义务，但这种义务只是在各方都承担义务的前提下，才具有约束力，并且也可以由于某种突发的情况而要求作出一种更新或修改。阿伦特以她的这种考虑，一方面把公民抗命又回归到立宪的革命新开端；但如同任何一个开端那样，新的开端往往具有局限性，需要续篇，需要修改和拓展（比较 Bernstein 2007），因而阿伦特另一方面又同时把公民抗命引入日常政治的意见争执中。

这就解释了为什么阿伦特虽然把非暴力性和公共性看作公民抗命的传统特征，但与其他多数理论相反，她却认为良心的确定以及自愿接受处罚都没有表现出公民抗命的特征。她在自愿的牺牲中看到的只是一种狂热主义的迹象，没有任何一丝能够促进多数民众与少数违反法规民众相互进行商讨的可能。对阿伦特来说，正因为良心是一种更高层次的权威，基于良心的公民抗命，就会显得太混乱太自顾自，这种反抗不是面对世界，而只是为了拯救自己。只有当良心的决定进入公共性论坛，才具有政治性；并且只有当良心的决定也遵从别人的判断时，它才成为意见。特别是在最后一个观点中，阿伦特对个人良心所持的怀疑态度，曾受到许多理论家的批判（比较 Kateb 1984）。

根据阿伦特的独特见解，为了在不同政治意见的争执中接纳公民抗命，应当在政治体系中给予领导反抗的少数民众团体一个机制性的空间，使这些团体能够类似别的利益集团参与议会的立法（比较 ZZ 158）。

　　阿伦特似乎在公民抗命中找到了一种解决问题的方法：怎样在共和国建立后仍保持新开端的自由？《论革命》着重研究了这个问题。杰斐逊曾提议，必须不断地给自由之树补充血液，也就是每个新生代都得重复一次革命建国的行动。但阿伦特在她的书中拒绝了杰斐逊的这一提议（比较 ÜR 300f.），而是主张一种议会模式，这种模式至少应当在各个不同等级秩序的层面上能够给予少数一些积极活动的精英以一个同等的活动平台。但在关于政治干预的《共和国危机》一书中，阿伦特并没有提出以这样一种议会模式替代代议制民主（见本书第 2 章第 7 节）。她在抗议运动的公民抗命中看到了能够使得造就新开端的革命自由的长期存在并把它融合进代议制民主的机制性秩序中去的一种可能性。有组织的少数民众团体尽管会对凝聚在宪法基础上的公民联盟提出加以修正的异议，但这同时也是在不断更新这种联盟。因而共和国仍然继续基于它的公民共同统一的行动上。

温弗里德·泰阿

参考文献

Bedau, Hugo A.: »On Civil Disobedience«. In: *Journal of Philosophy* 58 (1961), 653–661.

– (Hg.): *Civil Disobedience: Theory and Practice*. Indianapolis/New York 1969.

Bernstein, J.M.: »Promising and Civil Disobedience Arendt's Political Modernism«. In: *Graduate Faculty Philosophical Journal* 28, 1 (2007), 47–60.

Frankenberg, Günter: »Ziviler Ungehorsam und rechtsstaatliche Demokratie«. In: *Juristenzeitung* 39. Jg. (1984), 266–275.

Habermas, Jürgen: »Ziviler Ungehorsam – Testfall für den demokratischen Rechtsstaat. Wider den autoritären Legalismus in der Bundesrepublik«. In: Peter Glotz (Hg.): *Ziviler Ungehorsam im Rechtsstaat*. Frankfurt a. M. 1983, 29–53.

Kateb, George: *Hannah Arendt. Politics, Conscience, Evil* Totowa 1984.

Laker, Thomas: *Ziviler Ungehorsam. Geschichte – Begriff – Rechtfertigung*. Baden-Baden 1986.

Rawls, John: *Eine Theorie der Gerechtigkeit*. Frankfurt a. M. 1975 (engl. 1971).

Thoreau, Henry David: »Civil Disobedience« [1849]. In: Ders.: *Civil Disobedience and Other Essays*. New York 1993, 1–18.

第5章 话语解读和评价

第1节 竞争

竞争和它的一些"其他的要素":一个在综合境况中的故事

在阿伦特的文稿中,竞争者的命运是投身于一种不断进行着的竞争中,一种与他所谓的敌对者的竞争中,这也许是有道理的。但阿伦特的批评者却认为,阿伦特呼唤出"竞争"这个概念,只是为了借用这个概念塞进一系列与竞争自身不相关的替代概念,比如:谦让,参与,联合,以及其他一些类似的概念。这些替代概念有着一切阿伦特想在她的政治理论中表述的积极意义,而"竞争"这个标签却只被用来表述其他一些被她否定的意义。这篇文章的目的是结束这种话语解读,并同时对竞争,特别是在阿伦特的竞争构思中还可能包含的承诺,展开一种新的讨论。

对阿伦特的批评几乎都集中在阿伦特把自己关于政治的"竞争构思"认同于古代希腊的城邦这一点上。伯里克利城邦被阿伦特理解为是走出政治困境——比如政治特有的脆弱性、不可预见性和间或出现的爆炸性——的"希腊道路"。在她的构思中,政治是那些寻找个人尊严、荣耀和不朽的男人们"总是争取第一、努力在别人之先"的荷马追求(VA 42,325 Anm. 35;比较 HC 41 Anm. 34)。这种构思基于伯里克利墓前悼词所表述的信念,即评判行动的最终不是道德标准,而是按能否赢得永久怀念和纪念、是否伟大这一标准来衡量的(VA 200;比较 HC 205 – 206)。道德标准和诸如关于正义、平等、互利、共同、商榷以及适度等一些考虑,都被看成阿伦特行动竞争构思的对立面。《积极生活》被看作对这种希腊竞争的赞同;但是许多批评者都认为,幸运的是阿伦特在她的后期著作中对这种竞争的主张有所减弱,甚至也许完全放弃了这种支持。

彼得·富斯(Peter Fuss)第一个指出,在阿伦特的著作中有着两种不同的关于政治的构思：受到希腊城邦启发的"竞争"构思和一种以后出现的关于政治是"劝说和适应艺术机制化的构思"（1979，172f.）。富斯把后一种构思称为谦让（"适应"）政治，为以后的批判开拓了道路：在政治的世界放任政治的竞争特性，最终毁坏的是政治自身和这个世界；而谦让政治则有着程序化、非暴力和可持续性的特点。在富斯之后，海库·帕瑞克（"Bhikhu Parekh"，1981，174f.）把《积极生活》中的竞争观点表述为"极度个人主义"。它把政治生活几乎设想为一种体育比赛，较少关注政治的机制化，以"炫耀和挑衅的话语"为典范。但他也在阿伦特的后期著作中，看到了一种他认为以"现实性、参与性"替代竞争主义政治的见解，这种现实参与性政治见解更多关注公共性事务的组成，而不是"竞争"。

与此同时，在美国有许多批评家认为阿伦特的竞争主义，不仅是对合作政治的一种威胁，而且也威胁着正义和良心。谢尔顿·沃林（Sheldon Wolin）甚至在阿伦特的著作中找出了一种反民主的迹象；特别是在《积极生活》关于古代政治思想的阐述中，这种反民主的迹象达到了它的顶峰。对沃林来说，"竞争主义助长男人们以语言表现自己的能耐，而不是去参与政治的能力"（1990，171）。在这里，阿伦特忽视的不仅是理解的力量，而且也忽视了正义；她以此掩盖了古希腊城邦国家"现实的阶级斗争"和"社会经济"的问题。

乔治·凯笛（Georg Kateb）认为，阿伦特在道德良心上的问题比在正义上的问题更严重些，虽然这两者不能分离开来单独加以理解。为了能够反驳阿伦特关于亚里士多德的伟大范畴是评判行动标准的这一断言，凯笛又重新回到亚里士多德。他认为对亚里士多德来说，"真正的行动自身是必然与道德不可分离地联结在一起的"（1983，31；阿伦特对亚里士多德的这同一段话有着另一种解释，比较 VA 201f.）。凯笛认为，他在阿伦特关于现代的例子中为自己对她的批判找到了支点，不同于古希腊的例子，阿伦特所举的现代例子都是把所有的政治行动定位在封闭的正义基本原则的范围之内（1983，43）。阿伦特违反了自己的意志并以这些现代例子更正自己的理论，是为了将正义作为政治的目的，但她在更正中最终却丢失了政治的意义。在 20 世纪 90 年代，当罗尔斯的正义论几乎淹没了政治的时候，人们在阿伦特那里又看到了一种重新回归政治的可能性（Honig 1993a），甚至包括一些对她的自治构思作过激烈批判的人。

汉娜·皮特金（Hanna Pitkin）就是其中的一个。她认为阿伦特的政治见解能够帮助解除 20 世纪后期出现的对政治秩序的冷漠（Pitkin 1998）。当然皮特金先是在亚里士多德那里看到了一个令人尊敬、愿意对竞争理论进行商榷的人，并以亚里士多德来批判阿伦特：亚里士多德在关于公共性和政治的讨论中，几乎没有提及造就他个人比他的同伴更出色并为之带来不朽的努力竞争。对亚里士多德来说，政治活动的最高价值在于能够使一个城邦的人凝聚在一起的正义（1981，338 - 339）。与此相同，皮特金始终坚持（1981，1998），阿伦特的竞争主义是令人不安的阳刚。帕特里夏·施普林博格（Patricia Springborg）赞同说：阿伦特的城邦"简直就是一个'好战男人的战争俱乐部'"（1989，12）。显然，人们几乎无法抗拒被夸张了的竞争的诱惑力。虽然像南希·哈特佐克（Nancy Hartsock）也观察到，在阿伦特的理论中，"竞争的政治并不是零的相加，她的'英雄行动的构思'，是从个人竞争出发转变为在那些共同生活中参与共同事务的人们争夺统治地位的行动"，但哈特佐克听任于其他人对竞争主义的批判，仍坚持认为：阿伦特把古希腊的"竞争道德，转换为一种超越任何竞争观点的共同道德"（比较 Hartsock 1983，11，212f.）。弗雷德·达尔迈尔（Fred Dallmayr）作为一个竞争积极意义的早期追随者，并不赞同以上的对阿伦特的批评。如同哈特佐克，达尔迈尔也强调以另一种眼光看待权力的意义，哈贝马斯则试图把权力重新理解为"沟通"（比较 Habermas 1981），与哈贝马斯的理解相反，阿伦特把权力表述为"'竞争'的多元性"："在《人类生存条件》中的'多元性'，主要标志着没有敌意的'竞争'，这是一种互动模式，一种（在伟大的'事件'中）追求卓越和公共美德的竞争，但竞争的各方并不相互敌视或'对抗'。"（Dallmayr 1984，101f.）

20 世纪 80 年代后期，在由让 - 弗朗索瓦·利奥塔带动的关于一种"普遍竞争"的讨论中，作为全面捍卫哈贝马斯沟通理性的一部分，萨拉·本哈比又重新试图消除阿伦特思想中的竞争精神（Benhabib 1986）。本哈比将她对利奥塔的批判与以前针对阿伦特竞争主义的批评联系起来，认为可以在阿伦特自己的著作中找出一系列诸如

"现代"和"普遍性"的变异元素。哈贝马斯把公民的行为，即相应于公共领域的古希腊模式，描写为"只不过是在游戏中的竞争，只是在表面上表现为一种反对外在敌人的斗争"（Habermas 1978，70）。对此，本哈比指出，哈贝马斯关于从古典过渡到现代公共性的构思，源于他与阿伦特的一场静默的争辩；并试图以变异的描述展示阿伦特关于现代化的一种替代系谱：能够替代竞争的必须是一个具有"话语性"和"联合"效用的公共性领域，但也经常被理解为一个"以话语和论证构成共同行动［……］"的领域。经过变异后的这个公共性领域完全与古希腊的竞争和表演自己的公共性领域相反，"在古希腊的公共性领域中，人们必须为获得承认、优秀和赞同相互竞争"（1988，172；1995，102）。这类竞争性的公共领域所要求的唯一前提是"道德与政治的同质化和排除匿名性"，而现代的公共性领域，既不事先确定"谁可以参与这个领域的讨论，也不规定哪些问题可以在这个领域中进行讨论"。似乎阿伦特自己也是把这两者如此加以比较的。因此，本哈比认为，"是阿伦特自己以她的'联合'模式发展了一个程序性的公共性领域概念"（1995，104）。

与此同时，本哈比也区分了"'竞争性'和'叙述性'行动模式"之间的区别，竞争性行动模式揭示的是一种"先前的活动"，而叙述性模式在"叙述历史的同时"也讲述了"谁"正处"在活动的过程中"（2006，200f.）。本哈比也重新诠释了 18 世纪后期的柏林沙龙，阿伦特在拉埃尔·瓦恩哈根的传记中曾对此作过批判性的调查，并得出结论，柏林沙龙是一个现代化、善待妇女并具有联合性的空间；它"作为公共性领域的表现形式，不管从哪种角度来看，几乎完全不同于在《积极生活》中曾有着重要意义的希腊城邦竞争性公共领域的模式"（同上，52）。沙龙是建立友谊和超越人与人之间界限的地点，它为个人事务和公共性事务、自我展示和自我掩饰提供了舞台，把城邦公益的理性与"每个人争取自己利益"的行为调和起来（同上）。这类沙龙是"公共性领域典型的女性表现形式"（同上，54）。本哈比最终关注的是"程序型商榷民主"与"竞争模式的民主政治"之间的相互对立（比较 Benhabib 1996，7），其间的研究结果是无可争议的："在理论层面上，替代构思明显是期望民主政治有一种商议性的意境，但同时也能兼容民主竞争精神为自己所做的辩

护。"（同上，9）

达娜·维拉在一定程度上对本哈比的这一断言提出了质疑："本哈比拯救了阿伦特政治理论中的商榷层面，但却牺牲了她理论中首创性和自我表演的层面。"（1996，70）但即使他（达娜·维拉）也不能逃脱认为竞争主义需要抑制的二元性潮流：在受另一个更有责任感的人的影响下，维拉也承认竞争主义精神之所以有某些更广义的优势，也只是因为竞争精神影响着支配行动的判断力（比较 1992，276，287f.，302）。维拉指责他同时代的竞争主义民主的理论家，其中也包括沃林（Wolin）和霍尼希，不加区分地传播一种尼采多于阿伦特的竞争主义，为此维拉抗议说，这实质上是反对阿伦特在著作中提及的"希腊人的政治经验"，以及她对苏格拉底和康德思想的赞赏；而正是受苏格拉底和康德思想的影响，她"才意识到对作为政治生活的竞争主义加以机制性和逻辑特性限制的必要性"（1999，109-110；见本书第3章第1节第16部分）。

但是几乎所有的行动都需要有所限制。应当以什么为标准来设置这些限制？面对一些人对阿伦特竞争主义作否定解释的要求，邦妮·霍尼希反对本哈比把竞争主义归为男性行动的特权，并要求一定要把竞争精神贯穿在一切行动中（1995，156）。霍尼希认为，竞争主义是一种有着女性主义特点的行为，而不是女性主义必然的对手。一种竞争性的女性主义，能够比其他的行动方式更有效地动摇既存的认同，可以以自己这种行之有效的方式方法，"发现、增加和修改有关性和性别的现实实践"（同上，159）。那些被本哈比作为一种阿伦特的新公共性领域的沙龙，虽然可能是由女性主持的空间，但并不是一个被女性主义赋予全部权力的地方（同上，158）。另外，霍尼希也拒绝维拉所尝试的驯化理论，认为："维拉的特殊判断想解决的是一个阿伦特没有完全解决的问题，即行动的不规则性，它的多维度，以及它对限制的反抗，从而驯化、解释或叙述每种观点。"（1993b，529）按霍尼希所说，"阿伦特竞争主义中一个最重要的问题是，她总是把竞争者设想为一个心态不稳定，且有着多个自我的活动者，这个活动者在行动中寻找自我实现的最佳情景；但这种自我永远不是单一的自我，这种自我的自身就是一个竞争斗争的地点"（1995，141-142）。借助于尼采早先所勾画的"荷马式竞争"（1872），霍尼希强调竞争主义之所以吸引阿伦特，是因为竞争主义有着自我限制和自我修正的特性；竞争主义并不需要那些阿伦特的批判者经常为之引进的外在的补充和修正，这些反而会败坏竞争主义的原旨（1993b；比较 WP 91f.）。

在涉及竞争主义究竟应当有哪些限制才是恰如其分的问题上，即使在那些赞同竞争主义的理论家中也存在一些分歧。比如尚塔尔·穆芙的政治竞争主义的建构就绝对不同于阿伦特的构思，并且与她同时代的"'竞争主义'理论家"如霍尼希和威廉·康诺利（William Connolly，2002）也有分歧。按穆芙的说法，他们都在"总体上把政治看成一个自由和商榷的领域，而我则认为这是一个冲突和对抗的领域"（比较 Mouffe 2007，29–30，Anm. 9 以及同上，16）。这就表现出，穆芙接纳了对竞争主义构思起着主导影响的二元性理论（比如商榷与冲突），只是指责其他的竞争主义理论家还没有坦然承认竞争不只是商榷和自由，也意味着冲突和争执。但穆芙也运用一种让人回忆起达尔迈尔的方式，使竞争主义变得温和些。达尔迈尔曾强调说，他的竞争主义不会在冲突和敌意中衰败；而穆芙则把她的竞争主义转换为她所称为的对抗型的竞争主义，而这种对抗就是一种有限制的冲突模式。穆芙以她的限制冲突的模式来反对其他的竞争主义理论，认为她的模式具有强化政治行动必要条件的能力，而不是破坏这些条件（同上，29f.）。

自阿伦特遗稿发表以来可供参考的她的一些早期表述就不必再被加以补充了。她的《政治学导论》（WP）手稿的发表，有助于人们进一步理解阿伦特竞争主义的一些思维方式。追随尼采"荷马式竞争"的思路，阿伦特非常清楚地表明，竞争与政治相似，要求延续性；共同竞争的连续性和公共性空间的集体规则则是竞争延续性的前提。阿伦特在竞争主义旗帜下所做的那些争论，不同于好战的男人联盟，按照阿伦特的见解，在古代雅典好战男人的联盟更意味着竞争的没落（比较 Arendt1993，386f.；WP 93，101f.），可见即使是阿伦特，也不是"一个怀有反现代化意向的希腊城邦的爱好者"（Benhabib 2006，11）。阿伦特建立发展了一种独特的、竞争主义的政治思想，她并不认为她的这一思想有修正或加以限制的必要。她的这些观点随着

《政治学导论》的发表而变得更显而易见，其实她早就把这些写进了具有许多思想层面的《积极生活》一书中，就等着人们去发现了。

阿伦特竞争性的综合构思——一种新的表现形式

阿伦特的批判者倾向于自然而然地把她的竞争主义看作"希腊式"的。但是阿伦特的构思却来自荷马和伯里克利元素之间一种有争议的综合，被许多古典语言学家看成一种两者互不相容的错误综合。荷马尊重个人目标，并"总把它看成第一位并超越其他的目标"的（VA 325 Anm. 35）；相反，伯里克利则强调城邦的统一、公民的平等以及雅典民主的优越性。阿伦特把这两种模式混合起来，会造成一些问题。但分析她关于竞争的综合构思，我们就能看到，她试图重新提出社会和正义的问题，而不是简单地去取代这些问题。她的竞争性不仅联结了各种希腊元素，而且也统一了基督教（罗马基督教以及犹太教）关于承诺和宽恕的主题和实践。

阿伦特的努力并不是为了重新复活一种已经丢失的希腊城邦的经验，但是她想从对竞争的一种独创的描述中为政治寻找出颇有前景的资源。特别是在《积极生活》里以"希腊走出盲点的道路"为题的这一章节中，阿伦特致力于研究希腊人是为了从中找出针对行动脆弱性问题的解决方法。行动的脆弱性在于，一方面与生产相反，行动总是可能时强时弱，不可预见，或完全不产生影响。但另一方面，行动的不可预见性只是对那些致力于社会和维持社会的人，也就是对那些以政治为生的人来说，才成为问题。因此，对于荷马的阿喀琉斯来说，由于他并不致力于参与社会的事务，他便并不认为政治"不可预测的困境"是个问题（HC 194；比较 VA 187）。阿喀琉斯并不以城邦为舞台的行动，是"非常个性化的"。如果他的例子仍然可以成为古典希腊的行动原型，那么只是因为"他以所谓竞争精神的形式表现出他与人较量的激情，重新赋予城邦国家中的政治概念以政治自身特有的内容"（VA 187；比较 HC 194）。

在整个篇章中，阿伦特更多地以古典希腊的实践为例，而不仅仅从竞争主义的理论出发，建构她竞争主义的政治思想。她思想基础的实践都是各不相同并相互矛盾的：从阿喀琉斯到伯里克利，从前城邦的经验一直到以城邦为中心的政治生活。阿伦特把所有实践都表述为竞争，从而统一了这些实践，并以此反驳她的那些批评者：因

阿伦特手册

此城邦是对它形成前就已有的经验的回答，并在自己的"基本信念——只有当人的共同生活由话语和行动组成，并成为人参与共同生活媒介的时候，人的共同生活才有意义"（VA 189 - 190；引自亚里士多德）——中，接纳了它之前的那些生活方式。反政治的"苏格拉底学派"试图逃避的，正是阿喀琉斯和伯里克利两人的实践行动。苏格拉底哲学学派面向的是建城者和立法者，因为"按当时希腊人的理解"，这些人物是前政治的，因而这里涉及的是一条围绕政治不确定性的道路（VA 188）。

　　但即使是曾做过著名的墓前讲话（纪念死者而不提及他们）的伯里克利，似乎也放弃了荷马竞争主义的许多特性，而没有去完善这些特性。特别是如果阿伦特强调，竞争主义的活动者总是以叙述他们伟大而独特的行动来追求自己的不朽，那么阿伦特在这里引用的似乎是荷马的元素，而不是伯里克利的思想方式，因为按伯里克利的理解，行动者的永恒性，并不来自他行动的伟大特性，而是因为城邦的长久存在（VA 200）。但是为什么阿伦特不简单地拒绝伯里克利的见解，却又传播荷马的竞争呢？回答是：这两个人的思想元素，虽然形成于不同的历史阶段，但却在构思上是相互交织的，阿伦特通过她自己特有的对竞争主义的描述，赋予阿喀琉斯和伯里克利交织在一起的思想又多了一种元素。阿伦特利用伯里克利城邦的归属性、平等和法律以缓和希腊英雄们的竞争主义个性，并且也为她自己思想的后继者提供素材和社会的前提；她认为要想实现自己所渴望的，让后人永久纪念自己，她需要留下这些素材和前提。事实上，阿伦特表述的每一个英雄行动都有着脆弱性和易逝性的问题，城邦正巧回答和解决了这些问题。"当然，这并不一定是真实的历史"，阿伦特说。"但是在一种追忆思想的隐喻媒介中，人们却可以说，就是它，那个表现空间；似乎那些从特洛伊归来重新回到家乡的希腊人，为了不让真实的自己如同一幢海市蜃楼（Fata Morgana）消失在回家的路上，因而他们所想念的，只是那个远离家乡、因为他们永久的战斗和忍受所构成的表现空间。"（VA 192）城邦为建立有组织的纪念英雄行动提供了可能，并应当阻止普通人的表演——即那些通常出现在观众面前，并受时间和空间限制的表演；荷马和其他这种艺术家都曾要求为那些当时没有参加战争的人，再次重现和表演这些战争事件——又消失在世俗社会的现实中（VA 191；比较 HC 198；VZ 90）。

阿伦特手册

阿伦特似乎也已经懂得，荷马关于城邦能够提供一种纪念模式的思想，仅仅表达了一种激情的感伤。当然，城邦以及它的城墙和法律早就在很早以前沦亡，而荷马的史诗我们一直保留到了今天。但是为什么人们还应当告诫，"即使如特洛伊战争这样一桩伟大的事件也仍会轻易地被遗忘，如果不是偶然的有一个诗人为了它在百年后的不朽而创作了史诗"（VA 190）？阿伦特所以有这样的顾虑，是因为荷马的史诗有着一种纯粹的偶然性，荷马不一定必然写下他的史诗，也可能从来没被人所引用；因此可以假定，如果荷马没有写下他的史诗，如果他的史诗从没被人引用，那么他所叙述的那些英雄的行动也就完全无人知晓。

也有可能，阿伦特认为荷马诗作的脆弱性对于荷马的诗作是一种追忆的方法；因为她懂得，荷马的史诗是为那些短期聚集在一起，却又很快"各奔回家之路"的希腊人而写的。在这种状态下的史诗，究竟有哪些联结人或继续流传的效用呢？尽管荷马在咏史中成功地攫住了希腊英雄的生活，并留下了能够超越时间有限性的史诗，但伊利亚斯却会出现在我们的眼前，并告诫我们：时间易逝，事件——即使是那些值得纪念事件——易忘。城邦能够担保的——只要它的居民有能力使它生存下去（而不是尝试以自己的防御措施去毁掉它）——是能够为继续行动带来潜能的短暂记忆；记忆赋予行动以超越个人行动的意义，并标示出行动"对其他人行动的依赖"（VA 181）。"城邦对于希腊人，如同共和体制对于罗马人，在第一层面上是抗拒个人生活的徒劳和短暂的保障，城邦是那个抗拒一切都只是受短暂保护并只保留相对持续性的领域，因此城邦的意义正是在于：为非永生的人赢得一种永存的不朽性。"（VA 55；比较 HC 56）

无论如何，对阿伦特来说，在荷马和伯里克利那里，除了竞争和城邦相互对立的选择之外，还存在一种替代选择：如果竞争主义的行动为了创立它有限的持续性，而需要"多于"荷马的元素，那么也就会"或多或少"需要城邦的城墙和法律。要学会这句话："不管你们在哪里，那里就会成为你们的城邦"；阿伦特强调，这句话"比希腊特有的殖民化形式的代码有着更多的内涵"，表达了人依靠行动和语言，"在凡有人居住的地方到处都可以落户定居"。按阿伦特的见解，城邦自身也没有比"建构城邦事件的现实生存得更长久，如果建构城邦的〔政治〕活动消失了或陷入停顿，那么城邦也就随着消失［……］"（VA 192-193）。可以说在这个点上，阿伦特的竞争主义历史向我们展现了一个新的篇章，出现在城邦之中，并最初与一种英雄般的生活联结在一起的竞争主义，然后却因为城邦而有了一种政治形式，可是竞争主义却又同时毁掉了这种政治形式——这就为解释"希腊城市国家的短命提供了一个理由：从开始到终结，城邦国家的目的都在于，尽可能地集聚特殊事件，直到能够以这些特殊事件来规定城邦的稳固性和规定日常生活的进程"（VA 190）。为了在世俗社会中漫游，竞争主义最终离开了它自己的家乡。阿伦特给我们的启发是：致力于建立一个呼唤竞争主义重新进入生活的表现空间。在现代社会，这个空间可能会来了又去，去了又来，但如果完全没有这个空间，现实自身就会离我们而去。

现实依赖于记忆，而记忆有着必要的集体性和脆弱性（见 VZ 中的《自然和历史》，以及《近代的历史和政治》）。阿伦特为现代后期所勾画的竞争主义，也是她早期竞争主义的一部分，而不是它的反面。具体情境中的语言能力、榜样的力量以及外观表象，这一切都是易逝的，因而要求记忆；没有记忆，这一切意义内涵就会消失。因此，竞争主义强调的不是一种单纯的美观，或没有政治与正义内容的单纯表演；自阿伦特写下了这些以后，竞争主义强调的是在政治世界中起一种重要的作用：为记忆（转换和）构建正义，将社会的（新的）建构转型为对英雄历史的重叙。真理与和解的使命一起构建了一个机制性地点，以便在那里实施自己的使命：承诺宽恕和应用法制程序，保障竞争主义政治的继续生存；结果是给人一种暗示，似乎一切都能按阿伦特的构思在运作。真理与和解的使命并不是竞争主义和正义的对立面，它们往往作出有利于如一些阿伦特的批评者针对竞争主义而提倡的正义的行动。这种使命在实施过程中满怀着希望，正义作为记忆，叙述联合民众，以民众的激情摆脱弥漫在英雄归乡途中（VA 192）的冲突和暴力。对阿伦特来说，暴力的冲突和扩散代表的不是一种政治的竞争主义；暴力冲突可能有着竞争主义行动的特殊性，如同古典希腊的状况，但暴力冲突同时也是毁坏古典希腊的潜在病症。

约翰-沃尔夫·阿克曼/邦妮·霍尼希

参考文献

Arendt, Hannah: »Philosophie und Politik« [1954]. In: *Deutsche Zeitschrift für Philosophie* 41. Jg. 2 (1993), 381–400.

Benhabib, Seyla: »Kritik des ›postmodernen Wissens‹«eine Auseinandersetzung mit Jean-François Lyotard«. In: Andreas Huyssen/Klaus R. Scherpe (Hg.): *Postmoderne*. Reinbek bei Hamburg 1986, 103–127 (engl. 1984).

–: »Hannah Arendt und die Erlösende Kraft des Erzählens«. In: Dan Diner (Hg.): *Zivilisationsbruch*. Frankfurt a. M. 1988, 150–174.

–: *Selbst im Kontext. Kommunikative Ethik im Spannungsfeld von Feminismus, Kommunitarismus und Postmoderne*. Frankfurt a. M. 1995 (engl. 1992).

–: »Introduction: The Democratic Moment and the Problem of Difference«. In: Dies (Hg.): *Democracy and Difference. Contesting the Boundaries of the Political*. Princeton 1996, 3–18.

–: *Hannah Arendt. Die Melancholische Denkerin der Moderne*. Frankfurt a. M. ²2006 (engl. 1996).

Connolly, William E.: *Identity\Difference. Democratic Negotiations of Political Paradox* [1991]. Minneapolis/London ²2002.

Dallmayr, Fred R.: *Polis and Praxis. Exercises in Contemporary Political Theory*. Cambridge, Mass./London 1984.

Fuss, Peter: »Hannah Arendt's Conception of Political Community«. In: Melvyn A. Hill (Hg.): *Hannah Arendt. The Recovery of the Political World*. New York 1979, 157–176.

Habermas, Jürgen: *Strukturwandel der Öffentlichkeit* [1962]. Darmstadt/Neuwied ⁹1978.

–: »Hannah Arendts Begriff der Macht« [1976]. In: *Philosophisch-politische Profile*. Frankfurt a. M. ³1981, 228–248.

Hartsock, Nancy: *Money, Sex, and Power. Toward a Feminist Historical Materialism*. New York/London 1983.

Honig, Bonnie: *Political Theory and the Displacement of Politics*. Ithaca, NY/London 1993a.

–: »The Politics of Agonism«. In: *Political Theory* 21. Jg. 3 (1993b), 528–533.

–: »Agonaler Feminismus: Hannah Arendt und die Identitätspolitik«. In: Institut für Sozialforschung Frankfurt (Hg.). *Geschlechtverhältnisse und Politik*. Frankfurt a. M. 1994, 43–69.

–: »Toward an Agonistic Feminism: Hannah Arendt and the Politics of Identity«. In: Dies. (Hg.): *Feminist Interpretations of Hannah Arendt*. University Park, PA 1995, 135–166.

Kateb, George: *Hannah Arendt. Politics, Conscience, Evil*. Totowa, NJ/Oxford 1984.

Mouffe, Chantal: *Über das Politische. Wider die kosmopolitische Illusion*. Frankfurt a. M. 2007 (engl. 2005).

Parekh, Bhikhu: *Hannah Arendt and the Search for a New Political Philosophy*. London 1981.

Pitkin, Hanna Fenichel: »Justice: On Relating Private and Public«. In: *Political Theory* 9. Jg. 3 (1981), 327–352.

–: *The Attack of the Blob. Hannah Arendt's Concept of the Social*. Chicago/London 1998.

Springborg, Patricia: »Hannah Arendt and the classical republican tradition«. In: Gisela T. Kaplan/Clive S. Kessler (Hg.): *Hannah Arendt. Thinking, Judging, Freedom*. Sydney 1989, 9–17.

Villa, Dana: »Beyond Good and Evil: Arendt, Nietzsche, and the Aestheticization of Political Action«. In: *Political Theory* 20. Jg. 2 (1992), 274–308.

–: *Arendt and Heidegger. The Fate of the Political*. Princeton 1996.

–: *Politics, Philosophy, Terror. Essays on the Thought of Hannah Arendt*. Princeton 1999.

Wolin, Sheldon: »Hannah Arendt: Democracy and the Political« [1983]. In: Reuben Garner (Hg.): *The Realm of Humanitas. Responses to the Writings of Hannah Arendt* New York/Bern/Frankfurt a. M./Paris 1990, 167–186.

第 2 节　民主和政治事件

对阿伦特来说，民主肯定不是一种好的宪法类型。她对民主的保留态度主要表现在她对政治、社会和文化的表述中，她总是把民主描绘为民主的大众社会。她在《极权主义的要素和起源》一书中论证了循规蹈矩的大众社会是滋生极权主义体系的土壤，暴民就是这类社会的垃圾产品；《积极生活》中描述的公共性－政治空间的衰败史，使阿伦特对现代劳动和消费社会的批判达到了高潮，现代劳动和消费社会不仅远离了政治行动的意义，而且也远离了文化的意义；在《论革命》中，她则把法国大革命失败的原因最终归结为大众对社会平等的平等诉求。

基于对"小石城事件"的反思，阿伦特对民主提出了尖锐的批判（见本书第 2 章第 7 节第 2 部分）。1954 年高级法院确认了以法律形式废除公立学校的种族隔离，阿伦特断言按她理解的民主政治在这一事件中超越了国家机构实际上不应有权干涉的界限。政治事件的这种前政治性条件必然导致侵蚀人的个性和社会的多元性，为反对这种私人和社会领域的偏狭的政治化，阿伦特表达了要求社会歧视的权利（比较 ZZ 104f.）。她的这种新保守主义的立场，是与她在著作中对代议制民主实践的周详批判的另一种立场联结在一起的，即代议制民主把政治自由仅仅局限在周期性替换的职业政治家身上：真正的舆论，即面对各种不同角度的观点和立场而能够作出自己的有质量的判断，是不可能在我们投票的那个小房间里形成的，"因为这个小房间无法提供足够使一个人能够构成他自己意见的空间"（MG 132）。

尽管阿伦特对民主政治抱有普遍的怀疑，但她对现代民主理论的发展很有建树，她对政治有一种极其严格的规范性理解：与多元性和公共性相联结的政治实践的概念、政治权力的沟通性理解以及可普遍化的公民概念。

沟通性的权力和商榷性民主理论

佛朗哥·沃尔皮（Franco Volpi）在阿伦特对政治为了获取和维护权力将原先以理论为主的政治缩减为一种纯粹的工具性技术的批判中，看到了一种受马丁·海德格尔影响的但又积极运用这种影响而强调人际关系、多元性和公共性特性的新亚里士多德主义的实践性回归。沃尔皮认为，这虽然是一种重新赢得政治真实性的恰当范式，但同时也隐含危险，如同她的《积极生活》一书，为城邦提供了一种纯粹乌托邦的前景，而对民主的现代成就，如立法、代议和机制性约束却很少提及（Volpi 2007，86ff.）。

尤尔根·哈贝马斯也同样在这本书中看到了一种在她的《权力与暴力》中已经主动放弃的马克思主义，而不是亚里士多德实践概念中的城邦乌托邦（Habermas 1998a，238）。同样如此，哈贝马斯在阿伦特"令人敬仰的对技艺和实践的区分中所看到的，不仅是对亚里士多德理论的一种重建，而且也把一种行动的概念表述为历史经验和规范性观点的实践，这在我们今天称为参与式民主"（Habermas 1998b，404）。

阿伦特的权力概念特别吸引哈贝马斯的地方，是她将权力解释为"以理解为目标的沟通所具有的能够赢得共识的力量"："衡量一种由非强制性沟通的承载力所获共识的标准，并不是某种成就，而是对合理有效性超验诉诸的话语。"（Habermas 1998a，231）阿伦特提出了一种解决这些问题的方案，就是如何从"完好的主体互动性结构中引申出政治公共性的条件，只有满足了这些条件，才能够以沟通创建或扩展权力"（同上，245）。这些条件的作用是将由沟通而形成的权力概念从一种受亚里士多德影响的行动理论中解放出来，并把它引进到一种政治构思中去，这种政治构思区分策略性和工具性行动，把经济和社会环境包括在内，把握并表现为结构性暴力的现象，同时从规范性的角度对这些暴力现象加以批判。

在《事实与效用》（Faktizität und Geltung）一书中，哈贝马斯提出只有沟通性的、"在非变形的公共性"中形成的权力才是构成合法性权利的"权威力量"。对于哈贝马斯来说，阿伦特所设置的把立法和权力变成孪生姐妹的构思，没有任何误解地证明了，权利的体系必须"作为积极权利出现，不允许将公民的决策作为自己预先设置的道德或自然权利的有效性"（Habermas 1998c，185）。同时哈贝马斯也指明阿伦特没有从事的一种区分沟通和行政权力的必要性：只有如此，权力才能起到媒介的作用，通过权力的媒介，沟通的权力才能转换为行政管理的权力；在这个过程中，沟通的权力远离特权利益的实际干扰，而行政管理的权力则承担了权力实施程序以及为进入政治体系而作策略性斗争的责任（同上，186f.）。

对萨拉·本哈比来说，哈贝马斯的《公共性结构转换》（Strukturwandel der Öffentlichkeit）一书的第一页就已经证明了，哈贝马斯能够重新发现公共领域的概念，应当在一定程度上感谢阿伦特，而公共性空间涉及的恰恰就是民主合法性的构成。按本哈比的见解，重新发现的公共性空间的概念显然已有了部分重大的变化：阿伦特整体性公共领域的构思必然在很大程度上以同质化和道德信念的一致为前提——在一种极端民主的意义上，诉诸人民的亲自到场；而在哈贝马斯的公共性领域的概念中，这是对合法性的一种自由主义的理解，即人民也能够以中介的方式方法以及通过公民社会和国家的综合性机制表达自己的赞同。话语性的公共性领域作为不带个人偏见的沟通、信息和决策的媒介，必须在原则上对所有人开放，但这种开放要求只是由外部施加的影响，而不是从内部自我形成的（Benhabib 1998，312ff.；Habermas 1990，156）。

人们在尝试通过《积极生活》的去中心化和关注她比较边缘的著作如关于拉埃尔·瓦恩哈根，以便在阿伦特著作中寻找出一种现代的替代谱系的同时，重构从阿伦特公共领域的概念到哈贝马斯公共性的概念之间概念转换的系统性，这些主要归功于本哈比的研究项目，他将解决民主合法性自相矛盾的商榷性民主合理化：按商榷模式和以它为基础的话语理论的要求，只有在一个以平等和对称条件下的审议过程中产生的并能被所有承担商榷后果的相关人员都接受的规范才是有效的，才能获得机制性确认，才满足了合法性和合理性的前提条件（Benhabib 1995，9f.）。决定这样一个程序性的商榷民主模式的条件是，有一个构成政治党派、公民自发组织以及各种社会运动等不同社会团体和民众彼此交叉并相互联合的网络型公共领域，并且这一公共领域对这些团体和民众开放。（同上，16）。

一种政治理论和它的认知：恩斯特·福尔拉特

哈贝马斯和本哈比主要从一种以批判性为主的根本性思考的角度出发，接受了阿伦特有待修正的思想。与他们不同，恩斯特·福尔拉特为我们提供了另一种解读阿伦特的方法，这种方法把阿伦特的民主理论的潜力解释为一种"拥有方法和事实真实性的政治理论"（Vollrath 1989，14）。福尔拉特认为，这样一种理论只能从政治现象的特性的角度来加以构思。按阿伦特的见解，政治，"既不带有主观，也不是客观事物"，即除了"对政治的认知之外"，根本就不存在政治（Vollrath 2003，17），必须通过各种不同文化背景的比较，即通过澄清政治的概念，而使政治成为一个显然易懂的概念（同上，10ff.）。从文化和历史特有的经验角度去思考政治，运用这个方法论，人们将会把政治自身和它理论上的统觉（人在获得新感觉时对旧感觉的依赖），都置放在一个无法回避的多元性的基础上，这就使得这一方法论如果不放弃对政治范畴认知的评判，就不可能成为一种能够进入政治现象领域的普遍性方法。

在阿伦特对主要政治概念，如统治、权力、权威和自由（同上，76ff.）做出修正的基础上，福尔拉特证实了德国的政治认知不只是一种国家中心主义（同上，115ff.），而且也与所谓的"西方政治文化"不同（同上，195），几乎完全没有"公民政治认知的形态"。公民的政治认知不是开始于国家，而是起源于宪法：公民的相互关系以及建立在这种相互关系之上的共同性因此而成为公民政治认知的对象（同上，197），并且受到他们生活世界中构成判断和意见的多元性的制约。由于参与政治和公共领域的模式包容了有差异的共同性而扩展了政治概念，对于在现代条件下民主的哪些形态是唯一真实和现实的这个问题，福尔拉特也能给出合格的回答了："差异性代议制共和主义民主宪法，是现代唯一真实和现实的民主形态。"（同上，220）

在中东欧革命中的民主的重新发现

在极权主义国家中（公民社会）政治的重新发现，为 20 世纪 80 年代中东欧改革运动奠定了基础。他们中的一些知识分子领袖，如莱谢克·科拉科夫斯基（Leszek Kolakowski）、亚当·米奇尼克（Adam Michnik）、瓦茨拉夫·哈维尔（Vàclav Michnik）、亚诺什·基斯（Jànos Kis）等甚至明确地举起了阿伦特的旗帜（比较 Thaa 1996，158ff）。

从凯瑟琳·莱谢辛茨斯卡（Katarzyna Leszczynska）在 2000 年回顾历史时展示的那些大多是地下发行的阿伦特的文章或摘录中，就可以看到阿伦特对波兰反对派运动的政治影响。在官僚主义世界和否认社会多元性的情况下，个人如何承担自己的责任和如何保留自己独特的判断力，是当时围绕阿伦特思想讨论的主题。当然，阿伦特的自由概念也被人们所关注和思考，它被与以阿伦特的共和主义思想重新解释的团结工会运动联结起来。兹齐斯拉夫·卡斯诺德帕斯基（Zdzislaw Krasnodebski）认为，团结工会运动追求的目标显然是，使共和主义和民主重新进入公共性政治领域。这里所谓重新赢得民主和共和，是指在事实上继续波兰古老的共和主义传统，即 1573~1772 年的波兰贵族共和国，后来不得不在专制主义的压制下苟延喘息（Krasnodebski 2000，46）。但是按卡斯诺德帕斯基和莱谢辛茨斯卡的评判，在 20 世纪 80 年代革命中起主导作用的共和主义政治构想，在革命后的波兰却极少被留存下来。尽管 1989 年革命之后，出版了许多阿伦特的波兰文译著，但是阿伦特的政治思想对于正在贯彻中的、被卡斯诺德帕斯基称为后现代和相对极端的波兰自由主义，仍是陌生的和不可理解的。

温弗里德·泰阿（Widfried Thaa）在关于"政治的重生：1989 年革命中的公民社会和合法性冲突"的研究中，以合法性理论的角度分析了在波兰、捷克斯洛伐克和匈牙利爆发的革命。除了反对派的实践，他也关注反对派运动的政治自我理解，以及这种自我理解的理论历史关系和它在世界中的起源。为反对一些标签式的对东欧革命的评价，如"追补的革命"（Habermas）或甚至说是"修复"的革命（Furet），泰阿坚持认为 1989 年的革命具有政治革命的真正特征。他的著作的中心论题是，苏联式的共产主义在这场革命造就的"政治重生"中走向了灭亡：反对派运动在 1989 年之前就已经重构了政治公共性领域，造就了一种新的与既存统治秩序截然对立和具有竞争性的合法性原则（Thaa 1996，19，23，162）。

阿伦特关于非器械性的、建立在限制权力概念之上的一种对话式的政治行动的实践，为人们把中东欧革命理解为政治的一种沟通性理性主义和现代化，提供了分析范本（同上，142ff.）。正是在主体缺乏策略行动，"以对话为名的革命所显然的自相矛盾"（同上，338）中，泰阿看到了反对派运动的革命潜力，这种革命潜力当然需要在特定统治和合法性类型的关系框架内加以理解，由"革命而构成的多元性沟通和行动条件，则剥夺了这类特定统治，使合法性类型丧失了生存的土壤"（同上，339）。社会趋向和反对派伦理——典型地表现在瓦茨拉夫·哈维尔的个性主义的尝试《在真实中生活》（1989）之中——似乎并不是反政治的，而是为了重构以政治为基础的生活世界中的公民社会，经过重构的公民社会拥有内在的潜力，将"经济和社会变化从一种多元性公共领域的讨论过程出发，通过民主决策，构建新的政治形态"（Thaa 1996，351）。

欧洲的和国际性的观察角度

艾蒂安·巴里巴尔（ètienne Balibar）在 1989 年革命的十年之后断言，欧洲民主正面临着一场双重危机：人与公民权利脱离——也就是人要想作为一个国家公民并拥有公民权利，首先必须得到国家认可，即人首先必须由国家"被公民"的一种危机以及缺乏一个全欧洲性的公共领域（Balibar 2003，10ff.）。他认为解决这两个双重危机方法，是要构想"没有社会的公民"。巴里巴尔将自己的这一提议在论题中具体化，认为当今涉及的，是以外在的强制（Hobbes），虚拟建构（Rawls）或历史性承继（Habermas）去构建集体共同的认同。

为了使这个论题拥有合理性，巴里巴尔诉诸受阿伦特启发，并经由赫尔曼·凡·贡斯特恩（Herman van Gunsteren）完善的"命运共同体"和"不完善的国家公民"这两个概念（同上，192ff.）。第一个概念表明共同体必须应对不可避免的政治冲突，后一个概念把握的是为把公民权扩展为普遍的政治权利，由阿伦特倡导废除人与公民权的传统分离所导致的后果（同上，141）。巴里巴尔认为不完善的国家公民作为一种"多元性组织"（Herman van Gunsteren）这一思想，可以追溯到阿伦特著名的关于"有权利的权力"的民主辩护词（同上，170），并且把平等表述为互惠的"权力关系"（同上，170）；如同命运共同体的思想，在不完善的国家公民的思想中，也隐含一种"极端民主"的要素，它远远超越了对陌生人的简单接纳：因为这会使得所有人，也包括'当地人'，都必然先要冒丢失他们已有的、由过去继承的公民身份的风险，然后再与所有的其他人一起——不论起源，不论资历，不论其合法性，只是此时此地大家在这个地球的某一点上都拥有着共同的命运——进行此刻的重组（同上，196f.）。

这就要求欧洲的民主构思，"重新投入民主，以避免它走向没落"（Balibar 1993，14），把统一的欧洲公民身份看成一种"漫长的路途"，并在四个基点上深化民主：法制系统的民主化，共同斗争形式和社会冲突机制的更新，为移民开放公民限制的民主化，最终是在各社会层次中创建一种社会变换实践的现实（Balibar 2003，281ff.）。

巴里巴尔认为，"开放欧洲共同的公民身份"，之所以是使"公共性领域重新成为公民领域实际的先决条件"（同上，290），是因为没有一个全欧洲性的公共领域，就不可能有一种全欧洲的民主（同上，12）。

巴里巴尔认为，从跨国立场的角度来看，阿伦特构建的民主国家历史遗留的问题与一种确实颠倒的人权问题之间的关系是有连接性的（同上，141）；而米夏·布鲁姆里克（Micha Brumlik）则认为，在今天看来，阿伦特虽然是一个在全球化问题上敏锐的预言家，但是她的分析对他来说并没有开拓一种建设性的视野：由于她固执于城邦的政治理想，以及她的"民族主义方法论"，即坚持把现代民族国家作为政治和社会共同生活的规范背景，导致阿伦特无法在体系上理解正在形成着的世界性社会（Brumlik 2007，317）。

奥利弗·马夏尔特（Oliver Marchart）则断言，阿伦特所强调的现实是一种"以共和主义理论表述的极端民主"（Marchart 2005，127）。他认为《论革命》一书是一种政治宣言，不是为了在民族国家的层面上重现革命建国的时刻，而是为了解决共和国基本思想中政治的机制性和自发性的相互关系的问题（同上，131ff.）。另外，马夏尔特也在阿伦特所提出的领土和民族国家原则的问题中，看到了她的联邦模式能够成为一种"由民主与共和思想逻辑组合"的普遍模式，并对此加以普及化的可能性（同上，138ff.），从而也能够用来解释当今的政治主题，如世界化社会运动①（同上，154）。但这首先必须在表现为当今世界社会多元性竞争的公共论坛中再增加一个"对抗性的公共领域"。在反对国家和国际势力经济全球化的斗争中，各种抗议形式都能通过这个对抗性公共领域而得以联合，并在这个领域的论题中昭示这一政治运动的实质立场（同上，170ff.）。全球化批判运动作为最著名的"新社会运动"，"以阿伦特（或反对阿伦特）来重新思考阿伦特"（同上，173）的这样一种解读阿伦特的方法，似乎重新印证了阿伦特所强调的"一种新的开端永远都是可能的"这一套语

---

① Altermundialismus，一种倡导全球关注民主、经济正义，特别是环境和人权的社会运动。——译者注

（Marchart 2007，357f.）。

最后的结论是，出于自由主义、保守主义和共和主义动机而对现代大众民主所作的批判，没有阻碍，反而有助于阿伦特的民主理论思想。她的政治概念在其中构成了她思想体系的出发点。它的被接受度、它的构成和它的现实性——特别是如同关于亚里士多德在《积极生活》中分量的讨论所表明的那样——是解读阿伦特民主理论的关键。

格里特·施特拉森贝格尔

参考文献

Arendt, Hannah: *Die Ungarische Revolution und der totalitäre Imperialismus.* München 1958.

Balibar, Étienne: *Die Grenzen der Demokratie.* Hamburg 1993.

– : *Sind wir Bürger Europas? Politische Integration, soziale Ausgrenzung und die Zukunft des Nationalen.* Hamburg 2003.

Benhabib, Seyla: »Ein deliberatives Modell demokratischer Legitimität«. In: *Deutsche Zeitschrift für Philosophie* 43 (1995) 1, 3–29.

– : *Hannah Arendt. Die melancholische Denkerin der Moderne.* Hamburg 1998.

Brumlik, Micha: »Zwischen Polis und Weltgesellschaft. Hannah Arendt in unserer Gegenwart«. In: HeinrichBöll-Stiftung (Hg.): *Hannah Arendt: Verborgene Tradition – Unzeitgemäße Aktualität?* Berlin 2007, 311–329.

Habermas, Jürgen: *Strukturwandel der Öffentlichkeit.* Frankfurt a. M. 1990.

– : »Hannah Arendts Begriff der Macht«. In: *Philosophischpolitische Profile.* Frankfurt a. M. 1998a, 228–248.

– : »Alfred Schütz. Die Graduate Faculty der New School of Social Research« In: *Philosophisch-politische Profile.* Frankfurt a. M. 1998b, 402–410.

– : *Faktizität und Geltung. Beiträge zur Diskurstheorie des Rechts und des demokratischen Rechtsstaats.* Frankfurt a. M. 1998c.

Havel, Václav: *Versuch, in der Wahrheit zu leben.* Reinbek bei Hamburg 1989.

Krasnodebski, Zdzislaw: »Hannah Arendt und der Wandel des Begriffs des Politischen in Polen«. In: *Hannah Arendt Newsletter* 3 (2000), 45–48.

Leszczynska, Katarzyna: »Die Geschichte der Arendt-Rezeption in Polen«. In: *Hannah Arendt Newsletter* 3 (2000), 40–45.

Marchart, Oliver: *Neu beginnen. Hannah Arendt, die Revolution und die Globalisierung.* Wien 2005.

– : »›Acting is fun‹: Aktualität und Ambivalenz im Werk Hannah Arendts«. In: Heinrich-Böll-Stiftung (Hg.): *Hannah Arendt: Verborgene Tradition – Unzeitgemäße Aktualität?* Berlin 2007, 349–358.

Thaa, Winfried: *Die Wiedergeburt des Politischen. Zivilgesellschaft und Legitimitätskonflikt in den Revolutionen von 1989.* Opladen 1996.

Volpi, Franco: »Hannah Arendts Rehabilitierung der Praxis«. In: *Internationale Zeitschrift für Philosophie* 16 (2007) 1, 78–91.

Vollrath, Ernst: »Die Originalität des Beitrages von Hannah Arendt zur Theorie des Politischen«. In: Eveline Valtink (Hg.): *Macht und Gewalt.* Evangelische Akademie 1989, 7–23.

– : *Was ist das Politische? Eine Theorie des Politischen und seiner Wahrnehmung.* Würzburg 2003.

第 3 节　文学创作与叙事性

20 世纪很少有如同阿伦特那样的理论工作被文学创作者认可并赢得一种如此强烈的共鸣，其中诗人比散文作者从阿伦特的理论中得到更多的激励。兰德尔·贾雷尔（Randall Jarrell），罗伯特·洛厄尔（Robert Lowell）和理查德·霍华德（Richard Howard）在读了她的《极权主义的起源》（见本书第 2 章第 4 节）一书之后，都纷纷求教于阿伦特。贾雷尔向阿伦特抱怨道："一种破碎不堪没有新意的诗的形态正是读者的感觉和理解。"（1985，245）希尔德·多敏（Hilde Domin）在读了有关拉埃尔·瓦恩哈根的传记后，非常激动地求教于传记的作者阿伦特；对 W. H. 奥登（Auden）、弗雷德里克·克拉普（Frederic Clapp）、巴贝特·多伊奇（Babett Deutsch）、约翰·霍兰德（John Hollander）以及伊丽莎白·休厄尔（Elizabeth Sewell）来说，与阿伦特的交流则主要是通过他们对《人类生存条件》一书的评论（见本书第 2 章第 5 节第 5 部分）。他们这类有关阿伦特文章和书籍的读后感主要出现在以英语发表的文章中；在一段较长的时期内，是作家而不是学者首先意识到了阿伦特研究工作的意义。汉娜·阿伦特多年来长期与诗人们有着一种深化的合作：与兰德尔·贾雷尔和罗伯特·洛厄尔一起将德语诗译成英语，与罗伯特·吉尔伯特（Robert Gilbert）一起将他的《我还没有像驴那么笨》的诗篇编撰成集，并为他写了编后语（MZ 290 – 297）。在思想史上还有待写下一个重构文学创作、哲学和政治理论对话的伟大篇章。

献给阿伦特的诗

罗伯特·洛厄尔在 1961 年出版了第一本献给阿伦特的诗集《鸽子——献给阿伦特》。他把这首诗发表在他的诗集《模仿》的最后一章。乍一看，这本书似乎是转译七种语言的选集，但如同洛厄尔在导言中所说，实际上完全是另外一回事：他将所有选出的诗，其中有荷马、蒙塔莱（Montale）和帕斯特纳克（Pasternak），都在转译成他自己语言的同时，对这些诗作了加工和改写，然后再以他那个时代的英语写成。献给阿伦特的诗是对里尔克《停留在外的鸽子》一诗的一种非常自由的改写；在里尔克 3 段诗的基础上，他又增写了一段诗，放在第 2 段和第 3 段之间。这不仅改变了诗的重点，洛厄尔也写下了心跳得如老鼠在赛跑，死亡离战争和战士是如此之近，以及一个"只有思乡情感"的荷马等诗句。

在同一年里，如同洛厄尔的诗集，安东尼·黑希特（Anthony Hecht）也在《国家》周刊上发表了献给阿伦特的诗《更多的光！更多的光！》，只是没有写上献词。黑希特于 1967 年以"献给海因里希·布吕歇尔和汉娜·阿伦特"为题，将这首诗收入他的第二本诗集《紧急时刻》中。艰难、危急的时刻，这本诗集是面临死亡而哀叹的挽歌。这首以歌德名言为题的诗，跳跃性地描述了两个谋杀事件的情景。第一个谋杀展现了在 16、17 世纪交替的某个时刻，有个人是怎样在伦敦塔被焚烧的情景。第二个谋杀把读者带到了魏玛附近，在那里两个犹太人和一个波兰人被谋杀。那个波兰人被强迫要求活埋那两个犹太人，但他拒绝了；他由于拒绝命令而腹部中枪，经过整整三个小时的流血挣扎，最后死去。这首诗共有 8 个段落，是没有韵节的自由诗。整首诗中没有出现罪犯，只有罪犯的武器。在最后一个段落中，黑色的烟灰从火炉中飘逸而出，散落在那个即将死去的人的眼中。

1965 年，在特奥多尔·魏斯（Theodore Weiss）出版的诗集《媒介》中收入了他献给阿伦特的诗《网络：献给汉娜·阿伦特》。这首诗歌颂了佩内洛普（Penelope）以编织和刺绣综合了神话与历史，描述了帕拉斯·雅典娜（Pallas Athene）如何把乌鸦盘绕在自己的头发上。这是一首描写一个正在歌唱和叙述着的人的诗："这所有的事情／如同急切地围绕着月亮的星星／赢得了它们的故事。"

三年后人们在伊丽莎白·休厄尔的诗集《标志与城市》中也可以读到：汉娜·阿伦特，W. H. 奥登和李约瑟（Joseph Needham）在她的心中（比较 Hahn/Knott 2007，126f.）；休厄尔后来增补的一首关于诺瓦利斯的海因里希·冯·奥夫特丁根（Novalis`Heinrich von Ofterdingen）的长诗，不仅献给汉娜·阿伦特，也献给奥登和李约瑟。这三个人的名字是一种程序：她想借助于奥登和李约瑟——一个生物化学家以及一个中国科学和文化百科全书的作者——在自然和精神科学之间建构一座桥梁，而阿伦特则代表了一种诗和哲学不可分离的写作方式。

在阿伦特有生之年最后一首献给她的诗，是雅各布·斯隆（Jacob Sloan）的《区

阿伦特手册

第5章 话语解读和评价

别的意义——献给汉娜·阿伦特》，收入在他 1974 年发表的诗集《时代之旅》中。在一封给阿伦特的信中，斯隆写下了阿伦特的两本书——《极权主义的要素和起源》（见本书第 2 章第 4 节）以及特别是《在过去和未来之间》（见本书第 2 章第 5 节第 6 部分）——对他的启发。他把阿伦特散文集《何谓权威?》中的第三篇文章的标题作为诗的标题；并在诗集中引用了如犹太法典、亚里士多德以及形成于各种不同文化的神话。诗的结尾是："神/把我们当作我们/因为我们所有的人/都没有（那么多）区别。"阿伦特在 1970 年 4 月 8 日回信说："万分感谢一首这么美丽的诗。如果有关上帝，我真愿意服从区别的意义。"

阿伦特去世后，魏斯创作了长达 12 页的诗《一间客厅——献给汉娜·阿伦特和海因里希·布吕歇尔》以追悼阿伦特。他在书写《网络》一诗的同时，也曾为海因里希·布吕歇尔写下了两首诗。《一个生活的空间》于 1985 年被收入在他的诗集《来自普林斯顿一个秋天的下午》之中，该诗的格言选自威廉·福克纳《献给修女的安魂曲》中的一句话："过去从不会死去，它甚至没有过去。"诗中对这句格言所做的解释是：海因里希·布吕歇尔和汉娜·阿伦特在他们的居所，不仅几乎每天都与他们的朋友进行着争辩讨论，而且也"有他们自己最亲密的荷马、柏拉图、尼采、卡夫卡、福克纳"。诗的重点是"汉娜"向诗作者倾诉的一段独白："我的生活，每一天都不能没有尝试/为了理解——永远都上下奔波/溜滑的楼梯，有一排栏杆可以扶靠/哦!——它们的存在，有着奇迹的意义。//你的诗，正是如此不同寻常?"这首诗表现了思想和作诗极其相近。《客厅》这首诗构造了一个充满生活气息的空间，那里回荡着谈话和朗读的声响，还有那些将继续传递给读者的提问（比较 Hahn/Knott 2007，202、209）。

另一首追悼阿伦特的诗由菲利普·博特写成，《思念汉娜·阿伦特（1906～1975)》于 1980 年被收入诗集《睡眠前》发表。如标题已经表明地那样，这首诗围绕的主题，并不把她作为一个思想家，也不涉及她的著作。在一个冬天的早晨，火炉正在缓缓传送着温暖，正在写作抒情诗的我，遇上了一个你，他悲伤他失去了如此之多，几乎可以覆盖半个地球："我靠在那里，满怀温情，看见了你的悲伤，你错综复杂的神情：你的眼睛是那么清澈，你以理性来热爱理性的天堂。"

理查德·霍华德曾在年轻时就阅读过《极权主义的要素和起源》，后来也经常与该书的作者相遇，他在 2005 年创作了一首献给阿伦特的诗《阿伦特：一首有争议的挽歌》，发表在他的诗集《静默等待》中。在她去世的三十年后，诗并没有提及她的名字汉娜，但诗中的她又出现在三个历史画面上：1955 年，她曾向那个年轻的诗人询问他的诗作；1971 年的一个晚上，她曾在歌剧院大堂与那位"诗人朋友"相遇，并把他介绍给 W. H. 奥登；最后是 1972 年一次晚宴中的相遇，那是诗人为款待娜塔莉·萨洛特而在他纽约的家中所举办的一次晚宴（见本书第 2 章第 6 节第 3 段）。那个晚上，他邀请了所有他认识的女作家。但是，"没有出现与阿伦特可相比拟的同等的女士"。围绕着作者与阿伦特相联结的记忆之岛，勾起了作者关于阅读和记忆的反思："我们对别人的认知是各异的，记住我们的时刻，与他们一起。谁将被承认，真理必须成为一个骗子。"（Howard 2005，61）

大卫·A. 夏皮罗（David A. Shapiro）的《献给汉娜·阿伦特的歌》，并不是一首赞扬诗，更不是一首挽歌，而是与阿伦特思想开展的一种有趣的游戏，于 2002 年发表在他的诗集《燃烧着内心》中。在八段双行押韵诗中，作者以一种轻盈和游戏般儿歌的形式，展现了他与阿伦特思想的相遇："被撕裂为三，出现了一首逻辑的诗（她笑着，但不是因为诗）。"

除了这许多英语的诗以外，也有一首以她的母语撰写而献给她的诗。路德维希·格雷夫（Ludwig Greve）当时曾担任马尔巴赫（Marbach）文学档案馆手稿部主任，在 1975 年夏当阿伦特整理雅斯贝尔斯书稿遗产时与阿伦特相遇相识。1977 年他发表了他的萨福颂歌①《汉娜·阿伦特》；这是唯一一种以一个女诗人命名的诗的形式，格雷夫因此选择了这一形式。与阿伦特相同，格雷夫也是个犹太人，也曾被驱逐出德国，但在战后又回到德国，因而与阿伦特有着相同的"辛辣，但也是苦中有甜的流亡经历，还有对自由的追求"。诗的结尾写道："我们中的谁，在谈话中向前弯曲了

---

① Sapphische Ode，起源于希腊的一种古诗形式。——译者注

身子，还能背诵诗歌，德语的诗，一字字，您的使命，汉娜，不会丢失。"

受阿伦特思想影响的诗作

围绕着阿伦特思想的诗作圆舞曲并没有因此而结束。约翰·霍兰德在将他的诗作《亚当的使命》寄给阿伦特的同时，也附了一封信件写道："既要感谢阿伦特，也要感谢尼采。"（Brief vom 23.2.1972；Hahn/Knott 2007，186）阿德里安娜·李希（Adrienne Rich）在1993年和1994年写下了五首系列诗《当时还是现在》，感慨汉娜·阿伦特与卡尔·雅斯贝尔斯（见本书第2章第10节第5段）的信件交往。第一首诗《1947年的食品包裹》的结尾是："我不再是一个德国人，我是一个犹太人，德国曾经是我的家。"罗伯特·布拉斯（Robert Blaser）在他《即使在星期天》的诗中多次提到阿伦特的名字："崇高，能够爱每一个人和爱每一天，不是一个简单的人，汉娜·阿伦特的话为他刻画了一张令人无限敬仰的脸。危险，沉重，如同一股神秘的风，吹向了装点着存在主义的彩车，充满了激情。"在他的散文诗《但丁》中，也附带提到了："汉娜·阿伦特，身处黑暗的时代的人们。"（见本书第2章第6节第3部分）

受阿伦特思想影响的短文作品

W. H. 奥登以"思考我们在做什么"为题，在《相遇》杂志上发表了他对阿伦特《人类生存条件》作出的一个相当确切的回答；他说，他读这本书就如同读一封写给他个人的信件。奥登的短文《兄弟与他人》就是以转摘这本书中的一句较长的话开始的；在文章中写下了他与阿伦特关于原谅和宽恕的对话。我们也能从其他的抒情诗女作家中看到，她们是怎样细致地研究了阿伦特的思想。梅雷迪思·库什迈因（Meredith Quartermain）在一次采访中报道了阿伦特的《人类生存条件》一书；林恩·海吉尼恩（Lyn Hejinian）收集在《询问的语言》中的短文就是关于阿伦特的著作。伊丽莎白·休厄尔1964年发表的《人的隐喻》就是对阿伦特《人类生存条件》一书所做的认真回答："在《人类生存条件》第4章中有一句话——如果一个人是个诗人，他就会记忆。这是说：'在所有与思想相关的事情中，诗最接近思想'。"

阿伦特手册

马丁·海德格尔

在德语文学的研究中类似这类众多的对阿伦特思想充满诗意的反响则显得较少些。最早献给阿伦特的诗是马丁·海德格尔所写，只是这些在他们两人信件交往中写下的诗直到 1999 年才公之于世（见本书第 2 章第 10 节第 4 部分）。1950 年初，当他们重又相遇之后，特别是对他们在几十年以后仍能回忆起的语言，在一番长时间的散步谈话之后，海德格尔写下了一系列的诗作寄往纽约。可能在 2 月就已经写成的最初五首诗中，有一首诗以"外来女孩"为题，是阿伦特借用弗里德里希·席勒的同名诗经常用来表述自我的回声。3 月海德格尔又以上面提及的谈话为由写成组诗《跌倒在撤回的恩典中》共八首诗，以成双和交叉押韵。不久他接着写下另外的四首诗，这也许并不属于那一组组诗。其中有一首《思念》，诗的开始这样写道："相互一瞥成为存在的闪光，这就是思念"；为了避免只是在通常的意义上理解这首诗，海德格尔特意附加了简短的词汇解释："一件事情，还没有在……做成，就潦倒了。"5 月他写成的组诗《佐娜斯奏鸣曲》中，有八组诗，围绕尼采的语言"思念与温柔"展开诗的情节和起伏。1950 年 9 月他写下《波浪》一诗，结束了这一系列献给阿伦特的诗；这以后只是零星还有些诗作出现在他们的书信中。由于汉娜·阿伦特写自这一年月的书信没有流传下来，我们也就无从知道，她是如何答复海德格尔的那些为她而写的诗作的。海德格尔的诗总是在重新构思思想和诗的确切关系，而阿伦特在她的《人类生存条件》一书中，走的则是另一条道路。

与马丁·海德格尔相遇

汉娜·阿伦特与马丁·海德格尔（见本书第 3 章第 2 节第 3 部分）的相遇，给人以许多遐想：1994 年首先由埃尔茨比塔·艾丁格（Elzbieta Ettinger）拉开了这一序幕，起因是她在阿伦特和海德格尔的书信交往发表之前，就接触到他们两人的书信手稿；她的书在最短的时间内被译成许多种文字。1999 年出版了凯瑟琳·克莱门特（Cathèrine Clèment）的小说《马丁与汉娜》。在一系列戏剧作品中，他们两人的相遇被戏剧化：凯特·福多尔（Kate Fodor）的《汉娜与马丁》2004 年在芝加哥首演；以色列女作家塞维约恩·利布雷希特（Savyon Liebrecht）的剧本《爱的平庸》2007 年在波恩首次登场，继后又在各地的德国舞台上演；2009 年，安托万·劳尔（Antoine Rault）的《恶魔汉娜》在巴黎登上舞台。与这个剧本不同，埃尔弗里德·耶利内克（Elfriede Jelinek）1991 年创作的《死亡山谷》（"Totenaubery"，也译作《托特瑙山》）并没有把剧情集中在两人的爱情上；而是主要表现了他们两人不同的政治和理论构思。

在小说中的回响

抒情诗人在他们的诗中关及阿伦特的都是她思想中文学诗意的部分，而在散文作家的文章中更多的则是与她能够非常明确概括起来的思想的一种交锋。希尔德·多明在一封给阿伦特的信中写道："我正在写一本关于您的书"，会引用一些她的原话，"当然，并不会提及您的名字"。在多明的小说《第二个天堂》中，我们可以读到描写阿伦特的句子："'在大西洋上'，她说，'盖我的屋。因为这在两个州（欧洲和美洲）都不可能'。"这就是流亡的经验构成了（两个洲的）连接。从多明写给阿伦特一封信的语气中可以看出，多明写了两首诗，借用了阿伦特的语言，"背着一个轻小的包"，以及"陌生人"。这两者都表现了作为流亡形式的陌生感。阿伦特最亲密的朋友玛丽·麦卡锡（见本书第 2 章第 10 节第 8 部分）在她 1971 年出版的小说《美洲之鸟》的扉页上写上："献给汉娜。"这是一本情节简单，但却带有那么一些诗意的小说，阅读这本小说，可以作为与阿伦特的一次文学谈话：小说中的主角彼得将一切与他有关的事和物都置放进康德（见本书第 3 章第 1 节第 10 部分）的伦理和美学的关系中来加以评判。阿伦特对这本书的反应比较消极，以一种诗化的信条表达了她的看法："如果你写一本关于人为什么希望一个故事的书，叙述一些故事，也许会更好些。叙述一些平常人的平常生活，如西默农（Simenon）那样。我们不能说，生活是怎样的，机遇和命运会给人带来怎样的遭遇，但我们可以叙述这些故事。"莱斯利·卡普兰（Leslie Kaplan）也写了一本可以看作与阿伦特的文章作一次谈话的小说《狂热》，2005 年在法国出版。小说的情节是两个年轻人在阅读了阿伦特《艾希曼在耶路撒冷》（见本书第 2 章第 6 节第 1 部分）的报道后，突然想去谋杀。一种没有动机的谋杀，这种谋杀是否就没有罪？他们中的一个来自一个东欧的犹太家庭，另一个的祖父曾在德军占领法国时为纳粹工作过。

阿伦特手册

作为小说人物

阿伦特多次作为人物的蓝本出现在小说中：乌韦·约翰逊（Uwe Johnson）在 1970 年夏预先登载了他的小说《纪念日》中的一章，在这一章中提到了一个"汉娜·阿伦特女士"，以及一个"阿伦特–布吕歇尔女士"，作者把朋友就这么推到公众前的行为，导致阿伦特非常气恼。文章中的人物改名为"赛德利茨的伯爵夫人"。但是作者完全忘了，阿伦特曾在写给他的信中提到，我是个犹太人（见本书第 2 章第 10 节第 6 部分）。兰德尔·贾雷尔的小说《来自机构的图片》同时给汉娜·阿伦特分配了好几个角色。该书以"献给玛丽和汉娜"这句献词，1954 年在全世界发行。阿伦特在小说中作为兰德尔妻子玛丽·冯·施拉德的女友而被提及，书中没有直呼作为作家的阿伦特的名字。贾雷尔在给阿伦特的一封信中强调，书中一个被称为伊蕾妮的人物，有着明显的阿伦特的特征。伊蕾妮逃出欧洲后，与她的丈夫一起生活在美国的一个大学城。她小屋的起居室里堆满了至少有六种语言的书，是小说作者经常的去处，他当时正在翻译里尔克的诗集，常去那里请求伊蕾妮和她的丈夫戈特弗里德的帮助。贾雷尔在《弗洛伊德的德语》一首诗中写道："是信任、爱和阅读里尔克，没有一本词典，却在学习德语"，这首诗的标题取自阿伦特纪念她早年逝世的朋友的悼词。

受阿伦特思想影响的剧作

罗尔夫·霍赫胡特（Rolf Hochhuth）《战士的"悲剧"》剧本的文字中，融入了一些引自《论革命》的句子；在对他《代理人》那个剧本的评价中，人们就已经把他与阿伦特联系起来。海纳尔·基普哈特（Heinar Kipphardt）1983 年作为遗著在慕尼黑首场演出的悲剧《艾希曼兄弟》，可以看到非常明显的转抄《艾希曼在耶路撒冷》的痕迹。

所有这些都只是这三种语言文化的侧记；我们只在德语范围内对阿伦特的评价作了研究（Wild 2009），谁知道在其他一些我无法进入的语言中，还能找到哪些其他的评价。最近几十年的文学史，因为阿伦特而获得了一种新的方向。

芭芭拉·哈恩

阿伦特手册

第 5 章　话语解读和评价

参考文献

Arendt, Hannah/Domin, Hilde: »Briefwechsel. 1960–1963«. Hg. von Thomas Wild. In: *Sinn und Form*, 3 (2010), 340–355.

Arendt, Hannah/Heidegger, Martin: *Briefe 1925 bis 1975 und andere Zeugnisse.* Aus den Nachlässen hg. von Ursula Ludz. Frankfurt a. M. 1998.

Arendt, Hannah/McCarthy, Mary: *Im Vertrauen. Briefwechsel 1949 -1975.* Hg. von Carol Brightman. München 1995.

Auden, Wystan Hugh: »Brothers and Others«. In: *The Dyer's Hand and Other Essays.* New York 1989, 218–237.

–: »Thinking what we are doing«. In: *Encounter* 69 (1959), 72–76.

Blaser, Robin: *The Fire. Collected Essays.* Berkeley 2006.

–: *The Holy Forest. Collected Poems.* Berkeley 2006.

Booth, Philipp: *Before Sleep.* New York 1980.

Clément, Cathérine: *Martin und Hannah.* Berlin 2000 (frz. 1999).

Domin, Hilde: *Rückkehr der Schiffe.* Frankfurt a. M. 1962.

–: *Das zweite Paradies. Roman in Segmenten.* München 1968.

Ettinger, Elzbieta: *Hannah Arendt, Martin Heidegger. Eine Geschichte.* München 1994 (engl. 1995).

Fodor, Kate: *Hannah and Martin.* New York 2004 (Uraufführung 2004 Chicago).

Gilbert, Robert: *Mich hat kein Esel im Galopp verloren. Gedichte aus Zeit und Unzeit, mit einem Nachwort von Hannah Arendt.* München 1972.

Greve, Ludwig: *Die Gedichte.* Hg. von Reinhard Tgahrt in Zusammenarbeit mit Waltraud Pfäfflin. Göttingen 2006.

Hahn, Barbara/Knott, Marie Luise: *Hannah Arendt –Von den Dichtern erwarten wir Wahrheit.* Berlin 2007.

Hecht, Anthony: *The Hard Hours.* New York 1970.

Hejinian, Lyn: *The Language of Inquiry.* Berkeley 2000.

Hochhuth, Rolf: *Soldaten. Nekrolog auf Genf. Tragödie.* Reinbek 1967.

Hollander, John: *Selected Poetry.* New York 1995.

Howard, Richard: *The Silent Treatment.* New York 2005.

Jarrell, Mary (Hg.): *Randall Jarrell's Letters. An Autobiographical and Literary Selection.* Boston 1985.

Jarrell, Randall: *Pictures from an Institution. A Comedy.* Chicago 1954.

Jelinek, Elfride: *Totenauberg. Ein Stück.* Reinbek 1991.

Johnson, Uwe: *Jahrestage.* Frankfurt a. M. 1970.

Kaplan, Leslie: *Fever.* Berlin 2006 (frz. 2005).

Kipphardt, Heinar: *Bruder Eichmann.* Reinbek 1983.

Liebrecht, Savyon: *Die Banalität der Liebe.* Frankfurt a. M. 2009.

Lowell, Robert: *Imitations.* New York 1961.

McCarthy, Mary: *Birds of America.* New York 1971.

Quartermain, Meredith: Intèrview. In: http://ottawapoetry.blogspot.com/2006/01/notes-on-geography-meredith. html (zuletzt gesehen am 18.5.2010).

Rault, Antoine: *Le démon de Hannah.* Paris 2009 (Uraufführung 2009 Paris).

Rich, Adrienne: *Dark Fields of the Republic. Poems 1991–1995.* New York/London 1995.

Shapiro, David A.: *A Burning Interior.* New York 2002.

Sewell, Elizabeth: *The Human Metaphor.* Notre Dame 1964.

–: *Signs and Cities.* Chapel Hill 1968.

Sloan, Jacob: *Generation of Journey.* Calcutta 1972.

Weiss, Theodore: *The Medium.* New York 1965.

–: *From Princeton One Autumn Afternoon. Collected Poems.* New York 1985.

Wild, Thomas: *Nach dem Geschichtsbruch. Deutsche Schriftsteller um Hannah Arendt.* Berlin 2009.

第4节 排斥性

如果人们想通过用接近阿伦特的观点来解释当代社会排斥过程和现象的排斥概念，似乎就无可避免地要走上一条以阿伦特反对阿伦特的道路（比较 Bnehabib 1998）。被本哈比问题化的社会和政治的对立，以及与此相关联的"现象学的本质主义"，太过于把自己锁闭在对"新的社会问题"的应用上；而耶吉（Jaeggi）认为，正是这些问题的出现，导致人们经过 20 世纪 90 年代初特别的发现阶段之后便对阿伦特不再太感兴趣（比较 Jaeggi 2008，2f.）。如果说，阿伦特自己把社会问题理解为社会技术性的和明确非政治性的问题，与福特主义现代思潮没有什么不同，那么这就证实了这种观点正是在今天社会所面临的问题。因此，阿伦特思想的现代化必须首先以一种对社会危机的诊断为起点（比较 Forster2007，239）。

排斥性与关于排斥的论辩

英美和法国早在 20 世纪 80 年代就开始讨论关于下层民众或由于排斥下层民众而导致的社会问题，而德语范围内的社会科学相对较晚才开始展开对这些问题的讨论（比较 Kronauer 2006；2002，27 - 73）。这些问题反射出的是自 1970 年以来经济和政治的巨大变动，与此结伴而来的是社会分裂和民众不安定感增强的社会趋势：去工业化进程、大批民众失业、福利国家保险系统以及在主要资本主义国家由社会法所保障的劳动关系的退化，以及与此相应的由日益衰败的"工资雇佣劳动"所导致的问题化经验的递增，一直延伸到社会的"中层"（比较 Castel 2001）。有许多评估认为，这就构成了社会排斥的新形式：不单纯是经济的因素，而是虽然与失业和穷困相关，但又不能简单归结为社会不相融合的、所谓"多余人"的特殊状态，才是双方社会关系相互排斥的标志（比较 Bude 1998；Kronauer 2002）。将德语范围内的争辩概括起来可以得出这样一个共同点："新近"出现的社会问题，不再单纯是，或至少不只是一种社会结构上的等级问题，而是一种社会的所属性和参与性的问题。以克罗瑙尔（Kronauer）的话来说：这是一种相互依存和参与的问题（比较 Kronauer 2002）。

围绕关于如何恰当表述这种变化了的问题状态的概念的讨论，主要是沿着拓扑学的思路展开的。其中"新"的横向性的不安全感现象与"老"的垂直性的不平等结构之间的关系，以及如"被排除出社会的人"（Bude）或"被解耦了社会关系的人"（Castel）的表述，都是很有争议的。比如克罗瑙尔就担忧，排斥以及"解除关联"（Castel 1996）的表达，可能会特指社会边缘的人，并会在同时强化一种关于同质性的稳定的社会中层的想象（比较 Kronauer 2002，123f.）。因而他强调这个概念表述的是状态和过程，因而也应当把那些推行社会排斥的机制性结构作为自己关注的焦点。除了客观物质或主体资源目标的优先考虑地位外，我们应当暂且放下那些有分歧的评价——不管是与排斥相应的社会结构的定位和政治地位的选择性分配（Kronauer 1998，125），还是从普遍假设性出发的排斥可能性（Bude 1998；2008），在对这个概念的争辩中寻找出一个可以确认的共同点，那就是：排斥已经成为当前文化和社会认定的准则和社会融合规范的经验。在对排斥的这种相对规定的基础上，就可能构成一种特有的观察视野的转移：这里涉及的不再是单纯的社会不平等和贫穷的问题，而是把社会排斥看作由客观认定或由主观感受的社会关联和参与的缺乏。也就是这里涉及的问题已经转换为，融合、易受伤度和持续解耦等各个区域之间是怎样断裂和过渡的问题，卡斯特在他专门为讨论这些问题而撰写的重要著作《社会问题的蜕变》中研究了这些问题，并提出了解决这些问题的方法（比较 Castel 2000）。令人注意的是，在讨论排斥问题中虽然有时提到，这不仅是一个社会问题，而且也是一个政治参与的问题（比较 Kronauer 2002；2006），但是却几乎没有对如何改善政治参与提出特有的条件和特性，所谓政治参与常常只是由投票参与决定的一种形式上的民主，并且也没有一种特指排斥的政治概念。

与阿伦特的联结点："多余的人"和政治事件

耶吉，特别是迈因茨（Meints），近来都在努力证明，正是阿伦特关于政治以及政治化和多余人的形成的构思，才使得我们有可能理解当代关于排斥过程理论中的一些重要观点。耶吉提议，对于在政治和社会之间很难确定的界限，不能简单地把这两者看成对立的领域，而应着重把它们理解为一个随问题的重点而变换的模式（Jaeggi 2007，244；比较 Jaeggi 2008，12，17）。反对阿伦特把对社会问题的批判，作为单一的公共领域的必要主题，这强化了她思想中的马克思主义部分，她认为马克思主义有助于将这类社会问题破译为一种政治问题。因此社会问题在原则上被政治化。

一种与阿伦特关于极权主义起源的历史分析有关的观点，甚至把她抬高为批判排斥的前卫理论家（Meints 2004，106），认为她的概念能够帮助人们去理解导致当代大众的易受伤度和社会排斥的机制和程序。这样就证明了阿伦特著作中的一个主要动机——人是怎么成为多余的人这样一个问题——是讨论排斥的一个重要出发点，并且也为扩展一种全球性的政治视野提供了可能性：迈因茨认为，与第一次世界大战结束后的无国籍民众相比，如今的非法移民虽然有权利享有参与和归属于一个政治团体的权利，却被阻止使用自己的权利。在关于资本主义中心的人的多余性这一观点的发展过程中，人们可以清晰地看到，这里涉及的不是法律意义上的无世界性，而是一种政治问题。排斥，可以在这里被理解成是对共同参与塑造"这个世界"可能性的一种阻止（比较 Jaeggi 2008，25），以及将"一种管理技术问题转换为一种政治秩序自身的问题"（同上，26）。

扩展讨论排斥的可能性和局限性

借助于阿伦特的理论，就能把排斥和多余性理解为主流社会包容原则——雇佣劳动和民族所属性——的必然后果。劳动和民族的所属性怎样才能进一步构成政治参与的可能性，这是一场扩展了的关于排斥的必要讨论，阿伦特为这场讨论提供了基本思想基础。把排斥理解为阻止可能的政治行动，这也就涉及那些在形式上已经融合进社会，但事实上却由于他们在社会内部分工的处境，而仅仅被递减为雇佣劳动者的公民；并且同样涉及那些被动地滞留在劳动市场的人，成为劳动市场或再生产领域中多余的以及经济上无用的人口部分。

当然也不能对阿伦特思想的局限性保持沉默：阿伦特固执地坚持，在自由领域的内部不允许谈论必要性，否则社会只能是不可商榷地建构成的外在世界。这就使得她把自己锁定在当前争辩的排斥问题中，为解开这些问题，人们不得不以阿伦特的思想来反对阿伦特关于排斥问题的固执观点。在劳动决定人生的社会关系中，必须依靠政治行动来加以改变，如本哈比所说，工作日的长度，劳动法则的规定，再生产的问题，等等，这都是著名的政治问题，这些都总是关系对共同生活和世界的塑造，已经超出了作为必要性的纯粹经济和生物意义的再生产的界限（比较 Benhabib 1998，

230f. ）。而如果不存在一种自身非政治性的问题，那么作为管理社会事务的整个社会管理技术必然就将被拒绝，即如果那些所谓的管理技术要把原本以政治行动加以解决的问题，改为以理性的管理方法来加以解决，那么对这种社会管理方法就不容许仅仅停留在批判的层面上（比较 Jaeggi 2008，32）。

莫里茨·里恩

参考文献

Benhabib, Seyla: *Hannah Arendt. Die melancholische Denkerin der Moderne*. Hamburg 1998.

Brunkhorst, Hauke: *Hannah Arendt*. München 1999.

Bude, Heinz: »Die Überflüssigen als transversale Kategorie«. In: Peter A. Berger/Michael Vester (Hg.): *Alte Un-gleichheiten – Neue Spaltungen*. Opladen 1998.

–: *Die Ausgeschlossenen. Das Ende vom Traum einer gerechten Gesellschaft*. München 2008.

Castel, Robert: »Nicht Exklusion, sondern Desaffiliation. Ein Gespräch mit Francois Ewald«. In: *Das Argument* 217 (1996), 775–780.

–: *Die Metamorphosen der sozialen Frage. Eine Chronik der Lohnarbeit*. Konstanz 2000.

–: »Der Zerfall der Lohnarbeitsgesellschaft«. In: Pierre Bourdieu (Hg.): *Lohn der Angst. Flexibilisierung und Kriminalisierung in der »neuen Arbeitsgesellschaft«*. Konstanz 2001, 14–20.

Forst, Rainer: »Republikanismus der Furcht und der Rettung. Zur Aktualität der politischen Theorie Hannah Arendts«. In: Heinrich-Böll-Stiftung (Hg.): *Hannah Arendt: Verborgene Tradition – unzeitgemäße Aktualität?* Berlin 2007, 229–239.

Imbusch, Peter: »›Überflüssige‹. Historische Deutungsmuster und potentielle Universalität eines Begriffs«. In: Heinz Bude/Andreas Willisch (Hg.): *Exklusion. Die Debatte über die »Überflüssigen«*. Frankfurt a. M. 2008, 195–212.

Jaeggi, Rahel: »Die im Dunkeln sieht man nicht: Hannah Arendts Theorie der Politisierung«. In: Heinrich-Böll Stiftung (Hg.): *Hannah Arendt: Verborgene Traditionunzeitgemäße Aktualität?* Berlin 2007, 241–250.

–: »Wie weiter mit Hannah Arendt?«. In: Hamburger Institut für Sozialforschung (Hg.): *»Wie weiter mit... ?«*. Hamburg 2008.

Kronauer, Martin: »›Exklusion‹ in der Armutsforschung und der Systemtheorie. Anmerkungen zu einer problematischen Beziehung«. In: *SOFI-Mitteilungen* 26 (1998), 117–126.

–: *Exklusion. Die Gefährdung des Sozialen im hoch entwickelten Kapitalismus*. Frankfurt a. M., New York 2002.

–: »›Exklusion‹ als Kategorie einer kritischen Gesellschaftsanalyse. Vorschläge für eine anstehende Debatte«. In: Bude, Heinz/Willisch, Andreas (Hg.): *Das Problem der Exklusion*. Hamburg 2006, 27–45.

Meints, Waltraud: »Wie Menschen überflüssig gemacht werden. Zu einem Leitmotiv in Arendts Hauptwerk«. In: Dies./Katherine Klinger (Hg.): *Politik und Verantwortung. Zur Aktualität von Hannah Arendt*. Hannover 2004, 105–119.

Meints-Stender, Waltraud: »Hannah Arendt und das Problem der Exklusion – eine Aktualisierung«. In: Heinrich-Böll-Stiftung (Hg.): *Hannah Arendt: Verborgene Tradition – unzeitgemäße Aktualität?* Berlin 2007, 251–258.

第5节 女权主义和妇女问题

对于妇女运动和女权主义，汉娜·阿伦特的态度虽不能说是拒绝，但是有所保留。她传记的作者伊丽莎白·扬－布吕尔写道，她"对妇女是否应当承担政治领导的角色等问题，持比较怀疑的态度，并且坚持反对在社会化层面上的妇女运动"（Young-Bruehl 1986，336）。事实上对她来说，"妇女问题"是一个不同于政治的自成一格的问题，比这个问题更严重的是，把这个问题政治化，将会危害政治以及政治领域的生存。她对妇女运动的这种态度，源于她把女权主义运动严格地理解为一种社会平等的问题，而不是政治公正的问题。另外，作者的结论是，阿伦特面对妇女的处境，有着一种自相矛盾的见解：基于对私生活和公共生活作必要分离的严格的理论策略背景，以及基于社会为妇女规定的、与"生活必要性"（VA 70）相关的活动和职能，阿伦特至少已经隐约地把妇女定位在私人生活之中。针对阿伦特逻辑现象的本质，哲学家萨拉·本哈比（1994，284）归纳说，意味着"人类活动的每种类型在这个世界上都有一个属于它的地点，并且这个地点是能够真实展开这类活动的唯一地点"（同上），阿伦特的这一信念，招致阿伦特将"性别和那些以生理为前提的劳动分工本体论化，而直到今天为止，正是这一劳动分工在历史进程中把妇女限制在单一的家务劳动和人的再生产领域之中"（同上，272）。

政治学家玛丽·迪茨（Mary Dietz）也在阿伦特的著作中找到了这种与性别相关联的重要背景（1990；1995）。尽管阿伦特在《积极生活》（见本书第2章第5节第5段）中把人类的活动分为劳动、生产和行动三大类，并没有直接与性别的分工联系起来，但是迪茨指出，阿伦特在《积极生活》一书中虽然很少提及私人生活和公共生活的两相分离，但在她对与性别间接相关的劳动和生产活动的描述中，她却把这些活动分别定位为私人生活或社会生活，这就证实了一种明显的、双向的、性别化的潜台词。

这就是阿伦特"忧伤的现代主义"（Benhabib 1998），她最终关于公共政治空间丧失的悲观分析，至少含蓄地使理解为妇女领域的"家庭内部以及与此相关的家务活动，家庭内部的照顾和家务组织形式走出黑暗的屋子，完全暴露在公共政治领域的光线下"（VA 38），并把（性别化的）社会作为似乎是公共性的私人生活而置放在私人生活和政治生活之间；这就不仅解释了，阿伦特为什么这么竭力为由她看来会危及公共和私人界限的社会生活的胜利作辩护，并且也因此特别能理解，为什么阿伦特几乎不可能把对她来说完全有着平等标志的女权主义努力——将私人生活政治化，看成不同于政治殖民化或毁坏政治的行动。

阿伦特在一定程度上将女权主义的斗争表述为为平等而作的斗争，因而最终也包括那些以她的眼光看来极大地影响了现代社会规范"实现平等"趋向的力量（VA 42），但她没有认识到，女权主义的主要困境，是平等和差异的关系，或许这也是民主自身的困境。因为民主虽然声明政治平等，但同时却在自身的范畴中表现出许多矛盾，所以它不得不以平等的名义把差异性作为自己主要的研究课题。而现代社会已经把差异性排除出政治领域，转移进私人领域。以另一种话来说，女权主义所努力的，是消除恰恰由现代社会排斥出政治领域、转移到私人生活领域的差异性，赋予这种努力以一种政治意义，并把它的基本困境解释为民主，因为民主"从没思考过差异性，或认为差异性是不可思议的"（Dining2007，12），除了以歧视形式或以强调自然不可缩减性出现的差异性。

从阿伦特的"妇女问题"演变为"女权主义中的阿伦特问题"

阿伦特对女权主义所持的怀疑，甚至几乎是拒绝的态度，以及女权主义对她的主要理论结构的明确批判，使人不会因此而吃惊，因为她的思想在女权主义的理论中几乎没有什么地位。事实上，阿伦特在她的一生中几乎从没对女权主义者感到过兴趣（Markus 1987）。直到 20 世纪 70 年代晚期——最初在美国，经过明显的时间推迟，后来也在德语范围内——女权主义者们才开始研讨阿伦特的著作。女权主义的讨论争辩主要集中在以女权主义思想看来有着重要意义、而从阿伦特的女权主义的角度来看私人领域和公共领域的关系中已经解决了的问题。正是这种把私人领域和公共领域各自分开的二分法思维，导致女权主义从最初的围绕政治的斗争一直到 20 世纪 70 年代的"私人性就是政治性"的口号，从一方面要求去私人性（比如§218）以及另一方面的司法化（比如对家暴的司法惩罚）出发，反复论证将妇女与自己的生活，人的再生产以及与身体相关的那些问题，一直把这些问题演绎成为在差异性和异质性的标识上改革公民权力的问题，这就促使女权主义的理论家们最终又回到阿伦特的思想中寻找对话。但实际上，女权主义的立场和与阿伦特对此的评价截然不同。一些理论家如阿德里安娜·李希（1979），玛丽·奥布莱恩（Mary O'Brien，1981），汉娜·皮特金（Hanna Pitkin，1981）或温迪·布朗（Wendy Brown，1988），在接受女权主义第一波思潮时，指责阿伦特"如同一个男人那样去思考"，将公共领域的世界赞誉为一个男性英雄创造伟大事迹的世界；另一些女权主义理论家如让·贝思科·埃尔斯坦因（Jean Bethke Elshtain，1986），萨拉·鲁迪克（Sara Ruddick，1989）或安德烈·巩特尔（Andrea Günter，2000；2001）基于阿伦特重点强调出生这一概念，而把她评价为一种女性中心主义的女权思想的先行者。

　　如果说在女权主义研究阿伦特思想的第一阶段，主要是解读那些阿伦特著作中的妇女问题，比如阿伦特在哪里和以哪种形式提到过妇女，哪些角色、哪些责任以及哪些价值会被她用来衡量妇女特有的质量、领域、活动或观点；那么在 20 世纪 80 年代的下半期以及尤其在 20 世纪 90 年代，人们主要关注的是，以"女权主义中的阿伦特问题"为名的一种观点。现在则更多的是要寻找出，阿伦特能够为女权主义思想提供哪些思想基础，以及怎样以阿伦特对女权主义的评价改变女权主义思想。阿伦特的权力概念对女权主义政治理论有着显著的意义。南希·哈特佐克（Nancy Hartsock，1985）论证说，阿伦特的著作与当代一些女权主义思潮有着一种明显的亲和性，因而能够启示和丰富女权主义思想。特别是阿伦特将权力改型为一种合作行动的模式，作为人在行动中实现人际关系的一种潜力。其他的女权主义者，特别是克里斯蒂娜·蒂尔迈尔－罗尔（Christina Thürmer-Rohr，1997；2001），加入了有关阿伦特的探险行列，以友谊的模式思考政治及其与这个世界的关系，特别是将对话这个范畴和多元性与世界作为参考的坐标。克里斯蒂娜·蒂尔迈尔－罗尔在这里转向反对表现在女权主义中的一种家庭性的（因而远离外面世界）、同类或相似的（如姐妹情谊）政治思想，认为这是 18 世纪资产阶级革命的一种遗产，即从人的自然平等的思想中引申出政治权利。

从女权主义理论的角度来说，只有当女权主义成功地把私人领域重构为政治领域，并且因而能够重新探讨私人领域与公共领域的区别的时候，女权主义才能富有成效地接纳阿伦特的思想（Benhabib 1994；Cohen 1994；Rössler 2001）；而为了达到这一目的，女权主义者首先必须放弃诸如女权主义需要在政治上排斥其他性别的、强大统一的"我们女性"的这种构想（Blätter 2001）。只有通过这种在女权主义思想中反思性的自我修正，才能在理论上为"以阿伦特反对阿伦特"创造前提（Benhabib 1994）。

以"阿伦特反对阿伦特"

在围绕批判的女权主义理论如何联结阿伦特思想这样的背景下涉及的探讨，可以被概述为两个主题：第一个主题是努力重新构思私人领域与公共领域的差异性；这里特别值得一提的是萨拉·本哈比所做的努力。另一个主题是在女权主义思想中因为性别政治的基本理论而从异质性、多元性以及不可确定的差异性引申出的问题，以及与此相连的在表演的模式中构思政治身份的努力；邦妮·霍尼希是这一构思的典范。这两个主题几乎有着各自截然不同的理由，但对这两者来说，阿伦特思想中的竞争主义理论都有着特别重要的意义。竞争主义这个术语最初是由萨拉·本哈比而引起了人们的关注（1991；1994；1995）。本哈比的批判是，这个术语导致阿伦特对公共领域的研究有了两种相互冲突的构思：一种是在本哈比看来女权主义与民主理论能够相互联结的构思，本哈比把由这种构思而建构的公共领域称为话语性、联合性或程序性的空间；另一种构思，在本哈比看来则比较有问题，因为这种构思过分看重反民主的英雄、具有排斥性和精英型的男性阳刚气概，以及表演型的、非对话式的行为方式，这种构思构成了一个竞争主义或戏剧性的空间。

正是这个本哈比极其质疑的并最终被她认为不适合民主的竞争主义概念，在后结构主义和重构主义尝试的综合情景下，也就是在那些明确被理解为反本质和后形而上学的理论项目中，成为以阿伦特重新作为反对阿伦特的政治思考的中心（Honig 1994；1995；Hark 1999；2001；Pulkkinen 2001）。在以阿伦特反对阿伦特的思考中，与竞争主义概念相连的、后来通过尤迪特·巴特勒（Judith Butler，1991）在女权主义理论中而著名的、源于语言行为（Austin 1972）的表演概念起了重要的作用。

萨拉·本哈比：重新构思私人领域和公共性领域

萨拉·本哈比特别主张在批判运用阿伦特表达的女权主义基础上，修正私人性领域和公共性领域之间的区别。她的这种构想深植在一种以话语伦理以及与哈贝马斯的话语伦理（1991；1992）有着强大亲和力的商榷民主为导向来回答女权主义问题的发展背景中。本哈比的出发点最初是对阿伦特固执的、第一眼看上去并不属于女权主义事务的、私人领域与公共领域相分离的批判。本哈比认为不管是限制活动的类型，即把家务劳动作为与生产劳动不同的劳动，还是关于公共对话中的实质内容，都没有意义。这两者都会导致一种对公共性领域的限制，这最终与阿伦特的联合模式并不兼容，因为阿伦特在自己的论据中也表明了，在团体中的集体行动，总是会带来新的公共议题的出现。

因此，本哈比强调在一种对话和程序模式的导向中反对阿伦特的关于私人领域与公共领域的区别。本哈比说明了话语空间的隐形性，也就是只要哪里有团体的行动，那么这个空间就会在那里存在。因此这里涉及的不一定是一个机制性或有形意义上的空间；通过语言和劝说协调表现的共同行动使在团体中的行动成为一种公共政治的事务。本哈比认为是什么行动并不重要，重要的是行动的方式方法，即话语是怎样进行的。这是因为"决定反思那些争议问题的，是一些被承认有行动权利并能参与争议可预见后果的人"（Benhabib 1994，285），而不是这些人在谈论什么。

为了使女权主义能够与阿伦特的思想相关联，本哈比不仅修正了阿伦特的模式，而且也运用阿伦特来反对女权主义思想。因为也可能"不是阿伦特的错误，而是女权主义自身的一种范畴上的错误"，所以它至少隐含这样一个出发点即所有私人领域都是政治性的。本哈比的论据是，将私人领域"政治化"的努力，很可能不是导向解放，而是导致在现代化的世界里"人的自由的最后一抹痕迹被消除"（同上，273）。本哈比在这里看到的是女权主义的一些倾向，即尽可能快地接受从官僚主义管理和法律的角度解决女权主义事务的方法，这便导致在对这些事务所做的公共性争辩中，官僚主义常常主宰着这些讨论的进程。本哈比最后的结论是，女权主义因此需要一种批判性公共领域和话语的模式，才有可能在实现争辩、反思、行动和改革道德政治的意义上，对司法化和公众化这两个不同的方面加以区分。

只是为了把阿伦特公共领域的概念用来作为程序性话语模式，本哈比必须放弃阿伦特思想中竞争主义的、事件化和表演型的层面。阿伦特严格地以希腊的政治经验规定竞争，并把城邦的领域看作自主和独立的、无目的（即没有强制的必要性）的领域。因此公共领域中的竞争主义变异，并不符合现代的政治经验，现代政治经验中的公共领域在原则上是开放型的。但是由于本哈比在阿伦特政治概念的竞争主义层面中只看到了希腊城邦的综合背景，便使她的思考中不仅没有了戏剧性的表演，而且斗争（竞争）性、有创意的（表演性）和事件性特点也随之消失；另外，本哈比也疏忽了正是事件性的层面构成了政治抵抗力这一现象。

伯尼·霍尼希：表演性的竞争政治

那些以运用阿伦特重构女权主义政治身份基础为目的的思想运动，现在联结上了阿伦特有着竞争性、表演性和事件性特点的模式。伯尼·霍尼希是这个方向中（即使不是最重要）的一个代表人物（见本书第5章第1节）。与本哈比不同，霍尼希认为阿伦特思想中的竞争概念，恰恰是一种非本质结构的、由异质性和多元性规定了的政治构思，它建立在阿伦特把行动理解为构成一些新事物的活动的基础上，因而这种政治构思是生产性的。竞争的比较性和垂直性逻辑，并不影响人们对阿伦特的解读。因为霍尼希认为，竞争并不仅仅是"自我表演的一种有着男性色彩、进攻性和虚荣性的实践"（Honig 1994，43），更是一种在与别人的批判反抗中塑造认同和个性的勇敢好战的实践。特别要分辨阿伦特思想推崇的那种竞争激情（sich，SH），这种可以被理解为"个性化，为一个独特的自我而奋斗"（Honig 1995，159，übersetzung SH），对霍尼希来说，正是阿伦特的这一思想对女权主义有极其重要的意义。霍尼希的论据是，阿伦特在非性别性、异质性和非连续性的政治共同体与以自我反抗规范建构的（私人领域中的）主体这两者之间，不仅看到了一种唯一的契机——把政治领域作为多元性的空间加以保护，同时阿伦特也提供了一种"行动的构思，即把行动作为事件，作为干扰事物正常程序中的竞争，作为反抗不可反抗的地点，作为对规范性规则的挑战"（Honig 1994，58）。霍尼希的结论是：如此一种表演性政治，并不表明我们是什么，而是竞争性地构成了我们是谁；这就是在行动中通过对话语的（必要）引用和转换，并不断构成新的情节性的身份，因而能够成为政治身份逻辑的必要框架。对霍尼希来说，竞争同时也为女权主义的两种基本要求的和谐，提供了一种反思性的实践：一方面可以让多元性和差异性发挥效用，而不必追溯本质的身份，或强制性的同质化；另一方面，为那些被确认为女权主义、建立在反对斗争上的集体性政治行动提供了理论基础。因而女权主义的竞争有两个方面：有利于个人追求非身份认同、差异性和防御同质化的合法性，以及有利于克服现有的性别范畴和关系的合法行动。

萨比娜·哈尔克

参考文献

Austin, John L.: *Zur Theorie der Sprechakte*. Stuttgart 1972 (engl. 1961).

Benhabib, Seyla: »Modelle des öffentlichen Raums: Hannah Arendt, die liberale Tradition und Jürgen Habermas«. In: *Soziale Welt* 42,2 (1991), 147–165.

– . »Feministische Theorie und Hannah Arendts Begriff des öffentlichen Raums«. In: Margrit Brückner /Birgit Meyer (Hg.): *Die sichtbare Frau. Die Aneignung gesellschaftlicher Räume*. Freiburg i. Br. 1994, 270–299.

–: *Selbst im Kontext. Kommunikative Ethik im Spannungsfeld von Feminismus, Kommunitarismus und Postmoderne*. Frankfurt a. M. 1995.

–: *Die melancholische Denkerin der Moderne*. Hamburg 1998.

Blättler, Sidonia: »Feministische Politik und Hannah Arendts Konzeption der Pluralität«. In: Kahlert/Lenz 2001, 77–105.

Brown, Wendy: *Mannhood and Politics*. Totowa, N.J. 1988.

Butler, Judith: *Das Unbehagen der Geschlechter*. Frankfurt a. M. 1991.

Cohen, Jean: »Das Öffentliche und das Private neu den ken«. In: Margrit Brückner/Birgit Meyer (Hg.): *Die sichtbare Frau. Die Aneignung gesellschaftlicher Räume*. Freiburg 1994, 300–326.

Dietz, Mary: »Hannah Arendt and Feminist Politics«. In: Mary Shanley/Carole Pateman (Hg.): *Feminist Interpretations and Political Theory*. London 1990, 232–253.

–: »Feminist Receptions of Hannah Arendt«. In: Bonnie Honig (Hg.): *Feminist Interpretations of Hannah Arendt*. University Park, PA 1995, 17–50.

Dini, Tristina: »Ist das Persönliche (bio-)politisch? Demo kratie, Biopolitik und Geschlechterdifferenz«. In: *Femi nistische Studien* 25, 1 (2007), 8–24.

Elshtain, Jean Bethke: *Meditations on Modern Political Thought: Masculine/Feminine Themes from Luther to Arendt*. New York 1986.

Günter, Andrea: *Die weibliche Seite der Politik. Ordnung der Seele, Gerechtigkeit der Welt*. Königstein, Ts. 2000.

–: »Die Welt zur Welt bringen. Das Symbolische, Politik und Gebürtigkeit bei Hannah Arendt, den DIOTIMA Philosophinnen und den Frauen des Mailänder Frauenbuchladens«. In: Kahlert/Lenz 2001, 167–200.

Habermas, Jürgen: *Erläuterungen zur Diskursethik*. Frankfurt a. M. 1991.

–: *Faktizität und Geltung*. Frankfurt a. M. 1992.

Hark, Sabine: *Deviante Subjekte. Die paradoxe Politik der Identität*. Opladen ²1999.

–: »Was wir zeigen, sind wir, nicht umgekehrt. Hannah Arendt und die Dekonstruktion von Identitätspolitik«. In: Kahlert/Lenz 2001, 77–105.

Hartsock, Nancy: *Money, Sex, and Power. Towards a Feminist Historical Materialism*. Boston, MA 1985.

Honig, Bonnie: »Agonaler Feminismus: Hannah Arendt und die Identitätspolitik«. In: Institut für Sozialforschung (Hg.): *Geschlechterverhältnisse und Politik*. Frankfurt a. M. 1994, 43–71.

–: »Toward an Agonistic Feminism: Hannah Arendt and the Politics of Identity«. In: Dies. (Hg.): *Feminist Interpretations of Hannah Arendt*. University Park, PA 1995, 135–166.

Kahlert, Heike/Lenz, Claudia (Hg.): *Die Neubestimmung des Politischen. Denkbewegungen im Dialog mit Hannah Arendt*. Königstein, Ts. 2001.

Markus, Maria: »The ›Anti-Feminism‹ of Hannah Arendt«. In: *Thesis Eleven* 17 (1987), 76.

O'Brien, Mary: *The Politics of Reproduction*. Boston 1981. Pitkin, Hanna: »Justice. On Relating Private and Public«. In: *Political Theory* 9/3 (1981), 327–352.

Pulkkinen, Tuija: »Hannah Arendt zur Identität: Zwischen Moderne und Postmoderne«. In: Kahlert/Lenz 2001, 47–76.

Rich, Adrienne: *On Lies, Secrets and Silence: Selected Prose 1966–1978*. New York 1979.

Ruddick, Sara: *Maternal Thinking: Towards a Politics of Peace*. New York 1989.

Rössler, Beate: *Der Wert des Privaten*. Frankfurt a. M. 2001.

Thürmer-Rohr, Christina: »Die Anstößigkeit der Freiheit des Anfangens – Feministische Kritik – Feminismuskritik«. In: Daniel Ganzfried/Sebastian Hefti (Hg.): *Hannah Arendt – Nach dem Totalitarismus*. Hamburg 1997, 135–146.

–: »Anfreundung mit der Welt – Jenseits des Brüderlichkeitsprinzips«. In: Kahlert/Lenz 2001, 136–166.

Young-Bruehl, Elisabeth: *Hannah Arendt. Leben, Werk und Zeit*. Frankfurt a. M. 1986.

第 6 节　全球化

虽然对阿伦特来说，自由表现的是"政治的意义"（VZ 210），但她仍指出，政治的中心议题［……］总是对世界的关注，而不是对人的担忧（WP 24）。当然，世界性并不决定政治和方向；它是文化和技术生产的条件，而不是政治行动的条件。但政治行动的目的仍是在单纯地保存生命以及为保持生命所从事的劳动以外的一种共同世界的可能性。包括那些阿伦特的批判者，为有利于构成一种新的政治定义而想把劳动和行动而综合在一起，最终也只是对世界构想背景的一种质疑（Virno 1994）。事实上，现代政治的关键是，在担忧自由和担忧世界的问题上，恰恰出现了本来被排除在外的那种对生活的忧虑。在对米歇尔·福柯《生命政治》（2004）分析的基础上，乔治·阿甘本（Giorgio Agamben）和罗伯托·埃斯波西托（Roberto Esposito）都批判地指出了阿伦特是如何确定生活条件与世界和多元化条件之间的界限；并试图了解，这样一种生命政治在怎样的程度上伴随着当前的全球化进程的（Agamben 1995；Esposito 2008）。人们可能会认为，鉴于当前"世界化"①的普遍主题，人们有理由承认这个世界是政治的世界，或是政治令人担忧的产物。但事实显然并非如此。以阿伦特的哲学就能轻易辨别面对世界而忽略世界这对全球化引发的矛盾。

鉴于此，人们不应当将"世界化"与人们通常所称的"全球化"混淆起来（Tassin 2003，215；Marchart 2005）。从阿伦特的角度看，正是这种纯粹词义上的差异，与将所有事情都简化为经济关系的全球化完全相反的、强调政治意义的世界关系（Monde）才得以被建构。"全球化"是特指一种经济过程，市场经济的自由主义原则通过这样一种伴随着资本、生产和销售分配规则和国家特权及融资机会大幅度递减的经济过程，而扩展到整个地球。这个过程带来的结果否认国家操纵经济的资格，以及由此而推导出的国家及其机构操纵经济的非法性。市场的全球化损害的不仅是政治组织和国家主权的传统模式，它同样将一种新的压迫和排斥的模式强加于社会，从而削弱了社会的公共权限和文化取向。在这个意义上，全球化是一种对政治真正的挑战。全球化在事实上证实了民族国家由帝国主义和殖民主义为最初征象的覆灭（EU，第8章和第9章），它符合阿伦特定义下的世界异化（VA 318f.）的现代基本趋向，基于这种趋向，人们今天会不禁而询问自己，眼前的自己究竟是更倾向于一种全球化的宇宙主义呢，还是一种非世俗的全球化主义？

如果阿伦特想以组织起来的政治来回答这样一种经济全球化的问题，她可作两种替代选择：或是以类似于经济实现全球化的方法，追随一种政治的世界主义；或是寻找出一条能够阻止市场不可控制地全球化的道路，在民族国家的层面上保存政治的行动能力。如果资本主义重建国有化的能量现在已不再成为问题，应当如何考虑建立一种政治形式的世界主义？一方面统治结构的国际化——如同无能为力的联合国所显示的——否认政治机构的任何合法性，剥夺了作为民族国家支柱的民主程序的合法性。

---

① 世界化，（Mondialisierung），源于法语，与全球化（Globalisierung）有重叠之处，但又不尽相同。——译者注

但是另一方面，阿伦特也借助卡尔·雅斯贝尔斯的观点坚持，一个世界国家，一个"世界政府，它的权力将扩展到整个地球的每一个角落"，"一个拥有所有权力手段［……］的国家中心，就将是一种最可怕的暴政模式，它将有效地结束我们认识的所有类型的政治"。因为"政治和所有来自这个领域的概念，都以多元性、差异性和各种范畴的界限为前提"（MZ 99；见本书第 2 章第 5 节第 4 部分，第 4 章第 28 节）。即使是主张将法制国家的程序规则和机制机构扩展到全球范围的一种宇宙主义民主思想（Archibugi/Held 1995），也不能摆脱阿伦特政治多元性的论证。为此，阿伦特建议从一种看似矛盾的否定团结，即从一种以世界各民族人民都共同"向往一个并非完全统一的世界"的角度，去思考世界主义（MZ 101）。这种共同的对一个不统一世界的政治性期望，作为对影响日益增长的生命政治的回答而进入人们的视野和思考范围，用于理解阿伦特哲学对全球化问题的影响。

市场的广泛全球化，导致整个地球统一为一个单一的共同世界。一个世界，一个统一的世界，也可以说是一个单一的世界，但是如果人们认真看待多元性的事实和前提，这个世界在政治上还是一个世界吗？《积极生活》中人的活动被分为三种类型，因而可以把全球化描述为劳动侵害生产和行动的结果。全球化的过程，是生产通过与劳动相联结的经济活动，使自己成为一种社会和文化活动的过程；也是商贸通过资本化、产品、分配和需求，使自己成为一种活动的过程。勤俭持家表示的是对家的管理，出于这个原则，经济只能是民族国家性的，多国性的，只有当经济延续私人家庭管理中那种贪婪和以利润为导向的逻辑，并把这种逻辑拓展和延伸到整个地球，才最终具有全球性。在这个意义上，经济的全球化表现为世界的一种共同的驯化和私有化，这多少会导致对公共领域有一种体系性排斥，因为在公共领域的所有其他活动都成为以盈利或私人享受为目标的生产或消费活动。全球化使得整个世界都变成容易腐败的、在消费后只是留下一大堆垃圾物质的世界。在这个意义上，全球化就不可能是一种世界主义，因为全球化并不创造一个世界，只是保障了一堆垃圾的继续存在。即使对于充满活力和非世俗性的经济来说，这个世界也是一个生态环境，一个生活的世界，现在则由于劳动和生产过程中的破坏性消耗而面临危险。如此一种生活环境已不是阿伦特所说的生产和行动意义上的世界。只要这个世界仍是我们的家和居住地，经济对生态的破坏就是无法弥补的。毫无疑问，对世界的担忧不能依靠一种单纯的生态学——即使是一种如同政治经济学那样的政治生态学——得以解决；这个世界需要一种严格意义上真正的宇宙政治（Kosmo-Politik），一种不只是单纯保存生活环境生态体系的世界政治。

阿伦特在《积极生活》中分析和推荐了一种从三个角度观察世界的方法：作为与劳动的经济活动相连的生活环境或自然环境，作为与生产相连的创作品和象征性机制的聚集点，作为与政治行动相连的共同行动和自由见证人的团体（见本书第 2 章第 5 节第 5 部分）；也就是她把这个世界作为一个生态体系，作为家乡和作为一个行动者关系系统的世界。如果没有多样性的人的生存世界，如果没有象征着生活世界多样性的文化团体的多样性，如果没有行动者、民族和国家的多样性，那么就不存在这个世界，更不存在一个共同的世界（见本书第 4 章第 45 节）。阿伦特发现了一个显然的矛盾：一个人类的世界，也就是人类的一个共同世界，只有承认这个共同体有着不可侵犯的多元性，这个世界才有可能存在。多元性以及与它相关的人的活动和文化的分工，是一个共同世界的基础。但是经济的全球化不仅否认世界作为居所的可能性，否认世界在功能性和营利性之外的存在，只是把世界变换为一个极大的资源仓库；而且也按一种同质化的法则，反对把多元性作为人和国家政治生存的基础。

鉴于这众多的理由，可以断言全球化的经济思想，并不能创建一种世界主义，而是一个反对这个世界设立在社会、文化和政治层面进程的追随者。事实上的"政治"正与此相反，会构成社会和文化世界的一种相互结盟，将社会和团体绝大多数的冲突关系整合在一个共同的世界之中。这就是一种"宇宙政治"（Tassin 2003）：这里关系的不是一个世界性的政府，世界政府只是一种经济管理地球的广义表述，这里关系的是保存一种在共同体中心起着创建这个世界效用的地方政治。对每个国家、每个共同体、每个团体和每个在共同体中行动着的人来说，这种地方政治的职能是为了让行动者与其他人一起创建一种关系体系和一个公共领域，以便人能够在其中解决所有与自己有关的必要的经济事务和特有的所属关系。这一政治的每个行动和机制，都通过对自己最陌生的事物感兴趣而去创造一个世界。按阿伦特的看法，政治能够以这种方式远离一个世界的国家或远离一个世界的政府，在事实上把自己的职能定义为在各陌生人之间建立一种相互关系，这就是说，这种政治将以迄今为止不同的方式对待那些被国家排除在权利之外、他们享有权利的权利被剥夺而成为无权利的陌生人。陌生人在自然本质上有着非常显而易见的差异性，但他们却同时也意味着要求平等和多元性，因而这些被抛出所有人类社会的陌生人，就很容易为自己招来所有的政治仇恨（EU 623f.）。

全球化进程使世界陷入一种全球化文明之中，世界以否认陌生人有支配与他的独立性极端重要的经济资源的权利，以及否定他在公共性机构有被承认为人和公民的权利而造就了野蛮人，并把这些由它自己制造出野蛮人的画面内化为陌生人的陌生化。"这就似乎是，一个全球性的、不断在编织着文明的世界，从自身出发制造了野蛮人；它在一种内部分化的过程中，把千百万人推到生活的边缘，使他们不得不如同那些原始民族或在文明之外生活的野蛮人那样生活。"（EU 625）

但是在这里和现在，在那些从共同的政治行动中出现了一个共同世界的地方，即使行动者只是在一个短暂的片刻，比担忧自己的盈利或经济合理化更多地关注一些其他的事务，那也就在一定程度上抑制了全球化。人对这个世界、对构建人与人之间平等的政治兴趣，定然胜过自己对于以生存的名义毁坏这个世界的经济利益。

艾提娜·塔辛

由康斯坦斯·布洛克曼从法语翻译成德语

参考文献

Agamben, Giorgio: *Homo sacer I. Il potere sovrano e la nuda vita.* Torino 1995 (dt. *Homo Sacer. Die so uveräne Macht und das nackte Leben.* Frankfurt a. M. 2002).

Archibugi, Daniele/Held, David (Hg.): *Cosmopolitan Democracy. An Agenda for a New World Order.* Cambridge 1995.

Esposito, Roberto: *Bios: Biopolitics and Philosophy.* Minneapolis 2008.

Foucault, Michel: *Naissance de la biopolitique.* Paris 2004 (dt. *Die Geburt der Biopolitik, Geschichte der Gouvernementalität 2.* Frankfurt a. M. 2004).

Marchart, Oliver: *Neu beginnen. Hannah Arendt, die Revolution und die Globalisierung.* Berlin 2005.

Tassin, Étienne: *Un monde commun. Pour une cosmo-politique des conflits.* Paris 2003.

Virno, Paolo: *Mondanità. L'idea di »mondo« tra esperienzasensibile e sfera pubblica.* Roma 1994.

第7节 以色列－巴勒斯坦冲突

导 言

在德语国家范围内，汉娜·阿伦特主要以世界公民和同化了的德国犹太人而著名和受到赞扬，她的犹太人身份对她这个世界公民来说，并没有什么特别的意义，格斯霍姆·肖勒姆（Gershom Scholem）曾公开指责她，"对犹太民族没有心的激情和爱"（IWV 30；BwSch 429－430）。正是她于1963年出版的《艾希曼在耶路撒冷》（见本书第2章第6节第1部分）强化了许多人对她的这一看法。阿伦特关于以色列和巴勒斯坦冲突问题的 些看法和评论，也加深了人们对她的这一看法：阿伦特是一个思考普遍性的世界公民，在她的心里并没有为犹太人留下一个特殊的空隙。

但是在另一方面，阿伦特又是一个擅长于政治思考的犹太人，她既不想求助于同化理论也不想转向犹太复国主义，而是相信在这两者之间能够从散居在世界各地的犹太人中寻找出犹太政治的第三条道路。犹太民族应当将自己的命运掌控在自己的手里。这就是阿伦特关于犹太政治的主要和全部的立场（参见她《犹太著作》"Jewish Writings"中的文章）。她在第一层面上首先是个文化复国主义者，她的绝大多数文章都是围绕着犹太政治和为正确阐释犹太复国主义的原则而撰写的。对于以色列与巴勒斯坦的冲突，她并没有作过多的评论。她大多数谈及以－巴冲突的小品文章，都写于以色列建国之前，因此也就被以色列称为"1948独立战争"之前。巴勒斯坦作为一个国家，既不存在于1948年之前，也不存在于1948年之后，只是在1919年与1948年期间这个由英国代管地区被称为"巴勒斯坦"。阿伦特关于以－巴冲突和关于犹太复国主义计划的文章，都撰写于20世纪30年代和20世纪40年代，都在犹太复国主义实现复国以色列之前（见本书第2章第3节）。阿伦特的犹太复国主义是一种替代选择，它并没有得以实施，但直至今天仍在激发国际社会环境中一些批判以色列的人士以灵感。下面将围绕着这些问题逐一展开。

阿伦特在国家之外定义犹太复国主义的智慧努力，首先是对民族主义和领土意义上的犹太复国主义——即主张犹太人只有在未来的以色列才有可能生活——的另一种犹太主义的回答。阿伦特追随的是一种非国家性的替代选择，她认为国家主权并不一定与自由相联结，这也是她政治思考的一个部分（见本书第 4 章第 35 节）。只要可行，那么她总是在她较少的关于这些问题的文章中提议一种联邦式解决方案，这种方案在 21 世纪初以一种双民族的模式重又成为人们的话题。但是这种非领土性的犹太复国主义的追随者，大都以另一些知识分子为精神领袖；为这一思想争取阿伦特的努力，相对来说只是刚刚开始，2007 年出版的主要收集了阿伦特 20 世纪 40 年代英语文章的《犹太著作》，恰巧为这一思想赢得了可借的东风。还有一些文章收集在 1989 年出版的德语版《犹太复国主义的危机》文集之中。在为数不多的一些直接涉及以－巴冲突的文章有：《犹太复国主义的危机》，《犹太复国主义的再思考》，《为了拯救犹太人的家园》，《和平或在近东停战》，《马格尼斯，犹太人的良心》；以及 1943 年 12 月 17 日和 31 日她分两次以德语发表在《建设》杂志上的文章《犹太人与阿拉伯人的问题是否能得以解决？》。理查德·伯恩斯坦（Richard Bernstein）将阿伦特关于犹太复国主义的文章编撰成集出版（1996），特别是第五章《犹太复国主义：犹太人的家园或犹太国》，（同上，101－122），以及耶罗梅·科恩为《犹太著作》一书撰写的导言。伯恩斯坦把阿伦特解读为预言未来冲突的先知，并以阿伦特所做的只是一种预言、一种没有实施的政治行动作为这一章的结尾。

对这些文章的反应，大都来自以色列和美国。德语范围内对阿伦特关于以色列－巴勒斯坦冲突思考的话语讨论相对比较保守。但即使这些较少的对阿伦特关于这一冲突的文字所作出的反应，也主要是针对冲突，而不主要针对阿伦特本人。人们之所以对上面提及的那些阿伦特的文章感兴趣，主要是为了使自己的政治立场获得一种理论和渊源性的旁证。在这些针对冲突的文章中，阿伦特担忧会在以色列出现一种进一步的军事化，并且犹太民族主权国家的政治常态难以为世人所接受。她太植根于隐秘的犹太文化的传统之中，既不相信上帝也不相信自己的力量。她很想把犹太人继续理解为自觉的贱民或有意识的局外人；尽管按她的见解，正是这种局外人状态，造成犹太人的无世界性。

但恰是这种局外人的角度，在阿伦特的评论中总是一再被加以强调。这些评论的英雄不是有权势的政治家，而是如伯纳德·拉扎尔、海因里希·海涅或弗兰茨·卡夫卡。在这些人中，阿伦特以及她的追随者找到了犹太人后同化主义的经验，这些来自逃亡和无国籍的经验在归属性和局外性之间阐明了一种新的政治。与此明显相符的是朱迪思·巴特勒对阿伦特的《犹太著作》所作出的反应："我只属于他们。"（Butler 2007）另一个例子是达格玛·巴尔诺（Dagmar Barnouw）的《以色列安全》一书（2007），运用了阿伦特假设的论点，以理智论证自己反以色列的立场。这本书收入了阿伦特在20世纪40年代撰写的以一个记者的角度关于犹太复国主义和中东冲突的思考，并将阿伦特的这些思考作为具有普遍科学性和永恒意义的声明。这些作者们借助20世纪40年代的聚焦点来分析近年来的状况，认为国际主义和联邦主义对在巴勒斯坦的犹太人而言并不是一种真正的选择。但敌人在事实上只是由想象而构筑出来的？阿伦特许多关于冲突和评论文章之间的时间和内容上的差异性，造成了研究阿伦特和巴－以冲突的评论文章大都倾向于政治性和争辩性。事实上，阿伦特的评估常常比她的追随者们更清醒些。

汉娜·阿伦特在耶路撒冷

1997年在耶路撒冷召开的一次大会上，与会者系统讨论了阿伦特关于以色列与巴勒斯坦冲突的思想，2001年学者们收集和出版了那次大会的发言专集。但是不仅如此，那次大会也第一次系统地从科学角度研究和辩论了阿伦特的著作在以色列的反响。另一次这样的大会则是于2003年在特拉维夫（Tel-Aviv）大学举行的，只是所有发表的大会文集直到如今仍只有希伯来语版本。在《汉娜·阿伦特在耶路撒冷》一书中，读者首先注意到的是由拉兹－克拉科茨金（Raz-Krakotzkin）和摩西·齐默尔曼（Moshe Zimmermann）撰写的两篇文章，比较接近阿伦特关于以色列－巴勒斯坦冲突的思想。拉兹－克拉科茨金解读阿伦特在20世纪40年代关于争取国家主权的犹太复国主义政治的文章是为了尝试将阿伦特20世纪40年代双重民族的联邦思想运用到当今的政治中去。与此相应，他首先寻找的是一种能够智慧地替代犹太复国主义国家主权政治的选择；因为犹太复国主义的这一主权政治，必然导致犹太民族与阿拉伯民族的冲突（Raz-Krakotzkin 2001）。他把阿伦特看作一个政治思考型的犹太复国主义者，作为以色列内部持不同政见者中的一个。对他来说，阿伦特属于布里特·沙洛姆

（Brit Schalom）这一反对派，这是由尤达·马格尼斯、恩斯特·西蒙（Ernst Simon）、汉斯·科恩、阿图尔·鲁平（Arthur Ruppin）、马丁·布伯（Martin Buber）参与的一个小的知识分子团体，他们在 20 世纪 20 年代和 20 世纪 30 年代就已经要求建立一个双民族的国家；拉兹－克拉科茨金认为，阿伦特无疑是属于这个团体的。对拉兹－克拉科茨金来说，这里涉及的是犹太复国主义的政治化（他在这一点上看到了自己与阿伦特对犹太复国主义理解的相似之处），也就是犹太政治的去神学化，从而使联邦制或双民族主义能够成为解决中东冲突唯一可能的替代选择。对拉兹－克拉科茨金以及对阿伦特来说，这里涉及的是国家与民族的分离。与此相应，受阿伦特影响的历史学家托尼·朱特（Tony Judt）于 2003 年 9 月在极有影响的《纽约书评》的杂志上发表了题为《以色列面临的另类选择》的文章（Judt 2003）。

在以上提及的文集中，摩西·齐默尔曼的文章较少涉及阿伦特关于巴－以冲突的看法，更多的是与阿伦特作为一个早期的"后犹太复国主义者"（Post-Zionistin），也就是与一个非常怀疑国家创建神话的思想家，进行了争辩（Zimmermann 2001）。

伊迪特·策尔塔尔的"民族和死亡"理论：以色列公共领域关于大屠杀的讨论

这本在 2003 年以德语出版的书，只是间接地提到了巴勒斯坦－以色列的冲突。策尔塔尔真实的动机是为了证明，以色列国是怎样利用大屠杀为自己的政治目的服务的。在书的主要一章《在爱世界和爱犹太人之间》中，策尔塔尔分析了阿伦特所撰写的《艾希曼在耶路撒冷》，获得了与这篇文章几乎完全一致的认同。拉兹－克拉科茨金和齐默尔曼主要阅读阿伦特 20 世纪 40 年代撰写的、与犹太复国主义直接争辩的文章，并且从阿伦特对冲突的分析中把阿伦特看成他们的一个同盟者；而策尔塔尔则更近了一步，策尔塔尔对犹太人内部关于如何解决以色列与巴勒斯坦冲突的争辩并不太感兴趣，她更关注的是：怎么能够借助阿伦特将犹太民族从自己的历史中解放出来。因此，她把自己的注意力主要集中在阿伦特撰写的关于艾希曼的文章上，而从阿伦特以前的文章中几乎无法作出如此的解释。策尔塔尔在这样的背景下，实际上再现了阿伦特在 1941 年与 1961 年之间的思想发展；在那段时间里，阿伦特在美国已经慢慢地跨出了犹太人的历史。拉兹－克拉科茨金和齐默尔曼两人都把自己的努力相应地放在对爱国主义的"正确"解释上，而对策尔塔尔来说，这则是一种爱国主义和普世主义之间的对立。这里强调的是阿伦特普世主义的态度——她从没爱过哪个民族或集体（IWV 30；BwSch, 439），以回答肖勒姆认为阿伦特的缺乏对犹太民族的爱这一指责。

策尔塔尔认为这类反驳是理解阿伦特的关键所在，并且从广义的角度来看，这也是普遍意义上的理解任何冲突的一种解读，只有以这种方式才能够从外部切入批判性地分析冲突。加布里尔·皮特尔贝格（Gabriel Piterberg）在他 2008 年发表的研究《犹太复国主义的回归：以色列的神话，政治和学术》中，运用了与策尔塔尔相似的论证，把犹太复国主义作为殖民主义的意识形态与实践加以批判。在该研究的第一章《定居主权与自觉贱民：西奥多·赫茨尔和伯纳德·拉扎尔》中，将阿伦特与伯纳德·拉扎尔一起作为一种反对犹太复国主义以侵略性的方式在巴勒斯坦建立定居点的替代方式。作者把阿伦特关于拉埃尔·瓦恩哈根的著作解读为是对男性建立定居点的犹太复国主义的一种替代选择。皮特尔贝格则把有自我意识的贱民瓦恩哈根和阿伦特作为能够给予犹太复国主义一个较好方向的一种理想的替代类型。米夏·布鲁姆里克（Micha Brumlik）关于犹太复国主义的研究《犹太复国主义批判》（2007），也以这个方向为自己的研究基础。他主张一种人性化的，即欧洲式的犹太复国主义，认为自己是一个源于德国谱系的文化犹太复国主义者，并把阿伦特也归入其中。他并不把阿伦特解读为躲进人类普遍性中的一个普世主义者，而是采纳了她对同化主义和犹太沙文主义的批判。布鲁姆里克把阿伦特理解为一个后同化主义的犹太复国主义者，与政治的民族主义毫无关系。阿伦特就此成为布鲁姆里克以欧洲化和去民族主义的方式解决冲突的一个部分。通过阿伦特这样的思想家，以色列便能够与欧洲整合在一起。

结束语

如果人们想在阿伦特那里寻找解决以色列与巴勒斯坦冲突的方案，那么人们很快就会碰撞到她的边界。有一些关于阿伦特对犹太人问题、对犹太政治以及她批判政治犹太复国主义（Bar-On 2002；Bernstein 1996；Betz Hull 2002）的科学论文。但阿伦特除了一些写于 20 世纪 40 年代的新闻性随笔，并没有写下许多关于冲突的文章。人们完全有理由认为，她对于中东的政治现实并不知道多少。她试图在那些不多的关于冲突的文章中，将她对政治犹太复国主义的思考和她对国家主权以及联邦制的政治立场运用到对冲突的思考中去。

因此，对阿伦特的这种评价必然主要是一种重构意义上的评价，目的是如何在阿伦特的思想中追溯她有关双民族、后犹太复国主义和普世主义的政治思考，以便更有力地强调自己的思想。出于这样的目的，阿伦特或是被作为在几十年前就已预见暴力冲突的一个智慧的预言者，或是被作为某个批判以色列现实政治环境中的一个知识分子先驱。阿伦特与布里特·沙洛姆较为接近的关系也被看作她与小型反对派政治团体的一种智识上的接近，尽管这个组织的成员实际上在20世纪30年代和20世纪40年代经常努力使自己的立场和观点适应当地的现实境况，阿伦特则从她身在美国的角度而不必强求自己去如此适应。从外部的角度评价一种思想，既有有利之处也有不利之处，这也影响了对阿伦特思想的解读和评价。真正隐藏着丰富思想资料的是在互联网的信息数据库里。在那里，人们能够比在学术领域找到更多的资料。

纳坦·施奈德尔

参考文献

Aschheim, Steven E. (Hg.): *Hannah Arendt in Jerusalem*. Berkeley 2001.

Barnouw, Dagmar: »Israels Sicherheit«. In: *Leviathan* 35 (2007), 212–229.

Bar-On, Bat Ami: *The Subject of Violence. Arendtian Exercises in Understanding*. Oxford 2002.

Benhabib, Seyla: *Hannah Arendt. Die melancholische Denkerin der Moderne*. Hamburg 1998.

Bernstein Richard: *Hannah Arendt and the Jewish Question*. Cambridge 1996.

Betz Hull, Margaret: *The Hidden Philosophy of Hannah Arendt*. New York 2002.

Brumlik, Micha: *Kritik des Zionismus*. Hamburg 2007.

Butler, Judith: »I merely belong to them«. In: *London Review of Books* 29, 9 (2007), 26–28.

Judt, Tony: »Israel: the Alternative«. In: *New York Review of Books* 50, 16 (23.10.2003), http://www.nybooks.com/ar ticles/16671 (23.11.2010).

Piterberg, Gabriel: *The Returns of Zionism: Myth, Politics and Scholarship in Israel*. London 2008.

Raz-Krakotzkin, Amnon: »Bi-Nationalism and Jewish Identity: Hannah Arendt and the question of Palestine«. In: Aschheim 2001, 165–180

Zertal, Idith: *Nation und Tod: Der Holocaust in der israelischen Öffentlichkeit*. Göttingen 2003.

Zimmermann, Moshe: »Hannah Arendt: The Early Post Zionist«. In: Aschheim 2001, 181–193.

第 8 节　犹太人问题

> 我是个犹太人，对我来说，否认自己是个犹太人，不仅有失尊严，而且也是荒谬的。（弗洛伊德 1971，51）

阿伦特的文章尽管并不意味着是对现代犹太人因循守旧的理解，但是她发表的一系列具有连贯性和强大影响力的关于犹太人问题的文章（Feldmann，in：JW xlii），是否会带动人们重新研究犹太人问题；或者这些文章是否有一种阐释的效用，帮助我们解开当代世界政治中犹太人的纠结之处？现在都还不能作出确切的回答。世界范围的犹太人纠结的问题，如极端伊斯兰教主义的反犹宣传、欧洲国家对犹太人一些零星但可怕的攻击、否定大屠杀与媒体关注大屠杀之间的那种不可想象的关系状态，都导致以色列与巴勒斯坦的冲突陷入了没有解决希望的死胡同。

从总体上来说，历史学家从阿伦特的思考中受到了一种通过自己的研究反驳阿伦特的鼓舞。但是他们中的一些人也认识到阿伦特有些观点的正确性，比如她预言对人屠杀所做的阐释，会在 20 世纪 60 年代发展成为　种功能主义的争辩（Mommsen 1999，225）。这段话与阿伦特关于从单一的反犹太人主义中并不能直接推导出种族灭绝的大屠杀的思考相一致，阿伦特的这一思考建立在反犹太人主义与反犹太教主义之间的不连贯性假设的基础上。这一假设的特殊性在于：鉴于强调将国家社会主义的反犹太人主义与 19 世纪的反犹太人主义（Volkov 1985）——一种与通过前现代反犹太教主义形式（Favret-Saada 2004）表现的种族主义反犹太人主义，甚至与有德国人仇恨特性的反犹太人主义（Goldhagen 1996）有亲戚关系的反犹太人主义——相关联的背景，这一假设在讨论这些问题的同时，也提出了它的质疑（Rensmann /Schulz Wessel 2003，99）。基于艾希曼审判而激起的关于犹太人管理委员会的争论，促使以赛亚·特伦克（Isaìah Trunk）撰写了一本关于犹太人管理委员会的著作以反驳阿伦特的观点；其中矛盾的是，一些观点从阿伦特那里得到了证实（Trunk 1996）。与此相反，Y. 耶鲁沙尔米（Y. Yerushalmi）则赞成阿伦特关于犹太人在进入现代社会时刻欠缺政治经验的论点（EU 20），只是拒绝把这一诊断还原到整个犹太人的历史中去（Yerushalmi 2002），因而与大卫·比亚勒（David Biale）关于犹太人政治史研究的结果相同（Biale 1986）。当然也有一些阿伦特的反对者证明自己比她的某些拥护者更可靠。那些阿伦特的拥护者对她所做的一些新的解释，使她陷入可疑的论战之中；这些拥护者的新解释把阿伦特定义为一个好的普世主义者，她为了让一个唯一的社团获得一种有利的处境，而执意反对通常对大屠杀事件的假定看法（Brossat 1996），似乎她关于人类自身也因为大屠杀而遭受到灾难的信念，成为拒绝仅把犹太人表述为牺牲品（Badiou 2005）的理由。这里有两个特别值得注意的例外。第一个例外是米歇尔·马鲁斯（Michael Marrus）建立在阿伦特《19 世纪末犹太人在西欧同化的后果》（Marrus 1972，19）里的分析上所撰写的关于德雷福斯事件的著作；当然其他的一些研究已经反驳了他对犹太知名人士的行为（Birnbaum 1994，515）、对德雷福斯的个性以及对德雷福斯亲戚（Duclert 2006）所做的策略性评价。第二个例子是格尔斯霍恩·维勒（Gershon Weiler）哲学性多于历史性的观点，他以阿伦特对社会和政治的区分为起点研究了迈蒙尼德（Maimonides）和阿布拉瓦内尔（Abravanel）"对人类生存的政治目的性的拒绝"（Weiler 1971，69）。

对阿伦特的研究也激励了许多人对 18 世纪末德国文学史的研究。这些研究主要在现代的意义上关注犹太人的具体问题，认为最初这些问题在德国是通过启蒙显现出来的，也就是通过非 - 犹太人的世界（JW 3）而显现，犹太人即使如拉埃尔·瓦恩哈根的生活都在勾画因此而造成的绝境。阿伦特对这些问题的反思激发了一种探讨女性和犹太教相互交叉的问题（Hahn 2002，1990，1987；Hertz 1995；Weissberg 1997），或是帮助了学者对作者的历史和精神的综合背景加以研究，比如学界对萨洛蒙·迈蒙（Salomon Maimon）的理论归类（Batscha 1984；Wiedemann 1986）。总体来说，阿伦特"虽然并不是一个德国犹太人经验的敏锐的分析师，但她自己就是这种经验的集中表达"（Aschheim 1999a，2）。因此，绝大多数这类将阿伦特与其他具有相同的德国犹太人背景的人进行比较的工作（比如 Renzmann /Schulze 2003；Aschheim 1999b；Birnbaum 2004 等），都把她作为犹太人与一种来自同化知识之间特权关系的模范人格的代表（Milner 2006），或是发现了在她谈及她的母语中德国犹太人对德国的爱恨交织的矛盾心态（Derrida 1996）。

我们可以说，暂且放下关于阿伦特可能产生的影响这个问题，在阿伦特的主观态度中还是有许多对犹太教的认可，这就"意味着，她在为作为一个犹太人，但又没有死板的宗教信仰而斗争"（Butler 2007），她在 1963 年写给 G. 肖勒姆的一封信中，强调了自己的这一立场："我是一个犹太人，这对我来说，是我的生活中一种不容置疑的既定事实。"（IWV 32）但是阿伦特对这种所属性以及她作为一个女性的感受，更多的是生理和心理上的，而不是名义上的；这就对当代反思所属性中结构性或表演性的特性提出了问题（Butler 2007）。但是人们必须把阿伦特的这一立场归入她拒绝同化主义的框架中去，同时与此相关联的是，她对任何一种民族主义，特别是对犹太民族主义的拒绝（Butler 2007）。典型的是今天在以色列赞同阿伦特批判犹太复国主义的那些人，他们在阿伦特的批判中也同时找到了她反对以色列民族主义中的同化主义（Zertal 2003）；或是探寻犹太人的散居史，在具有自我意识的贱民中寻找一种隐形的传统，以此来援助今天他们自己的政治斗争（Raz-Krakotzkin 1999）。由于阿伦特关于犹太人问题的文章和著作不管内容如何，她的主观性纠结都很明显，因此有一家心理分析杂志把阿伦特的文章《重新回到犹太人问题》看作她在当代具有领先意义的评论。其他一些受心理分析启发的研究，也承认阿伦特对他们的研究具有一种重要的意义（Rose 2007），尽管这样一种评价肯定会让阿伦特感到吃惊。

玛蒂娜·莱博维奇

由拉尔夫·克劳斯从法语翻译成德语

参考文献

Aschheim, Steven E.: »Introduction to Hannah Arendt in Jerusalem«. In: Ders. (Hg.): *Hannah Arendt in Jerusalem*. Berkeley 1999a.

–: *Scholem, Arendt, Klemperer: Intimate Chronicles in Turbulent Times*. Bloomington 1999b.

Badiou, Alain: *Circonstances 3: Portées du mot ›juif‹*. Paris 2005.

Batscha, Zwi: »Vorwort«. In: *Salomon Maïmons Lebensgeschichte*. Von ihm selbst geschrieben und h erausgegeben von Karl Philipp Moritz. Frankfurt a. M. 1984.

Biale, David: *Power and Powerlesness in Jewish History*. New York 1986.

Birnbaum, Pierre: *Un mythe politique: La république juive. De Leon Blum à Pierre Mendes-France*. Paris 1988.

–: »La citoyenneté en péril: les juifs entre intégration et résistance«. In: Ders.: *La France de l'affaire Dreyfus*. Paris 1994.

–: *Géographie de l'espoir. L'exil, les Lumières, la désassimilation*. Paris 2004.

Brossat, Alain: *L'épreuve du désastre. Le XX°siècle et lescamps*. Paris 1996.

Butler, Judith, »I merely belong to them«. In: *London Review of Books*, 10.5.2007.

Duclert, Vincent: *Alfred Dreyfus. L'honneur d'un patriote*. Paris 2006.

Derrida, Jacques: *Le monolinguisme de l'autre*. Paris 1996.

Favret-Saada, Jeanne/Contreras, José: *Le christianisme et ses juifs (1800–2000)*. Paris 2004.

Feldman, Ron: »Introduction. The Jew as Pariah: The Case of Hannah Arendt (1906–1975)«. In: H annah Arendt: *The Jewish Writings*. New York 2007 (JW).

Freud, Sigmund: »Ansprache an die Mitglieder des Vereins B'nai B'rith (1926)«. In: Ders.: *Gesammelte Werke, Bd. 17: Schriften aus dem Nachlass 1892–1938*. Frankfurt a. M. 1971.

Goldhagen, Daniel Jonah: *Hitler's Willing Executioners: Ordinary Germans and the Holocaust*. New York 1996.

Gribinski, Michel: »Argument« und »Glossaire des retours sur la question juive«. In: *Penser/rêver*: Retours sur la question juive (Frühling 2005).

Hahn, Barbara (Hg.): »*Im Schlaf bin ich wacher*«. *Die Träume der Rahel Levin Varnhagen*. F rankfurt a. M. 1990.

–: *Die Jüdin Pallas Athene. Auch eine Theorie der Moderne*. Berlin 2002.

–/Isserstein, Ursula (Hg.): *Rahel Levin Varnhagen. Die Wiederentdeckung einer Schriftstellerin*. Göttingen 1987.

Hertz, Deborah: *Die jüdischen Salons im alten Berlin 1780–1806*. München 1995.

Marrus, Michaël: *Les juifs de France à l'époque de l'affaire Dreyfus. L'assimilation à l'épreuve*. Paris 1972.

Milner, Jean-Claude: *Le juif de savoir*. Paris 2006.

Mommsen, Hans: »Interpretation of the Holocaust as a Challenge to Human Condition«. In: Steven Aschheim (Hg.): *Hannah Arendt in Jerusalem*. Berkeley 1999.

Raz-Krakotzkin, Amnon: »Binationalism and Jewish Identity. Hannah Arendt and the Question of P alestine«. In: Steven Aschheim (Hg.): *Hannah Arendt in Jerusalem*. Berkeley 1999.

Rensmann, Lars/Schulze Wessel, Julia: »Radikalisierung oder ›Verschwinden‹ der Judenfeindschaft? Arendts und Adornos Theorien zum modernen Antisemitismus«. In: *Arendt und Adorno*. Hg. von Dirk Auer, Lars Rensmann und Julia Schulze Wessel Frankfurt a. M. 2003.

Rose, Jacqueline: *The Question of Zion*. Princeton 2005.

–: »Amour de soi/amour du peuple: Malaise dans le sionisme«. In: *Hannah Arendt. Crises de l'Etat-nation*. Hg. von Anne Kupiec, Martine Leibovici, Géraldine Muhlmann, Étienne Tassin. Paris 2007.

Trunk, Isaïah: *Judenrat: the Jewish Councils in Eastern Europe under Nazi Occupation*. Nebraska 1996.

Volkov, Shulamit: »Le texte et la parole: de l'antisémitisme d'avant 1914 à l'antisémitisme nazi«. In: *L' Allemagne nazie et le génocide juif*. Colloque de l'Ecole des Hautes Études en sciences sociales. Paris 1985.

Weiler, Gershon: *La tentation théocratique. Israël, la Loi et le politique*. Paris 1971.

Weisberg, Liliane: »Hannah Arendt, Rahel Varnhagen and the Writing of (Auto)biography« (Intr oduction). In: Hannah Arendt: *Rahel Varnhagen. The Life of a Jewess*. Hg. von Liliane Weisberg. First complete edition. New York 1997.

Wiedemann, Conrad: »Zwei jüdische Autobiographen im Deutschland des 18. Jahrhunderts. Glückel von Hammeln und Salomon Maïmon«. In: Stephane Moses (Hg.): *Juden in der deutschen Literatur*. Frankfurt a. M. 1986.

Yerusnalmi, Yoser Haïm: *Sefaraica. Essai sur l'histoire des juifs, des marranes et des nouveaux chretiens d'origine his pano-portugaise*. Paris 1998.

–: »»Serviteurs des rois et non serviteurs des serviteurs‹. Sur quelques aspects de l'histoire politique juive«. In: *Raisons Politiques* 7 (2002).

Zertal, Idith: *Nation und Tod. Der Holocaust in der israelischen Öffentlichkeit*. Göttingen 2003.

第 9 节　人权

阿伦特关于人权的思想，特别是她常被引用的名句"有权利享有权利"（EU
462；见本书第 4 章第 22 节），经过广泛地争论而被人们接受。事实上阿伦特"有权
利享有权利"之说，无可争议的是她的政治理论中最著名和最经常被人们评论的观
点。当代几乎所有具有影响力的政治理论都对阿伦特关于现代人权构思的批判以及她
对现代人权的要求作出了反映，都认为人权必须重新以人享有权利为人的基本权利。

些思想家如尤尔根·哈贝马斯、克劳德·莱福特（Claude Lefort）、乔治·阿甘本、
萨拉·本哈比和米夏埃尔·伊格纳季耶夫（Michael Ignatieff）都从不同的角度大量地
运用了阿伦特的观点以及她对基本权利的理解。

萨拉·本哈比

许多思想家在提及阿伦特的"有权利享有权利"时，也都同时批判道，她没有
对她所提倡的权利作理论上的论证。萨拉·本哈比就是其中的一位。她在她的著作
《忧郁的现代女思想家》（英语：*The Reluctant Modernism of Hannah Arendt*；德语
Hannah Arendt Die melancholische Denkerin der Moderne；1998）中，转向批判阿伦特，
以致发行人在前言中这么写道："不管是对普遍人权的信念，还是对危害人类罪这一
范畴，阿伦特都没有提供哲学论证。"（Benhabib 1996，Series editor`s introduction，
xxxiii）同时，从萨拉·本哈比的角度来看，阿伦特为人的权利所做的辩护——主张
人有成为（一个国家）政治成员的普遍权利，是自康德以来的第一次尝试。阿伦特
认为，这一权利主要是针对当代无国籍人士的问题而提出的，是我们时代的一个最大
政治挑战。本哈比赞同阿伦特的这一看法以及阿伦特对民族国家构思中一种根本性矛
盾的分析，即阿伦特认为，以普遍人权宣言原则为思想基础建立的民族国家在事实上
却把人的权利简单地局限为民族国家内的国家公民的权利。这就使得人的权利在真实
中只是一种民族的权利。这种结果是危害无穷的，这使民族国家从一种法的机制演变
为民族的一个不受法律制约的机构。本哈比特别在她撰写的《别人的权利》一书中
表达了她自己的政治构思，主要试图对阿伦特的"有权利享有权利"从世界主义政

治的基本角度加以完善。与此同时，她也将阿伦特所特有的一种积极公民的范畴转换为政治共同体成员的原则。本哈比借助于在阿伦特的"有权利享有权利"中对权利这一概念所表述的两层意义，发展了人的权利的世界主义基础。本哈比认为，首先权利这个术语唤起了一种道德上的绝对命令："将那些隶属于一个团体并有权要求得到这个团体保护的人，作为人来对待。"（Benhabib 2008，63）其次，"有权利享有权利"造就了一种保护公民权利的民事法的必要应用，"它在那个有权利要求的人之间构成了一种三维度的关系，那个承担着法律义务的个人，那个通常由国家建立的司法机构，以及保障实施法律的国家机关"（同上）。

克劳德·莱福特

克劳德·莱福特是一个以法国大革命传统进行思考的思想家，他也有着与萨拉·本哈比相似的论证。按他的见解，阿伦特强调的人权，是从人的自然性中构思和推导出来的，以及她关于权利不外乎公民权利的论据，导致她自己都不可能为人权设立一种哲学基础。这就要求人在人的相似性基础上相互承认个人各自的权利，并承认人权在超出城门（或国门）的地方和地区也同样有它的效用。莱福特认为，由于缺少这样一种基础，就很难在阿伦特的思想中发现这样的论证："我们如何能够证明，在我们对极权主义的谴责中，已经排斥了其中不成熟和几乎是偶然性的理论，即排斥如果极权主义胜利进军将会对我们社会构成威胁这一假设，作为我们谴责极权主义的理由。"（Lefort 1984，54）莱福特为"有权利享有权利"发展了尝试以自发的民主原则提供分析的一种基础。他与阿伦特一样赞同在人权宣言中提及这一原则，但不赞成阿伦特所强调的，权利原则是一种可以争辩的原则，在这种原则争辩中的权利问题总是依赖于一种关于如何确认权利的基础和它的合法性，以及如何完善这个基础和它的合法性的辩论（同上，18）的观点。或者更确切地说，人权宣言自身激起了对民主的争辩，并因此在权力、权利和知识之间保持开放了一个无法限制的空间。

约翰·罗尔斯和米夏埃尔·伊格纳季耶夫

当有人指责阿伦特没有为人权提出一种理论形式的时候，一些自由主义的政治思想家，如米夏埃尔·伊格纳季耶夫则解释说，这些人要求的理由陈述是毫无用处的，人权是一种普及启蒙理想的结果，因此在我们这个后形而上学和多元文化的时代不可能再从理论上解释人权的必要性。伊格纳季耶夫虽然赞同阿伦特"有权利享有权利"的概念（Ignatieff 2002，99），但他解释说，他并不因此而认为除了神学外阿伦特关于人权的每个其他的概念，没有任何一种其他的普遍性理由。因此，他明确地表明，阿伦特这一基本权利的基础是历史。

另一个自由主义传统的思想家约翰·罗尔斯，在他对阿伦特的"有权利享有权利"的举证中指出，人的这种权利不仅不需要任何一种理由，并且也许正是通过寻找理由的努力使得一种善的概念重新进入政治领域，而善的概念还是在政治之外更好些。他的论证与伊格纳季耶夫相同，都赞同阿伦特在以历史为由的自由主义传统中，已经为人权提供了足够的理由（Rawls 2002）。

尤尔根·哈贝马斯

尽管哈贝马斯并不赞同阿伦特关于人权的规范基础，但他还是欣赏阿伦特关于人权的看法。他追随阿伦特，认为在原则上有权利享有权利意味着人有一种进入政治领域的权利，只有在政治领域里，人才有可能在一种多元性中与其他人一起从事有意义的演讲和行动。哈贝马斯也赞同在人的权利之中，必须包括公民的权利，只有诉诸公民权利，个人才能从一个作为私人主体的角色转换进入一个法律社会公民和成员的公共性角色中，才能按被公众认可的规范流程与其他人一起行动和演讲（Habermas 1999）。只是哈贝马斯又离开阿伦特关于人权的构思，坚持个人权利的构思在现代对权利和自由的理解中仍然有着一种重要的意义。事实上，阿伦特与哈贝马斯的主要区别在于他们各自用于作为人权理解基础的不同的自由理念。阿伦特批判性甚至带有蔑视性地面对一种以主体并以主体的自由意志为基础的自由概念，而哈贝马斯则坚持一种深植于个人主体性意志中的自由概念。基于对自由的这种理解，哈贝马斯从主体作为法律实体、是法律承担者的角度表述了他的这种自由概念。另外与阿伦特相反，哈贝马斯认为拥有一种主权的人民的意志决策，是法律规范和人权的基础（Habermas 1996）。

从阿伦特的角度来看，哈贝马斯并没有远离卢梭：人民的意志仍然是一个主权国家的共同意志。虽然哈贝马斯的人民主权不同于通常作为国家基础的共同传统和共同语言形式，以及由公民的政治认同而实现民族统一的国家主权，但哈贝马斯却又以与卢梭同样的方式使这种区别消失殆尽。话语的协调性仍然必须被看作人的主权，即在话语共识中作为一个统一体的人的主权。

乔治·阿甘本

意大利思想家乔治·阿甘本特别就神圣之人（Homo Sacer）的问题与阿伦特"有权利享有权利"进行了长期的争辩。他在追随阿伦特并在这一点上完全赞同阿伦特的基础，阿甘本解释说，人权与人的出生总是有着直接的联系，而人的出生又与民族国家有着不可分割的联系；以另外一种方式来表达，即土生土长的人总是从出生起就被铸上了他出生地的民族国家的法规："这里面隐含的假设已经说明：出生（nacita）即立即进入了一个民族，这两个要素的决裂是不可能存在的。这就意味着，只有那些立即已具有公民前提的人才能获得他的权利（还有更多的前提，只是这些前提从不允许被曝光）。"（Agamben 2006，26）只有那些在那个国家出生的人，才能获得那个国家的权利，没有人比那些为了拯救自己的生命，而不得不逃亡的难民更懂得这条规则，如阿伦特自己。在普世主义人权应当提供帮助和保护的那一刻，逃亡的难民只拥有他们仅存的生命，或如阿甘本与阿伦特一起确认的那样，他仅剩的只是"孤独一人，这一赤裸裸的事实"（同上，24）。阿甘本认为，"有权利享有权利"是以类似"纯粹的人类自身"为前提的（同上，25）。对阿甘本来说，难民体现了纯粹人类自身的自主空间，以此冲破了出生和国家，起源和民族性的局限。但是即使没有民族性和因此没有国家，仍还出现逃亡的难民。难民与不可逆的出生、起源和民族性的关联是全部现象的本质。因此，正是出生与国家之间的分离，才使"纯粹人类自身"的出现成为可能。

但是阿甘本并不赞同阿伦特把"有权利享有权利"强作为逃亡者和无国家人士的政治问题而主题化。阿甘本强调逃亡者的概念与这个概念具体表现的生活人物，必须脱离人权这个概念。他解释说，事实上逃亡者对民族国家的基础范畴已经提出了质疑，阿甘本把"从出生与民族性的关系到作为人的公民的那些概念"作为"边界性概念"，这些概念已经陷入深刻的危机之中：这就有可能为当前迫切需要更新的范畴腾出空间。鉴于一种不再让单纯的生活脱离和排除在国家秩序之外的政治的存在，即使诉诸人权也无济于事（Agamben 2002，143）。

艾蒂安·巴里巴尔

法国政治理论家艾蒂安·巴里巴尔也深受阿伦特"有权利享有权利"的影响。特别值得注意的是，他把"有权利享有权利"理解为人与政治相互之间关系的一种极端化。他解释说，阿伦特的"有权利享有权利"，是以世界上存在的一种普世主义的政治权利出发，在这个基础上，作为一个人就意味着同时也是一个政治的人。对巴里巴尔来说，这种政治的普世主义权利并不取决于一种外在的、单方面的决定或上层的恩惠，普世主义的政治权利只能以各方的相互承认得以实现。

巴里巴尔认为，在那些排斥性实践——如巴西没有土地的农民或法国"没有身份证"的人——的现实转型中，民主的任务是把这些转型整合到政治的实践中去。对巴里巴尔来说，"有权利享有权利"指出了"具有民主意识的公民在本质上的变革要素"，（Balibar 2003，171），比如人民以游行示威要求参与政治的权利。"为地球上的每个人都必须至少提供一块他能够享有公民权利的地方（一片领土，一个国家或一个团体），以使得他能够在'一个人'这个词的真正意义上成为一个人。"（同上，189）但是，哪里有这样一个地方？巴里巴尔对此的回答是，这个地方只能是由历史、政治或经济"构造"的地方：这就是那个属于他或她的地方（同上）。

佩格·伯明翰

由沃尔夫冈·霍尔和斯特凡妮·罗森穆勒从英语翻译成德语

参考文献

Agamben, Giorgio: *Homo sacer. Die souveräne Macht und das nackte Leben*. Frankfurt a. M. 2002.
–: *Mittel ohne Zweck. Noten zur Politik*. Zürich/Berlin 2006.
Balibar, Etienne: *Sind wir Bürger Europas? Politische Integration, soziale Ausgrenzung und die Zukunft des Nationalen*. Hamburg 2003.
Benhabib, Seyla: *The Reluctant Modernism of Hannah Arendt*. Thousand Oaks 1996.
–: *Die Rechte der Anderen. Ausländer, Migranten, Bürger*. Frankfurt a. M. 2008 (engl. 2004).

Birmingham, Peg: *Hannah Arendt and Human Rights. The Predicament of Common Responsibility.* Indianapolis 2006.

Förster, Jürgen: *Die Sorge um die Welt und die Freiheit des Handelns. Zur institutionellen Verfassung der Freiheit im politischen Denken Hannah Arendts.* Würzburg 2009, 157–243.

Geulen, Eva/Kauffmann, Kai/Mein, Georg (Hg.): *Hannah Arendt und Giorgio Agamben: Parallelen, Perspektiven, Kontroversen.* Paderborn/München 2008.

Habermas, Jürgen: »Über den inneren Zusammenhang von Rechtsstaat und Demokratie«. In: Ders.: *Die Einbeziehung des Anderen.* Frankfurt a. M. 1996, 293–305.

–: »Zur Legitimation der Menschenrechte«. In: Hauke Brunkhorst/Peter Niesen (Hg.): *Das Recht der Republik.* Frankfurt a. M. 1999, 91–169.

Ignatieff, Michael: *Die Politik der Menschenrechte.* Hamburg 2002.

Lefort, Claude: *Democracy and Political Theory.* Minneapolis 1984.

Lohmann, Georg/Pollmann, Arnd (Hg.): *Menschenrechte. Ein interdisziplinäres Handbuch.* Stuttgart/Weimar (im Erscheinen).

Menke, Christoph/Pollmann, Arnd: *Philosophie der Menschenrechte zur Einführung.* Hamburg 2007.

Parekh, Serena: *Hannah Arendt and the Challenge of Modernity: A Phenomenology of Human Rights* New York, 2008.

Rancière, Jacques: »Who is the Subject of the Human Rights?« In: *The South Atlantic Quarterly* 103, 2/3 (2004), 297–310.

Rawls John: *Das Recht der Völker.* Berlin/New York 2002 (engl. 1999).

第 10 节　共和主义

阿伦特写道，政治的意义是自由（WP 28），并进一步把自由定义为在一个受机制保护的公共政治领域内自由和享有平等权利的公民共同行动的经验，这个公共政治领域不仅由公民的行动构成，而且它的持续存在也完全依赖于愿意承担义务的公民们对它认真负责的持续承认。如果把"共和主义"理解为一种关于政治自由的理论，那就可以说，阿伦特从一开始就是个共和主义者。在她对极权主义的分析中（EU 712f.），就有着一种参与性，强调公共领域自由的政治认知；在她的《积极生活》中，她把自己的这一认知加以充实，从而为她的行动理论奠定了基础；在《论革命》一书中则列举了许多例子加以说明。

阿伦特将政治行动理论的基础追溯到亚里士多德对实践和劳动技艺的区分（VA 189，201）；同时她把罗马共和国的模式和公共性领域作为她政治行动理论的第二个出发点（比较 Tamineaux 2000；Hammer 2002）；但她主要研究的是由美国革命开国之父建立的美国民主（ÜR 194）。阿伦特称赞美国民主是对罗马共和主义经验创造性的阐释，是对马基雅维利、哈灵顿和孟德斯鸠思想史的传承，并把美国民主的进一步发展分析为是从"多数人的暴政"转向一种民主的可能性与政治自由中共和主义－公民社会宪法之间的一种平衡。雅典、罗马和费城都是政治经验的聚集地,阿伦特从亚里士多德、马基雅维利、孟德斯鸠、哈灵顿和托克维尔等著名的思想历史源泉中汲取了"自由的共和主义思想"(Bonnacker 2002);这为阿伦特建立在共和主义基础上的思想开拓了另一个可能的机制性领域,即从关于一种较可接受的机制性共和主义的政治伦理问题,到国家公民社会的替代选择。

共和主义的政治理论

共和主义与自由主义的区别在于,共和主义针对有能力承担自我负责的公民"积极"自由的想象,强调一种规范性功能(Isaiah Berlin)。尽管它很看重政治自由的解放意义,但共和主义却不是一种关于直接参与民主的理论。在联邦党人文章的第10条中,詹姆斯·麦迪逊排除了(现代的,多元性的)共和国的"纯粹民主",规定了它的代表性原则:政府的管理权力,不应当直接由人民来行使,而应当由民选代表来行使,只有这些民选代表才能够精化人民的意见并确认其中的共同利益。规定现代共和主义这个概念的,不只是排除直接民主的倾向,而是它清晰的反君主制和(至少托马斯·潘恩也是这么解读的)反贵族的倾向。潘恩把美国的共和国体制表述为代议制民主,并且把它称为唯一一个真正的共和国,这表现出他与 E. 西哀士的明显不同,以及他追随了让·博丹以及孟德斯鸠强调代议制原则对共和国多人统治或君主立宪形式的开放性思想。

虽然有反君主制的意愿,但共和主义与民主仍有着一种根本矛盾的关系,因而它在强调严格权限等级的同时,也强调突出责任的层面以及对每个人有不同要求的美德规范。马尔库斯·利安奎因此看到了内含在共和主义中的一种精英理论,它适合于被民众选出来的最优秀的人,也就是那些拥有自我管理能力的公民(Llanque 2003)。亚历山德罗·平茨尼(Allessandro Pinzini)在分辨民主式共和主义与贵族式共和主义的区别中,修正了一种关于共和主义已经包括了精英要素的假定(2003):鉴于垄断政治的少数人倾向于摆脱由他们代表的多数民众所要求的极端扩展民众参与形式,民主式共和主义要避免的是精英脱离民众的危险;而多数平民通常会作出反对精英的决定，贵族式共和主义则更注重避免平民反对精英的危险。对豪克·布伦克霍斯特（1994；2000）来说，与民主相对的精英要素已经成为划分古典及新古典共和主义界限的标准，这是在亚里士多德基础上由让 – 雅克·卢梭（见本书第 2 章第 1 节第 9 部分）和伊曼努尔·康德（见本书第 2 章第 1 节第 10 部分）创建的一种现代个人主义的共和主义。

追溯到约翰·G. A. 波考克（John G. A. Pocock）受亚里士多德政治理论影响的具有（古典）共和主义思想史基础的共和主义与新贵族主义的紧密衔接，他表现出一种共和主义的新潮流，这一潮流自 20 世纪 80 年代初以来作为反自由主义的道德哲学得以在美国发展。道德价值的徒然下滑，日益膨胀的个人主义以及现代社会独有的一种居无定所和历史失落使"堕落的现代社会"（Alasdair MacIntyre）完全丢失了原先承担着社会意义的道德公约传统，鉴于这样的时代背景，社群主义（Kommunitarismus）理论重新激活了生活的一种美德伦理的理念。

在自由主义 – 社群主义内部争辩中重新发现的亚里士多德的共和主义，既肯定也限定了社群主义。麦金泰尔（MacIntyre）和查尔斯·泰勒尽管都公开标榜自己为亚里士多德主义者，但他们两人都有自己独特的构思，并且也选择了完全不同的解除现代社会危机的方法；而迈克尔·沃尔泽（Michael Walzer）则并不认为自己是个亚里士多德主义者。他与本亚明·巴伯（Benjamin Barber）、罗伯特·N. 贝拉（Robert N. Bellah）一样划定了自己与共和主义式社群主义的区别，并发现多元性共和主义、公民社会共和主义或自由主义共和主义概念的调解效用。除了这些具有差异性的自我描述，共和主义也成为一种有着批判限定关系的思想和理论史标签；如尤尔根·哈贝马斯在他的《民主的三种规范模式》（1992）一书中断然将共和主义者等同于社群主义者，并且在批判共和主义模式的道德负重中，发展了他自己程序性商榷政治的构思。

社群主义的新贵族主义不仅极大地影响了近年来关于共和主义的讨论争辩，而且也提高了阿伦特政治理论中的共和主义构思的地位，在这一既不是纯粹自由主义也非纯粹"社会主义"或社会民主主义的新潮流中，阿伦特成为一个重要的作者，经常被人们加以引用或作为参考标准。每当社群主义者以及"新共和主义者"麦金泰尔、巴伯、泰勒或沃尔泽等人鉴于社会的不断个人化而提出重新复苏公民美德并重新恢复公共政治领域自由中的民众参与性成分时，都以阿伦特的共和主义构思作为自己主张的参照系统。但是，与阿伦特理论的关系并不始终是积极的，也常起着表现他们自己的"公民社会规划"与阿伦特有所不同的界限效用。比如沃尔泽批判阿伦特单方面地过分局限于亚里士多德关于美好生活中政治活跃公民观点的理想，并主张对政治行动概念作一种多元性的扩充（Walzer 1996，69ff.）。

社群主义所面对的是，耦合进一种新亚里士多德主义下的公民社会理论中的阿伦特共和主义两个相反的构思模式：在第一个模式中，阿伦特证明了她的共和主义主要诉诸亚里士多德的古典或新古典主义，多少还具有连接一种现代政治理论的能力。在第二个模式中，阿伦特把公民社会定位在一种广泛的共和主义传统之中，并强调她在关于自由的政治理论中的民主参与内容。

赞同和反对阿伦特的新亚里士多德主义的共和主义

多尔夫·施特恩贝格尔和恩斯特·福尔拉特作为时代的连接者，主张积极接纳阿伦特新亚里士多德主义的共和主义。他们与哈贝马斯的不同点在于，哈贝马斯虽然赞同阿伦特关于没有统治者的、也就是以信息交流构建公共性领域的构思，但拒绝她的新亚里士多德主义，认为它并没有为现代人开拓足以广阔的视野；而多尔夫·施特恩贝格尔和恩斯特·福尔拉特两人都强调，阿伦特对亚里士多德的现代性发现能经受规范性和分析性的检验。福尔拉特在阿伦特对亚里士多德实践智慧的创造性运用中，辨别出了她同时也建立了政治判断力的一种现代基础（Vollrath 1977；1979）。他认为阿伦特的特别成就在于，她的判断力构思调和了事实与意见，从而使判断力更理性化：政治判断表现为一种概括能力，既能把多元性的意见作为（共同精神）特有的政治素材，同时又能运用事实（非党派性）对意见加以评判。只有运用这种方式才有可能理性地解释政治领域多样性和众多性（参见本书第 5 章第 2 节福尔拉特关于阿伦特的构思是一种政治理论）。

对施特恩贝格尔来说，阿伦特的新亚里士多德主义从多种角度来看都具有连接当代的能力。他追忆了阿伦特政治行动概念的语言结构，以及她对政治多元性的强调，以便在这个基础上勾画出寡头政治与民主在新政体形态中纠结（Sternberger 1990）。同时，他也在相对于马基雅维利的魔力学说（Dämonologik）和奥古斯丁的转世学说（Eschatologik），以及对亚里士多德的政治学说（Politologik）的引用中，把阿伦特作为他政治史概念的主要见证人：“唯有政治逻辑才能够接受我们哲学的前提，唯有它才能够将人转换为公民，或要求把人阐释为公民，这就意味着大家都是同等的人。为什么资产阶级政治对人来说是可能的也是有益的，为什么这是一种好的政治，平等就是其中的一个原因。”（Sternberger 1978，441）

在德国的话语讨论中，布伦克霍斯特的工作涉及的是重新阐释以阿伦特为依据的新共和主义，主张对阿伦特的亚里士多德主义中的共和主义作一种极端批判性的解读。他论证了内在于阿伦特的一种精英贵族性的政治认知，这就将自由平等作为公民的一种共同美德，“限制为公民的一种特有的、特权的和好斗的自我组织”（Brunkhorst 1994，20）；并以此而保护了少数人（同上，105ff.）的一种炫耀技艺的自由，导致她再也看不见新的自由理念：“在‘我们是人民’这句话中的新理念，表达了人民享有‘生活’、‘自由’、‘财产’或‘幸福’的权利”，这是一种前政治性社会意志的理念，起源于所有人都自然地享有法律平等的原则（同上，44）。将革命和民主的人民主权与康德关于所有人享有同等自由的理念联结起来，作为个人权利的原则，阿伦特并没有丢失精华，而是构成了一种新的、极其现代的思想，“同样程度地远离了柏拉图、亚里士多德和所有古典的政治学说”（同上，65）。

布伦克霍斯特认为，现代共和主义激励了革命，从而帮助自由主义突破政治上的消极自由；在与犹太－基督教的消极自由的对照中，现代共和主义从根本上修改和重新阐释了自由平等的公民自我组织——公共领域——的经典理念。为了在众多特别的意志中作出普遍有益的决策，现代共和主义扬弃了“具有美德的公民与自私自利的公民之间的抽象对立，以便有利于在立法决策过程中调和这两种公民的利益”（Brunkhorst 1995，34）。布伦克霍斯特以此捍卫了一种以民主的现代基本权利或人权为前提的个人主义的共和主义：“资产阶级共和国借助于人的权利，才成为一种真正民主的，即包容性的理念；这是一个通过不断进行自我修正而得以不断扩展，不断将所有人包括外来人都包容进来的社会的理念。"（Brunkhorst 2000，257）

共和主义与公民社会的构思

如果说阿伦特在 20 世纪 80 年代的美国和法国就被认为是一个新公民社会的理论家，那么东欧 20 世纪 80 年代后期的政治经验推动了她关于公民社会的构思在东欧的传播。1989 年的和平革命为阿伦特的权力理论提供了实践证据：没有一个国家能够在失去它的公民的信任和积极支持的情况下长期生存（阿伦特关于中东欧的构思和评价，参见本书第 5 章第 2 节）。阿伦特对没有民众支持的国家这一敏锐的怀疑，并不只是单纯针对专制政府是否稳定的问题，她的怀疑也是针对自由主义的乐观主义，这种主义认为利己主义和社会公益之间的紧张关系可以通过宪法技术而中性化。阿伦特共和主义的信念是，如果公民担忧的那些涉及所有人的问题，并没有带起社会机制的调和努力或只引起少数政治家的关注，那么民主社会就失去了生存能力。公民没有以自己的能力和可能性积极参与政治的愿望，就会削弱对政治机制的信任，民主社会的基础就会为之破裂。阿伦特以这一稳定政治的论据，将马基雅维利关于美德的辩证法与一种以托克维尔为导向的公民社会共和主义构思联结起来，这种公民社会的共和主义构思主张反思由于个人野心和议会党团争权而对现存共和国构成的一种经常性的威胁（Münkler 1993，23）。

迪克·霍华德（Dick Howard）运用阿伦特提倡的自由主义法制国家与表现共和主义精神的公民社会的互补性，来划分"共和主义民主"与"民主共和国"的界限。这两者的不同点首先在于，霍德华运用了阿伦特关于美国的政治革命和法国的社会革命是两类不同革命的论断，论证了美国革命是一种消极的政治概念，而法国革命则是一种积极的政治概念：只要美国没有取消阻止所有人参与社会政治生活的那种显著的、由政治造成的社会不平等，社会就会释放政治革命的能量，发展它自己（多元化的）的原动性，因而美国革命是"社会性的，并在一定的程度上是反政治的"。与此相反，法国革命运用国家暴力，创建了全民的平等关系，并把这种关系作为政治参与权利的前提；因此，法国的"社会"革命是"政治性的，并在一定程度上是反社会的"（Howard 1999，174f.）。

　　民主共和国与共和主义民主的第二点区别在于一种消除歧义，即真正理解阿伦特把革命称为"丢失的宝藏"的意义。霍华德认为，不应当把阿伦特的这句话误解为是对直接民主的一种热忱，而是捍卫一个共和主义的空间，这是一个存在于有能力在公共性领域作出自己独立的判断并对自己的判断加以反思性论证的自主的个人之间的空间。区分政治共和主义和社会共和主义的前提条件，是政治共和主义自然与现代代议制共和国叠合在一起。以一种方式表达，即：只有在一个多元和自主的社会，只有在一个没有政治干预、由各个截然不同的政治领域组成的社会，社会成员才能在根本上开展对政治的讨论。只有当人民主权是所有宪法机构的构成原则，并且不由任何一个单独的个人作为人民主权代表的时候，才能有效地防止民主政体退化为极权政体，才能迫使一个组织、一个党派或一个利益集团为整个社会服务（Howard 1999，187）。

　　霍华德看到在美国联邦党人的代议制中有一种人民既在场又缺席的程序，这说明了美国宪法对非宪政性政治干预的开放性。以对联邦党人代议制构思的尊崇，他加入了克劳德·莱福特、马塞尔·古谢（Marcel Gauchet）和科尼利厄斯·卡斯托里亚迪（Cornelius Castoriadis）等理论家的行列；在他们的理论中，充满冲突的公民社会是实施政治权力的具体地点，而国家虽然拥有暴力手段，但正因为如此，国家应当在过去和将来都不能象征性或在实际上代表政治权力。这一从阿伦特共和主义角度出发的关于公民社会的构思，在对极权主义统治经验的反思中被发展为一种现代的模式；但是与阿伦特不同，莱福特（1990）和古谢（1990）更强调反对极权主义政权的革命要求：极权主义所拒绝的是一种在反对旧政权中发展起来的民主决策，即在既不合适也不会实现、纯粹是象征性的、完全立于空荡之处的权力与一种多元性的、不同利益不同意见和信仰享有合法性、能够在一个代议制的体系内作为有效的法律和政治框架的、（公民）社会的生活模式之间所应作出的民主决策。莱福特认为，极权主义对民主决策的拒绝，甚至并不基于一种复活旧秩序的意图，"而是为了幻想打造一个本质上与权力相连但又不分权的社会"（Lefort 1997，51）。

　　阿伦特在构思她的共和主义时，对思想史中各种理论所运用的非刻板的选择和连接，丰富了各种不同的对共和主义的构思：比如社群主义关于为美好生活重新复活一种美德伦理的构思，连接的是阿伦特的新亚里士多德主义；自由主义批判则在阿伦特的构思中看到了一种与现代不相适应的对城邦的神化，因而主张超越古典理论，以有利于现代个人主义的共和主义。与这两种理论不同，公民社会的共和主义从一开始就强调对阿伦特的"新共和主义"作现代化改造（Canovan 1992）。在这里，阿伦特民主理论的连接能力首先表现为她对公共领域中的政治自由具有脆弱性的预言，即在现代社会中共和主义民主宪法为公民积极参与政治所能提供的只是一种脆弱的保障（Rödel/Frankenberg/Dubiel 1989）。此外，阿伦特打开了传统的公民概念通往多元化的界线，并从跨国关系的角度来看待公民社会活动者和非政府组织（NGO）在实现国际正义和世界公益中所起的作用。

格里特·施特拉森贝格尔

参考文献

Bonnacker, Thorsten: »Die politische Theorie des freiheitlichen Republikanismus: Hannah Arendt«. In: André Brodocz/Gary S. Schaal (Hg.): *Politische Theorien der Gegenwart I. Eine Einführung*. Opladen 2002, 183–219.

Brunkhorst, Hauke: *Demokratie und Differenz. Vom klassischen zum modernen Begriff des Politischen*. Frankfurt a. M. 1994.

–: »Die moderne Gestalt der klassischen Republik. Die Verdrängung des jüdisch-christlichen Erbes in Hannah Arendts Versuch, den Begriff des Politischen zu erneuern«. In: Hans-Peter Burmeister/Christoph Hüttig (Hg.): Loccumer Protokolle 60/95. Loccum 1995, 27–37.

–: *Einführung in die Geschichte politischer Ideen*. München 2000.

Canovan, Margaret: *Hannah Arendt. A Reinterpretation of Her Political Thought*. Cambridge 1992.

Gauchet, Marcel: »Tocqueville, Amerika und wir. Über die Entstehung der demokratischen Gesellschaften«. In: Ulrich Rödel (Hg.): *Autonome Gesellschaft und libertäre Demokratie*. Frankfurt a. M. 1990, 123–205.

– »Die totalitäre Erfahrung und das Denken des Politischen«. In: Ulrich Rödel (Hg.): *Autonome Gesellschaft und libertäre Demokratie*. Frankfurt a. M. 1990, 207–238.

Habermas, Jürgen: »Drei normative Modelle der Demokratie: Zum Begriff deliberativer Politik«. In: Herfried Münkler (Hg.): *Die Chancen der Freiheit. Grundprobleme der Demokratie*. München 1992, 11–24.

Hammer, Dean: »Hannah Arendt and Roman Political Thought. The Practice of Theory«. In: *Political Theory* Bd. 30 (2002), 124–149.

Howard, Dick: »Demokratische Republik oder republikanische Demokratie? Die Bedeutung der amerikanischen und der Französischen Revolution nach 1989«. In: Hauke Brunkhorst/Peter Niesen (Hg.): *Das Recht der Republik*. Frankfurt a. M. 1999, 169–187.

Lefort, Claude: »Menschenrechte und Politik«. In: Ulrich Rödel (Hg.): *Autonome Gesellschaft und libertäre Demokratie*. Frankfurt a. M. 1990, 239–280.

–: »Überlegungen zum Begriff der totalen Herrschaft«. In: Daniel Ganzfried/Sebastian Hefti (Hg.): *Hannah Arendt– Nach dem Totalitarismus*. Hamburg 1997, 31–53

Llanque, Marcus: »Der Republikanismus: Geschichte und Bedeutung einer politischen Theorie«. In: *Berliner Debatte Initial* 14. Jg., 1 (2003), 3–15.

Münkler, Herfried: *Zivilgesellschaft und Bürgertugend. Bedürfen demokratisch verfaßte Gemeinwesen einer soziomoralischen Fundierung?* (Antrittsvorlesung). Berlin 1993.

Pinzani, Allessandro: »Brauchen wir Bürgertugenden oder demokratische Institutionen? Gegen einige Irrtümer des Republikanismus«. In: *Berliner Debatte Initial* 14. Jg., 1 (2003), 34–44.

Rödel, Ulrich/Frankenberg, Günter/Dubiel, Helmut: *Die demokratische Frage*. Frankfurt a. M. 1989.

Sternberger, Dolf: »Drei Wurzeln der Politik«. In: Ders.: *Schriften*, Bd. II, 1. Teil, Frankfurt a. M. 1978.

–: »Die neue Politie. Vorschläge zu einer Revision der Lehre vom Verfassungsstaat«. In: Ders.: *Schriften*, Bd. X. Frankfurt a. M. 1990, 156–231.

Tamineaux, Jacques: »Athen and Rome«. In: Dana Richard Villa (Hg.): *The Cambridge Companion to Hannah Arendt*. Cambrigde 2000, 165–177.

Vollrath, Ernst: *Die Rekonstruktion der politischen Urteilskraft*. Stuttgart 1977.

–: »Hannah Arendt über Meinung und Urteilskraft«. In: Adelbert Reif (Hg.): *Hannah Arendt. Materialien zu ihrem Werk*. Wien-Zürich-München 1979, 85–107.

Walzer, Michael: *Zivile Gesellschaft und amerikanische Demokratie*. Frankfurt a. M. 1996.

第 11 节　极权主义

在阿伦特看来，极权主义是一种独一无二但无处不在的权力结构（见本书第 4 章第 36 节）。独一无二是指它在历史中的史无前例性：极权主义既不是一个独裁政府，也不是传统意义上的暴政，更不是现代的一党专制。但它却同时表现出两种不同政体的具体特点：从 1930 年到斯大林死亡的斯大林暴政以及从 1938 年到 1945 年战败的希特勒暴政。尽管墨索里尼在 1925 年就把这个概念据为己有，但极权主义这个概念并不能运用在法西斯主义上。在阿伦特看来，法西斯主义只是一种一党专制，它至少还尊重国家的框架。"极权主义的独特性是［……］恐怖"，阿伦特写道，"因为它的所有行动［……］都打破了我们政治思想的范畴以及我们道德评判的标准"（VZ 112）。理解极权主义的本质，几乎需要与理解我们这个世纪一样多的勇气（EIU 324）。阿伦特认为，极权主义这个概念之所以是对一种疑难盲点的回答，是因为"我们试图——我们必须试图——理解的那些非常事件和现象，它们剥夺了我们以往的理解能力"（同上，310）。这个矛盾证明她的关注是正确的，即从 20 世纪新特点的角度思考极权主义，而不是把极权主义仅仅看成一种历史上已经出现过的，只不过现在更极端化了的专制政体。

许多对极权主义的批判，都忽视了这个由阿伦特揭示的矛盾，以致似乎以为极权主义的现象并没有以任何方式影响我们的理解能力。这就导致人们以为，极权主义统治只是许多历史事件中一个继续出现的事件，因而有着与其他历史事件相同的自然特性，只不过在恐怖程度上有些差别而已。这一套浅薄的见解把极权主义整合进一种传统，忽略了极权主义确实打破了西方国家历史的连续性。"在今天，极权主义打破传统已经是一件既存的公认事实。"（VZ 35）但是浅薄的见解剥夺了我们发现极权主义统治的新形式和它独一无二的毁灭性的特定可能性。与这种浅薄见解相反的提问是，不正是极权主义统治这种独一无二的毁灭特性，禁止以这个概念表述纳粹主义与斯大林主义的历史经验吗？因为如果将斯大林的恐怖主义与纳粹主义的犹太人屠杀联结在一起，就会淡化斯大林恐怖主义自身的特性，把它归入一种历史的理性之中，这就抹去了这种恐怖主义自身绝对的独一无二性，便也抹去了它特有的恐怖性。这里显然有这个难点：人们或者是把犹太人大屠杀的唯一性评价为不同于其他两种与它有亲缘关系的专制政体的极权主义，或者就是无意识地用一个表现为其他专制形式的极权主义社会，来反对极权主义现象的时代独特性。正是这一两难性的选择，在事实上导致了人的理解力快速地拒绝极权主义的特性。

众多政治学家和历史学家都详细研究了极权主义概念的内容，并对研究得出的不同结论作了讨论（Furet 1996；Hassner 1995；Kershaw 1992；Pomian 1995；Shapiro 1972）。尽管墨索里尼很早就把这个概念据为己有，但是这个概念主要表达了第二次世界大战前希特勒主义和斯大林主义统治时期民众所遭受的苦难经验（Traverso 2001）。阿伦特在 1951 年以她的《极权主义的起源》一书极大地激起了人们讨论极权主义的热忱。虽然她与其他理论家有着各自不同的研究基点，但她的著作仍影响了传统的对极权主义政体模式的深化研究，美国的卡尔-约阿希姆·弗里德里希（Carl Joachim Friedrich）、兹比格涅夫·布热津斯基（Zbigniew Brzezinski，1956），法国的雷蒙·阿隆（1965）是这些传统研究者的代表。在冷战时期，极权主义这个概念曾被贬为反共产主义的口号，如赫伯特·J. 斯皮罗（Herbert J. Spiro）就曾提议将这个概念从政治学的词汇中剔除出去（1968）；但这个概念在 20 世纪 80 年代末重新赢得了人们的兴趣，并自那以后一直是这个世纪专家们相互争辩的中心议题。即使人们不承认这是一个科学性概念，人们仍能认出它因为阿伦特的研究方式而获得的启迪性和哲学性的信服力（Hassner 1995；Furet 1996；Bouretz 1997；Kershaw 1996）。

有一些历史学家为了表述古典和中世纪的统治模式而引用了这个概念（Backes 1990，35f.），因而把极权主义这个概念移向专制或暴政（Talmon 1952；Popper 1945），也有一些人否认这个概念有任何科学价值，包括这个概念对纳粹主义和斯大林主义的解释效用；绝大多数理论家虽然都极其谨慎，但他们仍然一致认为，作为一种在人类史上没有先例的统治形式，描述了一种"后基督教、后启蒙和后现代理性主义的现代现象"（Hassner 1990，88），因而描述了一种不同于传统专制形式的专制政体。在这个意义上，人们必须向阿伦特以及她的追随者弗里德里希和布热津斯基那样承认，极权主义统治在人类历史上是独一无二、自成一类的。如果只是单独承认这种现象的新型性，但又坚持它与以往绝对专制或独裁统治形式的历史连续性（Backes 1990，34f.），就不合乎逻辑。阿伦特在 1953 年就已经把极权主义作为自己的研究对象，而那些即使有着最高科学水准的相反解释，仍按前认知的模式继续加以研究："［……］把极权主义统治等同于暴政或一党专制，他们就无法完全解释清楚极权主义统治，只能局限在对德国或俄国有着重要意义的历史、社会和心理中寻找它所有出现的原因。我们能够清楚地看成，这样的方法之所以并不促进对极权主义理解的努力，是因为这种方式只能在熟悉和可信的混乱中寻找和理解隐含在极权主义统治中的所有未知因素。"（VZ 116）这种混乱是民主宪政国家与已有专制或独裁统治形式反复出现对立的结果。然而专制政体的复杂性如同一层浓厚的雾幕掩盖了这一政体真实的政治危害性。

"在将极权主义统治等同于暴政，以及将极权主义与现代其他专制模式，特别是一党专制混淆在一起以外，还有第三种道路，即淡化极权主义的危害，认为它在现代出现的政治问题中较不典型或不具有重要意义，因而人们只是以对德国或俄国有着重要意义的历史或其他原因来解释出现在德国或俄国的极权主义统治。"（Arendt 2004，37）按另一种说法，也就是如果不以宪法和政治的不同掩盖极权主义与众所周知的专制主义的相似性，那么就不应当以纳粹主义德国和斯大林主义苏联之间的历史差异性来掩盖这两种统治形式结构上的亲缘关系。但针对一种如此显著的亲缘关系，又有异议明确责问：以纳粹主义来解释斯大林主义的罪恶，不是有把用来解释纳粹主义特有的恐怖又重新置放在一般的恐怖概念之中的危险吗？伊恩·克肖（Ian Kershaw，1992；1996）坦诚道，极权主义的概念只能用来特指1938年到1945年的纳粹国家社会主义以及20世纪30年代中至斯大林死亡那段时期的斯大林主义。但纳粹国家社会主义是人类史上唯一一个专制政体，"以体系性地灭绝男人、女人和儿童作为自己的主要目标，没有任何其他的理由，只是因为这些人是一个被纳粹认为是低等民族的成员"（Kershaw 1996，113）。一方面，在斯大林的专制下死亡的人数确实多于在纳粹国家社会主义时期死亡的人数，这是一个事实；但另一方面它不同于纳粹的纯粹出于种族主义动机而对人的灭绝，也不同于纳粹所使用的系统性、工业化和官僚行政机构式的方法。另外，阿隆第一个指出了，不允许以极权主义这个概念来确认纳粹屠杀犹太人的独一无二性："区别这两者是重要的，在各自行动后面有着不同的理念，这一区分的重要性在于，由不同理念导致的结果也是不同的，一个进了劳教所，另一个进了煤气炉。"（1965，302）如今人们就可以在这两个专制政体构成的对称性中，尝试找出阿伦特分析中的一个缺陷（Whitfield 1980，25f.）。阿伦特对极权主义的分析没有表现出纳粹所特有的种族灭绝特性，没有表现出在一个集中营里劳教与在一个集中营里等待被灭绝这两者之间的实际差异；而这一差异已足够区别这是两种不同的恐怖形式（De Launay 1990，22）。阿伦特的分析只允许循序渐进地对此加以区别（Weyembergh 1990，73），因而掩盖了牺牲者的身份（Chaumont 1992，105f.）。事实上，一方面，种族灭绝作为集中营的逻辑顶点，从没有在阿伦特的著作中作为一个自我独立的分析对象。但是另一方面，正如玛蒂娜·莱博维奇（1998）所指出的，只有从极权主义罪行的特点出发，才能理解纳粹国家社会主义罪行中种族灭绝的特性。纳粹出于对犹太种族的仇恨而迫害犹太人，如果说这个逻辑还可理解的话，那么在苏联发生的罪恶就出于一种不同于德国的逻辑规范，但阿伦特的极权主义概念却无法解释这一在此之前从未认知的"罪恶类型"（EJ 16）。反犹太人主义并不解释罪恶的类型，但它是人类所有罪恶中唯一一种可以归为极权主义罪恶的罪恶，是唯一一种由专制政体出于种族灭绝逻辑而犯下的罪恶，它不仅有着它的纳粹国家社会主义，而且也有着斯大林主义的模式。犹太人大屠杀是纳粹主义的主要罪恶，而这一罪恶就是基于它的极权主义特性而犯下的。绍尔·弗里德伦德尔（Saul Friedländer）论证，要确认在极权主义中反犹太人主义的中心角色，就意味着"必须找出迫害犹太人的原因，才能解释构成极权主义体系的要素"（1985，19）。玛蒂娜·莱博维奇并不赞同他的这一论证，她认为恰恰相反，极权主义虽说不是犹太人大屠杀的根源，但它仍然是可能造成大屠杀的条件（Leibovici 1998，117）。如果没有极权主义政体的存在，也许就不可能发生犹太人大屠杀；因此如果不从极权主义的角度出发，人们也就不可能理解犹太大屠杀。完全不是为了贬低极权主义这个概念，纳粹的罪恶甚至从自身出发以极端的方式证实了阿伦特揭露的极权主义的一种基本属性：这个"政治专制政体"所犯下的罪行，并没有在根本上帮助这个专制政体的继续生存。

即使这些分析有着不准确或错误的内容和错误的阐释等缺陷，阿伦特仍会和其他人一样以这些分析就可以确定，在实施恐怖之间的相似性，远大于单纯意识形态之间的差异性。阿伦特很早就以这一方式打发人们试图对她的批判——在一种极端历史前提下的、不具有可比性的历史现象与一种在本质上无关紧要的特殊现象之间，把极权主义定位为一种简单的认识论上的对立（Leibovici 1998，119）。在这两种现象之外，我们只有认清极权主义给 20 世纪带来的"灾难"，才能与这个世界达成一种和解（Brossat 1996）。对阿伦特来说，纳粹国家社会主义的死亡工厂，是我们这个时代的基本经验和基本苦难。她同时明确补充说，她为什么强调认清极权主义在其中所犯下罪行的重要意义："只有在这个对人的新的认知的基础上，我们才能开始我们新的认识、新的记忆和新的行动。"（EIU 200）

艾提娜·塔辛

由康斯坦斯·布洛克曼从法语翻译成德语

参考文献

Arendt, Hannah: »Über das Wesen des Totalitarismus. Ein Versuch zu verstehen.« In: Waltraud Meints/Katherine Klinger (Hg.): *Politik und Verantwortung. Zur Aktualität von Hannah Arendt*. Hannover 2004, 15–52.

Aron, Raymond: *Démocratie et totalitarisme*. Paris 1965.

Backes, Uwe: »Totalitarisme: un phénomène spécifique du XXè siècle?«. In: Yannis Thanassekos/Heinz Wismann (Hg.): *Révision de l'histoire. Totalitarismes, crimes et génocides Nazis*. Paris 1990, 19–36.

Bouretz, Pierre: »Le totalitarisme: un concept philosophique pour la réflexion historique«. In: *Communisme* 47/48 (1997), 33–46.

Brossat, Alain: *L'épreuve du désastre. Le XX siècle et les camps*. Paris 1996.

Chaumont, Jean-Michel: »La singularité de l'univers concentrationnaire selon Hannah Arendt«. In: Anne-Marie Roviello/Maurice Weyembergh (Hg.): *Hannah Arendt et la modernité*. Paris 1992, 87–109.

De Launay, Michèle-Irène Brudny: »Préface«. In: Hannah Arendt: *La nature du totalitarisme*. Paris 1990.

Friedlander, Saul: »De l'antisémitisme à l'extermination: esquisse historiographique et essai d'interprétation«. In: *L'Allemagne nazie et le génocide juif*. Colloque de l'École des Hautes Etudes. Paris 1985, 13–38.

Friedrich, Carl Joachim/Brzezinski, Zbigniew: *Totalitarian Dictatorship and Autocracy*. New York 1956.

Furet, François: *Le passé d'une illusion. Essai sur l'idée communiste au XXè siècle*. Paris 1996.

– : »Les différents aspects du concept de totalitarisme«. In: *Communisme* 47/48 (1997), 9.

Hassner, Pierre: »Une notion insaisissable mais irremplaçable«. In: Yannis Thanassekos/Heinz Wismann (Hg.): *Révision de l'histoire. Totalitarismes, crimes et génocides Nazis*. Paris 1990, 87–93.

– : »Le totalitarisme vu de l'Ouest«. In: Ders.: *La Violence et la Paix. De la bombe atomique au nettoyage ethnique*. Paris 1995, 221–258.

Kershaw, Ian: *Qu'est-ce que le nazisme? Problèmes et perspectives d'interprétations*. Paris 1992.

– : »Retour sur le totalitarisme. Le nazisme et le stalinisme dans une perspective comparative«. In: *Esprit* (Jan.-Fév. 1996), 101–121.

Leibovici, Martine: »Le concept de totalitarisme et la singularité du judéocide nazi«. In: *Philosophies de l'actualité: Marx, Sartre, Arendt, Lévinas*. Paris 1998, 113–119.

Pomian, Krzysztof: »Totalitarisme«. In: *Vingtième Siècle* (Juil.-Sept. 1995), 4–23.

Popper, Karl: *Die offene Gesellschaft und ihre Feinde*. Bern/ München 1945.

Shapiro, Leonard: *Totalitarianism*. London 1972.

Spiro, Herbert J.: »Totalitarianism«. In: *International Encyclopedia of the Social Sciences*. Bd. 16. New York, 1968 106–13.

Talmon, Jacob L.: *The Origins of Totalitarian Democracy*. Boston 1952.

Tassin, Étienne: »Hannah Arendt et la specificité du totalitarisme«. In: *Revue Française d'Histoire des Idées Politiques* 6: Dictature, absolutisme et totalitarisme (1997), 367–388.

Traverso, Enzo: *Le Totalitarisme. Le XXè siècle en débat*. Paris 2001.

Weyembergh, Maurice: »La spécificité du totalitarisme selon H. Arendt. Analyse et critique«. In: Yannis Thanassekos/Heinz Wismann (Hg.): *Révision de l'histoire. Totalitarismes, crimes et génocides Nazis*. Paris 1990, 65–76.

Whitfield, Stephen J.: *Into the Dark: Hannah Arendt and Totalitarianism*. Philadelphia 1980.

第 6 章　附录

第 1 节　大事年表

1906 年　10 月 14 日出生于汉诺威附近的林登，是工程师保罗·阿伦特和他的妻子玛尔塔（娘家姓科恩）唯一的孩子，取名约翰娜·阿伦特。父母双方都是来自柯尼斯堡的犹太家庭。

1909 年　全家迁往柯尼斯堡。

1913 年　父亲早逝。

1913~1924 年　在柯尼斯堡和柏林的学生时代，参加大学讲座的听课，在柯尼斯堡获得在校学生以外的高中毕业证书。

1924~1928 年　在马堡大学、弗赖堡（布赖斯高）大学和海德堡大学师从海德格尔、胡塞尔、布尔特曼和雅斯贝尔斯学习哲学、新教神学和希腊哲学。

1928 年　获海德堡大学博士学位，导师雅斯贝尔斯，博士论文《奥古斯丁爱的理念》。

1929 年　与京特·施特恩结婚（安德斯）

1930~1933 年　在柏林撰写关于拉埃尔·瓦恩哈根的生活和关于（犹太人）同化问题的文章和书籍。

1933 年　7 月在柏林短期被捕，逃往巴黎。

1933~1940 年　在犹太复国主义政治的背景下从事社会工作。

1935 年　主持建立犹太人 - 阿利亚法国分部，在巴勒斯坦停留生活三个月。

1936 年　与海因里希·布吕歇尔相遇，并于 1940 年结婚。

1937 年　被剥夺德国国籍。

1937~1938 年　完成关于拉埃尔·瓦恩哈根生活一书，研究和举行关于反犹太

阿伦特手册

主义的讲座。

1940 年　被关进法国古尔专为"敌对国外籍人"设置的拘留营 5 个月。

1941 年　经由葡萄牙前往美国。

1951 年　加入美国国籍。

1941～1952 年　为美国犹太人杂志（其中包括《建设》）撰写关于犹太人事务的文章。成为一个较小的、名为"团结"的犹太组织的成员，这个团体主张在巴勒斯坦建立一个包容犹太人和巴勒斯坦人双民族的国家，但以无果而告终。

1944～1946 年　欧洲犹太人文化重建委员会关于犹太人关系研究会议的负责人。

1946～1948 年　纽约"朔肯出版社"编辑。

1949～1952 年　纽约"犹太文化重建"组织的负责人（执行秘书）。

1949～1950 年　受"犹太文化重建"委托，第一次访问德国。

1950 年　开始记录《思想日记》，到 1973 年一共记下 28 本小册子。

1951 年　出版英语版的《极权主义的起源/我们时代的负担》（1955 年德语版《极权主义的要素和起源》）。

1952～1953 年　进行《马克思主义中的极权主义要素》这一项目的研究。

1952 年　海因里希·布吕歇尔在纽约上哈德森安嫩代尔的巴德学院获得终生哲学教授职位。

1953 年　在普林斯顿大学的克里斯蒂安·高斯的批评研讨会上，作了 6 次关于《马克思与西方［政治］思想传统》的讲座。

1954 年　在印第安纳州巴黎圣母院圣母大学，作了 3 次关于《哲学与政治：法国大革命后的思想和行动的问题》讲座。

1955 年　伯克利加州大学客座教授；做讲座《政治理论史》。

1956 年　在芝加哥大学关于沃尔格林系列讲座中，作了 6 次题为《劳动依靠人的身体，工作依靠劳工的双手》的讲座，并在这基础上写成 1958 年出版的《人类生存条件》一书，1960 年出版该书的德语版《积极生活》。

1958 年　在不莱梅作《教育的危机》的演讲，在苏黎世做《自由与政治》的演讲，在慕尼黑做《文化与政治》的演讲。

1958 年　在卡尔·雅斯贝尔斯获得德国图书贸易和平奖的法兰克福（美因河畔）颁奖大会上作答谢词。

1959 年　普林斯顿大学客座教授；做讲座《美国与革命精神》，在这基础上写成《论革命》一书，1963 年出版，1965 年出版此书的德语版。

1959 年　获自由汉萨城市汉堡颁发的莱辛奖。

1960～1961 年　任哥伦比亚大学、西北大学和卫斯理大学客座教授。

1961 年　作为《纽约客》杂志的记者参加耶路撒冷的艾希曼审判，撰写《艾希曼在耶路撒冷：关于平庸的邪恶的报道》。

1961 年　发表《在过去和未来之间》。

1962 年　在芝加哥大学作客座讲座，以及主持卫理斯大学的研讨会。

1963～1967 年　芝加哥大学教授，社会思想委员会成员；举办《政治学导论》和《道德基本命题》讲座。为纽约新社会研究学院讲授《关于道德哲学的几个问题》课程。

1964 年　被国家艺术与文学学院接纳为成员。

1965 年　纽约州伊萨卡康奈尔大学教授。

1967～1975 年　纽约新社会研究学院研究生院教授；举办关于《哲学与政治》以及《康德的政治哲学》讲座。

1967 年　获德国语言和诗歌科学院西格蒙德·弗洛伊德散文科学奖。

1968 年　发表《身处黑暗时代的人们》。

1969 年　卡尔·雅斯贝尔斯去世。

1970 年　海因里希·布吕歇尔去世。

1971 年　发表《关于思维与道德的思考》。

1972 年　参加加拿大多伦多约克大学关于《汉娜·阿伦特著作》研讨会。

1973 年　在苏格兰阿伯丁大学吉福德系列讲座中作关于《心灵生活，第一：思想》的讲座。

1974 年　作讲座二：《心灵生活，第二：意志》，出现心肌梗死现象。

1974 年　友人维斯坦·H. 奥登去世。

1975 年　在哥本哈根获为欧洲文化作出贡献的松宁奖。

1975 年　在波士顿纪念美国独立 200 周年论坛上作题为《家是栖息的地方》的演讲。

1975 年　12 月 4 日因心肌梗死在纽约的家中去世。

第 2 节　著作目录

一　第一手文献

已经发表的与这本《阿伦特手册》有重要关系的文章和书稿，将在这里按字母顺序排列，并附上与此相应的缩写符号（见第 6 章第 2 节第 2 部分）。如果一本著作中有多篇文章，则会标上每一篇文章在这本著作中的页数。所有已经以德语和英语发表的完整书目，以及其发表年代时间都收集在《汉娜·阿伦特：我期望理解。关于我的生活和著作的自我咨询》（Hannah Arendt：Ich will verstehen. Selbstauskünfte zu Leben und Werk。Hg. von Ursula Ludz. München/Zürich 2005）一书中。

文章

»L'Amérique est-elle une société violente par nature?« In: *Penser l'événement*. Hg. von Claude Habib. Paris/Berlin 1989.
»Augustinus und der Protestantismus«. In: *Frankfurter Zeitung* Nr. 902, 12. April 1930.
Besuch in Deutschland. Berlin 1993. *Between Past and Future: Six Exercises in Political Thought*. New York 1961. Revised Edition Including Two Additio-nal Essays. New York 1968 [BPF].
»Preface: The Gap Between Past and Future«, 3–16.
»Tradition and the Modern Age«, 17–40.
»The Concept of History: Ancient and Modern«, 41–90.
»What is Authority?«, 91–141.
»What is Freedom?«, 142–169.
»The Crisis in Education«, 170–193.
»The Crisis in Culture: Its Social and its Political Signifi-cance«, 194–222.

»Truth and Politics«, 223–259.

»The Conquest of Space and the Stature of Man«, 260–274.

»Beyond Personal Frustration: The Poetry of Bertolt Brecht«. In: *The Kenyon Review* 10, 2 (1948), 304–312.

The Burden of Our Time. London 1951. Dt.: *Elemente und Ursprünge totaler Herrschaft.* Frank-furt a. M. 1955 [EU].

»Concern with Politics in Recent European Philosophical Thought«. In: *Perspektiven politischen Denkens. Zum 100. Geburtstag von Hannah Arendt.* Hg. von Antonia Grunenberg/Waltraud Meints/Oliver Bruns/Christine Harckensee. Hannah Arendt-Studien 4. Bern u. a. 2008.

Crises of the Republic. New York 1972 [CR].

»Lying in Politics. Reflections on the Pentagon Papers«, 1–47.

»Civil Disobedience«, 49–102.

»On Violence«, 103–198.

»Thoughts on Politics and Revolution. A Commentary«, 199–233.

Denktagebuch 1950–1973. 2 Bde. Hg. von Ursula Ludz und Ingeborg Nordmann. München 2002 [DT].

»The *Deputy*: Guilt by Silence?« In: *Amor Mundi – Explora-tions in the Faith and Thought of Hannah Arendt.* Hg. von James W. Bernauer. Boston/Dordrecht/Lancaster 1987, 51–58.

»Der Dichter Bertolt Brecht«. In: *Die neue Rundschau* 1 (1950), 53–67.

»Diktatur und persönliche Verantwortung«. In: *Befreiung. Zeitschrift für Politik und Wissenschaft* o.Jg (1985), 13–23. (Veränderte Fassung in: Israel, Palästina und der An-tisemitismus. Hg. von Eike Geisel und Klaus Bittermann. Berlin 1991. Diese Version des Artikels ist wiederum länger als der in NA abgedruckte Beitrag und entspricht dem ungekürzten Manuskript von Arendts BBC-Vor-trag aus der Library of Congress, vgl. Ludz in IWV 326).

Eichmann in Jerusalem. A Report on the Banality of Evil. New York 1963 und London 1963 [E]. Dt.: *Eichmann in Jerusalem: Ein Bericht von der Banalität des Bösen.* München 1964 [EJ].

»Einleitung zu den Essay-Bänden von Hermann Broch« [1955]. In: Hannah Arendt/Hermann Broch: *Briefwech-sel 1946 bis 1951.* Hg von Paul M. Lützeler. Frankfurt a. M. 1996 [BwBr], 185–223.

Elemente und Ursprünge totaler Herrschaft. Frankfurt a. M. 1955 [EU]. Engl.: *The Origins of Totalitarianism.* New York 1951 [OT].

»Es gibt nur ein einziges Menschenrecht«. In: *Die Wand-lung,* 4. Jg., Herbstheft 1949, Dezember 1949, 754–770 (auch in: *HannahArendt.net,* documents, 5/2009).

Essays in Understanding 1930–1954. Hg. von Jerome Kohn. New York 1994 [EIU].

»›What remains? The Language Remains‹: A Conversa-tion with Günter Gaus«, 1–23.

»Augustine and Protestantism«, 24–27.

»Philosophy and Sociology«, 28–43.

»Søren Kierkegaard«, 44–49.

»Friedrich von Gentz«, 50–56.

»Berliner Salon«, 57–65.

»On the Emancipation of Women«, 66–68.

»Franz Kafka: A Revaluation«, 69–80.

»Foreign Affairs in the Foreign Language Press«, 81–105.

»Approaches to the ›German Problem‹«, 106–120.

»Organized Guilt and Universal Responsiblity«, 221–132.

»Nightmare and Flight«, 133–135.

»Dilthey as Philosopher and Historian«, 136–139.

»The Seeds of a Fascist International«, 140–150.

»Christianity and Revolution«, 151–155.

»Power Politics Triumphs«, 156–157.

»No Longer and Not Yet«, 158–162.

»What is Existential Philosophy?«, 163–187.

»French Existentialism«, 188–193.

»The Ivory Tower of Common Sense«, 194–196.

»The Image of Hell«, 197–205.

»›The Nation‹«, 206–211.

»Dedication to Karl Jaspers«, 212–216.

»Rand School Lecture«, 217–227.

»Religion and the Intellectuals«, 228–231.

»Social Science Techniques and the Study of Concentra-tion Camps«, 232–247.

»The Aftermath of Nazi Rule: Report form Germany«, 248–269.

»The Eggs Speak Up«, 270–284.

»At Table with Hitler«, 285–296.

»Mankind and Terror«, 297–306.

»Understanding and Politics (The Difficulties of Under-standing)«, 307–327.

»On the Nature of Totalitarianism: An Essay on Under-standing«, 328–360.

»Heidegger the Fox«, 361–362.

»Understanding Communism«, 363–367.

»Religion and Politics«, 368–390.

»The Ex-Communists«, 391–400.

»A Reply to Eric Voegelin«, 401–408.

»Dream and Nightmare«, 409–417.

»Europe and the Atom Bomb«, 418–422.

»The Threat of Conformism«, 423–427.

»Concern with Politics in Recent European Philosophical Thought«, 428–447.

Fragwürdige Traditionsbestände im politischen Denken der Gegenwart: Vier Essays. Frankfurt a. M. 1957.

»Tradition und die Neuzeit«, 9–46.

»Natur und Geschichte«, 47–80.

»Geschichte und Politik in der Neuzeit«, 81–116.

»Was ist Autorität?«, 117–168 (auch in: *Zwischen Vergan-genheit und Zukunft. Übungen im politischen Denken I.* Hg. von Ursula Ludz. München 1994 [VZ]).

»Gespräch mit Joachim Fest. Eine Rundfunksendung aus dem Jahr 1964«. In: *HannahArendt. net,* documents, 3/2007 (auch in: Hannah Arendt/Joachim Fest: *Eich-mann war von empörender Dummheit. Gespräche und Briefe.* München/Zürich 2011, 36–60).

»Gestern waren sie noch Kommunisten«. In: *Aufbau* (New York), 31.7.1953 (wiederabgedruckt in: *In der Gegen-wart. Übungen im politischen Denken II.* Hg. von Ursula Ludz. München 2000).

»The Great Tradition. I. Law and Power.« Hg. von Jerome Kohn. In: *Social Research* 74, 3 (2007), 713–726.

»The Great Tradition, II. Ruling and Being Ruled.« Hg. von Jerome Kohn. In: *Social Research* 74, 4 (2007), 941–954.

»Heidegger ist achtzig Jahre alt«. In: *Merkur* 23, 10 (1969), 838–902 (auch in: MZ).

»Hermann Broch und der moderne Roman (1949)«. In: Hannah Arendt/Hermann Broch: *Briefwechsel 1946 bis 1951.* Hg von Paul M. Lützeler. Frankfurt a. M. 1996 [BwBr], 175–184.

The Human Condition, Chicago 1958 [HC]. Dt.: *Vita activa oder Vom tätigen Leben.* Stuttgart 1960 und München 1960 [VA].

Ich will verstehen. Selbstauskünfte zu Leben und Werk. 2. erw. Aufl. München/Zürich 2005 [IWV].

»Brief an Gerhard Scholem (Juli 1963)«, 29–36.

»Fernsehgespräch mit Thilo Koch«, 37–43.

»Fernsehgespräch mit Günter Gaus«, 44–70.

»Diskussion mit Freunden und Kollegen in Toronto«, 71–113.

»Fernsehgespräch mit Roger Errera«, 114–131.

»Mitteilungen an Karl und Gertrud Jaspers«, 133.

»Zur eigenen Biographie«, 135–202.

»Über das Jüdin-Sein«, 203–211.

»Zu eigenen Werken«, 212–238.

»Über Lebensthemen«, 239–245.

»Lebenslauf: Tabellarischer Überblick«, 249–254.

»Bibliographische Zusammenstellung aller deutsch-und englischsprachigen Veröffentlichungen«, 255–323.

Ich will verstehen-Briefe an Jaspers und Scholem. Hörbuch gelesen von Margarethe von Trotta. Hamburg 2006.

»Ideologie und Terror«. In: *Offener Horizont: Festschrift für Karl Jaspers.* München 1953.

In der Gegenwart. Übungen im politischen Denken II. Hg. von Ursula Ludz. München u. a. 2000 [IG].

»Das ›deutsche Problem‹ ist kein deutsches Problem«, 9–25.

»Organisierte Schuld«, 26–37.

»Die Nachwirkungen des Naziregimes: Bericht aus Deutschland«, 38–63.

»›Wohin treibt die Bundesrepublik?‹«, 64–70.

»Die Ungarische Revolution und der totalitäre Imperia-lismus«, 73–126.

»Der Kalte Krieg und der Westen«, 127–137.

»Einführung zu J. Glenn Gray, ›The Warriors‹«, 138–144.

»Macht und Gewalt«, 145–208.

»Unsere fremdländischen Volksgruppen«, 211–227.

»Gestern waren sie noch Kommunisten«, 228–237.

»Europa und Amerika«, 238–257.

»Little Rock«, 258–279.

»Kennedy und danach«, 280–282.

»Ziviler Ungehorsam«, 283–321.

»Die Lüge in der Politik«, 322–353.

»200 Jahre amerikanische Revolution«, 354–370.

»Die Eroberung des Weltraums und die Statur des Menschen«, 373–388.

»Der archimedische Punkt«, 389–402.

Israel, Palästina und der Antisemitismus. Hg. von Eike Gei-sel und Klaus Bittermann. Berlin 1991.

»Persönliche Verantwortung in der Diktatur«, 7–38.

»Frieden oder Waffenstillstand im Nahen Osten?«, 39–76.

»Die vollendete Sinnlosigkeit«, 77–94.

»Antisemitismus und faschistische Internationale«, 95–108.

»Kann die jüdisch-arabische Frage gelöst werden?«, 109–116.

»Der Besuch Menachem Begins und die Ziele seiner politischen Bewegung«, 117–119

The Jew as Pariah: Jewish Identity and Politics in Modern Age. Hg. von Ron H. Feldman. New York 1978 [JP] (auch in: *The Jewish Writings.* Hg. von Jerome Kohn und Ron H. Feldman. New York 2007 [JW]).

The Jewish Writings. Hg. von Jerome Kohn und Ron H. Feldman. New York 2007 [JW].

»The Enlightenment and the Jewish Question«, 3–18.

»Against Private Circles«, 19–21.

»Original Assimilation: An Epilogue to the One Hundredth Anniversary of Rahel Varnhagen's Death«, 22–28.

»The Professional Reclassification of Youth«, 29–30.

»A Guide for Youth: Martin Buber«, 31–33.

»Some Young People Are Going Home«, 34–37.

»The Gustloff Trial«, 38–41.

»The Jewish Question«, 42–45.

»Antisemitism«, 46–121.

»The Minority Question«, 125–134.

»The Jewish War That Isn't Happening: Articles from *Aufbau*, October 1941 – November 1942«, 134–185.

»Between Silence and Speechlessness: Articles from *Aufbau*, February 1943 – March 1944«, 186–198.

»The Political Organization of the Jewish People: Arti-cles form *Aufbau*, April 1944 – April 1945«, 199–240.

»Jewish Politics«, 241–243.

»Why the Crémieux Decree Was Abrogated«, 244–253.

»New Leaders Arise in Europe«, 254–257.

»A Way toward the Reconciliation of Peoples«, 258–263.

»We Refugees«, 264–274.

»The Jew as Pariah: A Hidden Tradition«, 275–297.

»Creating a Cultural Atmosphere«, 298–302.

»Jewish History, Revisited«, 303–311.

»The Moral of History«, 312–316.

»Stefan Zweig: Jews in the World of Yesterday«, 317–328.

»The Crisis of Zionism«, 329–337.

»Herzl and Lazare«, 338–342.

»Zionism Reconsidered«, 343–374.

»The Jewish State: Fifty Years After, Where Have Herzl's Politics Led?«, 375–387.

»To Save the Jewish Homeland«, 388–401.

»The Assets of Personality: A Review of ›Chaim Weiz-mann: Statesman, Scientist, Builder of the Jewish Com-monwealth‹«, 402–404.

»Single Track to Zion: A Review of ›Trial and Error: The Autobiography of Chaim Weizmann‹«, 405–407.

»The Failure of Reason. The Mission of Bernadotte«, 408–413.

»About Collaboration«, 414–416.

»New Palestine Party: Visit of Menachem Begin and Aims of Political Movement Discussed«, 417–419.

»Peace or Armistice in the Near East?«, 423–450.

»Magnes, the Conscience of the Jewish People«, 451–452.

»The History of the Great Crime: A Review of Bréviaire de la haine: Le IIIe Reich et les juifs [Breviary of Hate: The Third Reich and the Jews] by Léon Poliakov«, 453–461.

»The Eichmann Controversy: A Letter to Gershom Scholem«, 465–471.

»Answers to Questions Submitted by Samuel Grafton«, 472–484.

»The Eichmann Case and the Germans: A Conversation with Thilo Koch«, 485–489.

»The Destruction of Six Million: A *Jewish World* Sympo-sium«, 490–495.

»The Formidable Dr. Robinson«: A Reply by Hannah Arendt«, 496–511.

»Karl Marx and the Tradition of Western Political Thought«. Hg. von Jerome Kohn. In: *Social Research* 69, 2 (2002), 273–319.

»Kollektive Verantwortung«. In: *Debatte. Politik und Mo-derne. Band IV. Mit Beiträgen von Hannah Arendt u. a. Hg. von der Heinrich-Böll-Stiftung. Bremen o.J., 4–16.

Die Krise in der Erziehung. Bremen 1958 (auch in: *Zwischen Vergangenheit und Zukunft. Übungen im politischen Den-ken I. Hg. von Ursula Ludz. München 1994 [VZ]).

Die Krise des Zionismus. Essays und Kommentare 2. Hg. von Eike Geisel und Klaus Bittermann. Berlin 1989 [KdZ].

»Der Zionismus aus heutiger Sicht«, 7–59.

»Der Judenstaat: Fünfzig Jahre danach oder: Wohin hat die Politik Herzls geführt?«, 61–81.

»Es ist noch nicht zu spät«, 83–106.

»Über ›Kollaboration‹. Ein Leserbrief«, 107–111.

»Der Besuch Menachem Begins und die Ziele seiner po-litischen Bewegung«, 113–116.

»Frieden oder Waffenstillstand im Nahen Osten«, 117–166.

»This Means You – Artikel aus dem ›Aufbau‹«, 167–218.

Der Liebesbegriff bei Augustin. Versuch einer philosophischen Interpretation. Berlin 1929. Nachdruck hg. von Ludger Lütkehaus, Berlin/Wien 2003 [LA].

Engl.: *Love and Saint Augustine.* Hg. von Joanna Vecchia-relli Scott und Judith Chelius Stark. Chicago 1996 [LStA].

The Life of the Mind. 2 Bde. New York 1978 und London 1978 [LM].

Dt.: *Vom Leben des Geistes.* 2 Bde. München 1979 [LG].

阿伦特手册

第 6 章 附录

Lectures on Kant's Political Philosophy. Hg. von Ronald Bei-ner. Chicago 1982 [LK].

Dt.: *Das Urteilen: Texte zu Kants Politischer Philosophie.*

Hg. von Ursula Ludz. München 1985 [U].

Macht und Gewalt. München 1970 [MG].

»I-III«, 7–103.

»Interview mit Hannah Arendt. Von Adelbert Reif«, 105–133.

Engl.: *On Violence.* New York 1970 und London 1970 [OV].

»Martin Buber, Un guide de la Jeunesse«. In: *Le Journal Juif* XII, 17 [23 Nisan 5695] (1935).

»The Meaning of Love in Politics. A Letter by Hannah Arendt to James Baldwin«. In: *HannahArendt. net*, docu-ments, 2/2006.

Men in Dark Times. New York 1968 [MDT].

»On Humanity in Dark Times: Thoughts about Les-sing«, 3–31.

»Rosa Luxemburg:1871–1919«, 33–56.

»Angelo Giuseppe Roncalli: A Christian on St. Peter's Chair from 1958–1963«, 57–69.

»Karl Jaspers: A Laudatio«, 71–80.

»Karl Jaspers: Citizen of the World?«, 81–94.

»Isak Dinesen: 1885–1963«, 95–109.

»Hermann Broch: 1886–1951«, 111–151.

»Walter Benjamin: 1892–1940«, 153–206

»Bertolt Brecht: 1898–1956«, 207–249.

»Waldemar Gurian: 1903–1954«, 251–262.

»Randall Jarrell: 1914–1965«, 263–267.

Dt. in: *Menschen in finsteren Zeiten.*

Menschen in finsteren Zeiten. Hg. von Ursula Ludz. Mün-chen 1989 [MZ].

»Gedanken zu Lessing: Von der Menschlichkeit in fins-teren Zeiten«, 17–48.

»Rosa Luxemburg«, 49–74.

»Angelo Giuseppe Roncalli – der christliche Papst«, 75–88.

»Laudatio auf Karl Jaspers«, 89–98.

»Karl Jaspers: Bürger der Welt«, 99–112.

»Isak Dinesen (d.i. Tania Blixen)«, 113–130.

»Hermann Broch«, 131–171.

»Martin Heidegger ist achtzig Jahre alt«, 172–184.

»Walter Benjamin«, 185–242.

»Bertolt Brecht«, 243–289.

»Robert Gilbert«, 290–297.

»Nathalie Sarraute«, 298–309.

»Waldemar Gurian«, 310–323.

»Ich erinnere an Wystan H. Auden«, 324–334.

»Randall Jarrell«, 335–340.

»Die Menschen und der Terror«. In: Waltraud Meints/ Katherine Klinger (Hg.): *Politik und Verantwortung. Zur Aktualität Hannah Arendts.* Hannover 2004, 53–63.

»Mir ist der Ausdruck ›europäisches Denken‹ verdächtig.« Hannah Arendt auf dem Internationalen Kulturkritiker-kongress 1958 in München. In: *HannahArendt.net*, do-cuments, 4/2008.

»Ein Mittel zur Versöhnung der Völker«. In: *Porvenir: Zeit-schrift für alle Fragen des jüdischen Lebens* 3 (Buenos Aires 1942), 125–130.

Nach Auschwitz. Essays und Kommentare 1. Hg. von Eike Geisel und Klaus Bittermann. Berlin 1989 [NA].

»Die vollendete Sinnlosigkeit«, 7–30.

»Antisemitismus und faschistische Internationale«, 31–48.

»Das Bild der Hölle«, 49–62.

»Ein Briefwechsel: Gershom Scholem an Hannah Arendt«, 63–70.

»Hannah Arendt an Gershom Scholem«, 71–79.

»Was heißt persönliche Verantwortung unter einer Dik-tatur?«, 81–97

»Der Auschwitz-Prozess«, 99–136.

»This means You – Artikel aus dem ›Aufbau‹«, 137–172.

Nachwort zu: Hermann Broch: *Hofmannsthal und seine Zeit*. München 1964.

»Nationalstaat und Demokratie (1963)«. In: *Hannah Arendt.net*, documents 2/2006.

»The Negatives of Positive Thinking. A Measured Look at the Personality, Politics and Influence of Konrad Adenauer.« In: *Book Week. Washington Post*, 5.6.1966, 1.

»Nicht mehr und noch nicht. Hermann Brochs ›Der Tod des Vergil‹ (1946)«. In: Hannah Arendt/ Hermann Broch: *Briefwechsel 1946 bis 1951*. Hg von Paul M. Lützeler. Frankfurt a. M. 1996 [BwBr], 169–174.

»No longer and not yet«. In: *The Nation* 163 (14.9.1946), 300–302 [EIU].

Dt.: In: BwBr.

»On Hannah Arendt«. In: Melvyn A. Hill (Hg.): *Hannah Arendt: The Recovery of the Public World*. New York 1979, 301–39.

On Revolution. New York 1963 [OR].

Dt.: *Über die Revolution*. München 1965 [ÜR].

The Origins of Totalitarianism. New York 1951 [OT].

Dt.: *Elemente und Ursprünge totaler Herrschaft*. Frankfurt a. M. 1955 [EU].

On Violence. New York 1970 und London 1970 [OV].

Dt.: *Macht und Gewalt*. München 1970 [MG].

»Philosophy and Politics« [1954], in: *Social Research* 57, 1 (1990), 73–104. Dt.: »Philosophie und Politik«. In: *Deutsche Zeitschrift für Philosophie* 41, 2 (1993), 381–400.

»Philosophie und Soziologie. Anläßlich Karl Mannheims Ideologie und Utopie«. In: *Die Gesellschaft* 7, 1 (1930), 163–176.

»Politische Erfahrungen im 20. Jahrhundert. Seminarnoti-zen 1955 und 1968«. In: *Dichterisch denken. Hannah Arendt und die Künste*. Hg. von Wolfgang Heuer und Irmela von der Lühe. Göttingen 2007, 213–223.

Das private Adressbuch 1951–1975. Hg. von Christine Fischer-Defoy. Leipzig 2007.

The Promise of Politics. Hg. von Jerome Kohn. New York 2005 [PP].

»Socrates«, 5–39.

»The Tradition of Political Thought«, 40–62.

»Montesquieu's Revision of the Tradition«, 63–69.

»From Hegel to Marx«, 70–80.

»The End of Tradition«, 81–92.

»Introduction *into* Politics«, 93–200.

»Epilogue«, 201–204.

Dt. z. T. in: *Was ist Politik? Fragmente aus dem Nachlass*. Hg. von Ursula Ludz. München 1993 [WP].

»Quod licet Jovi … Reflexionen über den Dichter Bertolt Brecht und sein Verhältnis zur Politik«. In: *Merkur* 23, 6 (1969), 527–542 und Nr. 7, 625–642.

Rahel Varnhagen. The Life of a Jewess. London 1958 [R]. *First Complete Edition*. Hg. von Liliane Weissberg. Baltimore/London 1997.

Dt.: *Rahel Varnhagen. Lebensgeschichte einer deutschen Jüdin aus der Romantik*. München/Frankfurt a. M. 1959 [RV].

Reden zur Verleihung des Friedenspreises des Deutschen Buchhandels. Hannah Arendt/Karl Jaspers. München 1958.

Responsibility and Judgment. Hg. von Jerome Kohn. New York 2003 [RJ].

»Prologue« [Speech upon receiving Denmark's Sonning Prize in 1975], 3–14.

»Personal Repsonsibility Under Dictatorship«, 17–48.

»Some Questions of Moral Philosophy«, 49–146.

»Collective Responsibility«, 147–158.

»Thinking and Moral Considerations«, 159–189.

»Reflections on Little Rock«, 193–213.

»*The Deputy*: Guilt by Silence?«, 214–226.

»Auschwitz on Trial«, 227–256.

»Home to Roost«, 257–276.

»Rilkes Duineser Elegien« [1930]. Mit Günter Stern. In: *Neue Schweizer Monatshefte* (1930), 855–871. Nachgedruckt in: Ulrich Fülleborn/Manfred Engel (Hg): *Rilkes Duineser Elegien. Bd. 2. Forschungsgeschichte.* Frankfurt a. M. 1982, 45–65.

Sechs Essays. Heidelberg 1948.

»Zueignung an Karl Jaspers«, 5–10.

»Über den Imperialismus«, 11–32.

»Organisierte Schuld«, 33–47.

»Was ist Existenzphilosophie?« 48–80.

»Die verborgene Tradition«, 81–111.

»Juden in der Welt von gestern«, 112–127.

»Franz Kafka«, 128–149.

»Die Sonning-Preis-Rede. Kopenhagen 1975«. In Heinz L. Arnold (Hg.): *Hannah Arendt.* Text+Kritik 166/167. München 2005, 3–12.

»Statelesness« [1955]. In: *HannahArendt.net*, documents, 5/2009.

»Thinking and Moral Considerations. A Lecture«. In: *So-cial Research* 38, 3 (1971). Dt.: »Über den Zusammenhang von Denken und Moral«. In: VZ.

Über das Böse. Eine Vorlesung über Fragen der Ethik. Übers. aus dem Englischen von Ursula Ludz. Mit einem Nachwort von Franziska Augstein. München/Zürich 2006 [ÜB]. »Einige Fragen der Ethik. Vorlesung in vier Teilen« [1965], 7–150.

»Varianten aus der Vorlesung ›Basic Moral Proposi-tions‹« [1966], 151–166.

Engl. in: *Responsibility and Judgment.* Hg. von Jerome Kohn. New York 2003 [RJ].

Über die Revolution. München 1965 [ÜR].

Engl.: *On Revolution.* New York 1963 [OR].

Über den Totalitarismus. Texte Hannah Arendts aus den Jahren 1951 und 1953. Hg. von Hannah-Arendt-Institut für Totalitarismusforschung e.V. an der Universität Dres-den. Dresden 1998.

»Die menschliche Natur steht auf dem Spiel: Hannah Arendts ›Vorwort‹ und ›Abschließende Bemerkungen‹ zur ersten Auflage von ›The Origins of Totalitarianism‹« [1951], 11–32.

»Kontroverse Ansichten: Der Disput zwischen Hannah Arendt und Eric Voegelin über das Totalitarismusbuch« [1953], 33–52.

»Über das Wesen des Totalitarismus. Ein Versuch zu ver-stehen«. In: Waltraud Meints/Katherine Klinger (Hg.): *Politik und Verantwortung. Zur Aktualität Hannah Arendts.* Hannover 2004, 15–52.

Die Ungarische Revolution und der totalitäre Imperialismus. München 1958 (auch in: *In der Gegenwart. Übungen im politischen Denken II.* Hg. von Ursula Ludz. München u. a. 2000).

Das Urteilen: Texte zu Kants Politischer Philosophie. Hg. von Ursula Ludz. München 1985 [U].

Engl.: *Lectures on Kant's Political Philosophy.* Hg. von Ronald Beiner. Chicago 1982 [LK].

Die verborgene Tradition: Acht Essays. Frankfurt a. M. 1976 [VT].

»Zueignung an Jaspers«, 7–11.

»Über den Imperialismus«, 12–31.

»Organisierte Schuld«, 32–45.

»Die Verborgene Tradition«, 46–73.

»Juden in der Welt von gestern«, 74–87.

»Franz Kafka«, 88–107.

»Aufklärung und Judenfrage«, 108–126.

»Der Zionismus aus heutiger Sicht«, 127–168.

Vita activa oder Vom tätigen Leben. Stuttgart 1960 und München 1960 [VA].

Engl.: *The Human Condition.* Chicago 1958 [HC].

Vom Leben des Geistes. 2 Bde. München 1979 [LG].

Engl.: *The Life of the Mind.* 2 Bde. New York 1978 und London 1978 [LM].

Von der Menschlichkeit in finsteren Zeiten. Gedanken zu Lessing. München 1960 (auch in: *Menschen in fins-teren Zeiten.* Hg. von Ursula Ludz. München 1989 [MZ]).

Vor Antisemitismus ist man nur noch auf dem Monde sicher. Beiträge für die deutsch-jüdische Emigrantenzeitung »Aufbau« 1941–1945. Hg. von Marie Luise Knott. München u. a. 2000 [AM].

»Der jüdische Krieg, der nicht stattfindet. ›Aufbau‹Texte Oktober 1941 bis November 1942«, 13–104.

»Zwischen Schweigen und Sprachlosigkeit. ›Aufbau‹Texte Februar 1943 bis März 1944«, 105–125.

»Die politische Organisation des jüdischen Volkes. ›Aufbau‹-Texte April 1944 bis April 1945«, 127–184.

»Zur Minderheitenfrage. Brief an Erich Cohn-Bendit, Paris Januar 1940«, 225–234.

t*Wahrheit und Lüge in der Politik: Zwei Essays*. München 1972.

»Die Lüge in der Politik«, 7–43 (auch in: *In der Gegenwart. Übungen im politischen Denken II*. Hg. von Ursula Ludz. München u. a. 2000 [IG]).

»Wahrheit und Politik«, 44–92 (auch in: *Zwischen Vergangenheit und Zukunft. Übungen im politischen Denken I*. Hg. von Ursula Ludz. München 1994 [VZ]).

Walter Benjamin–Bertolt Brecht: Zwei Essays. München 1971 (auch in: *Menschen in finsteren Zeiten*. Hg. von Ursula Ludz. München 1989 [MZ]).

»Was ist Existenzphilosophie?« In: *Sechs Essays*. Heidelberg 1948.

Was ist Politik? Fragmente aus dem Nachlass. Hg. von Ursula Ludz. München 1993 [WP].

»Was ist Politik?«, 9–12.

»Das Vorurteil gegen Politik und was Politik in der Tat heute ist«, 13–16.

»Vorurteil und Urteil«, 17–27.

»Einleitung: Hat Politik überhaupt noch einen Sinn?«, 28–34.

»Erstes Kapitel: Der Sinn von Politik«, 35–79.

»Zweites Kapitel: Die Kriegsfrage«, 80–122.

»Einleitung: Der Sinn von Politik«, 123–136.

Engl. Auswahl in: *The Promise of Politics*. Hg. von Jerome Kohn. New York 2005 [PP].

Zur Zeit. Politische Essays. Hg. von Marie Luise Knott. Berlin 1986 (aktual., erw. Neuausgabe. Hamburg 1999) [ZZ].

»Wir Flüchtlinge« [1943], 7–22.

»Das ›deutsche‹ Problem« [1945], 23–42.

»Besuch in Deutschland« [1950], 43–70.

»Europa und Amerika« [1954], 71–94.

»Little Rock« [1957/59], 95–118.

»Ziviler Ungehorsam« [1970], 119–160.

»200 Jahre amerikanische Revolution« [1975], 161–179.

»Das ›deutsche Problem‹ ist kein deutsches Problem« [1945], 214–225.

Zwischen Vergangenheit und Zukunft. Übungen im politischen Denken I. Hg. von Ursula Ludz. München 1994 [VZ].

»Vorwort: Die Lücke zwischen Vergangenheit und Zukunft«, 7–20.

»Tradition und die Neuzeit«, 23–53.

»Natur und Geschichte«, 54–79.

»Geschichte und Politik in der Neuzeit«, 80–109.

»Verstehen und Politik«, 110–127.

»Über den Zusammenhang von Denken und Moral«, 128–156.

»Was ist Autorität?«, 159–200.

»Freiheit und Politik«, 201–226.

»Revolution und Freiheit«, 227–252.

»Die Krise in der Erziehung«, 255–276.

»Kultur und Politik«, 277–304.

»Religion und Politik«, 305–326.

»Wahrheit und Politik«, 327–370.

阿伦特手册

信件往来

»Briefwechsel mit Salomon Adler-Rudel: Briefwechsel 1941–1943«. In: *HannahArendt.net*, documents, 1/2005 (http://hannaharendt.net/documents/briefe_2.html; ferner: http://hannaharendt. net/documents/Knott.html).

Hannah Arendt/Hans-Jürgen Benedict: »Briefwechsel«. In: *Mittelweg 36*, 17, 1 (2008), 2–8.

Hannah Arendt/Walter Benjamin: »Briefwechsel (1936– 1940)«. In: *Arendt und Benjamin. Texte, Briefe, Dokumente*. Hg. von Detlev Schöttker und Erdmut Wizisla. Frankfurt a. M. 2006, 121–141.

Hannah Arendt/Heinrich Blücher: *Briefe 1936–1968*. Hg. von Lotte Köhler. München u. a. 1996 [BwBl].

Engl.: *Within Four Walls. The Correspondence Between Hannah Arendt and Heinrich Blücher, 1936– 1968*. New York 2000 [CB].

Hannah Arendt/Kurt Blumenfeld: »*…in keinem Besitz verwurzelt*«. *Die Korrespondenz*. Hg. von Ingeborg Nordmann und Iris Pilling. Hamburg 1995 [BwBlu].

Hannah Arendt/Hermann Broch: *Briefwechsel 1946 bis 1951*. Hg von Paul M. Lützeler. Frankfurt a. M. 1996 [BwBr].

Hannah Arendt/Hilde Domin: »Briefwechsel 1960–1963«. In: *Sinn und Form* 3 (2010).

Hannah Arendt/Hans Magnus Enzensberger: »Politik und Verbrechen. Ein Briefwechsel«. In: *Merkur* 19, 4 (1965), 380–385.

Hannah Arendt/Joachim Fest: *Eichmann war von empörender Dummheit. Gespräche und Briefe*. Hg. von Ursula Ludz und Thomas Wild. München/Zürich 2011.

Hannah Arendt/Martin Heidegger: *Briefe 1925 bis 1975 und andere Zeugnisse aus den Nachlässen*. Hg. von Ursula Ludz. Frankfurt a. M. 1998 [BwH].

Engl.: *Letters 1925–1975*. Orlando u. a. 2004 [CH].

Hannah Arendt/Karl Jaspers: *Briefwechsel 1926–1969*. Hg. von Lotte Köhler und Hans Saner. München 1985 [BwJa]. Engl.: *Correspondence 1926–1969*. New York 1992 [CJ].

»An Unpublished Letter from Hannah Arendt to Karl Jas-pers«. Hg. von Elisabeth Young-Bruehl. In: *Hannah Arendt Newsletter* 1, 1 (1999), 51–55.

Hannah Arendt/Uwe Johnson: *Der Briefwechsel 1967– 1975*. Hg. Eberhard Falke und Thomas Wild. Frankfurt a. M. 2004 [BwJo].

»Correspondence between Hannah Arendt and Alfred Ka-zin«. Hg. von Helgard Mahrdt mit Einleitung und Kommentar. In: *Samtiden* 1 (Oslo 2005), 107–154.

Hannah Arendt/Mary McCarthy: *Between Friends. The Cor-respondence of Hannah Arendt and Mary McCarthy 1949– 1975*. Hg. von Carol Brightman. New York 1995 [CM].

Dt.: *Im Vertrauen. Briefwechsel 1949–1975*. München 1995 [BwM].

Hannah Arendt/Melitta Maschmann: »Briefwechsel«. Mit einer Einleitung von Ingeborg Nordmann. In: *Hannah Arendt Newsletter* 5 (2001).

Hannah Arendt/Gershom Scholem: *Der Briefwechsel 1939– 1964*. Hg. von Marie Luise Knott unter Mitarbeit von David Heredia. Frankfurt a. M. 2010 [BwSch].

»Brief an Gershom Scholem«, 21. April 1946. In: *Gershom Scholem. Briefe*. Bd. 1: 1914–1947. Hg. von Itta Shedletzky. München 1994.

Hannah Arendt/Paul Tillich: »Briefwechsel«. Hg. von Alf Christophersen und Claudia Schulze. In: *Zeitschrift für Neuere Theologiegeschichte* 9, 1 (2002), 131–156.

Hannah Arendt/Leni Yahil: »Correspondence 1961–1971«. In: *Yad Vashem Studies* 37 (2009), 40–65.

阿伦特手册

第 6 章 附录

由阿伦特编辑和出版的书籍

Walter Benjamin: *Illuminations*. New York 1968.

Hermann Broch: *Dichten und Erkennen*. Essays. 2 Bde. Zürich 1955 (H. Broch: *Gesammelte Werke*. Bde. 6 und 7.)

Karl Jaspers: *The Great Philosophers*. Bde. 1 und 2. New York 1962 und London 1962.

Franz Kafka: *The Diaries of Franz Kafka*. Hg. von Max Brod unter Mitarbeit von Hannah Arendt. Bd. 2: 1914–23. New York 1949.

Bernard Lazare: *Job's Dungheap. Essays on Jewish Nationalism and Social Revolution*. New York 1948.

尚未发表的文稿

这是在本书《阿伦特手册》中所提及但在她生前尚未发表的文稿。这些文稿现都作为遗稿被收藏在国会图书馆手稿部，华盛顿哥伦比亚特区，美国［LOC］。这些遗稿中的绝大部分都可以通过互联网（http：//memory. loc. gov/ammem/arendthtml/arendthome. html）查阅：

»Antisemitismus«, Essay (1938), LoC, Box 72.

»Authority« (1953). In: »Between Past and Future«, First Draft, LoC, Box 62.

»Basic Moral Propositions«. In: Lectures 1966, University of Chicago, LoC, Box 46.

»Brief an H. A. Moe«, 29.1.1953, LoC, Box 14.

»Brief an Scholem«, 20. 6.1963, »Brief an Arendt 26. Januar« 1964, LoC, Box 44.

»Brief an Robert Weltsch«, 25.7.1948, Leo Baeck Institut, Nachlass Robert Weltsch, Box 5 A-H.

Hannah Arendt/Hilde Fränkel: »Briefwechsel 1949–1950«, LoC, Box 10.

Hannah Arendt/Waldemar und Edith Gurian: »Briefwechsel 1948–1969«, LoC, Box 11.

Hannah Arendt/Benno von Wiese: »Briefwechsel 1953–1973«, LoC, Box 16.

»Eichmann-Discussion with Enumeration of Topics«, Hofstra College, 1964, LoC, Box 60.

»Intellectuals and Responsibility«, (1967), LoC, Box 74.

»Karl Marx«, Seminar (1966), LoC, Box 59.

»Karl Marx and the Tradition of Western Political Thought« (1953), LoC, Box 75 (Auszüge in: *Social Research* 69, 2, hg. von J. Kohn [2002], 273–319; »The Great Tradition. I. Law and Power«, in: *Social Research* 74, 3, hg. von J. Kohn [2007], 713–726; »The Great Tradition. II. Ruling and Being Ruled«, in: *Social Research* 74, 4, hg. von J. Kohn [2007], 941–954).

»Legal & Moral Aspects of Eichmann Case«, 1964, LoC, Box 61.

»Legal Problems of The Eichmann Trial«, Yale University, 1964, LoC, Box 60.

»Letter to W. H. Auden«, 14.2.1960, LoC, Box 8.

»Moral Responsibility under Totalitarian Dictatorships« (o.J.), LoC, Box 76.

»The Nature of Eichmann's Crime«, New York University, Law Forum, 1964, LoC, Box 60.

Nellessen, Bernd/Scholem, Gershom/Arendt, Hannah/Buber, Martin: »Ein Buch, das heiß umstritten ist: Hannah Arendts Bericht über den Eichmann-Prozess in Jerusalem«. In: Das Forum der Welt. Sonnabend, November 1963, Adolf Eichmann File, LoC, Box 49.

»Personal Responsibility under Dictatorship«, Boston 1964, LoC 023315, Box 76.

»Philosophy and Politics: the Problem of Action and Thought After the French Revolution«, Vorlesung, 1954 (4 Ordner), Ordner 1, LoC, Box 76.

»Philosophy and Politics: What Is Political Philosophy?«, Vorlesungen und Seminar 1969 (2 Ordner), Ordner 1, LoC, Box 58.

»Proposal«, LoC, Box 22.

Scholem, Gershom: »Ein Briefwechsel über Hannah Arendts Briefwechsel über Hannah Arendts Buch«, MB 16.8.1963, Adolf Eichmann File, LoC, Box 49.

»Von Hegel zu Marx« (o.D.), LoC, Box 79.

二 符号缩写

AM	*Vor Antisemitismus ist man nur noch auf dem Monde sicher. Beiträge für die deutsch-jüdische Emigrantenzeitung »Aufbau« 1941–1945.* Hg. von Marie Luise Knott. München 2000.
BPF	*Between Past and Future: Eight Exercises in Political Thought.* Revised edition including two additional essays. New York 1968.
BwBl	Hannah Arendt/Heinrich Blücher: *Briefe 1936–1968.* Hg. und mit einer Einführung von Lotte Köhler. München 1996.
BwBlu	Hannah Arendt/Kurt Blumenfeld: »...*in keinem Besitz verwurzelt«: Die Korrespondenz.* Hg. von Ingeborg Nordmann und Iris Pilling. Hamburg 1995.
BwBr	Hannah Arendt/Hermann Broch: *Briefwechsel 1946 bis 1951.* Hg. von Paul Michael Lützeler. Frankfurt a. M. 1996.
BwH	Hannah Arendt/Martin Heidegger: *Briefe 1925–1975.* Hg. von Ursula Ludz. 3. durchges. u. erw. Aufl. Frankfurt a. M. 2002.
BwJa	Hannah Arendt/Karl Jaspers: *Briefwechsel 1926– 1969.* Hg. von Lotte Köhler und Hans Saner. Mün-chen 1985.
BwJo	Hannah Arendt/Uwe Johnson: *Der Briefwechsel.* Hg. von Eberhard Fahlke und Thomas Wild. Frankfurt a. M. 2004.
BwM	Hannah Arendt/Mary McCarthy: *Im Vertrauen. Briefwechsel 1949–1975.* Hg. von Carol Brightman. München 1995.
BwSch	Hannah Arendt/Gershom Scholem: *Der Briefwechsel 1939–1964.* Hg. von Marie Luise Knott unter Mitarbeit von David Heredia. Frankfurt a. M. 2010.
CB	*Within Four Walls: The Correspondence Between Hannah Arendt and Heinrich Blücher, 1936–1968.* Hg. von Lotte Kohler. New York 2000
CH	Hannah Arendt/Martin Heidegger: *Letters, 1925– 1975.* Hg. von Ursula Ludz. New York 2004.
CJ	Hannah Arendt/Karl Jaspers: *Correspondence 1926–1969.* Hg. von Lotte Kohler und Hans Saner. New York 1993.
CM	*Between Friends: The Correspondence of Hannah Arendt and Mary McCarthy. 1949–1975.* Hg. von Carol Brightman. New York 1996.
CR	*Crisis of the Republic: Lying in Politics – Civil Disobedience – On Violence – Thoughts on Politics and Revolution.* New York 1972.
DT	*Denktagebuch 1950 bis 1973.* 2 Bde. Hg. von Ursula Ludz und Ingeborg Nordmann. München 2002.
E	*Eichmann in Jerusalem: A Report on the Banality of Evil.* New York 1965.
EIU	*Essays in Understanding 1930–1954.* Hg. von Jerome Kohn. New York 2005.
EJ	*Eichmann in Jerusalem. Ein Bericht von der Banalität des Bösen.* Erw. Aufl. mit einem einleitenden Essay von Hans Mommsen. München 1986.
EU	*Elemente und Ursprünge totaler Herrschaft.* 5. Aufl. München 1986.
HC	*The Human Condition.* Garden City 1958.
IG	*In der Gegenwart. Übungen im politischen Denken II.* Hg. von Ursula Ludz. München 2000.

IWV *Ich will verstehen. Selbstauskünfte zu Leben und Werk*. Mit einer vollständigen Bibliographie. Hg. von Ursula Ludz. 2. erw. Aufl. München 2005.

JP *The Jew as Pariah: Jewish Identity and Politics in the Modern Age*. Hg. und mit einer Einleitung von Ron H. Feldman. New York 1978.

JW *Jewish Writings*. Hg. von Jerome Kohn und Ron H. Feldman. New York 2007.

KdZ *Die Krise des Zionismus. Essays und Kommentare 2*. Hg. von Eike Geisel und Klaus Bittermann. Berlin 1989.

LA *Der Liebesbegriff bei Augustin. Versuch einer philosophischen Interpretation* [1929]. Hg. von Frauke A. Kurbacher. Hildesheim u. a. 2006.

LG 1 *Vom Leben des Geistes*. Bd. 1: *Das Denken*, München 1979.

LG 2 *Vom Leben des Geistes*. Bd. 2: *Das Wollen*, München 1979.

LK *Lectures on Kant's Political Philosophy*. Hg. von Ronald Beiner. Chicago 1982.

LM *The Life of The Mind*. New York 1981.

LoC Library of Congress. Nachlass der Manuskripte, Korrespondenzen und Aufzeichnungen Hannah Arendts in der Manuscript Division der Library of Congress, Washington, D.C., USA Teilweise online zugänglich auf der Website The Hannah Arendt Papers at The Library of Congress (http:// memory.loc.gov/ammem/arendthtml/arendthome. html). Dort führt der Link »Finding Aid« zur »Container List«, in der der Inhalt von insgesamt 96 Boxen aufgeführt wird.

LStA *Love and Saint Augustine*. Hg. von Joanna Vecchiarelli Scott und Judith Chelius Stark. Chicago 1996.

MDT *Men in Dark Times*. New York 1968.

MG *Macht und Gewalt*. 2. erw. Aufl. München 1971.

MZ *Menschen in finsteren Zeiten*. Hg. von Ursula Ludz. München 1989.

NA *Nach Auschwitz. Essays und Kommentare 1*. Hg. von Eike Geisel und Klaus Bittermann. Berlin 1989.

OR *On Revolution*. New York 1963.

OT *The Origins of Totalitarianism*. New York 1973.

OV *On Violence*. New York 1970.

PP *The Promise of Politics*. Hg. und mit einer Einleitung von Jerome Kohn. New York 2005.

R *Rahel Varnhagen: The Life of a Jewish Woman*. London 1958.

RJ *Responsibility and Judgment*. Hg. und mit einer Einleitung von Jerome Kohn. New York 2003.

RV *Rahel Varnhagen. Lebensgeschichte einer deutschen Jüdin aus der Romantik*. München 1959.

U *Das Urteilen. Texte zu Kants Politischer Philosophie*. Hg. und mit einem Essay von Ronald Beiner. München 1985.

ÜB *Über das Böse. Eine Vorlesung zu Fragen der Ethik*. Aus dem Nachlass hg. von Jerome Kohn. München/Zürich 2006.

ÜR *Über die Revolution*. München o.J. (1965).

VA *Vita activa oder Vom tätigen Leben*. Stuttgart 1960.

VT *Die verborgene Tradition. Essays*. 2. erw. Aufl. Frankfurt a. M. 2000.

VZ *Zwischen Vergangenheit und Zukunft. Übungen im politischen Denken I*. Hg. von Ursula Ludz. München 1994.

WP *Was ist Politik? Fragmente aus dem Nachlass*. Hg. von Ursula Ludz. München 1993.

ZZ *Zur Zeit. Politische Essays*. Hg. von Marie Luise Knott. 2. erw. Aufl. Berlin 1999.

三 第二手文献

书目

Ludz, Ursula: »Bibliographie. Zusammenstellung aller deutsch-und englischsprachigen Veröffentlichungen«. In: Hannah Arendt: *Ich will verstehen. Selbstauskünfte zu Leben und Werk.* München 2005, 257–341.

介绍阿伦特生活和著作的研究专著

Benhabib, Seyla: *Hannah Arendt. Die melancholische Denkerin der Moderne.* Hamburg 1998.

Birulés, Fina: *Una Herencia sin testamento: Hannah Arendt.* Barcelona 2007.

Brunkhorst, Hauke: *Hannah Arendt.* München 1999.

Canovan, Margaret: *Hannah Arendt. A Reinterpretation of her Political Thought.* Cambridge u. a. 1992.

D'Entrèves, Maurizio Passerin: *The Political Philosophy of Hannah Arendt.* London 1994.

Grunenberg, Antonia: *Arendt.* Freiburg 2003.

Heuer, Wolfgang: *Citizen. Persönliche Integrität und poli-tisches Handeln. Eine Rekonstruktion des politischen Hu-manismus Hannah Arendts.* Berlin 1992.

– : *Hannah Arendt. Mit Selbstzeugnissen und Bilddoku-menten.* Reinbek bei Hamburg 2004.

Kristeva, Julia: *Das weibliche Genie: Hannah Arendt.* Ber-lin/Wien 2001.

Nordmann, Ingeborg: *Hannah Arendt.* Frankfurt a. M. 1994.

Sontheimer, Kurt: *Hannah Arendt. Der Weg einer großen Denkerin.* München/Zürich 2005.

Wild, Thomas: *Hannah Arendt.* Frankfurt a. M. 2006.

Young-Bruehl, Elisabeth: *Hannah Arendt. Leben, Werk und Zeit.* Frankfurt a. M. 1986.

– : *Why Arendt Matters.* New Haven/London 2006.

关于阿伦特著作中个别观点的论著

Abensour, Miguel: *Hannah Arendt contre la philosophie politique?* Paris 2006.

Althaus, Claudia: *Erfahrung denken: Hannah Arendts Weg von der Zeitgeschichte zur politischen Theorie.* Göttingen 2000.

Amiel, Anne: *La non-philosophie de Hannah Arendt: Révo-lution et jugement.* Paris 2001.

Assy, Bethania: *Hannah Arendt – An Ethics of Personal Re-sponsibility.* Frankfurt a. M. 2008.

Beiner, Ronald: »Hannah Arendt über das Urteilen«. In: Hannah Arendt: *Das Urteilen. Texte zu Kants Politischer Philosophie.* Hg. und mit einem Essay von Ronald Beiner. München/Zürich 1998, 115–198.

Bernstein, Richard J.: *Hannah Arendt and the Jewish Question.* Cambridge 1996.

– : »Did Hannah Arendt Change Her Mind? From Radical Evil to the Banality of Evil«. In: May/Kohn 1996, 127– 146.

Birmingham, Peg: *Hannah Arendt and Human Rights. The Predicament of Common Responsibility.* Indianapolis 2006.

Bluhm, Harald: »Variationen des Höhlengleichnisses. Kritik und Restitution politischer Philosophie bei Hannah Arendt und Leo Strauss«. In: *Deutsche Zeitschrift für Philosophie* 6 (1999), 911–933.

Braun, Kathrin: »Biopolitics and Temporality in Arendt and Foucault«. In: *Time & Society* 16, 1 (2007), 5–23.

Canovan, Margaret, »A Case of Distorted Communication. A Note on Habermas and Arendt«. In: *Political Theory* 11, 1 (1983), 105–116.

Christophersen, Claudia: »... es ist mit dem Leben etwas gemeint«. *Hannah Arendt über Rahel Varnhagen*. Frankfurt a. M. 2002.

Disch, Lisa J.: *Hannah Arendt and the Limits of Philosophy*. Cornell 1994.

Ferrara, Alessandro: »Judgment and Exemplary Validity. A Critical Reconstruction of Hannah Arendt's Interpretation of Kant«. In: Frithjof Rodi (Hg.): *Urteilskraft und Heuristik in den Wissenschaften. Beiträge zur Entstehung des Neuen*. Weilerswist 2003, 159–183.

Förster, Jürgen: *Die Sorge um die Welt und die Freiheit des Handelns. Zur institutionellen Verfassung der Freiheit im politischen Denken Hannah Arendts*. Würzburg 2009.

Forti, Simona: *Il totalitarismo*. Bari 2001.

Gottlieb, Susannah Young-ah: *Regions of Sorrow. Anxiety and Messianism in Hannah Arendt and W. H. Auden*. Stanford 1993.

Großmann, Andreas: »Rhetorik und Politik. Zu einer unausgetragenen Kontroverse zwischen Hannah Arendt und Martin Heidegger«. In: *Philosophisches Jahrbuch* 115, 2 (2008), 314–327.

Habermas, Jürgen: »Hannah Arendts Begriff der Macht«. In: *Merkur* 30, 10 (1976), 946–960 (auch in: *Philosophisch-politische Profile*. Frankfurt a. M. 1981, 228–248 und in: *Hannah Arendt. Materialien zu ihrem Werk*. Hg. von Adalbert Reif. Wien 1979, 287 305).

– . »Die Geschichte von den zwei Revolutionen«. In: *Philosophisch-politische Profile*. Frankfurt a. M. 1981, 223– 228.

Hahn, Barbara: *Hannah Arendt – Leidenschaften, Menschen und Bücher*. Berlin 2005.

– : »Hannah Arendts Literaturen. Zwischen Deutschland und Amerika«. In: *Internationale Zeitschrift für Philoso-phie* 16, 1 (2007), 17–26.

– /Knott, Marie Luise: *Hannah Arendt – Von den Dichtern erwarten wir Wahrheit*. Berlin 2007.

Hansen, Phillip: *Hannah Arendt. Politics, History and Citizenship*. Oxford 1993.

Herzog, Annabel: *Penser autrement la politique. Eléments pour une critique de la philosophie politique*. Paris 1997.

Heuer, Wolfgang/von der Lühe, Irmela (Hg.): *Dichterisch denken. Hannah Arendt und die Künste*. Göttingen 2007.

Honig, Bonnie: »Agonaler Feminismus: Hannah Arendt und die Identitätspolitik«. In: Institut für Sozialforschung Frankfurt (Hg.): *Geschlechtverhältnisse und Politik*. Frankfurt a. M. 1994, 43–69.

Jaeggi, Rahel: *Welt und Person. Zum anthropologischen Hintergrund der Gesellschaftskritik Hannah Arendts*. Berlin 1997.

Jaspers, Karl: »Vom unabhängigen Denken: Hannah Arendt und ihre Kritiker.« Fragmente, ausgew. und komm. von Hans Saner. In: *Jahrbuch der deutschen Schil-lergesellschaft* 50 (2006), 27–43.

Kateb, George: *Hannah Arendt. Politics, Conscience, Evil*. Totowa 1984.

Knott, Marie Luise: *Verlernen. Denkwege bei Hannah Arendt*. Berlin 2011.

Kohn, Jerome/Young-Bruehl, Elisabeth: »On Truth, Lies and Politics: A Conversation«. In: *Social Research* 74, 4 (2007), 1045–1070.

Kolk, Philipp zum: *Hannah Arendt und Carl Schmitt: Ausnahme und Normalität – Staat und Politik*. Frankfurt a. M. 2009.

Krüger, Hans-Peter: »Die condition humaine des Abendlandes. Philosophische Anthropologie in Hannah Arendts Spätwerk«. In: *Deutsche Zeitschrift für Philosophie* 55, 4 (2007), 605–626.

Kurbacher, Frauke A.: *Selbstverhältnis und Weltbezug – Urteilskraft in existenz-hermeneutischer Perspektive*. Hildesheim/Zürich/New York 2005.

Lafer, Celso: *A reconstrução dos direitos humanos. Um diálogo com o pensamento de Hannah Arendt*. São Paulo 1988 (span. México 1991).

Lara, María Pía: *Narrating Evil: A Postmetaphysical Theory of Reflective Judgment*. New York 2007.

Leibovici, Martine: *Hannah Arendt et la tradition juive: le judaïsme à l'épreuve de la secularisation*. Genf 2003.

Magiera, Günter: *Die Wiedergewinnung des Politischen. Hannah Arendts Auseinandersetzung mit

Platon und Heidegger. Frankfurt a. M. 2007.

Mahrdt, Helgard: »Phronēsis bei Aristoteles und Hannah Arendt. Von der Sorge um das Leben und um das Selbst zur Sorge um die Welt«. In: *Deutsche Zeitschrift für Philosophie* 55, 4 (2007), 587–603.

Maier-Katkin, Daniel: *Stranger from Abroad. Hannah Arendt, Martin Heidegger, Friendship and Forgiveness.* New York 2010.

Marchart, Oliver: *Neu beginnen. Hannah Arendt, die Revolution und die Globalisierung.* Berlin 2005.

Mehring, Reinhard: »Zwischen Philosophie und PolitikHannah Arendts Verhältnis zu Heidegger«. In: *Zeitschrift für Religions-und Geistesgeschichte* 53 (2001), 256–273.

Meints, Waltraud: *Partei ergreifen im Interesse der Welt. Eine Studie zur politischen Urteilskraft im Denken Hannah Arendts.* Bielefeld 2011.

Menke, Christoph: »Die ›Aporien der Menschenrechte‹ und das ›einzige Menschenrecht‹. Zur Einheit von Hannah Arendts Argumentation«. In: Geulen/Kauffmann/ Mein 2008, 131–47.

Opstaele, Dag Javier: *Politik, Geist, Kritik. Eine hermeneutische Rekonstruktion von Hannah Arendts Philosophiebegriff.* Würzburg 1999.

Owens, Patricia: *Between War and Politics. International Relations and the Thought of Hannah Arendt.* Oxford 2007.

Parekh, Serena: *Hannah Arendt and the Challenge of Modernity: A Phenomenology of Human Rights.* New York 2008.

Pitkin, Hannah Fenichel: *The Attack of the Blob. Hannah Arendt's Concept of the Social.* Chicago/ London 1998.

Ring, Jennifer: »On Needing Both Marx and Arendt: Alienation and the Flight from Inwardness.« *Political Theory* 17 (1989), 432–448.

Romberg, Regine: *Athen, Rom oder Philadelphia? Die politischen Städte im Denken Hannah Arendts.* Würzburg 2007.

Rosenmüller, Stefanie: *Der Ort des Rechts. Gemeinsinn und richterliches Urteilen nach Hannah Arendt.* Baden-Baden 2011.

Saavedra, Marco Estrada: *Die deliberative Rationalität des Politischen. Eine Interpretation der Urteilslehre Hannah Arendts.* Würzburg 2002.

Sánchez Muñoz, Cristina: *Hannah Arendt. El espacio de la política.* Madrid 2003.

Schulze Wessel, Julia: *Ideologie der Sachlichkeit. Hannah Arendts politische Theorie des Antisemitismus* Frankfurt a. M. 2006.

Sluga, Hans: »The Pluralism of the Political: From Carl Schmitt to Hannah Arendt«. In: *Telos* 142 (2008), 91–109.

Sternberger, Dolf: »Die versunkene Stadt. Über Hannah Arendt's Idee der Politik«. In: Ders.: *Schriften IV.* Frankfurt a. M. 1980, 171–190.

Straßenberger, Grit: *Über das Narrative in der politischen Theorie.* Berlin 2005.

Taminiaux, Jacques: *La Fille de Thrace et le penseur professionel: Arendt et Heidegger.* Paris 1992 (engl.: *The Thracian Maid and the Professional Thinker: Arendt and Heidegger.* New York 1997).

Tassin, Étienne: *Le trésor perdu: Hannah Arendt, l'intelligence de l' action politique.* Paris 1999.

Tsao, Roy T.: »The Three Phases of Arendt's Theory of Totalitarianism«. In: *Social Research* 69, 2 (2002), 579–621.

– : »Arendt Against Athens. Rereading the Human Condition.« In: *Political Theory* 30, 1 (2002), 97–124.

– : »Arendt and the Modern State: Variations on Hegel in The Origins of Totalitarianism«. In: *The Review of Politics* 66, 1 (2004), 105–36.

Villa, Dana R.: *Arendt and Heidegger. The Fate of the Political.* Princeton 1995.

– : *Politics, Philosophy, Terror: Essays on the Thought of Hannah Arendt.* Princeton 1999.

Volk, Christian: *Die Ordnung der Freiheit. Recht und Politik im Denken Hannah Arendts.* Baden-Baden 2010.

Vowinckel, Annette: *Geschichtsbegriff und Historisches im Denken bei Hannah Arendt.* Köln/ Weimar/Wien 2001.

Wellmer, Albrecht: »Hannah Arendt ü ber die Revolution«, in: Hauke Brunkhorst/Wolfgang R. Köhler/Matthias Lutz-Bachmann (Hg.): *Recht auf Menschenrechte.* 1999, 125–156.

Wild, Thomas: *Nach dem Geschichtsbruch. Deutsche Schriftsteller um Hannah Arendt.* Berlin 2009.

Zerilli, Linda M.G.: »›We Feel Our Freedom‹: Imagination and Judgment in the Thought of Hannah Arendt«. In: *Political Theory* 33, 2 (2005), 158–188.

文集和杂志特刊

Abensour Miguel u. a. (Hg.): *Hannah Arendt. Ontologie et Politique, Actes du Colloque Hannah Arendt. Paris* 1989.

Arnold, Heinz L. (Hg.): *Hannah Arendt.* Text+Kritik. 166/167. München 2005.

Aschheim, Steven E. (Hg.): *Hannah Arendt in Jerusalem.* London 2001.

Auer, Dirk/Rensmann, Lars/Schulze Wessel, Julia (Hg.): *Arendt und Adorno.* Frankfurt a. M. 2003.

Benhabib, Seyla (Hg,); *Politics in Dark Times. Encounters with Hannah Arendt.* New York 2010.

Berkowitz, Roger u. a. (Hg.): *Thinking in Dark Times. Hannah Arendt on Ethics and Politics.* New York 2010.

Bernauer, James (Hg.): *Amor Mundi – Essays on the Faith and Thought of Hannah Arendt.* Dordrecht 1987.

Calhoun, Craig/McGowan, John (Hg.): *Hannah Arendt and the Meaning of Politics.* Minneapolis 1997.

Caloz-Tschopp, Marie-Claire (Hg.): *Lire Hannah Arendt Aujourd'hui. Pouvoir, guerre, pensée, jugement politique.* Paris 2008.

Cruz Rodriguez, Manuel (Hg.): *El siglo de Hannah Arendt.* Madrid 2006.

Ganzfried, Daniel/Hefti, Sebastian (Hg.): *Hannah Arendt. Nach dem Totalitarismus.* Hamburg 1997.

García, Dora Elvira (Hg.): *Hannah Arendt. El sentido de la política.* Mexico 2007.

Geulen, Eva/Kauffmann, Kai/Mein, Georg (Hg.): *Hannah Arendt und Giorgio Agamben: Parallelen, Perspektiven, Kontroversen.* Paderborn/München 2008.

Gordon, Mordechai (Hg.): *Hannah Arendt and Education: Renewing our Common World.* Boulder 2001.

Grunenberg, Antonia (Hg.): *Totalitäre Herrschaft und republikanische Demokratie. Fünfzig Jahre »The Origins of Totalitarianism« von Hannah Arendt.* Unter Mitarb. von Stefan Ahrens und Bettina Koch. Frankfurt a. M. u. a. 2003.

»Hannah Arendt's Centenary: Political and Philosophical Perspectives« (Part I). *Social Research* 74,3 (2007).

»Hannah Arendt's Centenary: Political and Philosophical Perspectives« (Part II). *Social Research* 74,4 (2007).

Heinrich-Böll-Stiftung (Hg.): *Hannah Arendt: Verborgene Tradition – unzeitgemäße Aktualität?* Berlin 2007.

Hill, Melvyn A. (Hg.): *Hannah Arendt. The Recovery of the Political World.* New York 1979.

Hinchman, Lewis P./Hinchman, Sandra K. (Hg.): *Hannah Arendt: Critical Essays.* New York 1994.

Honig, Bonnie (Hg.): *Feminist Interpretations of Hannah Arendt.* University Park, PA 1995.

Kaplan, Gisela T./Kessler, Clive S. (Hg.): *Hannah Arendt. Thinking, Judging, Freedom.* Sydney 1989.

Kemper, Peter (Hg.): *Die Zukunft des Politischen. Ausblicke auf Hannah Arendt.* Frankfurt a. M. 1993.

King, Richard H./Stone, Dan (Hg.): *Hannah Arendt and the Uses of History. Imperialism, Nation, Race and Genocide.* New York/Oxford 2007.

Kubes-Hofmann, Ursula (Hg): *Sagen, was ist. Zur Aktualität Hannah Arendts.* Wien 1994.

Kupiec, Anne/Leibovici, Martine/Muhlmann, Géraldine/ Tassin, Etienne (Hg.): *Hannah Arendt. Crises de l'Etatnation.* Paris 2007.

May, Larry/Kohn, Jerome *(Hg.): Hannah Arendt: Twenty Years Later.* Cambridge 1996.

Meints, Waltraud/Klinger, Katherine (Hg.): *Politik und Verantwortung. Zur Aktualität von Hannah Arendt.* Hannover 2004.

Neumann, Bernd/Mahrdt, Helgard/Frank, Martin (Hg.): ›The Angel of History is Looking Back‹. *Hannah Arendts Werk unter politischem, ästhetischem und historischem Aspekt*. Würzburg 2001.

New School for Social Research (Hg.): *Hannah Arendt: The Origins of Totalitarianism, Fifty Years Later. Social Research* 69, 2 (2002), 74, 3/4 (2007).

Roviello, Anne-Marie/Weyembergh, Maurice (Hg.): *Hannah Arendt et la modernité*. Paris 1992.

Smith, Gary (Hg.): *Hannah Arendt Revisited: Eichmann in Jerusalem und die Folgen*. Frankfurt a. M. 2000.

Thaa, Winfried/Probst, Lothar (Hg.): *Die Entdeckung der Freiheit. Amerika im Denken Hannah Arendts*. Berlin/ Wien 2003.

Vatter, Miguel/Nitschach, Horst (Hg.): *Hannah Arendt: Sobrevivir al totalitarismo*. Santiago 2008.

Villa, Dana R. (Hg.): *Cambridge Companion to Hannah Arendt*. Cambridge 2000.

Williams, Garrath (Hg.): *Hannah Arendt. Critical Assessments of Leading Political Philosophers*. London/New York 2006.

沃尔夫冈·霍尔

四　声响和视频文献

这是一份汉娜·阿伦特网站（HannahArendt. net）上有关她的广播和电视节目的部分摘录。全部的节目单，特别是介绍已发表的文献的节目可以进入 http：//hannaharendt. net/bibliography/andio. video. html. 网站查阅。

Die Menschen und der Terror / Rundfunkvortrag / RIAS Berlin (Funkuniversität) / 30 Min. / Aufgenommen am 13.4.53.

Von Hegel zu Marx / Rundfunkvortrag / RIAS Berlin / 15 Min. / Aufgenommen 12.5.1953.

Natur und Geschichte / Rundfunkvortrag / Bayerischer Rundfunk (BR) / ca. 60 Min. / Erstsendung am 3.1.57.

Über den modernen Begriff der Geschichte und über die Möglichkeiten der Freiheit / Rundfunkvortrag (mit Einleitung von Carl Linfert) / Westdeutscher Rundfunk (WDR; Nachtprogramm aus Köln) / 78 Min. / Erstsendung am 15.1.1957.

Die Entwicklung des Sowjetblocks / Rundfunkvortrag in drei Teilen / BR (Sonderprogramm) / 3-mal ca. 30 Min. / Erstsendung am 28.1.58, ? 58 und 7.2.58.

Hermann Broch – der Mensch, die geistige Gestalt, das Werk. Ein Porträt von Thilo Koch mit einem Beitrag von Hannah Arendt [sie liest den Anfang ihres Essays über H. Broch] / Rundfunksendung / Norddeutscher Rundfunk (NDR) / Dauer unbekannt / Erstsendung am 23. (20.?) 5.58.

Die Krise der Erziehung / Rundfunkvortrag (mit Einleitung von Carl Linfert) / Radio Bremen (RB) – WDR Köln / ca. 75 Min. / Erstsendung am 4.9.58 (RB), 7.10.58 (WDR).

Auswanderer – Emigrant – Flüchtling. Ein Gespräch [von Lutz Besch] mit Hannah Arendt / Rundfunksendung / RB / 30 Min. / Aufgenommen am 14.5.58.

Freiheit und Politik / Rundfunkmitschnitt des öffentlichen Vortrags im Schweizerischen Institut für Auslandsforschung am 22.5.58 / Schweizerische Rundspruchgesellschaft, Studio Zürich / 46 Min. / Gesendet am 12.8.58.

Verleihung des Friedenspreises des Deutschen Buchhandels an Karl Jaspers: 1. Ansprache von Reinhard Jaspert; 2. Ansprache von Werner Bockelmann; 3. Laudatio, gehalten von Hannah Arendt; 4. Überreichung der Ehrenurkunde; 5. Karl Jaspers spricht zum Thema »Wahrheit, Freiheit und Friede« / Rundfunkmitschnitt / Westdeut-scher Rundfunk / Insgesamt ca. 90 Min., Arendt ca. 20 Min. / Aufgenommen am 28.9.58.

Fernsehmitschnitt der Verleihung des Friedenspreises an K. Jaspers / Hessischer Rundfunk (HR)? / Dauer unbekannt / Aufgenommen am 28.9.58 / Sendedatum unbekannt / [Ausschnitt im Film *Deutsche Lebensläufe*, s. u.].

Von der Menschlichkeit in finsteren Zeiten / Öffentlicher Vortrag bei Verleihung des Lessing-Preises am 28.9.59 / Rundfunkmitschnitt / NDR, Funkhaus Hannover / 55 Min. / Gesendet am 1.11.59.

Fernsehmitschnitt des öffentlichen Vortrags bei der Verleihung des Lessing-Preises / Nachrichtensendung »Tagesschau« / H.H.Biermann-Ratjen [verliest Text der Preisurkunde] / HA [kein Ton] / NDR / 9 Min. / Sendedatum unbekannt.

Gespräch mit Hannah Arendt nach der Verleihung des Lessing-Preises / Gesprächspartner Hermann Rockmann / Runfunksendung / Sender Freies Berlin (SFB) / Dauer unbekannt / Aufgenommen am 30.9.59.

»Ich eigne mich nicht für ein Interview …« Gespräch mit der Geschichtsphilosophin Hannah Arendt / Gesprächspartnerin Olga Amann / Rundfunksendung / BR / ca. 20 Min. / Aufgenommen in Princeton, NJ, am 29.9.60.

Hannah Arendt stellt die wichtigsten Thesen ihres Buches »On Revolution« vor / Carl Linfert (Einleitung) / HA [liest aus dem 1. Kapitel des Buches] / Rundfunksendung / WDR / ca. 85 Min. / Aufgenommen am 4.3.63 / Gesendet am 28.5.63.

Nationalismus – ein Element der Demokratie? [Öffent-liche] Diskussion mit Hannah Arendt und Eugen Kogon / Roland Wiegenstein (Moderator) / Rundfunksendung / WDR / 88 Min. / Aufgenommen am 6.3.63 / Gesendet am 11.7.63.

Die Wahrheit in der Politik / Rundfunkvortrag / SDR Hei-delberg / ca. 34 Min. / Aufgenommen in New York am 15.12.63.

»Bleiben die Mörder unter uns?« / Arendt liest eine Antwort auf die Interviewfrage von Thilo Koch / Fernseh-sendung / NDR (Panorama) / Dauer unbekannt / Aufgenommen in New York am 24.1.1964.

Titel unbekannt / Hannah Arendt und Rolf Hochhuth / Fernsehsendung / »Camera Three« interview program / Dauer unbekannt / Aufgenommen in New York am 15.3.64 und live gesendet.

Personal Responsibility Under Dictatorship / Rundfunkvortrag / BBC, Third Programme / Dauer unbekannt / Aufgenommen in New York / Erstsendung am 14.6.64.

Krieg und Revolution [Einleitung zu: *Über die Revolution*] / Rundfunkmitschnitt eines öffentlichen Vortrags am 15.9.64 / ca. 53 Min. / BR.

Was bleibt? Es bleibt die Muttersprache / Fernsehgespräch mit Günter Gaus / ZDF (Reihe »Zur Person«) / ca. 60 Min. / Aufgenommen in München am 16.9.64 / Erstsen-dung am 28.10.64.

Eichmann oder Von der Banalität des Bösen. Hannah Arendt interpretiert ihr Buch / Rundfunkgespräch mit Joachim Fest / SWF Baden-Baden, Abendstudio / 58 Min. / Aufgenommen am 19.9.64 / Gesendet am 9.11.64.

Das Recht auf Revolution. Streitgespräch zwischen Hannah Arendt und Carlo Schmid / Mitschnitt einer öffentlichen Veranstaltung des WDR am 19.10.65 / 53 Min.

Hinweis auf Walter Benjamin / Öffentlicher Vortrag im Goethe House, NY (Fernsehmitschnitt) / Blackwood Prod. im Auftrag des ZDF / ca. 65 Min. / Aufgenommen am 16.1.68 / Gesendet vom SFB III am 5.2.70.

Karl Jaspers zum 85. Geburtstag am 23.2.1968 / Rundfunkansprache / BR / Aufgenommen in New York am 21.2.68 / Dauer unbekannt / Sendedatum wahrscheinlich 23.2.68.

Amerika und seine Attentate / Fernsehinterview mit Dagobert Lindlau / BR (Report München) / Aufgenommen in New York, Datum unbekannt / ca. 9 Min. / Gesendet am 22.7.68.

Quod licet Jovi … Hannah Arendt über Bertolt Brecht / Rundfunkvortrag in zwei Teilen / BR / ca. 56 und 60 Min. / Aufgenommen in München am 7.1. und 14.1.69.

Über die Gewalt / Rundfunkvortrag / BR / ca. 64 Min. / Aufnahmedatum 24.7.69.

Wahrheit und Politik – Eine philosophische Studie / Rundfunkvortrag / BR / 79 Min. / Aufgenommen in New York am 23.9.69.

Martin Heidegger ist 80 Jahre alt / Rundfunkvortrag / BR / 34 Min. / Aufgenommen in New York am 25.9.69 / Gesendet am 26.9.69.

In der zweiten Phase der demokratischen Revolution? […] / Öffentliche Diskussion im Düsseldorfer Bildungsforum (Mitschnitt) mit den Teilnehmern Hannah Arendt, Hans Dichgans, Arnold Gehlen, Werner

Maihofer und Dolf Sternberger / WDR / Dauer unbekannt / Aufgenommen in Düsseldorf am 11.5.71.

Titel unbekannt / HA im Interview mit ? / Fernsehsendung / NDR, DEULIG Tonwoche Nr. 66 / Dauer unbekannt / Aufnahmedatum unbekannt / Sendedatum 7.4.72.

Die Lüge in der Politik / Rundfunkvortrag / BR / Dauer unbekannt / Aufnahmedatum unbekannt / Sendedatum 18.9.72 (Die Zeitschriftenschau).

Conference »The Work of Hannah Arendt« / Private Tonbänder von Melvyn A. Hill / Länge unbekannt / Aufge-nommen auf der Konferenz vom 24.-26.11.72 in Toronto / Tonbänder im Arendt-Nachlass der Library of Congress (dort nicht auffindbar).

Hannah Arendt / Fernsehgespräch mit Roger Errera / O.R.T.F., Paris (Reihe »Un certain regard«) / ca. 60 Min. / Aufgenommen in New York im Oktober 1973 / Erstsen-dung am 6.7.74.

Verleihung des Sonning-Preises in Kopenhagen / Fernsehausschnitte aus Hannah Arendts Dankesrede in englischer Sprache / NDR (Kultur aktuell) / ca. 8 Min. / Aufgenommen in Kopenhagen am 18.4.75 / Gesendet am 26.4.75.

Home to Roost / Öffentlicher Vortrag, Boston Bicentennial Forum (Mitschnitt) / National Public Radio / Dauer unbekannt / Aufnahme-und Sendedatum 20.5.75.

Legitimität der Lüge in der Politik? / Öffentliche Diskussion im Düsseldorfer Bildungsforum (Mitschnitt) / Teilnehmer Hannah Arendt, Sebastian Haffner, Bernhard Vogel und Hans-Friedrich Hölters / SWF / ca. 59 Min. / Aufgenommen in Düsseldorf am 27.5.75

Titel unbekannt [Hannah Arendt with a group from Yale University] / ?, educational tv program / Dauer unbe-kannt / Aufnahmedatum unbekannt / Sendedatum un-bekannt.

阿伦特去世后播出的纪录片

Rückblende – Hannah Arendt / Von Ursula Ludz und Liesgret Schmitt-Klink / WDR, 1986, ca. 20 Min.

Erbschaft eines Angestellten – Hannah Arendt / Von Eike Geisel / SFB, 1990, ca. 45 Min.

La jeune fille étrangère – Das Mädchen aus der Fremde / Von Eglal Errera und Alain Ferrari / arte et al., 1997, 52 Min.

Ein Mädchen aus der Fremde / Von Jürgen Miermeister / ZDF/3SAT, 1997, ca. 45 Min.

Deutsche Lebensläufe: Hannah Arendt – eine Jüdin aus Deutschland / Von Simone Reuter und Monika Boll / SWR, 2005, ca. 45 Min.

Denken und Leidenschaft – Hannah Arendt / Von Jochen Kölsch (Drehbuch: Ursula Ludz und Clarissa Ruge) / BR – arte, 2006, ca. 60 Min.

乌尔苏拉·卢茨

第 3 节　文档和研究机构

文　档

阿伦特绝大部分著作的原稿或手稿现都保存在华盛顿美国国会图书馆，该馆在 1965 年与 2000 年间通过各种不同的机遇获得了原稿或手稿，（The Hannah Papers, www. memory. loc. gov/ammem/arendthtml/arendthome. html）。这些文稿被分档为"家庭

阿伦特手册

文稿"，"通信"，"阿多夫·艾希曼文档"，"学科主题文档"，"研究和著作文档"，"报刊剪辑"，"附加资料 I"，"附加资料 II"和"附加资料 III"。在通信这一文档中保存有阿伦特与瓦尔特·本雅明，罗伯特和埃尔克·吉尔伯特，J. 格伦·格雷，瓦尔德马·古里安，罗尔夫·霍赫姆特，汉斯·乔纳斯，洛特·科勒，尤达－雷欧·马格尼斯，汉斯－约希姆·摩根索，格斯霍姆·肖勒姆，保罗·蒂尔西，埃里克·沃格林，恩斯特·沃华夫，安娜·魏尔以及海伦和库特·沃尔夫等人的通信。

在"学科主题"以及"研究和著作"的文档中保存着一些至今还未公开发表的手稿，这些手稿若能在德国发表，应当很有它的价值。阿伦特的所有遗稿共有 75000 页，分别保管在 96 个箱子内，所跨的时间段从 1898 年到 1977 年，但主要文档开始于 1948 年。在 1948 年前的文稿只保存了较少的一些日记、记录和家庭档案。

全部文档都已数据化，并且绝大部分都能在网上查询到。读者在国会图书馆、纽约大学新哲学学院的阿伦特中心和奥登堡卡尔·冯·奥西茨基大学（Carl von Ossietzky Universität Oldenburg）的阿伦特中心都可以在线进入由于版权而被限制阅览的其余文稿。

奥登堡卡尔·冯·奥西茨基大学的阿伦特中心（www. arendt-zentrum. uni-oldenburg. de）除了收藏有美国国会图书馆保管的所有阿伦特文档的复印件外，还拥有约三分之二的由孟菲斯大学（University of Memphis，Tennessee）保管的微型胶卷，以及海因里希·布吕歇尔和洛特·科勒的一些补充资料。

阿伦特自己的私人图书，其中包括她的丈夫海因里希·布吕歇尔的图书共约 4000 册，她将这些图书全都授权给了她丈夫从 1952 年到 1970 年曾任职授课的在纽约安娜代尔上哈德森巴德学院图书馆（www. bard. edu/arendtcollection/collectioninfo. htm）。在这批幸运地留存下来的图书中也保存了阿伦特曾作阅读和研究的海德格尔、雅斯贝尔斯、尼采、布特曼、柏拉图、马基雅维利、洛克、马克思和恩格斯，列奥·施特劳斯，卡尔·施米特等人的著作和书籍（Laube 2007），以及大量的文学著作（Hahn/Knott 2007）。在这些书籍中阿伦特所做的旁注，对当代的阿伦特研究有着重要的补充意义。

阿伦特手册

第6章 附录

德国马尔巴赫档案馆保存有阿伦特的部分遗稿，其中包括她与夏洛特·贝拉特，库尔特·布卢门菲尔德，马丁·海德格尔，卡尔·雅斯贝尔斯，欧文·勒文松（Erwin Loewenson），多尔夫·施特恩贝格尔的信件，以及雅斯贝尔斯没有最后完成的《汉娜之书》（Das Buch Hannah），鉴于阿伦特有关艾希曼报道所激起的争辩，雅斯贝尔斯原想以此书对此作为回答的（Jaspers 2006；Saner 2006）。

来自阿伦特任职犹太文化重建主管时的一些档案文件现保存在美国斯坦福大学的扎洛·巴隆（Salo Baron）档案馆中以及在耶路撒冷的朔肯图书馆。

研究机构

在有关阿伦特的研究机构中，巴德学院 2008 年建立的汉娜·阿伦特政治与人文中心颇为著名。这个中心的建立目的，主要是针对当今的种族和政治问题的挑战：

> 以汉娜·阿伦特为范例，培育和助长大胆的思维、树立以人为本的对话、提升和深化公众话语。[……] 在一个不再坚守真理的世界里，为思维和思维者注射一些防止顺应潮流传染的预防剂。当顺应潮流以流行一时的热情席卷各行业、国家乃至世界的时候，使人们能够以自己独特的思考和见解，以拒绝顺应潮流的行为参加到这个世界中去。思维的伟大和意义在于：那些独立思维的人在留下的妄想和疯狂的人群中，构筑了最后一道人类理智的屏障（www. bard. edu/hannaharendtcenter/about，2010）。

此外，这个学院每年都会举行一次阿伦特研讨会，2008 年的讨论主题为：在黑暗时代的思考。2009 年为：我们这个时代的负重——全球金融危机的思想根源。2010 年为：在一个不人道的年代里——超人文的技术进步对人意味着什么？学院经常邀请客座讲师和教授，颁发奖学金，发表与会者的论文（Berkowitz u. a. 2009）。

1999 年设立的奥登堡卡尔·冯·奥西茨基大学的阿伦特中心在《汉娜·阿伦特研究》的系列中出版和发表了 5 份有关的博士论文以及相应的研究会议的文集，并组织召开了各种研讨会（www. arendt-zentrum. uni-oldenburg. de）。

自 1999 年以来，跨学科的"柏林阿伦特网络集团"（Berlin Arendt Networking Group）也出版汉娜·阿伦特网络杂志（www. hannaharendt. net），其杂志在 2005 年前被称为"汉娜·阿伦特简报"（Hannah Arendt Newsletter），该简报与一个包括各国分支的交流和联系的国际网络共同发布相关的短文、研究会议报道、有关阿伦特遗稿的文件和不断扩增的书籍目录。

巴西圣保罗大学的法学系在 2000 年建立了一个跨学科的研究和档案课题组（www. hannaharendt. org. br/rebab），2004 年合并进暴力研究中心（Núcleo de Estudos da Violécia）中，在"民主、法制国家和人权"的框架内从事课题研究。自 2008 年以来这个课题组的重点主要致力于"美洲各国范围内对严重伤害人权的赔偿"，"拉丁美洲的人权和重建"以及"拉丁美洲真相委员会"等研究。

这个课题组也与里约热内卢市立天主教大学法学院人权中心的汉娜·阿伦特档案（http：//www. jur. puc－rio. br/ndh_ programas. html #arquivo）一起合作，收集阿伦特的文稿，尤其是她涉及人权问题的论题论点和文稿。

2006 年在左倾的查韦斯（Hugo Chávez）政府期间，一些大学学者组建了汉娜·阿伦特观察网站（http：//www. observatorio-arendt. org），诉诸阿伦特的政治分析，反对政府对宪法机构和自由权利的限制。如今这个网站把自己看成一个非政府性组织，以自己研究社会的项目，声援国家的社会和民主进展。

另有一些研究中心虽然也以阿伦特研究中心为名，但并不研究她的著作或并不强调受她的思想的启发。比如设立在德累斯顿的汉娜·阿伦特极权主义研究学院，或阿根廷首都布宜诺斯艾利斯的汉娜·阿伦特文化和职业培训学院。

自 1995 年以来，不莱梅市运用阿伦特的影响，颁发汉娜·阿伦特政治思想奖（www. hannah-arendt. de/index. shtml），以表彰和鼓励在公众生活领域中有独立政治思想的杰出个人。已获此奖的有：艾格尼丝·海勒，克劳德·莱福特，安特耶·福尔默（Antje Vollmer），马西欧姆·卡西亚利（Massiomo Cacciari），约阿西姆·高克（Joachim Gauck），茱莉亚·克里斯特瓦（Julia Kristeva），弗朗索瓦·朱利恩（Francois Jullien）。

自 1996 年以来，在德国汉诺威由当任的市长带领下每年举行一次汉诺威汉娜·阿伦特纪念日，近来又以阅读汉娜·阿伦特加以补充，阅读阿伦特和阿伦特日关注的重点是有关如"政治表现形式的危机"或"由世界经济造成的世界饥饿"。

参考文献

Berkowitz, Roger/Katz, Jeffrey/Keenan, Thomas (Hg.): *Thinking in Dark Times: Hannah Arendt on Ethics and Politics.* New York 2009.

Hahn, Barbara/Knott, Marie Luise: *Von den Dichtern erwarten wir Wahrheit.* Berlin 2007.

Jaspers, Karl: *Das Lachen: aus Karl Jaspers' Manuskript zum Buchprojekt »Vom unabhängigen Denken. Hannah Arendt und ihre Kritiker«.* Marbacher Faksimile, Nr. 47. Marbach, Dt. Literaturarchiv 2006.

Laube, Reinhard: »Exile Readings. Hannah Arendt's Library«. In: Berkowitz/Katz/Keenan 2009, 249–259.

Saner, Hans: »Fragmente aus Karl Jaspers' ›Vom unabhängigen Denken‹. Hannah Arendt und ihre Kritiker«. In: *Jahrbuch der Deutschen Schillergesellschaft* 50 (2006), 27–43.

汉娜·阿伦特研究

Band 1: Antonia Grunenberg (Hg.): *Totalitäre Herrschaft und republikanische Demokratie* – mit Beiträgen zweier Konferenzen, die 2001 in Oldenburg und in Berlin zu Ehren des 50. Jahrestages der Publikation von Arendts Studie über *The Origins of Totalitarianism* stattfanden. Frankfurt a. M. 2003.

Band 2: Stefan Ahrens: *Legitimität und Gründung. Hannah Arendts politisches Denken über die Legitimität politischer Ordnungen.* Frankfurt a. M. 2005.

Band 3: Bethania Assy: *Hannah Arendt – An Ethics of Personal Responsibility.* Frankfurt a. M. 2008.

Band 4: Antonia Grunenberg/Waltraud Meints/Oliver Bruns/Christine Harckensee (Hg.): *Perspektiven politischen Denkens. Zum 100. Geburtstag von Hannah Arendt.* Frankfurt a. M. 2008

Band 5: Horst Mewes: *Hannah Arendt's Political Huma-nism.* Frankfurt a. M. 2009

沃尔夫冈·霍尔

第4节　本书作者介绍

约翰－沃尔夫·阿克曼（**John Wolfe Ackerman**）

美国伊利诺伊州埃文斯顿西北大学政治学系博士生，目前是波茨坦大学犹太研究学院留学生。为本书撰写的文章有第 5 节第 1 部分：竞争。

贝萨尼亚·阿希（**Bethania Assy**）

巴西里约热内卢国立大学法哲学和政治哲学教授。为本书撰写的文章有第 2 章第 6 节第 1 部分：艾希曼在耶路撒冷；第 4 章第 34 节：罪过。

佩格·伯明翰（**Peg Birmingham**）

芝加哥德保罗大学哲学教授。为本书撰写的文章有第 2 章第 5 节第 3 部分：对传统状况的质疑；第 2 章第 6 节第 3 部分：身处黑暗时代的人们；第 3 章第 1 节第 7 部分：托马斯·霍布斯；第 3 章第 1 节第 12 部分：联邦党人；第 4 章第 31 节：宗教；第 5 章第 9 节：人权。

哈拉尔德·布卢姆（**Harald Bluhm**）

哈勒 – 维滕堡马丁 – 路德大学政治理论和思想史教授。为本书撰写的文章有第 3 章第 1 节第 6 部分：尼可洛·马基雅维利，第 3 章第 1 节第 11 部分：埃德蒙·伯克；第 3 章第 1 节第 14 部分：亚历克西斯·德·托克维尔；第 4 章第 38 节：美德。

豪克·布伦克霍斯特（**Hauke Brunkhorst**）

德国弗莱斯堡大学社会学教授。为本书撰写的文章有第 2 章第 4 节第 1 部分：极权主义的要素和起源；第 4 章第 21 节：权力、暴力和统治。

伊诺斯·坎皮洛（**Neus Campillo**）

西班牙瓦伦西亚哲学学院哲学教授。为本书撰写的文章有第 4 章第 9 节：思想。

马可 – 埃斯特·拉达萨维德拉（**Marco Estarde Saavedra**）

墨西哥城墨西哥大学社会研究中心教授。为本书撰写的文章有第 2 章第 8 节第 2 部分：判断。

尤尔根·福斯特（**Jürgen Förster**）

德国莱茵 – 威斯特伐利亚业埃科技大学政治学院政治理论和思想史学科助理研究员。为本书撰写的文章有第 2 章第 5 节第 5 部分：人类生存条件或积极生活。

瓦莱丽·格拉尔德（**Valérie Gerard**）

哲学家，国际哲学文学科学研究中心的科学家。为本书撰写的文章有第 4 章第 32 节：共和国和民族国家。

布丽吉特·格斯（**Brigitte Gess**）

德国慕尼黑路德维希－马克西米利安大学舍尔政治学研究所政治学和政治理论讲师，为本书撰写的文章有第 4 章第 16 节：意识形态；第 4 章第 43 节：宽恕。

芭芭拉·哈恩（**Barbara Hahn**）

美国田纳西州纳什维尔范德比尔特大学特聘日耳曼学教授，为本书撰写的文章有第 2 章第 2 节：犹太人的生存；第 5 章第 3 节：文学创作和叙事性。

萨比娜·哈尔克（**Sabiene Hark**）

德国柏林工业大学妇女和性别跨学科研究中心主任及教授，为本书撰写的文章有第 5 章第 5 节：女权主义。

贝恩德·海特尔（**Bernd Heiter**）

哲学家，德国柏林自由大学奥托－苏尔政治科学研究院讲师，因病不再执教。

沃尔夫冈·霍尔（**Wolfgang Heuer**）

德国柏林自由大学奥托－苏尔政治科学研究院编外讲师，汉娜·阿伦特在线杂志总编。为本书撰写的文章有第 2 章：导言；第 2 章第 4 节第 2 部分：有关极权主义的论文；第 2 章第 5 节第 6 部分：《在过去和未来之间》；第 2 章第 10 节第 1 部分：海因里希·布吕歇尔（信件往来）；第 3 章第 1 节第 8 部分：查尔斯·德·孟德斯鸠；第 3 章第 1 节第 9 部分：让－雅克·卢梭；第 3 章第 1 节第 15 部分：卡尔·马克思；第 3 章第 2 节第 9 部分：海因里希·布吕歇尔。

刘易斯·P. 欣克曼（**Lewis P. Hinchman**）

美国纽约克拉克森大学教授。为本书撰写的文章有第 4 章第 5 节：权威。

桑德拉·K. 欣克曼（**Sandra K. Hinchman**）

美国纽约圣劳伦斯大学教授。为本书撰写的文章有第 4 章第 5 节：权威。

邦妮·霍尼希（**Bonnie Honig**）

美国西北大学莎拉－瑞贝卡·罗兰政治学教授，以及芝加哥律师基金会教授级高级研究员。为本书撰写的文章有第 5 章第 1 节：竞争。

拉埃尔·耶吉（**Rahel Jaeggi**）

德国柏林洪堡大学社会哲学、法哲学和政治哲学教授。为本书撰写的文章有第 4 章第 45 节：世界和世界异化。

弗拉斯塔·雅鲁斯科（**Vlasta Jaludic**）

斯洛维尼亚卢布尔雅那和平研究院科学家，卢布尔雅那（Ljubljana）大学和科佩尔贝利卡米克（Koper，Primorska）大学教授。为本书撰写的文章有第 3 章第 1 节第 13 部分：G. W. F. 黑格尔；第 4 章第 7 节：官僚主义；第 4 章第 19 节：生存和自然；第 4 章第 29 节：政治。

玛丽·路易·克诺特（**Marie Luise Knott**）

柏林自由出版、策划和撰稿人，德国翻译基金会董事。为本书撰写的文章有第 2 章第 3 节：欧洲，巴勒斯坦和美国；第 2 章第 5 节第 5 部分：《人类生存条件》/《积极生活》的双语注释；第 2 章第 10 节第 3 部分：赫尔曼·布罗赫（信件往来）；第 2 章第 10 节第 9 部分：格斯霍姆·肖勒姆；第 2 章第 10 节第 10 部分：少量的与其他人的通信，第 3 章第 1 节第 18 部分：莱纳-玛丽亚·里尔克；第 3 章第 2 节第 2 部分：赫尔曼·布罗赫；第 3 章第 4 节：瓦尔特·本雅明；第 3 章第 2 节第 5 部分：贝托尔特·布莱希特；第 4 章第 41 节：承诺。

耶罗梅·科恩（**Jerome Kohn**）

纽约新社会研究院汉娜·阿伦特研究中心主任。为本书撰写的文章有第 2 章第 5 节第 1 部分：《卡尔·马克思与西方政治思想传统》；第 2 章第 10 节第 8 部分：玛丽·麦卡锡；第 3 章第 1 节第 19 部分：弗兰茨·卡夫卡；第 4 章第 37 节：传统。

弗劳克·安内戈特·库尔巴哈（**Frauke Annegret Kurbacher**）

正在德国乌帕塔尔大学准备教授资格考试，莱比锡大学哲学讲座、柏林自由大学、乌帕塔尔大学、明斯特大学巴黎国家哲学学院讲师，国际跨学科哲学反思课题组负责人。为本书撰写的文章有第 2 章第 1 节：早期著作：《奥古斯丁爱的理念》；第 2 章第 8 节第 1 部分：《论精神生活》；第 3 章第 1 节第 5 部分：奥古斯丁；第 3 章第 1 节第 10 部分：伊曼努尔·康德。

阿伦特手册

塞尔索·拉弗尔（**Celso Lafer**）

律师，外交官，巴西圣保罗大学教授，曾从学于汉娜·阿伦特，为本书撰写的文章有第 4 章第 22 节：人权。

玛蒂娜·莱博维奇（**Martine Leibovici**）

法国巴黎狄德罗大学社会科学院教学研究协会政治哲学助理教授。为本书撰写的文章有第 4 章第 2 节：反犹太人主义；第 4 章第 4 节：同化；第 4 章第 26 节：贱民和新贵；第 4 章第 47 节：犹太复国主义；第 5 章第 8 节：犹太人问题。

马尔库斯·利安奎（**Marcus Llanque**）

德国奥格斯堡大学政治学政治理论和思想史教授。为本书撰写的文章有第 3 章第 1 节：西塞罗。

乌尔苏拉·卢茨（**Ursula Ludz**）

社会学硕士，自由职业者，生活在慕尼黑。为本书撰写的文章有第 2 章：导言；第 2 章第 5 节第 4 部分：《何谓政治?》；第 2 章第 10 节第 4 部分：马丁·海德格尔（信件往来）；第 5 章第 2 节第 4 部分：音响和视频文献。

京特·马奇拉（**Günter Magiera**）

退伍军人，现住汉诺威斯普林格（Springe）。为本书撰写的文章有第 3 章第 1 节第 2 部分：苏格拉底和柏拉图。

黑尔佳特·马尔特（**Helgard Mahrdt**）

挪威奥斯陆大学教育学院客座研究员。为本书撰写的文章有第 2 章第 10 节第 7 部分：阿尔弗雷德·卡津；第 4 章第 3 节：劳动、生产和行动；第 4 章第 17 节：文化。

奥利弗·马夏尔特（**Oliver Marchart**）

瑞士卢塞恩大学社会学讲座教授。为本书撰写的文章有第 2 章第 5 节第 7 部分：《论革命》；第 4 章第 1 节：竞争；第 4 章第 23 节：出生和开端；第 4 章第 33 节：革命。

阿伦特手册

瓦尔特劳德·迈因茨（Waltraud Meints）

现任德国柏林洪堡大学学术研究人员。为本书撰写的文章有第 4 章第 10 节：逃亡者、少数族裔和无国籍人士；第 4 章第 14 节：社会；第 4 章第 18 节：集中营。

英格博格·诺德曼（Ingeborg Nordmann）

撰稿人，德国法兰克福（美因茨）文化和政治活动的组织和策划者。为本书撰写的文章有第 2 章第 6 节第 2 部分：《关于邪恶》；第 2 章第 9 节：《思想日记》；第 2 章第 10 节第 2 部分：库尔特·布卢门菲尔特；第 3 章第 1 节第 17 部分：罗莎·卢森堡。

克劳迪娅·佩罗－莫塞斯（Cláudia Perrone-Moisés）

巴西圣保罗大学国际法比较学院助理教授。为本书撰写的文章有第 4 章第 44 节：真理、意见和谎言。

莫里茨·里恩（Moritz Rinn）

政治学家，获德国汉堡大学博士学位，汉堡社会研究院"欧洲社会排他性与政治民主"博士团体成员。为本书撰写的文章有第 5 章第 4 节：排他性。

雷吉娜·龙贝格（Regine Romberg）

德国科隆大学哲学讲座工作人员。为本书撰写的文章有第 3 章第 1 节第 1 部分：古典思想家。

斯特凡妮·罗森穆勒（Stefanie Rosenmüller）

德国柏林自由大学"恰如其分的感觉——情感和规范性"教学课题组工作人员，柏林自由大学哲学学院和奥托－苏尔学院以及希尔德斯海姆大学社会科学院讲师，汉娜·阿伦特在线网站编辑。为本书撰写的文章有第 2 章第 5 节第 2 部分：《哲学和政治：法国大革命后的行动和思想问题》；第 2 章第 5 节第 6 部分：《在过去和未来之间》；第 3 章第 1 节第 3 部分：亚里士多德。

罗兰·W. 申德勒（Roland W. Schindler）

德国明斯特欧洲经济货币联盟社会学研究院特殊研究项目讲师。为本书撰写的文章有第 4 章第 24 节：近代与现代。

霍尔格·塞德施特勒姆（Holger Sederström）

德国柏林洪堡大学法哲学和社会哲学科学助理工作人员、讲师。为本书撰写的文章有第 2 章第 10 节第 5 部分：卡尔·雅斯贝尔斯（信件往来）；第 3 章第 2 节第 1 部分：卡尔·雅斯贝尔斯。

格里特·施特拉森贝格尔（Grit Straßenberger）

德国柏林洪堡大学社会学院政治理论讲座科学助理工作人员。为本书撰写的文章有第 5 章第 2 节：民主和政治事件；第 5 章第 10 节：共和主义。

纳坦·施奈德尔（Natan Sznaider）

以色列特拉维夫以文化社会学为重点的社会学和政治理论学术研究院教授。为本书撰写的文章有第 5 章第 7 节：以色列 – 巴勒斯坦冲突。

艾提娜·塔辛（étienne Tassin）

法国巴黎狄德罗大学政治哲学教授。为本书撰写的文章有第 4 章第 8 节：《人类生存条件》；第 4 章第 27 节：个人；第 4 章第 28 节：多元性和自发性；第 4 章第 35 节：主权；第 4 章第 36 节：极权主义；第 4 章第 46 节：意志；第 5 章第 6 节：全球化；第 5 章第 1 节：极权主义。

温弗里德·泰阿（Winfried Thaa）

德国特里尔大学政治理论和思想史教授。为本书撰写的文章有第 2 章第 7 节：共和国危机；第 4 章第 48 节：公民抗命。

克里斯蒂娜·蒂尔迈尔 – 罗尔（Christina Thürmer-Rohr）

德国柏林技术大学社会科学教授。为本书撰写的文章有第 4 章第 6 节：邪恶；第 4 章第 25 节：公共性和私人性；第 4 章第 42 节：理解。

塔特塔内·内米尔·特美尔（Tatjana Noemi Tömmel）

现任德国法兰克福歌德大学哲学讲师，是法兰克福歌德大学阿克塞尔·霍耐特教授和耶鲁大学卡斯滕·哈里斯（Karsten Harries）教授的博士生，博士论文《马丁·海德格尔与汉娜·阿伦特的爱情概念》。为本书撰写的文章有第 4 章第 12 节：友谊；第 4 章第 20 节：爱情。

达娜·**R. 维拉**（**Dana R. Villa**）

美国芝加哥圣母大学帕基·迪基金政治理论教授。为本书撰写的文章有第 3 章第 1 节第 16 部分：弗里德里希·尼采；第 3 章第 2 节第 3 部分：马丁·海德格尔。

安妮特·福温克尔（**Annette Vowinckel**）

德国波茨坦当代史研究中心助理研究员。为本书撰写的文章有第 2 章第 3 节：马丁·海德格尔。

玛科·魏斯弗路格（**Maike Weißpflug**）

德国莱茵 – 威斯特伐利亚亚琛科技大学政治学院博士生。为本书撰写的文章有第 2 章第 5 节第 5 部分：《人类生存条件》/《积极生活》。

托马斯·维尔德（**Thomas Wild**）

德国柏林义学和政治学家，现任美国芝加哥大学研究员。为本书撰写的文章有第 2 章第 10 节第 6 部分：乌维·约翰逊。

加拉斯·威廉姆斯（**Garrath Williams**）

英国兰卡斯特大学高级讲师。为本书撰写的文章有第 4 章第 15 节：良心和道德；第 4 章第 40 节：责任。

矢野久美子（**Kumiko Yano**）

日本横滨费里斯大学教授。为本书撰写的文章有第 4 章第 30 节：政治空间和"中间状态"。

伊丽莎白·杨 – 布吕尔（**Elisabeth Young-Bruehl**）

现居加拿大多伦多，为多伦多心理分析协会成员，曾撰写汉娜·阿伦特传记。为本书撰写的文章有第 1 章：生平。

琳达·策丽理（**Linda Zerilli**）

美国伊利诺伊州埃文斯顿西北大学政治学教授。为本书撰写的文章有第 4 章第 11 节：自由；第 4 章第 39 节：判断力和想象力。

第 5 节　人名一览表

Adams，John（约翰·亚当斯）

Adenauer, Konrad（康拉德·阿登纳）

Adler, Hans（汉斯·安德勒）

Adler, Laure（劳蕾·阿德勒）

Adler-Rudel, Salomon

（萨洛蒙·阿德勒－鲁德尔）

Agamben, Theodor（特奥多尔·阿甘本）

Adorno, Theodor W

（特奥多尔·W. 阿多诺）

Agnon, Samuel Joseph

（塞缪尔－约瑟夫·阿格农）

Aischylos（埃斯库罗斯）

Allen, Danielle（丹妮尔·艾伦）

Amann, Olga（奥尔加·阿曼）

Anders, Günther（巩特·安德斯）

Arendt, Max（马克斯·阿伦特）

Arendt, Paul（保尔·阿伦特）

Aristoteles（亚里士多德）

Aron, Raymond（雷蒙·阿隆）

Assy, Bethania（贝萨尼亚·阿希）

Auden, Wystan H.（威斯坦·H. 奥登）

Augustinus, Aurelius

（奥雷利乌斯·奥古斯丁）

Bachmann, Ingeborg（英格博格·巴赫曼）

Baeck, Leo（莱奥·贝克）

Balibar, étienne（艾提娜·巴里巴尔）

Baring, Evelyn Lord of Cromer

（克罗默勋爵，伊弗林·巴林）

Barber, Benjamin（本雅明·巴伯）

Baron, Hans（汉斯·巴隆）

Baron, Salo（萨洛·巴隆）

Barrett-Browning, Elisabeth

（伊丽莎白·巴雷特－布朗宁）

Bazelow, Alex（亚历克斯·巴策洛夫）

Bell, Daniel（达尼尔·贝尔）

Ben-Gurian, David（大卫·本－古里安）

Benhabib, Seyla（萨拉·本哈比）

Benjamin, Walter（瓦尔特·本雅明）

Benn, Gottfried（戈特弗里德·本）

Beradt, Charlotte（夏洛特·贝拉特）

Bergson, Henri Louis（亨利－路易斯·柏格森）

Bernstein, Eduard（爱德华·伯恩斯坦）

Bernstein, Richard（理查德·伯恩斯坦）

Bittermann, Klaus（克劳斯·比特曼）

Blücher, Heinrich（海因里希·布吕歇尔）

Bodin, Jean（让·博丹）

Bohmann, James（雅默斯·博曼）

Bohr, Philip（菲利普·博尔）

Brace, Harcourt（哈科特·布雷斯）

Braham, Randolph（伦道夫·布拉汉姆）

Brand, Joel（乔尔·布兰德）

Brauer, Gerhard（格哈特·布劳尔）

Braun-Vogelstein, Julie（尤利叶·布劳恩－福格施泰因）

Brecht，Bertolt（贝托尔特·布莱希特）

Broch，Hermann（赫尔曼·布罗赫）

Brown，Wendy（温迪·布朗）

Brumlik，Micha（米夏·布鲁姆里克）

Brunkhorst，Hauke（豪克·布伦克霍斯特）

Brzezinski，Zbigniew（兹比格涅夫·布热津斯基）

Buber，Martin（马丁·布伯）

Büchner，karl（卡尔·毕希讷）

Bultmann，Rudolf（鲁道夫·布尔特曼）

Burke，Edmund（埃德蒙·伯克）

Butler，Judith（尤迪特·巴特勒）

Camus，Albert（阿尔伯特·加缪）

Canovan，Margaret（玛格丽特·卡诺凡）

Castel，Robert（罗伯特·卡斯特）

Castoriadis，Cornelius（科尼利厄斯·卡斯托里亚迪）

Cato，Marcus Porcius der Ältere（年老的马尔库斯－波茨乌斯·加图）

Céline，Louis Ferdinand（路易斯－费迪南德·席琳）

Chaplin，Charlie（查理·卓别林）

Char，René（勒内·夏尔）

Child，Lawford（劳福德·希尔德斯）

Cicero，Marcus Tullius（马尔库斯－图利乌斯·西塞罗）

Clapp，Frederic（弗雷德里克·克拉普）

Clement，Catherine（凯瑟琳·克莱门特）

Cohen，Elliot（埃利奥特·科恩）

Copley，Alfred（阿尔弗雷德·柯普莱）

Cordovero，Moses（摩西·柯多福洛）

Correa, Bernardo（贝尔纳多·科雷亚）

Dallmayr, Fred（弗雷德·达尔迈尔）

Delbrück, Hans（汉斯·德尔不吕克）

Deleuze, Gilles（吉尔斯·德勒兹）

Derrida, Jacques（雅克·德里达）

Descartes, René（勒内·笛卡尔）

Deutsch, Babett（巴贝特·多伊奇）

Dewey, John（约翰·杜威）

Dietz, Mary（玛丽·迪茨）

Dinesen, Isak——alias Tania Blixen（伊萨克·丹森，又名：塔尼亚-布里克森）

Disch, Lisa Jane（莉莎-燕妮·迪希）

Domin, Hilde（希尔德·多明）

Dostojewski, Fjodor Michailowitsch（费奥多尔-米哈伊洛维奇·陀思妥耶夫斯基）

Dryfus, Alfred（阿尔弗雷德·德雷福斯）

Duns Scotus, Jahnannes（约翰纳斯·邓斯-司各脱）

Eckford, Elizabeth（伊丽莎白·埃克福德）

Eichmann, Adolf（阿道夫·艾希曼）

Einstein, Albert（阿尔贝特·爱因斯坦）

Eliot, T.（T. 艾略特）

Elshtain, Jean Bethke（让-贝思克·埃尔斯坦因）

Engels, Friedrich（弗里德里希·恩格斯）

Enzensberger, Hans Magnus（汉斯-马格努斯·恩岑斯贝格尔）

Errera, Eglal（艾格拉尔·埃雷拉）

Esposito, Roberto（罗伯托·埃斯波西托）

Estrada-Saavedra, Marco（马可·埃斯特拉达-萨维德拉）

Ettinger, Elzbieta（埃尔茨比塔·艾丁格）

Euripides（欧里庇得斯）

Fanon，Franz（弗朗茨·法农）

Farías，Victor（维克多·法里亚斯）

Faulkner，William（威廉·福克纳）

Feingold，Henry（亨利·法因戈尔德）

Feitelson，Rose（罗泽·法伊特尔松）

Ferrié，Alain（阿兰·费利）

Fest，Joachim（约阿希姆·费斯特）

Fodors，Kate（凯特·福多尔）

Förster，Jürgen（尤尔根·福斯特）

Foucault，Michel（米歇尔·福柯）

Fraenkel，Ernst（恩斯特·弗伦克尔）

Fränkel，Hilde（希尔德·弗兰克尔）

Frenay，Henri（亨利·弗雷纳）

Friedrich，Carl Joachim（卡尔－约阿希姆·弗里德里希）

Friedrich，Hugo（雨果·弗里德里希）

Frisch，Max（马克斯·弗里斯）

Fuss，Peter（彼得·富斯）

Gadamer，Hans-Georg（汉斯－格奥尔格·伽达默尔）

Gauchet，Marcel（马塞尔·古谢）

Gaus，Günter（巩特·高斯）

Geisel，Eike（艾克·盖泽尔）

Giehle，Sabine（萨比娜·吉雷）

Gilbert，Felix（菲利克斯·吉尔伯特）

Gilbert，Robert（罗伯特·吉尔伯特）

Goethe，Johann Wolfgang von（约翰－沃尔夫冈·冯·歌德）

Goldhagen, Daniel Jonah（丹尼尔 – 乔纳·戈德哈根）

Gottlieb, Susannah Young-ah（苏珊娜·杨 – 阿·戈特利布）

Grafton, Samuel（塞缪尔·格拉夫顿）

Granzow, Brigitte（布丽吉特·格兰索）

Grass, Günter（巩特·格拉斯）

Greve, Ludwig（路德维希·格雷夫）

Grimme, Adolf（阿道夫·格里梅）

Grumach, Ernst（恩斯特·格鲁巴赫）

Guardini, Romano（罗马诺·瓜尔蒂尼）

Günter, Andrea（安德烈·巩特）

Gurian, Edith（埃迪特·古里安）

Gurian, Waldemar（瓦尔德马·古里安）

Habermas, Jürgen（尤尔根·哈贝马斯）

Hahn, Barbara（芭芭拉·哈恩）

Halevi, Benjamin（本雅明·哈勒维）

Hamilton, Alexander（亚历山大·汉密尔顿）

Harder, Richard（理查德·哈德尔）

Harrington, James（詹姆斯·哈林顿）

Hartsock, Nancy（南希·哈特佐克）

Hausner, Gideon（吉迪恩·豪斯纳）

Havel, Václav（瓦茨拉夫·哈维尔）

Hecht, Anthony（安东尼·黑希特）

Hegel, Georg Wilhelm Friedrich（格奥尔格 – 威廉 – 弗里德里希·黑格尔）

Heidegger, Elfriede（埃尔弗里德·海德格尔）

Heidegger, Fritz（弗里茨·海德格尔）

Heidegger, Hermann（赫尔曼·海德格尔）

Heidegger, Martin（马丁·海德格尔）

Heidenreich, Carl（卡尔·海登赖希）

Hein, Christoph（克里斯托夫·海因）

Heine, Heinrich（海因里希·海涅）

Heisenberg, Werner（维尔纳·海森贝格）

Hejmian, Lyn（林恩·海吉尼恩）

Heller, Hermann（赫尔曼·海勒）

Hermenau, Frank（弗兰克·赫尔梅瑙）

Herodot（希罗多德）

Hertz, Deborah（德博拉·赫兹）

Herzog, Annabel（安娜贝尔·赫尔佐克）

Hillel-pharisäischer Rabbiner（希勒尔－法利赛犹太教教士）

Himmler, Heinrich（海因里希·希姆莱）

Hitler, Adolf（阿道夫·希特勒）

Hobbes, Thomas（托马斯·霍布斯）

Hochhuth, Rolf（罗尔夫·霍赫胡特）

Hoffer, Eric（埃里克·霍弗尔）

Hölderlin, Friedrich（弗里德里希·荷尔德林）

Hollander, John（约翰·霍兰德）

Holz, Max（马克斯·霍尔茨）

Honig, Bonnie（邦妮·霍尼希）

Honneth, Axel（阿克塞尔·霍耐特）

Howard, Dick（迪克·霍华德）

Howard, Richard（理查德·霍华德）

Howe, Irving（伊尔文·赫伟）

Hume, David（大卫·胡默）

Husserl，Edmund（埃德蒙·胡塞尔）

Ignatieff，Michael（米夏埃尔·伊格纳季耶夫）

Imbusch，Peter（彼得·因布施）

Jaeggi，Rahel（拉埃尔·耶吉）

Jarrell，Randall（兰德尔·贾雷尔）

Jaspers，Gertrud（格特鲁德·雅斯贝尔斯）

Jaspers，Karl（卡尔·雅斯贝尔斯）

Jefferson，Thomas（托马斯·杰斐逊）

Jefroikyn，Natascha（娜塔莎·耶夫罗伊基）

Jelinek，Elfriede（埃尔弗里德·耶利内克）

Johann，Ernst（恩斯特·约翰）

Johnson，Uwe（乌维·约翰逊）

Jonas，Hans（汉斯·乔纳斯）

Judt，Tony（托尼·朱迪特）

Kafka，Franz（弗兰茨·卡夫卡）

Kant，Immanuel（伊曼努尔·康德）

Kaplan，Leslie（莱斯利·卡普兰）

Kateb，George（乔治·凯笛）

Kazin，Alfred（阿尔弗雷德·卡津）

Kennedy，John（约翰·肯尼迪）

Kersting，Wolfgang（沃尔夫冈·克斯廷）

Kierkegaard，Soren Aabye（索伦－阿比耶·克尔凯郭尔）

Kinsky，Esther（埃斯特·金斯基）

Kipphardt，Heinar（海纳尔·基普哈特）

Kirk，Russel（罗素·基尔克）

Kis，János（亚诺什·基斯）

Knott，Marie Luise（玛丽·路易·克诺特）

Kogon，Eugen（欧根·科贡）

Köhler，Lotte（洛特·科勒）

Kohn，Hans（汉斯·科恩）

Kohn，Jerome（耶罗梅·科恩）

Kòjeve，Alexandre（亚历山大·柯杰夫）

Kolakowski，Leszek（莱谢克·科拉科夫斯基）

Koyré，Alexandre（亚历山大·柯瓦雷）

Krasnodebski，Zdislaw（兹齐斯拉夫·卡斯诺德帕斯基）

Kraus，Werner（维尔纳·克劳斯）

Kristeva，Julia（朱莉亚·克里斯特瓦）

Kurbacher，Frauke Annegret（弗劳克－安内戈特·库尔巴哈）

Labori，Fernand（费尔南德·拉伯利）

Landau，Moshe（摩西·兰道）

Lazare，Bernard（伯纳德·拉扎尔）

Lefort，Claude（克劳德·莱福特）

Leibniz，Gottfried Wilhelm（戈特弗里德－威廉·莱布尼茨）

Leibovici，Martine（玛蒂娜·莱博维奇）

Lenin，Wladimir Iljitsch（弗拉基米尔－伊里奇·列宁）

Leszczynska，Katarzyna（凯瑟琳·莱谢库茨斯卡）

Levi，Paul（保罗·列维）

Liebrecht，Savyon（塞维约恩·利布雷希特）

Lincoln，Abraham（亚伯拉罕·林肯）

Llanque，Marcus（马尔库斯·利安奎）

Loewenson，Erwin（欧文·勒文松）

Lorenz，Konrad（康拉德·洛伦茨）

Lowell，Robert（罗伯特·洛厄尔）

Löwith，Karl（卡尔·勒维特）

Ludwig，Emil（埃米尔·路德维希）

Ludwig XIV（路德维希十四）

Ludz，Ursula（乌尔苏拉·卢茨）

Luria，Isaak（伊萨克·卢里亚）

Lützeler，Ludger（卢德格尔·吕策勒）

Lützeler，Paul Michael（保罗－米夏埃尔·吕策勒）

Luxemburg，Rosa（罗莎·卢森堡）

Lyotard，Jean-Francois（让－弗朗索瓦·利奥塔）

Macdonald，Dwight（德怀特·麦克唐纳）

Machiavelli，Niccolò（尼可洛·马基雅维利）

Macpherson，Crawford Brough（克劳福德－布拉夫·麦克弗森）

Macquarrie，John（约翰·麦克卡利）

Madison，James（詹姆斯·麦迪逊）

Magnes，Judah（尤达·马格尼斯）

Maimon，Salomon（萨洛蒙·迈蒙）

Malik，Charles（查尔斯·马利克）

Mandelstam，Ossip（奥西普·曼德尔斯坦）

Mannheim，Karl（卡尔·曼海姆）

Mao-Tse Tung（毛泽东）

Marchart，Oliver（奥利弗·马夏尔特）

Maritain，Jacques（雅克·马里坦）

Marrus，Michaèl（米夏埃尔·马鲁斯）

Marx，Karl（卡尔·马克思）

Maschmann，Melitta（梅利塔·马施曼）

Maus，Ingeborg（英格博格·毛斯）

McCarty，Joseph（约瑟夫·麦卡锡）

McCarty，Mary（玛丽·麦卡锡）

Meints，Waltraud（瓦尔特劳德·迈因茨）

Mendelsson，Anne（安娜·门德尔松）

Merleau-Ponty，Maurice（莫里斯·梅洛－庞蒂）

Michnik，Adam（亚当·米奇尼克）

Mirelman，Josef（约瑟夫·米勒曼）

Mommsen，Hans（汉斯·蒙森）

Mommsen，Theodor（特奥多尔·蒙森）

Montaigne，Michel de（米歇尔·德·蒙田）

Montesquieu，Charles de Secondat，Baron de（查尔斯·德·塞孔达，孟德斯鸠男爵）

Morgenthau，Hans（汉斯·摩根索）

Mouffe，Chantal（尚塔尔·穆芙）

Napolen III·（拿破仑三世）

Nathan von Gaza（纳坦·冯·加沙）

Needham，Joseph（约瑟夫·李约瑟）

Nettl，John P.（约翰－P. 内特尔）

Neumann，Franz（弗朗茨·诺伊曼）

Nietsche，Friedrich（弗里德里希·尼采）

Nordmann，Ingeborg（英格博格·诺德曼）

O'Brien，Mary（玛丽·奥布里恩）

Opstaele，Dag J.（达格－J. 奥博斯塔勒）

Paetzhold，Heinz（海因茨·佩茨霍德）

Paine，Thomas（托马斯·潘恩）

Parmenides（巴门尼德）

Pascal，Blaise（布莱斯·帕斯卡尔）

Paulus（保罗）

Petitdemange，Guy（盖伊·帕蒂德芒热）

Philips，William（威廉·菲利普）

Picquart，Marie-Georges（玛丽-乔治·皮克夸尔特）

Pinzani，Allessandro（亚历山德罗·平茨尼）

Piper，Klaus（克劳斯·派珀）

Piterberg，Gabriel（加布里尔·皮特贝格）

Pitkin，Hanna（汉娜·皮特金）

Pius XII. -Papst（教皇皮业斯十二世）

Planck，Max（马克斯·布兰克）

Platon（柏拉图）

Plessner，Helmuth（赫尔穆特·普勒斯纳）

Pocock，John（约翰·波考克）

Quartermain，Meredith（梅雷迪思·库什迈因）

Rahv，Philip（菲利普·拉夫）

Rault，Antoine（安托万·劳尔）

Raveh，Yitzak（伊扎克·拉韦）

Rawls，John（约翰·罗尔斯）

Raz-Krakotzkin，Amnon（阿蒙·拉兹-克拉科茨金）

Reif，Adelbert（阿德尔贝特·赖夫）

Rich，Adrienne（阿德里安娜·李希）

Rilke，Rainer Maria（莱纳-玛丽亚·里尔克）

Ritter，Joachim（约阿希姆·里特尔）

Robespierre，Maximilien（马克西米利安·罗伯斯庇尔）

Robinson，Edward（爱德华·罗宾逊）

Roditi，Edouard（爱德华·罗迪蒂）

Roncalli，Angelo Giuseppe-Papst JohannesXXIII.（安杰洛－朱塞佩－约翰·兰卡里

教皇二十三世）

Rorty，Richard（理查德·罗蒂）

Rosenmüller，Stefanie（斯特凡妮·罗森穆勒）

Rousseau，Jean-Jaques（让－雅客·卢梭）

Rousset，David（大卫·卢塞特）

Ruddick，Sara（萨拉·鲁迪克）

Saner，Hans（汉斯·扎纳）

Sapper，Theodor（特奥多尔·扎佩尔）

Sarraute，Natalie（娜塔莉·萨洛特）

Sartre，Jean-Paul（让－保罗·萨特）

Sauerland，Karol（卡罗尔·绍尔兰特）

Schedletzky，Itta（伊塔·舍德勒茨基）

Schiller，Friedrich（弗里德里希·席勒）

Schmidt，Anton（安东·施密特）

Schmitt，Carl（卡尔·施米特）

Scholem，Gershom（格斯霍姆·肖勒姆）

Schopenhauer，Arthur（阿图尔·叔本华）

Schöttker，Detlev（德特勒夫·舍特克尔）

Schrödinger，Erwin（埃尔温·施勒德林）

Schulz，Bruno（布鲁诺·舒尔茨）

Schwab，Gustav Benjamin（古斯塔夫－本杰明·施瓦布）

Scott，Joanna Vecchiarelli（乔安娜－维西阿莱莉·斯科特）

Seebacher-Brand，Brigitte（布丽吉特·泽巴赫－布兰德）

Servatius，Robert（罗伯特·泽瓦迪乌斯）

Sewell, Elizabeth（伊丽莎白·休厄尔）

Shakespeare, William（威廉·莎士比亚）

Shapiro, David（大卫·夏皮罗）

Shawn, William（威廉·肖恩）

Shklar, Judith（尤迪特·希克拉）

Sieyès, Emmanuel Joseph（约瑟夫－伊曼纽尔·西哀士）

Silone, Ignazio（伊格纳齐奥·西隆纳）

Simon, Ernst（恩斯特·西蒙）

Sloan, Jacob（雅各布·斯隆）

Sokrates（苏格拉底）

Sontheimer, Kurt（库尔特·松特海默尔）

Sophokles（索福克勒斯）

Sorel, Georges（乔治·索列尔）

Spiegel, Irina（伊莉娜·施皮格尔）

Spiro, Herbert（赫伯特·施皮罗）

Spitz, David（大卫·施皮茨）

Springborg, Patricia（帕特里夏·施普林博格）

Stalin, Josef（约瑟夫·斯大林）

Stambaugh, Bettina（贝蒂娜·斯坦博）

Stark, Judith Chelius（尤迪特－切莉乌斯·斯塔克）

Steele, Meili（迈莉·施特勒）

Steinbrück, Peer（佩尔·施泰因布吕克）

Steiner, George（乔治·施泰纳）

Sternberger, Dolf（多尔夫·施特恩贝格尔）

Stern, Günther（巩特·施特恩）

Strauss, Leo（列奥·施特劳斯）

Suchoff，David（大卫·祖霍夫）

Taylor，Charles（查尔斯·泰勒）

Thaa，Winfried（温弗里德·泰阿）

Thomas，Dylan（迪兰·托马斯）

Thomas von Aquin（托马斯·冯·阿奎那）

Thoreau，Henry David（亨利－大卫·梭罗）

Thukydides（修昔底德）

Thürmer-Rohr，Christina（克里斯蒂娜·蒂尔迈尔－罗尔）

Tillich，Paul（保罗·蒂尔西）

Tilly，Charles（查尔斯·蒂利）

Tocqueville，Alexis（亚历克西斯·托克维尔）

Trotzki（托洛茨基）

Trunk，Isaìah（以赛亚·特伦克）

Tsao，Roy（曹罗伊）

Varhagen，Rahel（拉埃尔·瓦恩哈根）

Vergil（维吉尔）

Villa，Dana（达娜·维拉）

Vishniac，Roman（罗曼·维斯尼阿克）

Voegelin，Eric（埃里克·沃格林）

Volk，Christian Rainer（克里斯蒂安－赖纳·福尔克）

Vollrath，Ernst（恩斯特·沃尔莱特）

Volpi，Franco（佛朗哥·沃尔皮）

Walzer，Michael（迈尔克·沃尔泽）

Weber，Alfred（阿尔弗雷德·韦伯）

Weber，Max（马克斯·韦伯）

Wehner，Herbert（赫伯特·魏纳）

Weil，Anne（安娜·魏尔）

Weil，Eric（埃里克·魏尔）

Weil，Simone（西蒙娜·魏尔）

Weiss，Theodor（特奥多尔·魏斯）

Weissberg，Liliane（莉莲娜·韦斯贝格）

Wellmer，Albrecht（阿尔布雷希特·魏默尔）

Whitman，Walt（沃尔特·惠特曼）

Wiese，Benno von（本诺·冯·维泽）

Winton，Clara（克拉拉·温顿）

Winton，Richard（理查德·温顿）

Wizisla，Erdmut（埃德姆特·维茨斯拉）

Wolfskehl，Kurt（库尔特·沃尔夫斯柯尔）

Wolin，Sheldon（谢尔顿·沃林）

Woods，John E.（约翰·E. 沃特斯）

Wordsworth，William（威廉·华兹华斯）

Young，Iris Marion（伊利斯·玛丽昂·杨）

Young-Bruehl，Elisabeth（伊丽莎白·杨－布吕尔）

Zertal，Idith（伊迪特·策塔尔）

Zimmermann，Moshe（摩西·齐默尔曼）

Zizek，Slavoj（斯拉沃·齐泽克）

Zola，émile（埃米尔·左拉）

Zukermann，William（威廉·楚克曼）

图书在版编目（CIP）数据

阿伦特手册：生平·著作·影响/（德）霍尔，（德）海特尔，
（德）罗森穆勒主编；王旭，寇瑛译.—北京：社会科学文献出版社，
2015.1（2018.9 重印）

ISBN 978 - 7 - 5097 - 7002 - 3

Ⅰ.①阿…　Ⅱ.①霍…　②海…　③罗…　④王…　⑤寇…　Ⅲ.①阿伦
特，H.（1906～1975）- 生平事迹 ②阿伦特，H.（1906～1975）-
著作 - 介绍　Ⅳ.①B516.59

中国版本图书馆 CIP 数据核字（2014）第 312196 号

阿伦特手册

——生平·著作·影响

主　　编／沃尔夫冈·霍尔　贝恩德·海特尔　斯特凡妮·罗森穆勒
译　　者／王　旭　寇　瑛

出 版 人／谢寿光
项目统筹／段其刚　董风云
责任编辑／段其刚　白　雪

出　　版／社会科学文献出版社·甲骨文工作室（010）59366551
　　　　　　地址：北京市北三环中路甲 29 号院华龙大厦　邮编：100029
　　　　　　网址：www.ssap.com.cn
发　　行／市场营销中心（010）59367081　　59367018
印　　装／三河市东方印刷有限公司

规　　格／开　本：787mm×1092mm　1/16
　　　　　　印　张：45.5　字　数：727 千字
版　　次／2015 年 1 月第 1 版　2018 年 9 月第 5 次印刷
书　　号／ISBN 978 - 7 - 5097 - 7002 - 3
著作权合同　／图字 01 - 2013 - 1711 号
登 记 号
定　　价／138.00 元